교육학 연구 50년

한국문화연구원 편

혜안

발 간 사

이화여자대학교 총장 신 인 령

20세기 후반 이후 급속히 전개된 탈냉전시대의 도래와 글로벌 공동체의 재편은 새로운 문명의 패러다임에 적응하기 위한 단위 간의 치열한 정치, 경제, 문화적 경쟁을 발생시키고 있다. 한편으로 역사상 유례를 찾을 수 없는 광범위한 사회문화적 교류와 통합의 세기를 창출하고 있다. 이러한 시대에 한 국가의 발전의 원동력은 그 사회의 문화 패러다임의 원류를 탐색하고, 창조적 지식기반을 구축하는 학문운동에서 찾아질 수 있다.

이러한 시대 사명에 부응하여 이화여자대학교 한국문화연구원은 언어, 사회, 문화, 정치, 경제, 사상 등의 제반 분야에서 한국문화의 가치를 창출하는 활발한 학문운동을 전개하고 있다. 특히 해방 이후 한국 학계 50년을 반추하며 연구사, 이론사, 쟁점사를 포괄하여 학술활동의 결실을 점검하고 학술사의 미래를 전망하기 위해 학술사총서를 간행하고 있다. 한국학술사총서는 일차적으로 한국학 관련 다양한 학문전통을 발굴하고 재구성하는 한편, 더 나아가 이러한 학술활동이 어떻게 세계적 함축을 가질 수 있는가를 탐구하는 것을 목적으로 한다. 서양 학문의 의존에서 벗어나 우리의 자생적인 학문을 모색하고, 한국적 학문의 세계화를 위한 노력이 활발히 전개되는 시점에서 지난 50년간의 학술 연구사를 자리매김하는 작업은 보다 새롭고 창조적인 학문제도와 방법론, 그리고 21세기적 학문활동의 지평을 개척할 것이다. 그런 점에서 한국학술사총서 제1호로 발간된 『국어학연구 50년』이 문화관광부 지정

우수학술도서로 지정된 것은 고무적인 일이며 인문사회과학 분야 전반으로 확대될 후속 작업들에 큰 기대를 갖게 한다.

　이화는 지난 110여 년간 어떤 상황에서도 여성교육을 통해 한국 사회와 문화의 발전을 선도하고자 하는 역사의식, 책임의식을 견지하였다. 이화 설립 초기부터 다양한 국학 관련 분야가 설립되어 역사와 전통을 축적해 왔다. 이화는 한국학 연구의 필요성을 어느 대학보다 앞서 체감하고 1958년 한국문화연구원을 설립했다. 외국 문화 도입에 열중하던 해방 직후의 학계나 대학들의 한국에 관한 자체 연구의 필요성에 대한 자각과 한국문화를 세계에 알려야겠다는 소망을 실천한 것이다. 한국문화연구원은 본교의 학문 연구 기능의 중추적 역할을 담당하면서 그 내실과 역량을 대외적으로 공인받아 왔고, 앞으로 한국학 연구의 세계적 본산지로서 도약하고자 하는 비전을 추구하고 있다.

　대학의 3대 기능은 교육과 연구와 사회봉사이다. 학문연구의 공동체로서 이화는 다양한 연구저술들을 지원해 왔다. 한국문화연구원의 학술사총서 간행은 21세기의 한국 학문운동을 선도하고자 하는 이화의 학문적 사명감의 표현이다. 이 총서에서 모아진 한국 학술 50년의 결실과 반성, 그리고 전망이 국학만이 아니라 한국적 학문을 전반적으로 진작하는 데 견인차가 될 수 있기를 기대한다. 책의 발간을 위해 수고를 아끼지 않은 연구진과 필자들의 노고에 심심한 치하를 보낸다.

교육학 연구 50년 | 차 례

8

교육학 연구 50년

한국 교육학계의
현실 인식과 과제

오욱환

학계의 유지와 발전은 소속되고 관련된 학자들의 해당 학문에 대한 實行 곧 듣기, 말하기, 쓰기 등의 빈도와 밀도에 의해서 좌우된다. 학계의 유지와 발전은, 학자가 학문에 능통한 사람 또는 학문을 연구하는 사람으로 정의되기 때문에, "소속된 학자의 수에 의해 결정된다"라고 간략히 정리할 수 있다. 우리는 "자신이 전공하는 학문에 능통하지 않고 연구하지 않는 사람은 학자로 분류되지 않음"을 기억해야 한다. 한국 교육학계는 한국교육학회(http://ksse. dipho.net)와 교육학 하위 영역의 학회들 - 교육철학회, 교육심리학회, 교육사회학회 등을 말하며 이하 '분과 학회'로 표기되기도 함 - 에 소속된 회원들로만 추산해도 5,000명 정도에 이른다(한국교육학회, 2002, 발간사). 이처럼 많은 학자들을 확보하고 있음에도 불구하고 교육학계는 현실을 위기로 認識하고 있다. 내면적 이유는 회원들이 많지만 '실제로 교육학에 정통하고 일상적으로 교육학을 연구하는 학자들'은 많지 않기 때문이다. 다시 말해서 학회에 나와서 경청하거나, 발표하거나, 토론하거나, 논문을 투고하거나, 게재하는 학자들이 충분하지 않다.

그러나 한국의 교육학계는 격동의 세월 속에서 神話와 같은 성과를 이루어왔다. 1945년 8월 15일 해방 이후 한국사회는 혼란에 빠졌으며 곧이어 벌어진 6 · 25전쟁(한국전쟁: 1950년 6월 25일부터 1953년 7월 27일까지)으로 存亡의 위기에 처하였다. 위기의 소용돌이였던 1953년 4월 4일(토요일)에 한국의 교육학자들과 이들의 동료이거나 후원자들을 포함하여 모두 47명이 避亂해 온 처지임에도 불구하고 서울대학교 사범대학의 판자 건물에서 한국교육학 회를 창립하였다(한국교육학회 편, 1993; 이영덕, 1993, 3쪽). 오늘의 교육학계 가 이전에 비해서 훨씬 좋은 조건들을 갖추고 있음에도 불구하고 위기로 판단하는 데에는 미래에 대한 두려움 못지않게 초창기의 교육학자들이 이루 어낸 업적에 대한 경이로움도 작용하고 있다.

현실은 과거와 미래를 준거로 하여 파악된다. 우리가 한국 교육학의 현실을 위기로 규정한다면, 우리가 현재 이루어내는 성취와 성과가 과거에 비하여 빈약하며 닥쳐올 미래에 대비하기에 충분하지 않다고 판단했기 때문이다. 우리들의 현재 행동을 결정하는 것은 객관적으로 또는 수치로만 파악된 현실이 아니며 우리 자신들에 의해서 '인식되고 해석된' 현실이다. 현실에 대한 인식과 해석에 따라 우리들의 추후 행동이 상당히 결정된다. 이는 동일한 점수를 받은 학생들이 추후 시험에 상당히 다르게 대비하는 현상에 비유될 수 있다.

현실에 대한 인식은 과거에 대한 평가와 미래에 대한 전망에 의해서 결정된 다. 다시 말해서, 현실은 과거와 미래에 대한 가치 판단 없이 파악되거나 기술될 수 없다. 나는 교육학계의 현실이 오늘의 한국 경제와 매우 유사하다고 생각한다. 오늘날의 한국 경제는 1945년 8월 15일 해방 당시와 비교하거나 1953년 7월 27일 휴전협정이 체결된 때와 비교하면 '기적'이라는 표현이 오히려 적절하다. 그러나 한국 경제는 위기에 처해 있다. 발전과 頹落의 갈림길에 놓여 있으며 現狀을 유지할 수도 없고 결정을 미룰 수도 없다. 따라서 나는 객관적으로 주어진 조건의 記述보다 주관적으로 현실을 인식하 고 現象을 解釋하며 이에 근거하여 교육학자들로 하여금 교육학의 발전에 同參하도록 촉구하려고 한다.

Ⅰ. 한국 교육학의 출현 배경과 略史

일제는 식민통치 기간(1910년 8월부터 1945년 8월까지 36년간) 중 한국에서 인적, 물적 자원을 收奪했을 뿐만 아니라 조선어의 사용 억제, 조선어교육 금지, 창씨개명, 신사참배 등을 통해 황국신민화 정책을 대대적으로 강행하였다(정재철, 1985, 121쪽). 따라서 해방 당시, 한국 교육은 조선시대의 교육 전통으로부터 이탈되어 있었고 일본의 제도에서는 탈피해야만 하였기 때문에 민주주의를 준거로 삼을 수밖에 없었다(강길수, 1957, 312~440쪽). 다시 말해서, 한국은 무엇보다 먼저 일본적인 것을 배격하고 일소함으로써 민족적 의식과 정신을 확립하고, 그 위에 민주주의 원리를 이념으로 하는 교육을 건설해야 하는 과제를 안고 있었다(오욱환·최정실, 1993, 14쪽). 한국 교육학자들은 교육영역에서 일제 잔재를 청산하고 민주주의 교육을 실현하기 위해서 미국의 교육학에 의존하게 되었다. 여기에 더하여, 미국은 한국의 교육 확대와 발전을 위해서 적극적으로 지원하였다.

한편, 해방 후 한국 경제가 당면했던 문제들은 생산 감축, 높은 인플레이션, 대량실업, 식량부족, 저임금의 압박 등이었다(한국사특강편찬위원회 편, 1990, 276쪽). 곧이어 벌어진 6·25전쟁으로 한국의 경제는 회생불능의 상태에 직면하였다. 이후 한국은 기아선상에서 벗어나지 못하는 最貧國으로 국제사회에 인식되었다. 이승만 정권은 경제성장을 위해서 復興部를 설치(1955년 8월)하고 '경제개발 7개년계획 중 전반 3개년계획'을 발표하였지만 정치적 불안 때문에 시행되지 못하였다. 이승만 정권이 자주적 민족경제 건설의 과제 해결에 실패하고 3·15부정선거(1960년) 때문에 실각함에 따라 이 과제는 민주당 정권에게 넘어갔다. 그러나 민주당 정권은 박정희가 주도한 5·16군사쿠데타에 의해 短命하였다. 박정희 정권은 빈곤에서 탈출을 성공적으로 이끌어냄으로써 정치적 정당성을 확보하였다. 당시의 경제정책은 인적 자본에 상당히 큰 비중을 두었다. 개인적으로는 물론이며 국가적으로도 인적 자본의 축적에 심혈을 기울임에 따라 교육을 통한 경제성장, 국가발전, 사회계층 상승이동(출세) 등이 절대적 목표가 되었다. 이후 한국 교육학계에서는 교육의 도구적 활용이 철칙처럼 받아들여졌다. 지금도 교육의 효율성을 언급할 때 개인적으로는 출세를 그리고 국가적으로는 경제성장을 떠올리고 있다.

교육의 도구적 기능을 중시한 분위기 때문에 수많은 교육학자들이 정책을 입안하는 데 동원되었으며 지금도 이러한 풍토가 교육학계를 상당히 지배하고 있다. 교육정책에 직접 개입하는 것이 자신의 가치를 높이는 길이라고 확신하는 학자들은 이론이나 사실에 근거하여 정책 입안에 자문하기보다는 '화끈한' 묘안을 창출하는 데 더 몰입해 왔다. 이 때문에 교육학계에는 이론, 문헌, 자료 등을 참조하지 않은 아이디어들이 속출하였다. 지금도 수많은 정책보고서들이 이전의 오류를 반복하고 있기 때문에 한국 교육학계에는 발표되는 글은 많아도 정작 참조하거나 인용할 수 있는 문헌은 많지 않다.

여기서 한국 교육학의 모태가 된 한국교육학회에 대해서 간략하게 정리해 보자. 한국교육학회는 1953년 4월 4일 부산에서 창립되었다. 한국교육학회의 정기학술지『교육학연구』는 1963년 6월에 창간되었으며, 2002년 8월 현재 40권 4호(통권 112호)가 발간되었다. 1953년 창립 당시 47명의 회원으로 출범한 한국교육학회는 1958년 11월 113명, 1963년 말 199명, 1983년 1,166명, 1997년 2,340명, 2002년 9월 약 2,900명의 회원으로 급속도로 성장하였다. 2002년에 발간된 학회요람에 의하면, 한국교육학회는 분과 학회에 가입했으나 母학회인 교육학회에는 가입하지 않은 회원을 약 2,000명 정도로 추정하고 있다. 이 인원을 모두 포함하면 교육학회 회원은 5,000명에 달한다(한국교육학회, 2002, 1쪽).

한국 교육학의 초창기 역사를 신화처럼 장식한 학자들은 연설문이나 寄稿를 통해서 교육의 필요성과 중요성을 강조했으며(한국교육학회 편, 1969) 월례발표회를 통하여 학술활동을 전개하였다. 이들의 활동에 비해서 남아 있는 논문은 적은데 그 이유는 당시에 투고하고 게재할 논문집이 마땅하지 않았고 격동의 시대에 한가로이 논문을 쓸 수도 없었기 때문이다. 한국교육학회의 전문학술지인『교육학연구』가 1963년 6월에 창간된 점이 이러한 추론을 뒷받침한다. 이 논문집도 한동안 연간 1회만 출간되었으며 매회 8편 정도의 글들이 게재되었다. 이 글들 가운데에는 전형적인 논문의 형식을 갖추지 않은 것도 포함되어 있다(한국교육학회편, 2002, 23~24쪽).

한국 교육학계의 변화 과정은 '亂世에서 不確定 또는 危機의 시대로' 또는 '기업이 창업주에서 2세 기업주로 그리고 3세 기업주로' 이전되는 과정에 비유될 수 있다. 난세에서 기업을 이루어낸 창업주의 역할은 신화로 묘사될 정도로 높이 평가되지만 정작 어려움은 2세와 3세에게 닥친다. 혁명의 경우도 혁명의 성공보다 그 후의 유지가 더 어렵다. 해방과 전쟁 그리고 빈곤의 시절에는 할 일이 너무 많기 때문에 시도해 보고 도입해 보며 주장해 보는 것으로도 충분하지만, 지적 활동을 활발히 할 수 있는 환경이 어느 정도 조성되었을 때에는 기술, 설명, 주장 등 모든 지적 작업들이 체계적으로 이루어져야 한다.

한국 교육학계는 초창기부터 1950년대까지는 교육철학자들에 의해 주도 되었다. 해방 이후 미군점령시대 미국의 對한국정책이 국내외의 공산주의 세력을 견제하는 데 집중되었기 때문에 민주주의 교육이념의 전파와 확산에 핵심적 역할을 담당할 수 있는 교육학자들의 위상이 크게 浮上하였다. 당시 선도적 역할을 수행했던 교육철학자들 가운데 상당수는 미국 유학의 학력과 박사학위를 소지했으며 민주주의 방식의 교육을 직접 받았던 학력을 갖고 있었다. 이러한 조건에 더하여, 당시 일선학교에까지 깊숙이 파급되었던 '새교육운동'이 '민주주의 교육운동'으로 불릴 정도였기 때문에 교육철학자 들의 영향력은 절대적이었다.

그러나 1960년대 이후에는 상황이 급격히 변화하였다. 미국 교육학계가 행동과학의 영향을 강하게 받고 있었기 때문에 유학을 마치고 귀국한 학자들 은 '교육의 과학화', 실증주의, 경험주의, 실험주의 등을 주장하며 측정할 수 있고 可視化될 수 있으며 통제가 가능한 결과를 중시하였다. 이들의 접근법과 패러다임은 1960년대와 1970년대에 시대정신처럼 풍미했던 과학 주의와 개혁의 분위기를 타고 교육학계에서 엄청난 영향력을 행사하였다.

이렇게 단정할 수 있는 근거는 상당수의 교육철학자들과 한국교육사학자들의 거센 반박에서 찾아볼 수 있다. 예를 들면, 유형진은 1968년『政經研究』3호에「절름발이 經驗科學 輸入의 맹점: 인격의 세계는 자연의 세계와는 본질의 차원을 달리 한다」라는 글을 기고하였다(유형진, 1969). 價値와 實證을 두고 벌어진 교육학계의 논쟁은 1975년 7월 12일 "교육학의 보편성과 특수성"이라는 주제로 본격화되었다. 이 때에는 논쟁의 주제가 여러 각도로 확산되어 유학파와 국내파 사이의 세력경쟁처럼 비쳐지기도 하였다. 그러나 당시 양 진영을 대표했던 학자들로부터 자신들의 주장을 뒷받침할 수 있는 구체적인 논문들은 발표되지 않았다. 교육철학과 교육심리학 사이의 논쟁, 특수성과 보편성 논쟁 등 의미 있는 논쟁들이 있었지만 주장들만 무성했을 뿐이며 그 주장들을 뒷받침하는 연구물들은 거의 없다. 그 주장들을 제기한 학자들도 대부분 학문 바깥에 있는 업무에 집중함으로써 연구논문의 작성과 같은 지적 활동은 부차적인 일로 밀려 났다. 학문은 지적 성과물의 축적을 통해 발전할 수밖에 없는데 성과물은 없고 방향제시나 상대편에 대한 비판만이 무성하였다. 선언과 비방만 활발했을 뿐 지적 축적은 전혀 이루어지지 않았다.

실증주의적 접근법이 1960년대 이후 교육학계를 주도했기 때문에 이 방법을 주로 사용하는 교육심리학자들의 영향력이 매우 컸다. 이들은 교육을 통한 행동변화를 추구함으로써 가시적으로 효과를 보여줄 수 있었기 때문에 思辨的으로만 흐르는 것처럼 여겨졌던 인문학적 영역들과 뚜렷이 구별되었다. 이들은 가설-검증적 방법, 통계수치의 활용, 측정 가능한 결과 제시 등으로 교육학을 자연과학적 수준으로 '끌어올리려고' 노력하였다. 이러한 풍토 속에서 교육과정학은 학업성취 효과를 극대화하기 위한 방법(예: 프로그램 학습, 완전학습, 교육목표 및 수업행위 분류)에 주력하였다. 이러한 지적 분위기는 절대적인 영향력을 갖고 1970년대 말까지 20년 이상 지속되었다.

그러나 1980년대에 접어들면서 새로운 상황이 전개되기 시작하였다. 절대주의 권위에 대한 懷疑와 도전이 사회 전반적으로 확산되면서 교육학계에서도 젊은 학자들을 중심으로 비판적 관점이 형성되기 시작하였다. 이들은 경제성장, 국가발전 등의 이름 아래 추진된 정책들에 의해서 가속화된 사회경제적 불평등을 주목하기 시작했고 사회정의 구현을 추구하였다. 이러한 분위기에서 젊은 교육학자들은 이전과는 다른 관점으로 교육과 사회를 이해하려고 애를 썼으며 이 과정에서 비판적, 급진적 시각이 등장하였다. 이러한 흐름은 이들 가운데 상당수가 미국에서 박사학위를 받고 귀국하면서 더욱 강화되었다. 그러나 급진적 성향이 강한 교육사회학은 비판에 너무 치우침으로써 다른 영역의 교육학자들로부터 공감을 얻는 데에는 성공하지 못하였다.

1990년대 이후 한국의 교육학계는 어느 영역도 獨走할 수 없는 상황으로 접어들었다. 새로운 분야들이 이전에 속했던 영역에서 分家해 나왔을 뿐만 아니라 오히려 本家보다 더 활성화되기도 하였다. 1990년대 이후 활성화되고 있는 영역으로는 교육평가학, 교육공학, 평생교육학 등을 들 수 있다. 이 시대에서 분명하게 인식될 수 있는 하나의 특징은 교육학의 분화 현상이다. 분화의 정도가 너무 심하기 때문에 하위 영역들 사이에 단절이 생김으로써 分節化가 일어나고 있다. 전문화의 이름으로 가속화된 분화는 인접 영역과의 단절을 초래했으며 교류를 어렵게 만들고 있다. 2,000명 정도로 추정되는 학자들이 분과 학회의 회원이 되는 것만으로도 자신의 학문 활동에 지장이 없다고 생각하여 母학회인 교육학회에는 가입하지 않는 현상은 이러한 사실을 간접적으로 증명한다. 이 현상은 교육학자가 아닌 교육전문가가 양산되고 학자보다 기술자가 늘어나고 있음을 의미한다. 전체 工程에 대해서 알지 못하고 부품의 생산이나 조립에만 통달한 노동자가 노동으로부터 소외되듯이 파편화된 부분에만 집착하는 학자는 학문으로부터 소외될 것이다.

교육학계의 흐름을 교육철학 시대, 교육심리학 시대, 교육사회학 시대로 나누어 볼 수도 있고 철학적 미분화 시대, 교육과학화 시대, 교육비판 시대로 명명해 볼 수도 있다. 그러나 초창기 이래로 일관되게 상당한 영향력을 행사해 온 영역은 교육행정학과 교육과정학이었다. 두 영역은 교육의 실제와 직결되었기 때문에 시대적 흐름과 무관하였다. 시대적 흐름에 좌우되지 않고 일정 수준 이상의 영향력을 가질 수 있었기 때문에, 두 영역은 젊은 학자들의 지적 열정을 이끌어내는 데 적극적이지 않았다.

1945년 해방 이후 반세기의 한국 현대사는 어느 분야를 막론하고 격변기로 기록될 것이며 스스로 놀랄 정도의 성장과 발전으로 묘사될 수 있다. 우리가 현실을 비판하는 배경에는 지금까지 이루어 놓은 성과를 유지하려 하고 나아가 최대한 증가시키려는 기대가 깔려 있다. 우리가 현실을 비판하고 미래를 우려하는 이유는 지금까지 이루어 놓은 성과가 매우 크기 때문이다. 한국 교육학자들의 미래에 대한 불안은 지난 50년 동안 이루었던 성과를 유지하기도 어려운데 여기에 더하여 감당할 수 없을 정도로 밀려오는 과제들을 직면하고 있기 때문이다.

칸칸이 막혀 있는 원고지와 낱장의 독서카드를 가지고 정신적 좌절과 육체적 고통을 참아가며 논문을 썼던 시절이 얼마 지나지 않았는데, 이제는 마음대로 편집할 수 있고 얼마든지 길게 쓸 수 있는 컴퓨터와 필요한 자료를 국내외에 걸쳐 검색하고 또 구할 수 있는 인터넷을 갖고 있다. 이처럼 편리한 도구와 장치는 학자들에게 이전과 비교할 수 없을 만큼의 성과를 요구하고 있다. 전산화, 세계화 등이 시대적 흐름이 됨에 따라 컴맹과 넷맹이라는 新造語에 의해 낙오자로 낙인이 찍히지 않기 위해서, 우리들은 졸지에 컴퓨터와 인터넷을 능숙하게 활용해야 하고 영어를 거리낌 없이 구사하도록 강요받고 있다.

그러나 첨단 도구 자체만으로는 제품의 질적 수준을 높이지 못한다. 가마솥으로 밥을 짓는 주부보다 전기밥솥으로 밥을 만드는 주부의 기술 수준이 더 높다고 말할 수 없듯이, 원고지 논문보다 컴퓨터 논문이 더 높은 수준일 수도 없다. 도구적 편리함은 업무 부담을 줄이지 못하며 오히려 더 많은 성과를 요구한다. 상식적 기대와는 다르게, 우리는 컴퓨터와 인터넷이라는 경이로운 정보통신 도구를 가지고 있으면서도 학문적 교류를 우려하고 있으며 교육학의 분절화를 가속시키고 있다. 전국이 1일 생활권이 되면서 우리는 학회 참가를 오히려 소홀히 하고 있다. 우리는 세계 최고 수준의 인터넷

망을 가지고 있으면서도 자기 옆방에 있는 동료 학자들이 무엇을 연구하고 있는지 모르며 의도적으로 알려고 하지 않는다. 우리는 외국의 학문 동향에 대해서는 관심을 갖지만 수시로 얼굴을 맞대는 인접 분야 학자들과의 학문적 교류는 소홀히 한다. 이러한 행동에 대해, 우리 모두는 학문이 전문화되고 전공 영역이 심화되는 데 따른 불가피한 결과라고 변명하고 있다.

II. 한국 교육학 현실에 대한 인식

현실은 필연적으로 과거와 미래를 준거로 하여 인식될 수밖에 없으며 현실 인식에는 가치 개입이 불가피하다. 우리의 행위를 구체적으로 좌우하는 것은 '인식된 현실'이며 가치가 개입되지 않은 객관적인 현실은 개념상으로만 존재할 뿐이다. 우리가 추구하는 객관적인 판단은 어디까지나 정도의 차이에 의거한 상대적인 개념이며 판단 행위에서 절대적 객관성은 보장될 수 없다. 우리는 판단을 해야 할 때 자신의 가치를 개입시키지 않기 위해 노력할 수 있지만 가치로부터 완전히 자유로울 수는 없다. 한국 교육학계의 현실을 분석하고 해석하는 데 있어서, 나는 현실이 위기임을 강조하고 각성과 분발을 촉구하고자 한다. 그리고 나는 이 책의 편집 목적이 교육학의 발전을 도모하는 데 있다고 생각하고 자성과 분발에 더 치중하고자 한다.

한국의 교육학계가 처한 현실을 인식하고 미래를 전망하는 작업을 몰가치적으로 수행할 수는 없다. 나는 이 글을 통해 교육학의 과거와 현실을 담담하게 소개하는 수준을 넘어 비판적으로 반성하고 위기를 인식하며 적극적으로 대처하기를 제안하고자 한다. 1945년 해방 이후, 한국의 모든 학계는 영역이나 분야를 막론하고 크게 발전해 왔다. 한국사회가 겪었던 지난 50년 동안의 격변을 고려하면 한국의 교육학계는, 다른 모든 분야와 마찬가지로, 긍정적 평가를 받는 데 부족함이 없다. 우리가 이룩한 성취는 우리보다 외국에서 더 높이 평가하고 있다. 우리의 선배들이 주도하여 이룩한 업적은 신화로 비유될 정도이기 때문에, 나는 이 글에서 교육학자들의 정진에 더욱 박차를 가하는 의미에서 한국의 교육학을 반성적으로 회고하고 부족함과 아쉬움을 고백함으로써 발전적 전망을 제시하려고 한다. 사실, 우리의 현재는 과거 50년 전, 40년 전, 30년 전, 20년 전, 심지어 10년 전과 비교할 때 급격히 성장하였다.

회원수 50명, 200명, 1,000명의 시대와 5,000명의 시대를 비교하는 것은 무의미하다. 5,000명의 교육학자들이 컴퓨터와 인터넷의 지원을 받으면서 이룬 성과를 50명, 200명, 1,000명의 교육학자들이 원고지나 공타로 이루어낸 업적과 비교해서는 안 된다. 21세기의 주역들은 과거보다 조금 높은 수준의 목표를 설정하고 그 목표를 달성하는 데 만족할 수 없다. 지금 우리들에게 요구되는 목표는 미래지향적이고 국제적이어야 한다. 우리의 선배들이 국가 존망의 위기 상황에서 혼신을 다해 학문에 열정을 쏟았던 것처럼 우리도 열성을 다해서 지적 탐구에 몰입해야 하고 그 곳에서 즐거움을 맛보아야 한다. 우리의 선배들이 1953년 4월 4일 임시수도 부산에서 교육학회를 결성할 때의 심정을 지금 헤아릴 수 없지만, 아마도 처절했을 것이다. 그렇지만 그 분들은 국가의 존립과 발전이 교육에 달려 있다고 확신했을 것이다. 그 때와 마찬가지로 한국의 미래는 역시 교육에 달려 있다. 우리가 가지고 있는 자본들 - 금전적 자본, 천연 자원, 문화적 자본 등 - 가운데 국제경쟁력 이 가장 높은 자본이 인적 자본이다.

醫學의 뒷받침 없이 醫術이 발달할 수 없듯이 교육학의 지원 없이 교육이 제대로 될 수 없다. 한국 교육학의 현실은 이대로 움츠리고 있을 수 없는 절박한 상황이며 상당히 많은 학자들이 위기 또는 결단의 시점이라고 진단하고 있다. 이러한 진단의 근거는 몇 가지로 정리될 수 있다. 첫째, 교육학의 하위 영역들이 전문화되고 새로운 영역들이 부각하면서 영역 사이의 경계가 뚜렷해지는 한편 교류도 줄어들고 있으며 영역들에 따라서는 단절되어 있다. 분가한 영역들은 본가와 경쟁적 또는 대립적 관계를 조성하기도 한다. 하위 영역들 사이에 장벽이 높아지면서 교육학은 없어지고 分科 學問만 존재하는 사태로 진행되고 있다. 결과적으로 전공자들도 학자적 소양보다 전문가적 속성을 중시할 가능성이 높아 간다.

동일함이 가져다 준 결속이 더 이상 지속될 수 없는 시점에 와 있다. 이제는 이질감이 심화되고 있기 때문에 동질성에 의한 기계적 결속에 더 이상 의존할 수 없으며 의도적으로 유기적 결속을 도모해야 할 때가 되었다. 한국의 교육학이 태동할 때에는 오늘날 전혀 다른 학문처럼 처신하는 교육철학자들과 교육평가학자들도 자리를 함께 하였다. 그러나 지금은 한솥밥을 먹었던 교육역사학자들과 교육철학자들, 교육심리학자들과 교육평가학자들, 교육사회학자들과 사회교육학자들도 서로 이해하지 못하고 있다. 교육학이 분절화되면서 교육학의 학문적 영향력은 오히려 줄어들고 있다. 이제는 어느 누구도 교육학자로 자처하기 어려우며 하위 영역의 전문가로 처신하려고 한다. 생산과정이 분업화되면서 노동자들의 기술 수준이 저하되고 더 쉽게 통제를 받게 되듯이, 학계에서의 분절화는 개별 학자들의 지적 영향력을 축소시키게 마련이다. 한 영역의 전문가는 다른 영역에의 이해를 바탕으로 해야 하는데 오히려 경계를 만들고 있다. 깊이 파려면 넓게 파야 함에도 불구하고, 많은 학자들이 깊이에만 집착함으로써 파고 들어가면 갈수록 자신이 판 곳에 스스로 매몰될 위험을 가중시키고 있다.

둘째, 교육학자들이 늘어나지만 교육학은 교육현장으로부터 오히려 멀어지고 있다. 교육현장을 심층적으로 파악할 수 있는 연구물들이 크게 부족하다. 현장에 있는 교사들이나 교육행정가들에 의해 수행된 연구, 현장을 참여·관찰한 연구, 현장에 대한 상상력을 동원한 연구 등을 통해서 현장을 이해할 수 있는데도 불구하고 교사·교장들, 참여관찰자들, 현장경험을 가진 학자들에 의한 교육현장 파악은 이루어지고 있지 않다. 교사·교장들은 스스로 교육학 연구와 무관하다고 생각하며 대부분의 교육학자들은 교직경험이 없다. 교직경험은 물론이며 교육현장에 대한 상상력도 없는 교육학자들이 자신들의 학창시절을 떠올리거나 '질문지교육학'(questionnaire-oriented study of education)으로 현장을 파악하려 하지만, 복잡하고 미묘한 교육의 현실과 현상이 쉽게 포착될 리 없다. 따라서 교육학 관련 과목들(전공 및 교직 과목)을 담당하는 교수들에게 임용 前 또는 後에라도 현장 경력을 갖도록 요구할 필요가 있다. 지극히 실천적인 학문인 교육학이 현장 경험과 현장에 대한 상상력 없이 탐구되고 있음은 심각한 문제로 받아들여야 마땅하다.

셋째, 교육학자들은 많은데 학술 발표회와 학회 논문집은 침체에서 벗어나지 못하고 있다. 교육학회는 물론이며 분과 학회도 학술 모임 참여를 독려하고 있지만 활성화를 이끌어내지 못하고 있다. 집행부의 헌신적 노력이 없으면 곧바로 사라질 위험에 처할 정도로 악화된 분과 학회도 적지 않다. 상당수의 회원들은 자신들이 학회의 주체이면서도 고객처럼 대우를 받으려고 한다. 나는 학회가 활성화되려면 회원 모두 발표자이면서 청중이 되어야 한다고 주장해 왔다. 나는 학회의 활성화에 중견 및 원로 학자들의 역할이 결정적이라고 확신하고 있다. 원로 학자들이 학회지에 투고하고 심사 받은 후 논문을 게재한다면, 그 자체만으로도 학회 발전에 크게 기여할 수 있다. 어느 누구라도 심사나 비판을 두려워하고 기피한다면 학자일 수 없다. 그 이유는 학문은 광장에서 대화로 이루어지며 밀실에서의 독백을 거부하기 때문이다. 심사나 비판은 獨斷을 막아주는 효율적인 장치이다. 한국의 교육학자들은 너무 일찍 연구 활동을 종결짓는 것 같다. 학회 논문집에 게재된 논문 집필자들의 연령을 추정해 보면 早老化 현상이 사실임을 확인할 수 있다. 적지 않은 학자들이 논문투고와 같은 구체적인 연구 활동을 중단했음에도 불구하고 大家로 자처한다. 학문은 탐구함으로써 쌓여가는 것이며 관록에 의해 좌우되지 않는다.

넷째, 교육학계는 중심적 주제에 소홀하고 주변적 주제에 치중하고 있으며 정통적 접근보다 묘안 찾기에 더 비중을 두고 있다. 방안을 제시하는 보고서가 범람하는 데 비해서 핵심적 주제들이 덜 다루어지고 있다. 주변적 주제들은 학문 영역 사이의 경계를 넘나들거나 초월하는 주제들과는 명백히 구별된다. 다시 말해서, 정통적 주제들을 치열하게 다루기보다는 '틀렸다고 지적 받지는 않으나 학문적으로는 큰 의미 없는 주제들'을 다룬다. 이러한 전략은 심사를 거쳐야 게재되는 교육학회와 분과 학회의 정기간행물(학술논문집)에서 흔히 볼 수 있다. 교수채용 과정에 참여하여 지원자들의 업적을 심사하다 보면 대부분의 지원자들이 수많은 보고서를 출판하는 데 비해서 정기학술지에 게재한 논문의 수는 상대적으로 크게 빈약함을 확인할 수 있다. 교수들이 출판하는 논문들 가운데에는 지적 탐구의 결과로 인정될 수 없는 곧, 업적보고용으로 오해를 받을 수 있는 것들도 적지 않다. 한국 대학사회에서는 승진을 위해 업적을 量産하도록 강요받는 교수들에 의해 "논문 쓰느라고 연구할 시간이 없다"는 아주 풍자적이며 自嘲的인 말이 돌고 있다.

한창 지적 탐구에 열중해야 할 젊은 학자들도 지적 호기심에 이끌린 연구에 집중하기보다는 연구비를 받을 수 있는 프로젝트에 더 매달리고 있다. 그러나 프로젝트나 보고서에서는 이론적 배경이 부실하거나 아예 없을 뿐만 아니라 가설, 가정, 연구문제 등이 제기되지 않고 결과가 분석되고 결론이 도출되며 아주 강력하거나 획기적인 제안이 뜬금없이 선언된다. 상당수의 학자들이 정책 연구에 치중함으로써 학문적 순수성을 상실하고 대책 마련에 치중함으로써 이론적, 논리적, 실증적 근거 없이 제언을 남발하고 있다. 이러한 현상은 자연과학과 기술공학에 기초하지 않고 '히트 상품'을 생산하려는 시도에 비유할 수 있다. 무분별한 아이디어나 대책의 남발로 교육학계 전체가 신뢰를 상실하고 있다.

호기심과 의문은 학자가 기본적으로 갖추어야 할 속성이다. 그 이유는 궁금해 하지 않고서는 탐구할 수 없기 때문이다. 그런데 한국 교육학계는 지적 호기심과 질문도 없이 확신에 차서 정답을 구하는 형식의 연구를 수행하는 경향이 있다. 보고서는 물론이며 심지어 논문에서도 가설이나 가정이 기존 개념, 이론, 결과에 대한 심층적 논의를 거치지 않고 느닷없이 제기되기도 한다. 이 때문에 이러한 유형의 보고서와 논문은 진단 없이 처방을 내릴 뿐만 아니라 만병통치약 같은 방안을 내놓는 데에도 서슴거리지 않는다.

다섯째, 논문이나 서적의 구성과 편집이 치밀하지 않다. 수많은 논문들과 도서들이 규정된 작성법에 의거하지 않을 뿐만 아니라 자체 내에서도 일관성을 결여하고 있다. 참고문헌의 폭은 극도로 제한되어 있으며 표기 양식을 제대로 지키지 않는 경우도 적지 않다. 본문에 인용된 문헌과 참고문헌에 제시된 문헌이 照應하지 않는 경우도 있다. 자료나 문헌이 본문에는 인용되었는데 참고문헌에는 없거나 본문에는 인용하지 않았는데도 참고문헌에는 나타나는 경우도 많다. 참고한 부분을 찾을 수 없게 표기하기도 하며 문헌의 정보가 부실한 경우도 매우 많다. 주어와 술어가 相應하지 않는 문장이 빈번하게 나타나고 거부감을 느낄 정도로 문법적 오류가 많기 때문에, 상당한 인내심을 가져야 끝까지 읽을 수 있다.

III. 하위 영역들의 현실 인식

오늘날 한국의 교육학자들은 교육학회의 회원으로보다는 분과 학회의 회원으로 자신들을 소개할 만큼 하위 영역들이 분화되었으며 정체성을 주장하고 있다. 하위 영역의 교육학들은 주제와 접근법은 물론이며 현실적 처지도 상당히 다르다. 이 장은 총론의 성격도 갖고 있기 때문에, 나는 교육학의 하위 영역들을 소개하고 정리하기 위해 각 영역의 전문가들에 의해 집필된 글들(이 책 안의)을 심층적으로 읽었다. 영역별 특색이, 집필자의 개인적 특성의 차이를 감안하고도, 상당히 두드려졌다. 그리고 영역에 따라서 위기의 정도와 미래의 전망이 상당히 다름을 파악할 수 있었다. 전통적 영역들의 어두움과 새로운 영역들의 밝음이 은연중에 드러났다. 독자들도 各論들을 읽으면서 영역별 특색을 뚜렷하게 파악할 수 있을 것이다. 나는 교육학자들이 자신의 전공 영역이 아닌 영역들을 이해하고 자신의 영역을 넓히기 위해서 후속되는 글들을 읽어보기를 권하고 싶다.

이 책은 교육학의 중견학자들에 의해서 집필되었다. 우리는 시간을 과거, 현재, 미래로 구분하지만 현재라는 시대 구분은 사실상 없다. 우리는 과거를 회상하고 미래를 전망하며 작업할 뿐이다. 현재 중견학자들은 미래의 초석을 다져야 하는 역할을 맡고 있다. 이들의 작업이 어떻게 수행되느냐에 따라 한국 교육학의 미래가 상당히 좌우된다. 이들이 현실을 어떻게 靜觀하느냐에 따라 미래의 방향이 결정된다. 각 영역의 문제점들과 과제들은 집필자들과 해당 영역의 특성에 따라 소상히 밝혀지기도 하고 언급되지 않기도 하였다. 나는 각론들에서 지적된 해당 영역의 문제점들을 교육학계 일부에서 공유되고 있는 소문 그리고 나의 소견을 더하여 해석하고자 한다. 교육사학, 교육철학, 교육심리학, 교육사회학, 교육과정학, 교육행정학, 교육평가학, 교육공학, 평생교육학의 순서로 기술한다.

한국교육사학은 내부적으로도 긍정적 평가와 낙관적 전망을 내놓기를 주저하고 있다(정순목, 1982; 김인회, 1982; 신차균, 1983; 정영수, 1998; 이길상, 1999). 교육사는 교육학에서 핵심적 위치를 차지하고 있지만 그에 따른 역할을 수행하는 데 어려움을 갖고 있다. 이길상(이 책에 발표된 이길상의 글: 이하 '이 책'으로 표기함)이 지적한 바에 따르면, 한국교육사학은 (1) 역사학자들이 연구한 결과물에 지나치게 의존하고 있다. (2) 史料에 대한 과학적 접근이 결여되어 있으며 사료를 발굴하려는 의지와 노력이 부족하다. (3) 방법론에 대해 무관심하며 성공 사례나 人物을 중심으로 연구하고 있을 뿐만 아니라 비교 연구를 기피하고 있다. 그는 마지막으로 논쟁을 회피하지 말 것을 촉구하고 있다. 그는 학술적 비판이 인신공격으로 되돌아오는 현실에서는 지적 풍토가 조성될 수 없다고 단언한다. 이러한 현실에 대해서 학자들은 안타깝게 생각하지만 정작 자신이 비판받는 사태에 직면하면 비슷한 상황을 만들어낸다. 여기서 언급해 둘 사항은 대학에서 동양교육사와 서양교육사가 가르쳐져 왔지만 연구되는 경우는 거의 없었다는 사실이다.

교육철학의 현실은 자손들이 출가하여 공허해진 名文家와 유사하다. 이 책에서 정진곤은 교육학 연구물들 가운데에서 교육철학으로 인정될 수 있는 것들을 가려내는 일도 쉽지 않다고 하소연한다. 1964년부터 1982년까지 한국교육사와 함께 활동해 온 점도 교육철학의 구분을 애매하게 만들고 있다. 교육철학의 학문적 특성 때문에 다른 영역과의 구분이 불분명하며 이는 곧 교육철학의 정체성에 대한 회의로 이어진다. 교육철학적임을 분명히 하기 위해 애를 썼기 때문에 異論의 여지없이 인정될 수 있는 주제들만 다루게 되면서, 교육철학 연구물들은 철학자 또는 사상가에 대한 연구에 집중되었다. 이 과정에서 철학자들과 사상가들로부터 의도적으로 교육사상을 이끌어내게 되어, 결과적으로 이들 대부분이 교육에 대해 중대한 역할과 공헌을 한 것으로 결론지어졌다. 정진곤은 이러한 경향이 선진국에서도 있음을 외국 문헌들(Lucas, 1969; Mamm, 1989)을 통해 밝혔으며 이러한 유형의 글들은 당면하고 있는 교육문제들을 해결하는 데 도움이 되지 않는다고 지적하였다.

다른 한편의 교육철학자들은 고유의 영역을 확보하기 위해서 어떤 영역에서도 시도하지 않지만 학계에서 반드시 요구되는 작업으로서 교육학 용어를 분석하는 일에 집중하였다. 이러한 작업에 대해서 교육철학계 내부에서도 "직면한 교육문제들과 쟁점들을 제쳐두고 관념적이고 추상적인 논의에만 매달리고 있다"는 비판이 제기되었으며 인접 영역들은 이러한 작업에 대해서 외면하였다. 교육철학 바깥 영역의 학자들은 자신들이 불편함 없이 사용하고 있는 개념들과 용어들을 분석하려고 애쓰는 일상언어분석 철학자들을 이해할 수 없었다. 여러 영역들이 독립했음에도 불구하고 교육철학은 여전히 많은 영역들을 안고 있으며, 그 영역들의 이질적 속성 때문에 교류에 어려움을 겪고 있다. 한국교육철학, 영·미교육철학, 독일교육철학 등은 상당히 이질적이기 때문에 서로를 이해하는 데 어려울 수밖에 없다. 이처럼 여러 가지 난관 때문에, 교육철학계에서는 탐구 대상을 한정하려는 움직임도 일어나고 있다.

교육심리학은, 교육철학이 교육의 목표를 설정하는 데 주도적 역할을 했듯이, 설정된 목표를 달성하는 방법을 제시하는 데 결정적 역할을 수행하였다. 교육심리학은 가시적, 객관적 증거들을 중시하기 때문에 교육학의 과학화를 선도하였다. 한국 교육학계의 양대 산맥 가운데 한 쪽을 담당했던 교육심리학도 여러 분야가 독립하면서 이전의 위력을 상당히 상실하였다. 그러나 교육이 여전히 개인적 속성의 변화에 주력하고 있기 때문에(황정규, 2000) 이에 부합하는 교육심리학의 영향력은 적지 않다.

　한국교육학계에서 뚜렷하고 광범위 영역을 확보했던 교육심리학은 교육평가학과 교육공학을 분가시켰으며 상당 영역의 독립을 지켜보고 있다. 교육심리학은 여전히 양적 팽창을 지속하고 있지만 정체성과 위상에 대한 논쟁도 제기되고 있다. 이 책에서 김아영은 한국 교육심리학의 과제를 학문적 정체성 확립, 교육현장과 관련하여 탐색해야 할 과제의 명료화, 양적 접근법과 질적 접근법의 조화, 교육심리학 교재의 내용 정비, 한국적 문화의 배려, 교육현장과의 관련성(relevance) 제고 등을 들고 있다. 김아영도 다른 영역의 집필자들과 마찬가지로 인접학문과의 교류와 협력이 중요한 과제임을 강조하였다.

　사회학은 사회가 분열되고 위기에 처해 있을 때 결속을 강조하지만, 사회의 부정적 측면을 비판하는 데에도 주저하지 않는다. 우리는 사회학의 兩面性을 뒤르켐과 마르크스를 통해 이해할 수 있다. 한국사회에서 교육사회학은 浮沈이 교차하였다. 한국이 위기에 처해 있고 변화와 개혁을 도모했을 때 교육사회학은 지역사회의 개발과 사회화 기능을 강조함으로써 부각되었고, 독재체제가 지속될 때 비판적 역할을 담당했으며, 執權의 正統性(legitimacy)이 무너졌을 때에는 전성기를 누렸다. 그러나 동구권의 몰락과 이념 대결구도가 약화되면서 다양한 관점이 허용되자 비판적 역할을 담당했던 교육사회학의 매력이 감소하였다(김경근, 이 책). 그러나 김경근은 市場원리를 강조하는 신자유주의가 강력하게 부상하고 불평등이 정당화되고 있기 때문에 교육사회학의 필요성은 높아질 것이라고 예측하였다.

　이 책에서 김경근은 교육사회학계의 주요한 성과의 하나로 한국 고유이론의 탐색을 들고 있다. 교육사회학자들은 남북으로 분단되어 있으며 이념 대립이 첨예한 이유를 설명하기 위한 '사회구성체론' 논쟁 그리고 외국인들은 물론이며 한국인들 스스로도 경이롭게 생각하며 감당하지 못하고 있는 '교육열'에 대한 이론화 작업에 심혈을 기울여 왔다. 최근 교육사회학계는 이론의 다양화에도 관심을 기울이고 있으며 거시적 접근에의 편향에서 벗어나고 학교와 학급의 日常까지 파악하기 위한 작업을 미시적 접근을 통해

도모하고 있다(오욱환, 2001). 최근에는 종전까지 비판에의 편향에서 벗어나 대안을 제시하는 데에도 주력하고 있으며, 이 과정에서 교육사회심리학, 교육인류학, 비교교육학, 여성교육, 질적 접근 등이 강조되고 있다.

교육학에 속한 하위 영역들의 관계 構圖를 만들면서 교육과정학을 가운데 위치시키는 데 대해서 크게 반대할 교육학자들은 많지 않을 것이다. 그 이유는 교육에서 가장 먼저 연상되는 것이 교과과정과 교수 - 학습이며 이 부분을 핵심 대상으로 하는 분야가 교육과정학이기 때문이다. 대상이 광범위 할 뿐만 아니라 교육의 핵심 부분을 대상으로 하기 때문에 교육과정학자들은 끊임없이 정체성에 대해 의문을 제기해 왔다. 이 책에서 홍후조는 교육과정학 이 정체성을 분명히 하고 고유 탐구영역을 규명해야 한다고 주장하였다.

교육과정학자들은 해도 해도 줄지 않을 뿐만 아니라 오히려 늘어만 가는 일거리를 놓고 넋을 놓고 있는 듯하다. 교육과정학은 철학적 논의에 너무 치중하며 교육과정 정책에 너무 깊이 그리고 학문적 채비를 갖추지 않은 채 개입하는 듯하다. 교육과정학은 어느 영역보다 현장에 접근해야 함에도 불구하고 교육실천에 소홀하다. 교육과정 개발에 대해서는 극소수의 학자들 만이 힘겹게 노력하고 있을 뿐 여력을 가진 학자들은 이론이나 정책에만 몰두하고 있다. 교육과정학은 교과교육학과 밀접하게 관계를 유지하고 교과 별 교과과정을 구성해야 하지만 연결망을 갖고 있지 않은 듯하다. 이론적 작업의 경우에도 교과과정의 구성에 대한 인식론적 접근에는 관심을 기울이 지만 교과과정의 선정과 조직 그리고 교사 - 학생 상호교섭에 개입하는 사 회·문화적 영향에 대해서는 무관심한 듯하다. 다시 말해서, 교육과정 철학에 대해서는 예민하지만 교육과정 사회학의 설명과 주장에 대해서는 둔감하다. 이에 대해 일부 교육사회학자들은 교육과정학자들이 효율성 제고에만 주력 하며 정당성, 평등, 정의 등에는 눈을 돌리지 않는다고 비판한다. 김종건(2002) 은 교육과정학 분야에 교과과정, 수업, 교육매체, 측정·평가 등 네 부분이 포함된다고 규정하였다. 그러나 더 적극적으로 규정하면, 교육과정학은 교육 학의 모든 하위 영역이 다루는 주제들을 일부분 또는 상당한 부분을 공유하게 된다.

교육과정학은 구체적으로 교과과정을 구성하는 작업 심지어 교과서를 만드는 작업에 실질적으로 참여할 수 있어야 한다. 교과과정 정책의 방향을 지시하거나 일선 학교에서의 교과과정 운영에 대해서 야단칠 일에만 주력해서는 안 된다. 교과과정을 전공하면서 구체적 내용을 모른다는 것은 言語道斷이다. 교육과정학자와 교육공학자의 공동작업도 중요하다. 사이버대학, 방송수업 등이 시행되고 있지만 여전히 칠판에 판서하는 것을 영상으로 비추는 수준에서 벗어나지 못하고 있다. 영상매체를 이용한 수업을 전통적 교실수업으로만 진행한다는 것은 語不成說이다. 다양한 교육매체들이 등장하는 현대 사회에서 교육과정학자들과 교육공학자들의 긴밀한 교류는 필수적이며 절실하다.

교육행정학계는 다른 영역들과 비교할 때 청중, 발표자, 재정 등을 확보하는 데에서 수월하며 교육정책에 밀접하게 관련되어 있기 때문에 연구비 수혜 가능성도 다른 영역보다 상대적으로 유리하다. 그러나 내부적으로는 상당히 상이한 성격의 하위 영역들이 並存하고 있을 뿐만 아니라 이 영역들이 이미 독립적 활동을 전개하고 있기 때문에 분가의 가능성이 높다. 한국교육법학회, 한국교육재정경제학회, 한국교육정치학회, 한국교원교육학회 등이 독자적 정체성을 추구하고 있다. 하위 영역들이 정체성을 추구하고 있다는 사실은 교육행정학이 정체성 위기에 처해 있음을 간접적으로 시사한다. 주삼환(1987)은 선행연구들을 재고한 후 한국 교육행정학의 과제와 방향으로 한국 교육행정학의 토착화, 이론의 정립, 연구범위의 균형적 확대, 연구방법의 다양화, 인접 학문과의 협동, 이론과 실제의 연결, 연구 인력의 저변 확대, 연구 정보의 공유와 교류 등을 제시하였다. 한편, 허병기(2002)는 한국 교육행정학계의 과제로 독자성과 정체성 제고, 교육학적 논의에의 충실, 이론화에 집중적 노력, 주제와 방법의 고도화와 다양화, 교육실제에의 접근, 대안적 모형의 개발과 적용 등 여섯 가지를 제시하였다.

이 책에서 한유경은 이를 다시 정리하여 한국 교육행정학계의 과제로서

(1) 이론의 토착화 작업, (2) 체계적인 현실 파악을 통한 정책 대안 제시, (3) 학회 활동의 다양화와 신진 학자 및 대학원 학생의 참여 독려, (4) 국제적 학술 교류의 활성화, (5) 資料基地(data base) 구축, (6) 연구 영역의 확대와 심화 등을 제시하였다. 한국 교육학계가 학문적으로 순수하고 더욱 발전하기 위해서는 이미 구상되었거나 추진될 예정인 정책이나 계획을 학문적으로 합리화하고 절차상으로 정당화하기 위해 조성된 연구 과제를 위촉받거나 수행하는 일을 自制해야 한다. 다른 영역에도 '下請'같은 과제들이 제공되지만, 교육행정학은 학문적 성격상 더 많은 유혹을 받고 있다. '하청과제'는 지적 호기심에서 탐구하는 작업과 대비되며 직업으로서 학문을 선택한 학자가 반기며 수행해야 할 과제는 아니다.

한국인들이 교육과 관련지어 가장 많이 언급하는 용어는 아마 '평가'일 것이다. 한국사회의 높은 교육열은 모든 학생들과 그들의 부모들 곧, 모든 한국인들을 시험과 성적에 몰두하게 만들었다. 이러한 상황에서 교육평가 전문가들에 대한 수요가 적지 않기 때문에, 교육평가학은 교육학의 하위 영역들 가운데 취업에 가장 유리한 영역으로 인식되기도 한다. 그러나 교육평가학은 한국의 教育學史에서 초기부터 '교육의 과학화' 구호 아래 발전하였다. 교육의 과학화가 객관성, 可視性, 比較可能性 등을 추구했기 때문에 數値化 작업이 절실히 요구되었다. 이 때문에 評價보다 測定이 더 일찍 그리고 더 중요한 작업으로 인식되었다. 그러나 구호는 크게 외쳐졌지만 실제로 한국의 교육학이 과학화되었다고 말하기 어렵다. 이 책에서 강상진은 한국의 교육학이 정책결정에서 객관적 증거 없이 주관과 통찰에만 의존하고 있음을 지적하였다. 그는 교육학계의 이러한 관행이 교육학의 정체성 위기를 가져올 수 있으며 교육학자들의 신뢰성이 상실되는 원인이 될 수 있음을 지목하였다.

또 강상진은 교육평가학계가 전문성만을 강조함으로써 스스로 벽을 높이 쌓고 인접 영역들로부터 외면당하고 있음을 자성하였다. 그의 주장처럼, 다른 영역의 교육학자들이 교육평가학을 잘 모르거나 이해하는 데 어려움을 갖고 있다면 그들의 책임도 있지만 교육평가학자들의 책임 또한 적지 않다. 다른 교육학자들에게 교육평가와 교육측정은 연구를 수행하는 데 필요한 도구로 이해되고 있다. 이처럼 교육평가학을 격하시키는 이러한 유형의 인식은 불식되어야 마땅하다. 그러나 인식을 전환시키는 과제는 교육평가학자들이 책임지고 수행할 수밖에 없다. 나는 교육평가학자들이 교육철학, 교육심리학, 교육사회학 등 교육학의 기초 학문뿐만 아니라 교육과정학을 포함한 다른 모든 영역과 적극적으로 교류해야 한다고 생각한다. 그렇게 함으로써 교육평가학은 제대로 평가받고 교육학의 학문적 위상이 격상될 수 있다. 교육학자들도 통계학을 배우기를 기피하고 이에 대한 이해부족 때문에 자신들의 사고와 연구주제를 제한받아서는 곤란하다.

교육공학은 한국 교육계에 상당히 일찍 도입되었다. 1950년대 초반부터 미국의 對한국 교육정책의 하나로 '영화교실운동'이 실시되었고, 1960년대 에는 '시청각교육'이 하나의 운동으로 각급 학교에 파급되었다. 최근에는 컴퓨터와 인터넷이 보편화되면서 교육공학의 영역은 무한히 확대되고 있다 (김영수, 이 책). 그러나 교육공학이 다루는 주제들은 교육학자들에게도 잘 알려져 있지 않다. 이 책에서 김영수의 분류에 따르면, 교육공학은 교육공학 일반, 교수설계, 교수 - 학습이론, 교수매체, 컴퓨터 관련, 교육공학 행정, 기업·산업교육 등 일곱 가지로 나뉜다.

교육공학은 학습의 효율성을 높이기 위해서 機資材를 활용하는 방법으로 이해되고 있다. 교육공학자들은 교육공학을 '도구의 활용법' 정도로 알고 있는 일반인들과 다른 영역의 교육학자들의 오해를 불식시키고 歪曲을 바로 잡을 필요가 있다. 일반인들보다 다른 영역의 교육학자들의 오해나 곡해가 교육공학의 학문적 가치를 격하시키는 데 훨씬 더 직접적으로 영향을 미치게 된다. 그리고 교육공학은 공학적 효율성에의 집착을 우려해야 한다. 시청각 기자재, 컴퓨터, 인터넷 등으로 교사의 수업효과가 상승할 것으로 예측하지 만, 실제로 효과적인지에 대해서는 의문의 여지가 많다. 예를 들면, 파워포인 트(power point)를 활용하여 수업을 진행할 경우 제시되는 정보량은 크게 증가하겠지만 교사와 학생 사이에 이루어지는 '얼굴을 맞댄 '相互交涉'은 격감할 수밖에 없다. 정보전달의 효율성과 교육의 효과는 동일한 개념이 아닐 수 있다. 기술과 공학을 매개로 하기 때문에, 교육공학은 전통적으로 인본주의를 지향하는 교육학으로부터 오해를 받을 소지가 많다. 그 오해를 불식시키는 임무가 교육공학자들에게 맡겨져 있다.

평생교육학은 교육의 영역을 확대하는 데 지대한 공헌을 하고 있다. 그러나 영역이 무한히 확대되다 보면 교육학의 범위에서 벗어날 위험도 매우 높으며 그 위험성은 이미 상당히 드러나고 있다. '평생교육'에서 교육을 떼어버리고 영역을 확대하려는 움직임도 있는데 이 경우 훈련, 사회화, 교화 등이 교육을 대체하는 개념으로 이용될 것이다. 상당히 오래전부터 경영학, 경제학, 행정학, 심리학, 사회복지학 등에서 '인력개발'(human development)에 높은 관심을 보여 왔다. 평생교육학은, 인력개발이라는 영토를 두고 타 학문들과 주도권 쟁취를 경쟁하다 보면, 정작 교육학으로부터는 멀어질 가능성이 많다. 실제로 이러한 우려가 현실로 나타나고 있다.

평생교육학의 취약점은 이론의 不在에서 잘 드러난다. 아주 넓은 범위의 교육을 너무 다양하게 취급하는 데 따른 불가피함일 것이다. 이 책의 곽삼근의 설명에 따르면, 평생교육학이 이론화보다 실천에 초점을 둘 수밖에 없을 정도로 평생교육 실천에 대한 요구가 절박하고 팽창하였다. 그러나 의미 있는 개념들과 이론들에 의해 뒷받침 되지 않은 연구들은 사실(fact)과 예감 (hunch)의 수준을 넘을 수 없기 때문에 학문의 발전에 도움이 되지 않는다. 평생교육학은, 교육에 대한 집단의 必要와 개인의 慾求를 충족시키는 데 집중했기 때문에, 요구하거나 욕구를 표명하지 못하는 집단들과 개인들에 대해서는 관심을 기울이지 못하였다. 따라서 평생교육학은 보수주의적, 개인주의적 속성을 갖고 있으며 상대적으로 진보·급진주의적, 구조주의적 성향은 약하다. 예를 들면, 노동자교육, 의식화교육, 文解교육 등에 대한 연구는 거의 없다. 체제의 유지 또는 발전을 위한 평생교육이 중요하다면, 체제변화 또는 개혁을 위한 평생교육도 의미가 있어야 마땅하다.

Ⅳ. 한국 교육학의 과제

한국 교육학의 미래는 개별 학자들의 일상적 탐구활동과 교육학계의 집단적 풍토에 달려 있다. 최근 교육학계의 話頭는 '급변하는 사회에서 교육학의 정체성 위기'로 축약된다. 교육학의 하위 영역들에서도 정체성에 대한 논란이 끊이지 않고 있다. 교육학회와 분과 학회에서는 수차례의 모임을 통해서 정체성과 과제에 대해 衆智를 모아 왔다. 현실이 어떻게 규정되든, 한국 교육학의 미래는 교육학자들의 구체적 활동에 달려 있다. 한국 교육학자들이 자신들에 의해서 위기가 도래했고 극복의 과업도 자신들이 책임져야 한다고 인식할 때, 교육학계의 밝은 미래가 기대될 수 있다. 그 기대의 성취는 실제적인 활동에 의해서만 결정된다.

현대사회에서는 어느 누구도 교육과 무관하게 살아갈 수 없다. 더욱이 한국처럼 교육에 열정을 가진 사회의 경우에는 모든 성인들이 교육현실과 교육정책에 대해 一家見을 갖고 있다. 격동의 세월을 겪으면서 모든 한국인들이 정치에 대해 확고한 견해를 갖고 있듯이, 學歷과 學閥에 따라 극명하게 구별되는 인생을 살아가고 있는 한국의 성인들은 교육에 대해 설명하고 주장하기를 주저하지 않는다. 이 때문에 한국사회에서는 교육학자들의 주장이 전문가의 의견으로 대접받기 어렵다. 교육학의 정체성과 권위는 개별 교육학자들이 수행하는 지적 작업과 교육학계의 학문적 풍토에 의해서 확보된다.

1. 교육학자의 자세

한국 교육학의 위기도 교육학자들에 의해서 초래된다. 외부 상황의 변화에 따라서 위기가 초래될 수 있고 실제로 그렇게 될 가능성이 매우 높지만, 위기에 대한 책임은 고스란히 교육학자들에게 일차적으로 돌려질 수밖에 없다. 한국 교육학의 발전은 교육학자들의 실질적인 성과의 축적과 교류에 의해 좌우된다. 여기서 교육학자는 교육현상을 기술, 설명, 예언, 통제하려는 목적을 갖고 문헌을 읽고 발표를 들으며 글을 쓰는 작업을 일상적으로 하는 곧, '직업으로서 학문'(베버, 1976)을 택한 사람을 일컫는다. 학자들은 연령과 업적에 따라 원로, 중견, 신진 학자들로 분류되기도 하지만, 일상적인 지적 활동에서는 격차나 차이가 있을 수 없다. 그러나 어떤 종류의 학문이든지 원로, 중견, 신진 학자들이 각기 맡았거나 기대된 역할을 충분히 수행할 때 발전할 수 있으며 역할을 거부하거나 기대를 저버릴 때 퇴보하게 된다. 우리들은 의미 있는 타인들을 모방하고 준거집단의 평가를 의식함으로써 절제 있게 행동한다. 청년처럼 탐구하는 원로 학자들, 신진 학자처럼 배우려 드는 중견 학자들, 학생처럼 공부하는 신진 학자들은 서로에게 의미 있는 타인들이 되며 지적 목표와 일상적 과제들의 우선순위를 결정할 때 준거집단 이 된다. 학계까지 은퇴한 것으로 소문난 원로 교육학자의 논문이 심사를 거친 후 학회논문집에 게재된다면, 그것은 後學들에게 '신선한 충격'이 될 것이다.

교육학자들의 양적 확대만큼 학문적 성과가 이루어지고 있지 않다. 한국사회에는 교육학자로 자처하는 사람들은 많지만 요구되는 역할을 책임 있게 담당하는 학자들은 많지 않다. 상당한 知名度를 가진 학자들도 그러한 평판에 어울리는 성과를 내놓지 못하는 경우가 많다. 한국 교육학자들에게서 나타나는 부정적 특성은 너무 이른 학문적 老化, 심화와 확산을 명분으로 한 전공과 전통 학문에서의 離脫, 학문보다 강의, 보직 등으로 인한 역할 왜곡, 학회 활동의 경시 또는 무시 등으로 구체화되며 이는 독백보다 대화, 강요보다 설득을 중시하는 학문의 세계에서 멀어짐을 의미한다. 보고서보다 심사를 거쳐야 하는 논문에, 그리고 최소한의 독자를 확보할 수 있는 교재보다 논쟁을 불러일으키는 논저에 더 비중을 두는 학자들의 수가 늘어남으로써 그들이 소속되어 있는 학회와 학계는 밝은 미래를 맞이할 수 있다. 연구실과 강의실보다 정책회의실이나 補職室을 더 중시하는 학자들이 절대 다수를 구성한다면 밝은 미래는 불가능하다. 어느 누구라도 主業은 그가 어디에 시간을 많이 투자하느냐로 결정된다.

마음만 먹으면 언제라도 걸작이나 대작을 쓸 수 있다는 자신감을 갖는 것은 필요하지만 그 자신감이 구체적 작업으로 이어지지 못하면 아무런 의미도 없다. 오히려 성과와 무관하게 표현되는 자신감은 학회의 학술적 집회나 집행적 회의를 방해하는 방향으로 작용하기도 한다. 한국 교육학자들에게 요구되는 것은 학회지에의 투고와 학술대회에서의 발표이며 진지한 경청이다. 걸작이나 대작을 내놓으려고 벼르지 말고 소품이라도 자주 발표하는 것이 학문의 발전에 유익하며 논쟁을 촉발하는 것이 침묵하는 것보다 낫다. "오래 기다리게 하는 것과 오지 않는 것은 조금도 다르지 않다."

학회에 참석하지 않는 학자들일수록, 등장할 경우에는 한 수 가르치려 드는 경향이 있다. 이들은 자신들이 틀릴 수 있음을 인정하지 않으려 하며 비판받을 수 있는 장면을 절대로 만들지 않는다. 학문은 자신도 틀릴 수 있음을 인정하고 오류를 만들지 않기 위해 애를 쓰는 학자들에 의해서 발전한다. 이들은 자신의 연구나 글의 진위 여부를 타인들이 확인할 수 있도록 참조한 문헌들과 자료의 출처를 소상히 밝힌다. 우리 주변에는 글쓰기와 논문작성을 도와주는 수많은 문헌들이 있고 모든 학회는 투고 양식을 자세히 설명하고 있다. 그렇지만 우리는 투고 양식을 지키지 않거나 불성실한 논문들을 많이 접하고 있다.

한국 교육학자들은 가르치려 드는 경향이 너무 강하며 배우는 데 소홀한 듯하다. 야단치는 분들과 비난하는 사람들은 많은데 솔선수범하는 先學과 後學들은 적다. 많은 학자들이 '없다', '부족하다', '아쉽다' 등으로 지적 활동의 不實을 비판하지만 정작 자신들은 '없고, 부족하고, 아쉬운' 부분들을 보완하는 작업을 실행하지는 않는다. 다소 미흡하더라도 발표해 주어야만 다른 학자들의 참여를 이끌어낼 수 있다. 야단을 치거나 아쉬움을 토로하는 것보다 직접 수행한 결과물은, 비록 문제점이 많더라도, 다른 학자들이 딛고 오를 수 있는 디딤돌이 된다. 연구하지 않는 학자일수록 논문이나 논저에서 충족되어야 할 조건들을 까다롭게 요구함으로써 초보자들을 주눅 들게 하는 경향이 있다. 예를 들면, 학회에 투고한 논문을 심사하는 학자들 가운데 그 논문집에 투고하는 데 소극적이었던 학자들일수록 더 부정적으로 심사하는 경향이 있다.

2. 교육학계의 과제

한국 교육학의 미래는 한국 교육학자들이 (1) 현실을 어떻게 인식하고 (2) 지적 탐구와 학문적 성취에 얼마나 가치를 부여하며 (3) 설정한 목표를 달성할 수 있다는 확신이 어느 정도이냐에 달려 있다. 이들이 자신들의 노력에 따라 한국 교육학이 얼마든지 발전할 수 있다고 확신하고 실제로 꾸준히 정진한다면 한국 교육학은 크게 발전할 것이다. 학계의 발전은 개별 학자들의 학문적 성취가 기본적 조건이 될 수밖에 없다. 그러나 개별 학자들의 지적 활동은 학계의 풍토에 의해 영향을 많이 받는다. 교육학자들은 학교, 학급, 동기생, 친구 등에 의해서 이루어지는 풍토 또는 분위기가 개별 학생들의 교육관, 교육포부, 학습태도 등에 의미 있는 영향을 미치고 있음을 잘 알고 있다. 우리가 흔히 말하는 좋은 학교와 좋은 학급은 고무적, 경쟁적, 상호 준거적인 분위기가 형성된 학교와 학급을 의미한다. 교육학자들은 자신들이 소속되어 있는 대학, 연구소, 학회 등이 조성한 지적 풍토의 유형에 따라서 상당히 다른 학문적 활동을 할 수밖에 없다. 그렇지만 그 조직의 풍토는 소속 구성원들에 의해서 상당히 바뀔 수 있다. 개별 학자들이 적극적이고 진취적인 지적 풍토를 만드는 主役을 自任할 때 그 조직은 발전한다.

절대 다수의 교육학자들이 지적 탐구에 몰입해 있고 서로를 격려하고 선의의 경쟁을 마다하지 않는다면, 한국 교육학의 미래는 밝을 것이다. 그러나 대부분의 교육학자들이 政界, 官界, 소속 조직의 補職 등에 더 많은 관심을 갖는다면, 소수의 교육학자들이 외롭게 苦鬪할 수밖에 없으며 경쟁과 격려가 없기 때문에 활기찬 지적 풍토가 이루어질 수는 없다. 우리는 책을 놓기는 쉬워도 잡기는 어려우며 파고들기는 더더욱 어렵다는 사실을 잘 알고 있다. 더욱이 논문쓰기는 정말 어려우며 논저는 피를 말리는 작업임을 알고 있다. 대부분의 사람들에게 박사학위 논문이 처음이자 마지막 논문일 수 있음은 미국 학계에서도 인정하고 있을 정도이다. 한국사회에는 지적 성과물이 거의 또는 전혀 없는 지식인과 지성인이 너무 많다. 이러한 사실은 인터넷으로 도서 검색을 해보면 쉽게 파악된다. 한국 교육학계가 풀어야 할 難題들을 좀더 구체적으로 살펴보자.

첫째, 치밀한 이론화 작업이 절실히 요구된다. 한국 교육학계에서는 이론이 매우 제한적으로 이용되고 있으며 이론을 만들기 위한 작업이 거의 시도되지 않는다. 이론은 없고 사실 진술만 있는 논문도 허다하다. 이론과 연계되지 않은 사실들은 낱 구슬들과 같아서 사용가치가 극히 제한된다. 이론은 "개체로 분산된 事象을 일반화한 논리적 체계" 또는 "일련의 현상을 설명하는 데 사용되는 일반화된 가정·가설들의 체계화된 조직"으로 정의된다. 이론적 배경 없이 연구하는 자세를 열쇠 없이 문을 열려는 어리석음에 비유한다면, 최근 교육학계에서는 열쇠 없이 문을 열려는 무모함이 팽배해 있다. 나의 단언은 학회 투고논문들과 학위 청구논문들 가운데 상당히 많은 논문들이 매우 부실한 이론적 배경 위에 작성되고 있는 현실에 근거하고 있다. 심지어 '이론적 배경'에 해당하는 부분이 없는 논문도 적지 않다. 기존의 이론들과 무관한 논문이 새로운 이론을 만들어낼 수 없기 때문에, 이론 작업이 부실한 논문은 지적 해프닝으로 그치기 십상이다.

學問史에 의하면, 연구비가 충분히 지원되지 않을 때 오히려 창의적이고 독창적이며 매우 의미 있는 논문들이 발표되었다. 그 이유는 연구비가 없으면 더욱 심사숙고하게 되어 사려 깊은 글을 쓸 수가 있다. 연구비가 많으면 이를 관리하는 데 적지 않은 에너지가 소요되고 비용에 어울리는 작품을 만들어내기 위해 대규모 자료를 만들고 이용하게 되므로 심사숙고할 기회는 오히려 줄어든다. 여기에 더하여 연구비가 지원될 경우, 지적 호기심에 이끌려 느긋하게 생각하고 되새겨 볼 수 없으며 제한된 시일 내에 끝마쳐야 하는 압박 때문에 '해치우듯' 작업하기 쉽다.

이론적 배경이 튼튼한 학자들은 주목하는 현상마다 이론들을 적용해 봄으로써 이론의 타당성을 검증하며 부정될 때에는 새로운 이론을 구상하기 때문에 지적 탐구를 지속할 수 있다. 이들의 지적 호기심은 고갈되지 않는데 그 이유는 어떠한 이론도 더 정확한 이론이 만들어질 때까지만 한시적으로 유효하기 때문이다. 모든 논문들은 기존의 이론들에 대한 증거를 더하는 것이거나 새로운 이론을 구상하는 작업일 수밖에 없다. 이론과 무관한 논문의 학문적 가치가 높지 않은 것은 이러한 유형의 논문으로는 지적 축적이 불가능하기 때문이다. 연구 활동이 활발한 학자들은 다른 학자들의 지적 작업들을 끊임없이 검색한다. 자연과학자의 경우, 무엇이 밝혀졌는지를 알지 못하면 논문을 쓸 수 없다고 한다. 무엇이 밝혀지지 않았는지 그래서 자신이 무엇을 연구해야 하는지를 알려면 다른 학자들이 무엇을 밝혔는지를 알아야 한다. 자연과학이 사실 발견에 치중하고 수사학이나 표현에 따라 내용이 크게 바뀌지 않기 때문에 이러한 경향이 뚜렷하다. 그러나 인문학자와 사회과학자 역시 다른 학자들의 업적을 추적하고 있어야 한다. 선행 업적들을 추적하고 효율적으로 정리하려면 그 업적들을 기존의 이론체계에 대입하여 분류하고 재구성해 보아야 한다.

둘째, 교육현장과 밀착된 교육학을 추구해야 한다. 교육은 구체적인 활동이므로 교육학이 현실과 무관하게 탐구되어서는 안 된다. 교육학자들은 자신들의 전공이나 관심사가 무엇이든 교육 현상을 이해해야 할 뿐만 아니라 실행 방안을 구상해보고 이를 세심하게 시도해 보아야 한다. 교육학은 실용적 목적을 추구하기 때문에, 다른 사회과학들에 비해 가치 개입이 훨씬 많으며 상대적으로 덜 깔끔해 보인다. 나는 교육학이 가치 개입의 불가피함과 덜 깔끔함 때문에 과학적 엄격성이 떨어지더라도 이를 기꺼이 감수해야 한다고 생각한다. 비록 과학적 속성이 떨어지더라도, 교육학의 학문적 의미는 충분하며 교육학자들의 학자적 자존심은 손상되지 않는다. 학자의 자존심은 교육의 현실과 현상을 외면할 때 급격히 소멸된다.

관념을 통해서만 또는 객관적 자료의 분석에 의해서만 교육의 현실을 파악하고 방향을 제시하며 정책을 수립하려는 시도는 스스로를 지배적 위치에 두고 현장을 내려다 본 데 따른 결과이다. 이러한 행위는 지적 傲慢이며 無謀일 뿐이다. 교육학자들이 교육현장을 직접 경험하고 심층적으로 간파해야 할 이유는 너무나 분명하다. 한 예로, 교사와 학생 사이에 이루어지는 가르침과 배움은 물리적, 화학적, 또는 생물적 相互作用이 아니며 각각 고유의 의지, 문화, 경험 등을 가진 주체적 인간들의 相互交涉이다. 教授와 學習은 비록 단조롭게 보일지라도 일반적 교사와 일반적 학생 사이에 일어나는 통상적 활동이 아니며 실제로는 독특한 교사와 독특한 학생의 특별한 만남이다. 이 때문에 교육학을 物象化(reification)하지 않고 關聯性 있는 학문으로 유지·발전시키려면 교육학자들이 몸과 마음을 교육현장에 더 오래, 더 깊이 두어야 한다. 교육학자들은 교실 활동에서는 물론이며 등·하교하는 학생들의 대화나 몸짓에서도 메시지를 읽어야 한다.

인간의 인식과 상상력은 제한되어 있기 때문에 학문은 시·공간적으로 구속받게 된다. 시·공간적 범위를 벗어나기 위해서 현실을 외면한 학자들에 의해서 만들어질 수 있는 것은 空論일 뿐이다. 현실을 정확하게 포착하고 상상력을 통해서 이를 넘어서려 할 때 시간적으로 길게, 공간적으로 넓게 적용될 수 있는 이론이 도출될 수 있다. 교육학은 '가치가 개입된 실천을 추구하는 교육'을 대상으로 하기 때문에(Eisner, 1992) 실행방안을 제시하는 작업까지 포함해야 한다. 실행이 의미 있게 그리고 제대로 수행되려면 현상에 대한 정확한 파악이 선행되어야 하며, 현상이 제대로 파악되면 유의미하고 가치 있는 방향을 제안할 수 있다. 한국의 대학에서 교육학을 가르치는 교수들과 교육연구 기관에서 교육정책을 입안하는 데 필요한 자료들을 제공하는 연구원들 가운데에는 교육현장에 대해 모르거나 심지어 경시하는 사람들이 적지 않다. 그 결과로, 이들의 연구물과 더불어 교육학까지 교육현장으로부터 외면을 당하고 있다.

셋째, 지적 호기심과 탐구심에 의한 연구가 더 많이 필요하다. 학자들은 어떤 유형의 주제들이 연구비를 받는 데 유리한지를 잘 알고 있다. 연구기금을 가진 기관들은 공식적으로 또는 잠재적으로 자신들의 이익 또는 요구를 염두에 두고 연구비를 지급한다. 따라서 연구비를 받게 되는 주제들은 개별 학자들의 개인적 기호나 학문적 중요성과 무관한 것일 가능성이 매우 많다. 예를 들면, 재벌기업에서 출연한 연구기금이 자본주의 체제의 모순을 지적하거나 불평등한 현실을 비판하려는 연구주제를 지원할 리 없다. 정부 부처에서 위촉하는 프로젝트는 人脈이 연구자 선정 과정에 작용하는 것으로 알려져 있다. 그래서 프로젝트를 많이 수행한 사람들이 또 맡게 된다. 이 소문은 사실 여부에 관계없이 지적 자존심이 강한 학자들을 결과적으로 배제시킨다.

최근 한국 대학사회에서는 연구비의 규모와 연구논문의 수량이 객관적, 실증적 업적의 기준으로 채택됨에 따라 소위 업적보고용 논문과 저서가 양산되고 있다. 연구비의 규모에 따라 교수의 실적이 평가됨으로써 교수들이 연구비를 받기 위해 소위 맞춤형 논문을 작성하고 있으며 이 때문에 지적 호기심이나 학문적 발전과 무관한 주제들이 범람하고 있다. 한편, 질적 高低보다 양적 過多에 따라 업적점수가 산출되기 때문에 急造될 수 있는 주제들이 더 많이 선정되고 있다. 한국의 대학사회는 경쟁체제에 휘말려 있기 때문에 논문이 양산체제에서 벗어나지 못하고 있다. 이러한 현상은 학자들을 학문적으로 早老하게 만든다. 적지 않은 학자들이 업적 평가가 시행되기 직전에는 연구논문을 양산하지만 진급이 완료되면 지적 활동까지 접어버린다. 이 때문에 학자층이 매우 얇은 한국사회에서 항상 저자, 독자, 청중의 기근에 시달린다. 지적 호기심이 적고 배움에의 갈증이 적기 때문에, 학술 모임을 주관하는 사람들은 항상 청중 동원에 애를 태운다. 자신의 임기 중에는 혼신을 다해서 학회를 꾸려가던 학자들도 임기가 끝나는 시점을 학회와 작별하는 출발점으로 삼는다.

지적 활동에 대한 사회적, 경제적 보상이 보잘것없는 현실도 학자들을 학문 활동에 몰두하지 않게 하는 이유가 된다. 한 예로 논저를 출간했을 경우, 독자가 매우 제한되어 있기 때문에 소득은 실질 비용(도서 구입비, 기자재 사용료, 연구보조원 인건비 등)과 노동력에 비하면 보잘 것 없다. 예를 들면, 가격이 2만원인 책인 경우 초판이 모두 팔려야만 저자는 印紙(책값의 10%)로 200만원을 받는다. 이러한 현실에서, 학자들은 판로가 상대적으로 유리한 교재의 집필을 선호하게 된다. 더욱이 불법 복사가 널리 행해지고 있고 저자나 출판사로부터 공짜로 얻으려는 분위기까지 형성되어 있어 지적 열기를 식히고 있다.

넷째, 학술모임에 적극적으로 참여하고 주체적으로 동참해야 한다. 회원수의 많음이 곧바로 발전의 지표가 될 수는 없으며 중요한 지표는 활동하는 회원수이다. 학회회원의 활동은 가장 기본적으로는 회비 납부이며 점차적으로 학회 모임에의 참가, 학술모임에서의 발표, 학회논문집에의 투고, 학회논문집에의 게재 등으로 깊이가 더해간다. 회비납부를 독촉 받는 회원, 학회모임에 참여하거나 참석하지 않는 회원, 학술모임에서 발표하거나 학회논문집에 투고하지 않는 회원은 활동하지 않는 회원들로 간주될 수 있다. 그리고 타인의 발표를 듣거나 논문을 읽지 않는 회원도 활동하고 있다고 말하기 어렵다. 여기에 분류되는 회원들은 학회 밖의 지적 활동 - 예컨대, 교수의 경우에는 수업, 연구원의 경우에는 연구 등 - 도 크게 기대할 수 없다. 그 반대편으로 분류될 수 있는 회원들에 의해서 학회는 활성화된다. 그러한 분과 학회는 발전을 거듭하며 母학회도 더불어 발전한다. 활동적인 회원 한 사람은 여러 회원들의 몫을 해낸다. 대부분의 학자들이 평균 1년에 한 편의 논문을 발표한다면, 두 편의 논문을 발표한 학자는 두 사람의 몫을 수행한 것이다.

학회가 투고된 논문을 모두 게재할 수 없어 출간 회수를 늘리고 발표를 원하는 회원들이 너무 많아 학회 일정을 연장하는 사태가 우리 모두가 지향해야 하는 방향이다. 오늘날 한국의 교육학회와 분과 학회는 회장, 부회장, 간사, 그리고 회장의 强勸을 거부할 수 없는 동료와 대학원 학생들에 의해 운영되는 형편이다. 학회의 모임은 참석하는 회원들을 '결혼식 하객 맞듯이' 반기는 회장단과 '枉臨을 생색내는' 소수의 회원들로만 이루어진다. 재임기간 중에 고생한 회장단은 임기 후에는 학회를 심리적으로 그리고 지리적으로 떠난다. 학회의 참여가 얼마나 필요한지는 교육학회와 각 분과 학회에서

구성해 놓은 임원 구성을 보면 알 수 있다. 임원들이 얼마나 많은지 이들만 출석해도 학술 집회가 모양새를 갖출 수 있을 정도이다. 여기에 더하여 발표자는 한 사람일 때도 복수의 토론자 명단을 공표함으로써 '마지못해서라도' 나오도록 유도하고 있다.

다섯째, 분과 학회들 간에 긴밀한 교류가 이루어져야 하며 교육학자들은 여러 학회에 가입해야 한다. 모든 분과 학회에서는 정체성 확립 못지않게 인접 학회와의 교류가 절실히 필요하다고 강조하고 있다. 나는 독특한 방법론으로 하나의 학문이나 하나의 영역을 구축할 수 있다고 생각하지 않는다. 교육학의 하위 영역들이 연구방법의 독특성만으로 경계를 설정할 수 있다면 그 영역은 도구만 있고 내용은 없는 경우에 해당한다. 마찬가지로 나는 한 영역에만 통달하면, 실제로는 통달할 수도 없지만, 그것은 실용적 가치가 없는 기술에 지나지 않는다고 생각한다. 그 이유는 인간이 통합된 주체이므로 인간을 대상으로 하는 교육학 역시 종합적이며 실천적이어야 하기 때문이다.

한국 교육학계에서 일어나고 있는 심각한 분절 현상은 교육학자들이 자신들의 전공영역에만 배타적으로 몰두함으로써 심화되고 있다. 전문화의 이름으로 진행되고 있는 한국 교육학계 하위 영역들의 분절 현상은 사회적 분업의 이름으로 진행되는 직종 내에서의 분업에 비유할 수 있다. 직종 내에서의 분업은 업무의 단순화를 초래하며 노동으로부터의 소외로 이어진다. 자본주의 생산체제에서 노동의 분절화와 소외는 이익을 극대화하기 위한 자본가에 의해서 자행되지만, 학계의 분절화와 그에 따른 학자들의 학문으로부터 소외는 자초함으로써 진행된다. 분절화가 진행되면서 해당 영역은 학문적 특성을 점차 상실하고 기술적 속성에 더 집착하게 된다.

교육학의 하위 영역들은 나름대로 정체성을 확립하기 위해 애를 쓰고 있다. 이 과정에서 자신들의 영역을 확보하기 위해 담장을 높이는 부작용이 발생한다. 경계를 분명히 긋고 난 다음, 각 영역은 확실히 자신들의 주제라고 생각되는 것들만 연구한다. 이러한 과정에서 파급될 수 있는 위험은 교육학의 분절화이다. 분절된 교육학은 부품생산에만 열을 올릴 뿐 그 부품들을 조립할

체제를 갖지 못한다. 스스로 부품을 조립할 수 없을 경우, 제품의 디자인과 조립 과정은 교육학 바깥에서 이루어질 수밖에 없다. 그 결과는 곧바로 교육학의 위상 격하로 나타난다. 하위 영역의 정체성 못지않게 중요한 것은 교육학의 정체성을 각성하는 일이다. 분업은 생산을 효율적으로 하는 데 궁극적인 목적이 있다. 교육학자들은 인접 영역들과의 긴밀한 교류, 타 영역들에 대한 이해와 학습, 중간 수준의 통합화 그리고 전체적 종합화의 지속적인 시도 등을 통해 교육학의 학문적 위상을 높이고 사회적 공헌도를 신장시켜야 한다.

분과 학회는 독립된 학회로 분가하면서 발전의 계기를 맞았음을 강조하지만 교육학은 종합학문적이며 실천지향적 속성을 잃어가고 있다. 교육현상을 통합적으로 설명하고 포괄적인 정책을 구안해야 할 교육학자가 제한된 영역의 전공자로 축소됨으로써, 교육학은 학문적 권위를 잃고 도구적 기술 수준만 높아간다. 수많은 교육학자들이 타 영역에 대해 무지하고 무관심하며 배우기를 소홀히 하는 것을 전공 영역에 심취하고 충성하는 것으로 오해하고 있다. 하위 영역 사이에 경계가 뚜렷해지면서 교류가 제한되고 있다. 분과 학회들이 정체성을 배타적으로 구축하면서 안과 밖을 구별 짓는 울타리가 점차 높아지며 견고해지고 있다. 이미 상당히 높아진 울타리는 다른 사람의 출입을 제한할 뿐만 아니라 안에 있는 사람들이 바깥으로 나가는 데에도 장애가 되고 있다.

모든 하위 영역에서는 정체성을 우려하지만, 나는 영역을 넘나드는 연구물이 부족하고 타 영역에 대한 무지를 우려하지 않는 풍토 때문에 자체의 정체성이 치명적으로 손상될 수 있다고 생각한다. 이 책에서 강상진은 "내 학문이 중요하다고 나만 외치는 것은 메아리에 머물" 뿐이라고 주장하였다. 나는 개방적이지 않은 학문을 '살롱'(salon) 학문으로 지칭해 왔다. 살롱 학문은 내부자들만 '방언하듯' 疏通하며 결속을 다지지만 그 학문의 영향력은 내부 결속이 다져지는 만큼 소멸된다. 분화는 발전을 보장하지 않으며 위기를 초래하기도 한다. 분화는 전문화의 이름으로 진행되지만 전문화는 영역 사이의 간격을 벌리고 다시 결합할 수 없을 정도로 파편화시키기도 한다. 교류의 가능성이 줄어들수록 영역 안에 안주하기 쉬워지며 同種繁殖(inbreeding)에 의한 멸종처럼 自滅의 가능성도 높아진다.

3. 한국 교육학: 초기의 神話와 현실적 위기

한국의 교육학 역사는 신화처럼 시작하여 성장과 발전을 거듭하다가 이제는 도약 또는 좌절이라는 극단적인 기로에 서 있다. 한국의 교육학은 이제 더 이상 과거의 영광을 미화할 만큼 한가롭지 않으며 현실적 상황에 대해 각성하고 학문적 자세를 혁신적으로 바꾸어야 할 장면을 맞고 있다. 말과 글의 영향력은 이제 더 이상 관록이나 지명도에 의해 결정되지 않는다. 오늘날 학자들은 치밀한 논리, 타당한 근거, 실증적 자료 등에 의거하지 않은 말과 글에 귀를 기울이거나 눈길을 주지 않는다.

이 책도 스스로 모순에 빠졌지만, 교육학계는 과거를 회고하고 미래를 전망하는 작업을 자제해야 한다. 교육학회와 분과 학회는 너무 자주 이 주제를 다룸으로써 오히려 발전을 저해한 측면도 있다. 회고할 업적이 별로 없는데 회고하고 있으며 구체적 주제를 연구해야 할 만큼 절박한데도 불구하고 관념적으로 미래를 전망해 왔다. 우리는 自畵自讚은 물론 추상적인 비판으로부터 벗어나야 한다. 미래를 위해서, 원로 학자들과 중견 학자들은 신진 학자들과 학생들을 근거 없이 야단치지 말아야 하며 먼저 자신들의 학문적 업적을 타인의 입장에서 평가해 보아야 한다. 신진 학자들과 학생들은 쉬운 모방보다 힘이 드는 창조에 몰두해야 한다. 대학원 학생들도 연구주제를 위촉받거나 얻지 말고 스스로 구상해내야 한다. 남에게서 얻은 주제를 연구하면서 지적 즐거움을 느낄 수는 없는데 그 이유는 그 작업이 내 것이 아니고 남의 것 곧, 하청 받은 것이기 때문이다.

자료기지(data base)를 구축하고 내가 만들고 수합한 자료라도 남에게 공개하고 사용할 수 있도록 허용해야 한다. 우리 모두는 자료를 共有함으로써 효율적으로 활용해야 한다. 자료를 최대한 활용함으로써 연구의 효율성을 높일 수 있다. 연구기관들 – 한국교육개발원, 한국교육과정평가원, 직업능력 개발원 등 – 에서 수합한 자료들은 물론, 개별 학자들이 자신들의 연구를 위해 수집한 자료들도 공개하고 공유를 허용함으로써 연구를 활성화시킬 수 있다. 제대로 수행한 연구라면 자료들을 폐기하거나 비밀 창고에 넣어두어야 할 이유가 없다. 비밀은 무언가 조작되고 있다는 의심을 불러일으키며, 학문은 밝히는 작업이기 때문에 숨기는 행위를 적대시한다. 콜먼보고서 (Coleman, et al, 1966)는 의도한 기대가 무참히 짓밟히는 결과가 나왔지만 완전히 공개되었다. 이 보고서를 위해 수집된 자료가 공개됨으로써 수많은 연구들이 後續되었다.

학회에는 선도하는 학자들뿐만 아니라 어리둥절해 하는 초심자도 있어야 한다. 학회가 이 초심자들을 선도적 학자로 성숙하도록 자리를 마련해 주지 못하면 존립 이유가 없다. 한국 교육학이 발전하기 위해서는 후학들을 정성으로 양성해야 한다. 한국의 대학사회에는 근거 없는 권위주의가 여전히 팽배해 있다. 한국의 학자들은 과거 학부 및 대학원 시절에 아무런 거리낌도 없이 휴강을 마음대로 결정해 버리는 교수들을 수없이 그리고 빈번하게 만났으며 지금은 자신들이 비슷하게 행동하기도 한다. 한국에서는 학생들이 여러 유형의 불성실한 교수들로부터 까닭 없이 질책을 받기도 한다.

신화적 존재는 가시적이지 않다는 특성을 갖는다. 한국 교육학의 과거를 신화로 묘사한 이유는 '볼 수 없는 성과들'이 너무 많으며 실현보다 메시지가 남발했다는 인식에 근거하고 있다. 한국 교육학계에는 大家들이 많지만 이들이 남긴 걸작은 별로 없다. 현재 40대인 학자들까지도 학창시절에 교실에서 대가들의 고견을 듣기 위해 기다렸지만 그들은 종종 나타나지 않았다. 나는 미국 유학시절에 휴강을 거리낌 없이 자행하는 교수를 한 사람도 만나지 못했다. 나는 이러한 극단적 對比를 경험하면서 한국 교육학에 대한 신화적 역사에 대해 회의를 갖게 되었다.

한국의 교육학은 현실을 위기로 인식하고 자신의 몫을 책임 있게 담당하는 실천적 학자들의 일상적 활동에 의해서만 발전할 수 있다. 교수들은 적당히 가르침으로써 학생들에게 게으름을 익히게 하며, 학자들은 치밀하지 않은 논문을 게재함으로써 이러한 논문들을 모형으로 한 논문들이 양산되게 돕는다. 한국사회의 학자층은 두텁지 않기 때문에, 교육학자들 가운데 어느 누구라도 자신이 수행해야 할 역할을 게을리하면 다른 학자들이 그 몫까지 수행해야 한다. 한국의 교육학회와 분과 학회는 참석자들이 적어 발표자와 청중으로 역할을 분담해도 좋을 정도가 아니다. 무임승차자들이 늘어나면 승객들이 비싼 요금을 내야 하듯이, 자신이 몸담은 학계의 발전을 위해서 참석한 사람들은 발표자, 청중, 심지어 진행요원이 되고 있다. 한국 교육학의 발전은 원로, 중견, 신진 학자들이 주업인 교육학에 쏟는 일상적 정성에 달려 있다.

참고문헌

강길수(1957), 『교육행정』, 서울: 풍국학원출판부.

김인회(1982), 「한국교육사 서술의 제 문제」, 한국교육사연구회(편), 『한국교육사연구의 새 방향 - 교육사학의 본질과 방법 - 』, 서울: 집문당.

김종건(2002), 「교육학 연구의 동향과 전망: 교육과정학 분야」, 한국학술단체연합회(편), 『한국학술연구의 동향과 전망; 지리학·교육학·독어독문학·사회복지학』 Vol. IV-1, 서울: 한국학술단체연합회.

신차균(1983), 「교육사 및 교육철학연구」, 한국정신문화연구원(편), 『한국교육학의 성장과 과제』, 성남: 한국정신문화연구원.

오욱환(2001), 「한국 교육사회학의 토대 강화를 위한 이론과 주제의 확대」, 『교육사회학연구』 11(3), 79~103쪽.

오욱환·최정실(1993), 『미군 점령시대의 한국 교육: 사실과 해석』, 서울: 지식산업사.

이길상(1999), 「사료론적 관점에서 본 교육사학의 현실」, 『교육학연구』 37(1), 59~77쪽.

유형진(1969), 「절름발이 경험과학수입의 맹점: 인격의 세계는 자연의 세계와는 본질과 차원을 달리한다」, 교육학회(편), 『한국교육 20년』, 서울: 교육출판사. 이 글은 『정경연구』(1968년 3호)에 게재되었음.

이영덕(1993), 「학회의 태동과 창립」, 한국교육학회(편), 『교육탐구의 세월 - 한국교육학회 40년사 - 』, 서울: 한국교육학회.

정순목(1982), 「한국교육사 인식의 제 문제」, 한국교육사연구회(편), 『한국교육사연구의 새 방향 - 교육사학의 본질과 방법 - 』, 서울: 집문당.

정영수(1998), 「외국의 교육사 연구동향 및 교육현황」, 『한국교육사학』 20집.

정재철(1985), 『일제의 대한국식민지교육정책사』, 서울: 일지사.

한국교육학회 편(1969), 『한국교육 20년』, 서울: 교육출판사.

한국교육학회 편(1993), 『교육탐구의 세월 - 한국교육학회 40년사 - 』, 서울: 한국교육학회.

한국교육학회 편(2002), 『교육학의 학문석 이론 수립의 현황과 발전 좌표』, 서울: 한국교육학회.

한국교육학회(2002), 『학회요람 2001/2002』, 서울: 한국교육학회.

한국사특강편찬위원회(1990), 『한국사특강』, 서울: 서울대학교출판부.

한국학술단체연합회 편(2002), 『한국학술연구의 동향과 전망; 지리학·교육학·독어독문학·사회복지학』 Vol. IV-1, 서울: 한국학술단체연합회.

허병기(2002), 「교육학 연구의 동향과 과제: 교육행정학 분야」, 한국학술단체연합회 편, 『한국학술연구의 동향과 전망: 지리학·교육학·독어독문학·사회복지학』 Vol. IV-1, 서울: 한국학술단체연합회.

황정규(2000), 『현대 교육심리학의 쟁점과 전망』, 서울: 교육과학사.

베버, M., 금종우 역(1976), 『직업으로서의 학문(외)』, 서울: 서문당.

Coleman, J. S., E. Q. Campbell, C. J. Hobson, J. McPartland, A. M. Mood, F. D Weinfeld, and R. L York(1966), *Equality of educational opportunity*. Washington, DC: U.S. Government Printing Office. *The Coleman Report*로 더 널리 알려져 있음.

Eisner, E. W(1992), Curriculum ideologies. In *Handbook of research on curriculum*, edited by P. W. Jackson, New York: Macmillan.

Hamm, C. M(1989), *Philosophical issues in education: An introduction*. New York: Falmer.

Lucas, C. J(1989), *What is philosophy of education?* New York: Macmillan.

교육철학 연구의 흐름과
비판적 분석

정진곤

시작하는 말

이 연구의 목적은 해방 이후 현대에 이르기까지 교육철학 연구의 흐름과 동향을 정리하고, 분석하는 것이다. 이를 위해서는 무엇보다 먼저 그 동안의 모든 교육학 연구를 모아놓고, 이 가운데 교육철학 연구논문과 저서 등을 구분해 내야만 할 것이다. 그러나 문제는 해방 이후의 교육학적 연구물들을 한 군데 모아놓은 도서관도 없을 뿐만·아니라, 개인적으로 이를 수집하는 것도 매우 어렵기 때문이다. 나아가 설혹 그와 같은 자료를 구했다고 할지라도 그 가운데 어떤 것들이 교육철학 연구인가를 구분하는 것이 쉽지 않다는 것이다. 달리 말하여 교육철학과 교육과정, 교육행정, 교육사회학 등의 연구물과를 구분하는 기준이 그다지 명료하지 않다는 것이다.

그러나 이러한 문제들을 명료하게 정리한 후, 교육철학 연구의 흐름과 동향을 정리한다는 것은 현실적으로 매우 어렵다. 왜냐하면 학자들 사이에 교육철학적 연구의 기준에 대한 합의점이나 보다 설득력 있는 관점을 찾아보기 어렵기 때문이다. 따라서 이에 대한 논의는 이후로 미루어두고, 현실적으로 가능한 방법을 찾아볼 수밖에 없다.

오인탁 등(2001)은 1945년부터 2000년까지의 교육철학과 교육사 연구를 『한국교육철학과 교육사학의 전개』라는 저서를 통하여 정리해 놓고 있다. 또한 박의수는 「한국교육철학의 연구동향과 과제」라는 논문을 통하여 1960

년에서 2003년까지의 교육철학 연구를 수집하여 분석하고 있다.

Ⅰ. 해방 이후 현대까지의 교육철학 연구동향

이 연구는 이러한 선행 연구를 토대로 해방 이후 현대에 이르기까지의 교육철학 연구의 흐름을 살펴보고자 한다. 오인탁은 학술진흥재단의 지원을 받아 1945년에서 1999년 말까지의 교육철학과 교육사학의 저서와 논문들을 "연구대상에 따라서 한국을 비롯한 동양과 서양으로 나누어 제시하고 계량적 - 질적으로 연구의 내용을 평가"(오인탁, 10~11쪽)하고 있다. 그는 이 점에 대해서 다음과 같이 말하고 있다.

　　1945년에서 1999년 말까지의 한국 현대교육철학에 대한 학사적 - 서지학적 연구는 '학술진흥재단'의 연구비를 받아서 이 기간에 속하는 연구문헌을 완벽하게 조사하여 수록함으로써 교육철학 전문 문헌목록으로서의 기능을 효율적으로 수행할 수 있게 하였을 뿐만 아니라, 학사적 연구를 함께 하여 한국의 교육철학과 교육사학 영역의 큰 연구흐름들, 이론들, 관심들, 논쟁들, 의미있게 평가받은 저서들과 논문들, 연구의 편중정도 등을 자세히 밝혀 놓았다(10쪽).

그는 먼저 국회도서관과 학술진흥재단의 학술연구자 정보자료를 비롯하여 주요 대학도서관과 교육개발원에 소장되어 있는 교육철학 연구물들을 조사하였다. 그의 연구에 포함된 연구물들은 교육철학 "저서, 역서, 편집서, 모노그라피, 석사와 박사학위 논문, 학회와 대학과 연구소에서 발행한 학술지에 수록된 학술논문, 기념논총과 정기간행물에 수록된 학술논문, 학회의 연차 학술대회 또는 국제학술대회에서 발표된 논문(12쪽)" 등이었다. 그는 "교육대학원의 석사학위논문, 학회의 월례대회에서 발표된 논문, 대학의 신문, 사회의 월간지, 신문에 실린 글(12쪽)" 등은 교육철학적 연구물에서 제외하였다. 오 교수는 이러한 작업을 통하여 정리한 자료들을 저자들에게 우송하여 확인한 후 보완하였다. 이러한 자료들을 정리하여 해방 이후부터 1999년까지의 교육철학 연구물들을 집대성하게 되었다.

그러나 문제는 그가 수집하여 정리한 연구물들이 어떤 점에서 교육철학적 연구물들이라고 할 수 있으며 그 기준은 무엇인가라는 것이 그다지 뚜렷하지 않다는 것이다. 단지 그는 최근의 교육철학적 연구물들은 교육철학회에 가입되어 있는 회원들의 연구들을 수집하여 정리하였다는 것만을 밝히고 있다. 교육철학회가 창립된 것은 지극히 최근인 1964년이었다.

> (교육철학회는) 1964년 11월 11일 李寅基, 林漢永, 韓基彦, 鄭在哲 등의 발기에 따라, '한국교육사·교육철학회'라는 이름으로 국내 각 대학에서 교육사 또는 교육철학을 강의하는 교수 및 이에 관심이 있는 人士들이 모임을 갖고, 교육사 및 교육철학 연구의 발달, 보급을 꾀함을 목적으로 창립되었다.
> 1967년 10월 13일에는 한국교육학회의 분과연구회로 가입함으로써 '한국교육학회 교육사교육철학연구회'로 일컫게 되었다. 1982년 2월 13일에는 그동안 별개로 활동해 오던 한국교육학회 한국교육사연구회와의 협의 끝에 두 학회를 교육철학 영역과 교육사 영역으로 재편하면서 본 학회는 '한국교육학회 교육철학연구회'로 개칭하였다. 1999년 3월 21일에는 '한국교육학회 교육철학연구회'에서 '교육철학회'로 명칭을 변경하였다.……1964년 학회 창립 당시 10여 명의 회원으로 출발했던 본 학회의 회원 수는 현재 전국의 교육기관에 걸쳐 약 250여 명에 이르고 있다(http://www.eduphil.com/history.html).

오인탁은 최근의 교육철학적 연구는 교육철학회에 등록되어 있는 회원들의 연구물들을 조사하여 정리하였다고 밝히고 있다. 예를 들면, 교육철학회에 가입되어 있는 회원들의 저서, 논문, 역서들은 모두 교육철학적 연구물로 분류하여 정리하였다는 것이다.

그 이전의 연구는 어떻게 정리하였을까? 이에 대하여 그는 명확한 대답을 하지 않고 있다. 아마도 그는 그 자신의 개념적 틀에 의존하여 교육철학자라고 판단되는 학자들이나 저서들을 교육철학 연구로 분류하였던 것 같다. 그의 저서 5장의 「저자별 문헌목록」에 보면 1960년대 이전의 연구논문이나 저서들은 그다지 눈에 띄지 않는다. 김계숙, 한기언, 이인기 등과 같이 널리 알려진 학자들의 저서와 논문들이 목록에 수록되어 있을 뿐이다. 이것은 앞의 교육철학회의 홈페이지에서 제시하고 있는 바와 같이 1964년 '한국교육사·교육철학회'가 결성될 때까지만 하더라도 교육철학을 전공하는 학자들은 극히 소수였다. 그렇다 할지라도 오 교수가 1964년 이전의 교육철학 연구물들을 체계적으로 정리한 흔적을 찾아보기는 어렵다.

그의 연구는 이외에도 다음과 같은 한계점을 가지고 있다. 첫째, 교육철학적 연구와 교육사회학, 교육과정 나아가 사회학이나 철학 등과 같이 교육철학 분야의 연구가 아닌 것을 구분하는 명확한 기준을 제시하지 않고 있다. 오 교수는 교육철학회가 결성되기 이전의 교육철학적 연구들을 어떤 기준에 의해 교육철학적 연구로 분류하였는가를 밝히지 않고 있다. 오 교수가 생각하건대 교육철학자라고 판단되는 학자들의 작품은 모두 교육철학적 연구물로 분류하고 있다. 이러한 관점에서 그는 김계숙의 1954년의 「새교육과 교육철학」이라는 논문과 1957년의 서울대학교 사범대학의 『교육』에 실린 「구미교육의 방향」이라는 논문을 모두 교육철학적 연구논문으로 분류하고 있다. 이것은 김계숙은 교육철학자이며 그가 쓴 논문은 모두 교육철학적 연구논문이라는 가정에 기초하고 있다. 물론 김계숙은 학계에 널리 알려진 철학자 혹은 교육철학자임에 틀림이 없다. 그렇다고 하여 그가 쓴 모든 연구물을 교육철학적 연구물로 분류할 수 있는가라는 것은 의문이다. 그가 비록 철학자 혹은 교육철학자라고 할지라도 얼마든지 교육철학적 연구논문이 아닌 다른 분야에 대한 연구를 할 수 있고, 다른 학문분야에 대하여 글을 쓸 수도 있다. 더욱이 1950년대는 현재와 같이 교육학이 교육철학, 교육사회학, 교육과정 등과 같이 세분화되었던 시절도 아니었다. 교육과 관련된 연구를 하는 사람은 모두 교육학자로 분류되었다. 또한 김계숙은 철학자임과 동시에 교육철학자이다. 그의 연구물 가운데 어떤 것은 철학적 연구이고, 어떤 것은 교육철학적 연구라고 구분하는 것 자체도 어렵고, 설혹 그렇게 분류할 수 있다고 할지라도 그러한 구분이 어떤 의미가 있는가라는 것도 의문이다.

이 점은 최근의 교육철학적 연구의 경우도 마찬가지이다. 오 교수는 '한국 교육사·교육철학회'에 가입된 연구자들의 연구물들을 모두 교육철학 연구로 분류하고 있다. 예를 들면 오인탁의 연구에서는 현재 교육철학회 회장인 정영수의 연구는 모두 교육철학 연구로 분류하고 있다. 이 가운데에는 1985년의 「학교교육의 철학과 현실」이라는 연구논문과 함께 1986년의 「정치교육이 전인교육에 미치는 영향 및 문제점 분석을 통한 한국 정치교육의 개선방향 모색」이라는 논문이 있다. 이 연구물들을 모두 교육철학적 연구라고 부를 수 있는 근거는 무엇인가? 정영수가 교육철학자이기 때문에 그의 모든 연구물을 교육철학적 연구라고 할 수 있는가? 아니면, 다른 어떤 기준이 있는가? 이 점에 대하여 오인탁은 아무런 대답을 하지 않고 있다.

더욱 심각한 문제는 교육철학과 교육사와의 구분은 무엇인가라는 점이다. 앞서 교육철학회의 역사에서 알 수 있는 바와 같이 교육철학과 교육사학은 '한국교육사·교육철학회'라는 명칭으로 두 분야를 공부하는 사람들이 함께 모여 학회 활동을 하였다. 두 분야가 갈라지게 된 것은 1982년에 이르러서다. 오인탁은 「한국현대 교육철학과 교육사학의 전개 - 1945년부터 2000년까지 -」에서 '한국 현대교육철학의 연구동향'과 '한국 현대교육사학의 연구동향'으로 이 두 분야의 연구논문들을 나누어 분류하여 정리하고 있다. 여기에서 문제가 되는 것은 그 기준이 무엇인가라는 것이다. 오인탁은 이에 대하여 아무런 대답을 하지 않고 있다.

이러한 문제점들 때문에 오인탁의 연구결과를 토대로 해방 이후의 현대 교육철학 연구의 흐름을 정리하고, 분석한다는 것은 많은 문제가 있다. 그러나 선행 연구를 무시하고, 처음부터 교육철학 분야의 연구논문들을 새롭게 수집하여 정리한다는 것은 현실적으로 매우 어렵다. 오인탁 연구의 본질적 문제인 교육철학과 관련된 연구논문들을 구분할 수 있는 기준의 불확실성은 근본적으로 해결되기 어렵다. 이 문제는 비단 이 연구에만 국한된 문제가 아니라 교육사회학, 교육행정학, 교육과정, 교육심리 등의 다른 분야의 연구성과들을 정리하는 데에도 마찬가지이다. 교육학이라는 학문의 정체성과 함께 교육학의 세부 분야를 어떻게 분류해야만 하는가라는 보다 본질적인 문제라고 할 수 있다.

이 연구는 이 점에서 이제까지 논의한 여러 문제점들을 염두에 두고, 일차적으로 오인탁의 연구를 기초자료로 활용하여, 이를 수정하고 보완하여 교육철학 연구의 흐름을 정리하고자 한다. 오인탁은 해방 이후 현대에 이르기까지의 교육철학의 연구성과를 '교육이념', '교육의 기본개념', '교육사상(교육사상가 및 교육사조)', '해석학적 - 정신과학적 교육철학', '현상학적 교육철학', '변증법적 - 비판적 교육철학', '분석적 - 경험과학적 교육철학', '교육학의 논리와 이론', '교육의 대안적 - 열린 - 개혁 사상과 이론'의 9개 영역으로 구분하였다.[1]

	-1960년대	1970년대	1980년대	1990년대	합계
인본주의	0	2	8	10	20
리얼리즘	0	5	0	1	6
자연주의	0	5	9	6	20
낭만주의	0	1	3	2	6
진보주의	3	3	7	6	19
실용주의	3	5	8	6	22
재건주의	2	5	1	1	9
구조주의	0	3	4	4	11
포스트모더니즘	0	0	0	0	26
총계					139

---

1) 오인탁 저서의 제목은 『한국 현대 교육철학과 교육사학의 전개』이다. 이 책은 1장 '머리말', 2장 '한국 현대 교육철학의 연구동향', 3장 '한국 현대 교육사학의 연구동향', 4장 '맺는말', 5장 '저자별 문헌목록'으로 구성되어 있다. 문제는 2장의 제목인 '한국 현대 교육철학의 연구동향'인데, 세부 주제는 '서양교육철학 연구동향'으로만 구성되어 있다. 그렇다면, '동양 혹은 한국교육철학 연구동향'은 어디에 있는가? 2장에는 포함되어 있지 않다. 3장은 교육철학이 아닌 '한국현대 교육사학의 연구동향'이다. 여기에 '한국교육이념', 전통교육사상이 포함되어 있다. 오인탁의 분류에 따른다면, 일반적인 교육이념은 서양교육철학이고, 홍익인간 등은 교육철학이 아닌 교육사의 영역에 속한다. 그렇다면, 교육철학과 교육사를 구분하는 준거는 서양의 것은 교육철학이고, 동양 혹은 한국의 교육사상은 교육사인가? 이런 점에서 그의 연구는 많은 문제가 있다.

오인탁이 조사한 바에 의하면, 해방 이후 서양교육이념에 관한 연구는 총 151편이며, 한국교육이념에 관한 연구는 143편이다. 그는 서양교육이념에 관한 연구는 교육철학에 관한 연구로, 한국교육이념에 대한 연구는 교육사학으로 분류하였다. 그러나 이 연구에서는 이 둘을 합하여 교육이념에 관한 교육철학 연구로 분류하고자 한다. 왜냐하면 서양의 교육이념에 관한 연구만이 교육철학적 연구이고, 한국의 교육이념에 관한 연구는 교육철학이 아닌 교육역사에 관한 연구라는 것은 설득력이 없기 때문이다. 교육이념에 관한 연구를 연대별로 나누어 보면 다음과 같다.[2]

	- 1960년대	1970년대	1980년대	1990년대	합계
서양교육이념	12	36	58	45	151
한국교육이념	10	47	51	35	143

교육의 기본개념에 대한 연구는 총 184편으로 연대별로 나누어 보면 다음과 같다.

	- 1960년대	1970년대	1980년대	1990년대	합계
교육의 기본개념	3	33	86	62	184

교수, 학습, 교화, 훈련 등 교육의 기본개념에 대한 분석철학적 연구는 1980년대에 가장 활발하게 이루어 졌다.

교육철학 연구의 또 하나의 주된 흐름은 소크라테스, 플라톤, 루소, 듀이 등의 교육사상가에 대한 연구로서 해방 이후 최근에 이르기까지 교육철학 연구물 가운데 그 수가 가장 많다. 오인탁은 그 결과를 서양과 동양의 교육사

---

2) 오인탁은 그의 저서에서 서양 교육이념과 한국의 교육이념으로 구분하고, 전자는 '한국 현대 교육철학'으로, 한국의 교육이념은 '현대 교육사학'으로 분류하고 있다. 그러나 이 연구의 목적은 교육철학 연구의 동향을 살펴보는 데 있기 때문에 한국의 교육이념을 교육철학의 영역에 포함하였다. 과연 이러한 구분이 타당한가에 대해서는 논란의 여지가 있다.

상가별로 나누어 정리하고 있다. 서양 교육사상가들은 고대와 중세의 시대별, 독일, 프랑스, 영국, 미국 등의 국가별로 정리하였다. 또한 마르크스주의, 인문주의 등의 사상적 흐름과 함께 듀이, 페스탈로찌, 루소, 볼르노, 몬테소리, 프로벨과 코메니우스 등의 교육사상가는 따로 나누어 정리하고 있다. 그런가 하면 동양과 한국의 교육사상가는 시대를 구분하지 않고 유가, 도가, 근대의 중국사상가 등으로 구분하여 정리하고 있다. 해방 이후의 교육철학의 흐름을

	해방후 -1960년대	1970년대	1980년대	1990년대	합 계
소피스트	0	0	1	8	9
소크라테스	1	1	6	8	16
플라톤	4	4	19	36	63
아리스토텔레스	1	1	5	9	16
아우구스티누스 등 중세 교육사상가	1	1	2	13	27
에라스무스, 루터, 칼빈	3	9	25	10	47
칸트, 피히테, 훔볼트	3	8	9	22	42
뒤르켐, 마리땡, 삐아제	4	0	25	16	45
러셀	6	8	11	8	33
로크	0	4	2	5	11
피터스	0	2	25	26	53
오우크쇼트	0	0	0	15	15
니일	0	8	9	15	32
브르너, 콜버그	0	9	17	10	36
롤즈, 브라멜드, 허친스	2	12	18	16	48
마르크스, 프레이리, 일리치, 하버마스	0	7	43	28	78
듀이	29	72	151	124	376
페스탈로찌	13	26	16	22	77
루소	7	16	30	51	104
몬테소리, 볼르노	4	11	27	65	107(70:몬테소리)
프로벨, 코메니우스	2	8	30	52	92(50:코메니우스)
총 계					

왜 이와 같은 방식으로 구분하여 정리하고 있는가에 대해서는 아무런 설명을 하지 않고 있다. 아마도 서양 교육사상가들은 근세 이후에는 국가별로 나누어 보고, 듀이와 같이 우리나라 교육철학계에서 비교적 연구가 많이 이루어진 사상가들은 개인별로 나누어 정리하고 있는 것으로 생각된다. 그러나 교육사상가들을 이러한 방식으로 나누어 정리하는 근거도 뚜렷하지 않고, 설득력도 없을 뿐만 아니라 너무 산만하다.

이 점에서 이 연구에서는 교육사상가들을 위와 같은 방식으로 구분하지 않고, 단지 우리나라에서 시대별로 어떤 교육사상가를 대상으로 연구가 이루어졌는가를 살펴보기 위해 몇 개의 유목을 한데 묶어 교육철학연구의 흐름을 살펴보고자 한다. 그 결과는 다음과 같다.

위에서 알 수 있는 바와 같이 해방 이후 우리나라에서 꾸준히 가장 많은 연구가 이루어진 서양의 교육사상가는 단연 듀이이다. 듀이는 1980년대 이르러 특히 연구가 활발하게 이루어지고 있다. 이것은 1980년대 초에 유학 자율화로 인하여 많은 사람들이 미국으로 유학을 떠나게 되었고, 이들이 학위를 마치고 귀국하게 된 데 원인이 있었다. 듀이 다음으로는 플라톤과 몬테소리에 대하여 많이 연구하였다.

해방 이후 한국과 동양의 교육사상가에 대한 연구결과는 다음과 같다.

우리나라의 전통사상에 대해서는 개화기와 일제시대의 사상가에 대한 연구가 가장 활발하게 이루어졌다. 다음으로는 이이, 이황 등의 유학사상가에 대한 연구가 많았다. 동양의 경우는 공자, 맹자 등의 선진 유가에 대한 연구와 신유학 등에 대하여 연구를 많이 하였다.

교육철학 연구동향에 대한 또 하나의 대표적인 연구는 박의수의 「한국교육철학의 연구동향과 과제」가 있다. 그는 1960년에서 2003년까지의 교육철학 분야 연구논문과 저서들을 1960년에서 1991년까지 그리고 1991년에서 2003년으로 나누어 조사하였다. 박 교수는 그 이유를 다음과 같이 설명하고 있다.

	1960년대	1970년대	1980년대	1990년대	합 계
유학계열	18	58	140	194	140
불교계열	1	0	5	9	15
동학계열	0	1	4	9	15
개화기와 일제시대 사상가	3	25	59	78	165
현대사상가	0	6	11	33	50
합계	22	90	219	323	654
선진유가	8	11	20	30	69
신유학	0	2	13	10	25
도가	1	0	4	5	10
근대중국사상가	0	0	4	26	30
기타 동양사상가	0	0	7	4	11
합계	9	13	48	75	145
총계	31	103	267	402	799

······최근 10여 년 동안의 연구동향이 어떻게 달라지고 있는가를 1991년을 기준으로 전후로 나누어 분석 비교해 보기로 했다. 굳이 1991년을 경계로 한 것은 1993년 한국교육학회 창립 40주년을 맞이하여『한국교육학회 40년사』를 출판하였고, 무엇보다 오인탁이 위에 언급한 연구에서 1991년까지의 연구를 분석하고 그 때까지의 연구논저 약 1,720편의 목록을 정리하였다.······한편으로 90년대에 들어오면서 연구 인력의 절대 다수의 활동 무대인 한국 대학사회에 업적평가가 강화되어 간접적으로 연구활동을 촉진시켰으며 90년대 후반부터는 한국학술진흥재단에서 학술지 평가제도의 도입이 추진되면서 각 학회에서도 학술지 게재를 위한 논문 심사제도가 강화되기 시작한 것은 연구의 질적 성장을 위한 하나의 계기가 된 것으로 본다(14~15쪽).

박 교수는 1960년대 이후의 교육철학 연구의 연구주제들을 첫째 한국, 동양, 서양의 교육사상가, 둘째 진보주의, 본질주의, 실존주의, 분석철학, 비판이론 등의 교육사조, 셋째 유교, 불교, 동학, 통일교육 등의 한국의 교육사상 및 이념, 넷째 도덕교육과 종교교육 등의 교과교육, 다섯째 교육철학의 성격, 지식론, 가치론 등의 교육철학 및 이론, 여섯째 자유, 평등, 교육개혁, 열린교육 등의 교육이념 및 교육운동과 기타 등의 7개 영역으로 나누어

정리하고 있다. 그 결과를 살펴보면 다음과 같다.[3]

대주제	소주제(편수)	대주제	소주제(편수)
인물 (사상가)	한국(130)	교과교육	기타(20)
	동양(23)		소계(101:7.4%)
	서양(364)	교육철학 및 이론	교육철학론(92)
	소계(517:38.2%)		교육본질론(55)
교육사조	전통적사조(4)		교육방법론(16)
	현대미국(23)		이론과실천(18)
	실존주의(18)		전인교육(5)
	인간학(10)		지식론(20)
	인간주의(32)		가치론(24)
	민족주의(11)		소계(230:15.6%)
	기타(23)	교육이념 및 교육운동	용어(개념)(40)
	소계(163:11%)		자유/평등(32)
한국교육사상 및 이념	전통사상(152)		인간(교사)상(20)
	근·현대(51)		교육개혁(21)
	통일·북한(5)		열린교육(2)
	기타(20)		소계(115:8.5%)
	소계(228:16.3%)	기타	64(4.5%)
교과교육	도덕교육(32)	합계	1410
	종교교육(41)		

이 표에서 알 수 있는 바와 같이 30여 년 동안 교육철학 연구물 1,410편

---

3) 박 교수는 교육철학 연구를 주제뿐만 아니라 연구방법에 따라 분류하고 있다. 그는 열전적 방법, 원리적 방법, 사상사적(역사적) 방법, 비교적 방법, 분석적 방법, 주제적 방법, 절충적(종합적) 방법, 비판적 방법, 현상학적 방법, 해석학적 방법 등 10개 유형으로 구분하고 있다. 예를 들면 '율곡 이이의 생애와 교육사상'은 열전적 연구방법이고, '존 듀이의 성장이론'은 주제적 연구이며, '롤로 메이의 실존분석에 나타난 인성에 관한 연구'는 절충적 연구로 분류하고 있다. 그러나 이러한 박 교수의 분류방식은 그 자신이 밝히고 있듯이 "분류 자체가 내연과 외연이 명확하게 구분된다고 볼 수도 없으며……논저의 내용을 충분히 파악하지 못하고 주로 논문의 제목만을 보고 분석" 했다는 점에서 문제가 있다. 더욱 심각한 문제는 연구방법에 대한 박 교수의 분류방식이 일반적인 것도 아니고, 학문적으로 합의된 것도 아니라는 점이다. 또한 이러한 박 교수의 분류방식은 이 연구의 주된 목적인 한국 교육철학 연구의 흐름을 파악하는 데에도 도움이 되지 못한다. 이 점에서 이 연구에서는 박 교수의 이러한 분석방법은 이 연구에서 제외하였다.

가운데 퇴계, 정약용, 플라톤, 칸트, 듀이, 루소 등의 교육사상가에 대한 연구가 38.2%로서 가장 많다. 다음으로 불교, 유교, 동학, 성리학 등의 한국 교육사상 및 교육이념에 대한 연구가 16.3%, 지식론, 가치론 등의 교육철학 및 이론에 대한 연구가 15.6% 그리고 진보주의, 인간주의 등의 교육사조에 대한 연구가 11% 등이다. 교육사상가에 대한 연구 517편 가운데 듀이(111편), 루소(23편), 마르크스(18), 페스탈로찌(17), 러셀(10) 등의 서양사상가에 대한 연구가 364편으로 70% 이상을 차지하고 있다. 130여 편의 한국 사상가에 대한 연구 가운데 율곡 이이가 20편, 다산 정약용 10편이며 그 외에 퇴계 이황(8), 안창호(7), 박은식(5) 등이 있다. 동양의 사상가로는 공자(10), 맹자(3), 순자(2), 석가(2) 등이 있다.

박 교수는 1991년 이후 최근의 교육철학 연구의 동향을 별도로 정리하고 있다. 그는『교육철학』에 게재된 236편의 논문과 한국교육학회에서 발행하는『교육학연구』에 게재된 논문 주에서 교육철학 분야의 논문 150편, 그리고 1991~1993년 사이의 박사학위 논문 82편 등 모두 468편의 논문(19)을 대상으로 분석하였다. 그 결과는 다음과 같다.

박 교수가 분석한 최근 10여 년 동안의 468편의 교육철학 연구물 가운데 교육사상가에 대한 연구가 159편으로 34%이다. 이 가운데 서양의 사상가에 대한 연구가 107편으로 전체의 67%를 차지하고 있으며, 듀이가 19편으로 가장 많은 비중을 차지하고 있고, 그 다음으로 플라톤(7), 루소(7), 코메니우스(5), 슈타이너(4) 등이다. 한국의 사상가에 대한 연구는 35편으로 다산 정약용이 5편, 이황과 이이가 각각 4편, 최한기 3편, 권근과 성혼이 각각 2편 등이다. 그러나 지난 10여 년 동안 교육철학 분야 박사학위 논문의 경우 "전체 82편 가운데 46편이 인물 연구로 전체 박사학위 논문중 56%를 차지(박의수, 22쪽)" 하고 있다.

이러한 연구결과는 조난심의 연구결과와도 일치한다. 조난심은『교육철학』회지가 발행된 1977년부터 2003년까지 학회지에 게재된 논문의 제목들을 토대로 그 동안 교육철학자들이 어떤 주제를 가지고 연구하였는가를 분석

대주제	소주제(편수)	대주제	소주제(편수)
인물 (사상가)	한국(35)	교과교육	종교교육(1)
	동양(17)		기타(11)
	서양(107)		소계(43:9.2%)
	소계(159:34%)	교육철학 및 이론	교육철학론(20)
교육사조	전통적사조(1)		교육본질론(9)
	현대미국(1)		교육방법론(13)
	실존주의(1)	교육철학 및 이론	이론과실천(4)
	인간학(7)		전인교육(7)
	인간주의(10)		지식론(13)
	민족주의(2)		가치론(1)
	포스트모던(10)		소계(67:14.3%)
	기타(5)	교육이념 및 교육운동	용어(개념)(21)
	소계(39:8.3%)		자유/평등(8)
한국교육사상 및 이념	전통사상(23)		인간(교사)상(13)
	근현대(7)		교육개혁(43)
	통일·북한(10)		열린교육(13)
	기타(3)		소계(98:20.9%)
	소계(43:9.2%)	기타	29(6.2%)
교과교육	도덕교육(21)	합계	468

한 후, 그 결과를 다음과 같이 말하고 있다.

　　그 동안 『교육철학』 학회지에 실린 논문들을 살펴보면, 유명한 철학자나 사상가의 교육사상을 소개, 정리하는 연구들이 가장 많았다. 소위 특정 인물의 교육사상 연구가 그것이다. 동양의 사상가들로는 율곡 이이, 외솔 최현배, 장이욱, 김기석, 임한영, 유형진, 왕양명, 백낙준, 김활란, 오천석, 허현, 이인기, 이황, 최한기, 한원진, 주희, 공자의 교육사상에 대한 연구논문이 실려 있다. 서양의 사상가들로는 딜타이, 허친스, 마리땡, 훔볼트, 울리히, 페스탈로찌, 하버마스, 코메니우스, 슐라이에르마허, 존듀이, 플라톤, 칸트, 헤르바르트, 메를로퐁티, 로크, 피히테, 부버, 비코, 키에르케고르, 가다머, 보르노, 루돌프 슈타이너, 로티, 롤즈, 시몬느 베이유, 맥킨타이어, 디어든, 야누스 코르작, 리트, 허스트, 아담 스미스, 화이트, 비트겐슈타인, 윌리엄 제임스, 가드너, 한나 아렌트, 오크쇼트, 루만, 슈프랑거, 아리스토텔레스, 피히테 등의 교육사상에 대한 논문들이 실려 있다. 이를 보면, 서양 특히, 유럽의 교육사상가들에 대한 연구 논문들이 한국 교육철학 학회지에 가장 많이 실려 있음을 볼 수 있다(135~136쪽).

조난심의 연구는 교육철학회가 창간된 1997년부터 최근까지의 학회지에 게재된 연구논문들의 제목만을 토대로 연구경향을 분석하였다는 점에서 그 동안의 교육철학 연구의 경향을 대변하는 데에는 한계가 있다. 그러나 조난심의 분석결과는 앞에서 살펴본 오인탁과 박의수 교수의 연구결과와도 일치하며, 교육철학 연구경향을 잘 나타내주고 있다.

박의수는 앞서 살펴 본 바와 같이 그 동안의 교육철학 연구경향을 1960년부터 1991년까지와 1991년 이후부터 2003년까지로 나누어 분석하고 있다. 이러한 연구를 통하여 최근 10여 년 동안의 연구와 이전의 연구결과와의 공통점과 차이점을 찾아 볼 수 있다. 두 기간 동안에 교육철학 연구분야에서 가장 많은 연구가 이루어진 것은 공통적으로 사상가에 대한 연구이다. 1991년 이전에는 전체 연구의 38%에서 이후에는 34%이다. 약간의 차이가 있으나 사상가에 대한 연구가 교육철학 연구의 주류를 형성하고 있다. 이러한 교육철학 연구의 경향에 대해서는 다음에 자세히 논의하기로 한다. 1991년 이전과 이후를 비교해 볼 때 가장 두드러진 차이점은 교육과 관련된 개념, 자유와 평등의 이념, 교육적 인간상의 탐구 등의 연구가 증가하였다는 점이다. 1991년 이전에는 이러한 경향의 연구가 전체 연구의 9%였으나, 그 이후에는 21%로 뚜렷하게 증가하였다. 이와는 대조적으로 한국의 전통 및 근대 사상에 대한 연구는 16%에서 9%로 줄어들었으며, 교육사조에 대한 연구도 11%에서 8%로 줄어들었다.

II. 교육철학 연구동향의 분석과 비판

이제까지 우리는 해방 이후 현재에 이르기까지 교육철학자들이 어떤 주제를 가지고 연구를 해 왔는가를 살펴보았다. 여기에서 알 수 있는 바와 같이 교육철학 연구 가운데 가장 많은 연구는 듀이, 플라톤, 루소, 로크 등의 서양철학자와 공자, 맹자, 이황, 이이, 정약용 등의 동양 및 한국철학자의 교육사상에 대한 것이다. 많은 사람들이 철학자 혹은 사상가들의 교육사상에 대하여 연구하는 이유는 학문적 관심, 사상적 깊이, 풍부한 연구자료 등 여러 이유들이 있을 것이다. 이 가운데 하나는 교육철학자는 교육과정이나 교육행정이 아닌 교육철학 분야에 대한 연구를 해야만 하며, 가장 뚜렷한 교육철학적 연구는 철학자 혹은 사상가에 대한 연구라고 생각하기 때문일 것이다. 이러한 생각은 교육철학을 전공하는 대학원생들의 경우 더욱 많이 찾아볼 수 있다. 대부분의 우리나라 교육학과 대학원에는 교육과정, 교육행정, 교육사회학, 교육심리, 교육철학 등으로 전공이 세분화되어 있다. 대학원생들은 각각의 전공에 따라 논문을 써야만 한다. 교육행정학을 전공하는 학생은 교육행정학과 관련된 연구주제를, 교육철학을 전공하는 학생은 이와 관련된 주제를 가지고 논문을 써야만 한다. 만약 교육행정학을 전공하는 학생이 교육철학적인 주제를 가지고 논문을 쓴다면 그 학생은 지도교수나 심사위원으로부터 전공과 맞지 않는 부적합한 논문을 썼다는 지적을 받게 될 것이다.

이러한 상황에서 학생들에게 가장 곤혹스러운 것은 과연 어떤 주제가 교육철학적 연구주제인가라는 것이다. 고교평준화, 평생교육, 학교시설, 노인교육, 가정교육 등에 대하여 어떤 세부 주제를 가지고 논문을 쓰는 것이 교육철학적 논문으로 인정될 수 있을 것인가라는 문제이다. 그러나 이 질문에 대하여 아무도 명쾌하게 대답해 줄 수는 없다. 왜냐하면 교육철학의 학문적 특성은 무엇이며, 교육철학은 교육사회학이나 교육행정학과 어떻게 구분될 수 있는가에 대해서는 그다지 뚜렷한 대답이 존재하지 않기 때문이다. 뿐만 아니라 과연 교육학이라는 학문의 세부분야를 우리나라와 같이 교육과정, 교육행정학, 교육사회학, 교육철학 등으로 구분하는 것이 과연 타당한 것인가에 대해서도 많은 논란이 있다. 이에 대해서는 다음에 교육철학의 정체성 혹은 학문적 성격에 대하여 좀 더 자세히 논의하게 될 것이다.

　　교육철학을 전공하는 대학원생들이 철학자 혹은 사상가의 교육사상을 주제로 학위논문을 쓰게 되는 것은 바로 이러한 이유 때문이다. 앞서 살펴본 바와 같이 "지난 10여 년 동안의 교육철학 분야 박사학위논문의 경우는 전체 82편 가운데 46편이 인물 연구로 전체 박사학위 논문중 56%를 차지(박의 수, 22쪽)"하고 있다. 이 점은 『교육철학』 학회지에 게재되는 논문의 경우도 마찬가지이다. 학회지의 게재 여부를 심사할 때 심사위원들 사이에 논의되는 문제는 "과연 이 논문이 교육철학적 논문이라고 할 수 있는가"라는 것이다. 심사위원들 사이에 가장 쉽게 합의할 수 있는 논문의 주제는 철학자 혹은 사상가에 대한 교육사상이다. 예를 들어, '대안교육'이나 '고교평준화' 등에 대한 논문은 심사위원들 사이에 논란의 대상이 될 수 있지만, 플라톤의 교육사상에 대한 논문은 누구나 교육철학적 논문으로 쉽게 인정한다. 우리나라에서 교육철학을 전공하는 사람들이 철학자 혹은 사상가들을 대상으로 한 연구가 가장 많은 것은 바로 이러한 이유 때문이다.

　　철학자 혹은 사상가들의 교육사상을 정리하고 전달하는 일은 다양한 관점에서 인간, 자연, 사회를 이해하고, 이를 토대로 교육과 관련된 생각들을 추론함으로서 교육에 대한 우리의 이해의 폭을 넓힌다는 점에서 의미가 있다. 그러나 문제는 어떤 철학자의 생각을 바탕으로 그의 교육사상을 추론할 때 일반적인 철학적 생각이 교육에 대한 생각과 어떤 관련이 있는지가 대부분 불분명하다는 데에 있다. 이 점에 대하여 루카스(Lucas)는 다음과 같이 말하고 있다.

　　철학자들은 대체로 교육문제에 대하여 그다지 구체적으로 언급하지는 않는다. 이 때문에 주어진 교육문제 예를 들면 이상적인 교육과정에 포함되어야 할 교과목과 계열성 등에 대하여 그 철학자가 어떤 이야기를 하게될지를 예측하는 것은 쉬운 일이 아니다. 플라톤은 이에 대하여 비교적 이에 대하여 자세하게 밝히고 있지만, 헤겔, 스피노자, 흄 등은 그렇지 않다.……철학자들의 사상은 철학적 학문체계에 뿌리를 두고 있으며 철학사상으로부터 교육사상이 연역적으로 도출될 수 있는 것은 아니다. 따라서 어떤 철학자가 특정한 교육문제에 대하여 그 자신이 밝히고 있지 않는 한 어떻게 이야기하리라는 것을 추정하는 것은 어불성설이다(Lucas, 6~7쪽).

철학자들을 대상으로 한 논문은 대부분 철학자들의 인간, 사회, 자연 등에 대한 생각으로부터 교육목표, 교육내용, 교육방법 등의 교육사상을 이끌어 낸다. 그러나 철학자들은 대부분의 경우 이러한 교육문제에 대하여 직접적으로 언급하지는 않는다. 철학자의 교육사상은 어디까지나 하나의 추측에 불과할 뿐이다. 루카스에 의하면 이러한 추정은 연역적으로 혹은 논리적으로 추론되어질 수 있는 것은 아니며 하나의 억측에 불과한 경우가 많다.

햄(C. M. Hamm)도 루카스와 비슷한 문제점을 지적하고 있다.

이런 사상(철학자들의 사상)은 때때로 단순히 교육에 대한 개인적 이상을 진술한 것이며, 어린이 양육 방법에 대해 그들이 선호하는 처방을 제시한 것일 뿐이다. 이런 아이디어들 중 어떤 것은 흥미롭다 할지라도 그것들이 반드시 철학적인 것은 아니며, 그 사상가들이 철학적으로 추론해서 도달한 것도 아니다. 코메니우스, 루소, 페스탈로찌, 프뢰벨, 몬테소리 그리고 듀이와 같은 사상가들은 실험, 놀이, 자연, 본능, 민주주의, 자유, 조화, 전체성 등과 같이 교육에 대충 관련된 주제들에 관해 흥미로운 것들을 쓰고 있다. 그러나 때때로 이들의 사상은 개념적으로 생소하고 혼란스럽고 극히 사변적이고, 사실무근이거나 모순적인 경우가 있다. 어떤 경우에 그것들은 매우 분명하고 실제로 건전하지만 그렇다고 하여 철학적인 것은 아니다(김기수 · 조무남, 21쪽).

햄에 의하면 철학자들이 저술한 책이나 글이라고 하여 반드시 철학적 연구라고 할 수는 없으며, 이 가운데에는 교육에 대한 자신의 개인적 생각이나 의견을 제시하고 있는 것도 있다.

또 다른 문제점은 시대와 사회적 맥락의 차이 때문에 과거의 철학자들의 생각은 현재의 교육문제에 대하여 크게 도움을 주지 못한다는 사실이다. 이 점에 대하여 루카스는 다음과 같이 말하고 있다.

교육에 대한 철학자들의 생각은 현재의 교육문제에 대하여 관심을 가지고 있는 교육자들에게 그다지 도움을 주지 못한다. 철학자들의 주된 관심은 인간의 본성, 아동발달, 교육 목표로서의 '훌륭한 삶' 등이지만, 이러한 철학자들의 일반적인 교육사상이 학급에서 학생들을 어떻게 가르치고 지도해야 할 것이며, 현재 당면하고 있는 교육문제를 해결하기 위해 어떤 교육정책을 펼쳐나가야 할 것인지 등에 대한 해결방안이나 시사점을 제공해 주지 못한다. 설혹 철학자들이 구체적으로 연령단계에 따라 아동들에게 무엇을, 어떻게 가르쳐야 할 것인지 등에 대하여 밝히고있는 경우에도 이 점은 마찬가지다. 시대적 차이와 사회적 차이로 인하여 철학자들의 이러한 주장은 더 이상 타당하지 않거나 그다지 쓸모 없는 경우가 많다. 로크나 몽테뉴의 교육에 대한 견해는 개인교습이나 사교육이 교육의 주류를 이루고 있을 때 이를 전제로 쓰여진 것이며, 과연 이러한 그들의 주장이 오늘날의 공교육 제도에서 어느 정도 타당성이 있는지는 매우 의심스럽다(Lucas, 7~8쪽).

루카스에 의하면 철학자들은 우주만물의 근원은 무엇인가, 인간이란 어떤 존재이며, 어떻게 살아가는 것이 인간답게 살아가는 것인가, 진리란 무엇인가 등과 같은 궁극적이고, 추상적인 문제에 대하여 관심을 가진다. 그러나 이러한 문제들은 어떤 인간이 바람직한 인간이며, 그러한 인간을 어떻게 길러낼 것인가라는 등의 교육적 문제와는 거리가 멀다. 보다 심각한 문제는 철학자들의 이러한 생각은 현 시대와 사회적 상황에서는 거의 쓸모가 없거나 타당하지 않다는 것이다. 예를 들어 개인교습이나 사교육에 의존하여 자녀들을 가르쳤던 과거 중세시대의 철학자들의 생각이 요즈음과 같은 현대에도 과연 타당성이 있겠는가라는 것은 매우 의문스럽다.

우리나라 교육철학 연구에서 두 번째로 연구가 많이 이루어진 분야는 '자유'와 '평등', '교육'과 '학습' 등 교육학적 용어에 대한 분석이다. 이러한 연구는 영미분석철학의 영향을 받기 때문이다. 우리나라에서 분석철학적 입장의 교육철학은 서울대학교의 이돈희 교수에 의하여 1980년대 후반에 소개되어졌다. 이 교수는 미국에서 분석철학을 공부한 후 서울대학교에 부임하여 분석철학적 입장에 대하여 강의하였다. 서울대학교의 이 홍우 교수는 1970년대 영국과 미국의 교육철학계에 많은 영향을 준 R. S. Peters의

『윤리학과 교육』을 번역하였고, Hirst 등의 분석철학적 입장의 교육철학을 한국에 널리 소개하였다. 김안중 교수도 교육의 주요 개념을 분석하는 일에 많은 노력을 기울였다. 국민대학교의 신차균 교수는 영국의 분석철학에 많은 영향을 미친 Gibert Ryle이 『마음의 개념』에서 제시하고 있는 '명제적 지식과 방법적 지식'의 구분에 대한 논문을 썼다. 이러한 영향으로 한국에는 1970년대와 1980년대 분석철학적 입장에서 교육의 주요개념들을 분석하고 명료화하며, 교육학적 논의의 논리성을 강조하였다.

우리나라에서 분석철학적 입장의 교육철학은 영국과 미국의 분석철학에 그 뿌리를 두고 있다. 영국에서 분석철학이 시작된 것은 대체로 20세기 초 케임브리지대학교의 무어(G. E. Moore)와 러셀(B. Russell) 등에 의해서다. 무어는 케임브리지대학교 학부시절에 수학을 전공하는 동안 철학분야 강의를 듣게 되었다. 플라톤, 아리스토텔레스, 아퀴나스 등 전통철학 강의를 들으면서 그는 커다란 의문을 가지게 되었다. 예를 들어, 플라톤의 '이데아'론에 대하여 그는 도저히 이해할 수 없었다. 우리의 눈앞에 보이는 것은 모두가 실재(reality)가 아니며, 이데아의 모방에 불과하다는 플라톤의 주장을 그는 받아들일 수 없었다. 무어는 플라톤과 함께 거의 모든 전통적인 철학자들의 주장에 대하여도 회의를 가지게 되었다. 무어는 이제까지 철학자들은 우주만물의 근원은 무엇이며 인간의 본성은 무엇인가, 진리란 무엇인가, 신은 존재하는가 등과 같은 질문에 매달려 왔다. 그러나 이러한 문제는 사실상 누구도 알 수 없을 뿐만 아니라 정답도 없는 문제이다. 무어에 의하면 전통적인 철학자들의 논의는 학문적 탐구라기보다는 철학자 개인의 견해에 불과하다.

이러한 무어의 주장은 카르납(Carnap)과 에이어(Ayer) 등의 논리실증주의(logical positivism)로 이어지게 된다. 논리실증주의자들에 의하면 학문의 대상이 되는 질문은 오직 논리적으로 혹은 실험과 관찰 등의 경험에 의하여 그 진위가 입증될 수 있는 것들이어야 한다. 예를 들어, "모든 동물은 죽는다, 인간은 동물이다. 그러므로 인간은 죽는다"라는 진술의 眞僞는 논리적으로 입증될 수 있다. 반면에 "태양은 동쪽에서 뜬다"라는 진술의 진위는 관찰에

의하여 입증될 수 있다. 수학, 논리학 등은 대체로 논리적 명제로 구성되어 있다. 반면에 물리학, 생물학, 자연과학, 공학 등 학문분야의 명제는 실험이나 관찰에 의해 그 진위를 입증할 수 있다.

그러나 전통적인 철학적 질문들은 대부분 "신은 존재하는가", "인간의 본성은 무엇인가", "인간답게 사는 것은 어떻게 살아가는 것인가" 등과 같이 논리적으로나 경험적으로 그 진위를 입증할 수 없는 것들이다. 논리실증주의자들에 의하면 이러한 질문들은 "김치찌개를 좋아하는가, 된장찌개를 좋아하는가" 등과 같이 철학자 개인의 취향이나 의견에 불과한 것들이다.

논리실증주의자들에 의하면 철학자들의 역할은 정답도 없는 형이상학이나 윤리학적 질문을 가지고 씨름하는 일이 아니라, 학문적 논의의 논리성이나 체계성을 검증하는 일이다. 철학자는 학자들이 상호 모순되는 주장을 하고 있지는 않은지, 논리적 일관성을 가지고 학문적 논의가 이루어지고 있는가 등을 분석하고, 점검해야 한다. 이 점에서 철학자들의 임무는 인간, 자연, 사회적 세계에 대한 직접적 혹은 일차적 탐구보다는 다른 분야 학자들의 학문적 논의가 논리적인 일관성을 유지할 수 있도록 해주는 일이다.

논리실증주의는 이후의 분석철학에 많은 영향을 미쳤다. 분석철학은 후기 비트겐쉬타인이 『철학탐구(Philosophical Investigation)』에서 제시한 '일상언어철학'에 뿌리를 두고 있다. 비트겐슈타인에 의하면 철학자는 과거와 같이 형이상학적, 윤리학적 혹은 가치론적 질문에 대하여 매달려서는 안 된다. 그렇다고 하여 논리실증주의자들이 주장하고 있는 것과 같이 학문적 논의의 논리적 분석과 점검에만 매달려서도 안 된다. 철학자들의 역할은 우리가 일상적으로 사용하고 있는 말의 용도를 분석함으로써 언어의 의미를 명료화하는 일이다. 우리들이 사용하는 일상언어는 대체로 애매하고, 모호하다. '눈'이라는 말은 애매하여 어떤 사람이 '눈'이라고 말하면, 겨울에 하늘에서 내리는 '눈'을 가리키는지 혹은 얼굴에 달린 '눈'을 말하는 것인지가 애매하다. 또한 '날씨가 매우 춥다'라고 말하면 어느 정도 추운 것을 매우 춥다고 말하는지 그 기준이 모호하다. 대부분의 학문적 논의는 일상언어를 통하여 이루어지기 때문에 애매하고 모호한 경우가 많다. 철학자의 주된 역할은 학문의 주요 개념들을 분석하여 애매성을 제거하고, 모호성을 감소시켜 개념의 의미를 명료화하는 것이다.

분석철학적 입장에서의 교육철학은 영국과 미국을 중심으로 1960년대와 1980년대에 주류를 이루었다. 유재봉은 이 점에 대하여 다음과 같이 설명하고 있다.

> 영국의 분석적 교육철학은 대체로 말해서 1960년대에 시작되어 1980년 사이에 풍미하였다. 물론 그 전에 분석적 교육철학에 관련된 저서나 논의들이 전혀 없는 것은 아니다.……영국의 분석적 교육철학이 전성기를 구가하게 된 것은 아마 피터스가 리이드(A. Reid)의 뒤를 이어 1962년에 런던대학교 교육학대학원의 교육철학 교수 겸 학문적 좌장으로 부임하게 되면서부터이 다. 그는 런던대학교 교육철학 교수로 부임하기 전에 『동기의 개념(The Concept of Motivation)』(1958)을 출간하여 이미 분석철학자로서 명성을 가지고 있었으 나, 본격적인 분석철학자로서의 명성은 런던대학교 교육철학 교수 취임 이후 이다. 이 시기에 피터스는 취임강연 논문인 「성년식으로서의 교육(Education as Initiation)」(1964)을 필두로 『윤리학과 교육(Ethics and Education)』(1966), 『이성과 열정(Reason and Passion)』(1973), 『심리학과 윤리적 발달(Psychology and Ethical Development)』(1974) 등을 출판하였다. 그리고 그는 1964년 허스트 (P. H. Hirst)와 함께 영국 교육철학회를 창립하여 1975년까지 영국 교육철학회 회장(Chairman)을 역임하였으며, 1966년부터 1982년까지 저명한 교육철학 학술지인 『교육철학(Journal of Philosophy of Education)』의 편집위원장으로 있으면서 분석적 교육철학을 발달시켰다(유재봉, 40~41쪽).

피터스로 대표되는 영국의 교육철학자들은 '교육', '교육받은 사람', '훈 련', '수업', '교화', '벌', '권위' 등 교육의 주요 개념의 일상적 용법과 사용규칙 을 분석하여 그 의미를 명료화하기 위해 노력하였다. 예를 들어, 피터스는 그의 저서 『윤리학과 교육』에서 일상적으로 사용되고 있는 교육의 개념을 규범적 준거(normative criterion), 인지적 준거(cognitive criterion), 과정적 준거 (procedure criterion)로 나누어 분석한 후, 교육의 개념에 대하여 다음과 같이 설명하고 있다.

(1) 교육은 가치 있는 일을 전달함으로써 그것에 헌신하는 사람을 만든다는 뜻을 가지고 있다.
(2) 교육은 지식과 이해, 그리고 모종의 지적 안목을 길러주는 일이며 이런 것들은 무기력한 것이어서는 안 된다.
(3) 교육은 교육받는 사람의 의식과 자발성을 전제로 한다는 점에서, 몇 가지 사용과정은 교육의 과정으로 용납할 수 없다(피터스, 42쪽).

피터스 등의 분석철학적 입장의 교육철학자들은 위에서 살펴 본 바와 같이 교육의 핵심적 개념들의 의미를 명료화하는 일과 함께, 다양한 교육적 논의 속에 내포되어 있는 논리적 가정들을 밝히고 정당화하며, 학교에서 가르쳐야 할 지식의 성격, 내용과 방법 등을 밝히기 위해 노력하였다.

미국에서 분석철학적 입장에서의 교육철학의 선구자는 하버드대학교의 쉐플러(I. Scheffler)이다. 쉐플러는 「분석적 교육철학을 지향하며」라는 논문에서 교육철학의 주된 역할은 교육실제와 관련된 주요 개념을 논리적으로 분석하여 그 의미를 명료화하는 일이라고 주장하였다. 쉐플러는 교육은 근본적으로 합리성을 기르는 일이며, 교수(teaching) 활동은 학생 스스로 인간, 자연, 사회 세계에 대하여 의문을 제기하고 사고하고 판단할 수 있도록 도와주는 활동이라고 정의하였다.

분석철학적 입장의 교육철학은 교육의 핵심적 개념들의 의미를 명료화하고, 교육학적 논의가 보다 논리적으로 이루어질 수 있도록 하는 데에 많은 기여를 하였다. 그러나 1960년대와 1980년대 영국과 미국의 교육철학계의 주류를 형성하였던 분석철학은 1990년대 들어와서 퇴조하기 시작하였다. 그것은 다음과 같은 분석철학의 한계 때문이었다.

교육에서의 분석철학적인 방법은, '이차적'이라는 그 자체의 성격상, 가치문제를 적극적으로 제시하는 데는 한계가 있다. 예컨대, 피터스나 쉐플러는 교육의 규범적 혹은 강령적 측면이 있다는 점을 인식하고 교육의 개념을 가치와 관련하여 논의하려 하였지만, 가능한 가치 중립적인 태도를 가지고 언어의 의미를 명료히 하려는 분석철학 그 자체가 가지고 있는 성격 때문에 교육의 가치 문제나 교육실천의 문제를 다루거나 적극적으로 그에 대한 대답을 제시하지는 못하였다(유재봉, 46쪽).

분석철학은 학문적 논의가 보다 명료하고 논리적으로 이루어질 수 있도록 하는 데에 도움을 줄 수는 있으나, '우리 교육의 핵심적 문제점은 무엇이며, 어떤 방향으로 교육이 개선되어야 할 것인가, 교육을 통하여 어떤 학생을 길러내야만 할 것인가' 등과 같은 문제 등에 대하여 아무런 해답을 제공해 주지 못한다. 달리 말하여, 분석철학은 교육이 당면하고 있는 현실적 문제를 해결하는 데에 도움을 주거나 교육이 나아가야 할 방향이나 가치 등을 제시해 주지 못한다. 분석철학은 교육을 가치 중립적 입장에서 분석하는 일에 치중함으로서 교육적 활동이 지향해야 할 올바른 방향이나 개선책을 제시해 주지 못한다.

이 점은 우리나라의 분석철학적 연구에 있어서도 마찬가지이다. 우리나라에서 분석철학은 앞서 살펴 본 바와 같이 1970년대 말에 이돈희에 의해 소개된 후, 이홍우와 김안중 등의 교육철학자들이 여러 연구를 하였다. 분석철학은 교육의 주요 개념들의 의미를 명료화하고, 교육학적 논의가 좀 더 논리적으로 진행될 수 있도록 하는 데에 많은 기여를 하였다.

그러나 개념분석과 논리적 치밀성에 치중한 나머지 우리의 교육현실이 당면하고 있는 교육문제와 교육이 지향해야 할 방향과 가치 등을 소홀히 하였다. 이러한 경향은 교육철학자들이 교육현실에 대하여 관심을 가지지 않고, 지나치게 관념적이고, 추상적인 논의에 매달리고 있다는 비난을 자초하였다. 교육철학자들에게 우리 교육이 당면하고 있는 심각한 교육문제의 근원을 밝히고, 그것이 어떤 점에서 문제가 있으며 교육의 본질적 가치에 비추어 어떤 방향으로 개선되어야 할 것인가에 대한 논의를 기대하였으나 교육철학자들은 이를 외면하였다.

Ⅲ. 교육철학 탐구 방향에 관한 논의

이제까지 우리는 해방 이후 교육철학자들이 어떤 주제를 가지고 연구해 왔으며, 그 문제점은 무엇인가에 대하여 살펴보았다. 교육철학자들은 플라톤과 맹자 등의 전통적인 서양과 동양의 철학자, 듀이와 헤바르트 등의 미국과 독일의 교육학자, 이이와 율곡 등의 한국의 유학자, 실존주의와 항존주의 등의 교육사상, '교화'와 '수업' 등의 개념분석 등 다양한 주제에 대하여 많은 연구를 하여 왔다. 미국, 영국, 독일, 중국, 한국 등 여러 나라의 사상가에 대한 연구는 한국 교육철학의 학문적 다양성과 폭넓은 학문적 관심을 잘 나타내 준다. 한국의 교육철학자들은 세계 각국의 다양한 교육철학자들과 여러 나라의 학문적 흐름을 폭넓게 이해할 수 있다. 또한 동양과 한국의 교육사상에 대한 이해를 통하여 현대만이 아닌 과거의 전통적인 사상을 접할 수 있는 기회를 가지게 된다.

그러나 이로 인하여 한국의 교육철학자들은 서로간 학문적 대화와 깊이 있는 토론을 하지 못하고 있다. 미국에서 학위를 취득한 사람들은 한국의 전통적인 사상가들이나 독일의 사상가에 대하여 잘 알지 못한다. 독일에서 공부한 사람들은 미국과 영국의 교육철학자나 이들 나라의 학문적 흐름에 익숙하지 않다. 한국의 교육철학자들은 자신과 학문적 배경이나 관심이 서로 다른 교육철학자들의 연구에 대하여 잘 알지도 못하고, 이해도 부족하다. 한국의 전통적인 교육사상가에 대하여 발표할 때, 이를 잘 알지 못하는 사람은 침묵을 지키고 앉아 있을 수밖에 없다. 반대로 미국이나 독일에서 공부한 사람들이 발표를 하면 한국의 전통사상을 공부한 사람들이 침묵하게 된다. 학문적 배경이 서로 다른 학자들 사이에 학문적 교류와 대화가 단절되어 있는 것이다.

교육철학자들 사이의 학문적 논의와 교류가 보다 활발해질 수 있도록 하기 위해서는 어떻게 해야만 할 것인가? 신차균은 교육철학자들이 보다 엄밀한 학문적 탐구방법으로 교육철학을 연구함으로서 학자들 사이의 학문적 교류와 논의가 보다 활발해질 수 있다고 주장하고 있다(신차균, 1쪽).

이러한 신 교수의 주장에는 다음과 같은 가정이 전제되어 있다. 한국의 교육철학자들 사이에 깊이 있는 학문적 논의와 토론이 이루어지고 있지 못하는 중요한 이유는 학자들이 연구주제를 선정하고, 이에 적합한 연구방법을 통하여 논리적이고, 체계적으로 그리고 객관적으로 연구하지 못하기 때문이라는 것이다. 설혹 교육철학자들 사이에 학문적 배경과 관심이 서로 다르다고 할지라도 엄밀한 연구방법에 기초하여 교육철학을 연구한다면 학자들 사이에 합리적이고, 깊이 있는 토론과 논의가 이루어질 수 있을 것이다. 신 교수는 교육철학자들이 보다 엄밀한 학문적 탐구방법론을 통하여 교육철학을 탐구해 간다면 설혹 연구내용에 대해서는 잘 알지 못한다고 할지라도 연구방법을 중심으로 학자들 사이에 보다 활발한 토의가 이루어질 수 있다고 생각한다.

이러한 신 교수의 주장은 우리의 교육철학적 현실에 비추어 볼 때 어느 정도 일리가 있다. 교육철학 연구 가운데 많은 연구들이 연구내용에 익숙하지 않은 사람들은 아무런 논의를 할 수 없게 되어 있다. 예를 들어, '이황'의 교육사상에 대한 연구는 이 연구 내용에 대하여 잘 알지 못하는 사람은 그 내용이 과연 타당한 것인지 아닌지를 잘 모르기 때문에 발표 내용에 대하여 침묵을 지키지 않을 수 없다. 그러나 이황의 교육사상을 접근해 가는 연구방법이 과연 타당한 것이며, 이 연구가 올바른 연구방법을 통하여 연구한 것인지에 대해서는 서로 깊이 있는 논의를 할 수 있을 것이다. 오인탁도 해방 이후의 교육철학 연구를 분석하고 정리한 후, 다음과 같이 신 교수와 비슷한 주장을 하고 있다.

> 우리에게는 철학연구의 기본자세 자체가 아직도 많은 연구들에 있어서 대단히 결여되어 있다.……연구들 가운데는 심한 경우엔 자신의 논문만 참고 문헌이나 각주로 제시하였을 뿐, 선행 연구와 다른 참고문헌을 하나도 밝히지 않은 논문, 새로운 개념정립을 시도, 새로운 언어를 만들어서 사용하면서도 개념분석과 언어사용의 어떤 해석학적 논의도 전혀 없는 논문, 우리의 일상적이고 전문적인 언어세계에선 볼 수 없는 생소한 언어를 만들어서 사용하고

외래어, 특히 일어를 무반성적으로 그대로 수용하는 논문, 이미 여러 편의 연구들이 있는 문제, 사상, 인물을 연구하면서 선행 연구나 수용사에 관한 개관을 전혀 하지 않고 있는 논문 등이 있다. 이러한 현실에 직면하여, 연구의 질서를 세우고 가꾸는 일이 한국의 교육철학의 성장과 전개의 전제 조건임을 다시금 확인하게 된다(오인탁 · 김창환 · 윤재홍, 97쪽).

오인탁은 교육철학 연구들 가운데는 연구의 주된 개념이나 용어를 제대로 정의하지도 않고, 일상적으로 사용되지도 않는 새로운 용어를 아무런 근거도 없이 사용하는 등 학문적 연구의 기본적인 요건조차 갖추지 못하는 연구들이 많다고 지적한다.

이러한 점에서 신 교수가 지적한 대로 교육철학 연구들이 보다 치밀하고, 논리적이며, 체계적인 연구방법을 사용해야만 한다. 그러나 현실적으로 연구 내용이 과연 올바른 것인지, 이황이 과연 그 문제에 대하여 그렇게 주장하고 있는지를 잘 알지 못하는 상태에서 연구방법만을 가지고 그 연구에 대하여 깊이 있게 논의하는 것은 매우 어렵다. 통계적 연구방법을 사용하여 사회 현상을 연구한 논문의 경우는 연구내용을 몰라도 얼마든지 그 연구방법의 타당성에 대하여 논의할 수 있다. 그러나 거의 대부분의 교육철학적 연구는 문헌 연구방법을 사용하기 때문에 연구주제와 관련한 내용에 익숙하지 않은 사람들이 연구내용의 타당성에 대하여 논의하는 것은 매우 어렵다. 또한 문헌 연구의 경우 어떤 연구방법이 과연 타당한 것인가에 대해 학자들간에 합의된 의견을 찾아보기 어렵다. 이 점에서 신 교수가 주장하는 것과 같이 학문적 배경과 관심이 서로 다른 학자들이 한데 모여 연구방법에만 초점을 맞추어 깊이 있는 학문적 논의와 토론을 한다는 것은 매우 어렵다.

한국의 교육철학 연구의 방향에 대한 다른 대안의 하나는 교육철학의 탐구 영역을 한정하는 것이다. 조난심은 교육철학 연구자들간의 학문적 논의와 토론을 위한 하나의 대안으로 교육철학자들이 우리나라의 학교교육 에 관심을 가지고 탐구해야 한다고 주장한다. 이에 대한 구체적인 논의를 살펴보기 이전에 먼저 우리나라의 교육철학계의 문제점에 대한 의견을 살펴보자.

　　최근 공식적인 학회 모임이나 사적인 교육철학자들의 모임에서 자주 등장하
는 화두 중의 하나는 바로 '교육철학의 정체성' 문제이다. 교육철학의 정체성
문제란, 과연 교육철학의 본 모습은 무엇인가에 대한 질문이다. 교육철학은
무엇을 하고 있는가? 그리고 무엇을 해야 하는가? 우리의 교육학이나 교육실천
가들에게 교육철학은 주의를 환기시킬 만한 학문적 성과를 보이고 있는가?
그리고 우리 교육철학자들간에 '훌륭한' 교육철학에 대한 합의는 존재하는가?
등이 교육철학의 정체성을 묻는 질문이라고 할 수 있다(조난심, 133쪽).

조난심에 의하면 우리나라의 교육철학계는 교육계 안팎에서 학문적 정체
성과 성과에 대하여 의심을 받고 있다. 교육철학자들은 도대체 무엇을 주제
로, 어떤 연구를 하고 있으며, 그러한 연구가 한국의 교육현실에 이론적
측면과 실제적 측면에서 어떤 기여를 하고 있는가라는게 의문이다. 조난심에
의하면 그 동안 교육철학자들은 서양과 동양의 철학자와 사상가에 대한
연구와 인본주의, 유교, 포스트모더니즘 등의 각종 이즘이나 이데올로기적인
관점에서 교육문제를 조명하는 연구와『주역』이나『중용』등과 같은 고전에
서 교육적 시사점을 도출하는 연구들에 주력하여 왔다. 이러한 연구들이
"교육철학의 지평을 넓히고 기초 자료를 축적시키는데"에는 나름대로 공헌
을 하였으나 우리의 당면한 교육현실을 보다 깊이 있게 이해하고 분석하며
우리의 교육이 나아가야 할 방향을 제시해 주는 데에는 그다지 도움을 주지
못하였다.

　　그 대안은 무엇인가? 조난심은 듀이적 관점에서 교육철학을 접근해 감으로
서 교육철학의 정체성을 확립할 수 있다고 주장한다.

　　듀이(J. Dewey)는 자신의 민주주의 사회에 대한 이념을 토대로 교육철학에
대한 독특한 관점을 표현하고 있는데, 이는 오늘날 학교교육과 교육철학과의
관계라는 점에서 교육철학의 정체성 문제를 검토하는데 매우 적절한 관점을
제공해 주고 있다. 이 점에서 듀이의 주장은 우리에게 이미 익숙하지만 다시금

검토해볼 필요가 있다.

　듀이는 교육철학을 철학과 교육의 '결혼'으로 표현한 바 있다. 철학이던 교육이던 각기 학문을 완성시키기 위해서는 상대방에 대해 관심을 가져야 한다는 것이다. 반면에 이 둘의 분리 혹은 무관심은 사회적인 위협이 된다고 하였다. 이러한 관점은……그의 독특한 민주주의 사회와 교육에 대한 입장에서 나온 것이다(138쪽).

　조난심은 우리나라의 교육철학계가 당면한 문제를 해결하기 위해서는 듀이가 제시하고 있는 바와 같이 학교교육을 철학적 관점에서 분석하고 탐구해야 한다고 말한다. 달리 말하여 교육철학자들은 오늘날의 학교교육에 대하여 보다 많은 관심을 가지고 우리의 학교교육이 당면하고 있는 문제점들을 철학적으로 탐색하고 대안을 모색해야 한다는 것이다. 그것은 곧 철학과 학교교육과의 만남을 의미한다.

　듀이는 철학은 '교육의 일반 이론(general theory of education)'이라고 한다. 그는 철학이 순전히 상징적이고 언어적인 것에 그친다든지 몇몇 사람을 위한 감정의 유희나 심지어 임의적인 독단이 되어도 좋다면 모르되, 그렇지 않은 이상 과거의 경험을 査定하고 장차의 가치 실현을 위한 계획을 제안하는 일은 반드시 그 결과가 구체적인 행위로 나타나야 한다고 주장했다. 그리고 학교가 하는 일은 그 당시의 삶에서 학교교육이 차지하고 있는 위치를 폭넓게 또 우호적인 입장에서 확인해 주는 '철학'의 도움을 받아서 그 목적과 방법을 늘 생생하게 하지 않으면 주먹구구식으로 고정된 일을 하게 될 가능성이 있다고 하였다. 철학이 없으면, 교육자들은 자신이 구축하려는 것에 대해 그들의 사회를 좀더 높은 행복의 상태로 갱신시키기 위해 극복해야 할 주된 장애가 무엇인지 알 수 없게 된다고 보고, 학교교육이 '상투적인 경험(routine empirical)'에 의해서만 운영되는 것은 잘못이라고 하였다. 이러한 듀이의 관점에서 보면, 철학자들은 교육이 없으면 자신의 업적의 결실을 볼 수 없고, 교육은 특수한 상황에서 철학의 실제적인 구현이라고 할 수 있다. 이런 점에서 철학과 교육은 필연적인 상호의존 상태에 있다고 할 수 있다(139쪽).

　조난심에 의하면 교육철학자들은 듀이가 주장하고 있는 바와 같이 학교가

하고 있는 일을 좀 더 깊이 있게 분석하고 탐색해야 한다. 그것은 곧 오늘날 학교가 어떤 일을 하고 있으며, 그것이 학생들의 지적, 도덕적, 정서적 성장에 어떤 도움을 주고 있으며, 문제점은 무엇이며 어떻게 개선해야 할 것인가를 철학적으로 생각하는 것이다. 듀이가 "철학은 교육의 일반이론"이라는 의미는 곧 교육철학의 주된 탐구대상은 학교교육이며, 이상적인 사회란 어떤 사회이며 학교교육을 통하여 어떻게 그러한 사회를 만들 것이며, 현행 학교제도의 문제점과 개선방향을 탐색하는 것을 의미한다.

조난심은 듀이적 관점에서 우리나라의 교육철학자들이 탐구해야 할 과제를 '학교교육의 의미'에 대한 분석, '학교교육의 복적을 재조명'하는 일, '학교교육에서의 지식교육', '학교교육에서의 평등' 등을 제안하고 있다. 조난심에 의하면 우리나라의 학교교육은 '학교붕괴' 등의 극단적인 용어로 표현될 정도로 심각한 위기상황에 직면해 있다. 어떤 사람들은 학교교육의 내실화를 위한 노력 등을 통하여 이러한 위기를 극복해야 한다고 주장하는 반면에, 다른 사람들은 학교위기는 세계적인 현상이며 학교는 이미 그 역할과 수명을 다하였다고 주장하기도 한다. 이러한 상황에서 교육철학자들은 학교의 역할은 무엇이며, 학교가 사회적, 개인적 차원에서 왜 필요하며, 학교교육의 본질적 목적은 무엇인가 등에 대하여 깊이 있게 연구하고 활발하게 토의해야 한다는 것이다.

학교교육과 관련하여 교육철학자들의 또 다른 과제는 지식교육의 문제이다. 21세기 '지식기반사회'를 맞이하여 학교에서의 지식교육의 성격, 목적, 내용 등에 대하여 재검토하고, 학교의 지식교육이 어떻게 달라져야 할 것인가를 탐색해야 한다는 것이다. 지식기반사회가 요구하는 지식교육의 성격은 어떤 것이며, 그것은 과거의 자유주의자 혹은 인문주의자들이 주장했던 것들과는 어떻게 다른 것인지에 대한 논의가 필요하다는 것이다.

마지막으로 학교교육에 있어서 평등의 문제이다. 현재 우리 사회에는 '고교평준화'를 유지해야 되느냐, 폐지 혹은 보완해야 되느냐 등의 문제에 대한 논란이 활발하다. 교육철학자들은 이러한 사회적 논란과 관련하여 교육에 있어서 평등의 의미는 무엇이며, 이를 실현하는 것이 왜 중요하며, 어떤 노력들이 필요한가에 대하여 깊이 있고 폭넓게 논의해야 한다는 것이다.

조난심은 교육철학자들이 우리 학교교육의 이러한 문제들에 대하여 학문적인 관심을 가지고 보다 적극적으로 논의함으로써 교육철학자들 사이에 깊이 있는 학문적 논의와 토론을 할 수 있으며, 교육철학의 정체성을 회복할 수 있다고 생각한다. 이러한 그의 주장은 이제까지 우리가 살펴 본 바와 같이 그 동안 우리나라의 교육철학자들이 철학자나 사상가 혹은 이즘적인 연구에 치우쳐 왔으며, 상대적으로 우리가 당면하고 있는 사회적 문제와 학교현장의 문제를 소홀히 하여 온 것에 대한 하나의 대안 제시라고 할 수 있다.

신차균도 교육철학자들의 학문적 배경의 이질성, 연구자의 자주성 부족과 학문탐구 방법론 등의 미숙으로 인하여 교육철학의 학문적 정체성이 흔들리고 있다고 주장한다(신차균, 1쪽). 그는 한국 교육철학의 정체성을 정립하기 위해서는 무엇보다 먼저 교육철학의 탐구대상을 한정해야만 한다고 말한다. 교육철학의 탐구대상을 명확히 함으로써 교육철학자들 사이의 학문적 논의와 토론이 가능하도록 하고, 연구성과에 대한 객관적 평가가 이루어질 수 있다는 것이다. 신 교수의 이러한 주장 속에는 이제까지 우리나라 교육철학자들 사이에 학문적 논의가 활발하지 못했던 가장 중요한 이유는 공통적인 탐구대상이 없었던 것이라는 가정이 전제되어 있다.

신 교수는 교육철학의 공통적인 탐구대상을 '제도교육'에 한정할 필요가 있다고 주장한다. 그 이유는 무엇인가?

> 경제현상이나 정치현상은 삶의 모든 국면에서 찾아볼 수 있지만, 경제학이나 정치학이 그 모두를 탐구대상으로 하는 것은 아니다. '인격도야'는 분명히 '교육'이지만, 인격도야의 모든 과정을 다 교육학 또는 교육철학의 탐구과제로 할 수는 없다. 한국 교육철학의 정립을 위해서는 '전략적 차원'에서라도 그 탐구대상을 제도교육에 한정할 필요가 있다(신차균, 2쪽).

신 교수에 의하면 교육철학자들이 모든 교육문제를 탐구대상으로 할 수도 없을 뿐만 아니라 그럴 필요도 없다. 한국의 교육철학자들이 탐구의 대상을 '제도교육'에 한정함으로서 "논의의 집중을 통하여 가시적 성과를 기대할 수 있고" 또한 "교육계로 하여금 철학적 논의에 귀를 기울이게 할 수" 있다. 1960년대 영국에서도 허스트(Hirst)가 영국 제도교육의 이데올로기인 자유교육(liberal education)의 성격과 이를 교육과정에 어떻게 반영할 것인가를 밝힘으로서 교육철학적 논의가 이 주제를 중심으로 전개될 수 있도록 하였으며, 다른 분야의 교육학자들도 이 논의에 활발하게 참여하게 되는 계기를 마련하였다. 이것은 또한 분석적 교육철학이 영국과 미국의 주된 흐름을 형성하는 데에 많은 기여를 하였다.

한국의 교육철학계도 전략적으로 "제도교육의 목적, 내용, 방법과 그 운영원리에 대한 비판과 반성" 또는 "제도교육의 의미를 추구하는 노력"에 연구주제를 한정할 필요가 있다는 것이다. 신 교수는 좀 더 구체적으로 제도교육과 관련하여 '교육의 개념과 의미', '교육제도와 학교교육의 목적', '교육과정의 구성원칙과 각 교과의 성격과 가치', '학습경험의 의미', '교직과 교사의 윤리' 등의 5가지 영역을 제안한다. '교육제도와 학교교육의 목적'에 관한 논의는 구체적으로 무엇을 가리키는가?

각급 학교의 교육목적에 대한 논의가 필요하다. 유치원의 공교육화를 둘러싼 논란, 어린이집과 유치원의 통합 및 행정적 관할권을 둘러싼 논란 등은 초등학교 취학전 교육의 목적과 취학전 교육의 의미에 대한 탐구를 필요로 한다. 또 심심찮게 거론되는 학제 변경의 필요성에 대한 주장들도 각급 학교의 교육목적에 대한 논의의 필요성을 제기한다. 여기서 말하는 '교육목적에 대한 논의'란 해당 학교의 교육목적 진술에 어떤 항목을 포함시킬 것이냐에 관한 것이 아니라, 그 학교제도의 존재의의에 대한 우리의 숨겨진 생각이 무엇인지를 드러내는 논의를 뜻한다. 예컨대 '고등학교'의 존재목적은 대학에 진학하기 위한 징검다리인가, 아니면 또 다른 무엇인가, 현재의 학교교육은 그 목적을 달성하기에 적절한가, 만약 그렇지 못하다면 그 원인은 무엇인가, 전문대학과 대학의 목적은 어떻게 다른가 등에 관한 논의를 뜻한다(3쪽).

신 교수에 의하면 현재 우리나라에서 논란의 대상이 되고 있는 교육문제들 속에는 교육철학적 분석과 논의를 필요로 하는 문제들이 많이 있다. 현행 유치원 교육의 파행 등을 분석하면서 유치원 교육의 본래적 목적은 무엇이며, 현재 우리나라 유치원 교육의 문제점과 대안은 무엇인가, 대학입시 위주의 고등학교 교육은 고등학교 교육의 본래적 비추어 볼 때 어떤 문제점이 있는가, 고등학교 교육의 본질적 목적은 무엇인가 등에 대하여 교육철학적 관점에서 분석하고 논의해야 한다는 것이다.

또한 신 교수는 학교에서 어떤 과목을, 왜 가르쳐야할 것인가에 대한 철학적 논의를 제안하고 있다. 영국의 교육철학계에서는 J.P. White가 『Towards a Compulsory Curriculum』이라는 저서에서 '학교에서 학생들에게 어떤 교과를 가르쳐야 하며, 그것들을 왜 가르쳐야 할 것인가'라는 질문과 함께 이에 대한 나름의 대답을 제시하였다. 그 후 White의 견해를 중심으로 교육과정에 대한 활발한 논의가 전개되었다. 신 교수에 의하면 우리나라에서는 이러한 문제에 대한 학문적 논란이 없었으며, 교육철학자들이 이에 대한 관심을 가지고 깊이 있는 논의를 전개할 필요가 있다는 것이다.

신 교수가 밝히고 있는 바와 같이 교육철학의 본래적 성격에 비추어 볼 때, 교육철학의 탐구대상은 이러한 문제들에 한정되어야 한다거나 이를 중심으로 탐구되어야만 한다고 주장하는 것은 결코 아니다. 신 교수가 보기에 우리나라의 교육철학은 교육철학자들의 다양한 학문적 배경, 학문적 탐구방법론의 미숙, 학문공동체의 취약성 등으로 인하여 정체성을 상실하고 있으며, 서로 다른 학문적 배경을 가진 학자들 사이에 학문적 논의가 이루어지지 않고 있다. 이와 같은 교육철학의 위기를 극복하기 위해서는 적어도 교육철학의 탐구대상을 '제도교육' 혹은 '학교교육'으로 한정하여 이를 중심으로 학문적 논의와 토론을 해 나갈 필요가 있다는 것이다. 달리 말하여 교육철학의 연구주제를 '학교의 제도교육'에 한정하게 되면 한국의 교육철학자들 사이에 깊이 있는 학문적 대화나 논의가 보다 활발하게 이루어질 수 있을 것이라는 것이다.

Ⅳ. 맺음말

이제까지 우리는 해방 이후의 교육철학의 흐름, 문제점과 개선방향에 대하여 살펴보았다. 이러한 논의에서 가장 핵심적인 문제는 교육철학이란 무엇이며, 학문적 탐구대상은 무엇인가라는 문제이다. 교육철학은 교육사회학, 교육행정학, 교육과정 등과 같이 교육학의 한 분야이며, 이제까지 교육철학자들은 교육철학은 교육과 철학과의 결합이며 교육을 철학적 관점에서 탐구하는 것이라는 데에는 의견을 같이하고 있다. 교육철학자들 사이의 견해의 차이는 과연 교육을 철학적 관점에서 탐구하는 것이 어떤 것이며, 교육철학의 탐구대상과 방법은 무엇인가라는 것이다.

교육철학의 성격과 탐구대상에 대한 이러한 논의에서 가장 본질적인 문제점은 교육학을 교육철학, 교육사회학, 교육행정학 등과 같은 방식으로 분류하는 것이 과연 타당한 것인가라는 것이다. 교육철학의 학문적 성격에 관련된 논의는 근본적으로 교육철학을 교육학의 한 분야라는 사실을 전제로 할 때만 성립될 수 있다. 교육학을 교육철학, 교육사회학 등으로 분류하는 것이 타당하지 않으며, 교육철학이 결코 교육학의 세부영역이 될 수 없다면 교육철학의 학문적 성격에 대한 논의 자체가 무의미해질 뿐만 아니라, 교육철학이라는 학문 자체가 성립될 수 없기 때문이다.

교육철학을 교육학의 세부영역으로 분류하는 것이 과연 타당한가? 영국과 미국에서는 대체로 이 질문에 대하여 긍정적이다. 그러나 독일은 이와 다르다. 김창환은 독일에서 교육학의 세부 영역을 어떻게 분류하고 있느냐에 대해서 다음과 같이 설명하고 있다.

> 렌젠(D. Lenzen)이 펴낸 교육학 용어사전인『교육의 기본개념(Pädagogische Grundbegriffe)』에 의하면, 독일 교육학은 크게 두 가지 분야로 나누어진다. 첫째는, 교육학과에서 제도적으로 설치되어 있는 교육학 분야이다. 이에는 일반교육학, 역사교육학, 비교교육학, 학교교육학, 사회교육학 등이 속한다. 둘째로는, 교육학의 학문이 세분화되면서 생긴 학문분야로서 아직 제도적으로 정착되지는 못한 학문인데, 이에는 문화교육학, 여가교육학, 매체교육학,

박물관교육학, 환경교육학, 평화교육학, 성교육학 등이 해당한다.

김창환에 의하면 독일에서는 보다 일반적으로 교육학을 일반교육학, 역사교육학, 비교교육학, 유아교육학, 학교교육학, 사회교육학, 직업/경제교육학, 성인교육학, 특수교육학 등으로 구분한다. 독일의 교육학은 기본적으로 피교육자의 생애 단계에 따라 유아, 학교, 직업, 사회, 성인 교육학 등으로 구분하고 있다. 일반, 역사, 비교 교육학 등은 교육학의 기초 학문에 해당한다.

물론 독일에도 일반교육학내에 세부 분야로서 교육철학 분야가 있다. 교육일반학은 교육철학, 교육생애사 연구, 교육인간학, 교육학 방법론 등으로 구성되어 있다. 그러나 독일에서는 교육철학이 그다지 보편적인 학문의 분야가 아니다. 김창환에 의하면 "비록 교육학회 내에 '교육철학연구회'가 조직되기는 하였으나, 독일에서는 '교육철학'이 아직까지도 보편적인 학문 용어가 아니다. 대학 내에서 교육철학은 여전히 일반교육학 영역 안에서 '일반교육학(Allgemeine Pädagogik)'이라는 이름으로 연구되고 수용되고 있다." 독일은 영국, 미국 그리고 우리나라와 같이 교육철학을 교육학의 세부 분야로 확실히 구분하고 있지는 않으며, 따라서 교육철학의 학문적 정체성에 대한 논의도 거의 찾아볼 수 없다. 이 점에서 우리가 영국과 미국의 학문적 경향을 무비판적으로 받아들여, 교육철학은 교육학의 학문 분야이며 그 학문적 성격은 무엇이며, 교육철학자들은 이러한 성격에 알맞은 주제와 연구방법을 통하여 학문활동을 해야 한다는 생각에 사로잡혀 있지는 않는가를 반성해 볼 필요가 있다.

우리나라도 독일 처럼, 교육학의 세부 영역을 교육행정학, 교육철학 등으로 분류하지 않고 유아교육, 학교교육 등으로 나누어 연구해 간다면 어떨까? 앞에서 살펴 본 바와 같이 조난심과 신차균 등은 우리나라의 교육철학자들이 학교교육에 대하여 주된 관심을 가지고 탐구할 것을 제안한 적이 있다. 이와 같은 그들의 주장은 물론 교육철학을 교육학의 세부 영역으로 받아들일 것을 전제로 한 것이다. 이들에 의하면 우리나라의 교육철학자들은 동서양의 전통적인 철학자 혹은 사상가 등에 대한 연구에 주력함으로써 결과적으로 위기에 처한 우리나라의 학교교육에 대한 탐구를 소홀히 하였으며, 이 점에서 동료 교육학자들뿐만 아니라 사회적으로도 학자들로부터 비난을 받고 있다. 이 점은 비단 교육철학뿐만이 아니고, 교육사, 교육사회학, 교육행정학 등의 다른 분야에도 적용될 수 있을 것이다.

 교육학의 학문적 성격은 어떤 것이며, 세부 영역을 어떻게 분류하는 것이 타당한 것인가에 대해서는 그 동안 우리나라뿐만 아니라 미국이나 독일에서도 많은 논쟁이 있어 왔다. 여기에서 이러한 논쟁을 재연할 필요는 없을 것이다. 단지 우리나라 교육철학의 학문적 흐름을 살펴보면서 야기된 핵심적인 문제점은 우리나라의 교육철학계가 지나치게 추상적이고 관념적인 논쟁에 사로잡혀 우리의 당면한 교육문제를 깊이 있게 분석하고, 비판하고, 체계화하는 일을 소홀히 하고 있다는 것이다. 중요한 원인 가운데 하나는 교육철학자들이 자신을 교육철학자로 규정하고 교육철학적 연구를 해야 한다는 생각에 지나치게 매달려 왔다는 것이다. 여기에서 우리는 교육철학자인가 아닌가라는 것이 중요한 것이 아니라 교육학자로서 학교현장에서 어떤 일이 일어나고 있으며, 학생들은 어떤 생각과 가치관을 가지고 있으며, 그들은 학교에서 어떻게 생활하고 있으며, 우리가 당면하고 있는 학교교육 위기의 실상은 무엇이며, 그 원인과 대안은 무엇인가 등에 보다 깊이 있고, 체계적인 분석과 비판이 필요하다. 이러한 점에서 우리는 교육철학의 정체성이 무엇이며, 교육철학의 탐구주제와 방법은 무엇인가라는 문제보다는 한국교육의 문제점과 대안을 모색하는 데에 있어서 과연 현재와 같이 교육학의 세부영역을 분류하는 것이 타당한 것인가에 대하여 좀 더 진지하게 생각해 볼 필요성이 있다.

참고문헌

한국교육개발원(1998),『한국 근대 학교교육 100년사 연구 Ⅲ: 해방 이후의 학교교
　　육』, 서울: 한국교육개발원.

교육부(1998),『교육50년사』, 서울: 교육부.

김선양 외(1985),『한국교육학의 탐색』, 서울: 고려원.

김우창(1990),「대학과 진리」,『철학과 현실』90 봄호.

김정환(1974),『교육의 철학과 과제』, 서울: 박영사.

김정환(1976),「교육학연구 30년사: 논저를 중심으로」,『민족과 교육』, 서울: 박영사,
　　206~235쪽.

김정환(1989),「한국교육철학 방법론 논의」,『교육철학』제7호, 33~39쪽.

김기수·조무남 공역(2002), Cornel M Hamm 저,『교육철학탐구』, 교육과학사.

박의수 외(1993),『교육의 역사와 철학』, 서울: 동문사.

박의수(2003),「한국교육철학의 연구동향과 과제」,『21세기 교육철학의 방향모색』,
　　교육철학회, 11~30쪽.

박호근(2000),『한국교육정책과 그 유형에 관한 연구』, 고려대 박사학위논문.

신차균(2003),「한국 교육철학의 학문적 정체성 확립 방향」, 교육철학회 유인물.

오인탁·김창환·윤재홍(2001),『한국현대교육철학과 교육사학의 전개 - 1945년
　　부터 2000년까지』, 학지사.

오인탁(1991),「현대 한국철학의 전개」,『교육철학』제9호, 33~99쪽.

오천석(1973),『발전한국의 교육이념 탐구』, 서울: 배영사.

오천석(1975),「광복 30년 교육 반성」, 대한교육연합회,『인간성 확립을 위한 교육』.

유형진(1981),「인본주의와 교육」,『현대 교육철학의 제문제』, 세영사.

이돈희(1991),「한국교육철학과 보편성 - 특수성의 문제」,『교육철학』제9호, 7~18
　　쪽.

이돈희(1997),「한국의 교육사상의 전통과 발전」, 한상진(편),『21세기 한국교육정책
　　의 전략』, 서울: 대한교과서, 14~39쪽.

이종각(1990),『한국교육학의 논리와 운동』, 서울: 문음사.

이종각(1994),『교육학논쟁』, 서울: 하우.

임현식(1998),「실용주의에 나타난 행위와 사고의 상관성」,『교육과학연구』28,
　　61~76쪽.

정세화(1975),「구조주의교육사상에의 접근을 위한 시론」,『새교육』27-12(통권
　　254), 85~92쪽.

정순목(1989), 「한국교육철학의 모색: 수용론」, 『교육철학』 제7호, 22~26쪽.

정진곤(1978), 「교육적 윤리적 개념으로서의 벌」, 서울대 석사학위논문.

정영수 외(1987), 『한국교육정책의 이념 Ⅲ』, 서울: 한국교육개발원.

정영수(1997), 「해방 후 외래 교육 사조 수용」, 고려대학교 교육사철학연구회(편), 『새로운 교육의 탐색』, 서울: 내일을 여는 책.

조난심(2003), 「교육철학의 정체성과 학교교육」, 2003년도 교육철학회연차 학술대회.

조화태(1991), 「포스트모더니즘의 이해」, 『교육철학』 11권.

차석기(1978), 『한국 민족주의 교육의 연구』, 서울: 진명문화사.

한국교육학회(1993), 『교육탐구의 세월: 한국교육학회 40년사』, 서울: 한국교육학회.

한국정신문화연구원(1995), 『근대교육 100년의 성과와 전망』, 성남: 한국정신문화연구원.

한기언(1989), 「한국교육철학의 모색: 이념론」, 『교육철학』 제7호, 7~17쪽.

한기언(1995), 「신교육사조의 성찰과 전망」, 『근대교육 100년의 성과와 전망』, 한국정신문화연구원.

한기언(1999), 『기초주의 교육학』, 서울: 학지사.

한명희(1988), 『교육철학』, 서울: 배영사.

한상진 편저(1997), 『21세기 한국교육정책의 전략』, 서울: 대한교과서주식회사.

피터스(1987), 이홍우 역, 『교육과 윤리학』, 서울: 교육과학사.

Broudy, H. S., How Philosophical Can Philosophy of Education Be?, *The Journal of Philosophy*, 52, 1955, 612-622쪽.

Cooper, D. E., Educational Philosophies and Cultures of Philosophy, G. Haydon(ed.), *50 Years of Philosophy of Education: Progress and Prospects*, London: Institute of Education, University of London, 1998.

Dearden, R. F., Education, training, and preparation of teacher, D. E. Cooper(ed.), *Education, Value and Mind: Essays for R. S. Peters*, London: Routledge & Kegan Paul, 1986.

Dewey, J., *Democracy and Education*, New York: Macmillan, 1916.

Edel, A., Analytic Philosophy of Education at the Crossroads, in J. F. Doyle(ed.), *Educational Judgments*, London: Routledge & Kegan Paul, 1973.

Elliott, R. K., Richard Peters: A philosopher in the older style, D. E. Cooper(ed.), *Education, Value and Mind: Essays for R. S. Peters*, London: Routledge & Kegan Paul, 1986.

Hare, R. M., *The Language of Morals*, Oxford University Press, 1952.

Hardie, C. H., *Truth and Fallacy in Educational Theory*, Cambridge University Press, 1942.

Hirst, P. H., Liberal education and the nature of knowledge, R. D. Archambault(ed.), *Philosophical Analysis and Education*, London: Routledge & Kegan Paul, 1965.

Hirst, P. H., *Knowledge and Curriculum*, London: Routledge & Kegan Paul., 1974.

Hirst, P. H., The nature of educational aims, R. Marples(ed.), *The Aims of Education*, London: Routledge, 1999b.

Hirst, P. H and Peters, R. S., *The Logic of Education*. London: Routledge & Kegan Paul, 1970.

Hirst, P. H and White, J. P., The Analytic Tradition and Philosophy of Education, P. H. Hirst, and J. P. White(eds.), *Philosophy of Education: Major Themes in the Analytic Tradition*. Vol. I, London & New York: Routledge, 1998.

Kneller, George F., *Introduction to the Philosophy of Education*. New York: John Wiley & Sons Inc, 1971.

Lucas, Christoper, *What is philosophy of Education?* London: Routledge & Kegan Paul, 1969.

O'Connor, D. J., *An Introduction to the Philosophy of Education*, London: Routledge & Kegan Paul, 1957.

O'Hear, A. O., *Education, Society and Human Nature*, London: Routledge & Kegan Paul, 1981.

Peters, R. S., *The Concept of Motivation*. London: Routledge & Kegan Paul, 1958.

Peters, R. S., *Ethics and Education*. London: George Allen & Unwin, 1966.

Peters, R. S., *The Concept of Education*, London: Routledge & Kegan Paul, 1967.

Peters, R. S.(ed), *The Philosophy of Education*, Oxford University Press, 1973.

Peters, R. S., *Education and the Education of Teachers*. London: Routledge & Kegan Paul, 1977.

Peters, R. S., Ambiguities in liberal education and the problems of its content. K.

A. Strike and E. Kegan(eds.), *Ethics and Educational Policy*, London: Routledge & Kegan Paul, 1977.

Peters, R. S., *Essays on Educators*. London: Allen & Unwin, 1979.

Peters, R. S., *Moral Development and Moral Education*, London: Allen & Unwin, 1981.

Peters, R. S., Philosophy of education 1960-1980, P. H. Hirst(ed.). *Educational Theory and Its Foundation Discipline*. London: Routledge & Kegan Paul, 1983.

Quine, W. V. O., *From a Logical Point of View*, New York: Harper & Row, 1953.

Rawls, J., *A Theory of Justice*, Harvard University Press, 1971.

Rawls, J., *Political Liberalism*, Columbia University Press, 1993.

Rorty, R., *Philosophy and the Mirror of Nature*, Oxford: Blackwell, 1980.

Ryle, G, *The Concept of Mind*, New York: Barnes & Noble, 1949.

Scheffler, I., Toward a analytic philosophy of education, Harvard *Educational Review*, Vol. 24, 1954.

Scheffler, I.(ed.), *Philosophy and Education*, Boston: Allyn & Bacon, 1958.

Scheffler, I., *The Language of Education*, Springfield: Charles C Thomas, 1960.

Scheffler, I., *The Anatomy of Inquiry*, New York: Alfred A. Knopf, 1963.

Scheffler, I., *Conditions of Knowledge: An Introduction to Epistemology and Education*, Chicago: Scott, Foresman, 1965.

Siegel, H., Israel Scheffler 1923-, J. A. Palmer(ed.), *Fifty Modern Thinkers on Education*, London: Routledge, 2001.

Soltis, J. F.(2nd ed), *An Introduction to the Analysis of Educational Concepts*, Addison-Wesley Publishing Company, 1978.

Taylor, C., *Philosophical Papers*, Vols I & II, Cambridge University Press, 1985.

Taylor, C., *Sources of the Self*, Cambridge University Press, 1989.

White, M.(ed.), *The Age of Analysis*, N.Y.: Mentor Book, 1955.

White, J. P., R. S. Peters 1919-, J. A. Palmer(ed.), *Fifty Modern Thinkers on Education*, London: Routledge, 2001a.

White, J. P. and White. P., An analytical perspective on education and children's right, F. Heyting, D. Lenzen and J. White(eds.), *Methods in Philosophy of Education*, London: Routledge, 2001.

Williams, B., *Ethics and the Limit of Philosophy*, London: Fontana, 1985.

94

Williams, B., *Shame and Necessity*, University of California Press, 1985.

Wilson, John., *Philosophy and Practical Education*. London: Routledge & Kegan Paul, 1977.

Wittgenstein, L., *Tractatus Logico-Philosophicus*, London: Routledge & Kegan Paul, 1922.

Wittgenstein, L., *Philosophical Investigations*, Oxford: Blackwell, 1953.

한국 교육심리학 50년사

김아영

Ⅰ. 서론

우리나라에 서구의 근대적 학문이 들어오게 된 것은 건국 역사에 비추어 볼 때 상대적으로 매우 보잘것없이 짧다. 게다가 사회과학이라고 일컫는 교육학이나 심리학이 국내에 소개된 것은 19세기 말, 독일인 정부고문 몰렌돌 프(Moellendorf)가 1883년에 세운 同文學校, 고종황제가 미국에서 교사를 초빙하여 1886년에 세운 育英公院, 1886년 미국의 선교사들이 이화학당, 배재학당, 경신학교 등의 서구식 학교를 설립하면서부터라고 할 수 있다(이화여자대학교, 1967). 그러니까 한국에서 교육학이나 심리학과 같은 서구 학문이 도입되고 가르쳐진 것은 120년이 채 못 되는 기간 동안이라고 볼 수 있다. 이 기간 동안 국내에서 진행된 서구 근대학문으로서의 심리학과 교육학의 도입과 발전은 1945년까지의 일제 점거시대에는 거의 진전이 없었고, 해방 이후 정부수립이 되면서부터 고속으로 진행되었다. 특히 한국인의 높은 교육에 대한 관심으로 교육학과 그 이론적 기초를 제공하는 교육심리학의 발전은 타 학문 영역에 비해 적극적이었다고 할 수 있다. 이와 같은 초기 교육심리학의 역사를 두 기간으로 나누어 간략히 살펴보기로 한다.

1. 교육심리학 도입을 위한 해방 이전의 준비

　　교육심리학이라는 학문이 처음 한국에 소개된 정확한 시점을 추적하는
것은 어려운 일로 생각되나 교육심리학이라는 제목의 독립된 학과목이 교육
현장에 나타나기 시작한 것은 1930년인 것으로 추정된다. 이 내용을 보다
구체적으로 알아보기 위해서는 1880년대에 한국에 들어온 외국인들이 설립
한 신교육 기관들의 신교육 체제의 도입과정부터 살펴보아야 한다. 일제
점거시대에 존속한 초기 신교육 기관 중에서도 이화학당은 미국의 교육과정
을 도입하였기 때문에 1908년 고등과 교과과정에 심리학과 교육학 과목이
포함되어 있었고, 1915년부터 유치원사범과를 개설하여 교육과 심리학 관련
교과목들을 가르쳤다. 이 유치원사범과의 교과목 중에 '유치원 교수법',
'인지교육', '아동심리' 등 교육심리학 관련 과목들이 포함된 것으로 나타난
다. 1928년의 이화여전 보육학교 교과과정에는 '교육학', '심리학', '보육학'
이 따로 개설되어 있고, '교육심리학'이라는 과목명이 단독으로 처음 나타난
것은 1930년도 문과 교과과정에서 였으며 이후 가사과(1941), 보육과(1941)의
교육과정에서 변함없이 나타나고 있다(이화여자대학교, 1967, 1994). 또 다른
사립학교인 중앙유아사범과에서도 1924년 '아동심리학'과목이 있었다고
한다(한국심리학회, 1996).

　　초기 이화학당과 이화여전에서 가르친 교육심리학 관련 과목은 미국에서
교육받은 선교사들과 보육학 전공자들 그리고 그들에게서 교육을 받은 졸업
생 중에서 외국으로 연수를 나가거나 유학을 갔다 돌아온 사람들이 가르쳤다.
따라서 내용은 미국의 교육 내용과 유사하였을 것으로 추정된다(이화여자대
학교, 1967).

　　일제시대인 1921년 관립 교육기관으로 설립된 경성사범학교에서도 '교육
과 심리'라는 과목명이 나타나는데 발달심리학과 심리학 일반에 관련된
지식과 교육적 활용에 관한 내용을 가르친 것으로(서울대학교 사범대학
교육학과, 1997) 교육심리학이라는 과목명은 아직 찾아볼 수 없다. 이 시기에
경성제국대학교에서는 심리학을 가르쳤는데 그 내용은 주로 일본을 통해
들어온 독일의 심리학 이론들이 주류였다. 즉, 구성주의, 형태주의 심리학과

조건반사이론들이 주로 다루어졌으며 미국의 기능주의나 행동주의가 강조하는 응용심리학은 백안시하였다고 한다(한국심리학회, 1996). 따라서 해방 이전의 교육심리학이라는 독립된 과목의 출현은 이화여전의 교과과정이 전부라고 해도 과언이 아닐 것이다.

2. 해방, 정부수립, 전쟁과 수복 기간 중의 개척 노력

1945년 해방이 되고 미군정 하에 대학들은 새로운 정부 수립에 적응하면서 교육체제를 확립하는데 힘썼다. 1946년 경성제국대학을 기초로 하여 설립된 서울대학교에서는 심리학과가 독립적으로 설립되었고, 같은 해에 '조선심리학회'(한국심리학회 전신)가 조직되어 후에 '교육학회'로 시작하여 분화된 교육심리학회에서 활동한 많은 학자들이 이 조직에서 학술활동에 참여하였다. 교육심리학사를 고찰할 때 심리학사와 구별하는 것은 어려운 일이나 본고에서는 학자들의 주 연구활동 영역이 교육심리학인 경우를 중심으로 해서 전개해 나가기로 한다.

서울대학교에서는 1947년 교육학과에서 처음으로 교육심리학이라는 과목이 개설되었다(서울대학교 사범대학 교육학과, 1997). 이화여자대학교의 경우는 해방 전부터 계속되어 온대로 국어국문학과, 가정학과, 교육학과, 체육학과 등에서 교육심리학 과목을 가르쳤다. 이 시기의 교육심리학을 가르친 교수들은 임석재, 이재환, 이의철, 서명원 등 주로 경성제국대학 출신 교수들과 일본에 유학해서 공부한 고순덕 교수가 있었다(이화여자대학교, 1967).

한국전쟁이 발발하고 대학들이 부산으로 피난하여 가건물에서 교육을 계속할 당시인 1953년 서울대학교 사범대학에서는 교육학부제 실시로 교육심리학과가 신설되어 별도로 운영되었으며 미국에서 돌아온 정범모 교수가 1954년 교육심리연구실을 창설 운영하면서 미국의 행동주의 심리학과 각종 심리검사를 소개하고 또한 개발하여 보급하는 일을 시작하였다.

한국전쟁 당시 이화여자대학교에서는 몇 차례의 학제변경 끝에 1951년부터 사범대학을 문학부와 이학부로 나누고 문학부에 교육학과와 심리학과, 아동교육과를 두었으며, 대학원 교육학과 내에 심리학 전공이 설치되었다. 1962년 교육심리학과로 명칭이 바뀔 때까지 심리학과로 운영이 되었으나 사범대학 내에 소속되어 있었기 때문에 교육심리학과와 크게 구분할 필요는 없을 것이다.

중앙대학교에서는 1947년 중앙여자대학 보육학과에 심리학과가 개설되었다가 1948년 중앙대학교로 개편되면서 심리학과가 신설되었다. 1961년 교육학과와 통합되면서 교육심리학과가 되었으나 다음해에 다시 분화되어 교육학과 내에서 교육심리전공을 두는 체제를 유지하고 있다.

한국전쟁이 진행되고 있었던 1952년 미국에서 내한한 제1차 교육사절단(Unitarian Service Committee), 미국유학에서 돌아온 임한영, 정범모, 강길수 교수, 문교부 관료였던 박희병 선생, 1차 미국교육사절단의 통역 역할을 했던 사람들과 박창해 교수 등의 적극적인 참여로 중앙교육연구소가 설립되어 한국 교육연구의 중추적인 역할을 담당하기 시작하였다. 이 연구소를 근거로 하여 1953년 4월, 서울대 사범대학 교육학과, 연세대학교, 이화대학교에 재직 중이던 교수들과 강사들을 중심으로 '교육학회'가 발족되었다. 서울대학교 사범대학 강당에서 창립총회를 열고 정식으로 발족할 당시 참여했던 교육심리학자들은 김기석, 김병화, 이의철, 한제영, 윤태림, 정범모, 이석재, 박창해, 고순덕, 박준희, 황응연 등이었고 초대 회장으로 김기석 교수를 선출하였다(한국교육학회, 1993). 이 시기부터 본격적인 교육연구가 시작되었는데 초기에 진행된 교육학 연구는 영역의 한계가 지금과 같이 분명하지 않았던 것으로 보인다. 일제 점거와 광복, 미군정, 한국전쟁이라는 극도의 혼돈 상태에서 생존문제에 급급하였던 시절을 지내느라 교육에 관한 체계적인 연구는 차치하고 교육연구에 대한 관심을 가질 여유도 별로 없었던 당시로서는 서구의 새로운 학문을 도입 소개한다는 측면과 또 이러한 학문을 일제강점과 전쟁으로 황폐화된 한국교육현장에 도입하고 발전시켜야 한다는 절박한 사명감 때문에 특정한 영역이나 이론에 집중적으로 몰입하기 보다는 시급한 현안을 중심으로 모든 교육학자들이 함께 공동 관심을 가지고 다양한 활동해 나갔던 것으로 보인다.

본고에서는 이러한 초기 선배학자들의 교육심리학 도입을 위한 활약에 기초하여 지난 50년간 진행되어온 한국 교육심리학의 발전과 변화상을 연구 내용 영역의 변천, 연구방법의 변천, 교과서 내용의 변천, 대학의 관련 학과와 관련 연구기관 활동을 중심으로 종합적으로 기술함으로써 교육심리학의 맥을 짚어보기로 한다.

II. 교육심리학 연구 내용의 변천

1. 개관

이번 장에서는 교육심리학의 연구주제를 시대별로 살펴보려고 한다. 시대의 구분은 필자의 주관적 판단에 근거하여 학계의 중요한 변화가 있었던 시점을 기준으로 하여 다음과 같이 5차시기로 구분하였다. (1) 1차시기는 교육심리학자들이 교육학회에 소속되어 활동한 1953년에서 1966년까지로 도입기로 명명한다. (2) 2차시기는 교육심리학회가 모학회로부터 분리되어 독자적인 분과학회를 설립한 1967년부터 10년인 1976년까지로 정착기로 명명한다. (3) 3차시기는 1977년부터 10년간인 1986년으로 잡았는데, 이 시기는 그 동안 교육심리학회에 소속되어 활동하던 학자들이 교육공학연구회와 교육평가연구회를 별도로 설립하고 1985년과 1986년에 각각 자체적으로 학회지를 발간하기 시작하였으며, 1987년부터 교육심리학회가 자체적으로 교육심리학연구지를 발행하게 되기 전까지의 시기로 정체성 재정비기로 명명하기로 한다. (4) 4차시기는 교육심리학을 전공하는 학자들이 급증하여 연구가 양산되는 반면에 교육평가학회와 교육공학회가 독자적인 분과학회를 설립하여 연구지 발행을 시작한 1987년에서 1996년까지 10년간 교육심리학 영역의 분화와 재정비를 하는 시기로 도약기로 명명하기로 한다. (5) 마지막으로 1997년에서 2003년 현재까지를 5차시기로 구분하였다. 이 시기는 교육심리학 인구가 급증하고 교육심리학에서 발표되는 연구 주제의 세부 영역이 확장되는 시기로 연구의 양적 팽창기로 명명하기로 한다.

이와 같이 교육심리학 활동 역사를 5가지 시기로 구분하여 교육학회의 월례회와 정기, 부정기적으로 열렸던 학술세미나와 학술대회 내용과 교육학회지인『교육학연구』의 내용을 분석하여 발표된 논문의 내용영역과 논문편수를 정리해 놓은 것이 <표 1>에, 같은 방식으로 교육심리학회를 중심으로 정리해 놓은 것이 <표 2>에 제시되어 있다. <표 3>에는 1970년부터 교육심리연구회가 정기적으로 학술세미나를 개최한 내용을 제시하였다. 다음 절부터는 이 세 가지 표를 중심으로 교육심리학의 연구 주제의 변천사를 살펴보기로 한다.

교육심리학의 연구 영역을 분류하는 것은 교육심리학이라는 학문에 대한 규정을 어떻게 하는가와 직결된다. 교육심리학을 심리학의 제 이론들을 교육현장에 적용하는 학문으로 규정한다면 심리학의 내용 영역과 같은 분류가 타당하다고 볼 것이다. 그러나 교육심리학을 교육과학적 측면과 교육실천학적 측면을 포함하는 학문이라고 규정한다(이성진, 1975, 1996; 장상호, 1983; 황정규, 2000)면 단순한 심리학의 이론들의 교육현장 적용으로만 보아서는 안될 것이다. 따라서 교육심리학의 내용을 분류할 때, 심리학에서 인간 탐구를 할 때 접근하는 커다란 두 가지 측면, 즉, 인지적 측면과 정의적 측면을 포함시켜야 함은 물론이고 그 외에도 교육과학적 측면의 내용 영역이 포함되어야 할 것이다. 이러한 이유에서 교육심리학의 연구 내용 영역에는 인지적 영역에 포함되는 지능과 적성, 창의성 등의 능력과 학습 혹은 학업성취에 대한 것, 정의적 영역에 포함되는 정서상태와 관련된 특성과 태도와 관련된 개인차적 특성들로 성격이나 기질, 동기, 태도, 의식 등과, 교육 및 심리측정과 검사제작, 그리고 연구방법론에 관한 주제들과 교육 및 교육심리학 자체의 성격이나 영역에 대한 탐구, 그리고 교육현장에의 실질적인 적용을

<표 1> 교육심리관련 연구 주제 분류 – 교육학회 중심

영역 / 년도		교사	교수학습/자기조절학습	교육심리일반	발달(인지발달/사회성발달)	인지심리	지능(지능/창의성)	동기(귀인/기타동기/기대적동기/성취동기/자기효능감)	성격/정서	상담	특수교육	측정	연구방법	기타	합계
1차 (1953-1966)	학술발표	1	0/6/0 6	8	1/5 6	1	2/2 4	0/1/0/0/0 1	0/1 1	8		4			41
	연구지				2/1 3		0/1 1					1			7
2차 (1967-1976)	학술발표	1	3/3/0 6	5	2/1 3	1	1/2 3	0/1/0/0/0 1	2/3 5	3	1	1	1	1	33
	연구지	3	2/2/0 4	5	2/3 5	6	1/3 4	0/1/0/1/0 2	1/2 3	4	2	4			44
3차 (1977-1986)	학술발표		3/3/0 6	4	2/5 7	4	1/1 2		1/2 3	4					30
	연구지	2	3/6/0 9	3	7/11 18	1	4/0 4	1/1/0/0/0 2	2/2 4	9	1	1			54
4차 (1987-1996)	학술발표	1	8/8/2 18	4	4/4 8	13	1/1 2	3/4/0/0/0 7	4/1 5	7	1	1	3		70
	연구지														
5차 (1997-2003)	학술발표														
	연구지	2	3/11/2 16		3/8 11	5	5/0 5	1/3/1/3 11	4/1 5	13			1		69
합계		10	65	29	61	33	25	24	26	48	8	12	5	2	348

104

<표 2> 교육심리관련 연구 주제 분류 - 교육심리학회 중심

영역 년도	교사	교수/학습/자기조절학습	교육심리일반	발달 (인지발달/사회성발달)	인지심리	지능 (지능/창의성)	동기 (귀인/기타동기/내적동기/성취동기/자기효료등감)	성격/정서	상담	특수교육	측정	연구방법	기타	합계
2차 (1967-1976) 학술발표	1	2/2/0 4	5	2/1 3					6	1				20
3차* (1977-1986) 학술발표			4	1/1/1 3	5							1		13
4차 (1987-1996) 연구지	1	12/7/1 20	8	3/13/7 23	20	6/0 6	3/4/0/1 8	0/11 11	3	3	2		3	108
5차 (1997-2003) 연구지	4	20/16/11 47	21	2/11/34 47	13	25/16 41	4/12/5/7 28	6/12 18	19	3	16	4	5	266
합계	6	71	38	76	40	46	36	29	27	7	18	5	8	407

주 : 교육심리학회 자료는 1차시기를 분리할 수 없고 교육학회 자료를 참고하면 된다.
* 1981에서 1986 사이의 학술발표자료는 교육심리학회에 기록이 남아있지 않아 포함시키지 못했음.

<표 3> 한국교육심리학회 시기별 학술세미나 주제

2차시기 (1967-1976)		3차시기* (1977-1986)		4차시기 (1987-1996)		5차시기 (1997-2003)	
1회 (1970)	교육심리학의 영역과 방법	7회 (1977)	개인적 특성의 개발을 위한 교육의 과제	11차 (1987)	인지발달, 학습, 그리고 교수	학술대회 (1997)	교육심리학의 시각에서 본 한국교육의 회고와 21세기를 위한 방향 모색
2회 (1971)	중학교 학생의 학습부진아 지도문제	8회 (1978)	한국의 교육을 진단한다	12차 (1988)	인지와 교수	연차대회 (1998)	교육심리학의 교육현장적용과 과제
3회 (1972)	학생지도의 현실적 과제	10회 (1980)	J. Piaget의 인지이론과 그 교육적 함의	14차 (1989)	교실학습-교실의 심리학적 역동성	연차대회 (1999)	우리나라 교육개혁하에서의 교육심리학의 역할과 과제
4회 (1973)	한국교원의 정신건강을 진단한다			연차대회 (1996)	교육심리학의 학문적 성격과 현장적용	연차대회 (2001)	가상공간에서의 교육심리학의 역할
5회 (1974)	학습부진아의 요인과 그 지도					연차대회 (2002)	교실에서의 동기
6회 (1975)	수업과 학습과정					연차대회 (2003)	구성주의 학습이론

주: 4차시기는 준제와 주제로 학술대회를 나누어서 준제에는 주제 없이 개별논문을 발표하고 주제에는 주제를 가지고 학술대회를 개최하였음.

5차시기는 연간 개최되는 학술대회의 회수가 평균 4회 정도가 되어 그 1회를 연차대회로 하여 지정 주제에 대한 학술대회를 개최하였음.

* 1981년에서 1986년 사이의 자료는 교육심리학회에 기록이 남아있지 않아 포함시키지 못했음.

다루는 일반적인 주제와 교사와 관련된 영역을 포함하게 된다.

이와 같은 교육심리학의 연구주제는 황정규(2000)가 "교육심리학 연구에서 다루고 있는 주된 장르는 아동, 청소년을 대상으로 한 발달, 인성과 사회성, 정서, 인지능력과 개인차, 학습이론, 동기, 효과적인 교수, 측정과 평가 등으로 나누어지고 있고 거의 50년 동안 변하지 않았다"고 주장할 정도로 학문발전의 초기부터 커다란 변화는 없었던 것으로 보인다. 다만 발전이 진행되는 동안 보다 구체적으로 세분화된 주제들과 그에 대한 새로운 이론들이 첨가되는 것이 추세라고 할 수 있다. 본고에서는 국내 교육심리학 연구의 주제를 일차적으로 교사, 교수와 학습, 교육심리일반, 발달, 인지심리, 지능과 창의성, 동기, 정서와 성격, 상담, 특수교육, 측정, 연구방법의 12가지 영역으로 나누고 관련된 하위 영역을 세분화할 필요가 있는 경우 하위영역들을 두어 분류하였다.

2. 시기별 연구 내용

1) 도입기 - 교육학회 소속으로 활동한 기간 (1953~1966)

주요 사건:
- 1953년 한국교육학회 창설, 월례발표회 시작
- 1954년 서울사대 교육학과에 교육심리연구실 창설
- 1959년 교육학회 연차학술대회 시작
- 1963년 『교육학회지』 창간
- 1965년 1월부터 『한국교육학회소식』 발간

교육심리학 발전 1차시기는 도입기로 1953년 한국교육학회가 창설된 해로부터 시작하여 1967년 교육심리학회가 창설되기까지 약 12년간 교육학회와 함께 학술활동을 하던 기간으로 이 기간에 진행된 교육심리학의 발전상황을 연구내용을 중심으로 살펴보기로 한다. 한국교육학회의 창설은 모든 교육학 분야에서 그렇듯이 교육심리학의 본격적인 발전에 견인차 역할을 하였다.

한편 이 때에 심리학 분야에서는 서울대 사범대의 임석재 교수가 중심이 되어 '조선심리학회'(후에 '대한심리학회'에서 현재 '한국심리학회'로 개명)를 1946년에 설립하여 활동하고 있었다. 김기석, 서명원, 성백선, 윤태림, 임석재, 정범모, 정한택 등의 학자들이 초창기 교육학회와 심리학회 모두에서 활동한 것을 볼 수 있으나 60년대 이후부터는 대체적으로 주 활동학회를 선택하였던 것을 알 수 있다. 이 시기에는 교육학의 모든 영역의 학자들이 함께 모여 정기적인 월례회에서 자신의 관심 영역에 대한 연구논문을 발표하였다.

1954년 정범모 교수가 서울사대 교육학과에 교육심리연구실을 창설하고 행동과학 연구를 선도하면서(서울대학교 사범대학 교육학과, 1997) 교육심리학의 연구는 미국의 행동주의에 기초한 과학적 연구에 박차를 가하기 시작하였고 이러한 연구 결과들은 교육학회의 월례회와 학회 연구지, 혹은 각종 보고서를 통해 발표되었다. 특히 교육심리연구실에서 수행한 연구의 중심 주제는 심리검사 개발에 관한 것들로 정범모를 중심으로 김재은, 김호권 등이 학력검사, 지능검사, 성격검사 등의 각종 심리검사 개발을 주도하고 있을 때였다. 당시 심리검사 제작은 교육심리학의 한 분야로 연구방법론의 측면과 또한 학교현장에서 학생들을 파악하기 위해 가장 시급한 사안으로 교육학자들의 관심 대상이었다. 또한 교육심리연구실과 초창기 구성원들은 국가발전과 교육, 성취동기, 완전학습 프로그램 개발 등의 연구를 수행하였다(서울대학교 사범대학 교육학과, 1997).

교육학회발표회: 1953년 임한영 교수로부터 시작한 교육학회 월례 발표회에서의 교육심리학 관련 주제의 최초 발표로는 1955년 9월 월례회에서의 김난수, 김해옥의 「국민학교용 지능성숙검사의 표준화」 연구와 김은우의 「미국 시청각교육의 현황」을 들 수 있다(한국교육학회, 1973). 1956년 교육학회 월례회에서는 장근호가 「서울 사범학생의 지능상태」라는 연구를, 김채숙과 전상옥이 사회성 발달에 관한 연구를, 정원식이 「기수사칙계산의 상대적

곤란도 및 오류」라는 학습에 관한 연구를 발표하였으며 그 후 1966년까지 진행된 월례회에서 모두 159개의 연구발표 중에서 38개 정도의 교육심리학적 주제로 볼 수 있는 연구논문이 월례회를 통해 발표되었다. 연구 주제를 보다 세분화된 영역별로 분류해 보면 교육심리학 일반, 상담 혹은 생활지도 (guidance)에 관한 주제와 교수와 학습, 발달과 심리측정에 관한 주제와 지능에 관한 연구들이었다(<표 1> 참고). 교육학회에서는 연차학술대회를 1959년부터 시작하였는데 여기서도 교육심리학적 주제들이 많이 발표된 것을 알 수 있다. 역시 발달심리학, 지적 능력, 교육평가 등에 관한 주제가 발표되었다 (한국교육학회, 1973).

교육학연구지: 1963년 7월부터 교육학회에서 『교육학회지』라는 제목의 학회 기관지를 발행하기 시작했다. 1967년 교육심리학회가 설립되기 전인 1966년까지 4년간 발표된 총 33편의 논문 중에서 교육심리학 주제들은 김한 걸, 김태련, 김재은 등의 발달연구, 김대연의 특수교육, 황정규의 측정, 장석우의 학습, 신세호의 지능 관련 주제 등 7편이 발표되었다(<표 1> 참고).

기타 학술지 및 발표회: 이 밖에 교육학회지에 발표되지 않고 대학이나 연구소에서 발행하는 학술지(예: 이화여대의 『한국문화연구원 논총』)나 소식지들(예: 코리안테스팅센터의 「테스트통신」) 그리고 교육학회의 특별 강연회나 세미나 등에서 발표된 논문들의 주제도 대체적으로 비슷한 경향을 보여서 교육학과 교육심리학 일반에 관한 주제와 심리측정 및 검사 개발, 발달심리학, 상담과 생활지도 관련 주제들이 1차시기에 접할 수 있는 것들이었다.

심리검사는 심리학이 과학이 되기 위해 양적인 연구방법을 도입하면서 필수적인 연구 도구가 되었다. 한국에서 심리학에 대한 양적인 연구방법이 활성화된 것도 이 시기에 교육심리학자들이 각종 심리검사들을 도입하여 보급하면서부터이다. 이 시기에 개발된 심리검사로는 정범모의 간편지능검

사, 일반적성분류검사, 인성검사, 흥미검사, 김호권의 일반지능검사, 표준적
응검사, 김재은의 유아지능검사, 김기석의 일반성격검사 등 다양한 검사들이
있다(코리안테스팅쎈터, 1962). 이러한 심리검사 개발과 관련된 연구들은
코리안테스팅쎈터가 발간한 「테스트통신」 등을 통해 발표되었다.

2) 정착기 - 학회 설립 이후 십년(1967~1976)

주요 사건:
- 1967년 교육심리학회 설립
- 1968닌 한국행동과학연구소 설립
- 1972년 한국교육개발원 설립
- 1975년 '교육심리학소식 Newsletter' 발간 시작

2차시기는 교육심리학회가 교육학회로부터 분리되어 독자적인 분과학회
를 설립한 1967년부터 10년 동안인 1976년까지로 교육심리학회를 중심으로
학문의 정착을 이루는 시기로 볼 수 있다. 이 시기에 교육심리학과 관련된
중요한 사건으로는 1967년 교육심리학회가 설립되었다는 것, 1968년과 1972
년 한국행동과학연구소와 한국교육개발원이 전문 연구기관으로 설립된 것
이다. 이 두 연구기관의 설립은 교육심리학의 발전에도 커다란 영향력을
미쳤다. 연구소에 관한 세부 사항은 나중에 다루기로 한다.

교육학회로부터 분화된 교육심리학회는 1967년 1월 23명이 참석하여 창립
총회를 개최하고 초대회장으로 서울대의 정원식 교수를 선임하여 출발하여
그 해 가을 한국교육학회에 '교육심리연구회'로 분과학회로 소속되었다(한
국교육학회, 1993). 이후 교육심리학회는 타 분과학회에 비해 상대적으로
많은 회원들이 참여하는 학회로 발전되었고 월례회, 학술발표대회, 심포지엄
등을 개최하며 활발하게 활동하였다. 1970년부터 해마다 전국적 규모의
연례 학술세미나를 개최하여 교육심리학 전공자들뿐 아니라 교육학회 전체
회원, 교육행정가, 현직 교사들까지 많은 사람들이 참석하여 한국교육학회의
연차대회에 비길만한 대회로 진행되었다고 한다(한국교육학회, 1973).

1975년 서울사대의 이성진 교수가 회장을 역임할 때 "교육심리학의 영토를 규정하고, 윤곽을 그리고, 초점을 잡고, 탄탄한 이론체계를 세우기 위한 토론의 장을 마련하기 위하여(이성진, 1975)"『Newsletter』의 발간을 시작하여 그때 그때의 주요한 쟁점들을 논의하는 논단, 연구동향, 학회 소식, 회원 동향 등의 내용을 가지고 현재까지 발간되고 있다.

교육심리학의 연구 영역에 대한 관심으로는 1970년도 교육학 소식지의 분과연구회 특집에서 박준희, 정원식, 이상로가 '교육심리학의 영역 문제'를 다루었고, 1979년『교육학연구』지에서 김재은이 「교육심리학의 과제와 전망」이라는 논문에서 교육심리학의 연구 영역을, 1945년에서 1975년까지의 30년간의 연구 동향을 개관한 정원식(1976)과 자신의 견해를 종합하여 '심리측정 및 개인차 연구', '인간발달 및 적응에 관한 연구', '학습 및 교수에 관한 연구'의 세 가지 영역으로 크게 나누고, 각각에 포함되는 세부 영역들을 열거하였다. 심리측정 및 개인차 연구에서는 이론 연구보다는 측정도구의 제작에 과도하게 치중하였다는 점을 지적하였다. 즉, 현장 연구는 별로 없고 지능, 성격, 적성 등을 측정하기 위한 집단검사 개발에 치중하였으나 타당화 검증은 대부분 결여되었음을 지적하였다. 또한 이들 측정도구를 이용한 광범위한 조사연구가 석사학위 논문의 주요 주제를 이루었음을 지적하였다. 두 번째로 인간발달 및 적응에 관한 연구 영역에서는 학생생활지도 및 상담, 육아방법과 관련된 발달 연구, 청년기 연구 등이 Rogers의 내담자 중심이론에 기초하여 사례보고 중심의 연구형태로 1975년경까지 석권하였으나, 1968년에 도입된 행동수정이론에 관한 연구가 활발히 전개되었음을 지적하였다. 또한 1976년경부터 집단상담이론이 도입되어 행동수정이론이 다소 주춤해졌다고 보았다. 발달영역에서는 가족관계와 아동발달과의 관계 연구가 활발하게 이루어졌음을 보고하였다. 학습 및 교수에 관한 연구 영역에서는 이론적 연구보다는 일선현장에서 활발하게 이루어진 분야로 학습지도의 개선을 위한 연구가 발달하였으며, 한국교육개발원, 한국행동과학연구소, 연세대학교 교육연구소 등에서 활발하게 연구된 분야임을 지적하였다.

이 시기에 학술발표회와 학술지에 발표된 연구들의 주제를 교육학회와
교육심리연구회를 중심으로 살펴보기로 한다.

교육학회 및 교육심리연구회 발표회: <표 1>을 보면 2차시기에 교육학회에서
발표된 교육심리학 관련 연구들의 주제들은, 교수와 학습, 교육심리학 일반,
성격과 정서에 관한 것이 많고 발달, 지능, 상담 등의 주제가 눈에 띈다.
이 시기에 발표된 연구는 약 33편으로 1차시기보다 전체적인 연구의 양이
증가되지 않은 것으로 보이지만 이는 교육심리연구회가 분화되어 자체적으
로 학술발표회를 개최하기 시작하였기 때문이다.

1967년에 개최한 연차대회에서는 이규호가 '교육학의 성격'이라는 주제로
주제발표를 하였고 특별강연으로 Lee J. Cronbach의 강연이 있었던 것이
관심을 끈다. 이 대회에서는 각 분과연구회의 발표도 있었으며 이때 교육심리
분과에서도 강상철, 안태윤, 김남성이 가치관 관련, 특수교육 관련,
Gestalt-Field Theory에 관한 연구를 발표하였다. 1968년 대회에서부터 1976년
대회까지 김재은, 박준희, 장상호, 김병성, 강상철, 황응연, 임형진, 김남성,
신세호, 박아청, 강봉규, 안창선, 안창일 등이 각각 발달, 지적 능력 학습모형,
완전학습, 창의성 발달, 조기교육, 능력별지도, 심리진단, 학습기능개발, 수업
설계, 행동요법, 수업체제 개발, 자아개념, 학업 불만족, 창의적 사고, 비판적
사고, 포부수준 등의 다양한 주제를 가지고 교육학회 학술대회에서 발표하였
다(한국교육학회, 1993).

한편 교육심리연구회에서는 상담과 교육심리학 일반에 관한 주제가 많이
발표되었고 교수와 학습, 발달 등을 주제로 총 20개의 연구가 발표되었다(<표
2> 참고). 상담 영역의 주제는 진위교의 「MMPI 프로파일 분석과 징후별
진단」, Boro의 「심리검사와 생활지도의 관계」, 황응연과 김형립의 「중학교
학생의 학습부진아 지도문제」가 이 시기 교육학계의 관심사를 보여준다.

『교육학연구』지: 교육학회가 발행하는 교육학연구지의 내용을 보면, 총

44개의 교육심리관련 연구 중에서 인지심리에 관한 주제가 가장 많아서 6편, 그 다음으로 교육심리학 일반, 발달 주제가 많고, 교수와 학습, 지능과 창의성, 상담, 측정에 관한 주제와 성격과 정서, 특수교육에 관한 주제들이 3편 이상씩 발표된 것이 보인다. 특히 창의성과 관련된 주제가 3편 발표된 것이 흥미롭다. 또한 심리측정과 관련된 연구가 4편이 나왔는데, 정원식의 「심리검사에 있어서의 반응양식」과 김순택의 「반응양식이 성격검사결과에 미치는 영향」과 임인재의 「아동용 성격검사 제작과 요인구조 분석」이 발표되었다. 심리측정에 관한 주제는 1983년 교육평가연구회가 설립된 이후부터는 주로 평가연구회에서 발표되고 연구지에 게재되었으나 교육심리연구회의 발표나 연구지에서도 꾸준히 찾아볼 수 있다(<표 2> 참고).

　　교육심리연구회 학술세미나: 2차시기에 교육심리학연구회에서 주최한 연례 세미나의 주제를 보면, 1회에서는 '교육심리학의 영역과 방법'이라는 일반론에 관한 것부터 2회의 '학습지진아의 지도문제', 3회의 '학생지도의 현실적 과제', 4회의 '한국교원의 정신건강을 진단한다', 5회의 '학습 부적응의 요인과 지도', 1975년도 6회의 '수업과 학습과정'을 주제로 하여 개최하였다(<표 3> 참고). 이 시기의 발표 주제들은 중학교 무시험제도가 도입되면서 생겨난 학습부진아 문제가 학교교육 현장에서 나타난 것에 대한 반응으로 볼 수 있다.

　　1975년 8월 이성진 교수가 교육심리연구회 회장을 맡고 있을 때 처음으로 교육심리학소식지『Newsletter』1권 1호가 발간되었다. 창간호 발간사에서 이성진 교수는 교육심리학의 정체성 문제에 대해 다음과 같이 질문하였다.

　　　"교육심리학이 일반심리학의 지식을 학교현장에 이식, 전용하는 응용분야에 불과한 것인가? 교육심리학은 학습지도, 교수이론, 생활지도이론이 발달함에 따라 자연 붕괴를 하고 마는가? 교육심리학은 궁극적으로 identity가 없는 것인가?"(이성진, 1975, 1쪽)

이에 대해 이성진 교수는 교육심리학자들이 교육심리학을 어떻게 규정해
야 하고 발전시켜 나가야 할 가를 다음과 같이 제시하였다.

"교육심리학은 교육의 실천사태에서 교육목적을 달성함에 있어서 결정적
영향을 미치는 변수를 발견하고, 그 변수를 상호간의 법칙을 확립하며, 그러한
법칙들을 근거로 하여 인간행동의 변화를 가장 정확히 기술하고 설명하고
예언하고 통제할 수 있는 지식을 체계화하는 데 있다. 따라서 교육심리학은
교육의 테두리 속에서 교육의 실천현상을 초점으로 하여 체계화되어야 할
독립적 학문이며, 응용영역도 아니고 identity가 없는 것도 아니며, 오히려
교육심리학의 지식은 생활지도, 교수이론, 학습지도의 근거가 되는 학문인
것이다. 사회의 변화, 학습자의 변화, 지식의 변화에 어떻게 교육심리학을
적용시켜 나가느냐가 우리의 계속적인 노력의 초점이 되어야 할 것이다."(1쪽)

이러한 고민은 그 후로도 교육심리학 내·외부에서 쟁점으로 지속되어서,
교육심리학자들의 논제로 계속해서 등장하고 있다(김재은, 1979; 이성진,
1996; 진위교, 1997; 황정규, 2000).

3) 정체성 재정비기 - 교육심리인구 증가(1977~1986)
주요 사건:
- 1978년~1985년 대학 심리학 관련 학과 18개 추가 설립
- 1985년 교육공학회 설립
- 1986년 교육평가학회 설립

3차시기는 1977년부터 교육심리연구회의 학회지가 발간되는 1987년 이전
까지 10년간으로 잡았다. 이 시기는 그 동안 교육심리학회에 소속되어 활동하
던 학자들이 교육공학연구회와 교육평가연구회를 별도로 설립하고 1985년
과 1986년에 각각 자체적인 학회지 발간을 시작하기 전까지로 아직은 대부분
의 교육평가나 교육공학의 연구가 교육심리학회 학술대회와『교육학연구』
지를 통해 발표되는 시기이다. 그리고 1978년 한국정신문화연구원이 설립되

어 행동과학연구소와 교육개발원 외에 또 하나의 교육관련 연구기관이 추가
되었다.

이 시기에는 전국의 대학에서 심리학 관련 학과의 설립이 급증하여 1971년
까지 전국에 6개 대학에만 설치되었던 심리학 관련 학과가 78년에서 85년
사이에 18개 대학이 추가로 설립(한국심리학회, 1996)되는 시기로 교육심리
학자들도 증가되었으나 상대적으로 교육심리연구회는 별로 활발한 활동을
하지 못한 것으로 보인다.

이 시기에도 교육심리학 일반에 관한 연구주제는 연구영역을 규정하거나
정체성 논의에 관한 것과 교육심리학의 과제와 전망에 대한 관심이 많았다.
이러한 관심은 유독 교육심리학뿐 아니라 교육학 전반에서 나타났다. 이돈희
(1983)는 "교육학의 두 가지 유형으로 행위 혹은 과정으로서의 교육, 즉
규범적 정의에 의해서 명료화되는 개념으로서의 교육의 본질과 원리를 연구
하고 그것에 준한 현실적 프로그램의 효율성을 겨냥하는 연구는 교육실천학
(혹은 교육공학)이라고 하고, 사실 혹은 현상으로서의 교육, 즉 서술적 정의로
명료화되는 개념으로서의 교육의 특징 및 그 원인과 결과를 연구하고 인간과
세계와 역사에 대한 그것의 기능을 연구하는 것을 특징으로 하는 것을 교육과
학이라고 할 수 있다(325쪽)"고 함으로써 과학으로서의 교육학 혹은 교육심
리학의 정체성을 논의하였다. 그는 또한 "교육실천학은 응용과학의 특징을
가지고 있으므로 심리학, 사회학, 인류학, 역사학 등이 응용을 위한 기초학문
으로의 성격을 띠고 있으나, 교육과학에서는 인접학문으로서 의미를 지닌다.
예컨대 교육심리학은 심리학의 응용학문이었으며, 그것은 교육원리의 심리
학적 가능성을 판단하는 기준을 제공하였다. 그러므로 심리학은 교육심리학
에 논리적으로 선행하는 학문이다. 그러나 교육과학의 경우에는 교육학과
심리학의 관계는 병행적이다. 심리학은 교육의 행위와 제도의 이해에 관해서
는 교육과학만큼의 지식을 제공하지 못하지만 교육의 방법적 원리를 개발하
는 일 그 자체에서 교육과학 이상의 기초적 지식을 제공할 수 있다(이돈희,
1983, 329쪽)"고 하였다. 이와 같이 교육심리학이 교육과학과 교육실천학의

두 가지 측면을 포함함을 수용하면 교육심리학이 심리학의 응용학문으로만 규정되는 것은 부당한 것이다. 장상호(1983) 역시 교육심리학을 심리학을 현장에 응용하는 학문이라는 신화는 잘못된 것임을 강조하였다.

교육학회 및 교육심리연구회 발표회: 3차시기에 발표된 연구들의 주제는 <표 1>과 <표 2>에 제시된 바와 같다. 학술발표는 교육학회에서 발표된 논문이 30편으로, 발표 주제는 발달영역이 가장 많고, 교수와 학습 영역이 다음, 교육심리일반, 인지, 상담이 다음으로 많고 성격과 지능 순으로 발표되었다. 이 시기에 활발하게 활동한 교육심리학자로는 김재은, 장상호, 강봉규, 진위교, 장언효, 박성수, 임규혁, 김병성, 이은해, 허형, 안귀덕 등이 발달, 연구방법, 정서, 교수학습, 인지학습이론, 상담기법 등에 관한 주제로 논문을 발표하였으며, 황정규, 허형, 이종승은 측정과 평가 영역과 교육심리학 영역 모두에 관련된 연구를 발표했다(한국교육학회, 1993).

3차시기의 시작인 1977년부터 교육심리연구회에서는 월례발표회를 연2회만 개최하기로 하였다. 1981년에서 1986년 시기에도 교육심리연구회의 활동은 계속되었으나 기록이 남아있지 않아 구체적인 내용을 알 수가 없다. 이러한 이유로 교육심리연구회에서 개최한 발표자료는 13편밖에 확인이 되지 않았다. 기록이 남아 있는 발표자와 주제는 인지, 교육심리일반, 발달 등으로 김재은, 한종철, 김기석, 장언효, 이연섭 등이 발표하였다.

『교육학연구』지: 3차시기에 『교육학연구』지에 실린 교육심리 관련 연구는 54개로 발달에 관한 주제가 18편으로, 그 중에도 사회성발달 주제가 많았다(<표 1> 참고). 또한 교수와 학습, 인지 영역의 주제가 많이 다루어졌고 지능, 성격과 정서가 그 뒤를 이었다. 자아개념과 관련된 주제와 귀인, 그리고 집단상담, 자아실현 소집단 프로그램, 자기성장 등 상담영역에서 새로운 주제가 많이 나타난 시기이기도 하다.

교육심리연구회 학술세미나: 3차시기에 교육심리연구회가 단일 주제를 가지고 개최한 학술세미나(<표 3>)는 모두 3회로 1977년 '개인적 특성의 개발을 위한 교육의 과제'를 김재은, 백용덕, 정원식이 발표하였다. 1978년 '한국의 교육을 진단 한다', 1980년 'J. Piaget의 인지이론과 그 교육적 함의'를 주제로 하였다. 개인차 심리가 주제로 채택된 것이 흥미롭고 Piaget의 인지발달이론이 한국에서도 본격적으로 교육심리 영역에서 연구 대상이 되기 시작하였음을 보여준다.

이 시기에 미국 교육심리학계에서는 Cronbach과 Snow를 중심으로 적성 - 처치 상호작용(Aptitude-Treatment Interaction: ATI) 연구가 활발하게 진행되고 있었다. 장상호(1983)는 행동과학에서 상정하는 세 가지 변인군, 즉 환경변인, 유기체변인, 반응변인군들과의 관계를 연구하는 접근으로의 ATI 연구가 앞으로 교육심리학 영역에서 주요 연구 주제가 되어야 함을 주장하였다. 이것은 교육심리학 연구에서 개인차 심리학의 중요성을 지적하는 것이었으며 이후 국내에서도 적성 - 처치 상호작용 연구가 나타나기 시작한다.

4) 도약기 - 학회지 발간 이후 10년(1987~1996)

주요 사건:
- 1987년 『교육심리연구』지 발간

한국에 교육심리학이 소개되고, 대학에서 가르쳐지기 시작한 것이 1900년 초이고 한국교육학회가 설립된 것이 1953년, 교육심리연구회가 분화되어 독자적 연구회를 진행하기 시작한 것이 1967년인 것을 생각하면 1987년에 『교육심리연구』지가 발간을 시작한 것은 상당히 늦은 감이 있다. 그 동안 교육심리학자들은 교육학회에서 발행하는 『교육학연구』지에 학술연구 논문을 게재하는 것의 불편함을 별로 느끼지 못했던 것으로 보인다. 1987년 진위교 회장 재임시 개최된 '인지발달 학습 그리고 교수'라는 주제의 학술세미나 발표논문들과 몇 편의 논문들을 실은 『교육심리연구』지 창간호가 발간되었다. 발간 초기에는 연간 1회씩 발행하다가 94년에는 2회를 발행하였고, 그 후 게재 신청 논문의 수가 증가함에 따라 96년부터는 연3회를 발행하였다.

교육심리학회지가 정기적으로 발간되면서 정기적으로 개최되는 학술대회에 참석하는 회원수도 증가하여 평균 40~50여 명의 회원이 참가하였다. 1996년 송인섭 회장부터는 연간 4회 이상의 학술대회를 개최하게 될 정도로 연구논문 발표를 원하는 회원이 증가하였다.

4차시기와 5차시기의 연구주제는 교육심리학회에서 학회지에 게재되는 연구들이 거의 학술대회에서 발표가 된 것들이어서 별도로 제시할 필요가 없다고 생각된다. 더욱이 5차시기부터는 학회지에 게재 신청을 하기 위해서는 우선 학술대회에서 발표하는 것을 학회의 규정으로 제정하였기 때문에 학회지에 실린 논문들이 모두 학술대회에서 발표된 것들이다.

교육학회 발표회: 4차시기에 한국교육학회에서 개최된 학술대회에서 교육심리학 관련 주제는 그렇게 많지 않은 것으로 나타났다. 1987년 연차학술대회에서 '한국 교육학의 연구과제와 방법'이라는 주제의 학술대회에서는 허형이 「교육심리학의 연구과제와 방법」이라는 제목으로 발표하였고 분과별 연구발표에서는 김언주와 홍순정이 발표한 것으로 나타난다. 그 후 1988년에서 91년까지는 교육학회 연차대회의 교육심리분과에서 발표한 것이 거의 없는 것으로 보인다. 다만 1992년 연차학술대회의 분과발표회에서 강갑원, 김경옥, 이신동 등이 발표하였고 이 논문들은 후에 교육심리연구지에 게재되었다. 따라서 <표 1>에 4차와 5차시기의 교육학회 학술발표는 따로 자료를 제시하지 않았다.

『교육학연구』지: 이 시기에는 교육심리연구회가 별도의 학술대회와 학술지를 발간하고 있었으나 그 간 교육심리학자들의 급증으로 『교육학연구』지에 발표되는 교육심리관련 논문의 수 역시 증가하였다. 1987년에서 1996년까지 10년간 발표된 학술지의 논문 편수는 70편으로 집계되었다. 논문의 주제는 그 이전과 많이 달라진 것은 아니어서 가장 많은 논문은 역시 교수와 학습, 그리고 인지심리에 관한 영역이 각각 18편과 13편이었는데, 정보처리 학습이론에 관한 주제가 많고 개념학습, 학습장애 학습기술훈련 등의 주제가 많았으며 인지양식에 관한 주제도 나타난다. 그 다음으로 발달영역이 8편이고 동기와 상담이 7편씩이었다. 교수영역은 주로 다양한 수업전략의 효과에 대한 연구였고 인지발달은 Piaget의 이론에 대한 검증과 정보처리이론에 관한 내용이 많았고 사회성발달에 관한 내용도 있었다. 동기에 관련된 주제가 7편이 나오는 것을 볼 수 있는데, 박영신의 성패귀인 연구와 학습무기력, 자기효능감과 같은 개념들이 나타나기 시작하였다. 상담 영역도 7편의 논문이 발표되었으며 성격과 정서 영역에서는 송인섭의 자아개념에 관한 연구가 발표되었다.

『교육심리연구』지: 4차시기부터는 교육심리연구회 자체적으로 발행하는 학회지가 나오기 때문에 상당히 많은 교육심리관련 학자들이 연구논문 발표에 관심을 가진 것으로 보인다. 이 시기에 발표된 논문들의 주제는 발달 영역이 23편이고 교수와 학습, 인지 영역이 모두 20편씩으로 다른 영역에 비해 상당히 많고 성격과 정서, 동기 영역이 다수를 차지하고 있다(<표 2> 참고). 발달 영역의 주제로는 Piaget의 이론을 비롯한 인지발달이 많았으며, 1986년부터 교육공학회가 분화되어 연구지를 발간하고 있었음에도 교수와 학습 영역에서 다양한 교수방법과 학습전략에 따른 프로그램 효과연구가 많았다. 또한 이신동이 적성 - 처치 상호작용에 관한 연구를 소개하고 꾸준히 진행시키고 있는 것을 볼 수 있다. 동기영역에서도 학습된 무기력, 실패내성, 목표설정 등의 개념이 등장하고 연구되어지기 시작했다. 이 때부터 지능연구에 관한 관심이 점차 높아지는 경향을 보이는데 이러한 관심은 다음에 살펴볼 5차시기에 급등하여 많은 지능연구를 산출하였다. 상담영역의 발표 논문이 감소한 것을 볼 수 있는데 이러한 경향은 상담교육학회가 분과 연구회로 독립하였고 또한 한국심리학회와 기타 상담관련 학회가 설립된 결과라고 볼 수 있다. 교육평가학회가 1986년부터 자체 학술지를 발간하고 있었기 때문에 측정영역의 논문은 별로 보이지 않는다.

이 4차시기의 특징으로는 신진 연구자들의 활동이 두드러지는 것이다. 전체적으로 볼 때, 『교육학연구』지에서는 56명의 발표자가 70편의 논문을 발표했으므로 두 편 이상을 발표한 연구자의 수가 11명에 지나지 않았으며, 교육심리학회에서는 83명의 연구자가 108편의 논문을 발표하여 두 편 이상을 발표한 연구자가 14명에 지나지 않았다. 다시 말해서 4차시기는 한국의 교육심리학자의 수가 급증한 시기라고 볼 수 있다.

4차시기 10년간 『교육학연구』지와 『교육심리연구』지에 논문을 주저자로 세편 이상 발표한 교육심리학자는 송인섭(7편), 박영신(5편), 하대현(5편), 박아청(4편), 이신동(4편), 김순혜, 김언주, 김정환, 박문태, 허형이 각각 3편씩 발표한 것으로 나타났다. 송인섭은 자아개념, 박영신은 귀인, 박아청은 정서 발달, 하대현은 지능, 김언주는 인지발달, 김정환은 교사관련, 박문태는 인지 와 학습, 이신동은 적성 - 처치 상호작용, 허형은 형식조작적 사고관련 연구를 주로 발표한 것으로 나타났다.

교육심리연구회 학술세미나: 4차시기에 교육심리연구회에서 특정 주제를 가지고 개최한 학술세미나는 4회인 것으로 나타났다. 1987년 '인지발달, 학습, 그리고 교수', 1988년 '인지와 교수', 1989년 '교실학습 - 교실의 심리학 적 역동성', 1996년 '교육심리학의 학문적 성격과 현장적용'이란 주제를 가지고 학술세미나를 개최하였다. 1987년과 1988년의 인지심리와 관련된 주제를 가지고 연속적으로 세미나를 개최한 것은, 학회지에 발표된 인지심리 관련 논문의 증가와 더불어 이 시기에 인지심리학의 영향력을 파악할 수 있게 하는 것이다. 1989년의 학술세미나는 '교실학습 - 교실의 심리학적 역동 성'이라는 주제로 개최되었다. 1990년부터 1995년까지는 특별한 주제를 가지 고 학술세미나를 개최한 기록이 없고 개별 연구발표를 중심으로 한 것으로 보인다.

1996년부터 다시 연차학술세미나가 대주제를 가지고 기조강연을 포함하여 몇 개의 하위 주제로 나누어 세미나를 개최하기 시작하여 1996년의 연차학술대회 주제가 '교육심리학의 학문적 성격과 현장적용'이었는데 앞에서 살펴본 2차시기에 교육심리학의 정체성에 대한 고민을 했던 이성진 교수가 「교육심리학: 그 학문적 성격과 과제」라는 기조강연에서 미국의 교육심리학 발전사를 고찰함으로써 학문적 성격을 명백하게 하려는 시도를 소개하고 앞으로의 발전을 위한 과제에 대한 관점을 제시하였다(이성진, 1996). 이 학술세미나에서는 수업심리학, 인간발달, 동기, 인간지능, 상담 영역의 연구 동향을 중심으로 하여 장언효, 임규혁, 정종진, 하대현, 김혜숙이 각 영역의 이론 발전과정과 연구과제 등을 제시하였다. 발표 내용에는 각 영역의 최신 이론이나 특히 주목받고 있는 이론들을 거론함으로써 당시의 교육심리학이라는 학문에서 다루는 내용영역의 추세를 알려 주었다.

5) 양적 팽창기(1997~현재)

주요 사건:
- 1997년 한국교육학회 산하 교육심리연구회를 교육심리학회로 개칭

한국 교육심리학의 발전과정을 시대별로 분류한 마지막 5차시기는 1997년부터 2003년 현재까지 7년간으로 설정하였다. 1997년부터 한국교육학회의 체제 변동으로 모든 다른 산하 학회와 더불어 '교육심리연구회'는 '교육심리학회'로 교육학회와의 종속적인 관계로부터 독립적인 학회체제로 변화하였다. 이 시기의 특징은 우선 교육심리학이 다방면에서 양적인 팽창을 이룬 것을 들 수 있다. 우선 학회 회원의 수가 급증하여 1997년에 등록회원 수가 약 370여 명으로 증가하였고 2003년 현재 교육심리학회 총 등록회원은 1,000명이 넘는 것으로 집계되고 있으며, 이 중 정기적으로 학회활동에 참여하고 있는 회원은 약 400여 명에 이른다. 학회에서 발표하는 회원의 숫자도 증가하

여 연간 4회 이상의 학술발표대회와 세미나를 개최하고 있으며, 학회지 발간 회수도 1999년부터는 연간 4회로 늘어났으며, 최근에 개최되는 학술발표회는 매회 약 40여 명이 연구논문을 발표하고 있다. 따라서 매 학회지에 실리는 논문 편수도 점차적으로 증가하여 최근 몇 호에서는 20개에 육박하는 논문이 게재되는 일이 나타나고 있다. 이와 같은 현상은 한국교육심리학의 양적 팽창을 단적으로 보여주는 것이다.

이러한 급격한 양적 팽창의 원인을 분석해 보면 우선 기본적으로 대학이나 연구소에 교육심리학을 전공하는 사람들이 많은 것이다. 1996년까지 24개 대학이 심리학 관련 전공을 두고 있었으나 2003년 현재 전국 대학에 심리학이나 교육심리학 관련 전공을 두고 있는 대학은 32개에 이르며, 또한 교육학과가 설치된 거의 대부분의 대학원에는 교육심리전공은 기본적으로 개설되어 있기 때문에 상대적으로 교육심리전공자가 증가한 것이 큰 이유일 것이다. 그리고 최근 들어 대학들이 교수의 연구업적을 중시하여 기간 학회지에 발표되는 논문들에 대해 높은 평가점수를 배정하는 것도 하나의 이유가 될 것이다. 학회발표 논문 편수가 늘어난 것은 그동안 전공별 분과학회가 분화되어 상담이나, 발달, 교수학습 영역의 논문들이 각 분과 연구회에서 발표되던 것이 최근에는 발표자의 수가 증가하면서 해당 분과 학회에서 다 소화되지 못하기 때문에 관련 학회인 교육심리학회로 분산되는 경향으로 나타나는 것으로도 볼 수 있다.

5차시기에도 교육심리학의 정체성과 위상에 대한 논쟁은 여전히 계속되고 있다. 1997년 교육심리학회 창립 30주년기념 학술대토론회에서 '교육심리학의 시각에서 본 한국교육의 회고와 21세기를 위한 방향 모색'이라는 주제를 가지고 토론한 내용에서 진위교(1997)는 "교육심리학이 지금과 같은 낮은 위상에 안주하게 된 것이 한 20년쯤 된다"(77쪽)고 하면서 이러한 낮은 위상을 갖게 된 것에 대한 원인을, 교육심리학이 맡은 바 사명을 포괄적으로 인식하지 못한 데서 찾을 수 있고, 교육심리학의 사명과 과업이 단순한 '적용'이 아니라 '이론구축'인데 적용이라고 너무 안일하게 가정했었기 때문이라는 Bruner의

말을 인용하면서 교육심리학의 위상에 대한 반성적 논의를 하였다.

황정규(2000) 또한 교육심리학이라는 학문의 정체성에 대해 다음과 같이 논의하였다.

　　교육심리학이란 교육과 심리를 합쳐놓은 것이 아니라 교육심리학이라는 실체에 대한 연구를 하는 학문이다. 교육심리라는 실체는 분리될 수 없는 하나의 존재 양태이며 그것은 교육이 존재하는 시공간에는 언제나 존재하는 것이다(12쪽). 교육심리라는 실체에 대한 연구를 할 때는 교육심리현상과 교육심리의 실천행위로 표현된다. 전자는 교육심리과학이고 후자는 교육심리 실천학이다. 교육심리학은 '맥락 속에서 개인을 체계적으로 연구하는 학문'이 다(14쪽).

이러한 논의들은 교육심리학이 단순히 심리학의 이론들을 교육현장에 적용하면 된다는 안일한 생각을 비판하는 Bruner나 이성진(1975), 진위교 (1997) 등의 주장을 재확인하는 것이며, 교육학 일반에 대한 학문적 정체성을 논의할 때도 주된 논쟁점으로 등장하는 것이다. 이돈희(1983)가 논의하였듯 이, 교육실천학은 교육프로그램과 교육제도의 개선을 위한 이론적 연구로서 교육의 원리를 제시하거나 그것을 개선하는 것을 목적으로 한다. 그러나 순수한 교육과학적 이론은 가치중립적 관찰에 의한 설명을 적어도 원리상 지향해야 한다. 교육실천학적 연구는 좁게 규정하면 교육의 원리를 개발하는 일이며, 넓게는 그것을 개발하기 위한 기초적 - 응용적 연구의 활동을 총칭하 는 것이며, 교육과학적 연구는 좁게는 교육현상을 설명하는 일, 넓게는 그 설명에 기초한 교육프로그램이나 제도의 평가와 비판을 총칭하는 것이다(이 돈희, 1983). 따라서 교육심리학이 교육과학적 접근을 지향한다면 교육현상 을 설명하는 이론 정립과 더불어 그 이론을 현장에 적용하는 이론을 개발해야 한다는 것이 현재 한국 교육심리학자들의 교육심리학에 대한 일관된 입장이 라고 할 수 있다.

5차시기에는 교육심리학 인구가 팽창한 만큼 연구논문의 수도 급증하였다. 교육학회와 교육심리학회의 학술지에서 발표된 논문 편수가 4차시기의 173편에서 5차시기에는 375편으로 두 배가 넘는 숫자로 증가하였다. 이중 『교육학연구』지에 발표된 논문 편수는 69편으로 4차시기와 비슷하였으나 『교육심리학연구』지에 발표된 논문의 수가 266편으로 집계되었다.

『교육학연구』지: 5차시기에 『교육학연구』지에 게재된 연구논문의 주제를 분류한 결과를 <표 1>에서 보면 우선 전체 교육심리관련 연구는 69편으로 4차시기와 비슷하였으나 연구주제 영역의 수는 줄어들었다. 교육심리일반, 특수교육, 측정 영역의 연구는 없었고 인지심리 영역의 연구가 줄어들었으나 지능과 동기영역 그리고 상담영역의 주제가 상대적으로 증가하였음을 알 수 있다. 지능에 관한 연구주제로는 다중지능이론, 실용지능이론, 유동적 - 결정적 지능, 성인지능의 본질 등 지능이론 자체에 대한 탐색이 늘었으며, 동기영역에서는 자기효능감, 자기조절학습 동기, 내재적 동기 등 다양한 이론들에서 다루는 동기변인들과 학업성취나 기타 개인차 변인들과의 관련성을 탐색한 연구가 주를 이루었다. 상담영역에서는 내담자관련 변인에 관한 탐색 연구와 상담효과 검증연구가 많았다. 발달영역에서는 인지발달보다 사회성발달 연구가 많았다. 이 시기에는 『교육학연구』지에 3편 이상의 연구를 발표한 연구자는 없었고 대부분이 한두 편만을 발표하고 모두 『교육심리연구』지에 발표하였다.

『교육심리연구』지: 교육학회지와는 달리 5차시기에 『교육심리학연구』지에 발표된 연구논문의 편수는 4차시기의 103편보다 2배 이상의 증가를 보여 266편으로 나타났다. 연구주제 영역은 교수와 학습, 발달 영역의 주제가 47편으로 가장 많았는데 특히 자기조절학습과 관련된 주제가 많이 나타났다. 지능과 창의성 영역의 연구가 급증하여 각각 25편과 16편으로 나타났다. 이러한 경향은 컴퓨터와 인터넷을 포함하는 공학의 발달로 단순한 지식의 축적이 별 의미가 없어지고 창의적인 능력을 중시하는 세계적인 추세가

교육과정 개편에서 창의력 증진을 한국교육의 주 목표로 제시하게 되었기 때문으로 볼 수 있다. 이와 같은 창의력에 대한 관심은 인간의 지적 능력에 대한 연구와 병행해야 하기 때문에 자연스럽게 지능 영역의 연구도 증가한 것으로 보인다. 또 한 가지 5차시기에 주목을 받은 연구영역은 동기영역으로 28편의 연구가 발표되었는데 그 세부 주제는 귀인, 내재적 동기, 자기효능감 이론이 많고 기타 다양한 동기변인들이 연구되었다. 성격과 정서에 관한 연구가 18편 발표되었고, 상담연구가 『교육심리연구』지에 19편이 발표된 것도 특징으로 볼 수 있는데 이러한 경향은 상담영역에서도 사례연구나 사례보고가 상담심리학자들의 주요 학술활동이던 이전과는 달리 경험적 연구 쪽으로 관심을 돌리는 연구자의 수효가 증가하였음을 보여주는 것이다. 측정영역의 연구 주제는 각종 심리척도의 개발과 타당화 연구가 주를 이루어 16편이 발표되었다.

5차시기에 활동한 교육심리학자들을 연구주제 영역별로 교육학회와 교육심리학회에서 발행하는 두 학술지에 주저자로 발표한 논문의 수효가 5편 이상인 연구자를 중심으로 살펴보기로 한다. 교수와 학습 영역에서는 순천향대의 이신동 교수가 적성 - 처치 상호작용과 상보적 교수이론 등에서 총 7편의 논문을 발표했고, 서울여대의 박승호 교수가 자기조절 및 초인지 학습전략에 관한 연구논문을 5편 발표하였다. 발달영역에서는 계명대의 박아청 교수가 자아정체감의 발달을 포함한 발달이론에 관한 논문을 5편 발표하였다. 지능과 창의성 영역에서는 숙명여대의 하대현 교수가 지능이론 과 창의성 이론에 대한 논문을 5편 발표했다. 동기영역에서는 이화여대의 김아영 교수가 자기효능감을 비롯한 동기이론 전역에 관한 논문을 10편 발표하였으며 인하대의 박영신 교수가 귀인양식의 발달을 중심으로 한 논문을 5편 발표하였다. 성격과 정서 영역에서는 숙명여대의 송인섭 교수가 자아개념의 본질에 관한 연구논문을 5편 발표하였는데 송인섭 교수는 그 외에도 지능과 적성, 영재교육 등에 관한 광범위한 연구논문 등 총 15편의

논문을 이 기간에 발표하여 가장 연구활동이 왕성한 교육심리학자임을 보여
주고 있다. 특히, 송인섭 교수는 한국교육개발원의 조석희 박사와 더불어
국내에 영재교육이 자리 잡는데 커다란 역할을 해왔다.

　　교육심리학회 학술세미나: 5차시기에 개최된 첫 연차학술대회는 1997년
교육심리학회 창립 30주년 기념행사로 '교육심리학의 시각에서 본 한국교육
의 회고와 21세기를 위한 방향 모색'이라는 대주제를 가지고 황응연 교수(전
이화여대)의 기조강연을 비롯해서 인지적, 정의적, 교수 - 학습, 평가 영역으
로 나누어 발표하고 토론하였다. 1998년 연차대회에서는 '교육심리학의 교육
현장적용과 과제'라는 주제로 서울대의 황정규 교수의 기조강연과 발달이론,
교수 - 학습이론, 지능이론, 동기이론의 교육현장 적용과 과제, 그리고 질적
접근 가능성과 과제가 다루어졌다. 1999년 연차학술대회에서는 '우리나라
교육개혁에서의 교육심리학의 역할과 과제'를 주제로 중앙대의 이연섭 교수
의 기조강연과 학습부진아 교육, 개인차를 고려한 교수 - 학습, 인성교육,
창의성 증진을 위한 교수 - 학습, 수행평가의 도입에서의 교육심리학의 역할
을 다루었다. 2001년 연차학술대회에서는 '가상공간에서의 교육심리학의
역할'이라는 주제로 다수의 개별 논문들이 발표되었다. 2002년에는 다시
연차대회의 주제를 '교실에서의 동기'로 잡고 김아영 교수의 기조강연을
포함하여 자기효능감, 자기조절학습, 내재적 동기, 성취동기, 교육개혁과
동기에 관한 내용들이 다루어졌다. 2003년의 연차학술대회 주제는 구성주의
학습에 관한 주제가 예정되어 있다. 이와 같이 최근 몇 년 동안 교육심리학회
에서는 교육심리학의 정체성을 교육심리과학과 교육심리실천학이라는 두
가지 커다란 측면을 균형있게 다루려는 노력을 보이고 있다.

　　이 시기에 창의성과 관련된 연구가 급증한 것은 4차시기에 그러한 근거를
제공한 원로학자들의 노력의 결과로서 주지할 필요가 있다. 이화여대의
김재은 교수는 1991년『천재, 그 창조성의 비밀』이란 저서와 1994년「창의성

교육의 시대적 요청」이라는 논문에서, 그리고 정범모 교수는 1994년 「21세기
와 창조적 풍토」(김재은, 1994에서 재인용)라는 제목으로 이미 창의성이
인간의 핵심적 지적 능력임을 강조하고 이에 대한 주의를 환기시켰다. 이러한
선배 학자들의 창의성의 중요성에 대한 지적은 후속 연구자들을 자극하였고
5차시기에 들어와서 많은 연구자들에 의해 다양한 형태로 탐구되고 있다.

3. 연구 내용 변천 요약

지금까지 해방과 정부수립 이후 한국의 교육심리학 연구가 어떠한 주제를
가지고 진행되었는가를 5개 기간으로 나누어 검토하였다. 연구 주제 영역을
12가지로 분류하여 살펴본 결과 1차시기인 1956년에서 1966년에 보여준
주제별 경향은 5차시기까지 주목할 만한 변화가 없었던 것으로 나타났다.
본고에서 검토된 자료를 기준으로 볼 때, 총 755편중에서 가장 많이 다루어진
주제는 역시 교수와 학습영역과 발달영역으로 각각 136편과 137편으로 약
18%를 차지하였고, 다음은 상담영역으로 약 11%인 85편, 그리고 인지심리영
역과 지능과 창의성영역이 각각 약 10% 정도인 73편과 71편으로, 교육심리학
일반이 9%인 67편, 동기영역이 8%인 60편, 성격과 정서영역이 7%인 55편
정도로 나타났다(<표 4> 참고). 이러한 경향성은 교육학회 관련 자료와 교육
심리학회 관련 자료로 나누어 보았을 경우에도 유사하게 나타났으며 또한
시기별로도 커다란 차이는 없었다. 다만 인지심리영역이 4차시기에 증가되
었다가 5차시기에는 다시 감소된 것이 특징이라고 볼 수 있으며 지능과
창의성영역이 최근에 많이 다루어지고 있다는 것을 볼 수 있다. 이러한
연구주제의 분포는 김재은(1979)이 '심리측정 및 개인차 연구', '인간발달
및 적응에 관한 연구', '학습 및 교수에 관한 연구'의 세 가지 영역으로
크게 나눈 것에 비추어 볼 때, 초기 교육학회 관련 자료 중에서 심리검사
개발에 관한 연구만을 포함시킨 본고의 심리측정영역을 제외한 다른 영역은
거의 비슷한 경향을 보이는 것을 확인할 수 있다.

<표 4> 교육심리관련 연구 주제 영역별 빈도(%)

영역\학회	교사	교수/학습/자기조절학습	교육심리일반	발달(인지발달/사회성발달)	인지심리	지능(지능/창의성)	동기(개인/기타등기/내적동기/성취동기/자기효능감)	성격/정서	상담	특수교육	측정	연구방법	기타	합계
교육학회	10 (2.9)	65 (18.7)	29 (8.3)	61 (17.5)	33 (9.5)	25 (7.2)	24 (6.9)	26 (7.5)	48 (13.8)	8 (2.3)	12 (3.4)	5 (1.4)	2 (0.6)	348 (100)
교육심리학회	6 (1.5)	71 (17.4)	38 (9.3)	76 (18.7)	40 (9.8)	46 (11.3)	36 (8.8)	29 (7.1)	27 (6.6)	7 (1.7)	18 (4.4)	5 (1.2)	8 (2.0)	407 (100)
합계	16 (2.1)	136 (18.0)	67 (8.9)	137 (18.1)	73 (9.7)	71 (9.4)	60 (7.9)	55 (7.3)	85 (11.3)	15 (2.0)	30 (4.0)	10 (1.3)	10 (1.3)	755 (100)

또한 이성진(1996)이 교육심리학의 핵심 영역을 인지적 학습이론 연구, 전생애적 발달 연구, 교수·학습에 대한 연구, 학습동기 및 동기유발 연구와 방법론 연구로 나누어 본 것은 교육심리학의 연구영역이 크게 달라진 것이 없다는 것을 보여준다. 그리고 황정규(2000)가 교육심리학이 다루는 내용의 확장에 대해, "교육심리학 연구에서 다루고 있는 주된 장르는 아동, 청소년을 대상으로 한 발달, 인성과 사회성, 정서, 인지능력과 개인차, 학습이론, 동기, 효과적인 교수, 측정과 평가 등으로 나누어지고 있고 거의 50년 동안 변하지 않았다."(19쪽)고 한 것을 확인하는 결과로 볼 수 있다.

한편 국내에서 1975년에서 1984년 사이에 진행된 교육심리학 분야의 석, 박사학위 논문을 분석한 허형(1987)의 연구에서도 생활지도와 상담이 가장 많이 다루어진(26.18%) 주제였으며, 학습자의 정의적 특성, 즉 자아개념, 동기, 가치, 창의성, 불안, 태도 성격, 정서에 관한 주제가 그 다음으로 많이 다루어졌고(22.54%), 다음은 발달에 관한 주제였다(11.42%). 물론 부분적인 연구시기를 탐색한 결과이기는 하지만 여전히 주로 많이 다루어지는 주제는 전기한 연구들과 크게 다르지 않다.

Ⅲ. 교육심리학 연구 방법론의 변천

사회과학의 접근방법을 크게 나눈다면 양적 연구와 질적 연구로 나눌 수 있을 것이다. 교육심리학은 교육학의 여러 영역 중에서 교육측정과 평가 영역을 제외하고는 가장 양적, 경험적 연구를 많이 수행하는 영역일 것이다. 특히 통계적 분석방법을 주도해온 연구자들은 모두 교육심리학자로 분류될 수 있는 학자들이라고 해도 과언이 아닐 것이다. 교육심리학의 이러한 특성은 학문 발달 초기에 논리실증주의의 경험과학적 접근을 중시하는 행동주의 심리학 이론을 기초로 하여 연구가 진행된 것도 큰 이유의 하나일 것이다. 초기 교육심리학 연구에서 사용된 방법들은 경험적 자료수집을 기초로 하는 실험연구와 조사연구가 교육학의 어떤 영역에서보다 훨씬 많이 관찰된다.

1955년 중앙교육연구소에서 발행하기 시작한『조사연구』라는 정기간행물은 교육연구의 "과학적 기술을 的確히 파지, 실천하여야 할 것이며……육체적 생명만을 다루는 의학이 과학적이어야 함과 같이 육체적 생명은 물론 정신적 생명을 주로 다루는 교육이 과학적이어야 할 것(박희병, 1955, 2쪽)"을 강조하였다. 이러한 과학적 연구를 위한 경험적 접근은 교육학에서는 교육심리학 연구에서 가장 많이 관찰되어 왔다.

또 다른 맥락에서 연구방법론에 대한 접근으로 종단적 연구와 횡적 연구로 분류해 볼 때 국내에서 진행된 교육심리학의 연구는 99% 이상이 횡적 연구 접근으로 볼 수 있다. 필자가 본고에서 개관한 지난 50년간의 자료를 조사한 바로는『교육학연구』지와『교육심리연구』지를 통털어서 종단적 연구는 8편에 지나지 않는다.『교육학연구』지에는 윤경희와 이성진(2000)의「어머니와 아동의 상호작용에 관한 종단적 분석」과 윤명희와 김석우(2001)의「열린교육의 효과성 평가를 위한 종단적 연구」두 편이고,『교육심리연구』지에는 김현희(1988)의 한국어-영어의 이중언어 사용 아동을 대상으로 code-switching을 연구한 것과 마송희(1994)의 초등학생의 사회적 수용도 관련 변인 탐색 연구, 윤경희와 이성진(2001)의 지능의 변화에 대한 연구, 박영신, 김의철, 민병기(2002)의 부모의 사회적 지원과 청소년의 자기효능감과 생활 만족도에 관한 연구, 그리고 이종승과 남덕진(2002), 남덕진과 이종승(2002)의 자아개념 발달에 관한 연구가 전부였다(한국교육심리학회, 2003; 한국교육학회, 2002).

이번 장에서는 교육학회에서 발표된 연구 논문들 중에서 교육심리관련 논문들 그리고 교육심리학회에서 발표된 연구 논문들에서 사용된 양적 연구방법, 특히 통계적 분석방법 사용의 시기별 변천 양상을 간단히 요약하기로 한다.

1. 도입 및 정착기

교육심리학이 도입된 초기, 선구적인 역할을 했던 학자들의 활동시기인

1차시기에는 서울사대 교육학과의 각종 심리검사개발과 통계적 방법에 관한 저술이 교육심리학 연구를 위한 도구제공의 기능을 선도하였다. 서울대 정범모 교수의 『교육심리 통계적 방법』(1958), 김호권 교수의 『교육심리실험 설계법』(1966), 이화여대 김재은 교수의 『교육 및 심리연구』(1962), 『교육 및 심리검사의 활용』(1967), 연세대 김난수 교수의 『조사연구의 방법』(1965), 『교육조사의 기술』(1966) 등은 초창기에 경험적 연구를 수행하는 연구자들에게 중요한 지도서의 기능을 하였다.

심리검사는 심리학이 과학이 되기 위해 양적인 연구방법을 도입하면서 필수적인 연구 도구가 되었다. 한국에서 심리학에 대한 양적인 연구방법이 활성화된 것도 이러한 심리검사의 도입이 이루어진 후부터이다. 또한 심리검사는 연구도구로서의 기능뿐만 아니라 개인을 정확하게 이해하는데 필수적인 도구로 사용되고 있다. 한국에 심리검사가 도입되기 시작한 것은 1950년대 초로서 6 · 25전쟁 중 서울대의 이진숙 교수가 '웩슬러 - 벨뷰우 지능검사'의 한국판을 내놓은 것(한국심리학회, 1996)과 미국 유학에서 돌아온 정범모 교수를 중심으로 한 교육심리학자들이 학력검사, 지능검사, 성격검사 등의 표준화 검사들을 개발하면서(한국교육학회, 1973)부터이다. 이후 60년대까지 많은 교육 및 심리학자들이 지능검사, 성격검사, 흥미검사를 비롯한 다양한 심리검사들을 개발하고 보급하였으나 또 한편으로는 많은 비전공자들의 무분별한 심리검사들의 제작과 사용으로 심리검사의 양호도의 문제가 심각하게 대두되기 시작했다.

2차시기에는 황정규 교수의 『교육평가』(1968), 임인재 교수의 『통계적 방법: 교육심리 사회연구를 위한』(1970), 『교육 · 심리 · 사회연구방법』(1971), 『심리측정의 원리』(1973) 등의 저술과 논문들이 연구방법의 기초를 제공하였다. 이 시기에는 수많은 심리검사가 개발되어 교육과 임상현장에서 사용되었다. 그러나 1차시기 말기에 대두되었던 심리검사 제작과 사용의 문제점은 2차시기에도 계속되어, 1969년 '한국심리검사 저작자 협회'가 조직되어 무분별하게 제작되는 심리검사들의 양호도 관리를 위한 '심리검사

윤리위원회'를 구성하게 되었다. 이 윤리위원회는 그때까지 제작되었던 검사를 포함하여 모든 심리검사가 검사를 받도록 규정을 만들어서 약 47종의 심리검사에 대한 평가를 실시하여 검인정을 받게 하였다. 한국심리검사 저작자 협회의 '심리검사 윤리위원회'가 만든 규정 속에는 두 가지 유형에 대한 45가지의 심사기준이 포함되었는데 검사의 내용과 관련된 25개 항목과 검사요강에 관한 20개 항목으로 나누어져서 검사제작 절차, 신뢰도 타당도 증거, 표본 크기, 표집 절차, 표준화 절차로부터 검사지의 인쇄나 제작 상태, 검사요강에 포함되어야 할 내용, 사용자등급 지정까지를 포함하여 심사하도록 되어 있다(한국심리검사 저작자 협회 심리검사 윤리위원회 심사기준, 1969). 윤리위원회는 등록한 검사들을 평가하여 검사지에 '검정필' 마크를 찍어주었다. 이 제도는 그 후 약 5년 정도 지속되었으나, 일부 출판사들이 검인정을 받지 않은 검사들을 부적절한 방법으로 현장에 보급하는 사례가 늘면서 이 제도는 유명무실하게 되었다는 것이 그 당시 적극적으로 협회 활동을 주도하였던 김재은 교수와 박도순 교수의 회고로 알 수 있다. 이와 같은 심리검사의 제작 및 사용에서의 문제점은 교육심리학자들에게 많은 자성적 비판의 소리를 내게 했다. 그 예로, 김순택은 다음과 같이 우려의 소리를 내었다.

"아동의 지능발달에 관한 연구가 극히 부족한 이유는 지능, 적성, 성격 등을 양적으로 측정하는 연구의 흐름을 소위 '과학적' 연구의 대표로 보고 인간화 교육에서는 이런 연구가 필요 없는 것으로 보는 잘못된 관점의 대두에서 찾을 수 있다. 이러한 분위기로 인하여 이 방면의 연구를 뒷받침할 기초 영역인 '타당하고 신뢰로운 각종 심리검사의 개발'이 거의 중지된 상태에 이르게 되었다. 1960년대의 후반부에 제작된 각종 심리검사가 재표준화되지 않은 채 10년이 넘은 지금도 그대로 사용되고 있으니 이것은 학문적 낙오를 의미한다. 이 결과가 교육실제에 끼칠 악영향은 결코 과소평가될 수 없을 것이다(김순택, 1983, 247쪽)."

이러한 상황은 이후에도 크게 개선되지 않고 있는 실정이다.

2. 정체성 재정비기와 도약기

3차시기 이후의 심리검사 관련 사항은 교육평가 영역에서 자세히 다룰 것이므로 본고에서는 커다란 추세만을 살펴보기로 한다. 3차시기 이후 교육 심리학자들이 연구방법의 변천을 심우엽(2000)이 개관한 것에 따르면, 1980년대 이전에는 t-검증과 Pearson 상관계수가 주류였으나 80년대 이후부터는 다양한 분산(변량)분석기법이 등장하고, 메타분석, 판별함수분석, 중다회귀 분석, 정준상관분석, LISREL, 효과크기 검증 등 복잡한 실험설계와 통계기법을 사용하기 시작했으며, 1990년대에는 문항반응이론과 같은 새로운 측정이론이 소개되었다고 하였다. 이러한 연구방법 사용에 관한 추세는 교육심리학 관련 석사학위 논문을 중심으로 분석한 서울여대 배호순(1991) 교수의 연구결과를 보아도 알 수 있다. 배호순은 1960년에서 1987년까지 국내에서 발표된 교육심리학 관련 석사학위 논문 150편을 분석하고 가장 많이 사용한 통계분석방법은 t-검증으로 전체의 39%, 그다음이 F-검증으로 17%였으며, Z-검증, MANOVA, 백분율, 상관분석, 카이자승 검증의 순으로 나타났음을 보고하였다. 이러한 결과는 교육심리학회나 교육학회의 연구지에서도 유사하게 나타나고 있다. 그러나 1990년대 이후부터는 보다 새로운 분석방법들이 등장하고 고급 통계분석을 용이하게 해주는 다양한 컴퓨터 프로그램들이 보급되고 있어 일부 연구자들의 관심을 끌고 있지만, 여전히 많이 사용되는 통계적 분석 방법은 변인들 간의 관련성을 알아보는 상관과 회귀 분석이 가장 많고, 집단간의 차이를 비교하기 위한 t-검증과 분산 분석이 절대 다수를 차지하고 있다.

3. 최근 경향

5차시기의 연구방법의 특성 중에 하나는 구조방정식모형(Structural Equation Model: SEM)을 적용한 연구가 급증하였다는 것이다. 특히 최근 들어 SEM은 척도의 타당화를 위한 기법으로 또한 중다변인들간의 관련성을 파악하기 위한 방법으로 많이 사용되고 있다. 그러나 아직까지 이러한 분석방법들은 부적절하게 적용되는 경우들이 많아 교육심리 연구자들에게 보다 세련된 통계적 방법에 대한 교육의 기회가 마련되어야 함을 시사하고 있다.

교육심리학 연구에서는 연구대상을 표집할 때 대부분 개인수준에서 표집하게 된다. 그러나 교육현장에서 대단위 학생들을 대상으로 표집을 할 경우 학교나 교실을 표집 단위로 하는 경우들도 많이 볼 수 있다. 전통적인 통계적 분석 방법에서는 이런 경우에도 학생 개개인을 분석의 기본 단위로 하여 실험의 효과를 검증하거나 집단간의 특성이나 차이를 조사한다. 그러나 이런 개개인을 분석 단위로 삼는 접근은 그 개인이 속해 있는 집단(예를 들어, 특정 담임교사의 학급, 특정 교장이 운영하는 학교 등)의 영향이 체계적으로 개인에게 미치는 것을 고려하지 못한다. 따라서 이러한 표집방법을 사용한 연구에서는 표본 집단의 수준을 달리하여 각 분석 수준에서의 차별적 효과를 검증해야 교육현실이나 학생 실태를 정확히 파악할 수 있다. 최근에 이러한 분석 수준을 달리하는 통계적 방법, 즉 위계적 선형 모형(Hierarchical Linear Modeling) 혹은 다층분석(Multi-level Analysis)이라고 부르는 접근 방법이 교육심리학 연구에서도 적용되기 시작하였다. 김아영과 차정은(2003)은 학급 단위로 표집된 자료를 사용한 교사효능감에 관한 연구를, 신종호(2003)는 아동의 언어이해능력과 학업성취간의 관계를 다층모형을 적용한 연구를, 김재철(2003)은 수학에 대한 개인별 흥미에 관해 연구하였다(한국교육심리학회, 2003). 특히 김재철과 신종호의 연구에서는 반복 측정을 하여 개인의 내적 변화와 개인간 차이를 동시에 고려한 위계 모형을 적용하였다. 앞으로는 교육심리학 연구에서도 이와 같은 위계적 분석방법이 많이 사용될 것임을 예측할 수 있다.

한편, 1990년대 후반부터 교육심리학의 연구방법으로 질적 접근에 대한 관심이 증가되었다. 1996년에 개최된 교육심리연구회의 연차학술대회에서 이성진 교수는 교육심리학의 도전과 과제를 논의하면서 그 동안 양적 접근에만 편중되어온 교육심리학의 연구방법론이 질적 접근을 포함하여야 함을 강조하였다(이성진, 1996). 이러한 관심은 교육심리학회의 학술세미나에도 반영되어 1998년에 개최된 연차학술대회에서 소주제로 다루어졌다(한국교육심리학회, 1998). 여기서 이용남 교수는 교육심리학 연구의 질적 접근의 필요성을 강조하였다. 그러나 아직까지 질적 연구방법을 적용한 논문들이 교육심리학회지에 발표되는 것은 매우 제한적이다. 앞으로는 양적 연구방법에서 다루지 못하는 제한점들을 질적 연구방법이 보충해 줄 수 있는 통합적인 접근이 필요할 것이다.

IV. 교육심리학 교재 내용의 변천

1930년 이화여대 문과 교육과정에 처음 '교육심리학'이라는 과목이 개설된 이래 사범대학과 교직과정을 둔 대학에서 교육심리학은 70년 이상을 계속 가르쳐져 오고 있다. 초기 이화여대에서는 미국 선교사들이 본국에서 가져온 발달심리학, 아동심리학 등 심리학 관련 교재들을 가지고 가르쳤고 (이화여자대학교, 1967), 해방 후 서울사대에서는 임석재, 이재환 교수가 미군정의 교육원조 프로그램 중 교재지원으로 제공된 Educational Manual Series를 사용한 것으로 알려져 있다(서울대학교 사범대학 교육학과, 1997).

필자가 국립중앙도서관, 국회도서관, 이화여자대학교 도서관, 서울대학교 도서관을 중심으로 검색한 자료에 따르면 1952년(단기 4285년) 허일만의 『교육심리학』이 단행본으로는 가장 오래된 교육심리학 저서이었으며(중앙교육연구소, 1978), 이 책은 1955년에 문교부 검정필로 지정되어 사범학교와 고등학교 교육심리학 교과서로 사용되었다고 한다(심우엽, 2000). 책의 내용은 아동관, 환경, 발달, 학습, 개인차, 인격, 가이단스의 7개영역을 포함하고 있다. 이 후로 '교육심리학'이라는 제목으로 출간된 단행본으로는 2003년 현재까지 약 155권이 저서 혹은 번역서로 출간된 것으로 확인되었다.[1] 이

---

1) 본고에서는 동일 저자가 동일 제목으로 동년도에 다른 출판사를 통해 출간된 것과 동일 제목으로 동일 출판사에서 2년내에 출간된 것들은 한권으로 취급하였다.

중에서 동일 저자가 여러 번의 개정판을 낸 경우를 제외하면 약 86권의 단행본이 나온 것으로 집계되었다. 외국 서적을 번역한 것은 그리 많지 않아서 필자가 조사한 바로는 6개에 머무르고 있다. 1973년에 Green, Donald와 Ross, 1974년에 Ginott, 1982년에 Anderson의 교육심리학이 번역되었고, 1994년 일본 서적이 한권, 그리고 최근 들어 1998년과 2003년에 Woolfolk의『교육심리학』제6판과 8판이 각각 번역되고, Sternberg의 책이 2003년 출간된 것으로 나타났다. 이 책들의 내용을 시기별로 살펴보면 다음과 같다.

1. 도입 및 정착기

교육심리학 단행본의 출판 상황은 우선 1차시기인 도입기에는 1956년 김태오 교수의『교육심리학』을 선두로 7권의 저서가 출간되었다. 책의 내용은 교육과 심리학, 성장과 발달, 환경, 학습, 교과학습, 인격과 정신위생, 교사의 심리, 측정과 평가의 7개 영역이 포함되어 있다(심우엽, 2000). 이 기간에 이화여대 박준희 교수는『교육심리학』을 세 번에 걸쳐 출간한 것으로 나타난다. 1956년, 1960년, 그리고 1963년에 출간된 것으로 나타나 이 기간에 가장 여러 권의 책을 저술하였다. 1960년도 판에 포함된 내용을 대표로 보면, 행동지도의 기초, 교육심리학의 성질, 성장과 발달, 신체적 성장, 정서적 성숙, 사회성의 발달, 지적 생활의 발전, 학습의 개념, 학습의 과정, 학습의 지도와 평가, 성격형성과 정신위생, 교육지도의 12장으로 구성하여 각 장마다 2개에서 6개의 절을 두고 자세한 내용을 포함시키고 있다.

다음으로 1958년 서울대 정한택 교수의『교육심리학』에는 교육심리학의 역사, 연구방법, 유전, 신체구조, 성장, 학습심리, 측정 및 평가, 정신위생과 성격교육, 교과심리, 입시의 10개 영역이 포함되어 있다. 1961년 오천석 박사가 주도한 '교육총서' 중 3권으로 나온 임석재 교수의『교육심리』에는 교육심리학, 행동발달, 학습, 성격과 지도의 4개 분야에서 교육심리학의 특성, 연구방법, 신체, 정서 및 성격, 사회성, 지적 발달과 개인차, 학습이론,

기억, 동기, 학습지도 성격 측정, 적응 등 17개의 세부영역으로 나누어서 다루고 있다. 그 외에도 장병림, 정인석 교수(개정판 포함 2권), 조은숙, 이남표 교수 등이 저술하였다. 이들 중에는 그 후 계속적으로 개정판을 발행한 경우가 많았다.

2차시기인 정착기에는 약 23권의 교육심리학 교재가 출간되었으나 이들 중 9권은 1차시기에 출판된 것의 개정판으로 볼 수 있는 것이다. 이 시기에 새로이 저술된 교재는 연대순으로 1968년으로부터 민영순, 김정규, 신용일, 이용걸, 김옥환, 정원식, 김도환, 이남표, 김승국, 나병술, 유재봉 교수 등이 각각 새로운 교육심리학 교재를 출간하였다. 이 후 많은 학자들이 계속적인 개정판을 발행하였으며 그 중에서도 많은 개정판을 발행한 사람은 민영순(6권), 신용일(6권), 김정규(5권), 정원식(5권), 정인석(5권) 교수 등이 있다.

2. 정체성 재정비기와 도약기

3차 정체성 재정비기와 4차 도약시기에는 더욱 많은 교재들이 출간되었는데 3차시기에는 39권, 4차시기에는 40권이 출간되었고, 그 중 새로운 책은 각각 17권과 20권이었다. 3차시기인 1980년 춘천교대의 김정휘 교수와 1981년 이성진 교수가 각각 첫『교육심리학』을 저술하였다. 이후 이들은 단독혹은 공저자들과 함께 각각 6권의 개정판을 2002년까지 발간하였다.

3차와 4차시기의 교재 내용은 대부분의 교재가 이전 시기와 별로 달라진 것이 없는 것으로 보인다. 예를 들어, 정원식 교수의 1975년판『현대교육심리학』과 1980년판은 같은 내용을 다루고 있는데, 교육의 구조, 학습자, 교육환경, 학습 및 교수, 적응과 지도, 교육의 평가의 6개의 장을 포함하고 있다. 그러나 1984년에 출간된 김남성 교수의『교육심리학』에는 교육과 심리학, 발달, 학습이론, 수업, 전이, 동기, 개인차, 학급심리를 다루고 있으며, 1985년에 출간된 이성진 교수의『교육심리학서설』은 교육심리학의 구조, 인지적 특성과 발달, 정의적 특성과 발달, 교육환경과 교사, 학습이론과 학습원리,

수업이론, 수업과정, 동기유발과 행동수정, 심리측정과 교육평가의 9개장을 포함하고 있다. 이 두 책은 이전 시기의 책들에서와 마찬가지로 발달과 학습이론을 여전히 핵심 주제로 다루고 있고, 이전 시기에는 별로 다루지 않았던 수업과 동기 영역을 많이 포함하고 있는 반면에 생활지도나 상담 그리고 적응에 관한 내용은 제외된 것이 특징이라고 할 수 있다. 1982년에 초판이 발간되고 1994년에 개정판이 나온 김정휘와 주영숙 교수의 『교육심리학 탐구』에서도 발달과 학습이론, 그리고 생활지도와 적응에 관한 내용, 교수과정과 이론에 대한 내용, 그리고 특히 교사에 관한 내용이 많이 포함되어 있다.

4차시기에는 인지심리학의 영향이 교과서의 내용에도 반영이 많이 되어 학습이론에서 정보처리적 접근에 의한 새로운 내용들이 많이 포함되었으며, 교수와 수업이론이 별도의 장으로 포함되는 경우가 많이 보인다. 상담이나 생활지도, 적응에 관한 내용은 새로 출간되는 교재에서는 상대적으로 적은 양만을 다루는 경우가 많았는데 이것은 생활지도나 상담관련 내용은 별도의 제목으로 저술되는 경향 때문인 것으로 보인다. 1996년에 개정된 이성진 교수의 『교육심리학서설』(개정판)에는 교육심리학의 본질과 연구법을 나누고, 학습이론, 적응과 생활지도, 행동수정, 측정과 교육평가에 관한 장들을 분리시켜 초판에 비해 많은 내용을 포함하고 있다. 그 외에 대부분의 책들이 이와 비슷한 구성과 내용을 포함하고 있다.

3. 최근 경향

1997년에서 최근까지인 5차시기에는 총 42권이 출간되었고 그 중 26권이 새로운 저자들이 집필한 새로 나온 책이었다. 특히 이 시기에 새로운 저자들이 초판을 발행하는 경우가 증가한 것을 볼 수 있다. 최근의 교육심리학 교재에는 발달, 학습, 동기, 지능, 측정 등의 다양한 영역에서 최신 이론들을 소개하는 내용들이 많이 포함되어 있다. 특히, 발달은 인지발달을 중심으로 하고 성격이나 도덕성 발달 내용이 축소되고, Vygotsky, 정보처리적 발달이론이 증가하였고, 지능에 대한 이론도 정보처리적 접근에 의한 이론을 비롯하여 새로운 이론들이 많이 포함되어 있다. 또한 학습동기에 관한 내용이 차지하는 비중이 늘어나고, 자기조절학습 이론과 구성주의학습 이론이 첨가되고 있다. 이러한 추세는 국내에서 저술된 대부분의 교육심리학 교재들의 내용이 미국의 것을 중심으로 내용을 구성하기 때문으로 볼 수 있다.

이신동(1994)이 1954년에서 1988년 사이에 국내에서 발간된 교육심리학 교재에 대한 내용분석의 결과나 앞장의 연구내용의 변천에서 살펴본 바와 마찬가지로 최근 교재에서 가장 많이 다루고 있는 주제는 역시 교수와 학습이론에 관한 것이었다. 그 외에는 크게 달라진 경향은 없는 것으로 보이고 단지 저자들의 관심이나 선호 영역에 따라 약간의 차이가 있을 뿐이었다.

교육심리학 교재 내용을 분석하면서 한 가지 아쉬웠던 점은 한국에 교육심리학이 도입되고 국내 교육현장에서 실증적 연구가 진행된 것이 50년이라는, 길다면 긴 기간 동안으로 본고에서 수집한 발표 논문만도 700편이 넘는데, 현재 국내에서 한국 교육심리학자들이 저술한 교육심리학 교재 속에 국내에서 진행된 연구 결과를 인용하거나 그 결과를 현장에 적용하거나 시사점을 제공하는 사례가 극히 적었다는 점이다. 교육심리학의 실천적 측면, 즉 이론의 교육현장에의 적용을 중시하고 강조하면서 교재 내용 중에 국내 연구결과가 제공하는 시사점이나 한국 교육현장에서 관찰된 현상이나 자료에 대한 내용을 다루고 있지 않는다는 점은 교육심리학자들의 앞으로의 과제에 대해 시사하는 바가 크다고 생각한다.

V. 대학의 교육심리 전공, 관련 연구기관 및 학회

1. 대학의 전공학과

한국의 대학에서 교육심리학자들은 교육학과에 소속되어 있는 경우가 대부분이고 경우에 따라서는 심리학과, 교육심리학과, 산업심리학과, 유아교

육과, 아동학과, 초등교육과, 특수교육과, 청소년학과, 교직과정부 등에 소속
되어 있고 대학원을 중심으로 개인의 세부 전공에 대한 강의와 연구를 수행하
고 있다. 2003년을 기준으로 국내에서 학부 수준에서 교육심리전공을 별도로
두고 있는 대학은 서울여대와 숙명여대 두 곳뿐이다. 1971년 서울여대에
교육심리학과가 신설되고 1979년에는 대학원 교육학과가 설치되었으며
1996년 일반대학원 석, 박사과정 교육학과를 교육심리학과로 변경하여 현재
에 이르고 있다. 또한 숙명여대는 1982년 문리대 교육학과를 교육학과와
교육심리학과로 개편 증설하여 운영하다가 1999년 문과대 교육학과와 교육
심리학과를 교육학부로 통합하여 현재 교육심리전공을 두고 있다.

서울대학교에서는 1953년 사범대학 교육심리학과가 설치되었다가 1961
년 12월 정부의 학교정비기준령에 의하여 교육학과로 병합되었기 때문에
교육심리학과가 단독으로 존재한 기간이 길지는 않았으나 교육학과의 1963
년도 교과과정에서는 전공과목 52개 중 연구방법론과 통계과목들은 제외하
고 18과목이 교육심리영역에 속할 정도로 학부 교육과정에 교육심리관련
과목의 비중이 크게 배정되었으며 이러한 전통은 현재까지 크게 달라지지
않고 있다(서울대학교 사범대학 교육학과, 1997). 이화여대의 교육심리학과
는 1962년부터 1998년까지 36년간 사범대학 소속으로 있다가 1998년 사회과
학대학이 학부제로 개편되면서 사회과학대학의 심리학 전공으로 변경되었
다. 그 외에 고려대학교에는 1960년 교육심리학과가 설치되었으나 1962년
심리학과와 교육학과로 분리되어 현재에 이르고 있다.

2. 관련 연구기관

1) 중앙교육연구소

한국전쟁이 진행되고 있었던 1952년 미국에서 내한한 제1차 교육사절단
(Unitarian Service Committee), 미국유학에서 돌아온 임한영, 정범모, 강길수
교수, 문교부 관료였던 박희병 선생, 1차 미국교육사절단의 동역자 역할을

했던 사람들과 박창해 교수 등의 적극적인 참여로 중앙교육연구소가 설립되어 한국 교육연구의 중추적인 역할을 담당하기 시작하였다(한국교육학회, 1993). 전기한 바대로, 이 연구소를 근거로 하여 1953년 4월, 서울대 사범대학 교육학과, 연세대학교, 이화대학교에 재직 중이던 교수들과 강사들을 중심으로 '교육학회'가 발족되었다.

중앙교육연구소는 심리학 전공자들의 직업 진출의 돌파구를 마련해 주었다. 1950년 중반부터 김재은, 황응연 등 서울사대 교육학과 출신들과 문리대 심리학과 출신들이 참여해 경험을 쌓게 하였고 전용신, 서봉연, 김광문, 이창우, 차재호, 이주용, 윤호균 등이 60년대 초반까지 이곳에서 활동하였다. 이 연구소는 해방 후 최초의 연구경험을 쌓을 수 있는 곳이었다는 사실과 심리학과 출신과 교육학과 출신들의 교류의 장을 제공했다는 점에 큰 의미가 있다(한국심리학회, 1996).

이 연구소에서는 초기에는 조사연구부와 지도보급부를 두어서 교육에 관한 기초연구를 하고 교원 재교육, 문헌번역과 보급 등에 주력하였다. 또한 각종 심리검사의 개발과 보급에도 힘을 썼으며『교육논저총합색인』과 같은 색인집을 발행하여 국내 연구자들에게 중요한 정보원의 기능을 담당하였다. 중앙교육연구소는 1973년 10월 한국교육개발원이 설립됨과 더불어 문을 닫게 되었다.

2) 한국행동과학연구소

1968년 비영리 사단법인으로 출범한 한국행동과학연구소(Korean Institute for Research in the Behavioral Science)는 "행동과학 전반에 걸쳐 이론적인 실제적인 연구를 통하여 인간능력의 개발과 각종 기관의 능률향상을 도모하여 국가발전에 기여함을 목적"으로 하여 사회 각 지도층 인사 21인이 설립하고 정범모 교수를 소장으로 선출하여 문교부의 설립인가를 받았다(한국행동과학연구소, 1998). 정범모 교수에 이어 이성진 교수가 최근까지 연구소의 중추 역할을 해오고 있다.

행동과학연구소가 수행한 연구와 사업은 교육영역, 사회영역, 조직개발, 아동발달, 검사개발, 카운슬링의 여섯 가지 영역으로 거의 모든 영역이 교육심리학과 관련된 연구 주제를 다루었다고 하겠다. 이 연구소에서 수행한 교육심리학과 관련된 영역별 연구와 사업을 구체적으로 보면, 교육영역에서는 교육과정의 개선, 효율적인 학습지도, 교육효과의 평가, 학습부진아의 특수교육, 정신지체아의 행동수정 등을 다루었고, 사회영역에서는 사회개발에 필요한 방향제시를 위한 기초 자료로서 태도변화 및 사회화 과정, 개인과 집단의 사회적 행동 연구, 그리고 청소년 문제 등을 다루었다. 아동발달 영역에서는 아동발달을 촉진시키기 위한 교육프로그램 개발, 발달에 영향을 미치는 요인, 지능개발, 발달수준 등에 관한 장단기 연구를 수행하였다. 검사개발 영역에서는 지능검사, 적성검사, 성격검사, 학력검사 등 각종 심리검사를 제작하고 타당화, 양호도 평가 등에 관해 연구하였다. 카운슬링 영역에서는 아동으로부터 성인에 이르는 모든 개인의 정신건강, 심리적 문제에 대한 상담과 치료를 하였고, 문제행동 수정, 신경증 치료, 가족문제 상담, 언어장애 교정, 학업 진학지도, 자녀교육 지도등과 관련된 상담과 연구를 수행하였다(교육인적자원부, 1998).

행동과학연구소는 설립 당시 국내의 교육학이나 심리학, 사회학 등의 사회과학 전공자들이 자신의 전공과 관련된 일자리를 찾는 것이 거의 불가능한 상황에서 일자리를 창출하였고 많은 전문 인력을 배출하였다는 점은 커다란 공헌이라 할 것이다. 현재에는 유사한 교육 관련 연구기관이 많이 설립되어 교육연구 분야에서는 경쟁력이 떨어지고는 있지만, '한국 아동의 종단적 연구'와 같은 장기 종단 연구를 진행하고 있어 이 방면의 연구의 중추 역할을 담당하는 일을 계속할 것으로 기대한다.

3) 한국교육개발원

한국교육개발연구원(Koren Educational Development Institute: KEDI)은 1972년 정부출연 연구기관으로 출범한 전문교육연구소이다. 한국교육개발원의 설립 목적은 "한국의 전통과 현실에 알맞는 새로운 한국적 교육 질서를 확립하기 위하여 교육의 목적·내용·방법 등에 관한 종합적이며, 과학적인 연구를 수행하고, 한국교육이 당면한 제반문제를 합리적으로 해결하는 혁신적인 교육체제를 개발함으로써 교육의 발전에 기여함을 목적으로 한다"(한국교육개발원, 2003)고 되어 있는 바와 같이 한국교육의 혁신을 위한 종합연구기관으로 설립되었다.

설립 초기부터 한국교육개발원에서 진행하던 기본 사업에는 교육이념과 목적 재정비, 교육과정 개편, 교과서 및 학습 자료의 연구개발, 수업 및 학교경영체제 개편과 시범, 전국대상의 교육방송망 구축 및 프로그램 개발 제작 방영, 교사교육연구 및 실시, 교육정보센터의 설치운영, 사회교육체제의 확충, 종합적 교육발전정책 연구 등이었다. 교육과정과 평가에 관한 연구는 4차 교육과정 개편부터 7차 교육과정 개편까지를 담당하였고 지능검사, 적성검사, 학력검사 개발을 하였으나 1998년 '한국교육과정평가원'이 설립됨으로 인해 이러한 사업은 평가원으로 이양되었다. 따라서 설립 초기에 심리검사 개발과 교육과정에 대한 연구에 많은 노력을 투여하던 것이 현재는 교육 전반에 관한 연구로 학교교육연구부와 교육정책연구부로 나누어 수행하고 평생교육센터와 교육통계정보센터를 운영하고 있다. 2002년도에 교육개발원에서 수행한 연구사업은 기본연구사업이 21종, 정부위탁사업이 7종, 수탁연구사업이 52개로 보고되고 있으며, 2003년 9월 현재 15개의 연구사업이 진행되고 있어 국내에서 가장 큰 규모의 연구기관으로 자리 잡고 있다.

교육심리학과 관련된 개원 당시 기본 사업으로는 학습 자료의 연구개발, 수업체제 및 모형 연구, 교사교육 연구 등이 포함되어 있었으며, 현재는 교육심리 및 유아교육 연구, 영재·특수교육 연구 등에 주력해 오고 있으며, 중등학생의 생활과 문화, 학부모의 교육열 분석, 초, 중등학생의 지적, 정의적 발달수준 분석, 창의성, 영재교육 연구 등이 진행되고 있다(한국교육개발원, 2003).

3. 관련 학회

한국의 교육심리학자들은 대부분 한국교육심리학회에 소속되어 있다. 이들 대부분은 모학회라 할 수 있는 한국교육학회에도 소속되어 있다. 한국교육학회에 대해서는 서두에서 설명하였기 때문에 생략하고 한국교육심리학회를 간단히 소개하기로 한다.

한국교육심리학회는 1967년 1월 14일 교육학회로부터 '교육심리연구회'로 분화되어 창립총회를 개최하고 서울대학교의 정원식 교수를 초대회장으로 선출하였다. 이후 1997년부터 교육학회의 정책에 따라 분과연구회에서 독립된 학회로 기능하는 '한국교육심리학회'로 개명하고 현재에 이르고 있다. 창립 당시 회원은 23명이었으나 현재까지 총 등록한 회원의 수는 1000명이 넘었으며 정기적으로 활동하는 회원의 수는 520여 명이며 19개의 대학과 국립중앙도서관이 기관회원으로 등록되어 있다(교육심리학회 요람, 2003). 한국교육심리학회에 소속된 회원들은 한국심리학회의 산하 학회들과, 한국교육학회의 분과학회인 교육평가학회, 교육공학회, 교육과정학회, 교육행정학회, 초등교육학회, 유아교육학회, 아동학회 등 다양한 관련 학회에도 가입하여 활동하고 있다.

한국교육심리학회에서는 1967년 창립 시절부터 정기 학술발표대회를 서울과 지방에서 번갈아 가며 개최하여 회원들의 연구논문 발표의 장을 마련하고, 시의 적절한 주제를 선정하여 연차학술대회를 개최하여 회원들이 새로운 학문을 접하고 자신의 전문성을 공유할 수 있는 기회를 제공함으로써 한국의 교육심리학 발전에 핵심적인 역할을 수행해 오고 있다. 또한 1987년부터 『교육심리연구』라는 학술지를 발간하여 현재 연간 4회에 걸친 학술지 발행을 함으로써 회원들의 연구 결과를 공유할 수 있는 기회제공에 힘쓰고 있다.

한국교육심리학회는 국내의 유일한 교육심리학자들의 모임으로 초대 정원식 회장단으로부터 시작하여 박준희, 황응연, 유기섭, 이성진, 최정훈, 황정규, 전찬화, 김상호, 진위교, 김형립, 이연섭, 안귀덕, 장언효, 송인섭,

김언주, 박아청 회장단에 이어 22대 김아영 회장단까지 37년째 지속되어 오고 있다. 많은 타 학문 영역에는 유사한 성격을 가진 학회들이 복수로 존재하고 있는 것과 비교하면 한국의 교육심리학자들은 '한국교육심리학회'라는 단일 학회를 중심으로 학문적 교류와 친목을 도모하고 있는 것을 관찰할 수 있다. 이러한 현상은 연간 4회 이상 개최되는 학술발표대회에 매회 평균 30여 편의 논문을 가지고 80명 이상의 회원이 참석하고 있는 것으로도 나타나고 있다. 앞으로도 '한국교육심리학회'는 한국의 교육심리학 발전에 중심축 역할을 수행할 것으로 기대할 수 있다.

Ⅵ. 한국 교육심리학의 과제

본고에서는 한국에 교육심리학이라는 학문이 도입된 경로와 지난 50년에 걸친 발전과 변화상을 연구내용, 연구방법론, 교재내용, 대학의 전공과 관련 연구기관의 변천상을 중심으로 5차시기로 나누어 탐색하였다. 5차시기로 분리한 것은 교육심리학이 교육학 全영역의 기초 학문으로 다양한 세부 학문영역이 발전하는데 이론적 근거를 제공하면서 성장하였기 때문에 1953년 한국교육학회가 설립되는 시기를 기점으로 하여 교육심리학사에 중요한 변화나 사건이 있었던 연도를 기준으로 약 10년의 기간을 한 시기로 나눈 결과이다. 이번 장에서는 앞에서 연구내용, 연구방법론, 교재내용, 대학의 전공학과, 관련 연구기관들에 관한 자료를 탐색하고 종합하면서 그 동안 많은 학자들이 반복적으로 제시한 한국 교육심리학의 과제를 중심으로 필자가 느낀 점을 종합하여 앞으로 한국 교육심리학이 나아가야 할 방향과 주력해야 할 사항들에 대한 의견을 제시하고자 한다.

어떤 학문이든지 학문 발달에 대한 역사적 고찰을 하게 되면 나타나는 공통적인 쟁점과 과제가 있다. 이러한 맥락에서 교육심리학이 도입된 이래 한국의 교육심리학자들이 거론하는 공통적인 쟁점과 과제는 다음과 같이 몇 가지로 나누어 볼 수 있다.

첫째, 교육심리학이라는 학문의 정체성 확립에 대한 과제이다(심우엽, 2000; 이돈희, 1983; 이성진, 1975; 1996; 정원식, 이상로, 1970; 진위교, 1997; 황정규, 1998). 즉, 교육심리학이라는 학문이 무엇을 하는 학문인가에 대한 답을 얻기 위해서 많은 교육심리학자들은 학문의 도입 시작부터 정착기, 정체성 재정비기까지 끊임없이 관심을 기울여왔다. 이러한 정체성의 확립에 대한 노력은 외국의 경우에도 마찬가지로 특히 교육심리학 발전의 주도국이라 할 수 있는 미국의 경우에도 1900년대의 Thorndike으로부터 시작하여 대표적인 학자들만 제시하여도 30년대의 Judd, 60년대의 Brunner와 Ausubel, 1980년대의 Grinder, Mayer, Slavin, 그리고 90년대의 Carroll, Shulman 등 많은 학자들이 교육심리학의 정체성과 학문영역에 대한 논의를 진행해 왔다. 이들의 공통적인 결론은 교육심리학은 심리학의 이론을 교육현장에 적용하는 응용학문이 아니라 교육현장에 내재하는 심리학적 현상을 개념화하고 연구하는 기초학문이어야 한다(이성진, 1996)는 것과 '교육심리'는 '교육'과 '심리'가 합쳐진 것이고 그 접합부분에 교육심리학의 학문적 영토가 파생되는 것이 아니고 '교육심리학'이라는 실체가 있고, 다만 이것을 연구할 때 교육심리의 실천 행위를 대상으로 하느냐 교육심리현상을 대상으로 하느냐에 따라 다른 성격의 연구가 진행된다(황정규, 1998)는 것이다.

따라서 이렇게 교육심리학에 대한 정체성을 규정하고 나면 교육심리학자들의 두 번째 과제는 교육심리학이 다루어야 할 내용영역에 관한 것으로, 교육심리학이 교육현장에 내재하는 심리학적 현상을 개념화하고 연구하는 학문이 되기 위해서 집중적으로 탐색해야 할 내용이 무엇인가에 관한 논의가 따르게 된다. 그동안 국내에서도 수없이 많은 학자들이 나름대로 연구영역을 체계적으로 분류해 보려는 시도를 해왔다(예를 들어, 김재은, 1979; 이성진, 1996; 정원식, 1976; 한국교육심리학회, 1997; 허형, 1987; 황정규, 2000). 이들의 결과는 분류 체계를 얼마나 크게 나누느냐 세분화하느냐에 따른 차이일 뿐 특별히 다르지 않다. 대체적으로 학습자의 개인차변인, 교수학습과정 및 방법 변인, 교육환경 변인, 측정 및 검사 등으로 대별할 수 있다.

특히 이러한 연구들은 대부분이 이론에 대한 검증, 특히 외국에서 개발된 이론에 대한 국내에서의 반복연구의 형태가 대부분이다. 한국 교육현장이라는 맥락 속에서 이러한 외래 이론들이 어떻게 기능할 것인가에 대한 검증은 물론 학문발달에서 중요한 과정이다. 그러나 단순한 반복연구뿐 아니라 그 이론을 한국의 교육현장에 적용할 때 생기는 문제에 대한 관심을 좀더 기울여야 할 것이다. 이것은 다양한 방식으로 이룰 수 있는데, 예를 들어 황정규(1998)는 '창의적 링커'의 개념을 사용하였다. 즉, 이론과 실제, 연구실과 현장, 이념과 현실 사이에 가교 역할을 해주는 링커의 도입으로 이룰 수 있다는 것이다. 이외에도 효과적인 방식으로 교육심리학자들, 즉 현장에서 직접 학생들을 맞대고 교육하는 사람들이 아닌 교수 혹은 연구전문가들이 교육현장에 일정기간 직접 투입되어 관찰하고, 학생과 교사들과 상호작용하고, 직접적인 교수활동을 함으로써 보다 생태학적으로 타당한 이론개발이나 정련 작업을 할 수 있을 것이다. 실제로 미국의 경우 대학의 교육심리학 교수들이 대학이 속해있는 지역의 초·중등학교에 일정 기간 파견 근무하는 제도를 도입하고 있는 경우가 많다. 한국의 교육학자들 중에서 특히 교육심리학자들 중에서 학교 현장에 나아가 직접 학생들을 관찰하고, 가르치고, 교사들과 직접적인 교류를 정기적으로 하고 있는 학자가 얼마나 될지 스스로를 점검해 볼 필요가 있다.

세 번째 과제는 교육심리학의 실천과학으로서의 특성을 살리기 위한 연구방법과 관련된 것이다. 교육심리학의 연구방법에 대한 논의는 도입 초기부터 진행되어 온 것으로 특히 심리학이 행동과학으로 입지를 굳히고 실증적 연구를 중시하며, 사회과학적 탐구를 주도해 온 전통에 기인한다. 따라서 한국의 교육심리학자들도 교육심리학의 연구방법론은 실험과 조사에 의해 실증자료를 수집하고 분석한 결과를 신뢰해왔다. 그러므로 이러한 연구접근과 이를 위한 새로운 분석기술의 개발과 보급은 많은 선배 학자들이 한국의 교육심리학자들이 이루어야 할 중요한 과제의 하나로 제시해 왔다(김재은, 1979; 이성진, 1996; 황정규, 1998). 이들이 제시하는 연구방법 측면에서의 과제는 다양한 연구접근을 시도해야 한다는 것(이성진, 1996; 황정규, 1998)과 연구자들에 대한 연구방법, 절차, 통계적 기법에 관한 철저한 훈련을 해야 한다(김재은, 1979)는 것을 강조하였다. 최근에 미국을 중심으로 한 서구의 교육학관련 연구자들은 이제까지 양적 연구에 크게 의존하던 연구접근에서 질적 접근에 대한 중요성을 강조하는 추세를 보이고 있다. 따라서 교육심리이론과 실제에 대한 심층적인 이해를 위한 질적 연구접근을 활성화시켜 양적, 질적 접근에서 나온 지식들을 통합하는 일이 이루어져야 할 것이다.

또한 특정 이론에 근거한 학습이나 동기 변인에 대한 실험적 접근에 의한 행동의 일시적인 향상이나 변화에 대한 일회성 관심뿐 아니라 장기적인 효과나 행동의 변화 과정에 관심을 두는 장기 종단적 연구접근에 대한 체계적이고 심각한 시도를 개시해야 할 것이다. 최근에는 이러한 장기 종단적 접근에 의하여 수집된 자료를 효율적으로 분석할 수 있는 성장모형 혹은 변화모형(growth modeling) 방법이 개발되고 컴퓨터 패키지로까지 개발되어 있어 연구를 용이하게 진행할 수 있다. 그러나 이러한 연구는 교육현장에서 학생들을 직접 접할 수 있는 현장교사나 행정가들의 협조가 없이는 이루어지기 어렵다. 교육은 장기투자라 한다. 교육에 대한 장기투자로 한국적 교육심리학 이론 개발은 한국의 학계와 교육현장에서 심각하게 고려하고 공동으로 수행해 나가야 할 필수적인 과제라 하겠다.

네 번째 과제는 교육심리학 교재의 내용 정비의 필요성이다. 지난 50년간 국내에서 발행된 교육심리학 저서는 필자의 조사에서 누락된 것들을 포함하면 거의 200권을 넘는 부수라고 추정할 수 있다. 교재의 내용은 50년간 특별한 변화가 없었고, 대부분의 교재들이 외국, 특히 미국에서 발행된 교재들의 내용을 그대로 도입한 것이라 해도 과언이 아니다. 다만, 저자들의 전공영역과 학문적 선호에 따라 특정 부분이 강조되거나 약화되어 다소의 증감이 있을 뿐 커다란 내용의 특징은 보이지 않는다. 따라서 거의 대부분의 이론 개발과 검증에 사용된 실증적 연구들은 모두 외국 학생들을 대상으로 외국 교육현장에서 수행한 것이다. 재론의 여지가 없이 문화적 차이는 존재하는 것이다. 따라서 많은 타문화권에서 수행된 연구 결과 도출된 이론들과 개발된 프로그램의 효과가 그 문화권에서 나타난 것과 다를 수 있는 것은 당연하다. 물론 인간을 연구한다는 공통점이 있어서 진정한 이론이라면 모든 인간과 사회에 보편타당하게 적용되어야 할 것이나 이런 이론은 그다지 많지 않다. 그렇다면 현재 국내에서 출간되는 교육심리학 교재 속에 포함된 이론들은 한국현장에서의 적용가능성에 대한 검증을 요한다. 또한 이러한 이론에 근거하여 개발된 프로그램의 효과가 한국 학생들에게도 똑같이 유용할 것인가에 대한 검증이 이루어져야 할 것이다. 그동안 국내에서 연구되고 교육학회와 교육심리학회에서 발표된 교육심리학 연구논문이 700편이 넘고, 석·박사학위 논문이 수천 편에 달하는데 이러한 연구의 내용이나 시사점이 교육심리학 교과서에 반영된 것이 얼마나 되는가를 보면 앞으로 교육심리학 자들이 해야 할 과제가 무엇인가는 자명한 일이다.

　다섯 번째 과제는 교육심리학의 현장적용 연구의 활성화와 결과의 교육현장에 대한 직접적인 적용을 위한 교육행정체제와의 긴밀한 교류 및 협조체계 구축이다. 많은 교육심리학의 연구가 연구실을 떠나 현장으로 나오는 데는 오랜 시간이 걸리고 때로는 연구실을 벗어나지도 못하는 것이 현실이다. 이러한 실정은 동서를 막론하고 끊임없이 문제점으로 지적되는 것임에도 불구하고 특별한 해결방안은 탁상공론에 그치는 경향이 있다. 교육연구가 일반 대중은 물론이고 교육정책 결정자나 실무자들에게 별로 신뢰를 받지 못하고 있다(Peterson, 1998, 김아영 1998에서 재인용)는 우려와 이렇게 된 이유가 교육연구 자체가 설득력과 권위가 없다는 점, 연구가 현실과의 관련성이 적다는 점, 연구 결과가 현장 교사들에게 접근이 용이하지 않았다는 점, 교육체제 자체가 모호하고 추적이 불가능하고 쉽게 변화될 수 없다는 점 등을 Kennedy(1997, 김아영 1998에서 재인용)가 제시한 것을 인용하지 않더라도 한국의 대부분의 교육관련 연구자들은 이미 파악하고 있다고 생각한다. 이러한 문제를 해결할 수 있는 근본적인 접근은 현장과의 연계를 강화하는 것이다. 따라서 다섯 번째 과제는 앞에서 제시한 두 번째 과제에 대한 해결책으로 수렴한다고 하겠다.

그 외에도 교육심리학의 과제는 다양하게 제시되었다. 교육심리학의 연구 결과가 효율적으로 적용되려면 인접 학문과의 협력, 즉 다학문적(multi-disciplinary) 접근과 학제적(interdisciplininary) 접근이 필요하고(김재은, 1979; 황정규, 1998), 신뢰 타당한 측정 및 평가도구의 확보, 전문용어의 정비 및 통일(심우엽, 2000)이 필요하다는 점들이 제시되었다. 심리검사를 비롯한 측정도구의 양호도에 관한 문제와 전문용어에 대한 공용어 개발은 심리학회나 교육평가학회 등에서도 공동으로 인식하고 있는 문제이며 현재 몇 개의 채널을 통해 진행되고 있는 사업이기도 하다. 예를 들어, 한국심리학회에서 시행을 시작한 심리검사인증제도(김아영, 2003)와 교육평가학회와 한국심리학회에서 독자적으로 진행하고 있는 용어사전 편찬 사업, 그리고 이미 교육평가학회(1995; 2004)와 교육심리학회(2000)에서 수행한 용어사전 편찬 등이 그것이다. 앞으로도 이러한 사업들은 일회성 시행에 그칠 것이 아니라 인접 학문과의 협력과 함께 정기적인 개정 작업을 수행하여 학문 후속세대를 위한 기초 사업으로 진행되어야 할 것이다.

참고문헌

교육인적자원부(2003), 『교육50년사』.

김아영(1998), 「동기이론의 교육현장 적용 연구와 과제 - 자기효능감이론을 중심으로 - 」, 『교육심리연구』 12(1), 105~128쪽.

김아영(2003), 「심리검사 인증제도의 필요성과 시행 방안」, 『한국심리학회 연차학술대회 발표논문집』.

김재은(1979), 「교육심리학의 과제와 전망」, 『교육학연구』 17(2), 24~27쪽.

김재은(1991), 『천재, 그 창조성의 비밀』, 서울: 교보문고.

김재은(1994), 「창의성 교육의 시대적 요청」, 이성진(편), 『한국교육학의 맥』, 서울: 나남출판사, 327~352쪽.

김호권(1970), 『완전학습의 원리』, 서울: 배영사.

배호순(1991), 「교육학 석사학위 논문에 적용한 통계적 방법의 분석 평가 연구 - 교육심리학 분야를 중심으로」, 『교육학연구』 29(4), 177~197쪽.

서울대학교 사범대학 교육학과(1997), 『서울대학교 사범대학 교육학과 50년사』, 서울: 교육과학사.

송인섭(1998), 「교육심리학에서의 영재교육」, 『교육심리연구』 12(1), 1~25쪽.

심우엽(2001), 「한국교육심리학사」, 대한민국학술원(편), 『한국의 학술연구: 동양철학 - 교육학』, 서울: 대한민국학술원, 177~206쪽.

이돈희(1983), 「교육이론의 이원적 성격」, 한국정신문화연구원 교육연구실(편), 『한국교육학의 성장과 과제』, 성남: 한국정신문화연구원.

이성진(1975), 「창간호 발간사」, 『교육심리학 소식지』 1(1), 1~2쪽.

이성진(1996), 「교육심리학: 그 학문적 성격과 과제」, 『한국 교육심리연구회 연차학술대회 발표 논문집』, 『교육심리연구』 10(1), 25~43쪽.

이신동(1994), 「교육심리학 교재에 대한 내용 분석 및 한·미 비교 연구(1954-1988)」, 『교육심리연구』 8(2), 69~85쪽.

이용남(1998), 「교육심리학의 질적 접근 가능성과 과제」, 『교육심리연구』 12(1), 135~147쪽.

이화여자대학교(1967), 『이화 80년사』, 서울: 이대여자대학교 출판부.

이화여자대학교(1994), 『이화 100년사』, 서울: 이화여자대학교 출판부.

이화여자대학교(1994), 『이화 100년사 자료집』, 서울: 이화여자대학교 출판부.

장상호(1983), 「교육과학 연구의 국내동향」, 한국정신문화연구원 교육연구실(편), 『한국교육학의 성장과 과제』, 성남: 한국정신문화연구원.

정원식·이상로(1970), 「교육심리학의 영역」, 교육심리학회 월례발표회 발표논문.

정원식(1976), 「교육심리학연구의 반성과 과제」, 『한국심리학회지』 2(2), 107~108쪽.

중앙교육연구소(1955), 『조사연구』, 서울: 대한교육연합회.

진위교(1997), 「교수이론과 적용에 관한 연구의 회고와 방향모색」, 『한국교육심리학회창립30주년기념 학술대토론회 발표논문집』, 77~126쪽.

코리안테스팅쎈터(1962), 『테스트통신』 3집, 서울: 코리안테스팅쎈터.

한국교육개발원(1973), 「새 수업체제 개발을 위한 1차 소규모 시범요약 보고서」, 『연구보고서』 4집, 서울: 한국교육개발원.

한국교육개발원(2003), http://www.kedi.re.kr.

한국교육심리학회(2000), 『교육심리학 용어사전』, 서울: 학지사.

한국교육심리학회(1998), 『한국교육심리학회 연차학술대회 발표 논문집』, 서울:

한국교육심리학회.

한국교육심리학회(2003), 『학회요람 2004』, 서울: 한국교육심리학회.

한국교육평가연구회(1995), 『교육 측정·평가·연구·통계 용어사전』, 서울: 중앙
　　교육진흥연구소.

한국교육평가학회(2004), 『교육평가 용어사전』, 서울: 학지사.

한국교육학회(1973), 『한국교육학회 20년사』, 서울: 한국교육학회.

한국교육학회(1993), 『교육탐구의 세월: 한국교육학회 40년사』, 서울: 한국교육학
　　회.

한국교육학회(2002), 『학회요람 2001/2002』, 서울: 한국교육학회.

한국심리학회(1996), 『한국심리학회 50년사』, 서울: 학문사.

한국행동과학연구소(1998), 『인간행동의 탐구』, 서울: 교육과학사.

허형(1987), 「교육심리학의 연구과제와 방법」, 『교육학연구』 25(2), 25~52쪽.

황정규(1998), 「교육심리학의 교육현장 적용과 과제」, 『교육심리연구』 12(1), 27~34
　　쪽.

황정규(2000), 「교육심리학의 교육현장 적용의 과제」, 황정규(편), 『현대 교육심리학
　　의 쟁점과 전망』, 서울: 교육과학사.

해방 이후 교육사회학 연구 동향

김경근

Ⅰ. 서론

교육사회학은 교육과 사회의 관계, 그리고 교육체계 안에서 목도되는 여러 현상들을 사회학적 관점에서 이해하고 탐구하는 학문이다. 이러한 성격을 지닌 교육사회학은 1950년대 초반에 대학에서의 강의를 통해 한국에 처음 소개되었다. 즉 한국전쟁 기간이었던 1952년 9월에 부산으로 피난을 내려가 있던 서울대학교 사범대학에 선택과목의 하나로 진원중이 '교육사회학'이라는 강좌를 개설했던 것이 한국에서의 교육사회학 교수 및 연구의 시발점이 되었다.

일단 선택과목으로 개설되었던 '교육사회학'은 점차 그 위상이 강화되어 1954년에 필수과목이 되었고, 1955년에는 문교부령 제39호로 공포된 '교육공무원자격검정령 세칙'에 의하여 중등학교 교사자격 취득을 위한 교직과정의 한 과목으로 지정되었다. 이에 따라 여타 대학에도 교육사회학 또는 유사 과목이 속속 개설되었으며, 각종 연수 및 강습회의 필수과목에 포함되는 사례도 크게 늘어났다. 아울러 1961년에는 김종철이 A. K. Ottaway의 저서를 번역한 교재를 펴낸 것을 필두로 하여, 김선호 및 황종건에 의하여 '교육사회학'이라는 제목을 붙인 교재가 순차적으로 선을 보이게 되었다. 그리하여 한국에서 교육사회학은 소개된 지 불과 10년이 채 경과되지 않은 기간 동안에 비교적 탄탄한 학문 발전의 토대를 구축하게 된다(김신일, 2000).

이처럼 교육사회학에 대한 관심이 고조되고 이를 강의하고 연구하는 학자들이 늘어나자 1963년 3월에는 최초로 '교육사회학 세미나'가 개최되었고, 그 후로도 부정기적으로 논문 발표와 토론을 위한 모임이 이어졌다. 김선호, 김종철, 이규환, 오병문, 주봉노, 진원중, 황종건, 황지현, 황현익 등은 당시 '교육사회학 세미나'에 참여했던 주요 인사들이다. 이 '교육사회학 세미나'는 1967년 4월 8일에 한국교육학회의 한 분과 학회로서 교육사회학연구회(초대 회장: 진원중)를 발족시키는 모태가 되었다. 교육사회학연구회는 1967년 창립 직후부터 학술지의 발간을 계획하였으나 뜻을 이루지 못하다가 창립된 지 23년이 지난 1990년 5월에야 『교육사회학연구』 창간호를 발간하게 된다. 교육사회학연구회는 1997년부터는 명칭을 한국교육사회학회로 바꾸었으며, 학술지는 명칭과 성격의 연속성을 그대로 유지하여 2003년 8월말 현재 13권 2호까지 발간되었다.

한국에서 교육사회학은 시대별로 학문으로서의 성격 및 위상이라는 측면에서 상당한 변화와 부침을 경험한 것으로 볼 수 있다. 기본적으로 교육사회학이 교육과 사회와의 관계를 다루고 있고, 한국사회가 해방 이후 줄곧 급격한 사회변동을 겪었으며, 이 와중에서 교육이 시대적, 사회적 요청으로부터 결코 자유스러울 수 없었다는 점을 감안하면, 이는 어느 정도 예견된 결과라고 할 수 있다. 즉 격동의 한국 현대사 제 국면에서 시대정신 및 사회상의 변화를 적절하게 수용하고, 때로는 그러한 변화를 위한 지렛대로 동원되어야 했던 학문적 특성이 지난 수십 년 동안 교육사회학의 성격과 위상에 많은 영향을 끼쳤던 것이다.

한국에서 1960년대까지의 교육사회학은 주로 '교육활동을 위한 사회학적 지식'으로서의 성격이 강했었다. 그리고 1970년대에 들어서도 초반에는 이러한 성격이 오히려 강화되기도 했지만, 후반으로 갈수록 교육현상에 대한 탐구를 통하여 '교육을 이해하는 사회학적 지식'을 확충하려는 경향이 가미된다. 1970년대 초반에 교육사회학의 교육실천 지향적 성격이 강화된 것은, 정부가 새마을운동을 추진하면서 교사가 지역사회개발에 기여할 수 있는 실제적인 준비를 갖추고 있어야 한다는 판단 아래, 1972년에 교직과정의 필수과목에서 '교육사회학'을 제외시키고 '학교와 지역사회'라는 강좌를 신설하였기 때문이다. 그러나 1970년대 후반에 들어 그동안 누적된 사회갈등이 서서히 표면화되자 대학원에 재학하고 있던 교육사회학 후속세대를 중심으로 비판적 관점의 논문이 나타나기 시작했고, 이에 따라 국내의 교육사회학도 사회학 지향적 성격을 조금씩 강화시키게 된다.

1980년대에 들어서도 전술한 흐름이 이어지는 가운데 '학교와 지역사회' 강좌는 1985년에 교직과정이 개편되면서 폐지되고 그 자리에 다시 '교육사회학'이 자리잡게 된다. 다시 등장한 교육사회학은 과거와는 달리 '교육을 이해하는 사회학적 지식'을 강조하는 경향이 강했다. 이러한 변화는 국내 학자들이 그동안 구미에서 나타난 교육사회학의 성과를 폭넓게 수용하는 한편, 1980년대에 들어 그 어느 때보다도 활발히 전개된 민주화운동이 사회과학 전반에 영향을 미쳐 초래된 결과였다. 특히 1980년대의 교육사회학은 과거의 체제지향적이고 보수적인 성향에서 탈피하여 한국의 자본주의 체제 아래에서의 학교교육에 대한 비판적인 연구를 활발하게 수행했었다(김신일, 2000).

교육학계 내에서 교육사회학에 쏠렸던 관심의 정도와 학문적 열기를 감안할 때, 1980년대야말로 가히 한국에서 교육사회학이 전성기를 구가했던 시기로 볼 수 있다. 그런데 1980년대 후반에 접어들면서 사회 전반에 걸쳐 민주화의 기운이 확산되고, 동구 사회주의체제가 와해되면서 국내 교육사회학에도 상당한 변화가 초래되었다. 무엇보다도 과거와 같은 이념적 대결의 구도가 사라지면서 매우 다양한 관점이 자유롭게 표출될 수 있는 분위기가 조성되었는데, 이는 역설적으로 교육사회학에서 비판적 분석의 입지를 매우 좁히는 결과를 초래하였다. 이 과정에서 교육사회학에 대한 학문적 열기가 다소 수그러들고, 일부 학자들이 다른 영역으로 주요 관심사를 전환함으로써 일시적이나마 교육사회학 연구자의 수가 줄어드는 현상이 나타나기도 하였다. 사실 교육사회학을 공부하는 사람들 가운데 상당수는 비판적 이론에 관심을 갖고 학문의 길을 선택하였다고 볼 수 있다. 따라서 이들에게 민주화의 급속한 진전에 이은 사회주의체제의 종언은 학문적 지향점과 정체성에 많은 혼란을 야기하고, 학문하는 명분 및 보람을 반감시키는 계기가 되었음을 부인하기 어렵다.

이러한 상황에서 1990년대에 들어 세계화와 정보화가 새로운 시대정신으로 자리잡게 되자 국가경쟁력의 강화라는 차원에서 세계적으로 교육개혁이 주요 현안으로 등장하였고, 국내에서도 시장원리에 입각한 신자유주의적 교육개혁의 당위성과 문제점을 두고 격렬한 논쟁이 벌어졌다. 그리고 이 와중에 발생한 1997년의 IMF환란사태는 이미 극도로 위축된 상태에 있던 비판적 관점의 입지를 한결 더 좁게 만들었고, 국가경쟁력의 강화를 위한 교육개혁의 필요성을 더욱 부각시키는 또 하나의 계기로 작용한 것으로 보인다. 근자에 들어 고교 평준화제도의 보완 및 고등교육의 경쟁력 강화 등을 두고 뜨거운 논쟁이 벌어지고 있는 것은 이러한 맥락에서 이해할 수 있다.

1990년대 이후에 교육사회학에서 다루어지는 주제들이 이전에 비해 확실히 다양해진 것은 사실이지만, 일각에서는 이를 두고 그만큼 교육사회학의 정체성이 모호해졌음을 비판하고 있기도 하다. 이러한 비판은 이전에도 간헐적으로 제기되었지만 1990년대 이후에 교육사회학이 뚜렷한 학문적 지향점을 제시하지 못한 채 교육학계 내부에서의 위상도 예전과 같지 않게 되면서 더욱 힘을 얻고 있다. 현재 교육사회학이 직면하고 있는 도전은 궁극적으로 교육사회학도들에 의하여 극복될 수밖에 없으며, 이를 위해서는 차분하게 지나온 과거를 되돌아보고 미래의 좌표를 설정하기 위한 진지한 자기성찰의 시간을 가질 필요가 있다.

본고에서는 전술한 상황인식을 바탕으로 하여 해방 이후 교육사회학의 연구 동향을 심도있게 고찰함으로써 향후 교육사회학의 발전방향을 설정하는 데 필요한 시사점을 얻고자 한다. 논의의 주안점은 해방 이후 교육사회학의 학문적 성과를 시대별로 고찰하는 데 둘 것이며, 이 기간 동안에 나타난 주목할 만한 이론적 발전이나 쟁점에 대해서는 별도로 간략하게 그 내용을 소개하도록 하겠다. 이 과정에서 뛰어난 학술적 가치에도 불구하고 미처 다루어지지 못한 연구 성과들이 존재할 수 있는 바, 이로 인한 논의의 제한점에 대한 책임은 전적으로 필자의 몫이 되어야 할 것이다.

II. 각 시기별 교육사회학 연구 동향

여기에서는 각 시기별로 교육사회학 연구 동향의 개요 및 주요 연구 성과들을 살펴보겠다. 한정된 지면으로 인하여 해방 이후에 이루어진 교육사회학의 모든 학문적 성과를 포괄적으로 다루는 것은 불가능하기 때문에 주요 학술지나 학술발표회에서 발표된 논문, 학위 논문, 단행본 저서 등을 주된 분석대상으로 삼았다. 특히 교육사회학 전문 학술지가 1990년에 창간된 점을 고려하여, 1990년대 이후에는 주요 학술지에 게재된 논문들을 중심으로 분석을 수행하였음을 미리 밝혀둔다.

1. 1960년대까지의 교육사회학 연구 동향

(1) 개요

한국에서 교육에 대한 사회과학적 이해를 위한 노력은 다소 늦게 시작되었다. 일제 치하에서 일인들은 그들의 지배 유지에 잠재적 장애요인이 될 수 있는 비판적 의식을 함양시킬 소지가 있는 사회과학에 대한 학습을 금기시하였기 때문에 교육에 대한 사회과학적 접근은 거의 불가능하였다. 또한 해방 후에도 정치적, 경제적, 사회적 여건이 매우 불안한 상태였기 때문에 상황은 크게 달라지지 않았다. 그리하여 교육학 영역에서 사회과학적 접근을 하는 대표적 과목인 교육사회학 강좌는 심리학 관련 강좌들에 비하여 상대적으로 늦은 1952년에야 비로소 대학에 개설될 수 있었다(정우현, 1996). 그리고 당시의 이러한 현실적 제약을 반영하여 한국에서 초기의 교육사회학은 실천

지향적 성격을 강하게 띠게 되었다. 구체적으로, 해방 이후 1960년대까지의 교육사회학은 국가의 재건을 위한 지역사회학교 운동 및 근대화 이념을 바탕으로 한 교육의 국가발전에 대한 기여를 주된 관심사로 삼았었다. 여기에다 미미하나마 서구의 교육사회학 이론을 소개하려는 노력이 가미되었다.

(2) 주요 연구 성과

해방 후에 국가의 재건을 위한 지역사회학교 운동이 매우 활발하게 전개되었고, 이것은 4 · 19혁명을 계기로 향토학교 운동으로 개칭되어 그 흐름을 이어갔다.[1] 정부의 정책적 뒷받침에 의하여 추진되었던 이 운동의 기본 취지는 지역사회의 발전을 위하여 학교의 인적, 물적 자원을 활용하자는 것이었다. 이에 따라 1960년대의 교육사회학에서는 지역사회학교 운동 또는 향토학교 운동이 하나의 중요한 연구주제로 부각되었고, 특히 농촌의 근대화에 이바지하려는 노력의 일환으로 농촌사회의 교육문제에 관하여 많은 연구가 수행되었다. 당시 이 문제에 관심을 가졌던 대표적인 학자로는 황종건, 진원중, 김종서 등을 들 수 있다(정지웅, 1979).[2] 또 손직수(1962), 송병순(1963), 조태성(1964), 정지웅(1964) 등은 이 시기에 지역사회와 관련된 교육문제들을 주제로 학위논문을 제출한 바 있다.

지역사회 및 지역사회학교, 향토학교에 대한 지대한 관심은 당시에 개최되었던 한국교육학회의 연차대회 및 월례발표회, 그리고 교육사회학연구회의 월례발표회에서 발표된 대다수의 논문들이 이와 관련된 주제를 선택했었다는 사실에도 잘 나타나 있다. 특히 한국교육학회가 1953년에 창립된 이래 1966년까지 개최한 5차례의 연차대회에서 제2회 연차대회를 제외한 제1,

---

1) 한국에서 처음으로 지역사회학교가 소개된 것은 1954년으로, 이것이 1960년대에 향토학교, 1970년대에 새마을 교육으로 용어가 바뀌면서 학교와 지역사회와의 연대 및 지역사회발전을 위한 학교의 주도적 역할이 강조됐었다(정지웅, 1979).
2) 1972년에 대학에서 '학교와 지역사회'가 교직과정의 필수과목이 되면서 '학교와 지역사회'란 저서를 펴낸 이규환, 한장덕, 송병순, 차경수, 박용헌, 이상주 등도 지역사회학교에 많은 관심을 기울였던 학자들이다.

3, 4, 5회 연차대회의 기조강연과 주제발표는 대부분 지역사회와 관련된 교육문제를 다룬 것이었다. 그런데 1960년대에는 어떤 특정 지역사회에서의 교육문제나 학교의 사례에 관한 연구들은 별로 없었다. 또한 도시와 농촌간의 교육격차나 지역사회에서의 사회교육 문제를 다룬 경우도 강상철(1969)과 정범모(1969)의 연구를 제외하면 거의 찾아 볼 수 없었다(정지웅, 1979).

지역사회학교 및 향토학교 관련 연구와 함께 1960년대까지의 교육사회학에서 드러난 주요 관심 영역은 근대화 이념에 바탕을 둔 교육과 국가발전이었다. 1961년의 5·16혁명 이후에 혁명정부가 반공을 국시로 삼고 근대화이념을 바탕으로 한 경제발전을 적극적으로 추구하면서 이러한 경향은 더욱 강화되었다. 그리하여 1960년대에 들어서면서 '경제성장을 위한 교육,' 또는 '가난 극복을 위한 교육' 등이 교육의 주요 과제로 대두되었고, 이는 교육사회학에 대한 교육학자들의 관심을 크게 자극하는 기폭제로 작용하였다. 그리고 이러한 연장선 위에서 빈곤으로부터 탈피하고, 부강한 국가를 건설하기 위한 경제적 근대화를 추구하는 과정에서 교육이 담당해야 할 역할과 기능에 관한 연구들이 나타나기 시작하였다. 특히 빈민아동, 불우아동, 소외아동 등에 대한 특별한 교육이나 낙후된 지역의 발전을 주요 과제로 하는 발전교육 등에 많은 관심이 표명되었다(정지웅, 1969).

전술한 맥락에서, 김종서(1964)는 외국 사례를 들어 문맹률이 사회경제적 요인과 높은 상관관계를 갖고 있음을 밝히고, 한국의 문맹률을 실증적으로 추정한 바 있다. 또한 주요한(1966)은 경제개발에 있어서 교육의 중요성을 환기시키면서, 경제적 근대화를 이룩하는 데 필요한 교육정책 혁신의 중요성을 강조했었다. 그리고 정지웅(1969)도 당시 한국이 당면한 가난의 문제를 해결하기 위해서는 유아 및 아동기교육, 사회교육, 직업교육이 강화되어야 하고, 교육내용 및 방법이 빈민들을 고려하여 개선되어야 함을 강조했었다. 이밖에도 교육과 국가발전의 관계에 관련하여 한국교육학회 및 교육사회학 연구회의 월례발표회를 통해 「경제발전과 교육」(송인상, 1966. 6), 「근대화 과정에서의 대학교수의 역할」(이규환, 1967. 11), 「국가발전과 교육」(이종,

1968. 3), 「근대화와 교육」(진원중, 1968. 5), 「발전교육의 동향」(이규환, 1969. 7) 등의 논문들이 발표된 바 있다.

한편 1960년대까지만 해도 한국에서는 교육사회학 연구를 위한 인적, 물적 토대가 크게 미흡한 상태였다. 따라서 당시로서는 외국의 교육사회학 이론 및 연구 동향을 소개하는 것이 현실적으로 불가피하고도 매우 중요한 학문적 과업이었다. 국내에서 처음 출간된 교육사회학 교재가 김종철이 A.K. Ottaway의 저서를 번역한 것이라는 사실이 이를 상징적으로 잘 보여준다. 그러나 당시에 외국과의 학문적 교류가 용이하지 못했던 현실 때문에 이러한 작업은 그다지 활발하게 이루어지지 못했다. 그리하여 한국교육학회 및 교육사회학연구회의 연차대회나 월례발표회에서 발표된 「교육연구에 필요한 사회학문헌」(이규환, 1959), 「독일 교육사회학의 발달」(황지현, 1962. 4), 「Kant의 윤리학과 교육사회학의 문제점과 관계」(황지현, 1963), 그리고 「스웨덴에 있어서 교육사회학의 지위」(이규환, 1969. 5) 등을 제외하고는 외국의 교육사회학을 소개하는 연구물은 매우 드물었다.

2. 1970년대의 교육사회학 연구 동향

(1) 개요

이미 앞에서도 언급했듯이, 1970년대에도 교육사회학은 여전히 실천지향적 성격을 강하게 보이지만 시간이 흐르면서 서서히 사회학 지향적 성격을 가미시키게 된다. 국내의 교육사회학이 1970년대에도 실천지향적 성격을 온존시키게 된 것은 정부가 1972년에 교직과정의 필수과목에서 '교육사회학'을 제외시키고 '학교와 지역사회'라는 강좌를 신설하였기 때문이다. 이에 따라 교육사회학의 내용은 지역사회개발에 기여할 수 있는 학교의 역할을 강화하는 데 필요한 원리와 지식 중심으로 바뀌게 된다(김신일, 2000). 그리하여 1970년대에도 지역사회관련 연구는 교육사회학에서 여전히 큰 비중을 차지했고, 당시 박정희 정권에 의해 강력히 추진된 근대화 정책에 고무되어

교육과 국가발전관련 연구도 이전보다 더욱 활기를 띠게 되었다.

그렇지만 1960년대와는 달리 1970년대는 강력한 독재정치와 성장 위주의 경제정책에 의하여 파생된 모순들이 사회 각 영역에서 분출되기 시작하면서, 사회구조적 모순과 교육현실의 관계에 관심이 고조되었던 시기이기도 했다.3) 또한 1970년대에 들어서는 세계적으로 비판적 교육이론이 성행하기 시작했고, 한국에도 소장 학자들을 중심으로 그 영향이 파급되고 있었다. 그런데 유신헌법에 의한 강력한 독재정치가 시행되고 있던 1970년대 당시에 사회적 모순에 대한 공공연한 비판은 용인되기 어려운 일이었다. 이러한 상황에서 하나의 대안으로 1970년대 후반부터 대학원에 재학하고 있던 교육 사회학 후속세대를 중심으로 비판적 관점의 학위논문이 나타나기 시작하였다(정우현, 1996).

한편 외국의 교육사회학 동향을 소개하는 작업은 1960년대에 비하여 괄목할 만한 진전을 보여주게 된다. 기본적으로 외국에서 수행된 새로운 내용과 접근방식의 교육사회학 관련 연구 성과들이 많이 늘어났고, 그것들에 대한 학자들의 관심도 크게 증대되었기 때문이다. 아울러 이전보다 학문적 교류의 통로가 다양해지고 교류의 편의성이 향상된 점도 외국의 학문적 동향을 소개하기 용이하게 한 것으로 보인다. 그리고 이러한 외국의 학문적 동향에 영향을 받아 1960년대보다는 훨씬 다양한 주제에 걸쳐 사회학적 성격의 논문들이 선을 보이기 시작한다. 사회계층, 교육평등 및 사회평등, 교육제도, 교육과정, 그리고 학교풍토 등에 관한 다수의 연구들이 그것이다.

(2) 주요 연구 성과

1970년부터 국가 차원에서 '새마을운동'이 추진됨에 따라, 1960년대에 활기를 띠고 전개되었던 농촌사회 중심의 지역사회 연구들이 1970년대에

---

3) 근대화가 수반하는 산업화 및 도시화의 폐해라 할 수 있는 사회적 소외 문제에 대한 본격적인 논의가 등장한 것도 이러한 맥락에서 이해할 수 있다. 1970년 9월에 교육사회학연구회가 '사회적 소외현상과 교육의 문제'라는 주제로 개최한 심포지엄에서는 사회적 소외 문제를 다룬 5편의 논문이 발표된 바 있다.

이르러서도 꾸준히 이어지게 되었다. 1970년대의 지역사회관련 연구들은
학교와 지역사회의 연대 및 지역사회발전을 위한 학교의 주도적 역할을
강조했을 뿐만 아니라, 지역사회(특히 농촌)의 발전을 위한 인적자원의 개발
에 많은 관심을 두었다. 이러한 맥락에서 정지웅(1974), 김선요·정지웅
(1976), 홍동식(1976)은 선도적인 연구를 수행했었다. 이밖에 1975년 12월에
개최된 교육사회학연구회 제4회 학술 심포지엄에서는 「지역사회발전과 학
교교육의 역할」(황종건), 「지역사회발전과 초등교육의 역할」(이상주), 「지역
사회발전과 중등교육의 역할」(송병순), 「지역사회발전과 고등교육의 역할」
(차경수), 그리고 「새마을 지도자와 주민의 참여의식」(이충원) 등의 논문들이
발표된 바 있다. 그리고 월례발표회를 통해서는 「학교와 지역사회 교재
개발에 관한 연구(I)」(강상철, 1977. 4), 「농촌지도자의 가치관조사 보고」(강
상철, 1978. 12), 「복지농촌의 사회적 구성요인」(정지웅, 1979. 4) 등이 발표됐
었다.

한편 제2차 세계대전 이후 많은 개발도상국에서 나타난 근대화 및 국가발
전에 대한 열망과 1970년대에 박정희 정권에 의해 강력하게 추진된 근대화
정책의 영향을 받아, 당시 학자들은 국가발전, 근대화, 산업화 등의 문제에
큰 관심을 기울였다. 이러한 맥락에서 1960년대에 이어 1970년대에도 어떻게
하면 국가발전을 위해서 교육의 공헌을 극대화할 수 있을 것인가 교육계의
중요한 현안의 하나로 자리잡았다(차경수, 1979). 그리하여 1970년대에는
교육이 국가발전에 공헌해야 한다는 당위성을 주장하는 연구들, 산업화
및 공업화에서 교육이 갖는 중요성을 강조하는 연구들과 함께, 산업화 및
도시화에 따른 폐해를 논의한 연구들도 나타나기 시작하였다. 이존순(1971),
차경수(1974a, 1976, 1979), 김종서(1978), 이규환(1978), 박기언(1978) 등은
전술한 맥락에서 연구를 수행했던 대표적인 학자들이다. 그리고 황종건
(1974)은 교육과 국가발전 및 근대화와 관련된 주제로 학위논문을 제출했었
다.

주지하듯이 오늘날 교육사회학의 연구주제 중에서 중심적인 위치를 차지

하고 있는 것은 바로 교육불평등의 문제이다. 서구에서는 이미 1960, 70년대
에 교육불평등과 관련된 연구들이 활발히 이루어지고 있었다. 그러나 국내에
서는 이와 관련된 연구들이 1970년대에 들어서야 서서히 나타나기 시작하였
고, 학교교육과 사회이동의 관계, 그리고 교육기회의 문제 등도 초보적인
수준에서 다루어지기 시작하였다. 최정혜(1970), 오기형(1975), 그리고 최정
숙(1976) 등에 의한 연구들이 대체로 여기에 해당한다.4) 한편 1970년대 후반
에는 학업성취, 학생들의 포부수준에 영향을 미치는 사회구조적, 사회심리적
요인들과 언어의 차이에 따른 교육불평등 등을 다룬 기초적인 연구들이
나타나기 시작하였다. 깅상철(1975), 곽삼근(1976), 정영애(1978), 조문현
(1978) 등의 논문이 그 대표적인 사례이다. 이 가운데 정영애(1978), 조문현
(1978)의 연구는 기본적으로 문화재생산이론의 입장에 서 있는 Bernstein의
사회언어학적 분석의 영향을 받아 수행된 것으로 볼 수 있다.

　1970년대까지 한국의 교육사회학에서 교육제도, 교육과정 등에 관한 연구
는 크게 미진한 편이었다. 그런 가운데 이규환(1974)은 1974년 한국교육학회
연차대회에서 한국에서의 선발제도가 가정의 사회경제적 지위가 높은 학생
들에게 유리하게 작용해왔음을 지적하고, 교육기회 균등의 이념에 부합하도
록 학교제도를 개혁할 것을 제안한 바 있다. 또한 차경수(1974b)는 외국의
대학개혁 사례를 소개하면서 한국 고등교육의 개혁의 과제를 제시했었다.
그리고 김기석(1977)은 신교육사회학의 지식사회학적 연구모형을 이용하여
교육과정 개혁에 지배집단의 영향이 어떻게 나타났는지를 분석한 바 있다.

　한편 1970년대에 들어서면서 외국의 교육사회학 동향을 소개하거나 비교
교육학적 입장에서 각국의 교육제도 및 교육개혁 등을 비교, 분석하는 연구가
매우 활발하게 진행되었다. 이와 관련된 대표적 연구로는 이규환(1971),
김동위(1972), 성의정(1978)의 학위논문과 이스라엘의 교육을 소개한 진원중

---

4) 이러한 연구경향은 당시에 교육사회학연구회의 월례발표회에서 발표된 다음과
　같은 논문들에서도 잘 드러난다. 「사회계층에 따르는 하위문화가 교육에 미치는
　영향」(박동준, 1971. 10); 「사회계층에 따른 청소년의 직업관 연구」(조은숙, 1972.
　3); 「사회평등 실현에 미치는 학교교육의 기능」(송병순, 1973. 12).

(1974)의 논문이 있다. 특히 교육사회학연구회의 월례발표회에서 발표된 논문들의 주제를 살펴보면, 당시 교육사회학도들이 외국의 사례와 경험에 대하여 지대한 관심을 가졌음을 알 수 있다. 실제로 1970년대에 열렸던 월례발표회에서 외국 교육사회학의 동향을 소개하는 논문이 12편, 그리고 비교교육학 관련 논문이 5편 발표됐었다.

3. 1980년대의 교육사회학 연구 동향

(1) 개요

한국의 현대사에서 1970년대부터 1980년대까지는 지배계급과 피지배계급 사이의 갈등과 사회의 구조적 모순이 매우 심각한 양상으로 표출되었던 시기였다. 따라서 이에 대한 정확한 이해를 제공해 줄 수 있는 사회과학 이론에 대한 갈증도 매우 컸었다. 이러한 계제에 서구에서 발전한 비판적 사회과학 이론은 그러한 갈증을 해소시킬 수 있는 대안으로 여겨졌다. 그런데 서슬이 시퍼렇던 5공 시절인 1980년 초반에는 대부분의 비판적 사회과학 서적들이 금서로 묶여 있어 일부 대학생과 운동권 출신의 젊은 지식인들만이 비판적 사회과학 이론을 접하고 그것을 소개하는 노력을 펼칠 수 있었다. 그러던 것이 1980년대 중반을 넘어서면서 서서히 정권의 통제 강도가 이완되고 급기야 6 · 29 선언으로 사회가 비교적 개방적인 분위기로 변모하면서 서구의 각종 사회과학 이론이 광범하게 소개되었다. 이 와중에 1985년에 교직과정이 개편되면서 '학교와 지역사회' 강좌가 폐지되고 그 자리에 다시 '교육사회학'이 들어서면서 국내 교육사회학의 성격도 이전과는 확연히 다른 모습을 보이게 된다.

그런데 1980년대에 국내에 수입된 대부분의 비판적 사회과학 이론은 엄밀한 검토나 비판을 거치지 않고 국내에 소개됨으로써 한국의 교육현상을 설명하는 데는 일정한 한계를 지니고 있었다. 그럼에도 불구하고 이 이론들은 한 동안 국내에서 그 영향력을 지속적으로 유지할 수 있었다. 이는 우리

실정에 맞는 이론이 개발되기에는 국내의 학문적 수준이 아직 저급한 단계에
머물러 있었고, 당시의 갈등과 대립으로 점철된 사회현실이 이러한 이론들이
지속적으로 주목을 받을 수 있는 상황을 조성해 주고 있었기 때문이다.
또한 당시 우리 사회가 직면하고 있었던 심각한 교육문제들, 그리고 이
문제들이 사회적 모순과 연계되어 있다는 인식도 1980년대에 들어 교육에
대한 비판적 관점이 크게 주목을 받는 데 일조를 한 것으로 볼 수 있다.
그리하여 1980년대에 들어 재생산이론, 저항이론, 교육과정사회학, 지위집단
론, 분단노동시장이론 등이 본격적으로 소개되기 시작하였고, 교육사회학의
성격도 자연스럽게 사회학 지향적으로 급격하게 변모되었던 것이다(정우현,
1996; 김신일, 2000).

그렇지만 1980년대 후반에 들어 소련의 페레스트로이카 정책과 함께 동구
사회주의체제가 와해되면서 국제 사회는 탈냉전이라는 새로운 변화에 직면
하게 되었다. 이에 따라 사회의 구조적 모순을 비판하는 급진이론을 신봉하던
상당수의 학자들은 심대한 타격을 받게 되었다. 이들의 입장에서는 급속한
국제 정세의 변화로 인하여 시간이 흐를수록 비판적 급진이론들이 점차
설득력을 상실해 가고 있었으나, 마땅한 대안이 없는 상황에 직면하게 되었기
때문이다. 이와 같은 상황에서 비판적 사회과학 이론을 적극적으로 소개하고
활성화시킨 소장학자들은 급격한 사회변화보다는 사회의 구조적 모순과
불평등을 완화시킬 수 있는 방안을 제시하는 일에 더 큰 관심을 보이게
된다. 그리고 이에 따라 이념의 굴레에 얽매이지 않고 다양한 관점에서
새롭게 쟁점으로 떠오른 교육문제와 사회현실을 논의하려는 흐름이 자리를
잡게 된다.

(2) 주요 연구 성과

1980년대는 비판적 관점에 입각한 교육사회학 연구의 전성기였다. 문화재
생산이론의 영향을 받아 1970년대 말에 나타난 일련의 연구들에 이어, 1980년
대에 들어서도 김희복(1981)이 Bernstein의 사회언어학적 이론을 바탕으로

하여 한국 가정의 사회화 유형과 사회화의 결과로서의 인지양식과의 관계를 고찰하였다. 한편 김은주(1983)는 Bernstein과 Bowles의 재생산이론 입장에서 학교교육과 사회이동의 관계를 분석하였으며, 조문현(1987)은 학급에서의 교사 및 아동의 언어적 표현을 통한 아동의 지위분화 과정을 문화기술적 방법으로 고찰하였다. 그리고 김기석(1987)은 문화재생산이론을 체계적으로 정리했으며, 김신일(1988)은 한국에서 민중교육론이 등장한 배경과 전개 과정을 논의했다. 또한 고형일(1989)의 사회구성체론은 1980년대 국내 교육사회학의 관심사를 상징적으로 보여주는 연구물로 볼 수 있다. 이밖에도 임선희(1983), 강순원(1988), 그리고 이해성(1988) 등도 비판적 관점에 입각한 학위논문을 작성했었다.

1980년대에는 지위성취 모형을 이용하여 학교교육이 사회이동에서 수행하는 역할을 본격적으로 고찰한 연구들도 등장했다. 김병성 외(1982), 강희돈(1988) 등의 연구가 여기에 해당된다. 또한 차윤경(1983), 성기선(1988) 등은 지위성취 모형에 의존하여 교육성취 과정을 살펴본 바 있다. 그리고 1980년대 중반에 접어들면서 1980년대 초반에 이루어진 급격한 고등교육의 팽창에 기인한 과잉교육 문제에 관한 연구들도 나타나기 시작하였다. 오정란(1985), 강순원(1988)의 연구 등이 대표적인 사례이다.

한편 1980년대는 서구의 다양한 교육사회학 이론이 본격적으로 소개되었던 시기였으므로, 그만큼 교육사회학 이론 및 방법론에 대한 논의도 활발했었다. 그리하여 김신일(1980)의 기능이론과 갈등이론에 대한 논의를 필두로, 한준상(1981, 1985), 박부권(1983), 오욱환(1984), 정영애(1985), 이종각(1987) 등이 다양한 교육사회학 이론과 방법론을 소개했었다. 특히 이 시기에는 거의 모든 비판적 관점의 대표적인 교육사회학 관련 외국서적들이 번역되어 국내에 소개된 바 있다. 이처럼 1980년대에는 각종 교육사회학 관련 이론 및 방법론이 광범하게 다루어졌고, 궁극적으로 이러한 움직임은 1980, 90년대에 매우 다양한 주제의 연구들이 본격적으로 등장하는 데 초석이 되었던 것으로 보인다.[5]

페미니즘 성향의 연구들이 본격적으로 고개를 들기 시작한 점도 1980년대 국내 교육사회학의 두드러진 특징 가운데 하나로 생각된다. 심미옥(1982), 이인호(1983), 곽윤숙(1985) 등이 이러한 흐름을 대표했었다. 아울러 1980년대는 강순원(1982), 김민환(1984), 김경수(1989) 등에 의하여 교육사회학에서 사회사적 접근에 의한 연구가 본격적으로 등장한 시기이기도 하다. 한편 이 시기에 전경갑(1986), 석태종(1987) 등은 교육평등의 문제를 다룬 연구를 수행한 바 있다.

4. 1990년대 이후의 교육사회학 연구 동향

(1) 개요

한국에서 1990년대 이후의 교육사회학은 연구주제가 매우 다양해지고 연구물의 수도 크게 늘어나는 추세를 보인다. 여기에는 그만한 이유가 있다. 우선 국내에서 사회 전체적으로 민주화에 큰 진전이 나타나면서 학문의 자유도 크게 신장된다. 또한 1980년대 후반 이후에 동구 사회주의 체제가 일거에 와해되면서 냉전시대는 종언을 고하게 된다. 이에 따라 1990년대에는 이념적 제약이 크게 완화되어, 매우 다양한 관점이 자유롭게 표출되었고 문제의식도 다양해졌다. 이러한 현상은 학문 세계 전반에 걸쳐 나타났고, 교육사회학도 예외가 아니었으며, 어쩌면 학문의 특성상 교육사회학에서 더욱 두드러진 양상으로 나타나게 되었던 것으로 볼 수 있다. 여기에 더하여 1990년에『교육사회학연구』가 창간됨에 따라 교육사회학자들로서는 그 어느 때보다도 학문적 소신과 역량을 펼쳐 보이기에 유리한 조건이 형성되었던 것이다.

전술한 배경에서 1990년대에 들어서면서 매우 다양한 관심사를 반영한 논문들이 발표되기 시작한 것은 지극히 자연스러운 귀결로 볼 수 있다.[6]

---

5) 일례를 들면, 신교육사회학의 영향을 받아 박부권(1981), 한만길(1984) 등을 중심으로 교육과정을 사회학적으로 분석하는 작업이 활발하게 수행된 것도 이와 같은 맥락에서 이해할 수 있을 것이다.

그럼에도 불구하고, 1990년대 중반까지는 대체로 비판적 교육이론을 소개하거나 이러한 관점에서 한국 자본주의 체제하의 학교교육의 모순을 파헤치는 연구물들이 자주 눈에 띄었다. 이때만 해도 1980년대를 풍미했던 비판적 사회과학 이론의 영향력이 상당히 남아 있었기 때문이다. 다른 한편으로는 전술한 관점에서 나온 연구물들에 대한 체계적인 비판도 등장한다(예컨대 이종각, 1994). 이러한 가운데 1990년대 중반 이후에는 교육평등, 사회이동, 학교교육의 과정, 페미니즘, 역사적 접근과 같은 낯익은 주제뿐만 아니라, 포스트모더니즘, 가족구조의 변화, 세계화 및 정보화, 사이버문화 등을 교육과 연계시켜 고찰하는 논문들이 새롭게 많이 등장하였다. 또한 국가경쟁력 강화와 맞물려 도입된 교육개혁의 공과에 대한 논의도 매우 활발하게 진행되었다. 이에 따라, 김신일(2000)이 지적했듯이, 1990년대 이후에는 과거에 비하여 '교육활동을 위한 지식'보다는 '교육을 이해하는 지식'의 비중이 훨씬 더 높아지게 되었다.

최근 교육사회학계 일각에서는 1990년대 들어 교육사회학이 침체에 빠져 있고 정체성도 모호해졌다는 우려를 표명하고 있다. 이러한 지적이 일정 부분 타당성을 지니고 있는 것은 사실이지만 현재 교육사회학이 우려할 만한 수준의 침체를 겪고 있거나 심각한 정체성의 혼란을 겪고 있다고 보지는 않는다. 1990년대에 들어 교육사회학 영역에서는 주목할 만한 학문적 분화가 있었다. 즉 1994년에는 교육인류학연구회(1999년에 한국교육인류학회로 개칭), 그리고 1995년에는 사회교육학회(2000년부터는 한국평생교육학회로

---

6) 최근에 김경식·안우환(2003)은 1990~2002년 사이에『교육사회학연구』에 발표된 논문들의 주요 연구영역을 18개 영역으로 분류하고, 각 영역별 논문 편수의 분포를 제시한 바 있다. 자세한 내용은 다음과 같다. (1) 교육과 평등, 41편(12.20%); (2) 학업성취와 교육성취, 31편(9.23%); (3) 교육정책과 제도, 30편(8.93%); (4) 공교육의 문제, 교육개혁, 30편(8.93%); (5) 교육사회학 이론, 29편(8.63%); (6) 교육열, 29편(8.63%); (7) 청소년 문제, 25편(7.44%); (8) 페미니즘, 23편(6.85%); (9) 교사교육, 19편(5.65%); (10) 진로교육, 16편(4.76%); (11) 정보화사회, 13편(3.87%); (12) 평생교육, 9편(2.68%); (13) 가족구조·관계, 8편(2.38%); (14) 교육과정사회학, 7편(2.08%); (15) 민주시민교육, 7편(2.08%); (16) 문화, 환경교육, 6편(1.79%); (17) 통일교육, 6편(1.79%); (18)기타 8편(2.38%).

개칭)가 창립되어 그동안 학문적으로 한 울타리 안에서 활동하던 많은 학자들이 주된 활동무대를 옮기게 되었다. 이러한 변화에도 불구하고『교육사회학연구』에 투고되는 논문 수는 일시적인 부진을 떨쳐버리고 최근에는 점진적으로 증가하는 추세를 보이고 있다. 그리고 1980년대처럼 특정 연구주제에 편중된 연구 경향을 보여야만 학문의 정체성이 뚜렷한 것으로 볼 필요는 없다. 따라서 최근에 교육사회학의 연구주제가 다양해지고 있는 것은 교육사회학계의 저변 확충과도 직결되어 있다는 점에서 지극히 자연스럽고도 바람직한 현상으로 생각된다.

전통적으로 서구에서는 사회학자들이 교육사회학을 주도하는 경향이 있었지만, 그동안 한국에서는 사회학자들이 교육사회학에 대해서 거의 관심을 보이지 않았었다. 그런데 1990년대 후반부터는 이러한 경향에 조금씩 변화의 조짐이 나타나고 있다. 사회학자에 의해 한국의 교육문제에 대한 본격적인 진단과 처방이 나오는가 하면(예컨대, 김경동, 1998), 아주 최근에는 일부 대학의 사회학과에서 처음으로 교육사회학 전공 교수를 임용한 바 있다. 그리고『교육사회학연구』에 논문을 발표하려는 사회학자들의 문의도 부쩍 잦아지고 있다. 만시지탄이 있지만 한국 교육사회학의 발전을 위해서는 매우 바람직한 현상이 아닐 수 없다.

(2) 주요 연구 성과

이미 앞에서도 지적했듯이, 1980년대에 비하여 1990년대에는 비판이론의 시각에 입각한 연구활동은 크게 위축되었다. 그럼에도 불구하고 1980년대를 풍미했던 시대적 관심사로서의 관성 때문에 1990년대 중반까지는 꾸준히 이러한 성향의 연구들이 나오게 된다. 강순원(1990), 정영애(1991), 이건만(1994), 강창동(1995), 고형일(1996)의 연구가 여기에 해당된다. 광의의 의미에서 황순희(1990), 이두휴(1993), 정지선(1995), 안관수(1997a), 그리고 이해성(1997) 등의 연구도 이 범주에 포함시킬 수 있다.

1990년대 이후에는 교육개혁에 대한 논의가 매우 활발했다. 그리하여

1990년대 초반에는 한준상(1994a)이 한국교육 전반에 걸친 개혁과제를 논의한 바 있고, 1990년대 중반에 5·31 교육개혁방안에 의해 시장원리에 입각한 신자유주의적 교육개혁이 추진되면서 이것이 지닌 문제점을 지적하는 연구들이 쏟아져 나왔다. 이러한 맥락에서 논문을 발표한 대표적인 학자로는 김천기(1994, 1997), 손준종(1996), 그리고 심연미(1997) 등이 있다. 이밖에 오정란(2001), 이두휴(2001) 등의 연구도 광의의 의미에서 교육개혁과 관련되어 있는 것으로 볼 수 있다. 한편 한국교육사회학회는 1999년도 연차학술대회 주제를 '고등교육개혁사업과 교육사회학적 쟁점'으로 잡아 고등교육개혁과 관련된 제반 쟁점을 광범하게 논의했었다(발표논문 총7편).

전술한 교육개혁에 대한 논의의 연장선 위에서 교육정책 및 제도 관련 연구들도 많이 등장했던 것이 1990년대의 특징이다. 특히 1990년대 중반 이후에는 평준화제도의 보완 및 자립형 사립고의 도입과 관련된 학교선택권의 문제를 둘러싸고 뜨거운 논란이 야기되었다(김천기, 1995, 2002; 김경근, 2001, 2002; 성기선, 2002). 아울러 1990년대 중반 이후에는 강태중(1996), 심성보(1996), 한준상(1996), 고형일·이두휴(1998) 등을 중심으로 대안학교에 대한 연구들이 집중적으로 수행되었다. 이밖에 이미나(1992)는 교육예산의 분석을 통해 1960년 이후 30년 동안에 단행된 교육부의 정책 변천과정을 고찰한 바 있고, 공교육의 이념(김영화, 2001)이나 학교운영위원회(조금주, 1997)에 대한 논의도 등장했다.

한편 1990년대에 들어서도 교육평등 관련 연구는 꾸준히 수행되었다. 1980년대까지는 이러한 유형의 연구들이 계층별, 지역별, 성별 교육불평등을 밝히는 차원에서 이루어졌으나, 1990년대에 들어서는 그동안의 교육기회(특히 고등교육기회) 확대에도 불구하고 출신 배경별 교육불평등이 여전함을 지적하거나, 교육평등의 구현 방안을 구체적으로 제시한 연구 등이 많이 수행되었다. 대표적으로 김영화(1990), 한만길(1991), 김경근(1993), 손준종(1999) 등의 연구가 여기에 해당한다.

학교교육이 사회이동에서 수행하는 역할을 구명하는 논문들도 1990년대에 많이 발표되었다. 이혜영 외(1998), 김영화·김병관(1999) 등은 이러한 맥락에서 실증적인 연구를 수행했으며, 박부권(1993)은 지위성취와 학교교육의 효과의 관계에 관한 양적 연구의 의의와 쟁점을 개괄했고, 김영화(1997)는 국내에서 1980, 90년대에 수행된 지위성취 관련 연구의 대략적인 경향을 정리했다. 그리고 장원섭(1997)은 적극적인 구직활동이 사회적 성취에서 갖는 중요성을 강조하면서 전통적 지위 획득 모형이 보다 역동적이고 미시적인 방향으로 재조정될 필요가 있음을 주장하였다. 한편 류한구(1990), 한대동(1992) 등은 지위성취 모형을 원용하여 교육성취 과정을 고찰한 바 있다.

1990년대에는 1980년대부터 본격적으로 진행된 고등교육 팽창에 따른 과잉교육 문제가 심각한 사회문제로 등장했던 까닭에 이와 관련된 논의들도 활발하게 이루어졌다. 그리하여 이혜영(1993), 손준종(1995)은 고등교육 팽창과정에서의 국가의 역할을 중점적으로 고찰했고, 김영화·유한구(1994)는 시계열 분석을 통해 대학 진학 수요와 구조적, 제도적 요인과의 관련성을 실증적으로 탐색했다. 한편 과잉교육과 밀접한 관계에 있는 학력주의 문제도 1990년대에 들어 본격적인 조명을 받게 된다. 그리하여 김부태(1991)는 학력사회화에 관한 제 이론들을 검토하고, 학력사회로서의 한국을 지배하고 있는 교육이데올로기 구조를 밝힌 바 있다. 그리고 강창동(1993, 1994)은 한국사회에 나타나는 학력의 사회적 의미를 역사사회학적 시각에서 통시적으로 분석하였다. 이밖에 새로운 시각에서 '학력'의 의미를 논의한 황순희(1993), 그리고 한국사회에서 나타나는 학력의 사회적 함의를 밝히고자 한 이정표(1995, 2001)의 연구 등도 기본적으로 학력주의에 대한 논의로 볼 수 있다.

1980년대와는 달리 1990년대에는 학교효과 관련 연구들도 많이 나타났다. 아마 이는 1990년대에 들어 고교 평준화제도의 문제점으로 지적된 학력의 하향 평준화에 대한 검증 필요성이 커진 사실과도 무관하지 않은 것으로 보인다. 실제로 이러한 맥락에서 연구를 수행한 이인효·최돈민(1995)은 평준화 학교에 진학한 학생이 비평준화 학교에 진학한 학생보다 더 높은 성적 향상을 보인다는 결과를 보고했었다. 한편 성기선(1997, 2000)은 학생들의 학업성취에 영향을 미치는 학교효과를 고찰하는 일련의 연구를 수행했으며, 한대동·성병창·길임주(2001)는 학생들의 학업성취에 대한 학원 및 과외교육의 효과와 학교교육의 효과를 비교, 분석하였다. 그리고 김병성(2001)은 학교효과 관련 연구방법과 실천모듈을 체계적으로 정리한 바 있다.

1990년대에 들어 학업성취 및 교육성취 결정요인에 대한 연구는 다양한 맥락에서 수행되었다. 특히 학업성취 및 교육성취 결정요인과 관련하여 가족과 교육의 관계를 살펴본 연구들이 수행된 것은 주목할 만한 일이다. 이위환(1996), 김경근(1999, 2000) 등은 이러한 흐름을 주도하고 있다. 한국사회에서는 1990년대 이후에 이혼율이 급증하고 출산율이 계속 낮아져 전통적인 가족구조에 많은 변화가 나타나고 있다. 따라서 가족과 교육의 관계에 대해서는 앞으로도 많은 후속 연구들이 수행될 여지가 크고, 또 그렇게 되어야 할 것으로 생각된다.

한편 교육열에 대한 연구는 이전에는 다양한 학문적 배경을 지닌 학자들에 의하여 수행되고 있었지만, 1990년대 이후로는 교육사회학자들도 교육열에 대하여 본격적인 관심을 갖고 이를 주된 연구영역의 하나로 삼기 시작했다. 그리하여 1990년대 초반에는 이종각(1990), 김희복(1991), 김영화(1992), 김영화·이인효·박현정(1993), 강창동(1994), 그리고 박남기(1994) 등이 교육열 연구를 주도했고, 1990년대 후반 들어서는 이종각(1997, 2000, 2002), 김경근(1998), 이영호(1998), 오욱환(1999, 2000) 등이 주목할 만한 성과를 내놓게 된다. 특히 최근에 이종각(1997, 2000, 2002)과 오욱환(1999, 2000)은 교육열에 대한 토착이론의 탄생을 예견케 하는 의미있는 연구물들을 발표함으로써 교육사회학계 전반에 활력을 불어넣고 있다.7) 한편 한국교육사회학회는 1998년에 '한국인의 교육열: 그 개념, 본질, 운동논리, 대응논리'라는 주제로 연차학

---

7) 특히 이종각은 교육열 연구에 대한 강한 의욕과 집념을 보이며 2002, 2003년에 교육열 국제 학술대회를 개최하였는 바, 여기에서는 도합 20여 편 이상의 논문들이 발표되었다.

술대회를 개최했고 여기서는·총 8편의 교육열 관련 논문들이 발표되었다.

학생문화, 교직문화, 학교문화에 대한 연구들도 1990년대 이후에 만개하고 있는 듯하다. 이와 관련해서는 이인효(1990), 김병욱(1993), 김용호(1993), 최상근(1993), 조용환(1995), 김영천(1996), 고형일·이두휴(1997), 우은복(1999) 등의 활약이 돋보였다. 아울러 1990년대에는 청소년의 일탈행위가 커다란 사회문제로 대두되면서, 청소년 문화 및 청소년 정책에 관한 연구가 활발해졌는데 권이종(1997), 안관수(1997b), 이석재(1998), 최충옥(1997), 이영호(2002) 등은 이러한 맥락에서 연구를 수행했던 대표적인 학자들이다. 비슷한 맥락에서 이영호(1998)는 테크노 문화의 도래에 대비한 문화교육의 방향을 탐색했었고, 김기홍(1999)은 포스트모던 사회에서 문화교육이 수행해야 할 사회적 역할을 논의했었다. 그리고 정민승(2001), 박부권(2002)은 청소년 사이버문화를 고찰하였으며, 김경식(1997, 1998)과 최영신(2001)은 청소년 비행과 밀접하게 관련이 있는 중퇴생의 문제를 다룬 바 있다.

한편 1980년대부터 국내 교육사회학에 본격적으로 등장하기 시작한 페미니즘은 1990년대 이후에는 매우 중요한 연구영역으로 확고하게 자리를 잡는다. 이는 한국교육사회학회가 1991년도 연차학술대회(발표논문 총 7편), 그리고 2001년도 하계학술발표회(발표논문 총 4편)주제를 페미니즘과 연계시켜 설정한 것을 통해서도 쉽게 알 수 있다. 실제로 1990년부터 2002년 사이에『교육사회학연구』에 게재된 논문들 가운데 23편(전체의 6.85%)은 페미니즘에 관한 것으로 나타났다(김경식·안우환, 2003). 이러한 흐름은 민무숙(1991, 2002), 심미옥(1991, 1999), 오욱환(1991, 1997), 곽윤숙(1993, 1997) 등에 의하여 주도되고 있다. 이밖에도 이인효(1991), 이성은·조동섭·최상근(1997), 오재림(1998), 김미숙(2001), 그리고 신군자(2001) 등이 다양한 맥락에서 페미니즘 연구를 수행한 바 있다.

1980년대에 이어 1990년대에도 다양한 교육사회학 이론에 대한 소개가 이어졌다. 주된 논의의 대상은 P. Bourdieu(강창동, 1995), E. Durkheim(이건만, 1995), M. Weber(김청화, 1996), M. Foucault(전경갑, 1997) 등의 이론과 마르크

스주의(오욱환, 1990), 포스트모더니즘(한준상, 1994b; 고형일, 1996) 등으로
나타났다. 한편 김병성(1990)은 교육사회학 이론 전반을 체계적으로 정리하
기도 했다.

마지막으로 1990년대 이후에는 1980년대에 비해 훨씬 더 많은 사회사
관련 연구가 수행되고 있으며, 강창동(1993, 1994), 이해성(1995), 김성학
(1995), 김동환(1998, 2002), 김기석(1999), 김경용(2000), 강일국(2002) 등은
이러한 흐름을 주도하고 있다. 특히 교육역사사회학 전문서를 펴낸 김기석
은 이 연구영역의 위상 정립에 커다란 기여를 하고 있다. 이밖에도 1990년대
이후에는 통일교육(강상철, 1993; 최은수, 1995; 신군자, 1998; 김미숙,
2002), 정보화 및 그 교육적 함의(손준종, 1997; 정영애, 1997; 이미나, 2000),
재외한인 문제(김안나, 1996; 최은수, 1996, 1998) 등도 활발하게 논의되고
있다.

Ⅲ. 주요 이론적 발달과 쟁점

1. 이론적 발달

해방 이후에 한국의 교육사회학은 외국에서 수입된 이론을 요약하여 소개
하고 그것을 한국적 상황에 적용하는 데 급급했던 것으로 볼 수 있다. 이는
무엇보다도 한국에서 교육사회학의 역사가 너무 일천하고 학문 수행의 여건
이 척박하여 자생적 고유이론의 발전을 기대하기 어려웠기 때문이다. 이러한
제약이 있었음에도 불구하고, 한국의 교육사회학 연구사에서 주목할 만한
몇 가지 이론적 발달이 있었다. 1980년대 후반에 나온 사회구성체론에 입각한
한국교육의 성격 규명(고형일, 1989), 그리고 1990년대 후반에 활발하게
진행되고 있는 교육열에 대한 이론화 작업(이종각, 1997, 2000, 2002; 오욱환,
1999, 2000)이 그것이다. 여기에서는 이들을 간략하게 소개하도록 하겠다.

먼저 고형일(1989)의 사회구성체론에 입각한 한국교육의 성격 규명을
살펴보겠다.[8] 고형일(1989)은 사회구성체를 토대와 이에 조응하는 상부구조

로 형성된 역사적 과정의 구성물로 보고, 이것을 전제로 한국교육의 중층성을 논의하였다. 그에 따르면 교육은 사회의 구체적인 역사적 상황과 사회적 배경 속에서 경제적 토대와 상부구조의 핵심인 정치적 모순구조를 그대로 반영한다. 이러한 관점에서 그는 한국사회의 모순구조를 크게 계급모순과 민족모순으로 축약시키고, 양자는 별개의 영역이 아니고 동일한 영역에서 중첩된 것으로 보았다. 해방 이후 분단과 6·25라는 특수하면서도 규정력이 큰 매개변수에 의하여 민족모순과 계급모순이 중첩되어 나타나게 되었다는 것이다. 그리고 이러한 한국사회의 계급모순 및 민족모순의 특성 때문에 양자는 동시적 해결이 요구되며, 민족문제의 해결은 계급문제를 억제하지 않고 민족모순이 계급모순에 어떤 방식으로 관철되어 있는가를 파악함으로써 가능하다는 점을 밝혔다.

고형일(1989)은 한국사회의 성격을 규정짓는 기본모순인 민족모순을 야기하는 외생 변인으로서의 제국주의의 역할을 강조하고, 제국주의에 의한 민족모순에서 초래된 분단모순, 계급모순, 예속모순, 반봉건모순은 통일, 민중, 자주, 민주라는 측면에서 극복되어질 수 있다고 주장했다. 그에 따르면 분단성, 계급성, 예속성, 반봉건성이라는 한국사회의 성격은 각각 분단모순, 계급모순, 예속모순, 반봉건모순으로 이어지고, 이들은 다시 반공 이데올로기, 자본주의 수권이데올로기, 친미이데올로기, 반봉건적 이데올로기라는 지배 이데올로기와 관련되어 있다. 그런데 이 네 가지 이데올로기는 상부구조로서 학교교육을 지배하는 이데올로기로 작용하여 학생들에게 반공의식 및 국가안보의식, 계층상승 및 경제지상주의, 미국식 민주주의 및 사대주의, 그리고 권위주의 및 충효사상이라는 의식구조를 재생산한다. 따라서 학교교육은 이러한 모순구조를 격파하는 교육실천의 지향점으로 민족통일, 민중, 민족자주, 민주를 설정해야 한다는 것이다.

---

8) 김신일(2000)에 따르면 사회구성체론은 운동권에 의하여 처음 제기되어, 마르크스주의 성향을 띤 젊은 사회과학도들 사이에서 회자되면서 그들의 한국사회 연구에 지대한 영향을 미쳤으며, 궁극적으로 교육사회학에도 반영되어 한국교육의 성격을 규명하기 위한 이론적 모형으로 사용되었다.

기본적으로 전술한 사회구성체론은 하부구조가 상부구조를 결정한다는 마르크스주의 사유방식을 한국의 교육현상에 그대로 적용하려는 시도를 보여주고 있다. 이 이론에 따르면 교육은 근본적으로 정치적 과정으로서, 거대한 사회구성체의 질곡 속에서 자율성도 없이 핍박받는 대상으로 각인되어 있다. 1980년대 들어 교육학계에서 진행된 논의들은 이전과는 달리 단편적이고 부분적인 분석을 지양하고 총체적 분석을 추구하는 경향을 드러내는바, 사회구성체론은 그 대표적인 사례에 속한다(이종각, 1994).

다음으로 1990년대 후반 이후에 활발하게 이루어진 교육열에 대한 이론화 작업을 알아보겠다. 앞에서 논의한 사회구성체론에 가해졌던 주요 비판들 가운데 하나는 그것이 서양에서 수입된 이론적 분석틀에 한국사회의 상황을 기계적으로 대입시킨 수준에 머물러 있어 자생적 학문의 발전과는 무관하다는 것이었다(이종각, 1994). 그런데 교육열의 이론화 작업은 이러한 비판을 피하여 자생적 이론을 발전시킬 수 있는 요건을 갖추고 있다. 외국에도 교육열은 존재하지만 그것을 학문적 탐구 대상으로 삼는 경우는 거의 없어, 교육열에 대한 이론화 작업은 학문의 식민성 시비에 휘말릴 소지가 없기 때문이다.

한국의 교육사회학계에서 교육열의 이론화를 주도하고 있는 대표적인 학자로는 이종각(1997, 2000, 2002)과 오욱환(1999, 2000)을 들 수 있다. 1990년대 초반에 이종각(1990)은 한국사회의 교육문제를 이해하기 위한 개념적 틀로서 한국사회에서 나타나는 교육경쟁 양식 및 구조를 논의한 바 있다. 이것은 직접적으로 교육열의 이해를 겨냥한 연구는 아니었지만, 실제적으로 1990년대에 들어서면서 시작된 교육열에 대한 이론화 작업의 시발점이었던 것으로 볼 수 있다. 이종각은 1990년대 후반에 교육열의 개념을 정교화하려는 노력으로부터 교육열의 이론화 작업을 본격적으로 다시 시작하였다. 그는 교육열과 '교육열 현상'의 엄밀한 구분을 강조했다. 그리고 기존의 연구들이 교육열이 아닌 '교육열 현상'을 설명하는데 집중되어 있다고 비판하면서, 교육열 자체에 대한 분석을 시도하였다. 이를 위해 그는 '교육열 기본형',

'교육열 초기화', '교육열 현재형', '교육열의 속성', '교육열 생태환경', '교육열의 운동법칙', '교육열의 결합법칙', '교육열 전달성' 등의 관련 개념체계와 법칙을 개발하고, 이러한 개념들을 분석도구로 하여 교육열에 대한 종합적 분석을 시도하였다.

자생적 이론이 지극히 드문 국내 현실에서 이종각이 진행시키고 있는 교육열에 대한 일련의 이론화 작업은 많은 교육사회학도들에게 새로운 자극과 기대를 가져다주고 있다. 그에 의해 연구물들이 하나씩 쌓여 가면서 조금씩 교육열에 대한 토착이론의 등장 가능성이 높아지고 있기 때문이다. 그동안 그에 의해 이루어진 교육열의 개념화, 가설 설정, 법칙의 제시는 경험의 세계를 논리의 세계로 전환시켜 하나의 이론을 완성하기 위하여 필요한 여러 과정에서 많은 진전이 있었음을 보여준다. 그러나 교육열 개념만 해도 아직도 정련화의 작업이 더 필요한 상태이다. 따라서 교육열에 대한 자생적 이론의 정립까지는 아직도 갈 길이 먼 것으로 보인다. 이종각의 이론화 작업이 소기의 성과를 거두기 위해서는 다른 교육사회학도들이 방관자의 입장에서 탈피하여 때로는 시비를 걸고 때로는 틈새를 메워주는 역할을 적극적으로 떠맡아야 할 것이다.

한편 오욱환(2000)은 한국사회 교육열의 이해를 위한 자신의 학문적 천착의 결정판이라 할 수 있는 『한국사회의 교육열: 기원과 심화』에서, 교육열을 한국사회의 교육 현실을 이해하는 핵심적 개념으로 규정하고, 그것을 설명하는 이론으로 '교육출세론,' '집단경쟁체제론,' '경험확대공유론,' '외국어자본론'을 제시한 바 있다. 엄밀한 의미에서 그가 제시한 이 네 가지 이론은 한 마디로 규정짓기 어려운 한국사회의 교육열을 포괄적으로 이해하기 위하여 설정한 가설의 성격이 강하다.9) 따라서 그에게는 여기서 한 걸음 더 나아가 한국의 교육열에 내재하는 일련의 법칙들을 찾아내 간결하고도 정교

---

9) Brodbeck(1963)에 따르면, 이론은 일련의 법칙들을 연역적으로 연결시킨 것으로서, 이 경우에 대전제와 소전제 그리고 이들로부터 유도되는 결론 등도 모두 법칙이어야 한다. 일반적으로 완성도가 높은 이론일수록 간단하면서도 많은 것을 포괄적으로 설명할 수 있다.

한 하나의 이론 또는 모형을 제시해야 하는 과제가 남아 있다.

무릇 학문의 발전이 대개 다 그렇지만, 특히 사회과학에서 축적이 없는 진보는 사실상 불가능하다. 교육열에 대한 이해도 마찬가지이다. 이러한 관점에서 보면 전술한 오욱환의 논저는 그 학술적 가치가 새롭게 평가되어야 할 것이다. 오욱환은 이 논저에서 한국사회의 교육열을 이해하는 데 필요한 이론적 배경을 광범하게 소개하고, 각 시대별로 교육과 교육열의 의미를 설명하는 한편, 궁극적으로는 한국사회에 적합한 개념 및 고유이론의 개괄적 윤곽까지를 논의하고 있다. 이러한 방대한 작업을 통하여 그는 교육열을 연구하려는 학자들에게 풍부한 기초 자료, 배경 지식, 통찰을 제공하고 있고, 그 과정에서 논의의 엄밀성과 타당성을 담보하기 위하여 상당히 세심한 주의를 기울이고 있다.

2. 쟁점

우리 학계는 논쟁에 익숙하지 못하다. 더러 학술대회나 세미나 등에서 격론을 벌이는 일이 없는 것은 아니지만, 그것을 기록으로 남기는 것은 대부분 주저한다. 논쟁을 제기하고 그것을 기록으로 남겨 실익을 얻은 경우가 거의 없었다는 경험에 따른 학습효과 때문이다. 우리 학계는 또한 자생적 존립기반이 취약하여 대부분의 이론을 수입하여 그것을 소개하는 단계를 벗어나지 못하고 있다. 이처럼 남의 이론을 특별한 비판없이 소개하기에만 급급한 상황에서는 그것을 두고 시비를 걸거나 논쟁을 제기하는 것도 싱거운 일이 되기 십상이다. 그리고 이러한 상황에서는 설령 논쟁이 벌어져도 사람들이 그것에 별다른 관심을 보이지도 않는다.

이러한 풍토에서 1980년대 후반에 교육사회학에 등장한 사회구성체론을 둘러싼 논쟁은 상당히 주목할 만한 것이었다. 고형일(1989)에 의하여 주도된 사회구성체론은 기존의 기술기능주의적, 비구조적인 접근의 한계를 비판하고, 세계체제론적, 사회구조적 인식의 중요성을 강조했다. 또한 급진적이고

구조적인 사회개혁을 지향하고 변혁주체로서는 민중을 전제하면서 변혁목
표로는 민족자주와 평등사회의 구현을 추구했다. 그런데 이러한 접근은
한국교육의 상황에 대한 지나치게 단순하고 기계적인 규정방식 때문에 나중
에 많은 비판에 직면하게 된다. 특히 이종각(1994)은 이 이론이 교육현상의
다양한 발생원인에 대한 고려가 미흡하고 이론적 정교화가 되어 있지 않음을
비판한 바 있다. 수많은 교육현상을 분단모순, 계급모순, 예속모순, 반봉건모
순과 같은 몇 가지의 모순에 의해 야기된 것으로 설명하고 있기 때문이다.
요컨대, 정치경제학 분야의 논리를 그대로 교육분야에 덮어씌우는 방식의
논의 수준에 머물러 있다는 것이 이종각의 주장이다.

기실 전술한 제한점은 1980년대를 풍미했던 비판적 분석이 전반적으로
드러냈던 한계로 볼 수 있다. 비판적 분석이 이러한 한계를 드러냈던 것은
그것이 다분히 변혁지향적 성격을 띠고 있었으나, 변혁에 대한 일종의 강박관
념 때문에 이론적 엄밀성이 결여되는 결과를 초래했기 때문이다. 한완상
(1992)에 따르면 당시에 진보적인 학계는 민족모순과 계급모순을 극복해야
하는 과제가 학술운동 차원에서는 완성되기 어려운 것임에도 불구하고,
학술운동이 지나치게 과격성을 드러내는 문제점을 지니고 있었다. 그리고
이로 인하여 관점 자체가 너무 추상성을 띠게 되어 결국은 현실 적합성을
결여하게 되었던 것이다(정우현, 1996).

전술한 문제점에도 불구하고 고형일(1989)이 한국교육 문제의 역사적
성립과정에 대하여 나름대로의 독특한 이론적 분석틀을 제시함으로써, 당시
한국교육이 지녔던 성격을 이해하는 데 새로운 지평을 열었다는 점은 높이
평가할 만하다. 그에 의하여 제시된 사회구성체론은 1988년 한국교육학회
교육사회학연구회의 연차대회에서 처음 발표됐었다. 즉 이 이론은 오랜
군부독재가 종식되고 민주화를 향한 의미있는 행보가 시작되던 시기에 비로
소 발표되었던 것이다. 따라서 마르크스주의 성향의 이 이론이 세상에 나오게
되기까지는 그러한 국내의 사회적, 정치적 상황의 변화가 상당 부분 주효했던
것으로 짐작된다.

그런데 이 이론이 발표되자마자 대내적으로는 민주화의 흐름에 가속도가 붙고, 대외적으로는 동구 사회주의 체제가 몰락하며 곧 이어 세계화의 도도한 흐름이 나타나자, 불가피하게 이 이론의 타당성 및 위상도 큰 영향을 받게 된다. 오랜 동면과 압제의 시간을 뒤로 하고 이제 갓 전개되기 시작한 비판적 사회과학 이론들의 향연이 거센 역풍을 맞아 그 입지가 일시에 대단히 협소해졌기 때문이다. 이에 따라 사회구성체론이 전하고자 했던 메시지도 처음에 기대했던 것만큼 큰 반향을 일으키지는 못했던 것으로 보인다. 이러한 일련의 과정은 마치 1970년대 중반에 Bowles와 Gintis(1976)가 미국에서 『Schooling in Capitalist America』의 출간을 전후하여 경험했을 법한 엄청난 반향과 뒤이은 예기치 않게 급속하게 전개된 사태의 반전이라는 복잡했던 상황의 축소판을 연상시켜 준다.

다음으로 교육열 연구에서 나타나고 있는 여러 가지 쟁점들을 알아보도록 하겠다. 최근에 교육열에 대한 연구가 상당히 축적되고 이론화 작업에도 일정 수준의 진전이 나타나고 있으나 여전히 교육열의 개념에 대해서는 논란이 분분하여 의견의 합치를 보지 못하고 있다. 이종각(2002)은 이러한 현상이 대체로 교육열을 연구하는 학자들이 교육열과 '교육열 현상'을 구분하지 않아서 초래된 것으로 보았다. 그에 따르면 교육열은 일종의 동기체제이지만, 교육열 현상은 교육열이 생태적 환경과 결합하고 상호작용한 결과로 나타난 것이다. 한편 이와 같은 문제의 해결방안과 관련하여 오욱환(2000)은 교육열 관련 연구물들이 더 많이 축적될 때까지 연구자 나름대로 교육열을 정의하도록 내버려두는 것이 바람직하다는 견해를 피력했다. 그 대신 연구자가 교육열의 의미를 정확하게 표현하고 내적 일관성을 유지함으로써 독자들이 임의로 해석하고 혼동하는 일이 없도록 하면 된다는 것이다.

교육열의 성격 또는 효과에 대해서도 사뭇 상반된 견해가 대립하고 있다. 이는 학자에 따라 교육열의 개념이 제각각인 상황과 맞물려서 나타나는 불가피한 현상으로도 생각된다. 오욱환(2000)은 교육열을 "한국인들의 교육 욕구가 사회적으로 만연하여 한국사회 전반적으로 나타나는, 정상 수준을 넘어선 학력 및 학벌 쟁취 현상"이라고 정의했다. 이 정의에 따르면 교육열은 정상 상태를 넘어선 병적인 현상을 일컫는다. 그는 "열"이라는 용어 자체가 정상을 넘어선 상태를 지칭하는 개념임을 강조함으로써, 교육열에 대한 부정적인 시각을 숨기지 않고 있다. 이에 반하여, 이종각(2002)은 "자녀교육에 대한 동기체제"인 교육열은 그 자체로는 긍정적이지도 부정적이지도 않고 가치중립적인 것이기 때문에 비난의 대상으로 볼 일이 아님을 주장하였다. 오히려 교육열을 중요한 사회적 자산으로 보고, 이를 자원화하는 교육정책을 추진해야 한다는 것이 그의 생각이다.

마지막으로, 근자에 자립형 사립고의 도입이나 고교 평준화제도의 보완과 같은 문제를 두고 일고 있는 논쟁을 살펴보기로 하겠다. 언필칭 평등사회의 구현을 지향하는 교육사회학자들 사이에서 자립형 사립고의 도입 그리고 고교 평준화제도의 폐지를 강력히 주장하는 경우는 흔치 않다. 그 대신 평준화제도의 문제점을 보완하기 위한 제도적 조치들을 강력히 비판하는 입장과 그러한 조치에 대한 무조건적 반대가 능사는 아니며 어떤 형태로든 학부모나 학생들에게 지금보다는 선택의 폭을 더 넓혀 주어야 한다는 견해가 팽팽히 맞서 있다.

그리하여 전자의 입장을 대변하는 김천기(1995, 2002)는 교육의 질을 향상시키기 위해서는 무엇보다도 공교육의 내실화가 필요하며, 선진국에서 이미 그 한계를 드러낸 학교선택제를 도입하는 것은 해답이 될 수 없음을 강조한다. 특히 학교선택권 보장을 위하여 자립형 사립고를 도입하는 것은, 부모의 경제적 능력에 따라 교육기회를 부여하려는 전근대적 발상의 소산이라고 비판한다. 이에 대하여·후자의 입장에 서 있는 김경근(2001, 2002)은 평준화제도의 적극적인 보완을 반대하는 학자들이 마땅한 대안의 제시도 없이 감성적인 대응으로 일관하고 있음을 비판한다. 그리고 학부모와 학생들에게 조금이라도 더 학교선택의 폭을 넓혀 줌으로써 개혁에 대하여 지극히 소극적인 한국의 교육풍토에 어떤 형태로든 변화의 단초를 제공하는 일이 시급하다는 점을 강조한다. 그는 이 경우에 외국의 사례를 교훈으로 삼아 예상되는 부작용을 최소화할 수 있는 방안을 함께 강구하는 일을 소홀히 해서는 안될 것임을 상기시킨 바 있다.

Ⅳ. 결론

지금까지의 논의를 통하여 알 수 있듯이 해방 이후에 교육사회학 관련 연구는 그 내용과 성격에 있어서 많은 변화를 보여 주었다. 사회과학적 지식이나 이론이 진공에서 생겨나는 것이 아니라 역사적 맥락과 시대적 상황을 배경으로 하여 창출된다는 점을 감안하면, 이러한 변화는 지극히 자연스러운 현상으로 생각된다. 그동안 한국의 교육사회학은 시대의 요청 및 사회상의 변화에 대하여, 대개는 유연하고 능동적으로 대처해 왔지만, 더러는 그 변화의 속도를 제대로 따라잡지 못해 위기에 봉착하기도 했다. 실제로 상당수의 교육사회학자들은 아직도 그 위기가 끝나지 않았다는 생각을 갖고 있다. 이러한 계제에 지난 반세기 동안에 나타난 교육사회학의 연구동향을 정리하는 일은 과거의 학문적 축적과 경험을 바탕으로 하여 앞으로 우리 교육사회학이 나아가야 할 방향을 설정하는 데 반드시 필요한 작업으로 볼 수 있다.

한때 우리 사회에는 반공 이데올로기와 군부독재의 강압적 통제 때문에 학문의 자유에 심대한 제약이 존재했던 시절이 있었다. 그러나 지금은 학문의 자유에 대한 그러한 제약은 더 이상 존재하지 않는다. 경제적으로도 이전과는 비교할 수 없을 정도로 풍요로우며, 지식유통의 기술도 획기적으로 향상되어, 학문할 수 있는 여건은 과거 그 어느 때보다도 양호한 시대에 우리는 살고 있다. 이는 이제 어떤 학문이건 그 학문의 성쇠를 외부 요인의 탓으로 돌리는 일이 그만큼 설득력을 지니기 어려우며, 책임의 상당 부분이 스스로에게 귀속될 수밖에 없음을 의미하는 것으로 보아야 한다.

따라서 만일 지금 한국의 교육사회학이 위기에 직면해 있다면 그 위기의 원인과 본질은 무엇이며, 그것은 어떻게 극복되어져야 할 것인가를 두고 냉철한 자기성찰의 시간을 가질 필요가 있다. 이와 관련하여 우선 과연 그동안 한국의 교육사회학계가 현대 사회의 특징인 간단없는 변화의 물결을 얼마나 정확하게 예측하고 분석하였으며, 그에 대한 대응을 얼마나 적절히 했는지를 겸허하게 되돌아보아야 할 것이다. 또한 한국의 교육사회학계가 우리의 교육문제에 대하여 얼마나 진지하게 고민했고, 그것을 해결하는 데 얼마나 실제적인 기여를 해왔는가에 대해서도 반성할 필요가 있다. 이론과 실천을 별개의 것으로 여기는 고답적인 자세를 견지하면서 관념적 언어유희에 빠져, 교육문제로 인하여 시름에 젖어 있는 많은 사람들의 고통을 애써 외면하지는 않았는지 되돌아보아야 한다. 이러한 물음에 대한 진솔한 자기성찰이 이루어진다면 현재의 위기에 대한 해법도 자연스럽게 도출되어질 수 있을 것이다.

지금 우리 앞에는 대단히 역동적이면서도 도도한 변화의 물결이 전개되고 있다. 세계화에 이어 지식기반사회가 도래하고 있고 이에 맞추어 국내외의 산업구조 및 노동시장도 급변의 조짐을 보여주고 있다. 이러한 와중에 사회 전반을 관류하는 문화 및 가치관도 급격히 변화하고 있으며, 계층간, 집단간, 지역간, 세대간 갈등은 해소되기보다는 점점 증폭되는 추세에 있다. 이는 교육사회학에 지워진 짐이 그만큼 무거워지고 있음을 의미하고, 또한 그것은 역설적으로 교육사회학에 새로운 기회가 주어지고 있음을 시사해주고 있기도 하다. 그리고 이러한 기회를 제대로 살려 과거의 영화를 되찾을 수 있을지는 전적으로 교육사회학자들의 지난한 노력 여하에 달려 있다고 할 것이다.

참고문헌

강상철(1969), 「도시, 농촌의 학교차 요인」, 『교육학연구』 7(3), 32~46쪽.

강상철(1975), 「학교의 사회적 풍토와 학업성적」, 『교육학연구』 13(2), 5~11쪽.

강상철(1993), 「북한교과서의 주체사상에 관한 내용분석」, 『교육사회학연구』 3(2), 155~186쪽.

강순원(1982), 「일제 식민지화 교육의 교육사회학적 고찰: 조선통감부 교육정책을 중심으로」, 이화여대 석사학위논문.

강순원(1988), 『1970년대 상대적 과잉교육에 대한 비판적 연구: 정치경제학적 일
　　고찰』, 이화여대 박사학위논문.

강순원(1990), 『한국교육의 정치경제학』, 서울: 한길사.

강태중(1981), 「교육내용에 관한 교육사회학적 고찰」, 서울대 석사학위논문.

강태중(1996), 「학교교육 개혁의 대안과 전망」, 『교육사회학연구』 6(2), 131~140쪽.

강창동(1995), 「Bourdieu의 교육재생산론에 관한 고찰」, 『교육사회학연구』 5(2),
　　1~16쪽.

강창동(1993), 「과거제의 교육의 사회적 성격에 관한 연구」, 『교육사회학연구』 3(2),
　　97~112쪽.

강창동(1994), 「한국 학력주의의 형성과정과 성격」, 『교육사회학연구』 4(1), 1~19
　　쪽.

강희돈(1988), 『한국의 사회이동과 학교교육의 효과』, 고려대 박사학위논문.

고형일(1989), 「사회구성체론과 한국교육의 위상」, 김신일 외, 『한국교육의 현단계』,
　　서울: 교육과학사, 31~63쪽.

고형일(1996), 『근대화, 정보화 그리고 한국교육: 모더니즘과 포스트 모더니즘의
　　관점에서』, 서울: 교육과학사.

고형일・이두휴(1997), 「장거리 통근교사의 교직문화에 관한 연구」, 『교육사회학연
　　구』 7(2), 23~53쪽.

고형일・이두휴(1998), 「대안학교와 일반학교의 교육활동 비교연구」, 『교육사회학
　　연구』 8(2), 127~162쪽.

고형일・이두휴(2002), 「사교육비 경감을 위한 학교교육의 재구조화 방안」, 『교육사
　　회학연구』 12(1), 1~42쪽.

곽삼근(1976), 「교사 - 부모의 교육적 기대와 사회계층에 관한 일 연구」, 이화여대
　　석사학위논문.

곽윤숙(1985), 「학습장면에서의 위계적 성역할 관계: 서울시내 S동 새마을 유아원을
　　중심으로」, 이화여대 석사학위논문.

곽윤숙(1993), 「일반계 고등학교 여학생의 교육과정 계열선택에 관한 연구」, 『교육사
　　회학연구』 3(1), 79~106쪽.

곽윤숙(1997), 「학교 지식에 대한 페미니스트적 논의」, 『교육사회학연구』 7(2), 47~
　　54쪽.

권이종(1997), 「학교폭력의 발생배경과 지도방안」, 『교육사회학연구』 7(3), 81~101

쪽.

김경근(1993), 「사회적 평등화를 위한 교육개혁의 모색: 교육평등의 실현방안을 중심으로」, 『교육사회학연구』3(2), 5~23쪽.

김경근(1998), 「한국에서의 교육수요 결정의 사회적 기제」, 『교육사회학연구』8(2), 1~32쪽.

김경근(1999), 「교육성취에 대한 가족구성의 영향」, 『교육사회학연구』9(3), 1~23쪽.

김경근(2000), 「가족 내 사회적 자본과 아동의 학업성취」, 『교육사회학연구』10(1), 21~40쪽.

김경근(2001), 「자립형 사립고등학교 진학수요 결정요인 분석: 사회계층의 영향을 중심으로」, 『교육사회학연구』11(3), 21~38쪽.

김경근(2002), 「학교선택제와 교육평등」, 『교육사회학연구』12(3), 1~23쪽.

김경동(1998), 『한국교육의 사회학적 진단과 처방』, 서울: 집문당.

김경수(1989), 「일제통감부하 민족사학 교육운동의 저항적 성격에 관한 고찰: 1905-1910년을 중심으로」, 중앙대 석사학위논문.

김경식(1997), 「중·고교 중퇴생과 재학생의 교내외 생활 비교를 통한 중퇴요인 분석」, 『교육사회학연구』7(3), 115~138쪽.

김경식(1998), 「생애사적 연구를 통한 고교중퇴생 삶의 문화 연구」, 『교육사회학연구』8(1), 123~144쪽.

김경식·안우환(2003), 「한국교육사회학의 연구동향 분석」, 『교육사회학연구』13(2), 47~64쪽.

김기석(1977), 「교육과정 개혁과정에 관한 사회학적 분석: 사회생활 영역 교과를 중심으로」, 서울대 석사학위논문.

김기석(1987), 『문화재생산이론』, 서울: 교육과학사.

김기석(1999), 『교육역사사회학』, 서울: 교육과학사.

김동위(1972), 「세계각국의 교사지위에 관한 비교연구」, 고려대 석사학위논문.

김동환(1998), 「일제시기 '모던' 중학생문화에 관한 담론의 일고찰」, 『교육사회학연구』8(2), 255~274쪽.

김동환(2002), 「일제강점기 진학준비교육과 정책적 대응의 성격」, 『교육사회학연구』8(2), 255~274쪽.

김미숙(2001), 「여성주의 시각에서 본 북한교과서의 민족국가 담론」, 『교육사회학연구』11(2), 29~52쪽.

김미숙(2002), 「남북한 교과서에서 나타난 민족정체성」, 『교육사회학연구』 12(1), 43~65쪽.

김민환(1984), 「대한제국시대 민간 신교육 운동의 사회적 성격분석」, 서울대 석사학위논문.

김병성(1990), 『교육사회학 관련이론』, 서울: 양서원.

김병성(2001), 『학교효과론』, 서울: 학지사.

김병성 외(1982), 「학교교육과 사회적 성취」, 『한국교육개발원 연구보고』 82-7.

김병욱(1993), 「유치원, 국민학생의 사교육비와 관련된 학교외 생활의 문화기술적 연구: 학원수강과 학습지 구독활동을 중심으로」, 『교육사회학연구』 3(1), 179~215쪽.

김부태(1991), 「학력사회화 이론의 비판적 고찰」, 『교육학연구』 29(3), 223~234쪽.

김석수(1998), 「학교효과 결정요인과 학업성취와의 관계」, 『교육사회학연구』 8(2), 109~126쪽.

김선영(2000), 「4년제 대학 여학생들의 취업직종 선택에 대한 연구: 여성 전통직과 여성 비전통직을 중심으로」, 『교육사회학연구』 10(1), 41~73쪽.

김선요·정지웅(1976), 「동계 농민교육이 농업기술 수용과 생산력에 미치는 영향: 일개부락 실천연구의 사례」, 『교육학연구』 14(1), 42~58쪽.

김선호(1961), 『교육사회학: 한국사회와 교육』, 서울: 선명문화사.

김신일(1979), 「학교와 학급에 관한 연구동향」, 『한국사회학』 13(1), 161~166쪽.

김신일(1980), 「교육연구를 위한 모형으로서의 기능이론과 갈등이론」, 『교육학연구』 13(1), 100~113쪽.

김신일(1984), 『뒤르껨 교육이론연구』, 서울: 교육과학사.

김신일(1988), 「민중교육론의 전개와 사상적 배경」, 한국정신문화연구원 사회과학연구실(편). 『한국교육현실과 민중교육론』, 성남: 한국정신문화연구원.

김신일(2000), 『교육사회학』, 서울: 교육과학사.

김신일 외(1989), 『한국교육의 현단계』, 서울: 교육과학사.

김안나(1996), 「미국의 아시아계 소수민족들의 교육 및 사회경제적 성취에 대한 민족 경제 공동체론적 해석」, 『교육사회학연구』 7(1), 57~72쪽.

김영천(1996), 「교실질서의 성취와 회복: 한국 초등학교 교실에서의 관리/통제(management)에 대한 미시문화기술적 연구」, 『교육사회학연구』 6(2), 67~91쪽.

김영화(1990), 「고등교육 팽창의 결과: 고등교육기회 획득에 미치는 출신배경의 영향 추이(1967-1984)」,『교육학연구』28(3), 65~81쪽.

김영화(1991),「한국의 고등교육팽창과 여성의 교육기회 구조변화」,『교육사회학연구』1(2), 75~92쪽.

김영화(1992),「학부모의 교육열: 사회계층간 비교를 중심으로」,『교육학연구』30(4), 173~197쪽.

김영화(1997),「'교육과 사회경제적 지위 성취' 연구의 발전 동향」,『교육사회학연구』7(3), 257~272쪽.

김영화(2001),「공교육 이념과 기능의 효용성 및 시대적 적합성에 대한 일 고찰」,『교육사회학연구』11(2), 53~75쪽.

김영화·김병관(1999),「한국 산업화 과정에서의 교육과 사회계층 이동」,『교육학연구』37(1), 155~172쪽.

김영화·유한구(1994),「대학 진학 수요 결정요인의 시계열 분석(1962-1992)」,『교육학연구』32(1), 79~101쪽.

김영화·이인효·박현정(1993),『한국인의 교육열 연구』, 서울: 한국교육개발원.

김용호(1993),「공업계 고등학교 수업과 그 의미」,『교육사회학연구』3(1), 107~122쪽.

김은주(1983),「학교교육이 사회계층유지에 미치는 영향: Basil Bernstein과 Samuel Bowles의 이론을 중심으로」, 이화여대 석사학위논문.

김은주(1990),『교실일탈의 비일관적 규정과정의 제도화 연구』, 이화여대 박사학위논문.

김종서(1964),「한국문맹율의 검토」,『교육학연구』2(1), 15~26쪽.

김종서(1978),「산업화와 한국교육의 문제」,『교육학연구』16(2), 5~10쪽.

김종철 역(1961),『교육사회학개론』, 서울: 범문사.

김천기(1994),「국가경쟁력 강화 정책과 교육불평등의 심화」,『교육사회학연구』4(1), 61~83쪽.

김천기(1995),「고등학교 평준화 정책 수정의 논리와 문제점: 전라북도 평준화 수정안을 중심으로」,『교육학연구』33(3), 309~323쪽.

김천기(1997),「세계화를 위한 시장논리적 교육개혁에 관한 비판적 고찰」,『교육사회학연구』7(3), 219~238쪽.

김천기(2002),「평준화의 왜곡과 자립형 사립고의 문제에 대한 비판적 고찰」,『교육사회학연구』12(3), 55~73쪽.

김청회(1996),「Max Weber의 이해 사회학(sociologie comprehensive)내에서의

habitus와 Pierre Boudieu의 habitus 이론의 비교 연구」, 『교육사회학연구』
    7(1), 85~112쪽.

김현철(2002), 「일제강점기에 있어서의 소년불량화 담론의 형성」, 『교육사회학연
    구』 12(1), 67~91쪽.

김희복(1981), 「가정의 사회화 유형과 아동의 인지양식과 관계에 관한 연구」『교육학
    연구』 19(2), 50~67쪽.

김희복(1992), 『학부모 문화연구: 부산지역 중산층의 교육열』, 서울대 박사학위논문.

노경주(1999), 「교사 - 학생 상호작용에서 교환되는 교실 언어의 유형 연구」, 『교육사
    회학연구』 9(2), 97~119쪽.

류한구(1990), 「고등교육기회 획득과정 연구」, 서울대 석사학위논문.

민무숙(1991), 「교육연구대상으로서의 성(gender): 연구동향과 전망」, 『교육사회학
    연구』 1(2), 15~28쪽.

민무숙(2002), 「한국교육정책에서의 젠더 문제의 위치와 과제」, 『교육사회학연구』
    12(2), 81~97쪽.

박기언(1978), 「저개발지역 아동의 문화실조적 현상에 관한 연구」, 『교육학연구』
    16(2), 103~111쪽.

박남기(1994), 「한국인의 교육열 이해를 위한 대안적 관점」, 『교육학연구』 32(5),
    185~206쪽.

박부권(1981), 「교과서편찬과정의 사회학적 분석: 지식사회학적 관점에서」, 서울대
    석사학위논문.

박부권(1983), 「신교육사회학의 비판적 고찰」, 『한국교육문제연구』 제1집, 89~112
    쪽.

박부권(1993), 「교육효과에 관한 양적 연구의 의의와 쟁점: 통계적 방법론을 중심으
    로」, 『교육사회학연구』 3(1), 5~22쪽.

박부권(1999), 「교육개혁의 주체로서 국가, 시장, 그리고 시민단체」, 『한국교육연구』
    5(2), 24~43쪽.

박부권(2002), 「청소년자아 변화와 그 교육적 함의: 시장과 인터넷의 영향을 중심으
    로」, 『교육사회학연구』 12(1), 93~114쪽.

석태종(1987), 『교육기회와 사회계층과의 관계에 관한 일연구』, 고려대 박사학위논
    문.

성기선(1988), 「고등학교 계열화의 사회배치 기능에 관한 종단적 연구 - 계열배치
    결정과 졸업 후 진로 결정을 중심으로」, 서울대 석사학위논문.

성기선(1997), 「고등학생들의 학업성취에 미치는 학교효과 탐색」, 『교육사회학연구』 7(4), 189~204쪽.

성기선(2000), 「학교장 지도성과 학교효과와의 관련성에 대한 탐색적 분석」, 『교육사회학연구』 10(2), 89~113쪽.

성기선(2002), 「고등학교 평준화정책과 학력하향화 현상과의 관련성 분석연구」, 『교육사회학연구』 12(3), 121~135쪽.

성의정(1978), 「이스라엘 교육제도에 관한 고찰」, 이화여대 석사학위논문.

손준종(1995), 「한국 고등교육팽창에 대한 교육사회학적 분석」, 『교육사회학연구』 5(2), 37~52쪽.

손준종(1996), 「90년대 교육개혁의 사회적 성격에 대한 논의」, 『교육학연구』 34(1), 149~167쪽.

손준종(1997), 「정보사회에서의 교육의 의미: 그 가능성과 한계」, 『교육사회학연구』 7(1), 275~292쪽.

손준종(1999), 「정의로운 교육기회 분배에 관한 논의: 왈쩌(M. Walzer)를 중심으로」, 『교육사회학연구』 9(2), 121~142쪽.

손직수(1962), 「지역사회학교의 이론과 실제」, 성균관대 석사학위논문.

손흥숙(2000), 「지식의 변화와 대학의 교육과정」, 『교육사회학연구』 10(2), 115~135쪽.

송병순(1963), 「지역사회개발과 교육에 관한 연구」, 성균관대 석사학위논문.

신군자(1998), 「남북한 대학교육 연구 - 이질성 분석을 통한 통일후 대학교육의 방향 - 」, 『교육사회학연구』 8(1), 145~160쪽.

신군자(2001), 「21세기 여성상 및 여성교육의 방향」, 『교육사회학연구』 11(1), 97~119쪽.

신재영(1996), 「이중문화 적응모델로서의 '1.5세대'개념에 대한 고찰: 실증적 해석에 대한 비판을 중심으로」, 『교육사회학연구』 6(2), 13~23쪽.

심미옥(1982), 「학교교육과 성별 불평등에 관한 연구: 교과서에 제시된 노동의 성적 분화를 중심으로」, 이화여대 석사학위논문.

심미옥(1991), 「여자 고등학생들의 성역할 인식의 배경과 수용/거부 과정」, 『교육사회학연구』 1(2), 59~74쪽.

심미옥(1999), 「교직의 여성화가 초등학생의 여성화에 미치는 영향: 아동에 대한 기대와 행동을 중심으로」, 『교육사회학연구』 9(1), 47~73쪽.

심성보(1996), 「한국 대안학교 운동의 현황과 과제」, 『교육사회학연구』 6(2), 173~

198쪽.

심연미(1997), 「문민정부시대의 대학개혁과 시장경제논리」, 『교육사회학연구』 7(3), 239~255쪽.

안관수(1997a), 「사회적 불평등의 재생산요인으로서 문화적 자본」, 『교육사회학연구』 7(1), 113~125쪽.

안관수(1997b), 「청소년 하위문화에 대한 고찰 - 펑크문화를 중심으로」, 『교육사회학연구』 7(2), 111~129쪽.

오기형(1975), 「교육 격차의 현실과 과제: 교육사회, 문화측면에서」, 『교육학연구』 13(3), 27~35쪽.

오욱환(1984), 「학교에서 가르치는 것과 학생들이 배우는 것: 한 사회학적 논의」, 『교육학연구』, 서울대학교 교육연구소.

오욱환(1990), 「구조론적 마르크스주의 교육사회학의 딜레마」, 『교육학연구』 28(3), 123~135쪽.

오욱환(1991), 「여성교육학의 필연성과 한계성」, 『교육사회학연구』 1(2), 5~14쪽.

오욱환(1995), 「현대 자본주의 사회에서 국가와 교육: 마르크스주의 국가론에서 교육적 의미」 『교육학연구』 33(5), 135~161쪽.

오욱환(1997), 「가부장제 국가자본주의 사회에서 성별 불평등과 '여성교육'」, 『교육사회학연구』 7(2), 130~160쪽.

오욱환(1999), 「한국사회의 교육열에 대한 교육 이론 모형의 탐색」, 『교육학연구』 37(4), 1~28쪽.

오욱환(2000), 『한국사회의 교육열: 기원과 심화』, 서울: 교육과학사.

오재림(1998), 「통일한국의 여성정책 통합방안에 관한 연구 - 양성평등적 교육정책 수립을 위한 기초연구」, 『교육사회학연구』 8(2), 233~254쪽.

오정란(1985), 「대학생수 증가현상에 대한 교육사회학적 분석」, 연세대 석사학위논문.

오정란(2001), 「교직사회개혁정책의 이데올로기적 성격, 논쟁점, 그리고 과제」, 『교육사회학연구』 11(1), 1~31쪽.

우은복(1999), 「초등학교 성역할 교직문화 연구」, 『교육사회학연구』 9(1), 75~101쪽.

이건만(1994), 『마르크스주의 교육사회학』, 서울: 교육과학사.

이건만(1995), 「뒤르케임의 사회사항과 도덕이론의 재해석」, 『교육사회학연구』 5(1), 235~264쪽.

이규환(1971), 『서독(西獨)과 서전(瑞典)의 교육개혁에 대한 비교연구』, 이화여대 박사학위논문.

이규환(1974), 「주제 Ⅲ - 선발시험과 학교제도의 개혁」, 『교육학연구』 12(3), 18~22쪽.

이규환(1978), 「산업화된 사회와 교육의 문제」, 『교육학연구』 16(2), 36~39쪽.

이두휴(1993), 「입시경쟁의 지역간 분화의 구조분석」, 『교육사회학연구』 3(1), 35~56쪽.

이두휴(2001), 「글로벌라이제이션에 대응하는 고등교육의 개혁방안」, 『교육사회학연구』 11(3), 105~125쪽.

이미나(1992), 「교육 기획과 정책 수행간의 이원적 구조: 기획과 수행에 대한 신화의 검증」, 『교육사회학연구』 2(1), 55~71쪽.

이미나(2000), 「정보네트워크사회에서의 학교 재맥락화」, 『교육사회학연구』 10(3), 53~78쪽.

이석재(1998), 「청소년 문제의 교육적 과제와 그 대책」, 『교육사회학연구』 8(1), 97~122쪽.

이성은·조동섭·최상근(1997), 「초등학교 교원의 성비실태와 대응방안 연구」, 『교육사회학연구』 7(4), 57~75쪽.

이영호(1998), 「한국인의 교육열과 학력사회 상관성에 대한 분석」, 『교육사회학연구』 8(1), 75~95쪽.

이영호(2002), 「입시경쟁 교육체제에서의 청소년 학습문화」, 『교육사회학연구』 12(1), 135~171쪽.

이위환(1996), 「아동의 사회성발달이 학업성취에 미치는 영향: 정상가정 아동과 결손가정 아동을 대상으로」, 『교육사회학연구』 6(2), 223~246쪽.

이인호(1983), 「초등학교 학생의 성역할 사회화에 대한 교사의 영향」, 고려대 석사학위논문.

이인효(1990), 『인문계 고등학교 교직문화 연구』, 서울대 박사학위논문.

이인효(1991), 「교직의 여성화와 교직사회의 변화」, 『교육사회학연구』 1(2), 29~47쪽.

이인효·최돈민(1995), 「고교평준화가 고등학생의 학력에 미치는 영향: 학생집단의 학력 구성상의 특성이 미치는 효과를 중심으로」, 『교육사회학연구』 5(2), 111~128쪽.

이정표(1995), 「기업 고용주와 대학생의 학력관에 나타나는 학력의 사회적 함의에

194

관한 연구」, 『교육학연구』 33(1), 163~179쪽.

이정표(2001), 「국민의 학력관에 나타나는 학력의 사회적 함의에 관한 연구」, 『교육
　　　사회학연구』 11(1), 56~75쪽.

이존순(1971), 「사회개발을 위한 교육의 역할: 인력개발의 중요성을 중심으로」,
　　　『교육학연구』 9(1), 49~59쪽.

이종각(1987), 「교육사회학의 연구과제와 방법」, 『교육학연구』 25(2), 53~70쪽.

이종각(1990), 「교육경쟁양식과 교육경쟁구조: 1차논의」, 『교육사회학연구』 1(1),
　　　7~18쪽.

이종각(1994), 『교육학 논쟁』, 서울: 도서출판 하우.

이종각(1997), 『교육인류학의 탐색』, 서울: 도서출판 하우.

이종각(2000), 「교육열의 개념 재정립」, 오만석 외(편), 『교육열의 사회문화적 구조』,
　　　성남: 한국정신문화연구원, 7~52쪽.

이종각(2002), 「교육열의 운동법칙과 결합법칙」, 『교육사회학연구』 12(1), 173~192
　　　쪽.

이해성(1988), 『통체체제의 모순과 학교교육의 정치사회적 기능』, 연세대 박사학위
　　　논문.

이해성(1995), 「교육의 역사사회학 연구방법: 연구주제의 선정과 제기방식」, 『교육
　　　사회학연구』 5(1), 291~303쪽.

이해성(1997), 「계급간 언어유형의 차이와 문화강제 그리고 학교 부적응」, 『교육사회
　　　학연구』 7(4), 109~121쪽.

이혜영(1993), 「대학 학생정원 결정의 사회적 동인 분석」, 『교육학연구』 31(1), 77~
　　　97쪽.

이혜영(1994), 「교과서속의 전통문화」, 『교육학연구』 32(5), 109~128쪽.

이혜영・박인종・성기선・한만길(1998), 「학교교육의 사회적 지위 획득 효과분석
　　　연구」, 『교육사회학연구』 8(2), 33~56쪽.

임선희(1983), 『근로계층의 학교교육 기회와 사회이동에 관한 연구』, 이화여대 박사
　　　학위논문.

장원섭(1997), 「대학졸업자의 구직 활동과 노동 시장에서의 성공」, 『교육사회학연
　　　구』 7(1), 145~163쪽.

전경갑(1986), 「교육과 사회평등화」, 『교육학연구』 24(3), 41~50쪽.

전경갑(1997), 「푸코의 역사적 구조주의와 지식이론」, 『교육사회학연구』 7(4), 95~
　　　108쪽.

정민승(2001), 「학생들은 사이버에서 무엇을 배우는가?: 언어사용과 대중문화수용 과정을 중심으로」, 『교육사회학연구』 11(2), 145~166쪽.

정범모(1969), 「도시·농촌의 학교차 요인」, 한국사회학회, 『도시와 농촌의 격차: 세미나보고서』, 46~54쪽.

정영애(1978), 「가정의 사회경제적 지위와 유형에 따른 학생의 언어모형에 관한 연구」, 숙명여대 석사학위논문.

정영애(1985), 「신교육사회학의 쟁점과 가능성」, 『교육학연구』 23(1), 97~112쪽.

정영애(1991), 「한국교육문제의 구조와 본질」, 『교육사회학연구』 1(2), 153~169쪽.

정영애(1997), 「정보사회의 교육 패러다임 변화와 딜레마」, 『교육사회학연구』 7(3), 177~198쪽.

정우현(1990), 『교육사회학연구』, 서울: 교육과학사.

정우현(1996), 『교육사회학 연구동향: 비판적 관점을 중심으로』, 서울: 원미사.

정순우(1999), 「한국사회 교육열에 관한 역사·문화적 접근」, 『교육사회학연구』 9(1), 1~16쪽.

정지선(1995), 「한국 교육발전에의 영향력 변인에 관한 연구: 종속적 발전의 관점에 서」, 『교육사회학연구』 5(2), 155~172쪽.

정지웅(1964), 「한국농촌 지역사회의 교육적 필요에 관한 연구: 향토학교의 사회학적 배경」, 서울대 석사학위논문.

정지웅(1969), 「가난의 문제와 교육에의 도전」, 『교육학연구』 7(2), 29~42쪽.

정지웅(1974), 「농촌사회교육의 분석」, 『교육학연구』 12(1), 15~28쪽.

정지웅(1979), 「교육사회학과제로서의 지역사회와 교육」, 『한국사회학』 13(1), 167~172쪽.

조금주(1997), 「학교운영위원회의 도입과 학교교육의 통제구조 변화」, 『교육사회학연구』 7(3), 273~290쪽.

조문현(1978), 「아동의 언어적 표현과 사회 계층에 관한 연구」, 이화여대 석사학위논문.

조문현(1987), 『학급에서의 언어적 표현과 아동지위의 분화』, 이화여대 박사학위논문.

조용환(1995), 「학교 구성원의 삶과 문화: 교사와 학생, 그들은 행복한가?」, 『교육학연구』 33(4), 77~91쪽.

조태성(1964), 「도서지역사회 개발과 교육에 관한 연구」, 성균관대 석사학위논문.

주요한(1966), 「경제개발과 교육」, 『교육학연구』 4, 117~120쪽.

진원중(1974), 「이스라엘의 사회와 교육」, 『교육학연구』 12(1), 41~52쪽.

차경수(1974a), 「사회변동과 교육」, 『교육학연구』 12(1), 29~40쪽.

차경수(1974b), 「주제 II - 고등교육개혁의 방향」, 『교육학연구』 12(3), 12~17쪽.

차경수(1976), 「발전교육론의 업적과 과제」, 『교육학연구』 14(3), 169~179쪽.

차경수(1979), 「사회변동과 교육에 관련된 교육사회학연구의 현황」, 『한국사회학』 13(1), 173~177쪽.

차윤경(1983), 「고등교육획득의 결정요인 탐색」, 서울대 석사학위논문.

최상근(1993), 「한국 초·중등교사의 교직사회화 과정 연구: 국·공립학교 남교사를 중심으로」, 『교육사회학연구』 3(1), 57~78쪽.

최영신(2001), 「비행 청소년의 학교 중퇴와 대안학교」, 『교육사회학연구』 11(3), 127~152쪽.

최은수(1995), 「한반도 분단의 역사성에 입각한 남북한 통일정책과 통일교육의 변천분석」, 『교육사회학연구』 5(1), 305~340쪽.

최은수(1996), 「재미 한인 이민자들의 사회부적응 실태와 정책적 대안이 갖는 통일과 교육에의 시사점」, 『교육사회학연구』 6(2), 93~110쪽.

최은수(1998), 「재미동포 교육정책에 관한 고찰」, 『교육사회학연구』 8(2), 207~232쪽.

최정숙(1976), 「사회계층이 개인의 능력에 미치는 영향에 관한 일 연구」, 이화여대 석사학위논문.

최정혜(1970), 「사회계층과 아동교육에 관한 연구」, 이화여대 석사학위논문.

최충옥(1997), 「청소년 유해환경 현황과 과제」, 『교육사회학연구』 7(3), 55~80쪽.

최현숙(1981), 「한국 교육기회의 불평등에 관한 연구」, 중앙대 석사학위논문.

추병식(1999), 「집단 순응과 대리 만족의 교육열」, 『교육사회학연구』 9(1), 17~30쪽.

한대동(1992), 「고등교육 획득의 분화 및 계층화의 결정 과정과 요인: 1980년대 미국 고등학생들의 졸업후 6년간의 교육획득을 중심으로」, 『교육사회학연구』 2(1), 117~145쪽.

한대동·성병창·길임주(2001), 「고등학생 학업성취에 대한 학교효과와 과외효과의 비교연구」, 『교육사회학연구』 11(1), 33~54쪽.

한만길(1984), 「교육내용의 교육사회학적 분석」, 서울대 석사학위논문.

한만길(1991), 「대학 정원의 확대 이후 교육기회 배분구조의 변화 추이분석: 1980년대 대학 신입생의 출신 배경을 중심으로」, 『교육사회학연구』 1(2), 125~135쪽.

한완상(1992), 『한국 현실 한국 사회학』, 서울: 범우사.

한준상(1981), 『새로운 교육학: 교육사회학 이론의 전개』, 서울: 한길사.

한준상(1985), 『교육사회학 이론과 연구방법론』, 서울: 문음사.

한준상(1994a), 『한국교육개혁론』, 서울: 학지사.

한준상(1994b), 「교육과 포스트모더니티: 해체와 교육간의 문화적 상관」, 『교육사회학연구』 4(1), 227~258쪽.

한준상(1996), 「새로운 학교교육을 위한 외국의 실험학교」, 『교육사회학연구』 6(2), 123~129쪽.

홍동식(1976), 「농업발전을 위한 사회교육의 역할」, 『교육학연구』 14(3), 189~200쪽.

황순희(1990), 「상징전략에 의한 학교문화의 재생산과정: 일본의 인문계 S고교의 사례를 통하여」, 『교육사회학연구』 1(1), 151~168쪽.

황순희(1993), 「학력의 사회적 기능: 아이덴티티의 준거·사회적 자본의 축적」, 『교육사회학연구』 3(1), 157~177쪽.

황종건(1974), 『공업화에 따르는 지역사회의 변화와 교육에 관한 연구』, 계명대 박사학위논문.

Bowles, S. and H. Gintis, *Schooling in Capitalist America*. New York: Basic Books, 1976.

Brodbeck, M., Logic and Scientific Method in Research in Teaching. In N. Gage(ed.), *Handbook of Research on Teaching*. Chicago: Rand McNally, 1963.

한국 교육사학 60년사

이길상

Ⅰ. 서론

해방 이후 한국 교육사학의 성과에 대한 학계의 평가는 다양하다. 최근의 논의 속에서도 "교육학 분야의 연구는 엄청난 양적·질적 발전을 이룩했다. 교육사학 분야도 예외는 아니다."(정재걸, 2001, 1쪽)라는 평가로부터 "한국 교육사연구는 조금 과장되게 표현하자면 끊임없이 생겨나나 달라지지 않음 (生生不異)을 그 특성으로 하고 있다."(이길상, 1999, 59쪽)는 부정적인 평가 까지 발견된다.

학문 영역에 대한 평가의 기준으로는 1) 해당 영역에 속한 학자의 수나 발표 연구업적의 수효로 측정되는 양적 규모, 2) 발표된 논문과 학술 저작들의 질적 수준, 3) 해당 분야와 관련된 제도나 조직의 발달 정도, 4) 타 학문영역과 의 교류 및 영향력 정도, 5) 현실적 효용가치 수준 등을 들 수 있을 것이다. 이러한 기준을 적용시켜 볼 때 해방 이후 지금까지의 한국 교육사학은 양적 성장이나 제도발달 수준에서 긍정적인 평가를 받을 수 있을 뿐 나머지 질적 발전과 관련된 많은 지표에서는 부정적인 평가를 면하기 어렵다.

1998년에 있었던 '교육사 연구와 교육의 중요성'을 주제로 한 한국교육사 학회 창립 31주년 기념 학술대회에서 발표된 4개 논문(기조강연 포함)에서 지적된 문제점들은 우리나라 교육사학의 현실을 보여주는 증표임에 틀림없 다. 원로 교육사학자는 한마디로 "교육사의 가치인식은 전무상태"(한기언,

1998)라고 표현하였으며, 교육사학은 교육학 분야 내에서도 "천덕꾸러기 취급"(이용길, 1998)을 받고 있다는 개탄의 목소리도 들렸다. 대학에서의 "한국교육사에 대한 인식부족"(한규원, 1998)도 지적되었다. 외국의 교육사 수준과의 비교를 통해 "우리나라의 경우 교육사의 중요성에 대한 인식이 과거보다 약화되고 있는 것이 사실이다"(정영수, 1998)라는 내부 비판은 결코 가벼이 넘길 수 없는 일임에 틀림없다.

서구에서 교육사학은 탄생 당시부터 "새로운 교육이론의 구축을 위한 풍부한 자료와 '영감'을 주는 예지의 원천"(한기언, 1998)으로 인식되었다. 한 마디로 말해서 교육학으로서 교육사를 가지지 못하면 토대가 없는 건축물과 같다는 칼 슈미트(Karl Adolf Schmidt)의 비유가 당연시 되어 왔다. 그러나 우리나라에서는 교육사학이 이런 역할을 주변 학문으로부터는 물론 교육학 내부에서조차 인정받지 못하고 있다. 교육사학의 저발전 상태로 인해 우리나라 교육학 수준의 답보상태, 혹은 서구의존성이 지속되고 있다는 해석에 대해 이의를 제기하기 어렵다. 양적인 성장은 분명히 있었으나 질적인 발전이 있었다고 하기에는 현재의 교육사의 학문적 위상이 그리 높지는 않다. 지나친 표현이 될 수도 있겠으나 해방 이후 우리나라 교육사학이 보여준 것은 '부분적인 성과'와 '지속적인 문제점'들이었다.

본 연구에서는 해방 이후 현재까지 한국에서의 교육사학이 걸어온 길을 더듬어 본다. 그러나 성공이나 발전의 흔적보다는 실패와 문제점의 연원을 찾는 데 좀더 관심을 두고자 한다. 21세기 교육사학의 발전을 위해 헤쳐 나가야 할 길을 열기 위해서는 공든 탑을 쳐다보는 편안한 행위보다는 놓여있는 장애물을 인식하고 확인하는 불편한 노력이 더 필요하기 때문이다.

해방 이후 현재까지의 교육사학의 발전 과정을 세 단계로 나누고자 한다.[1] 첫 번째 시기는 해방 직후 이만규에 의한 조선교사사의 발간으로부터 시작해

---

1) 일찍이 정순목은 학문의 역사에서도 3대의 개척, 발전, 심화 과정을 거친다고 보았다. 본 논문에서는 이 의견을 참고로 하였다. 정순목(1982), 「한국교육사 인식의 제 문제」, 한국교육사연구회(편), 『한국교육사 연구의 새 방향 - 교육사학의 본질과 방법 - 』, 서울: 집문당, 9쪽.

서 1967년 '교육사연구회'의 발족 이전까지이다. 교육사학의 탄생기라고 부를 수 있다. 이 시기는 개별 연구자들에 의한 교육사 연구 및 교육 활동, 대학 강의를 위한 교과서 출판이 주축이 된 시기라고 규정할 수 있다. 두 번째 시기는 '교육사연구회'의 발족으로부터 1980년대 초까지의 시기로 학회 중심으로 다양한 연구, 교육, 출판 활동이 이루어져 교육사학의 양적 성장은 이루었으나 질적 발전을 위한 많은 과제들을 드러낸 시기로서 교육사의 계몽시대라고 부를 수 있을 것이다. 세 번째 시기는 1981년부터 최근까지의 시기로 인문사회과학 분야에서의 다양한 진보적 경향에 영향을 받아 교육사의 연구 영역이 확장되고 주변 분야와의 교류가 활발해진 기간이었다. 이 시기에는 특히 한국 근현대교육사 연구가 교육사학의 발전을 주도했던 점이 특징이었다. 교육사학의 질적 발전을 통해 정체성을 획득하기 위한 다양한 시도가 이루어진 교육사학의 발전모색기로 규정할 수 있다. 새로운 학회의 출현, 세대교체를 지향한 움직임, 지방교육사나 학교교육사로 상징되는 미시사에 대한 관심의 증가 등이 이 시기에 이루어졌다.

이들 각 시대별로 교육사에 영향을 준 시대적 배경, 선구적 연구업적, 연구주제, 그리고 주요 쟁점을 중심으로 살펴보려고 한다. 특히 한국 교육사학의 대표적인 문제점들이 시대별로 어떻게 나타나고 변용되어 왔는지에 초점을 맞추려고 한다. 예컨대 역사학 연구결과에의 지나친 의존, 사료에 대한 과학적 접근 태도의 부족, 사료 발굴 노력의 부족, 방법론에 대한 무관심, 성공사례 중심의 연구경향, 비교연구의 부족, 인물사 중심 연구에서 오는 한계, 독자적 시대구분론의 미발달 등 다양한 문제들이 각 시대별로 어떤 양상으로 드러나고 변용되어 현재에 이르렀는지를 고찰 할 것이다. 이어서 해당 시기 교육사에 대한 평가를 시도해 보고자 한다.

II. 교육사학의 탄생기(1945~1966)

우리나라에서 교육사 관련 서구식 논문이 처음 발표된 것은 해방 훨씬

이전이었으며,2) 교육사가 정규 교육기관에서 독립된 과목으로 가르쳐지기
시작한 것은 분명한 시점을 확인할 수는 없으나 대체로 1910년대 중반 정도였
을 것으로 추정할 수 있다.3) 전문학교로서 연희전문학교가 최초로 교육사
강좌를 개설한 것이 1921년이었고, 이어서 이화여자전문학교, 혜화전문학교
등에서도 교육사를 개설하였다. 당시에 교육사는 교육학이나 교수법과 더불
어 교육학 분야의 가장 핵심적인 교과목 중 하나였다.4) 1926년에 경성제국대
학에 법문학부가 개설될 당시의 법문학부규정에는 철학과 전공과목 7개
중 하나로 교육사가 들어 있었다.5) 1927년부터 1934년까지 교육학 전공과정
이수과목의 하나로 교육사개설이 들어 있었으나 1935년부터는 독자적 과목
으로 가르쳐지지 않았다. 경성제국대학에서의 교육사 강의는 당시 조선총독
부 시학관이었던 松月秀雄이 주로 담당하였다. 경성사범학교에서도 교육사
는 주요 과목의 하나로 개교 당시부터 부과되었으나 1943년부터는 강좌에서
제외되었다. 이러한 상황은 사립전문학교나 경성제국대학도 마찬가지였다.
대체로 1938년 제3차 조선교육령 시행기에 접어들면서부터 교육사는 점차
교과과정에서 제외되기 시작하였다.

일제시대에 이루어진 교육사 관련 저서로는 총독부 시학관 겸 편집과장이
었던 小田省吾의『朝鮮敎育制度史』(1923)와 역시 총독부 시학관이었던

---

2) 우리나라에서 교육사의 기원에 관한 논의는 없었다. 최초의 교육사 관련 논문으로
  기록될 수 있는 것은 아마도 1906년 7월과 8월에『朝陽報』제3호와 4호에 연재되었
  던「我韓의 敎育來歷」이다. 이 글의 필자는 분명치 않다.

3) 1915년에 2년제로 창설된 이화학당의 유치원사범과의 1917년 교과과정에 교육사가
  포함되어 있었다. 김성학(1995),『서구교육학 도입과정 연구(1895~1945)』, 연세대
  박사학위논문, 218쪽.

4) 1921년 당시 연희전문학교의 문과와 신학과의 교육학 관련 교과목은 교육사와
  교육학 두 개였으며 주당 시수에 있어서 교육학과 교육사가 각각 2시간으로 동일하
  였다. 이화여자전문학교 문과의 경우에도 1925년에는 교육학, 교육사, 교수법,
  1930년에는 교육사, 교육학개론, 교육심리학, 1936년에는 교육학, 교육사, 교수법이
  교육학 분야의 교과목이었다. 혜화전문학교에서도 교육사는 교육학, 교수법과
  함께 교육학 분야의 주요 과목으로 가르쳐지고 있었다.

5) 그러나 이듬해인 1927년에 개정된 규정에서 전공은 5개로 조정되었고 교육사는
  교육학전공에 통합되었다.

高橋濱吉의『朝鮮敎育史考』(1927)를 들 수 있다. 이들 저서는 주로 총독부 교육정책을 지지하는 입장에서 서술하였다. 한국인들에 의해서도 한국교육사 관련 논문이 다수 발표되었다. 一路의 「삼국시대의 국학」(『신생』 1930년 4월호), 耿圓의 「이조의 성균관과 서원」(『신생』 1930년 4월호), 花山의 「고려시대의 국자감」(『신생』 1930년 4월호), 김윤경의 「이조의 교육기관」(『신생』 1932년 11월, 12월호), 유홍렬의 「여말선초의 사학」(『靑丘學叢』 1936년 5월호), 杏亭學人의 「조선교육제도의 사적 고찰」(『신동아』 1933년 4월호), 吳鳳彬의 「조선 신교육의 유래」(『교육연구』 1926년 11월호) 등인데 대체로 사학자들이 주도하였다. 비록 교육사가 하나의 학문 영역으로 그 정체성을 확립했다고 할 수는 없으나 조선인들에 의한 조선교육사 연구가 본격화되었다는 데 큰 의미가 있는 업적들이었다(김성학, 240쪽).

이러한 업적들은 결국 해방과 함께 이만규[6]에 의해 발전적으로 계승되었다. 이만규는 해방 공간의 이념적 갈등을 상징했던 세 부류의 교육개혁 집단[7] 중 이른바 '진보적 민주주의 교육 운동'의 이론 제공자인 동시에 실천가였다. 그에 의해 한국 교육사학의 시작이고, 상징이며, 기념비적 업적이기도 한『조선교육사』(상·하)가 탄생되었다. 그의 교육개혁 구상이 온전히 녹아 있는『조선교육사』(상)은 1946년 11월에 탈고되어 이듬해인 1947년에 을유문화사에 의해 간행되었고,『조선교육사』(하)는 1949년에 간행되었다.『조선교육사』는 현재 남과 북에서 동시에 교육사 분야의 고전, 원조,

---

6) 이만규는 강원도 원주 출신(1888년생)으로 경성의학강습소를 나오고(1911년) 잠시 동안의 의료활동에 이어 송도고등보통학교, 배화고등여학교 교사를 지냈다. 1938년에 홍업구락부사건으로 교직에서 쫓겨났었고 1942년에는 조선어학회 사건으로 구속되기도 하였다. 1938년에 교직에서 쫓겨난 기간 동안 우리나라 교육의 역사와 관련된 각종 자료를 읽을 기회를 얻었고 이것이 해방 직후 조선교육사 간행의 기반이 되었다.

7) 미국식 민주주의 교육을 지향했던 '새교육운동,' 교육내용에서의 민족주의 강화를 강조하였던 이른바 '민주주의 민족교육론,' 그리고 사회주의적 교육개혁을 추진하였던 '진보적 민주주의 교육운동'을 말한다. '새교육운동'은 주로 교수법 개혁을, '민주주의 민족교육운동'은 교육내용 개선을, 그리고 '진보적 민주주의 교육운동'은 교육이념의 재설정을 개혁의 핵심으로 여겼다.

혹은 사계의 압권이라고 인정받고 있는 보기 드문 저술이다(심성보, 1992).

이만규는『조선교육사』를 통해 교육사가 학문적 독자영역을 확보하는 데 필요한 기초를 확립하였다. 그는 우선 교육사의 개념과 범위를 규정하였다. 그에 의하면 교육사는 "문명사의 일종으로서 특히 교육에 관한 역사의 기술"이며 그 범위는 "교육의 일반상황과 학제연혁, 그리고 교육대가의 전기와 그들의 사상과 학설 따위를 기술하고 그밖에 광범위한 교화사업"을 포함하는 것이다. 학문으로서 교육사의 필요성은 크게 세 가지를 지적하였다. 첫째는 "인문의 진보를 거슬러 찾고 사상의 변천을 연구하며 교육사업과 교육학설의 진보·발전한 상태와 이유를 찾는 데" 있으며, 둘째는 "전 시대가 후 시대에 또는 한 나라가 다른 나라에 주는 효과와 영향을 아는 데" 있고, 마지막으로는 "교육학을 건설하는 데 재료를 제공해 주는 것"이 교육사의 임무라는 것이다.

이러한 교육사의 학문적 실용성에 대한 인식과 더불어 이만규로 하여금 교육사 집필을 하도록 이끈 것은 일본과 중국을 비롯한 세계 각국에서의 교육사 연구 업적이 준 자극과 경쟁심이었다. 특히 일본이나 중국이 이미 1870년대에 자국의 교육사를 체계화한 것을 목도하고 우리 민족의 교육전통을 집대성할 계획을 세웠던 것이다.

『조선교육사』가 우리나라 교육사학사에서 중요한 위치를 차지하는 것은 단순히 해방 후 처음으로 나온 교육사 단행본이라는 사실에만 그 이유가 있지는 않다. 시대 구분이나 체제에 있어서는 과거 일본인들에 의한 연구나 조선인 역사학자들의 연구와 큰 차이가 없다. 즉 조선시대 이전, 조선시대, 조선시대말, 일제하 36년간 교육으로 구분하여 각 시대별로 시대상, 이에 영향 받은 교육, 주요 교육자 및 교육사상가 순으로 서술하였다.『조선교육사』가 가치를 지니는 것은 연구 방법론에 있어서 아래와 같은 몇 가지 뚜렷한 특징을 지니기 때문이다. 지금도『조선교육사』가 교육사 연구자들에게 넘어야 할 산으로 남아 있는 까닭이기도 하다.

첫째, 교육사 속에서 우리 민족의 주체성, 창작성, 우수성을 발굴하려는

적극적 시도를 하였다. 화랑도 교육의 강조와 발해 교육의 민족교육사에로의
편입 노력, 서당교육의 강조와 일제시대 민족주의 좌파 교육운동의 복원
등은 이런 측면을 보여준다.

둘째, 우리 교육사를 반도에 묶어 두지 않고 세계사적 보편성 속에 편입시키
려는 시도를 하였다. 교육사 서술에 있어서 세계사와의 관련성 부족, 주변
학문과의 연계 부족을 극복하기 위하여 '사회경제사학'이나 '유물사관'을
적극 동원하였다. 그러나 이만규는 시종일관 전통교육의 계급성을 비판하면
서도 그 한계 극복의 주체로서는 계급보다는 민족을 내세움으로써 유물사관
의 틀 안에 머물지는 않았다.

셋째, 교육사 서술에 있어서 민족주체성의 강조와 우리 교육사의 세계사적
보편성에의 편입 노력을 통해 이만규가 추구한 것은 식민사관의 극복이었다.
학문을 통한 일제잔재 청산을 지향하였다.

넷째, 방법론적으로 이만규는 단순한 사실 기술보다는 해석 중심의 역사서
술을 지향하였다. 문학적 상상력에 의한 설명 수준을 넘어 다양한 사회과학적
이론을 기초로 한 사관에 따라 주체적 해석을 시도함으로써 우리 교육사에
다양성을 입히는 시도를 선구적으로 하였다.

다섯째, 교육사 서술에서 소외되었던 여성, 유아, 잡학분야에 관심을 기울
임으로써 우리 교육사의 영역 확장에 기여하였다. 봉건 사회의 억압 구조
속에서 소외되었던 집단이나 계층에 대한 학문적, 인간적 배려가 이루어졌다.

이러한 가치에도 불구하고 이만규의『조선교육사』는 몇 가지 한계를 드러
냈다. 우선 시대 구분에 있어서 왕조사를 답습하였을 뿐 주체적 사관에
의한 시대 구분에까지는 이르지 못하였다. 둘째, 민중을 역사의 주체로 강조
하였으나 실제 역사 서술에서 실현하지는 못하였다. 셋째, 세계사적 보편성에
대한 강조, 과학적 역사학에 대한 강조로 민족사의 원류인 단군조선 시대를
민족교육사에서 제외시켰다. 넷째, 서양 선교사에 의한 신식학교 설립 등
개화기 서양 교육의 영향을 긍정적으로 평가함으로써 미국 등 열강의 제국주
의 문화침탈 의도를 읽어내지 못하였다. 이들 문제점은 아직도 우리 교육사

연구가 해결해야 할 과제로 남아 있다.

이만규의 선구적 노력은 분단과 전쟁으로 인한 이념 갈등 속에서 제대로 계승되지 못하였다.[8] 그의 연구업적이나 그가 제기한 문제의식에 기초해서 활발한 연구 활동이 전개되지 않았다. 단지, 일부 교육학자들과 역사학자들 사이에서 교육사의 학문적 가치가 인정되기 시작한 것이 이 시기가 주는 의미로 기록될 수 있을 뿐이다. 해방으로부터 1967년 교육사학회의 탄생에 이르기까지의 시기는 한 마디로 말해서 매우 견실한 씨앗이 뿌려졌음에도 불구하고 이에 합당한 결실을 맺지 못한 시기였다. 이렇다할 연구업적이나 제도적 발달이 눈에 보이지 않던 시기였다. 이 시기 교육사 분야의 연구 경향은 몇 가지로 정리될 수 있다.

이 시기 교육사 연구의 가장 큰 특징은 개별 주제에 관한 심층적 연구보다는 교과서 집필이 주로 이루어졌다는 점이다. 대학에서의 교육사 강좌의 등장에 따라 이에 필요한 교육사 교재의 집필이 연구의 동기로 주로 작용하였던 것이다. 해방 이후 교육사 과목이 대학의 교육과정에 처음 명시된 것은 1946년 연희대학교 학칙이었다. 학칙 속의 학정표에 여타 교육학 과목과 함께 서양교육사(6학점), 동양교육사(6학점), 그리고 조선교육사(3학점) 과목이 포함되었다. 그러나 강좌가 개설된 것은 1950년에 교육학과 신입생을 선발하고 나서였다. 대학에서 교육사 과목이 처음 개설된 것은 1947년 1학기 서울대학교였다. 서양교육사 과목(4학점)이었고 강사는 이준하였다. 그리고 1947년 2학기에는 서양교육사가 2학점으로 축소되고 이와 함께 조선교육사(4학점)가 개설되었다. 이후 문을 연 대부분의 대학에서 교육사는 독립된 교과목으로 개설되었다.

'교육사=서양교육사'라는 인식에 따라 서양교육사 교재가 다수 출판되었다는 점이 또한 주목된다. 1955년에 간행된 김용기의『서양교육사』, 1956년에 간행된 임한영의『교육사상사』(수문각), 1962년에 간행된 한기언의『서양교

---

8) 이만규 교육사학이 다시 한국교육사 연구와 교육에 영향력을 미치게 된 것은 1988년 도서출판 거름에 의해『조선교육사』가 재인쇄, 보급되면서부터였다.

육사』(박영사) 등이 대표적이다. 상대적으로 한국교육사 연구는 활발하였다
고 볼 수 없다. 이만규의『조선교육사』이후 이 분야의 출판물로는 1956,
1957, 1959년에 간행된 박상만의『한국교육사』(대한교육연합회) 상·중·
하 3권과 1961년에 간행된 주영하의『이조 근세의 교육』(수도여사대출판부),
1963년에 간행된 한기언의『한국교육사』(박영사), 그리고 1964년에 간행된
오천석의『한국신교육사』(현대교육총서출판사), 1964년에 나온 손인수의
『한국교육사상사』(재동문화사) 등이 있다. 이 중 박상만의 저술은 특히 한글
전용 원칙을 준수함으로써 당시 학계에 자극을 주기도 하였다. 주영하는
한글과 함께 영문으로 출판함으로써 우리 교육사를 영어로 간행한 최초의
한국인으로 기록되었다. 오천석의『한국신교육사』는 최초의 한국근현대교
육사 저술로서의 의미를 지닌다. 1961년에 이인기 등에 의해 공동 집필된
『교육사』(현대교육총서출판사)는 총 10부 중 4부만이 한국교육사였고 나머
지 6부는 서양교육사로 구성되었다.

　한국교육사, 서양교육사, 동양교육사, 교육사 등 개설서 성격의 교과서
출판이 당시 교육사학계를 지배하였을 뿐 연구논문의 발표는 상대적으로
빈곤하였다. 교육사 분야의 전문 학술지 부재에 따른 불가피한 결과였을
수도 있고, 연구의 빈곤이 전문 학술지의 탄생을 지연시켰을 수도 있다.
교과서 중심의 학문 활동은 이후 시기에도 꾸준히 지속된 한국 교육사학의
특징 중 하나라고 여겨진다. 교육학 분야의 전문 학술지 부재로 인해 1963년까
지 개별 논문의 발표는 활발하게 이루어지지 않았다. 1963년 9월『敎育學會
誌』의 창간9)은 이런 의미에서 교육사뿐 아니라 우리나라 교육학 발전에

---

9) 한국교육학회가 비록 1953년 4월 4일 피난지 부산에서 창립되기는 하였으나 학회의
　생명줄이라고 할 수 있는 학회지는 10년의 세월을 기다린 후인 1963년에야 창간되었
　다. 창간 당시에는 연 2회 간행을 계획하였지만 실제로는 66년까지 4년 간은 연
　1회 간행에 그쳤고 1967년에 이르러 연 2회 간행을 실현하였다. 사실 학회지 창간
　이전까지의 한국 교육학은 생명체이기는 하나 적극적인 활동을 하지 못하는, 그야
　말로 아직 태어나지 않은 태아 수준에 다름 아니었다. 창간 당시 회장 서명원이
　창간사에서 비유하였듯이 학회지는 학문발전을 위해 꼭 필요한 영양제나 자극제이
　기 때문이었다.

있어서 매우 중요한 의미를 갖는다. 1964년 9월에 간행된『敎育學會誌』제2호에는 9편의 논문 중 손인수의「신라화랑도교육의 연구」와 한기언의「권근의 교육사상」등 2편이 한국교육사 분야의 논문이었다. 1966년에 간행된 제4호에는 손인수의「신라화랑도와 서양중세 기사도의 교육」이라는 비교교육사 논문과 한동일의「중국민족운동과 교육」이 발표되었다.

교육학 내부에서는 이 당시 한국 교육학의 발전 과정을 계몽기(1945~1953), 과학화(1953~1963), 토착화(1963~)로 설정하고 마지막 토착화 단계에 이르러 "교육사연구는 한국 교육학연구에 있어서 주도적 역할을 담당하기 시작했다"는 평가를 하기도 하였다(한기언 1973, 60쪽). 그러나 이런 교육사 학계 내부에서의 자체적인 평가에도 불구하고 이 당시 교육사학계의 연구 경향에 관해 한 역사학자는 강의를 위해 성급히 만들어진 교재 형태의 저작들이 "제2차 사료나 다른 사람의 기왕의 업적을 근거로 한국교육사를 정리"하는 수준이었고, 따라서 "성실한 기초연구보다는 이론을 앞세운 터무니없는 논문이나 성글고 설득력 없는 방대한 저작"이 많다고 지적한 바 있다(이성무, 1976, 40~51쪽). 이 기간 동안 발표된 석사학위 논문이 불과 10여 편에 불과하고 박사학위 논문은 전혀 없었다는 사실은 당시 교육사 연구의 수준을 짐작케 해준다(신차균, 1983). 간행된 단행본 17종 중 15종이 개설서 형식의 교재였으며 특정 시대나 주제를 다룬 연구서는 단 2종에 불과하였다.[10]

역사학자들에 의해 발굴되고 사용된 사료의 재활용, 역사학자들이 밝혀낸 연구 결과의 교육사 관점에서의 단순 재구성, 기초적인 연구논문 보다는 교과서 저술 중심의 연구 활동이 이 시기 교육사학의 특성이며 한계였다.

Ⅲ. 교육사학의 계몽기
: 학회의 탄생과 양적 성장(1967~1980)

---

10) 1964년에 신석신이 펴낸『전북교육사』(전북교육사간행회)와 오천석의『한국신교육사』 정도이다.

1967년은 우리나라 교육사 발전에 있어서 매우 의미 있는 해이다. 교육사 연구자들에 의해 학회가 처음으로 탄생한 것이다. 1967년 7월 10일 한국교육사연구회11)가 정식으로 출범하였다.12) 이 해에는 또한 교육학회의 학회지가 『교육학연구』로 명칭을 변경하는 동시에 연 1회 간행에서 연 2회 간행 체제로 발전하기도 하였다. 이후 교육사 분야는 학회 중심으로 양적인 성장을 이룰 수 있었다.

한국교육사연구회는 창립 2년 후인 1969년 7월에 학회지『한국교육사학』을 창간하였다. 창간호에는 손인수의 「일본통치기간의 교육학」을 비롯하여 안상원의 「시학제도의 형성과정과 일정하 한국에 있어서의 시학기관」, 신천식의 「한국교육사의 시대구분문제」 등 3편의 논문이 게재되었다. 학회지는 창간호가 간행된 이후 무려 8년간의 공백을 거쳐 1978년에 제2집을 내놓았다. 학회 성립 이후 1980년까지 14년 동안 학회지는 불과 2회만 간행될 정도로 교육사 발전에 큰 역할을 담당하지는 못하였다. 한국교육사연구회는 해당 기간 동안 6회의 창립기념 학술대회를 다양한 명칭으로 개최하였다. 최초의 교육사분야의 박사학위 논문이 제출된 것이 이 기간이었다. 1970년에 제출된 한기언의『한국교육의 민주화 과정에 대한 교육사상사적 연구』였으며 이후 총 4편 정도가 1980년대 초까지 생산되었다. 따라서 학회지, 연차학술대회, 학위논문 등은 당시 연구경향을 파악하는 데 큰 도움이 되지 않는다.13)

이 기간 동안의 교육사 분야 연구 경향을 분석하는 데 도움이 될 수 있는 핵심적인 학회활동은 월례발표회였다. 한국교육사연구회는 창립이후 1980년까지 총 77회의 월례발표회를 개최하여 교육사의 학문적 발전에 가장 크게 기여하였다. 월례발표회에서 발표된 논문 85편을 주제에 따라 정리해

---

11) '한국교육사연구회'는 1982년에 '교육사·교육철학연구' 중 교육사 부문을 흡수하여 '한국교육학회 교육사연구회'로 개칭하였다가 1999년에 '한국교육사학회'고 변경하여 현재에 이르고 있다.

12) 서울의 중앙교육연구소에서 손인수, 신천식, 안상원, 이학철, 정순목, 정재철, 한기언 등 회원이 모여 창립 총회를 개최하고 한기언을 초대 회장으로 선임하였다.

13) 해방 이후 1978년까지 발표된 박사학위 논문과 석사학위 논문, 그리고 일반 논문의 경향에 관해서는 신차균의 논문(1983)을 참고할 것.

보면 다음 <표 1>과 같다.

<표 1> 한국교육사연구회 월례발표회 주제 현황(1967~1980)

주 제	편수	비 고
교육이념, 사상, 교육일반	35	
교육제도, 교육정책, 교육개혁	23	
분야별 교육사	13	실업교육, 지리교육, 교원교육, 여성교육 등
외국교육, 비교교육	8	
교육사연구방법론	6	교육사학사도 포함
지방교육/개별학교사/전기	0	
총 계	85	

* 『한국교육사학』부록 "발표약사"에 근거하여 작성하였음.

* 논문발표가 없었던 월례회는 배제하였으나 유회된 경우라도 주제가 있으면 포함시켰음.

* 여러 편의 논문이 발표된 경우는 전체주제가 아니고 개별 논문 주제별로 계산하였음.

* 개인 전기로서 교육사상을 위주로 한 것은 '교육이념, 사상, 교육일반'으로 구분하였음.

* 이하 <표 2> <표 4> <표 5>도 같음.

교육사에서 다루는 연구 주제를 어떻게 분류할 것인지는 물론 정확한 기준이 있을 수 없다. 정재철은 교육사 연구의 영역을 크게 ① 사상사적 연구 ② 제도사적 연구 ③ 내용·방법사적 연구 ④ 사회경제사적 연구 ⑤ 문제사적 연구로 나눌 것을 제안한 바 있으며(정재철, 1982, 97쪽), 신차균은 ① 교육이념과 목적, 교육사상, 교육관 연구 ② 교육기관, 제도 및 법령에 관한 연구 ③ 교육의 특수 영역·분야에 관한 연구 ④ 교육정책과 교육행정과정에 대한 연구 ⑤ 교육 전반의 모습에 관한 개괄적 연구 ⑥ 기타(분류불능)로 구분하여 제시한 바 있다.(신차균, 1983, 180쪽)

여기에서는 편의상 교육이념·사상 및 교육일반, 교육제도·정책·개혁, 분야별 교육사, 외국교육사 및 비교교육, 교육사 연구방법론, 지방교육 및 단위학교 교육사와 개인 전기 등 6개로 나누었다. 그 결과 가장 많은 논문이 발표된 영역은 교육이념과 사상, 그리고 교육 일반 분야였다. 다음으로는 교육제도, 정책, 그리고 교육개혁의 역사를 다룬 논문들이 많았다. 실업교육, 여성교육, 교원교육 등 특수 분야 교육을 다룬 논문들과 외국교육에 관심을 둔 논문이 그 다음 수준의 관심사였다. 반면에 지방교육이나 단위 학교 교육의 역사를 다룬 논문은 찾아볼 수 없었다.

전체적으로 교육이념이나 사상 분야에 대한 관심이 많았던 것은 한국교육 사연구회가 성립 초기에 교육철학 분야와 학회 활동을 공동으로 추진했던 것에 상당 부분 기인하는 것으로 해석할 수 있다.[14] 당시 교육사연구는 전체적으로 중앙 중심, 국가 중심의 교육사를 지향하였으며, 지방 교육사에 대한 관심이나 단위 학교의 역사에 관한 연구는 관심 밖이었다.[15]

대상 시기별로 발표 논문을 정리해 보면 아래 <표 2>와 같다.

시기별로 볼 때 우리나라 역사 전체를 대상으로 한 통사적 연구(27편)가 가장 많음을 알 수 있다. 이는 당시의 연구가 특정 시기에 관한 구체성 있는 탐구보다는 여전히 개설적 수준의 논의에 그치고 있었음을 말해 준다. 다음으로는 근현대 교육사를 주제로 한 연구가 20편을 차지하고 있으며, 조선시대 16편, 식민지기 8편, 개화기 6편 순이었다. 반면에 고려시대(2편)나 고려 이전(삼국시대, 통일신라 및 상고사) 교육에 대한 연구(2편)는 매우 부족하였다.

개화기 이후의 근현대 교육사 관련 발표가 총 34편으로 근대 이전을 대상으로 한 20편에 비해 다수를 차지하고 있다. 이는 조선시대 이전 교육사 연구를 위해 요구되는 한문원전 해독 능력에 대한 부담으로 인해 연구자들이 대부분 한글 자료를 통해 연구가 가능한 개화기 이후 시대를 선호한 결과였던

---

14) 한국교육사연구회의 출범 이전인 1964년 11월에 교육사·교육철학연구회가 만들어졌다. 이 연구회는 1967년 5월 한국교육학회의 분과연구회의 하나인 한국교육학회 교육사·교육철학연구회가 되었다. 같은 해에 한국교육사연구회가 독자적으로 출범함으로써 1982년에 한국교육학회 교육사·교육철학연구회가 명칭을 교육철학연구회로 변경하여 분리될 때까지 교육사 관련 학회는 두 개였던 셈이다.

15) 이런 경향은 최근까지도 변하지 않고 지속되고 있는 우리나라 교육사 연구의 큰 흐름이다.

<표 2> 한국교육사연구회 월례발표회 주제의 시대별 분류(1967~1980)

시 대	편 수
삼국이전, 삼국, 통일신라	2
고려	2
조선	16
개화기	6
식민지기	8
근대 전체	20
한국사 전체	27
외국	4
총 계	85

것으로 추측할 수 있다.

이 기간 동안 간행된 교육사 분야 단행본은 대략 64편 정도였다.[16] 이 중 27편은 교육사, 한국교육사, 혹은 서양교육사 범주에 들어가는 대학 교재로서 집필된 저술들이다. 나머지 37편 중 5편은 사료집 또는 교육사학사 관련 저술이었다. 특히 국사편찬위원회에서 1975년에 펴낸『한국교육사자료』(1, 2)(서울: 탐구당)는 비록 교육학도들에 의해 편집된 것이 아니라는 데서 오는 사료 선정 기준의 문제 등을 지니고는 있지만 교육사 연구자들에게 필요한 사료를 정리하여 제공함으로써 이후 소장 연구자들에게 적지 않은 영향을 미쳤다. 특정 주제에 관한 심층 연구 결과라고 볼 수 있는 것은 27편 정도 확인되었으며 그 중 11편은 교육사상 분야의 연구서로 분류될 수 있다. 특이한 사항으로는 경기교육사(1975, 1976), 충북교육사(1979), 강원교육사(1980) 등 지방 교육사 자료를 담은 저작들이 이 시기에 간행됨으로써 지역별 교육사 체계화의 기초를 놓았다는 점이다.

1960년대 후반과 1970년대의 연구 경향을 보여줄 수 있는 대표적 연구업적을 선정하기는 쉽지 않다. 단지 1972년에 제정된 한국교육학회의 학술상을 수상한 논문과 저술 중 교육사 분야의 연구업적들이 이 시기 교육사 연구를

---

16) 물론 모든 저술을 망라했다고는 할 수 없다. 교육사상사와 교육제도사, 교육사자료집에 포함시킬 수 있는 저술들을 본 연구를 위해 연구자가 파악한 결과이다.

대표하고 이후 교육사 연구에 영향을 준 업적이라고 평가할 수 있을 것이다.

<표 3> 한국교육학회 학술상을 수상한 교육사 저술 및 논문(1972~1980)

구 분	수상년도	연구자	연 구 업 적
논문상	1972	손인수	「1920년대 '조선민립대학' 설치에 관한 연구」
	1974	이원호	「조선왕조경연의 교육사적 연구」
	1976	정재철	「한국에서의 일본식민지주의 교육정책과 한국 민족의 교육적 저항에 관한 연구」
학술상*	1973	한기언	『한국사상과 교육』
	1977	손인수	『한국여성교육사』
	1979	정순목	『한국서원교육제도연구』

* 저서에 대해 수상하는 학술상은 1979년부터 저술상으로 명칭이 바뀌었다.

이들 학술상 수상 연구물 이외에도 교육사학사에서 의미를 지니는 연구가 있다. 신천식은 1969년에 한국 교육사학계에서는 최초로 시대구분 문제를 제기하였다.『한국교육사학』창간호에 실린「한국교육사의 시대구분문제」라는 논문에서 그는 한국교육사를 교육적 시각에서 ① 교육질서의 확립기(삼국시대 초중엽~통일신라) ② 과거교육의 확립기(고려초~무인란) ③ 주자학의 유입과 발전시기(무인란~조선초) ④ 독선적 교육철학시기(조선초~숙종) ⑤ 독선적 교육철학에 대한 반성시기(영조~고종 13년) ⑥ 구교육에 대한 반성과 신교육사조기(고종13년~한일합방) ⑦ 민족의 수난과 민족교육의 각성기(일제시대~해방) ⑧ 민주교육사조시대(해방후~현대)로 구분할 것을 제안하였다.

이 기간 동안 교육사학 분야 내에서 의미 있는 학문적 쟁점이 발견되지는 않는다. 단지 교육학계 내에서 활발히 진행되었던 보편성과 특수성 논쟁에서 몇몇 교육사학자들의 역할이 매우 두드러졌던 점은 한국교육학의 토착화 역사에서 주목할 만하다(이종각, 1990, 78~85쪽).

이시기 교육사연구에 대한 평가는 1970년대 말과 80년대 초에 매우 활발하게 이루어졌다. 박선영은 당시 우리나라 교육사학계가 과거 "일본학자들이 왜곡시킨, 한국교육사에 있어서 소위 遲滯論을 극복할 만한 정련된 이론"을 지니지 못하고 있음을 지적하였다(박선영, 1979, 40쪽). 그에 의하면 한국교육 사학계는 대체적으로 "탐구방법에 있어서 원숙한 수준에 이르지 못한"(박선영, 1979, 41쪽) 상태였다. 그가 제기한 문제점은 ① 원전의 고증이나 사료 취급의 미숙 ② 주변학문에 대한 소홀 ③ 사관의 불철저 등이었다. 아울러 "학문적 자각과 열의는 크지만 역사적 탐구방법이나 사론에 있어서 전문적인 교육을 받은 인사의 부족"도 교육사 발전의 걸림돌로 지적되었다. 정순목 또한 "우리가 학적 양심으로 추천할 만한 개설한국교육사를 아직까지 지니고 있지 못하다"(정순목, 1982, 10쪽)는 자기 반성적 평가를 하였다. 앞서 살펴보 았듯이 60년대 후반부터 80년대 초까지 출간된 많은 개설서는 그의 표현을 빌면 '계몽서'라고 할 수는 있어도 '연구서'라고 할 수는 없는 수준의 것들이었 다. 우리나라 교육사학계의 문제점에 관하여 정순목은 박선영의 비판과는 달리 급한 것은 사관이나 사론의 부재 극복이 아니라 시대구분에 대한 논의, 연구 대상의 명료화 등을 통한 교육사 체계 정립 노력이라고 보았다.(정순목, 1982, 14~15쪽) 나아가 그는 교육사학과 교육철학의 갈라섬이 교육사학의 존재와 의미의 근거 마련을 위해 필요함을 역설하였다. 따라서 '무속적 해석 방법'이나 '기초주의' 혹은 '멋'이나 '선비' 연구는 교육사 연구의 일차 영역에 서 제외시킬 것을 제안하였다. 긴급한 일은 그동안 소외되었던 서민이나 규방, 향토교육 연구에 대한 관심의 확대이며, 이를 위한 1차 사료의 수집 및 정리 작업이라고 보았다(정순목, 1982, 18쪽). 이어서 그는 한국교육사의 학문적 발전을 위한 다섯 가지 제안을 하였다. ① 교육용 표준 교재의 편찬 ② 한국교육사료선의 발간 ③ 연구인구의 확대 ④ 향토교육사 및 서민교육사 의 활성화 ⑤ 한국교육사연구회의 한국역사학회 가입 등이었다. 이 제안은 당시 우리나라 교육사의 수준, 해결이 요구되는 문제와 발전 과제를 잘 보여주고 있다.

　김인회는 교육사연구의 문제점을 세 가지로 정리하였다(김인회, 1982, 41~46쪽). 우선은 이른바 실증적 교육사 서술의 한계 문제를 지적하였다.

실증사학의 기초가 되는 문헌 자료들이 지닌 특정 계층 편향성에 대한 비판 없이 이루어지는 교육사학은 부분적인 교육사일 수밖에 없다는 주장을 제기함으로써 많은 논란을 불러일으켰다. 두 번째는 과거의 영광만을 강조하는 교조적 교육사 서술의 문제점을 지적하였다. 특히 70년대에 이루어진 많은 인물 연구가 보여준 성공과 교훈 중심의 역사가 지닌 위험성을 지적하였다. 셋째로 진화론적, 서구 중심적 교육사 서술이 빠질 수 있는 문화제국주의적 함정을 거론하였다.

신차균은 해방 이후 1970년대 후반까지의 한국교육사 분야의 학위논문 및 일반 학술 논문, 단행본에 대한 양적 분석을 기초로 하여 당시 한국 교육사학의 수준을 정리하였다. 당시의 교육사 분야의 연구는 양적으로도 빈곤할 뿐 아니라 내용에 있어서도 교육사연구에 새로운 지평을 열어 보이기에 부족한, 사료나 그 해석 방식에 특별한 차이가 없는 교과서류가 대부분이라고 평가하였다(신차균, 1983, 185~186쪽).

이들 교육사학 내외부에서의 평가를 종합해 보면 1960년대 말부터 1980년대 초까지 한국 교육사학은 제도발달이나 양적인 측면에 있어서는 부분적인 성과를 거두었다고 할 수 있으나 한국 교육사학의 발전을 상징할 수 있는 대표적인 연구업적이나 핵심적인 쟁점조차 분명하지 않은 말 그대로 학문적 계몽기 수준이었다.

Ⅳ. 인접학문과의 교류를 통한 질적 발전 모색기(1981~2002)

1980년대 초는 한국의 사회, 정치, 경제, 문화 등 교육에 영향을 미칠 수 있는 환경적 요소들에 있어서의 변화가 그 어떤 시대보다 컸던 시기였다. 이런 급격한 환경변화는 교육실제 뿐 아니라 교육학 연구 활동에도 나름대로 영향을 미칠 수밖에 없었다. 사회변화에 비교적 덜 민감한 교육사학에 있어서도 몇 가지 변화가 두드러지게 나타났다.

가장 큰 변화는 한국의 교육학이 연구대상으로 하는 교육현상은 바로 한국이라고 하는 특정 사회구성의 역사적 생성물이라는 인식(정재걸, 1987, 21쪽)에 바탕을 둔 새로운 학문 패러다임의 등장이다. 이는 교육사를 타 학문 영역과 분리된 화석화된 학문으로 자리매김할 수 없게 하였다. 역사학과 사회학, 특히 사회경제사학과의 만남과 교류는 특히 이 시대를 대표하는 현상이었고, 교육사도 사회사나 경제사의 학문적 변용과 발전에 대응하여 새로운 자리잡기 노력을 기울이지 않을 수 없었다. 이른바 '제3세대 학자군'이 교육사 영역에서도 영향을 미치기 시작하였다. 이들은 특히 우리 사회의 구조적 모순에 저항하는 실천지향적 소장 학자군으로서 1982년 YMCA 중등 교육자협의회 사건으로부터 시작된 교원운동을 비롯한 교육민주화 운동에 이론적 자양분을 제공하는 동시에 이들 개혁운동으로부터 학술활동의 동기를 부여받기도 함으로써 1980년대 학문 지도의 변형을 가져왔다. 교육사 연구에서는 연구 대상으로 삼는 시기의 전체 사회구조에 대한 이해를 통해서 당시 행해졌던 교육의 사회구조적 의미를 파악하는 것이 선결과제로 인식되기 시작하였다. 이들의 실천지향적 연구활동은 특히 근현대교육사 연구에 대한 관심 확대로 표출되었다.

두 번째 변화는 이른바 수정주의 교육사학의 영향이었다. 교육을 사회적 불평등의 재생산 기제로서 파악하는 소위 재생산 이론, 교육을 문화적 제국주의의 주요 도구로 보는 문화제국주의 이론, 그리고 미국 자본주의의 제국주의적 속성에 대한 새로운 인식을 기반으로 한 한미관계사의 재인식 등이 한국교육사, 특히 근현대 교육사 인식에 있어서 결정적인 궤도 수정을 가져왔다. 미군정시대로 대변되는 해방전후 교육사 연구에 대한 신진 교육사학자 및 교육사회학자들의 참여는 가히 폭발적인 것이었다.

이런 변화 속에서 기성 교육사학자들에 의한 자성의 목소리와 새로운 방향 탐색이 활발하게 이루어지기 시작하였다. 한국교육사연구회는 1981년 학술대회 발표논문을 토대로 1982년에『한국교육사 연구의 새 방향 - 교육사학의 본질과 방법』을 간행하여 「교육사 인식의 제 문제」(정순목), 「교육사 서술의 제 문제」(김인회), 「한국교육사 연구의 제 영역」(정재철), 「한국교육사와 시대구분의 본질」(박선영) 등 교육사 연구방법과 관련된 핵심적 주제들에 관해 자기 점검적 비판의 계기를 가졌다. 이듬해에 한국정신문화연구원에서 간행한『한국교육학의 성장과 과제』또한 한국 교육사학의 현실에 대한 비판적 인식인 동시에 교육학의 토착화를 지향한 분야별 가능성 탐색의 장이었다. 이러한 자기 반성적 논의는 1980년대 중반에도 지속되었다.17)

한국교육사연구회의 학회지『한국교육사학』은 1981년부터 그간의 비정기적 간행에서 매년 간행 체제로 자리를 잡았으며, 1982년에는 교육철학연구회와 공식적으로 분리되었다. 1980년대와 1990년대에도 한국교육사연구회는 학회지, 월례발표회, 창립기념학술대회, 출판 등을 통해 우리나라 교육사 연구의 구심체 역할을 담당하였다. 그러나 1980년대 후반에 이르러 주목할 만한 변화가 일어났다. 그것은 '서울대교육사학회'18)의 등장이었다. 1986년 12월에 창립된 이 학회는 월례발표회, 학회지『교육사학연구』의 발간(1988년 6월 창간) 등을 통해 사실상 한국교육사연구회와 양립하게 되었다.19)『교육사학연구』창간호에 나타나 있듯이 새로운 학회의 출현은 당시 학계의 변화를 반영한 것이었다. 즉, 교육사학 전공자 아닌 소장학자들 다수가 교육사적 접근에 관심을 갖는 새로운 경향에 부응한 결과였으며, 이는 기존의 한국교육사연구회가 지닌 폐쇄성, 보수성에 대한 지적이기도 하였다.20)

이 기간 동안의 교육사 연구의 동향은 몇 가지 자료 분석을 통해 가능하다. 우선 한국교육사연구회 월례발표회 발표 논문 주제의 경향을 통해 알아 볼 수 있다. 1981년부터 2002년까지 발표된 주제의 영역별 현황은 <표 4>와 같다.

---

17) 손인수(1985), 「교육사 연구」,『한국교육학의 탐색』(한기언교수 회갑기념논문집), 서울: 고려원, 11~33쪽; 차석기(1985), 「교육사 연구의 최근 동향과 과제」, 한국교육학회(편),『교육학 연구의 최근 동향』, 서울: 교육과학사, 123~148쪽.
18) 1999년부터 명칭을 '교육사학회'로 변경하였다.
19) 1984년 6월에는 중앙대학교 대학원 교육사 전공자들이 '중앙대교육사연구회'를 창립하여 연구발표회 개최, 학회지 발간 등 활동을 전개하였으나 서울대학교 교육사학회에 비해 사업의 지속성이나 영향력에 있어서 한국교육사학사에 있어서 상대적으로 큰 비중을 차지하지는 못한다.
20) 서울대학교 교육사학회(1988),『교육사학연구』제1집, 창간사.

<표 4> 한국교육사연구회 월례발표회 주제 영역 현황(1981~2002)

주 제	편수	비 고
교육이념, 사상, 교육일반	45	
교육제도, 교육정책, 교육개혁	28	
분야별 교육사	31	실업교육, 지리교육, 교원교육, 여성교육 등
외국교육, 비교교육	26	
교육사연구방법론	11	
지방교육	12	개별학교/개인에 대한 연구도 포함
총계	153	

<표 4>와 <표 1>을 비교해 보면 이전 시대와의 연구경향에 있어서의 공통점과 차이점을 확인할 수 있다. 여전히 교육이념이나 사상, 철학에 대한 연구가 교육사 분야에서 다수를 차지하고 있다. 그러나 전 시대에 비해 분야별 교육사와 외국교육이나 비교교육, 그리고 지방교육에 대한 연구는 매우 크게 증가하였다. 교육에 대한 일반적 논의 보다는 보다 구체성을 띤 여성교육, 교육운동, 교육내용의 역사를 다룬 논문들이 다수 발표되었으며, 외국 교육사에 대한 연구와 지방교육에 대한 관심도 눈에 띄게 증가하였다.

발표 주제의 시대별 분포는 아래 <표 5>와 같다.

특이한 것은 통일신라를 포함하여 삼국과 그 이전 시대 교육에 대한 발표 논문이 전무하다는 사실이다. 사료의 한계가 초래한 현상인 동시에 연구의 현재적 가치나 실용성을 강조하는 시대적 경향이 낳은 결과라고 해석할 수 있다. 반면에 개화기와 조선시대에 대한 연구는 획기적으로 증가하였다. 이는 역사학이나 사회과학계에서 논의가 활발하였던 한국적 근대의 탐색 분위기에 의해 영향 받은 현상이라고 본다. 즉 한국적 근대의 원형에 대한 탐구 노력이 조선시대 후반이나 개화기에 대한 관심을 확대시켰을 것으로 추측할 수 있다. 세계화 열기 속에 외국 교육사에 대한 관심이 증대된 것도 이 시기의 특징 중 하나이다.

학회지『한국교육사학』제3집(1981)부터 제24집(2002)까지에 실린 논문 주제를 분류하여 본 결과는 다음과 같다.

<표 5> 한국교육사연구회 월례발표회 주제의 시대별 분류(1981~2002)

시 대	편 수
삼국이전, 삼국, 통일신라	0
고려*	5
조선	44
개화기	21
식민지기	14
근대 전체**	25
한국사 전체	21
외국	23
총계	153

* 나말여초에 대한 연구 1편도 포함된다.

** '근대전체'에는 해방 직후만을 다룬 논문 8편도 포함된다.

<표 6> 『한국교육사학』 수록 논문 주제 영역 현황(1981~2002)

주 제	편수	비 고
교육이념, 사상, 교육일반	70	
교육제도, 교육정책, 교육개혁	36	
분야별 교육사	54	실업교육, 지리교육, 교원교육, 여성교육 등
외국교육, 비교교육	53	
교육사연구방법론	23	교육사학사 포함
지방교육/개별학교사/전기	30	
총계	266	

<표 6>에 의하면 학회지 수록 논문의 주제와 앞에서 살펴본 학회 월례발표회 주제의 경향이 매우 흡사함을 알 수 있다. 다음으로는 분야별 교육사 연구논문들이 높은 비중을 차지하고 있었다. 과거에 비해 구체적인 사실이나 교육현상에 대한 연구가 현저하게 증가하였으며 이러한 경향은 특히 2000년 이후에 현저하였다. 아울러 외국교육에 대한 연구 혹은 외국교육과 한국교육 비교연구 논문들이 많다는 점이다. 추측컨대 1990년대 들어 사회 모든 부면에서 확산되기 시작한 세계화 추세의 반영이 아닌가 한다. 그런데 아쉽게도

연구 혹은 비교 대상인 외국은 주로 미국, 일본, 중국에 한정되어 있었다. 교육사 연구 경향에 대한 비판적 논의를 담은 글들이 많이 발표되었다는 것도 특징 중 하나인데 대체로 해당 년대 말마다 10년 단위로 반복되는 현상이었다. 80년대에는 특히 인접 학문 영역과의 활발한 교류 속에서 교육사학의 정체성 확보를 위한 자기비판 노력의 일환으로 이런 논의가 활발히 진행되었다. 지방교육이나 개별 학교사에 대한 연구의 확대 또한 시대 분위기와 무관하지 않다. 세계화와 함께 당시 사회의 지적 분위기에 영향을 미칠 수밖에 없었던 것은 지방화였다는 사실을 상기할 필요가 있다. 정치적 지방자치제도의 실시가 간접적으로 지방 교육사 연구의 진흥으로 이어진 것이다.

<표 7> 『한국교육사학』 수록 논문의 시대별 분류(1981~2002)

시 대	편 수
삼국이전, 삼국, 통일신라	4
고려	1
조선*	60
개화기	27
식민지기	27
근현대**	53
한국사 전체	40
외국	54
총계	266

* 여말선초에 관한 논문 1편이 포함되어 있다.

** 이 중 해방 이후 현대를 다룬 논문이 41편이다.

시대별 분류에 있어서 드러나는 가장 큰 특징은 역시 고려 이전 시대 교육에 대한 연구의 상대적 빈곤, 그리고 외국교육에 관한 연구의 활성화이다. 20년 동안 고려와 그 이전 시대 교육에 관한 연구가 5편에 불과하였다. 특히 고려시대 교육에 대한 연구논문이 단 한 편밖에 발표되지 않았다는 것은 충격적인 결과라고 하겠다. 전반적으로 개화기, 식민지기, 근현대 전반에 대한 연구가 전통시대에 대한 연구를 압도하는 상황이다. 1980년대 이전의 교육사학 분야 연구에서 차지하던 교육철학 전공자들의 영향력이 감소하는 대신 교육사회학 분야 연구자들의 교육사에 대한 관심과 영향력이 증가한 것과 무관하지 않을 것이다. 1980년대 중반부터 활성화되었던 사회구성체 논의, 1990년대에 주요 관심사였던 한국사회의 근대화 과정, 한국에서의 근대성 논의는 전통시대 보다는 근현대 교육 문제에 대한 관심을 증폭시키는 데 기여하였다.

이 기간 동안에 한국교육학회에서 수여한 학술상을 수상한 연구로는 박선영의 『불교의 교육사상』(1981년 저술상), 정재철의 『일제의 대한국 식민지교육정책사』(1989년 학술상),21) 이상금의 『한국 근대 유치원교육사』(1990년 학술상), 차석기의 『식민지 교육정책 비교연구』(1992년 학술상) 등이 있었다.

1980년대와 1990년대 한국 교육사학의 발전과정에서 간과할 수 없는 부문은 사료의 발굴과 체계화 작업이다. 교육사 사료 발굴과 체계화 사업을 이끌었던 것은 개별 학자보다는 기관이었다. 한국정신문화연구원에 의한 『한국교육사료집성』의 발간,22) 그리고 서울대학교 한국교육사고에 의한 학교사 사료의 수집, 구술사의 방법론적 체계화를 지향한 교육 및 연구 노력은 우리나라 교육사 연구의 수준 향상에 크게 기여하였던 것으로 평가할 수 있다. 한국교육사고는 1993년 6월에 발족한 이래 귀중자료 발굴 및 자료집 제작, 외국 소장 한국교육 관련 자료 이전 등을 통해 특히 근대교육사 연구 발전에 크게 기여하고 있다. 한국교육사고를 이끌어온 김기석 교수에 의한 구술자료 수집도 한국교육사 연구방법론의 수준 향상에 큰 자극이 되고 있다. 대한교원공제회와 교원복지신보사에서는 구술자료와 신문연재물을 기초로 『광복교육 50년』 1(미군정기편)을 펴냈다. 정태수, 이길상 등 개별

---

21) 교육학회에서는 1972년부터 교육학 분야의 우수저서(학술상)와 우수논문(논문상)을 선정하여 시상해 왔으나, 1979년부터 종래의 학술상을 저술상으로 개칭하였다. 다시 1983년부터는 저술상, 논문상의 구분을 없애고 학술상으로 통일하였다.

22) 1990년대 초에 한국정신문화연구원은 이길상, 정순우 교수 등 교육사학자 중심으로 한국 교육사료의 수집, 정리, 체계화 사업을 시작하여 『한국교육사료집성』 개화기편(9책), 교과서편(8책), 미군정기편(3책), 현대편(4책)을 연이어 펴냄으로써 근현대 교육사 연구 활성화에 기여하였다.

학자들도 비록 해방 전후 시기에 집중되기는 하였으나 교육사관련 사료의 수집과 체계화 작업을 통해 일정한 성과를 내놓았다.23)

새로운 사료의 발굴과 함께 소장 학자들 중심으로 근현대 교육사 연구가 활발하게 진행된 것도 이 시기 교육사 연구의 수준 향상에 크게 기여하였다. 1980년대 중반부터 활기를 띤 해방전후 교육사 연구, 그리고 1990년대 들어서 시작된 몇몇 기관이나 단체 중심의 한국근대교육 100년사 기념사업 등이 근현대 교육사 활성화의 촉매역할을 하였다. 그 결과 교육출판기획실 엮음 『분단시대의 학교교육』(푸른나무, 1989), 한국교육연구소 편『한국교육사 - 근현대편』(풀빛, 1993), 한국교육학회 교육사연구회 편『한국현대교육의 재평가』(집문당, 1993), 한국근대교육 100년을 기념하여 교육사연구회와 한국정신문화연구원이 공동으로 추진한 연구결과인『한국근현대 교육사』(한국정신문화연구원, 1995), 한국교육개발원이 펴낸『한국 근대 학교교육 100년사 연구』Ⅰ(개화기의 학교교육, 1994), Ⅱ(일제시대의 학교교육, 1997), Ⅲ(해방이후의 학교교육, 1998) 등 영향력 있는 저술들이 간행되었다. 이들 이외에도 개별 연구물로서 이 시대 근현대 교육사 연구 발전에 기여한 연구결과로는 윤건차의『한국근대교육의 사상과 운동』(청사, 1987)을 빼 놓을 수 없다.24) 이 책은 반봉건, 반외세의 민족운동을 양 축으로 하는 역사적 변화 속에서 교육사상과 교육운동이 어떻게 전개되었는지를 역동적으로 서술함으로써 80년대 후반과 90년대 한국근대교육 연구에 큰 자극이 되었다. 그의 연구는 이후 활발하게 전개된 근대교육 도입기와 식민지기 교육연구로 이어졌다.

한국 근대교육의 성격에 대한 관심의 확대 속에 근대교육의 기점에 관한

---

23) 정태수는 재미 학자의 도움을 받아 1992년에『미군정기 한국교육사자료집』(2책)을 펴냈으며, 이길상은 미국국립문서보관서, 미국 각 대학도서관에서 직접 수립한 자료를 정리하여 1992년에『해방전후사자료집』(2책)을 간행하였다.

24) 윤건차와 함께 馬越徹 등 일본 교육학자들의 한국교육사 연구도 80년대 한국교육사에서 빼놓을 수 없는 부분이다. 阿部 洋(1987)의『解放後 韓國의 敎育改革』(한국연구원)과 馬越 徹(1995)의『韓國近代大學의 成立과 展開』(明古屋大學出版會) 등이 대표적이다.

논쟁이 진행되었다. 기존의 배재학당설이나 원산학사설에 대한 비판 위에서 18세기 서당에서 근대교육의 맹아를 발견할 수 있다는 주장, 일제에 의한 조선통감부 설치 이후의 교육이 진정한 의미의 근대교육이라는 주장, 1860년 대의 반외세 반봉건 운동에서 근대 교육의 뿌리를 찾을 수 있다는 주장에 이르기까지 다양한 논의가 전개됨으로써 근대교육에 관한 연구의 질적 수준 향상에 기여하였다(정재걸, 1990).

앞서 언급한 대로 지방교육사 연구의 활성화 또한 이 시대 교육사 연구가 이전 시기와 구분되는 성장 징표 중의 하나이다. 1983년도 한국교육사연구회 의 연차대회 주제를 '향토교육사'로 선정한 이후 지방 교육사에 대한 연구 관심이 서서히 확대되었다. 80년대와 90년대에는 각 시도별 교육사 편찬 작업이 이루어졌으며, 제주지역, 가야지역 등 특정 지역에 관심을 갖는 소장 학자들의 연구업적이 지속적으로 발표되었다. 이시용과 피정만의 『지방교육 사』(한국교육사학회, 2000)는 이러한 연구 경향의 결실이었다. 한국교육사학 회에서 주관하여 추진한 '한국신교육 100년사' 시리즈 중의 하나로 출간된 이 책에서는 강원도와 경기·인천 지방의 근대 교육 역사를 주로 정리하였다. 지방 대학 교육학자들에 의한 해당 지방 교육사 연구도 활성화되어 제주를 비롯하여, 영남, 전북, 강원, 충남 등 지방 교육에 관한 묻혀 있던 자료와 역사적 사실들이 서서히 학문적 탐구의 대상으로 등장한 것도 90년대 교육사 연구의 성과 중 하나이다.

교육사학의 수준 확인을 위한 자기점검적 노력과 연구방법론에 대한 관심 의 증가도 이전 시기와는 질적으로 구분되는 현상이다. 특히 1981년 학회 창립 14주년 기념 학술발표대회에서 '한국교육사학의 본질과 방법'을 주제로 한국교육사의 인식, 사료, 시대구분, 연구영역, 서술 등 각 분야에서의 성과와 문제점에 대한 내적 검토를 한 이후, 1987년 학회 창립 20주년 기념 학술발표대 회는 '교육사학의 이념과 전망'을 주제로 한국, 동양, 서양 교육사상사와 교육제도사의 현황과 과제에 대한 정리가 이루어졌다. 1989년 창립 22주년 기념 학술발표대회의 주제는 다시 '한국교육사 연구의 과제'로 설정되어

90년대를 맞는 한국 교육사학의 현황과 과제에 대한 분석, 그리고 전망 모색이 이루어졌다. 1980년대에는 비판에 익숙하지 않은 풍토 속에서 한국 교육사학의 문제점을 내부적 시각에서 강력하게 제기한 글들이 몇 편 발표되었다. 앞서 소개하였듯이 정순목은 교육사 인식에 관한 논의에서 "무속" "기초주의" "멋" "선비" 등 선배 혹은 동학들이 매달리고 있던 주제와 교육사학 사이의 거리두기 필요성을 확인시켜 주었다. 이를 통해 일부 교육철학자들에 의한 교육사 개념 및 영역 모호화 경향에 이의를 제기하는 동시에 교육철학과 구분되는 교육사학의 정체성 확립을 모색하였다(정순목, 1982). 정재걸은 또한 특정 시대의 사회경제적 의미와 절연한 채 특정인의 사상을 정리한 연구물을 교육사의 범위에 포함시키는 것을 포함해서 특정 시대의 사회경제적 특성과 무관한 사실 규명에 매달려온 선학들의 방법론적 문제점을 지적함으로써 1980년대 지성이 요구하는 새로운 형태의 교육사학의 의미규정을 제안한 바 있다(정재걸, 1987). 그러나 이들의 용기 있는 자기 반성적 비판은 교육사 연구자들에게 영향을 미치기는커녕 크게 논쟁조차 불러일으키지 못할 정도로 한국 교육사학은 감각이 무딘 고목과 같은 존재였다. 너무나도 성급하게 체격이나 체질에 맞지 않는 열매(교재 수준의 대작들)를 맺은 탓에 조로 현상을 나타낸 고목의 형상이었는지 모른다. 우리가 목격한 80년대 후반과 90년대의 교육사학의 발전은 내부자극보다는 외부적 환경이나 주변 환경의 변화에 크게 도움 받은 결과였다.

한국 교육사학의 자기인식 노력은 다시 1998년 창립 31주년 기념 학술대회로 이어져 '교육사 연구와 교육의 중요성'이란 주제 하에 「교육사의 가치와 목적의 재인식」, 「교육사 교육내용 및 교수방법의 현황과 과제」, 「교육사 강의 담당교수의 현황과 과제」 그리고 「외국의 교육사 연구동향 및 교육현황」 등이 발표되었다. 이어서 『교육학연구』에 발표된 이길상의 「사료론적 관점에서 본 교육사학의 현실」(1999)은 교육사 연구에 있어서 방법론이 지니는 중요성을 다시 한번 일깨웠다. 이길상은 특히 述而不作으로 상징되는 문서사료에의 예속 현상을 비판하고 해석 중심의 역사를 지향할 것을 제안하였다. 특히 비교사에 대한 관심 확대, 서술이 아닌 원인탐구 중심의 교육사, 인물사 중심 경향에서의 탈피, 주변 학문과의 교류 확대 등이 한국 교육사 발전의 요체임을 주장하였다. 한 마디로 말해서 이 글은 20세기 교육사에 대한 방법론적 정리와 21세기 교육사 발전을 위한 내부고발이기도 하였다.[25]

1980년대 후반 이후 1990년대의 한국 교육사학은 분명 그 이전과 몇 가지 측면에서는 구분되는 질적 발전을 이루었다. 전체사보다는 특정 시대사에 대한 관심 확대, 분야별 교육사 연구의 활성화, 다양한 사관의 등장과 실험, 주변 학문과의 활발한 교류, 사료발굴과 과학적 사료비판의 필요성 인식, 비교연구에 대한 관심 확대, 독자적 시대구분론의 시도 등 많은 문제점들은 부분적으로 해소되었거나 적어도 해소를 향한 시도들이 있었다. 그러나 해결된 문제보다는 해결되어야 할 문제, 해결된 정도 보다는 해결해야 할 정도가 상대적으로 많거나 심하다는 점에 대부분의 교육사학자들이 동의할 수밖에 없는 것이 현실이다.

V. 21세기의 과제

21세기를 맞으며 한국교육사학회의 학회지 『한국교육사학』은 창간 31년 만에 연 2회 발간 체제로 발전하였다. 1967년에 7명의 회원으로 출범한 학회는 이제 등록한 개인회원 수가 200명을 헤아릴 정도가 되었다. 교육사학회의 출범으로 교육사 복수학회 체제가 되었다. 학회 주최 월례발표회는 이미 200회를 넘겼다. 교육사 관련 저술 또한 100종을 초과한 지 오래다. 이러한 양적·외형적 성장 징표에도 불구하고 한국교육사가 한국교육학회 내에서 혹은 한국의 인문사회과학 지형 속에서 뚜렷한 입지를 차지하고 있다고 평가하기는 어렵다. 오히려 교육사의 중요성에 대한 인식이 과거보다

---

25) 이에 관한 논의는 정은해(2000), 「한국교육사학의 제논점: 회고적 전망」, 한국교육학회 2000년도 국제학술회의 겸 연차학술대회 논문집, 『21세기의 아시아 교육(I)』, 189～209쪽.

약화되고 있다(정영수 1998: 72)는 자성의 목소리가 들리고 있는 것이 현실이다.

본 논문에서는 한국교육사학의 발전과정을 다소 인위적이기는 하나 교육사학의 탄생기(1945~1966), 계몽기(1967~1980), 그리고 발전모색기(1981~2002)의 3단계로 나누어 정리하여 보았다. 학회 월례발표회 발표논문, 학회지 게재 논문, 교육사 분야 주요 저술, 기타 교육사학의 성장과정을 보여주는 연구 논문들을 주요 자료로 활용하였다. 단순화하여 표현하자면 발전지향적 변화와 과거 답습적 정체의 측면이 모두 발견된다고 할 수 있다. 우선 발전의 흔적을 살펴보자.

첫째, 자료이용이나 해석 방식에서 역사학계에의 의존 경향이 상당히 완화되었다. 50년대와 60년대에 역사학자들에 의해 지적되던 교육사학자들의 원전해독 능력 부족이나 역사학 분야 업적의 모방 풍조는 확실히 줄어들었다. 80년대 중반 이후 역사학 이외에 사회학 등 주변학문과의 교류 확대, 서양 이론의 활용능력 개선, 무엇보다도 조선왕조실록 등 주요 한문 사료의 번역 및 전산화 등으로 인한 사료에의 접근 가능성 확대가 이런 결과를 가져왔다.

둘째, 주변학문과의 교류가 확대되었다. 교육학 영역 내에서도 초기의 교육철학과의 유대는 약화되는 대신 교육사회학, 교육인류학, 교육행정학 등 관련 분야와의 교류는 증대하였다. 1980년대가 목격한 이른바 제3세대 학자군의 성장 속에 사회학, 근현대사, 경제학 등 주변 학문과의 교류도 강화되었다.

셋째, 분야별, 주제별, 문제 중심 연구의 활성화가 부분적으로 이루어졌다. 한 시대의 교육 전체를 조망하는 거시적 연구나 전 시대를 관통하는 통사적 수준의 허황된 연구, 미시와 절연된 거시적 연구는 이제 더 이상 그 가치를 인정받지 못하게 되었다.

넷째, 중앙 중심의 교육사연구 일변도에서 탈피하여 지방교육사, 단위 학교사 등이 많은 관심을 끌게 되었다. 지방 소재 대학 교육사학자들 중심으로 해당 지역의 역사와 문화적 특수성을 반영한 지방 교육사 발굴 작업, 특정 학교 자료를 토대로 한 살아있는 교육사 연구가 활발히 이루어지고 있다.

다섯째, 제도사나 사상사 중심에서 교육실제사 중심으로의 전환 노력이 상당한 성과를 보이고 있다. 과거에 특정 제도의 역사, 혹은 특정 교육가의 사상 중심으로 치닫던 연구에서 탈피하여 구체적인 역사의 장에서 구체적 인물들이 어떻게 교육적 경험을 하였는지에 관심을 갖는 교육사학자들이 증가하고 있다. 관찬사료가 아닌 문중, 사찰, 향교 등의 고문서 자료, 생활사 자료 등이 이런 살아있는 교육사 서술을 가능하게 해주고 있다.

이러한 부분적인 성과와 발전 징후에도 불구하고 한국교육사는 아직도 몇 가지 지속적인 문제점들에서 완전히 자유롭지는 못하다. 이들 문제점들은 21세기 한국 교육사학이 학문적 정체성을 분명히 하고 우리나라 교육학 발전과 교육 정상화에 기여하기 위해 해결해야 할 당면 과제들이다.

가장 큰 문제점은 방법론에 대한 관심 부족이다. 한국교육사가 새로 세워지기 위해서는 교육사 연구방법론의 탐구가 적극적으로 이루어져야 함은 자명한 일이다. 교육사 인식론, 교육사 사료론, 교육사 해석론 등을 중심으로 한 연구방법론에 대한 논의와 연구가 활성화되어야 교육사의 과학적 수준 향상이 가능하다. 방법론이 지니는 가치는 여러 가지이다. 우선 연구결과에 대한 비판 능력의 배양에 있어서 방법론은 필수적이다. 방법론은 교육사 연구의 논리이고 서술의 논리인 동시에 곧 연구결과에 대한 비판의 논리이기도 하다. 한국교육사에 있어서 비판의 부재는 곧 방법론의 부재에 상당 부분 기인하고, 비판의 빈곤이 가져온 쟁점의 부재 속에서 학문의 성장이란 기대할 수 없다. 방법론의 성장만이 교육사의 학문적 정체성 확립을 가능하게 한다는 사실을 기억해야 한다. 학문의 분류는 그 방법론의 특수성에 따르기 때문이다. 방법론은 역사를 쓰기 위해서도 필요하지만 역사를 제대로 읽기 위해서도 필요한 것이다. 방법론은 교육사학의 정체성 확립, 과학적 수준 향상, 그리고 나아가서는 능력 있는 교육사학도의 양성을 위해서도 필요하다.

둘째, 아직도 교육사학 분야 저술의 대부분은 대학 강의용 교재나 학위논문

출판이 차지하고 있다. 분야별, 주제별, 문제중심적 연구 경향이 증가된 것은 사실이지만 교육사 관련 저술에서 교과서 출판의 비중은 줄어들지 않고 있다. 대학 강의 교재와 함께 학위논문의 단행본 출판도 여전히 학계의 연구업적 인플레이션을 주도하고 있는 오랜 전통이다.

셋째, 한국교육사와 세계교육사와의 절연이다. 한국교육사는 여전히 한국 교육 전통의 특수성이나 우수성을 드러내는 일에 전념하고 있다. 외국 교육사에 대한 연구 결과와 우리 교육사와의 의미 있는 비교를 통한 한국교육사 세계화, 세계교육사의 한국화 작업은 이루어지지 않고 있다. 서양교육사, 동양교육사라는 제목의 저술은 많다. 그러나 우리의 시각으로 정리한 세계교육사는 아직 없다. 우리 교육사 중심으로 서술된 동양교육사도 없다. 일본의 세계교육사 속에 일본은 있으나 우리의 세계교육사 속에 한국교육사는 아직 없다.

넷째, 교육사가 아직도 성공사례 중심, 인물 중심의 교훈적 연구경향을 탈피하지 못하고 있다. 한국 현대교육의 문제점이 어떤 역사적 맥락에서 출발하여 현재 상태에 이르렀는지를 분석하기 보다는 우리나라 교육제도의 우수성 확인, 특정인의 우수한 교육사상이나 개혁론 발굴, 특정 학교의 유구한 역사 탐색이 주류를 이루고 있다. 역사란 반복하기 위해서가 아니라 반복을 피하기 위해서 탐구한다는 점을 기억한다면 교육성공사보다 가치 있는 것이 교육실패사라는 사실을 이해할 수 있다.

다섯째, 독자적 시대구분의 미확보이다. 대부분의 교육사 교재들은 오랜 세월 왕조사 중심의 서술 형태를 유지하고 있다. 시대구분은 단순히 서술의 편의를 위한 작업은 아니다. 시대구분의 기준은 연구자의 사관을 반영한다는 점에서 보면 교육사 분야에서의 독자적 시대구분의 미확보 문제는 결국 사관 결핍 현상의 반영이라고 보아야 할 것이다. 시대구분은 주제 의존적이란 측면도 중요하다. 모든 연구주제에 공통적으로 적용할 수 있는 교육사 시대구분을 기대하는 것도 문제려니와 대부분의 연구가 주제와 무관하게 왕조사 단위로 서술되는 경향은 더 큰 문제이다. 모든 역사연구는 시대구분을 지향하며 역사적 연구의 결론은 시대구분이라고 해도 과언이 아니기 때문이다.

여섯째, 교육사학은 아직도 현재의 우리 교육과 무관한 채 그들만의, 그 시절 이야기가 되고 있다. 연구 주제가 현재의 우리의 삶에 영향을 미치고 있는 교육문제에서 출발하거나, 과거 사실에 대한 현대 교육적 해석을 지향하는 연구보다는 화석화된 과거 사실의 발굴에 그치는 연구가 대부분을 차지하고 있다. 연구자나 연구자가 살아가고 있는 현실과 유리된 역사적 연구는 의미 없을 뿐 아니라 가능하지도 않다. 과거에 대한 궁금증 해소가 교육사 연구의 출발점이 되거나 과거에 있었던 교육적 사실의 복원이 교육사의 최종 임무로 여겨지는 풍토는 개선되어야 한다.

일곱째, 우리나라 교육사학자들은 아직도 논쟁회피적 주제나 연구방법을 선호한다. 결과적으로 우리나라 교육사학계에는 예나 지금이나 공론화된 쟁점이 부족하거나 아예 없다. 쟁점다운 쟁점이 없는 것이 우리 교육사학의 과거와 현재이다. 쟁점이 될만한 것이 없어서가 아니라 쟁점제기식 연구보다는 쟁점회피식 연구에 익숙한 연구풍토 탓이다. 비판이나 쟁점이 막혀버린 진공상태에서 발전할 수 있는 학문은 없다. 여전히 머슴들이기식, 학연굳히기식, 대물림식 교수 채용이 일반화된 폐쇄된 학문 풍토 속에서 비판이나 쟁점 제기는 원천적으로 기대할 만한 것이 아닐런지도 모른다. 학술적 비판이 결국은 인신비판이 되어 돌아오는 현실 속에서 논쟁을 통한 학문발전이란 요원해 보인다.

교육열의 세기였던 20세기를 넘어 21세기를 맞아서도 한국의 교육현실은 쉴 사이 없이 바뀌고 있으며, 요동치는 한국 교육현실에 관한 설득력 있는 사회과학적 진단은 그 어느 때보다 절실히 요구되고 있다. 그러나 한국 교육사학은 큰 변화의 징후도 특별한 쟁점도 없이 새로운 세기를 맞이하였다. 확실하지 않은 작은 변화가 느껴질 뿐이다.

21세기에는 한국교육학의 진정한 한국화가 교육사학으로 인해 가능하게 되고, 문제투성이의 한국 교육현실에 대한 과학적 진단이 교육사학의 연구 성과로 인해 앞당겨지고, 교육사학이 21세기 한국 교육학, 나아가 한국 교육 개혁의 희망이 되기를 기대해 본다.

참고문헌

교육사학회, 『교육사학연구』 창간호~최근호.

김성학(1995), 『서구교육학 도입과정 연구(1895-1945)』, 연세대 박사학위논문.

김영우(1993), 「교육사연구회의 분화와 성장」, 한국교육학회 (편), 『교육탐구의 세월
  - 한국교육학회 40년사』, 서울: 교육과학사.

김인회(1982), 「한국교육사 서술의 제 문제」, 한국교육사연구회 편, 『한국교육사연
  구의 새 방향 - 교육사학의 본질과 방법』, 서울: 집문당, 29~50쪽.

박선영(1979), 「한국교육사의 학문적 반성과 과제」, 『교육학연구』 17(2), 39~42쪽.

서울대학교 사범대학 교육학과 50년사편집위원회(1997), 『서울대학교 사범대학
  교육학과 50년사』, 서울: 서울대학교 사범대학.

손인수(1985), 「교육사 연구」, 한기언교수 회갑기념논문집 『한국교육학의 탐색』,
  서울: 고려원, 11~33쪽.

신차균(1983), 「교육사 및 교육철학연구」, 한국정신문화연구원(편), 『한국교육학의
  성장과 과제』 성남: 한국정신문화연구원, 177~202쪽.

신천식(1967), 「한국교육사의 시대구분문제」, 『한국교육사학』 1, 24~37쪽.

심성보(1992), 「이만규의 삶과 교육사상」, 『한국교육사학』 14, 195~224쪽.

연세대학교 교육학과 50주년 기념행사 준비위원회(2000), 『연세 교육학 50년』, 서울:
  연세대학교 교육학과.

이길상(1999), 「사료론적 관점에서 본 교육사학의 현실」, 『교육학연구』 37(1), 59~
  77쪽.

이만규(1947), 『조선교육사(상)』, 서울: 을유문화사.

이성무(1976), 「한국교육사상사 연구의 문제점」, 한국교육학회·교육사연구회(편),
  『한국유학사상과 교육』, 서울: 삼일각, 40~51쪽.

이용길(1998), 「교육사 교육내용 및 교수방법의 현황과 과제」, 『한국교육사학』 20,
  15~38쪽.

이종각(1990), 『한국교육학의 논리와 운동』, 서울: 문음사.

정순목(1982), 「한국교육사 인식의 제문제」, 한국교육사연구회(편), 『한국교육사연
  구의 새 방향 - 교육사학의 본질과 방법』, 서울: 집문당, 8~28쪽.

정순우(1989), 「한국교육사 연구의 전망」, 『한국교육사학』 11, 56~74쪽.

정영수(1998), 「외국의 교육사 연구동향 및 교육현황」, 『한국교육사학』 20, 59~73
  쪽.

정은해(2000), 「한국교육사학의 제 논점: 회고적 전망」, 2000년도 한국교육학회

국제학술대회 겸 연차학술대회 논문집 『21세기의 아시아의 교육』(I), 189
～209쪽.

정재걸(1987), 「한국교육사 연구의 방법론적 반성과 대안」, 『한국교육』 14(2), 17～
27쪽.

정재걸(1990), 「한국 근대교육의 기점에 관한 연구」, 『교육사학연구』 2·3, 103～120
쪽.

정재걸(2001), 「교육사학발달사」, 대한민국학술원(편), 『한국의 학술연구』(인문사
회과학편 제1집 - 동양철학, 교육학); 정재걸교수 홈페이지에서 인용.

정재철(1982), 「한국교육사연구의 제 영역」, 한국교육사학회(편), 『한국교육사연구
의 새 방향 - 교육사학의 본질과 방법』, 서울: 집문당, 85～110쪽.

한국교육사연구회, 『한국교육사학』 창간호～최근호.

한국교육학회(1973), 『한국교육학연구사』, 서울: 한국교육학회.

한규원(1998), 「교육사 강의담당교수의 현황과 과제」, 『한국교육사학』 20, 39～58쪽.

한기언(1998), 「교육사의 가치와 목적의 재인식」, 『한국교육사학』 20, 1～14쪽.

Kaestle, Carl F.(1992), "Standards of evidence in historical research: How do we
know when we know?" *History of Education Quarterly* 32(3), 361～366쪽.

한국의 교육과정학 연구 50년

홍후조

I. 서론

지난 50여 년간의 '교육과정 연구'를 검토하는 일의 가장 우선은 교육과정을 무엇으로 보느냐, 그 연구를 무엇으로 보느냐에 따라 검토할 대상을 개략적으로 정하는 것이다. 더 나아가 특정 연구물들이 교육과정 연구인가를 보다 명확하게 규정하기 위한 다른 추가적인 준거에 따라 판단되어야 할 것이다. 안경의 색을 달리하면 보이는 것이 다르듯이, 연구자마다 교육과정 연구를 규정하는 것이 다르다는 점을 전제로 하지 않을 수 없다.

1. 교육과정학의 하위 탐구 영역의 분류

이홍우(1978)는 교육과정의 연구 동향과 앞으로 연구되어야 할 연구과제를 종합하여, ① 교육에 관련되는 주요 개념의 분석, ② 교육이념에 관한 연구, ③ 교육목표 달성도의 효율성에 관한 여러 법칙들을 발견함으로써 교수이론을 정립하기 위한 연구, ④ 교수행위 및 교육현실에 관한 記述적 연구, ⑤ 교과의 성격과 교과지식의 획득과정에 관한 연구로 하여 교수이론과 교수행위를 교육과정의 일부로 보며, 전체적으로 이론적 발전을 위한 연구에 초점을 둔다.

김순택(1979)은 교육과정의 연구 방향을 ① 교육과정 개념의 체계적 논의,

② 교육과정 구성을 위한 자료처 확인과 조정 연구, ③ 교육과정과 수업의 관계 또는 상호작용 연구, ④ 교육과정과 수업방법의 역사적 연구, ⑤ 기존 교육과정에 부가되는 특수 교육과정의 타당성과 효율성 연구, ⑥ 교과 교육과정의 분류체계를 재검토하는 연구, ⑦ 영재, 지진아, 유치원 등 특수 교육과정 개발을 위한 기초연구, ⑧ 교과서의 형식 연구, ⑨ 과거의 교육과정의 공과에 대한 전국적 분석 연구 등으로 제시하고 있다. 그는 전반적으로 교육과정의 기술적 개선적 연구를 모두 포괄하며, 교과서 및 특수 분야 교육과정까지 포함하여 제시한다.

1981년 한국교육개발원에서 펴낸 교육연구개요지(교육과정편)에는 국내외의 교육과정 연구를 ① 교육과정 개념 및 제접근 동향(곽병선), ② 교육과정에 영향을 주는 제변인에 관한 연구 동향(김종서), ③ 교육과정 정책 연구 동향(이영덕), ④ 교육과정의 개발과 운영(김순택)으로 나누어 분석하고 있다. 이들은 대부분 한국교육이 당면한 교육과정 문제를 해결하는데 소용될 만한 실천적, 개선적, 가치판단적 교육과정 연구를 중심으로 언급하고 있다.

김순택(1982)은 ① 교육과 교육과정에 관련된 기초적 개념의 분석과 이론화 연구, ② 교육과정의 적합성 증진에 관련된 기초적인 자원의 분석, ③ 교육과정 목표와 내용의 선정 및 조직에 관한 연구, ④ 교육과정의 효율성과 관련된 수업이론 연구, ⑤ 교사행동과 교육현실에 관한 기술적 연구, ⑥ 교과교육연구, ⑦ 교육과정의 평가 및 개선을 위한 연구가 필요하다고 본다.

교육과정연구회 초기『교육과정연구』제10집 원고를 모집하면서 학술지 뒷면에 투고할 원고 내용에 대해, ① 새로운 지식이나 착상을 널리 퍼뜨리기 위한 글, ② 엇갈리는 이론이나 주장들의 차이점을 밝히면서 새로운 틀로 다듬는 글, ③ 이미 밝혀진 이론들을 갈래 지워가면서 정리하는 글, ④ 어떤 논문에 섞인 잘못을 지적해 가면서 비평하는 글, ⑤ 이론의 발전과 교육과정 기준의 개선을 위한 방안을 내어놓는 글 등으로 제시하고 있는데, 이는 글의 성격을 말할 뿐 연구 영역을 지칭하지는 않는다.

이귀윤(1996)은 교육과정 연구에서 ① 교육과정 이론, ② 교육과정 개념과

유형, ③ 교육과정 개발, ④ 교육과정 평가, ⑤ 잠재적 교육과정으로 나누어
설명하고 있다. 이경섭(1999)은 교육과정 쟁점 연구에서 ① 교육과정의 성격,
② 교육과정의 프레임워크, ③ 교육과정의 구성, ④ 교육과정의 변화를 다루
고 있다. 윤병희(2002)는 교육과정학의 학문적 성격과 정체성 문제를 언급하
면서, 학문적 정체성 문제, 이론의 토착화 문제, 개념정의의 난맥상 문제,
탐구 주제와 영역의 혼돈의 문제, 실제와 응용의 문제를 중심으로 논의하였다.

한국교육과정학회에서 편집한『교육과정: 이론과 실제』(2002)라는 책에
서는 교육과정 이론, 교육과정 개발 및 혁신, 교육과정 실제, 새로운 교육과정
쟁점으로 하여 20개의 징벌 주제로 나누고 있다. 김경자(2000)와 홍후조(2002)
는 Pinar 등(1995)의 분류에 따라 교육과정을 이론적 이해와 실제적 개발로
크게 나누고 있다. 그러면서도 이홍우 등과는 달리 교육과정의 실제적 개발에
더 많은 관심을 기울인다.

이홍우·유한구·장성모(2003, 제12장) 등은 하나의 탐구 분야로서의 교
육과정은 교육의 내용을 초점으로 삼아야 한다고 본다. 교육과정이 교육내용
을 가르치는 교육의 과정 전체를 원심적 관심을 가지고 접근하면서도, 교육과
정은 교육내용을 핵심으로 하여, 구심적 관심을 가지고 접근하는 것이라고
하였다. 또한 교육과정에는 실제적 관심과 이론적 관심이라는 두 가지 이질적
관심이 공존하는데, 전자는 교육내용과 교육방법을 처방하는 것과 관련되며,
후자는 교육과정 실제가 나타내는 현상을 이해하는 것과 관련된다.

교육과정의 연구 분야를 내부의 핵심과 그 주변으로 나눌 때 핵심을 정하기
도 쉽지 않거니와, 주변을 어디까지 해야 하는가에 따라 무한히 펼칠 수
있을 것이다. 소위 '교육과정과 ( )'이라고 할 때 ( ) 안에는 철학, 사학,
사회학, 심리학, 공학, 행정학, 정치학, 법학, 재정학, 경영학 등이 뻗어날
수 있다. 그렇지만, 다음에서 살펴볼 교육과정의 기본 질문을 고려해 볼
때 교육목표, 학습자, 교수자, 교재, 정책 결정, 연구 개발, 운영, 평가 개선
등이 교육과정의 핵심과 더 가깝다고 할 수 있다.

2. 본 연구에 사용된 교육과정학의 하위 탐구 영역

필자는 교육과정의 기본 질문을 좇아 교육과정의 특성을 먼저 밝히는 것이 교육과정 연구의 범위를 개략적으로 정하는 첫걸음으로 본다. 교육과정의 기본질문은 학교와 같은 교육기관에서 무엇을 가르치고 배울 것인가이다 (홍후조, 2002). 이 질문에 대답한 바를 좀더 근원적으로는 왜 그것을 가르치고 배우는가, 즉 어떤 품성과 능력을 지닌 사람을 기르기 위해 저것 아닌 이것을 가르치고 배우는 가를 정당화하는 일과 관계 깊다. 교육과정은 교육의 목적 혹은 교육목표와 밀접한 관계를 맺게 되며, 교육과정의 철학이나 교육과정 현상에 대한 이해 쪽으로 연구가 기울어진다. 좀더 구체적으로는 누가 누구에게 무엇을 어떻게 가르치고 배울 것인가를 계획하는 측면과 관계 깊다. 이렇게 되면 교육과정 개발과 교육과정 문제의 해결 방향으로 연구가 기울어지기 쉽다. 교육과정은 교재 개발이나 교수학습과 밀접한 관계를 맺는다. 교육의 목적과 목표는 교육철학 영역과, 교재 개발이나 교육 계획과 준비는 수업 영역과 밀접하여 교육과정 연구가 간혹 추상성을 띠기도 하고 더러는 구체성을 띠기도 하는 이유가 여기에 있다. 제대로 가르치고 배우는가에 답하는 교육평가가 구체적인 교육목표 혹은 성취 기준에 따라 이루어진다고 할 때 교육과정은 교육평가와 밀접한 관계를 맺기도 한다.

평생교육 차원에서 보면, 취학전 교육기관(유아원, 유치원, 가택학교 등), 초등학교, 중등학교, 대학교, 대학원, 기업, 사회교육기관 등의 교육기관에서의 교육할 계획은 교육과정에 관계된다고 할 수 있다. 그러나, 지난 50년간은 주로 초중등학교에서 형식적인 교육이 이루어져 왔고 이런 기관에서 교육과정 현상이 더욱 뚜렷하다. 이 점에서 본 연구는 주로 학교외 교육기관에 대응되는 의미로 학교의 교육과정에 중점을 두지 않을 수 없다. 세계 차원에서 보면 IB나 의학교육, 공학교육인정제처럼 세계 수준에서도 교육과정은 존재하며, 국가교육과정 기준처럼 국가 수준에서도 존재하고, 지역 수준, 기관 수준, 학년 수준, 교실 수준 혹은 교수자 수준에서도 교육과정은 존재한다. 기관 수준은 여러 차원을 이루어 취학전 교육은 교육활동의 다른 부면들과 교육과정이 미분화되어 있는 편이고, 평생교육 차원에서 사회교육은 최근 활성화가 시작되는 것이며, 대학은 교수 개인들에 의해 교육과정이 좌우된다는 점에서, 기업체 교육과정은 대단히 역동적이나 경제의 형편에 따라 부침이 심하다는 면에서 종잡기 쉽지 않다. 여기서는 현실적으로 국가 수준에서 기관(학교) 수준에 이르는 교육과정으로 한정하기로 한다. 정보화라는 관점에서 보면 교육과정은 현실과 가상공간에 공히 존재한다. 가상공간에 교육과정이 존재하는 것은 분명하지만 이 공간의 교육과정은 지난 50년간보다 앞으로 올 50년에 더 활발해질 것이다.

학교교육과정을 중심으로 보면 교육과정의 구성영역은 전체적인 구조와 준거를 제시하는 교육과정 총칙, 국어, 영어 수학 등 교과 교육과정, 특별활동이나 재량활동과 같은 교과외 교육과정으로 구성된다. 교육을 위한 전체 얼개, 각 영역별 주제별 교육계획 등으로 기업 교육에서도 이는 마찬가지이다. 교육과정은 유기체가 생로병사하듯이 한살이를 겪는다. 즉, 교육과정의 내용과 형식에 대한 문제제기, 유지와 변경에 대한 발의와 의사 결정, 연구 개발, 공시, 실행, 평가, 개선의 주기를 반복한다. 교육과정의 변화는 때로는 단절을 겪기도 하지만, 학교교육에서 정치적 영향력을 받는 교과 영역을 제외한다면, 기업에서 사업의 핵심이나 기술이 달라지지 않는다면, 많은 단절이 급작스럽게 일어나는 경우는 많지 않다. 그러므로 교육과정 연구는 주로 숙고와 개선을 위한 결정, 기준과 교재의 연구 개발, 운영(적용, 수업, 실현), 평가 개선의 최소한 네 가지 과정을 거친다. 교육과정의 결정, 개발, 운영, 평가라는 각각의 과정에는 그 과정을 수행하는 주체가 교육 안팎에 존재한다. 교육 현장에서는 학습자와 교수자가 시설과 설비 등 재정적 지원 속에서 교육과정을 만들어 가고, 교육기관에서는 컨설팅 혹은 장학을 통해 교육행정가가 질 관리를 해 나간다. 따라서 교육과정 주체가 속한 환경을 교육과정 존립 여건이라고 할 수 있다. 또한 교육과정은 특정 제도, 법규, 문화 속에 존재하며, 다양한 내·외부적 압력과 지원을 받으며 존립한다. 이 밖에도 직접적이지 않지만 어떤 기관, 어떤 수준의 교육과정이냐에 따라

외부자들이 분명 존재한다. 해당 교육과정 연구를 전문으로 하는 학자들, 기업인, 관료, 학부모와 소비자들이 그들이다. 이처럼, 교육과정의 구성영역, 한살이, 주체, 실천마당 혹은 존립수준, 존립여건 등이 모두 교육과정 연구의 대상이다.

본 연구를 위해 교육과정의 연구 대상과 분야를 잠정적으로 교육과정의 6대 영역으로 나누어 본다. 아래와 같은 구분은 평생교육, 세계화, 정보화라는 차원에 비추어볼 때 거의 모든 형태의 교육과정에 해당되지만, 일부는 학교라는 장소 혹은 학교교육이라는 특수한 형태에만 어울리는 개념 구분이다.

① 존립수준(실천 마당): 세계 교육과정, 국가 교육과정, 지역 교육과정, 학교(기관) 교육과정(취학전 교육기관, 초등학교, 중학교, 고등학교, 대학교, 기업, 사회교육기관 등), 학년 교육과정, 교실 교육과정, 가상공간의 교육과정 등
② 구성영역: 교육과정 총칙, 교과 교육과정, 교과외 프로그램
③ 한살이: 교육과정의 정책 및 의사 결정, 교육과정 기준의 연구 개발, 교재의 연구 개발, 교육과정의 운영 관리, 교육과정의 평가 개선
④ 주체: 교수자, 학습자, 교육행정가, 연구자, 외부 요구자 등
⑤ 존립여건: 법규, 제도, 문화, 압력과 지원 단체, 장학과 컨설팅, 시설과 설비 등
⑥ 연구: 기초 연구, 응용(개발) 연구 등

교육과정 연구는 우선적으로 학교와 같은 교육기관에서 교수자와 학습자가 무엇을 가르치고 배우는가를 중심 대상으로 한다. 무엇은 특정한 형태의 꾸러미(산출물, product)로 대답되는데, 개괄적으로는 교육과정 총칙에 구조와 기준으로 나타나 있고, 구체적으로는 교과 교육과정과 교과외 각종 교육 프로그램으로 드러난다. 이들을 산출하기 위한 결정과 연구 개발이 진행되며, 또한 연구 개발한 바를 더 구체적으로 계획하고 준비하여 실천에 옮기고

이를 다시 평가하여 개선하는 과정(process)을 거치게 된다. 즉 어떤 수준과 기관의(①) 교육과정의 어떤 측면의(②) 어떤 상태와 과정을(③) 연구하는 것이 교육과정 연구의 기본이라고 할 수 있다. ① 교육과정은 세계, 국가, 지역, 기관, 교실, 교수자 개인 수준에서 존재할 수 있으며, 기관으로 나누면 학교(유치원, 초등학교, 중학교, 고교, 대학), 기업, 사회교육기관 등에서 찾아볼 수 있다. ② 그 수준과 기관의 교육과정은 전체적인 얼개와 편성 운영 기준인 '교육과정 총칙', 개별적인 교과 교육과정(교육 프로그램, 긴장과 책임, 핵심), 교과외(특별활동) 교육과정(준공식적인 교육 프로그램, 이완과 친목, 보완과 교양)이 있다. ③ 이런 교육과정의 구성 영역은 정책 결정, 연구 개발, 계획과 준비, 실행과 운영, 평가와 개선의 한살이를 거친다. 이런 것들이 빚어내는 현상은 모두 이론적 탐구의 대상이 된다.

II. 교육과정학의 소개와 발전

1. 교육과정이란 무엇인가? 경험주의 교육과정의 소개

교육과정 분야의 태동은 초기 소개 단계의 공로에 힘입었다. 교육과정에 대한 초기의 생각은 미국교육사절단의 소개, 외국 교재의 번역, 일제가 물러가고 스스로 교육할 기준을 마련하기 위한 교수요목을 마련해야 하는 절박성에서 나왔다. 계몽을 통한 교육과정 개념 소개의 시대라고 할 수 있다. 김순택(1983)은 1945년부터 1955년까지를 교육과정의 모색기이며 교육이론의 황무지 시대라고 평하였다. 이 시기에는 미국의 진보주의, 생활 경험 중심의 교육과정에 대한 소개가 있었으며, 미국의 영향으로 마련된 교수요목도 실제로는 교과서에 비하면 별다른 역할을 하진 못하였다. 미군정하의 교육의 목표는 기존 일본식 제도를 없애고 미국식 제도로 바꾸는데 있었다(김동구, 1995, 12쪽).

미군정청 편수 당국에서 교과별 편수사들이 위원회를 조직하여 교수요목을 제정하고 교과서를 편찬하였다. 1946년 교수요목제정위원회가 구성되어 교과 내용 자체를 학생들이 학습해 나갈 코스로 보고, 교사가 학생에게 가르칠 교수 내용의 주제나 제목을 열거한 교수요목을 마련하였다. 교수요목은 교과의 지도 내용을 상세히 표시하고 기초 능력을 배양하는 데 주력하고, 분과화된 교과는 체계적인 지도와 知力 배양을 중시하였다. 1947년 1월에 『각과 교수요목집』이 발간되었다. 교과별 교수요목 진술체제는 서로 달랐으나, 상대적으로 가장 체계적인 사회생활과는 교수목적, 교수방침, 교수요목의 운용법, 교수에 관한 주의, 사회생활과의 교육내용의 구조 등으로 되어 있었다. 당시에 강조된 사회생활과에는 공민, 역사, 지리뿐만 아니라 직업과 관찰이 포함되었다. 1948년부터 각 학년의 교과서가 편찬되어 나왔다. 정부 수립 후 1949년 교육법이 공포되었고, 1950년 4월 '교과용도서검·인정규정', '국정교과용도서편찬규정'이 마련되었다. 고등학교를 포함한 중학교가 4년에서 6년으로 확대되었고 1951년부터 중학교와 고등학교가 분할되었다. 교수요목의 운영은 학교장에게 재량권을 크게 허용하는 것이었다. 교육과정은 유교적 봉건성, 일제식 군국성, 미국식 자유민주성과 자본주의성 위에 한국전쟁의 상처에 의한 반공성이 가미되었다. 분단과 한국전쟁, 이어진 냉전으로 인한 정치 이데올로기 문제가 교육과정 및 교과서 내용 정책에서 매우 중요한 요소로 자리잡게 되었다.

공식적으로는 교육법 공포가 늦어져 급한 대로 문교부 편수국에서는 교육 목적과 학과, 교과과정표(미군정기에 제정된 교육과정시간 배당표)에 따라, 교과별로 교수요목제정위원회를 조직하여 교과서를 만드는 내용 주제 목록이 되는 교과 교수요목을 제정하고, 교과서 검정 기준을 만들었다. 당시 인쇄시설과 용지 부족에도 불구하고 초등학교(6년)의 교과서는 국정으로 만들어 보급하고, 중학교(6년)의 국어는 국정으로 나머지 교과는 검정으로 대신하였다(배희성, 1950). 그리고 전시 중 임시조처 요강 중 교육과정에 관한 사항을 준용하여 교육하였던 것이다.

1949년 교육법의 공포로 제155조에 따라 1954년에서야 국민학교, 중학교, 고등학교, 사범학교의 교육과정 시간배당기준령이 공포되었다(4월 20일).

이 때에 이전의 교과별 연중 시간배당과 함께 전후의 무질서로부터 회복을 위한 도의교육과 특별활동을 강조하였다(이상선, 1954). 이것은 학교에서 가르쳐야 할 , 학교에서 전개해야할 교육활동을 법적으로 처음으로 규정한 것이다.

우리나라에서 교육과정의 의미와 교육과정 구성 원칙에 언급한 것은 성래운의『새교육개론』(홍지사, 1949)이 처음이다. 이 책에서는 교육과정의 내용을 경험단원의 지도와 학습활동의 지도로 나누어 제시하고 있다(홍웅선, 1973, 258쪽). 또한, 교육과정 이론을 체계적으로 소개한 것은 金性太의 커리큘럼 강좌인데, 이는 라디오 학교의 프로그램으로 1952년 1월에 4회에 걸쳐 방송된 것이다. 이 글에서 교육과정 연구 분야를 "① 커리큘럼의 이론적 연구, ② 커리큘럼의 역사적 연구, ③ 커리큘럼 구성의 기술적 연구, ④ 커리큘럼 실천안의 비교 연구"로 나누고 있다(홍웅선, 1973, 259쪽). 이론적 역사적 연구와 교육과정 개발 및 운영으로 나누었다고 할 수 있다. 그는 이 강좌에서 core curriculum과 종합 학습법을 강조하였고, 교과와 경험의 양쪽을 절충하는 입장을 소개하였다. 이는 진보주의가 강조하는 청소년의 관심과 흥미를 끄는 사회적 문제와 쟁점을 중심으로 한 중핵 교육과정과 이를 통합적, 범교과적 주제를 통해 수업을 이끌어가는 모습을 소개한 것이었다. 崔秉七은『교육과정 구성법』(1953)에서 우리나라 교육과정을 재래의 교과를 인정하고 그 내용은 되도록 경험 커리큘럼에서 다루도록 하는 것으로 특징지었다.

미국교육사절단의 활동은 전쟁 전후로 3차에 걸쳐 있었다. 이들의 교육과정에 대한 역사, 이론, 구성법 등의 소개로 한국의 교사와 교육학자들의 "눈을 뜨게 하고, 귀를 틔게 하였다."(당시 문교부 장학관 심태진, 임형택, 1993, 173쪽). 문교부의 교육과정 활동은 전쟁으로 중단되었으나, 1951년 3월 30일 문교부는 교육의 이념 및 기술을 연구 실천하여 교육의 질적 향상을 도모하는 것을 목적으로 하는 연구학교 규정을 제정 공포하고, 각 시도에 연구학교를 지정하고 교육과정 연구를 지원하였다. 1952년 9월 제1차 미국교육사절단이 내한하여 경험중심 교육과정에 대한 강습을 실시하였다. 1953년 설립된 중앙교육연구소의 각종 교육과정 연구 활동은 우리 나라에서 교육과정에 대한 이론적 체계적 논의의 시작으로 평가할 수 있다.

한편, 중앙교육연구소에서는 미국 진보주의 교육관련 서적 번역작업을 수행하였다. 교육과정에 대한 연구는 일본을 통한 간접적인 번역 소개도 있었다. 신교육연구회에서 편역한『신교육운동: 커리큘럼의 사적 전개와 그 구성』(학우사, 1953)은 20세기 미국을 중심으로 한 새로운 교육과정 운동을 소개하고, 교육과정 유형과 그 구성법을 서술하였다. 또한, 廣岡亮藏(광주사범부국 역)의『새교육과정론』(광주사범부국, 1953)과 倉澤剛(광명사 편집실 역)의『단원론』(광명사, 1954)이 있다.

함종규(1980)는, "교육학자라고 불리우는 학자집단이 형성되고 교육학을 전문적으로 연구하는 학회가 발족된 해(1953년)를 기준으로 보면 해방 이후 한국교육학은 하나의 학문적 영역으로 인식되고 체계적으로 연구되기 시작했다."고 볼 수 있다고 하였다(189~209쪽). 당시 교육과정 관련 연구자들의 생각은 새교육과 새교실을 통해 그 편린을 읽을 수 있다. 특히 분단과 미군정기, 한국전쟁혼란기에는 교육과정이라고 논하기 어려운 부분이 많았다. 당시에 미국의 학자들이 일방적으로 이식해 준 민주주의와 진보주의 교육에 터한 교육과정(흔히 경험주의, 경험중심 교육과정이라고 불림)에 대한 관념이 학술적으로 이해되었다고 하여도 이를 학교 교육과정으로 정착시킬 만큼 여유가 있는 것도 아니었다. 교과서를 조달하기 어려웠고, 학생을 수용할 시설이나 적절한 교사가 없어 야간수업, 2부제 수업, 방송통신학교 수업 등 최소한의 교육으로 교육 열기를 수용하는 형편이었다.

해방 후 교육과정에 대해 처음으로 교육과정 논문을 쓴 이는 朴昌海로 그는 연세대학교의 김윤경 교수의 지도 아래 1954년 3월「우리나라의 교육과정의 발달과 새교육과정의 구성원칙」이라는 석사학위 논문을 썼다. 1956년에는 교육과정 연구와 관점에 체계성을 더한 정범모의『교육과정』이 발간되었다. 이 책은 타일러의 교육과정관을 상세히 설명하면서, 학교를 사회개혁처, 교육과정을 사회개혁활동으로 보았다. 이후에 이와 비슷한 류의 교육과정에 대한 서책들이 많이 발간되었다. 예를 들면, 이영덕 외 4인(1960)의『교육과정』(현대교육총서출판사), 이규환(1961)의 『교육과정』(새글사), 함종규(1962)의『교육과정』(재동문화사), 김용기(1963)의『현대 교육과정』(합동출판사), 김봉수 외 3인(1963)의『교육과정』(교우사), 강우철(1966)의『교육과정 계획과 운영지침』(현대교육총서출판사), 함종규(1966)의「개정 교육과정』(재동문화사), 이규환(1968)의『증보 교육과정』(새글사), 강신웅·왕기항(1968)의『교육과정』(교육출판사), 주세환(1969)의『교육과정』(집현사), 함종규(1970)의『증보 교육과정』(익문사) 등이다. 이상선(1954)은 교육과정을 "학생의 생장 발달과 그들의 번영에 영향을 미치는 모든 학습 경험의 총체"로 본다. 학습자의 행복과 번영을 충실히 추구하는 교육과정은 학습자 위주로 구성해야 하며, 아동 중심, 생활 중심으로 되어야 하고, 국가의 기본 성격과 민족의 이상에 충실히 입각되어야 할 것으로 본다. 그는 "현행 교육과정의 개선을 위하여 각계각층의 여론을 배경으로 교육관계자의 전면적인 참가를 촉진하면서 필요한 조사, 연구, 심의, 실험, 평가 등의 모든 과정을 밟아전 민족적 총명을 결집"하는 방식으로 이루어져야 한다고 하였다. 한기언은「신교육과정 제정의 성격」이란 글에서 생활, 경험 교육과정 도입의 불가피성을 언급하면서 여전히 종래의 교과 교육과정에 머무는 교과도 있다고 비판하였다(『교육』3, 서울사대, 1955년 9월, 24~40쪽). 이 시기 교육과정은 미국교육사절단의 영향 아래에서 생활경험과 노작교육을 중시하는 경험적 교육과정이었으나 그 실제 내용은 교과별 교육과정이었다.

초기의 경험주의적 교육과정 소개뿐만 아니라 이후에 계속된 학문중심, 인간중심, 현상학, 교육과정사회학, 통합 교육과정, 열린교육, 포스트모더니즘, 여성학, 생태주의, 다문화주의 등도 이런 소개하는 전통을 따랐다. 일시적으로 유행하다가 사라진 것들도 있고, 소개와 번역을 넘어 다른 모습으로 변형되어 나름대로 토착화되는 것도 있다. 1960년대까지 초기의 학문 활동은 번역학문일 수밖에 없었던 시대적 여건이 있었고 이를 이해할 수 있다.

그러나, 교육과정학 연구를 소개로 생각하는 이들이 아직도 적지 않다. 대학원의 고급 두뇌 양성이 제도화되지 않아 외국 유학을 권하는 우리 풍토에서 유학한 이들은 번역서 등을 통해 외국의 학문 동향을 소개한다. 자신도 알지 못하는 바를 소개한 이들도 적지 않으며, 심지어 외국의 개인 학자가 초기, 중기, 말기를 거치면서 사상적 편력을 거듭하면 이를 추종하며 소개하는 이들도 있다. 우리가 학문적 독립, 문화적 자생력을 확보하지 않는 한 패권국이라는 낯선 권위를 덧입어 학문하는 풍토는 좀처럼 사라지지 않을 것이다.

2. 목표모형은 얼마나 가벼운가? 학문중심 교육과정의 탐구

교육과정의 특정 경향을 소개하면서 이를 소화하여 나름의 새로운 방향을 잡아가는 대표적인 사례로서 이홍우 교수와 그 제자들에 의해 이루어지는 학문중심 교육과정의 소개와 이를 바탕으로 한 철학적 교육과정 탐구, 우리의 전통 사상에 기반한 교육과정학 탐구를 들 수 있다. 서양에서 교육과정학이 나름의 학문적 토대를 가지기 시작한 것은 H. Spencer(1861)의 교육론에서였고, 전문적 기술이 가미된 것은 F. Bobbitt(1918)에서부터였다. 우리나라에서 교육과정학이 학술적 토대를 구축한 것은 이보다 좀 늦은 1970년대 초반부터 이경섭과 이홍우가 학문 중심 교육과정을 소개하면서부터였다고 볼 수 있다.

이경섭(1968)은 "Discipline in the Curriculum Theory; On the Structure of Discipline"(『경북대학교논문집』 12, 177~190쪽)에서 처음 학문중심 교육과정을 소개하였다. 이후 이영덕(1969)은 『교육의 과정』(배영사)에서 교육과정 계획과 운영은 교육의 과정에서 중심과정을 이루고 있으며, 교육적 과정 속에서 학생들이 가지게 되는 모든 학습 경험을 총괄하여 교육과정이라고 정의한다. 교육목표, 교수내용, 학습경험과정, 평가를 교육의 過程이라는 연속선 위에 배열하고, 어떤 학생에게 어떤 학습 경험을 주기 위하여 어떤 교육 상황이 마련되어야 하느냐를 정확하게 판단 기술하는 일이 교육과정

이론의 핵심적 임무가 된다는 것을 강조하고 있다. 또 H. Taba, J. Bruner의 학문중심 교육과정을 소개하고, 다양한 교육과정 프로젝트와 교수전략을 소개하고 있다. 또한 홍웅선(1971)도 『새 교육과정의 이론적 기저』(배영사)에서 학문중심 교육정을 소개하고, 1971년부터 시작된 교육과정 개정에 반영하는데 앞장섰다. 당시 교육과정을 국적 없는 교육이론에 얽매어 헤어나지 못하고, 우리의 것으로 토착화되지 못하고 있다고 평하였다. 이경섭(1972)은 『현대 교육과정론』(중앙적성연구소)에서 교육과정을 교과 중심, 경험 중심, 학문 중심으로 나누고 있으며, 학문중심 교육과정의 태동 동기, 기본 견해, 종류, 장단점, 영향을 상세히 소개하고 있다. 학습 내용의 선정과 조직도 상호 대비하여 소개하고 있다.

학문중심 교육과정은 타일러식 경험주의 교육과정을 학문적 위계성이 뚜렷한 수학, 과학 등 일부 교과를 통해 극복하고자 한 것이었는데, 우리나라에서 타일러식 교육과정 모형을 이론적으로 실질적으로 철저히 비판한 것은 이홍우 교수에 의해서였다. 그는 교육과정의 기본 모형을 목표모형과 내용모형으로 2분하고, 목표모형이 지닌 비교육적 측면을 통박한다. 그의 교육과정에 대한 기여는 학문중심 교육과정을 지식의 구조, 학문의 성격, 탐구 방식을 통해 정리하여 소개한 것이다.

그는 『교육과정 탐구』(1977)와 『증보 교육과정 탐구』(1992)에서 F. Bobbitt, R. Tyler, H. Taba, B. Bloom, R. Mager 등 소위 진보주의적, 생활중심적 경험주의 교육과정론이 교육의 본질적 측면을 간과하고, 학습자의 흥미와 필요, 사회의 요구에 응하여, 교육목표를 피상적으로 정하거나, 교육 본질적 측면에서 교육목표를 정하지 못하고 다만 교육목표를 정하는 절차를 처방했다고 비판한다. 그는 P. Hirst, R. Peters, J. Bruner, J. Piaget 등의 입장에서 경험주의 교육과정론의 피상성에 대해 논박한다. 그의 학문중심 교육과정론의 뿌리는 미국의 1960년대 교육과정론이었다.

학문중심 교육과정론이 드러난 글은 이홍우(1983)의 「교육학의 학문적 성격」(이홍우 외, 『교육학 개론』, 교육과학사, 207~230쪽), 이경섭·이홍우·김순택(1982),『교육과정 - 이론 개발 관리 - 』(교육과학사)뿐만 아니라 서울대학의 여러 박사학위 논문이 이런 계열을 잘 대표하고 있다. 대표적으로 박재문(1981)의『지식의 구조와 구조주의』, 유한구(1989)의『교육인식론 서설』, 조영태(1991)의 『교육내용의 두 차원: 이해와 활동』 등이다.

학문중심 교육과정은 학문의 조직, 내용 체계를 중시한다. 이런 분야를 발전시킨 것은 경북대학교의 이경섭 교수와 최호성, 강현석 등 그 제자들이었다. 이경섭 교수는 학문중심 교육과정의 내용을 선정하는 내적 준거와 외적 준거를 밝히고 있다(이경섭, 1991). 내적 준거로는 기초적인 것, 학문의 구조, 탐구방법, 경제성을, 외적 준거로는 교육목표와의 관련성, 학습자의 학습가능성, 사회에의 적합성을 제안하고 있다. 학문의 기초가 되는 것은 중요한 것과 기본적인 것으로 이를 알면 적용 범위가 넓고 새로운 지식을 더욱 많이 만들어 내는 것이다. 각 교과의 기초적인 것은 그 자체로 의미를 지니고 있기 보다 기초적인 것이 상호연관될 때 전체 구조 속에서 의미를 지니고 기능을 하게 된다.

이홍우 교수의 교육과정 이론에 대한 기여는 그가 단순히 학문중심 교육과정론을 누구보다도 정확하고 자기 나름대로 소화한 것을 소개한 데 그치지 않는다. 그는 여기서 더 나아가 교육학의 본질과 교육과정의 본질에 대해 탐구하였다. 이홍우 교수(1983)의 교육과정론은 그의 교육학을 보는 안목과 맞닿아 있다. 그는 교육학의 성격을 학문의 본질에 비추어 파악하려는 시도를 하였다. 즉, '보는' 교육학과 '하는' 교육학으로 대별하였는데, 교육현상을 이해하는데 도움되는 '보는' 교육학(알아보기 위한)은 실제적인 가치와 상관 없이 사물과 현상을 이해하는 수단으로서 가치 있다고 하였다. 또한 교육 실제 질문에 대답하는데 도움되는 '하는' 교육학(실제를 개선하기 위한 것임)은 이와 다르다. 축구를 '보는' 사람과 축구를 '하는' 사람의 차이에 비유할 수 있다. 또한 교육과정에서도 실제적 관심과 이론적 관심이라는 두 가지 이질적 관심이 공존하는데, 전자는 교육내용과 교육방법을 처방하는 것과 관련되며, 후자는 교육과정 실제가 나타내는 현상을 이해하는 것과 관련된다.

교육과정이 교육내용을 가르치는 교육의 과정 전체를 원심적 관심을 가지고 접근하면서도, 교육과정은 교육내용을 핵심으로 하여, 구심적 관심을 가지고 접근하는 것이라고 하였다. 그는 하나의 탐구 분야로서의 교육과정은 교육의 내용을 초점으로 삼아야 한다고 본다.

이홍우 교수의 기여는 교육과정을 철학적, 형이상학적 탐구에로 끌어올린 것이다. 그와 그 제자들의 논문은 교육과정 논문 이상으로 철학적인 요소를 담고 있다. 그들은 이런 근본적, 형이상학적 기본 가정에 대한 탐구를 교육과정의 본질적이고 손에 잡히는 것 이상으로 분명하게 실질적인 연구라고 본다. 최근 이들의 연구는 동양적 사유의 유교, 불교, 도교 등으로 다방면으로 뻗어나고 있다.

우리나라에서 학문중심 교육과정론은 교육과정 논의를 보다 논리적, 철학적으로 심화시키는데 기여하였고, 동시에 교육과정 실제로부터 멀리 떨어지는 데 기여하였다.

3. 학교 지식은 얼마나 불공정한가? 교육과정 사회학의 발전

교육과정학의 특정 유파를 소개하면서 이를 사회개선 실천 운동과 연결지은 것은 교육과정 사회학을 소개하고 전파한 이들에 의해서이다. 1980년대 정치적 경제적 민주화 운동의 고조에 발맞추어 교육과정학계는 교육사회학계와 일정한 연대를 가지게 된다. 김기석, 한준상, 오욱환, 박부권, 김억환 등은 교육과정 사회학이라고 불리는 학교지식 사회학을 소개하였다. 객관적이고, 검증을 거친, 가치 중립적인, 진리에 가까운 학교지식을 매우 편파적이고, 억압적이며, 특정 지배계급의 이데올로기에 봉사하는 것이라고 통박하였다. 당시 한국 사회의 민주화 운동과 함께 이들의 학교교육 전반, 특히 교과서에 실려 학생들에게 전달되고 시험을 통해 강화되는 학교지식의 불공정성에 대한 공격은, 학교교육을 통해 학생들로 하여금 사회가 지닌 문제와 모순을 깨닫고 이를 극복할 대안들을 모색해 보게 하는 사회개혁적 입장을 대변하였다.

사회변화의 관점은 여러 갈래로 나뉠 수 있는데, 미시적으로 교실의 사회적 상호작용과, 교과서 내용이 담고 있는 사회적 의미 분석, 그리고 정치, 경제, 문화 등 거시적 사회구조의 일부로서 학교교육의 기능을 비판적으로 조명하는 것이다. 예를 들어, 잠재적 교육과정의 연구를 통해 어떻게 학교교육에서 사회통제의 원리가 관철되는지를 밝히고, 이데올로기 분석을 통해 경제적, 정치적 불평등이 학교교육 내용에서 어떻게 정당화되고 혹은 숨겨지고 있는지를 드러내며, 사회화 논리의 저편에는 계급제도를 유지하기 위한 반복적 훈련의 측면이 있을 수 있다는 것을 밝히는 것이다. 교육과정 사회학은 미국에서 대공황 이후의 진보주의협회의 카운츠, 러그 등의 교육비판의 전통을 잇고 있으며, 브라질에서 프레이리가 벌인 농민 의식화교육을 주목한다. 보울즈와 진티스(Bowles & Gintis, 1976)는 자본주의 사회에서 학교는 자본축적을 위해 필수적인 노동력의 재생산과 자본가계급의 이윤을 확보해 주는 제도나 사회관계의 유지에 필요한 의식, 성향, 가치의 갖가지 형태를 재생산하는 곳으로 보았다.

사회중심 교육과정의 또 다른 중심테마는 학교에서 가르치고 있는 지식의 사회적, 정치적, 경제적 성격에 대한 연구와 이에 따른 학교지식의 '중립성, 객관성'에 대한 懷疑문제이다. 사회중심 교육과정은 우선 지배적인 학교지식을 분석하고 비판하는 데서 사회 변화의 새로운 가능성을 찾고 있다. 사회의 변화를 겨냥한 교육과정의 입장에 따르면 수업의 내용과 활동은 ① 실제적인 것(real)이어야 하며, ② 배우는 것으로 끝나지 않고 행동(action)을 요구하며, ③ 옳고 그름과 바람직함에 대한 판단을 포함하는 가치(values)를 포함하는 것이어야 한다.

김신일, 김기석(1977), 한준상(1981, 1985), 이미나(1982), 오욱환(1984) 등은 교육과정의 정치적 성격을 공박하는 미국 등의 새로운 경향을 소개하였다. 박부권(1981), 강태중(1981), 한만길(1984), 윤철경(1985), 홍후조(1986) 등은 그들의 석사학위 논문을 통해 교육과정 사회학을 교육과정 지식의 선정과정,

교과서 내용 분석을 통해 입증해 보이려고 노력하였다. 이들의 노력은 이후 교육과정의 재개념화로 이어져, 학교지식을 여성학적, 환경생태학적, 계급적, 지역적, 인권적 측면 등으로 다양하게 조명하는 전통을 낳았다. 특정 지식이 특정 관점과 이해관계를 편파적으로 대변하는 것을 경계하고 보다 공정하게 지식을 구성하지 않을 수 없는 경계를 세운 셈이다. 이러한 노력들은 최근에도 교육을 통한 지배구조, 불평등구조의 재생산을 경계하고 그 모순을 드러내는 데 활용되고 있다. 남녀간 성차, 노사간 경제관의 차, 진보와 보수간의 통일 및 북한관의 차 등 온갖 차별적 관행을 교육과정 측면에서 되새김질하는데 이용된다.

4. 교육과정학은 자율적인 학문이 될 수 있는가?
교육본위론의 새로운 교육과정학의 정립 모색

장상호 교수를 비롯한 교육본위론적 입장에 따르면, 교육학을 새롭게 정립하면 이에 따라 하위 학문인 교육과정학의 탐구도 달라질 수 있는 여지가 있다. 장상호 교수만큼 교육학의 과거와 현재를 부정하는 사람은 찾아보기 어렵다. 보통 교육학자들은 학교교육이 문제는 있지만 엄연히 진행되고 있으므로 교육학은 그것을 대상으로 문제를 발견하고, 그 문제를 풀기 위해 열심히 새로운 제안을 한다. 또한 심리학, 사회학, 철학, 행정학 등 인접 학문의 힘을 빌어 교육적 현상을 해명하려고 든다. 일부는 다른 나라에서 쟁점이 된 혹은 새로운 연구방법론을 배워와서 그것을 적용하는 교육 연구를 진행한다. 그러나 교육학의 이런 행태에 대해 반성을 하는 학자들은 많지 않다.

장상호 교수는 교육학이 자율적 학문으로 서 있지 못하다면 다른 인접학문에 의해 해소되거나, 다른 인접학문에 의해 2류 학문으로 전락할 운명에 처할 것이라고 경고를 한다. 그는 이런 경고에 그치지 않고 지난 15년 이상을 교육학의 정체성을 탐구하는 데 매진하였다. 이름하여 교육본위론 혹은 제2기 교육학이다. 그는 『학문과 교육(상) - 학문이란 무엇인가?』(1997, 서울대학교출판부)와『학문과 교육(하) - 교육적 인식론이란 무엇인가?』(2000, 서울대학교출판부)의 출판과, 학술지『교육원리 연구』를 통해 교육학의 정체성 찾기를 계속해오고 있다.

교육본위론 혹은 제2기 교육학은 교육적 현상만을 다루며, 순수하게 교육을 탐구해야 하며, 비교육적 현상이 뒤섞여 있는 복합적 현상으로서 학교교육을 교육으로 간주하는 우를 범해서는 안된다는 것이 그 출발점이다. 교육만이 아니라 다른 많은 활동도 이루어지는 생활공간으로서 學校態(schooling)가 삶의 양식의 하나인 교육으로 오해되고 있으며, 교육학이 교직학으로 태생적 문제를 갖고 출발하여 타학문영역을 그 하위영역으로 차용하고 안심하는 잘못이며, 모학문을 차용하여 안이한 행군을 계속하고 있거나, 외국의 이론이나 설명을 차용하는 잘못이라고 본다. 이런 교육학을 2류잡학 혹은 용병학문이라고 비판한다(2003, 8쪽). 학교태에 포함된 심리적, 사회적, 문화적, 정치적, 경제적, 행정적, 역사적, 철학적 문제를 다루고 교육학이 다루는 것에 불과하고, 교육학의 상당부분은 학교의 과업을 교육의 과업과 동일시하고 그것을 능률화시키는 기술적인 절차에 부심해왔다고 비판한다. 교육의 심리화, 문화화, 사회화, 인력자원화가 교육이라고 간주하는 허상을 깨뜨리는 것이다.

장상호 교수는 교육학의 비본질성을 극복하고 교육본질, 교육본연을 보는 제2기 교육학을 출발시키는 데 주력해왔다. 그는 교육 자체의 순수성을 해명하는 고유의 문제의식, 시각, 렌즈, 개념적인 틀, 이론, 그리고 방법론을 定礎해 나가야 할 것이며, 교육의 교육학적 환원과 전 생활의 교육화, 전 생애의 교육화를 주창한다. 즉, 학교 '안팎'의 교육 현상에 이론적 의미를 부여하는 것이다. 그는 흔히 교육학자들이 주력하는 현실 교육의 문제 해결보다 정작 더 급한 것이 교육학의 문제라고 본다. 학교에 대한 학제간 연구는 이루어져 왔으나, 교육 현상만을 오로지 다룬 교육학의 체계는 아직 만들어지지도 않았다고 본다(2001, 15쪽). 교육학이 교육문제를 해결하기 위해서 선행될 것은 그 고유한(자율적인) 지식체계를 확보하는 것이며, 고유의 지식

체계를 확보하고 그것들을 응용하는 것이라고 한다. 교육학 자체의 이론적인 문제를 착실하게 해결한 뒤에 현실 문제에 뛰어들 것을 요청한다. 관례, 전통, 상식을 거부하고 상식이 도달하지 못하는 심층 교육 현상을 포착해내어, 교육현상을 그 나름의 범주, 질서, 맥락에 알맞도록 개념적으로 환원시키고 외래 학문과 외국 학자들의 학문 성과에 의존하는 것에서 벗어나, 자체의 고유한 이해의 틀을 세우면서, 외래 개념들의 침해로부터 그것을 보호하려는 선별적인 노력을 해야 한다고 본다(1994, 297쪽). 교육을 개념적 정의, 개념분석으로 쉽게 해결하려는 것은 곤란하다. 교육을 말하기 위해서는 교육 아닌 것을 검토하면서 교육이 그 나름대로의 자율적인 세계로서 다른 여타의 세계와 어떤 모양으로 공존 혹은 갈등할 수 있는가를 생각해야 한다(1994, 299쪽).

교육학이 자율성을 갖지 못한 만큼, 현재 교육과정론도 자율적이지 못하다. 교육과정 사회학, 교육과정 심리학, 교육과정 행정학 등으로 끝없이 펼쳐나가는 현실과 유혹이 많다. 대부분 교육과정 연구는 많은 경우 현실 학교교육을 둘러싼 교육과정의 성격 탐색, 교육과정 정책, 교육과정 연구 개발, 교육과정 운영, 교재의 구성, 교육과정 평가 등으로 이루어져 있다. 또한 외국 학자들의 논의에 종속되는 경우도 허다하다. 이제까지의 경험중심 교육과정, 학문중심 교육과정, 인간중심 교육과정, 교육과정의 재개념화, 구성주의 교육과정 등 일정한 시차를 두고 미국식 교육과정 논의를 수입하여 우리의 교육과정 현상과 문제를 탐구하거나, 적용하거나 해명해왔다고 할 수 있다. 그의 논지에 따르면 교육과정학은 어떤 분야보다 교육학의 본질적 성격을 잘 말해줄 가능성이 풍부한 곳임에도, 교육과정학자들은 다른 일에 열심을 내는 것이며, 일부 교육과정학자들은 본말이 전도된 논의를 서슴지 않고 있다고 비판한다.

그렇다면 교육과정 연구 또는 교육과정학은 정말 학문으로 인정받기에 적절한 인식론과 방법론을 갖고 있으며, 연구대상으로서 교육과정 현상을 개념화하기 위한 이론적 맥락을 확보하고 있는가?(허숙, 2002, 195쪽) 교육의 재개념화에 따라 교육과정 분야는 교육의 소재로 새로이 명명된다. 교육의 수단은 교육의 소재이고, 이는 무수한 종류와 수준이 있는 수도계 전체를 포괄할 수도 있다. 교육소재로서 교육과정은 교육이라는 활동을 활성화할 수 있는 가능성을 탐색하는 것이다. 여기서 소재란 교육이라는 본연의 활동을 매개할 수 있는 재료, 즉 교육 내용을 말한다. 기본적으로는 수도계의 속성이 교육계를 이루는 바탕이다. 다만, 이미 확보한 진리, 이미 성취한 신적 존재인 성인에로 가까이 가려는 후진들의 노력으로 이어지는 수도계와 달리, 끊임없이 추구하는 진리에의 열정, 현 단계에서만 잠정적으로 참으로 인정되는 진리에의 추구를 하는 상구자와 하화자의 교육작용에서 교육의 본질은 발견된다. 교수자인 하화자와 학습자인 상구자는 나름의 품위(단계)에서 품차를 인정하고 진리를 향한 도움을 주고받는다. 그들이 주고받는 진리는 시대에 따라 관점에 따라 끊임없이 부정될 수밖에 없는 운명의 것이다. 상구와 하화의 열정을 불러일으키는, 수련적 가치가 있는 것은 모두 교육의 소재가 된다. 교육의 소재는 현재 학교에서 교과서에 담아 가르치고 배우는 것의 범위를 훨씬 벗어난다. 심지어 이미 틀린 것으로 판명된 것도 수련적 가치가 충분하면 교육의 소재가 된다고 한다(이현욱, 2002).

윤병희(2002)는 교육본위론에서 태동할 교육의 소재로서 교육과정학이 교육과정에 새로운 시사를 줄 수 있을 것으로 기대한다. 교육소재는 학교의 교과의 범위를 넘어서 있으며, 학교의 교과는 역사적 우연적 결정물이고, 고착된 교과는 결코 존재할 수 없다. 교육을 통하여 인간의 위대성을 구체화할 수 있다면 소재의 영역에 제한을 둘 필요가 없으며, 모든 수도계를 포괄하고 있다는 것이다.

교과에서 담아 전달하려는 지식은 교육과정에서 중요한 소재이지만, 변화된 인식론적 상황, 즉 실증주의 인식론의 퇴조와 이에 대한 대안으로서 구조주의, 구성주의, 신과학철학 등에서의 지식관, 지식의 형성 및 발전관에 대한 이해에 따르면, 지식이나 소재를 전수되거나 그 자체의 가치(내재적 가치)를 갖는 것으로 보지 않는다. 지식은 절대적인 것이 아니고 주체가 구성하는 것에 불과하기 때문에 그것을 소재로 삼아(수단으로 하여) 구성하거나 재조직하는 연습을 시키는 것(교육)이 지식의 속성에 맞기 때문이다(이현욱, 2002). 이현욱(2002)은 장상호의 교육본위론에 바탕하여, 교육의 소재를 선택하고 배열함에 있어, 종적 상대성을 고려하여 학습하는 순서를 정하고, 횡적 상대성을 고려하여 학습할 범주들을 구획하는 것을 논하고 있다.

이들은 교육이 과연 무엇인가를 근원적으로 생각하고 이를 바탕으로 교육과정 연구를 수행할 것을 제안하였음에도 불구하고, 교육 소재론 입장에서 교육과정학은 아직 별다른 성과를 보이지 못하고 있다. 윤병희 교수(2002)는 그 이유로 교육과정학 분야의 패러다임의 경합과 이론화에 대한 역사적 관심 소홀, 학자들 상호간 비판적 의사소통 결여, 현장 문제 해결을 실천적 이론을 생성하는 것으로 규정, 교육이라는 고유한 생활 세계의 현상을 다루는 모학문으로서 교육학의 부재 등을 들고 있다. 교육과정학은 교육학의 다른 영역과 달리 뚜렷한 모학문이 없어 상대적으로 고유한 활동을 하여 왔다. 교육의 주변학들과 달리 나름대로의 분명한 탐구영역을 가지고 있으며, 따라서 독립성과 자율성을 유지해왔다고 할 수 있다. 교육과정학은 어떤 모학문의 인식론에 전적으로 의존하고 있지 않다(허숙, 2002, 196쪽). 예컨대, 공통필수 교육과정을 중심으로 한 국가교육과정 기준의 설계, 개별 교육기관의 교육 프로그램의 설계, 생활과 직업 속에서 교육적 경험의 선정과 조직 또는 교과교육학과의 관계에서 교과 내용 혹은 경험의 선정과 조직 등은 결코 다른 분야에 해소될 수 없는 독특한 측면을 포함하고 있다. 교육학과 학교학이 분리 가능한 것이라고 할지라도 교육의 주된 특징이 드러나는 학교학 없는 교육학이 얼마나 견실한 것인가는 의문이다. 허숙 교수(2002, 198쪽)는 학교학이나 교육과정론은 보다 구체적이고 실천적인 문제와 그 해결에 일차적인 관심을 갖는다면, 교육학이나 교육과정학은 보다 보편적이고 이론적인 차원의 탐구를 추구하는 것으로 구분한다. 교육에 대한 순수한 이론 형성을 강조하면서, 여기서 연역될 수 있는 교육과정 이론만 강조하다보면, 오히려 교육과정 이론 형성의 기본 바탕이 되는 구체적이고 힘있고 풍성한 실제로서, 교육의 주된 실천 장으로서 학교를 놓쳐서는 안될 것이다.

실제와 실천을 떠나 순수한 이론 형성은 수학이나 논리학을 제외하면 많지 않다고 할 수 있다. 아직은 교육본위론이 교육과정학 형성에 기여할 수 있는 여지를 판단하기는 좀 이르며, 이 분야의 더 많은 연구 축적을 통해서만 그 가능성을 가늠할 수 있다.

5. 교육과정은 얼마나 실제적인가? 교육과정 현실로부터 학문하기

교육과정 연구는 결과적으로 교육 실제와 교육과정 실천을 바꾸는 행위에 직결된다고 보아 실사구시적 입장을 취하는 이들이 있다. 교육과정 연구의 두 축은 교육과정 현상에 대한 이론적 이해와 함께 실제 교육과정 문제 해결과 개발이다. 학교와 같은 교육기관에서 무엇을 가르치고 배울 것인가라는 것이 교육과정의 기본 질문이라면, 이 질문에 대해 국가 수준에서 요강적으로 대답하여 기준과 틀을 제시하여 학교 교육과정을 편성 운영하는데 지침이 되도록 한 것이 국가교육과정 기준이다. 국가교육과정 기준은 초·중등학교의 교육 내용의 기본적인 틀을 제시한다. 학교교육 내용과 활동의 조감도가 국가교육과정 기준이라고 할 수 있다. 우리나라에서는 해방 이후 국가교육과정 기준을 7차례나 변경시켜 왔다. 그 중간에 간혹 부분적인 수정도 여러 차례 있었지만 기본적으로는 교육부 등에서 발의하여 일정 기간에 중앙에서 개발하여 학교에 '하달'하는 식이었다.

교육과정학 분야에서 교육 실제에 변화를 가져오고, 이를 통해 교육과정학을 연구 개발하는 데 앞장서 온 뿌리는 깊다. 김호권(1969)에 의한 완전학습, 제7차 교육과정에 의한 수준별 교육과정은 대표적이다. 국가권력이나 권위에 힘입으면 교육 실제와 교육과정 현실을 바꾸는 데는 매우 손쉽다는 유혹이 있다. 중앙집권적인 교육과정 현실에서 지역과 학교의 교육과정을 바꾸는 데는 이보다 더 손쉬운 접근로가 없는 것이다. 윤리, 국사 등 국정 이데올로기를 전파할 수 있는 수단으로서 각종 교과목의 신설, 국정교과서 개발, 각종 정책 연구 등은 일정 부분 여기에 참여하는 인사들이 보기에는 교육과정학

연구의 일부가 되는 것이다. 이 길이 중집화된 상황에서 국가, 지역, 학교 교육과정 실제에의 접근을 손쉽게 하는 것은 분명하다. 그러나 이것이 과연 교육과정학의 연구의 범위에 드는지, 그리고 이를 통해서 학문적 발전에 기여하는 면이 있는지에 대한 회의 또한 적지 않다. 이홍우, 장상호, 윤병희 등의 입장에서 볼 때 정책 연구를 통한 교육과정 접근은 학문 활동이라기보다 실제 참여 활동, 나아가 정치 활동에 불과할 수 있다. 그러나, 최근 들어 이 통로가 교육과정학의 발전을 가져올 수 있는 분명한 길임을 드러내는 연구가 속속 등장하고 있다. 국가교육과정 기준의 전면적 일시적 개정에 대해 반대하고, 이를 개선하기 위해 適期에 부분적 연차적으로 개선하는 방안을 제안하는 입장의 논의는 교육과정 실제 뿐만 아니라 이를 이해하는 입장에서도 새로운 개념을 안출하고, 이론적 깊이를 더하는 면이 적지 않다. 선택 교육과정의 각종 논의를 선택의 원리로 정리하거나 과정과 교과를 설계하는 '열쇠모형'을 제시한 홍후조의 연구(2003, 2004)나 교육과정의 문제적 제도적 차원에서 분석한 김용의 연구(2003)는 실제 문제의 이해를 통한 이론적 논의의 가능성을 높여주고 있다.

먼저, 국가교육과정 기준을 모든 학교, 모든 학년, 모든 영역(교육과정 총칙, 교과 교육과정, 교과외 교육과정 등)에 걸쳐 전면적으로 개정할 필요가 있느냐는 것이다. 둘째, 국가교육과정 기준을 변경하되 1981년 4차, 1987년 5차, 1992년 6차, 1997년 6차 이런 식으로 짧은 주기로, 차수를 거듭하는 식으로 바꾸는 것이 적절하냐는 것이다. 셋째, 국가교육과정 기준을 변경하되 모든 영역의 교육과정 기준, 교과서 개발, 교원연수 등을 짧은 시일 안에 일시적으로 바꾸는 것이 실효성이 있느냐는 것이다. 이를 두고 우리는 전면적, 주기적, 일시적 개정 방식이라고 하였다(홍후조, 1999). 이러한 교육과정 개정 방식이 지닌 문제점은 여러 모로 지적되었으나, 가장 기본적인 비판은 교과별로 차이가 있겠지만, 이전보다 '나은' 것을 만드는 것이 아니라 '다른' 것을 만들 뿐이라는 것이다. 더구나 이렇게 만들어진 교육과정 문서나 그 내용은 교과서를 집필할 때에만 쓰이고, 다른 용도(예컨대 교사의 수업,

학생의 학업성취 평가, 학교의 교육평가 등)로는 거의 쓰이지 않고 있다. 쓰이지 않는 문서를 계속 만들어야 하는가에 대한 심각한 회의가 있으며, 쓰이는 문서의 성격과 내용에 대한 논의가 활발히 진행되고 있다. 근본적인 질 개선이 없는 일을 교육개혁심의회, 교육개혁위원회 등의 정치적 힘을 빌어 관행적으로 개정을 수행해 온 면이 많았다. 이런 비판 자체가 정당한 것인가에 대해서도 거듭 물어져야 하지만, 이런 비판은 어느 정도 설득력을 얻어 교육과정 분야 안팎으로부터 지지를 얻어가고 있다.

다행히도 비판에 뒤이어 이런 문제점을 고쳐갈 대안 제시도 점차 활발해지고 있다. 특히 교육과정 관련 중추적인 연구개발 기관으로서 한국교육평가원을 비롯한 정부 출연 연구소들과 교육과정의 변화와 질 관리의 정책과 행정을 총괄하고 있는 교육부 교육과정정책과의 각종 정책 연구보고서, 한국교육과정학회와 개별 교과 교육과정학회에서도 대안적 제시를 위한 연구가 이루어지고 있다.

초중등학교의 교육과정의 변화와 질 관리를 위하여, '국가교육과정기준의 大綱化'와 이를 반영하는 '학교 교육과정 계획의 特性化'를 두 축으로 하자는 주장이 설득력을 얻고 있다. 전자의 일반적, 공통적 기준 위에 지역과 학교, 교원, 학생, 학부모 등의 요구를 담은 특성화된 구체적인 교육과정 계획이 수립되고 실천되어야 할 것이다. 다만, 교육청은 참여와 분권, 교육자치의 취지를 살리되, 국가교육과정 기준과 중복되거나 학교 교육과정 편성 운영의 창의적 특성을 저해하기보다, 지역의 특성을 지침의 형태로 하여 학교에 제시하되, 특히 학교 교육과정을 편성 운영하기 위한 학생 수용, 교원 수급, 시설 재정의 확충 등의 여건 조성과 지원에 힘을 쏟는 것이 바람직하다는 의견이 제시되고 있다.

교육과정 총칙의 전면개정과 부분수정, 교과 교육과정의 전면개정과 부분수정은 어떤 경우에 있어야 하며, 양자 사이의 결합에 의한 교육과정 변화는 어떻게 진행되어야 하는가에 대해서는 일부 내용이 제시되기도 했지만(홍후조, 2002) 아직 불분명한 편이다. 전면개정과 부분수정의 관계도 상호 배타적이라기 보다, 공변적이거나, 상호보완적 혹은 절충적인 측면을 가지고 있다. 부분의 합이 전체가 된다는 단순 논리에서 보면, 부분수정이 한 싸이클 지나게 되면 결과적으로 전면개정한 효과를 초래한다고 볼 수 있다. 기본적으로 전면개정 이후에는 부분수정이 불가피할 것이고, 부분수정이 수시로 잘 이루어지면 전면개정은 그만큼 자주 혹은 많이 필요하지 않게 된다. 흔히 교육과정 변화 주체들은 나름의 정당화 논리와 처한 입장에 따라 변화를 크게 일으키고 싶어하는 유혹을 받기 쉽다. 부분수정과 전면개정을 판단하는 기준을 세워서 교육과정 변화가 무조건 전면개정으로 치닫지 않도록 필요한 안전장치를 두어야할 것이다.

국가교육과정 기준의 항상적 질 개선을 위해서는 무엇보다 먼저 법령 정비를 통해 담당 기구를 합법적으로 지정하고 그 기능을 부여해야 한다(홍후조, 1999; 함수곤, 2003; 김왕근, 2003). 그렇게 함으로써 아무런 제약도 받지 않고 임의적으로 정치적 권력의 힘을 입고 무소불위식으로 하는 전면 - 일시 개정을 막을 수 있을 것이다.

최근 교육과정 질 개선을 위한 법령체제 정비방안 연구(강인수 외 3인)가 시안적으로 이루어져서, 장차 있을 교육법 전면 개정에 대비하여 교육과정 관련 법규가 제정, 정비의 기초가 이루어진 편이다. 그렇지만 여전히 교육과정의 항상적 질 관리 체제를 뒷받침하는 교육과정 관련 법규의 상세한 내용은 더 채워져야 할 것으로 보인다. 법령에서 주요 사항을 잘 규정하고 있으면 교육 수준을 끌어올릴 수도 있고, 정치적 이해에 따라 함부로 기준을 흔드는 자의적 개정도 막을 수 있다고 본다.

국가 교육과정 기준은 전문적으로 잘 만들어져야 교육의 기준으로 작용 가능하다. 교육과정 기준이 명실상부하게 교육내용, 교과서, 수업, 평가의 질적 수준을 유지하거나 끌어올리는 기준으로 작용하기 위해 계속적인 수정 보완이 필요하다. 이 점에서 단일 기구보다 다양한 기구들에 의해 단일 교육과정 기준보다는 복수의 다양한 버전(version)을 기초로 질 높은 교육과정 기준을 도출하는 아이디어를 도입할 필요가 있다. 다양한 버전은 다양한 집단의 견해와 이해를 반영할 수 있다는 장점이 있다. 다른 나라에서의 국가 교육과정 기준이 다양한 기준을 종합한 것을 제안하는 것을 눈여겨 볼 필요가 있다.

하나는 '개방'적 연구 개발로 관련 집단과 기구들이 광범하게 참여하여 전문적, 창의적 교육과정 제시가 요청된다. 한국교육과정학회, 각 교과교육 연구회, 대학부설 연구소, 교원단체의 연구기구, 교과교육 교사모임의 연구 단체, 교육청의 연구기구 등으로 확대해야 한다. '항상'적 연구 개발이 이루어 지도록 교육부는 각 교육과정연구개발센터를 재정 지원하며, 여기서는 할당 된 해당 교육과정 영역의 편성 운영의 실태, 문제점, 원인, 개선 방안 등을 연구하여 개선된 교육과정 기준을 꾸준히 내놓도록 해야 할 것이다.

국가교육과정 기준이 항상적으로 쇄신될 필요가 있지만, 전제 조건을 무시하고 교육문제를 일거에 해결하려는 욕속부달의 부실 공사를 해서는 아니 될 것이다. 기준의 전면개정, 교과서의 전면개편의 관행을 벗어나기 위해 학교교육에 애정을 지닌 교육자들의 지혜가 절실히 요구되는 때이다.

III. 주요 학회지, 박사학위논문으로 본 교육과정학 연구 경향

1. 대학원에서의 교육과정학 전공의 개설 규모

33개교의 일반대학원 교육학과 석·박사 과정에는 34개의 서로 다른 이름 의 전공을 개설하고 있으며, 휴학생과 수료생을 제외하고 재학생 수는 석사과 정에 872명이고, 박사과정에 1,009명이다(홍후조, 2003). 조사에 따르면 광역전 공으로 보면 교육심리학과 상담심리학 쪽의 학생이 가장 많고, 교육사 철학 영역이 가장 적은 편이다. 탐구 영역별로 보면, 상담심리, 교육심리, 교육공학, 교육행정학, 교육과정이 100명이 넘는다. 교육과정학 전공이 별도로 개설된 학교는 석사과정이 7개교, 박사과정은 12개교이다. 학생은 각각 28명과 79명이 다. 석사보다 박사과정이 훨씬 활발하다고 할 수 있다. 교육과정은 교육심리, 수업, 교육방법, 교육평가 등과 연계되어 전공이 개설되고 있다.

<표 1> 전국 33개 대학교 일반대학원 교육학과의
교육과정 관련 전공 개설 현황 및 재학생 수(2003년 5월 현재)

구분		석사 과정 학생 수	개설 학교 수	박사 과정 학생 수	개설 학교 수	학생 수 총계	
교육심리· 과정 연계	교육심리 및 교육과정	12	1	28	2	40	40
교육방법학 교육과정 및 측정· 평가	교육과정	28	7	79	12	107	201
	교육과정 및 교육방법	2	1	22	4	24	
	교육과정 및 수업	2	1	8	1	10	
	교육과정 및 교육공학	2	1	-	-	2	
	교육과정 및 교육평가	-	-	4	2	4	
	교육방법	18	3	21	3	39	
	교육 측정·평가	7	1	8	2	15	
교육철학· 과정 연계	교육철학과 교육과정	3	1	12	1	15	15
계		74	16	182	27	256	256

2. 교육과정학 관련 국내 박사학위 논문 분석

교육과정과 관련하여 박사학위는 1975년 서울대학교에서 김종서가 학위를 받은 이후 약 117명에게 수여된 것으로 나타났다. 1980년 이후 해마다 꾸준히 교육과정 관련 논문을 쓰고 학위를 받는 사람들이 늘어나고 있다. 특히 제7차 교육과정을 전후로 한 1996년과 2003년에는 10명이 넘는 박사학

<그림 1> 연도별 교육과정 박사학위 논문 수

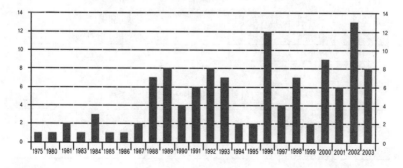

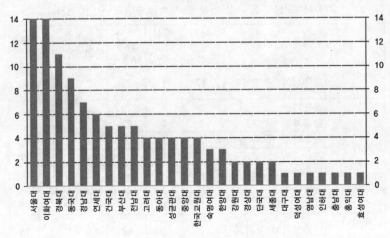

<그림 2> 대학별 교육과정 전공 박사 배출 수

위 논문이 발간되었다. 27개 대학에서 한 명 이상의 교육과정 전공 박사를 배출하였으며 서울대, 이화여대, 경북대, 동국대, 경남대, 연세대 순으로 박사학위자가 많이 배출되었다.

106편의 박사학위 논문의 주제를 분류해 본 결과 교육과정 이론이 44편으로 가장 많았고, 교육과정 개발이 33편, 교육과정 운영이 16편이었다. 교육과정 평가는 상대적으로 가장 적었다. 이를 연구 방법으로 분류해보면, 문헌연구가 66편이고, 나머지는 조사, 실험 등 실증적 방법을 동원한 연구였다.

<표 2> 박사학위 논문의 주제별 분류

교육과정 이론	교육과 정정책	교육과정 개발	교재	교육과정 운영	교육과정 평가	계
44	7	33	4	16	2	106

<표 3> 박사학위 논문의 연구방법별 분류

문헌 분석	조사 연구	실험 연구	질적 연구	두 가지 이상 연구 방법	계
66	15	8	1	16	106

3. 학술지의 교육과정학 연구의 경향

학술지에 수록된 논문은 한국교육학회의 학회지인『교육학연구』와 한국교육과정학회의 학회지인『교육과정연구』및 한국교육개발원의 기관학술지인『한국교육』과 한국교육과정평가원의 기관학술지인『교육과정평가연구』를 통해 알아보았다. 이들 학회지에 수록된 논문 중 교육과정 관련해서 333편을 대상으로 분석하였다.

한국교육과정학회 전문지인『교육과정연구』에는 1974년 제1집에 논문 4편이 처음 나온 이후, 1975년 제2집에 다시 4편이 실렸으며, 몇 년 후 1983년 제3집이 나왔으며, 1985년에는 학술지가 나오지 못했고, 이후 1995년 제13집까지 해마다 한 책씩 발간해 왔다. 이후 학회원이 늘어나고 교육과정에 2권 2호까지 470편의 논문이 실렸으나, 이 중에서 62.3%인 293편을 교육과정학 논문이라고 할 수 있는 것으로 보고 분석하였다. 연차대회 토론문이나 교육과정학 논문이라고 보기 어려운 것들은 제외하였다.『교육학연구』에는 홍성윤이 창간호(1963년)에「종합고등학교 교육과정 구성의 제문제」를 발표한 이후 총 60편이 실린 것으로 분석되었다.

<표 4> 학술지의 교육과정 연구 논문의 주제 분류 단위: 편수, (%)

구분	이론 연구	개발 연구					계
	이론	정책/결정	연구/개발	교재	운영/관리	평가/개선	
교육과정연구	132	27	39	37	43	15	293 (75.7)
교육학연구	24	7	14	5	9	1	60 (15.5)
한국교육	12	1	8	-	-	-	21 (5.4)
교육과정평가연구	2	-	4	1	6	-	13 (3.4)
계	170 (51.1)	35	65	43	58	16	387 (100.0)
				163 (48.9)			

논문을 크게 이론적 이해를 위한 이론 논문과 실제적 현황을 파악하고
개발을 하기 위한 개발 논문으로 구분해 보았을 때, 이론 연구가 약간 우세하
지만 거의 반반이라고 할 수 있다. 이론 연구는 글이 다룬 주제를 상세히
구분하지 못하였다. 실제적 개발 연구를 다시 상세히 구분하면 직접적인
개발 연구가 가장 많고, 다음에는 운영 관리 연구가 많았으며, 상대적으로
교육과정 평가 연구는 적었다. 교육과정 평가 연구가 적은 것은 평가가
주로 학생의 교과성적 평가에 치우치고, 국가교육과정 기준을 전면적으로
개편해 온 데 따라 평가할 겨를을 갖지 못한 것이 그 원인이라고 할 수
있다. 물론 교육과정 평가가 수업평가나 교육평가와 다른 고유한 범주를
잘 밝혀내지 못했기 때문이라고 할 수 있다. 또한 밝혀낸다고 하여도, 국가
수준, 지역 수준, 학교 수준에서 교육과정을 평가하는 방법이 마땅하지 못한
면이 있다.

<표 5> 학술지의 교육과정 연구 논문의 연구방법 분류 단위: 편수, (%)

구 분	문헌 분석	조사 연구	실험 연구	질적 연구	두 가지 이상 연구 방법	계
교육과정연구	235	27	3	16	12	293
교육학연구	27	9	2	22	-	60
한국교육	14	4	-	3	-	21
교육과정평가연구	6	6	-	-	1	13
계	282 (72.9)	46	5	41	13	387 (100.0)
		105(27.1)				

『교육과정연구』지에 나타난 논문들의 연구 방법을 볼 때, 387편 중 282편인
72.9%가 문헌 연구이다. 사실상 문헌 연구는 많은 연구의 초기 활동에 쓰인다.
또 일부는 의견조사 연구, 사변적인 판단 연구가 많다. 교육과정 현상과
실제에 대한 명민한 판단과 통찰은 교육과정학 탐구에서 매우 중요한 부분을
차지한다. 다른 분야와는 이런 점에서 다르다고 할 수 있다. 교육과정 연구는
그 성격상 정책 연구, 규범적 사변 연구, 질적 연구 등을 하기 쉽다. 그러나

실험 연구를 하기 어려운 면이 있다. 무엇보다 국가교육과정이 있고, 다른 교육과정을 편성 운영하여 실험해 볼 수 있는 여건이 마련되어 있지 않기 때문이다. 교육과정학 연구들의 연구방법을 새로이 분류할 필요가 있다. 다른 사회과학 연구에 비해 규범적인 면이 많기 때문에 통상적인 연구방법에 대한 분류보다 교육과정 연구에 적절한 분류방법이 요청된다. 연구주제 선택은 규범적 차원에서 순수 학문적인 것과 실제 개선적인 것으로, 인식론적 차원에서 그 접근 방식이 실증주의와 반실증주의로, 자료의 수집과 분석에서 양적 방법과 질적 방법으로 나누어질 수 있다(채선희, 1996). 연구 영역에 따라 정책연구는 델파이방법, 조사 연구, 아이디어를 산출하는 숙의 연구 등이 필요하고, 교육과정 기준의 연구 개발을 위해서는 조사 연구, 전문가 면접 등이, 교재의 개발을 위해서는 내용분석, 조사 연구, 관찰 및 실험법 등이, 교육과정 운영 관리를 위해서는 의견조사법, 심층면접법, 문헌분석법 등이, 교육과정 평가 개선을 위해서는 조사 연구, 면접, 델파이방법 등이 요구된다.

Ⅳ. 요약 및 과제

1. 요약

본 연구는 교육과정 실제와 현상을 대상으로 한 연구로서 교육과정학의 발전 과정을 비판적으로 검토하기 위함이다. 먼저, 교육과정학의 탐구 분야를 뚜렷이 하고 이를 중심으로 그동안의 연구를 검토하였다.

이 글은 우선 교육과정학의 학문적 성과를 바라보기 위한 준거의 틀로서 교육과정학의 탐구 영역을 나름대로 설정하였다. 그러나 실제적 분석 대상을 변별해 낼 때에는 책과 논문 등에서 '교육과정'에 관한 내용을 표방한 것과 교육과정 학자라고 자타가 공인하는 사람들의 글과 책이 대상이 되었다. 첫째, 이런 준거를 좇아 학문적 발전을 연대기적으로 기록하였다. 국내외의 교육과정 이론과 실제를 소개하고 정교화한 활동을 중심으로 기술하였다.

둘째, 이론과 실천의 두 부분으로 나누어, 이론 형성에 기여한 학술 주제 및 영역 중심 기술(주제별)과 국가교육과정기준의 개발 연구(각 기별 기초 연구 및 후속 연구) 등 실제 개선에 기여한 학교급별, 교과별, 교육과정 일반 등 학교 교육과정 중심 기술(영역별)로 나누어 기술하였다. 셋째, 학자, 학파 및 학문공동체 중심으로 기술하였다. 이를 경향별 혹은 인물별 기술이라고 할 수 있다. 넷째, 대학의 전공 개설 현황과 학회의 활동을 통해서 발전상을 기술하고, 단행본, 학술지 논문, 박사학위 논문 등을 중심으로 기술하였다.

이상과 같이 이 글이 택한 교육과정학의 학문적 범위는 광범하였지만 구체적으로는 교육과정학의 탐구 영역을 ① 구성영역: 교육과정 총칙, 공식 교육 프로그램(교과 교육과정), 준공식 프로그램(교과외 교육 프로그램), ② 한살이: 유지와 변경에 대한 정책과 의사결정 - 연구개발 - 교재 개발 - 운영 관리 - 평가개선 - 새로운 정책 및 의사 결정, ③ 존립수준: 세계 교육과정, 국가 교육과정, 지역 교육과정, 기관(학교) 교육과정(취학전 교육기관, 초등학교, 중학교, 고등학교, 대학교, 기업, 사회교육기관 등, 가상공간), 교실(교수자 개인) 교육과정, ④ 주체: 교수자, 학습자, 교육행정가, 연구자, 교육밖 요구자 등, ⑤ 존립여건: 법규, 제도, 문화 등, ⑥ 연구: 기초 연구, 개발 연구 등으로 한정하였다. 교육과정학과 이웃하는 개별 교과 교육과정과 기업교육과 사회교육, 취학전 비형식 교육 등 학교 교육과정의 범위를 벗어나는 것은 일단 제외하였다.

교육과정학의 초기는 1950년와 60년대의 미국 교육과정학의 이론을 소개하는 데서 출발하였다. 소위 경험중심 교육과정과 학문중심 교육과정 및 인간중심 교육과정의 소개가 대표적이다. 초기의 경험중심 교육과정을 소개한 정범모의 교육과정과, 독보적인 연구로는 이홍우 등에 의한 교육 내용 및 학문중심 교육과정 연구, 이경섭 등에 의한 교육과정 내용 선정과 조직 연구, 김종서의 잠재적 교육과정 연구, 김호권 등에 의한 완전학습이론과 적용, 윤팔중의 인간중심 교육과정 연구, 김기석 등에 의한 교육과정 사회학의 소개와 비판적 교육과정론의 등장 등을 들 수 있다.

교육과정 실제의 발전으로는 외국 교육과정의 모방을 어느 정도 벗어난 한국교육개발원에 의한 제4차 교육과정의 개발, 제6차 교육과정의 교육과정 결정의 분권화 시도, 제7차 교육과정의 수준별 교육과정과 선택 교육과정의 확대, 1990년대 후반부터 본격 제기된 국가교육과정 기준 개발 관행의 비판과 새로운 모색 등을 들 수 있다.

학파의 형성 측면에서는 내용 중심, 학문 중심, 우리 고유의 사상적 전통을 기반으로 하는 이홍우 교수와 그 제자들의 기여와 이경섭 교수와 그 제자들이 전개한 교육과정 내용 선정 및 구성법 연구, 장상호 교수와 그 동학들의 교육본연론에 따른 교육소재론 등이 가장 두드러진 형세를 이룬다. 교육과정 실제 측면에서는 교육부와 국책 연구소를 중심으로 조언하는 학자들이 느슨한 결합관계를 이루고 있을 뿐이고, 뚜렷한 학파 형성을 이루지 못하고 있다.

단행본 측면에서는 1956년 정범모의『교육과정』을 필두로, 1969년 이영덕의『교육의 과정』, 1976년 김종서의『잠재적 교육과정 논구』, 1977년 이홍우의『교육과정 탐구』, 1982년 이경섭·이홍우·김순택의『교육과정』, 1983년 함종규의『한국교육과정 변천사 연구』, 1983년 곽병선의『교육과정』, 1983년 김재복의『통합 교육과정 연구』, 1991년 이경섭의『교육과정 유형별 연구』, 1992년 유봉호의『한국교육과정사 연구』, 1999년 이경섭의『교육과정 쟁점 연구』등이 많은 영향을 끼쳐왔다.

본 연구에서 검토 대상이 된 학술지 연구물은『교육과정연구』,『교육학연구』,『한국교육』,『교육과정평가연구』등에 나타난 것들을 주로 하였다. 4개 학술지에 발표된 논문을 보면, 교육과정학에 속하는 논문은 총 333편으로, 이들을 주제별로 분류하면 교육과정 이론 연구가 170편으로 약 절반이고, 나머지 절반은 교육과정 정책 결정, 교육과정 연구 개발, 교재 연구 개발, 교육과정 운영 관리, 교육과정 평가 개선이었다. 이 중에서 정책과 운영면의 논문은 상대적으로 많은 데 반해, 평가 영역의 논문은 가장 적었다. 논문들이 택한 연구방법을 볼 때, 387편 중 282편인 72.9%가 문헌 연구이다.

교육과정 현상과 실제에 대한 명민한 판단과 통찰은 교육과정학 탐구에서 매우 중요한 부분을 차지하므로, 실증적 연구보다 사변적인 판단 연구가 많았다.

1975년 김종서가 서울대학교에서 낸 학위 논문이 국내 교육과정 관련 박사학위 논문으로는 첫 논문으로 기록된다. 1975년 이래 2003년까지 교육과정 관련 박사학위 논문은 총 27개교에서 117편이 산출되었다. 박사학위 논문 중 제목, 차례, 논문 초록을 중심으로 106편을 그 주제와 연구방법을 분석한 결과 주제에 있어서는 '교육과정 이론'을 다룬 논문이 44편으로 가장 많았고, 다음으로 교육과정 개발이 33편, 교육과정 운영이 16편이었으며, 교육과정 정책 결정, 교재의 연구 개발, 교육과정 평가는 상대적으로 적었다. 연구 방법으로는 문헌 분석법이 66편으로 절반을 훨씬 넘었으며, 다음으로 조사와 실험 연구가 많았다. 두 가지 이상의 연구 방법을 사용한 경우 양적 방법과 질적 방법 혹은 이론적 방법과 실증적 방법을 모두 사용한 경우이므로 실증적 연구는 39편이었고, 질적 연구 하나만 사용한 논문은 1편으로 상당히 적었다. 결국 교육과정 이론을 문헌 연구를 통해 논문을 쓴 경우가 가장 많았다고 할 수 있다.

대학과 학회 측면에서 교육과정학의 현황을 살펴보면, 2003년 5월 현재, 33개 일반대학원에서 교육학 전공 석박사과정을 개설하고 있는데, 교육과정 전공이 단독으로 석사과정에 개설된 곳이 7개교, 박사과정은 12개교이다. 재학생은 각각 28명과 79명이다. 교육과정 전공은 교육심리, 수업, 교육방법, 교육평가 등과 연계되어 전공이 개설되고 있다. 석사보다 박사과정이 훨씬 활발하다고 할 수 있다. 학회활동은 초기 교육과정연구회는 한국교육학회 전문 분과 연구회로 출발하여, 1967년 3월 15일 교육과정연구회로, 다시 1995년 2월 한국교육과정연구회가 확대 설립되었다. 한국교육과정학회 전문지인 『교육과정연구』는 1974년 제1집에서 시작하여 2002년 제20권부터는 연간 4책씩 발행해오고 있으며, 2004년 6월 현재 22권 2호까지 470편의 논문이 수록되었다. 또한 2003년 8월부터 매월 학술세미나를 개최해오고 있다. 2004년 5월 학회의 홈페이지(http://www.curriculum.or.kr)를 개설하였고, 2002년 8월부터 2004년 6월까지 매달 초에 전자 매거진 형태의 뉴스레타를 23회 발간하였다. 학회는 2003년 설립된 국제교육과정학회(IAACS)에 가입하였다.

2. 과제와 전망

제7차 교육과정을 전후하여 교육구성원들의 교육에 대한 참여가 늘어나고 이해관계가 표출됨에 따라 교사와 학부모를 중심으로 교육과정에 대한 상식적 이해가 대중화되었다. 그러나 이런 대중적 참여를 전문적으로 이끌 만큼 교육과정 학자들은 이론적 실제적 역량을 축적하지 못하였다.

교육과정학 탐구는 교육기관의 교육상황에서 가르치고 배울만한 것이 무엇인가를 찾는 일이다. 교육과정학의 탐구는 기본적으로 현행 교육과정에 대한 비판적(critical) 반성과 바람직한 교육과정에 대한 창의적(creative) 구안을 중심으로 한다. 현행 교육과정과 바람직한 교육과정의 격차를 찾아, 배제해야 할 것, 약화시켜야 할 것, 강화시켜야 할 것, 새로이 포함해야 할 것을 찾는 것이다. 교육과정의 기본 질문은 학교와 같은 교육기관에서 무엇을 가르치고 배울 것인가이다. 이 기본 질문에 따르면 현재의 가르치고 배우는 것이 모두 바람직하거나 개인적 사회적으로 적절하다고 할 수 없다. 그렇다면 우리는 보다 이상적인 교육과정을 제안하지 않을 수 없다. 현재 교육과정에서 배제해도 될 것과 새로 포함시켜야 할 것, 이들 중에서 약화시켜도 될 것과 강화시켜야 할 것을 찾아내야 한다. 우리는 어떤 교육 내용은 배제하고 어떤 교육 내용은 약화시키고, 어떤 교육 내용은 포함시키고 어떤 교육 내용은 강화시켜야 할 것인지에 대해 별다른 연구나 설득력 있는 제안을 내놓지 못하고 있다.

이렇게 하려면 무엇보다 교육과정학 연구는 우리 교육과정 현실을 바탕으로 출발해야 할 것이다. 그러나 우리는 아직도 교육과정을 이해하고 설명할 만한 이론 형성, 개념이나 용어 정립이 안 되어 있는 상태다. 또한 교육과정 학자 양성을 위한 기반의 구축이 제도화되지 않고 있으며, 대학원 과정은 많은 경우 외국으로 유학을 보내어 결과적으로 학문적, 사상적, 문화적 종속성을 면하지 못하고 있다. 허약한 학문적 기반을 만들어, 일부 연구자들은 교육과정 실제로부터의 도피와 함께 외국의 새로운 이론과 실제의 변화에만 주목하고 이를 해설하는 일에 경도된다. 외국 교육과정 학자의 목소리에 귀가 너무 얇다. 또한, 교과 교육의 방만한 학교 교수학습 지배에 대해 특별한 대책을 세우지 못하고 있다.

교육내용의 적정화 또는 내용량의 축소, 배우는 교과목 수 축소 등은 여러 차례 국가교육과정 기준 개정의 빌미를 제공해왔지만, 우리는 교과 교육과정을 적절히 조정할 합당한 이유와 그 수단이 될 원리를 아직 찾아내지 못하고 있다. 또한 국가교육과정 기준의 지배로 허약해진 학교 교육과정을 강화하는 데 별다른 영향을 미치지 못했다. 처음부터 학교 교육과정을 강하게 하려는 노력은 구호로써 있어 왔으나, 일제의 영향, 개발 독재의 영향, 학교 실제나 교육법규, 교육관행, 교육자들에 대한 일본 교육의 영향이 적지 않았다. 이것은 중앙집권적이고 하향식 교육과정을 의미하는 것이며, 일반 교육목표가 되는 학습자나 사회의 요구보다 목표 달성의 수단이 되는 교과교육과정이 국가교육과정 기준을 통해 과도한 영향을 미쳐 왔다.

교육과정의 운영과 관리를 위한 적절한 원리와 이론을 구축하지 못하고 있는 형편이다. 제7차 교육과정에서 선택중심 교육과정을 학교에서 임의적으로 편성 운영하여도 이를 교정할 만한 적절한 편성 운영 모형을 제시하는 능력 있는 학자들이 부족한 편이다. 교육과정 학자들은 외국 학자들의 견해에 대해 논문을 쓰기 위한 이론적 배경으로 알고 있을 뿐, 자기 나름의 이론과 모형을 안출하는 데는 실패하고 있다. 현장을 개선할 만한 유효한 대안을 마련하는 것은 교육과정 학자들의 중요한 과업이다.

교육과정을 편성 운영하고 이를 평가하여 개선하기 위한 정보를 수집 분석하는 체계도 갖추고 있지 못하다. 앞서 여러 논문들이나 단행본들이 교육 프로그램을 적절히 평가하고 실천가와 정책 결정자를 위한 적절한 정보와 지식을 확보하는 장치로서 평가 개선 연구들이 부족한 것이 현실이다. 이를 교육평가 전문가들이나 교육기관평가 기구에 맡기고, 교육과정 평가 전문가들은 양성되지도 못하고 있는 실정이다.

관료의 교육과정 정책 지배에 대한 적절한 제어 장치도 없는 편이다. 그래서 교육과정 실제에 관여하는 인사들은 사회와 학습자의 이익, 학교의 교사와 현장을 대변하지 못하고 관료적 지배를 용인하는 태도를 취해왔다. 현행 교육과정의 유지, 변경, 폐기 등에 대한 정책 결정과 의사결정을 위한 적절하고 충분한 지식의 생산은 교육과정 학자들이 기여할 부분이다. 이러한 기여를 통해 정책결정자들이 학습자와 사회의 요구에 더욱 민감하게 반응하도록 도움을 주어야 할 것이다.

평생학습의 확대, 정보화, 국제화의 확대, 교육기회의 대중화 속에서 장차 교육과정학 연구는 그 정체성을 분명히 할 필요가 있으며, 무엇보다 고유한 탐구영역을 규명해내는 작업이 요구되며, 이 속에서 학회지의 기고 영역 정비, 탐구 영역별 연구 방법론의 발전, 학회원 자격 정비, 학문후속세대 양성을 위한 교과과정의 정비와 평가인정제 도입과 시행, 학술용어 사전 발간, 하위 탐구 영역별 전문서적 발간 등의 과제를 안고 있다. 세계화와 정보화, 다양화로 인해 새로운 학습기회가 넓어지고 이에 따라 세계 수준의 고품질의 교육과정을 요구한다.

교육과정 실제와 이론은 하나의 연장선상에 있다. 교육과정 실제 현상을 두고 적절한 개념 형성과 다듬기, 원리 추출, 이론체계(설명체계)를 안출하는 것이지 허공에 두고 할 수는 없다. 교육과정의 실제에서 출발하여, 한편으로 이론적 이해를 다른 한편으로 실제적 개발을 두 날개로 하여, 결국에는 다시 교육과정 실제를 보다 높은 품질로 도약하는데 기여하는 교육과정학 연구가 있어야 할 것이다.

참고문헌

강인수 외(2003),『교육과정 질 개선을 위한 법체계 정비 방안 연구』, 교육부 정책연구
　　　보고서.

강태중(1981),「교육내용에 관한 사회학적 고찰」, 서울대 석사학위논문.

강현석(1996),『학문중심 교육과정설계의 준거 개발』, 경북대 박사학위논문.

곽병선 편(1985),『한국의 교육과정』, 서울: 한국교육개발원.

곽병선(1983),『교육과정』, 서울: 배영사.

김경자 역(1993),『교육과정 혁신 - 관심에 기초한 교육과정 실행 모형』, 서울: 교육과
　　　학사.

김경자(2001),『학교교육과정』, 서울: 교육과학사.

김기석(1977),「교육과정 개혁 과정에 관한 사회학적 분석: 사회생활영역 교과를
　　　중심으로」, 서울대 석사학위논문.

김대현(1992),『Hirst 교육과정 이론의 해석과 비판』, 부산대 박사학위논문.

김대현 · 왕경순 · 이경화 · 이은화(1999),『프로젝트 학습의 운영』, 서울: 학지사.

김대현 · 이영만(1995),『학교 중심의 통합교육과정 개발』, 서울: 양서원.

김두정(2002),「교육과정학의 학문적 이론 수립의 현황과 발전 좌표에 대한 토론」,
　　　한국교육학회(편),『교육학의 학문적 이론 수립의 현황과 발전 좌표』,
　　　한국교육학회 2002년도 추계학술대회 논문집, 201~206쪽.

김명희(1983),「교육과정 개발 전략에 있어서 요구사정의 필요성」,『한양대학교
　　　사범대학 논문집』 3, 99~152쪽.

김명희(1986),『한국 국민학교 사회과 교육의 교육과정에 관한 연구』, 연세대 박사학
　　　위논문.

김민환(1992),『교육과정 탐구의 대안으로서 재개념주의적 접근의 가능성과 한계』,
　　　건국대 박사학위논문.

김수천(1989),『John Dewey의 교과관 연구』, 서울대 박사학위논문.

김수천(1999),『교육과정과 교과』, 서울: 교육과학사.

김순택(1979),「교육과정연구의 방향」,『교육학연구』 17(2), 28~30쪽.

김순택(1983),「학교교육의 내용과 방법연구」, 한국정신문화연구원(편),『한국교육
　　　학의 성장과 과제』, 203~276쪽.

김억환(1987),『신교육사회학 입문』, 서울: 박영사.

김인식(1985),『교육과정의 입안의 준거 설정』, 경북대 박사학위논문.

김인식 · 박영무 · 최호성 공역(1994),『교육과정 비평』, 서울: 교육과학사.

김재복(1984), 『교육과정의 통합적 접근에 관한 연구』, 동국대 박사학위논문.

김재복(1994, 1985), 『교육과정의 통합적 접근』, 서울: 교육과학사.

김종서(1958), 「고등학교 생활지도에 관련된 문제 몇 가지 - 교육과정 개선을 중심으로」, 『새교육』 9월호, 21~24쪽, 17쪽.

김종서(1975), 『잠재적 교육과정 연구』, 서울대 박사학위논문.

김종서·이영덕·황정규·이홍우(1987), 『교육과정과 교육평가』, 서울: 교육과학사.

김춘일(1987), 『미술교육의 현상학적 접근』, 동국대 박사학위논문.

김호권(1955), 「교육과정과 사회적 요인」, 『새교육』 10월호, 29~35, 49쪽.

김호권(1970), 『완전학습의 원리』, 서울: 배영사.

박도순·홍후조(2000), 『교육과정과 교육평가』, 서울: 문음사.

박만규(1959), 「교육과정의 검토와 개선의 구상」, 『새교육』 1월호, 42~44, 57쪽.

박부권(1981), 「교과서 편찬 과정의 사회학적 분석: 지식사회학적 관점에서」, 서울대 석사학위논문.

박소영(2001), 『중등학교 수준별 수업 운영에 관한 연구』, 부산대 박사학위논문.

박순경(1991), 『교육과정 문제의 성격과 교육과정 '숙의'의 한계성 검토』, 이화여대 박사학위논문.

박영만(1993), 『John Dewey 실험학교의 교육이론과 실제에 관한 연구』, 성균관대 박사학위논문.

박영무(1992), 『조직센터에 의한 유형별 단원조직 형태의 분석』, 경북대 박사학위논문.

박창언(1998), 『법적 규제에 의한 교육과정 및 교과서 연구』, 경북대 박사학위논문.

박철홍 역(2002), 『아동과 교육과정 경험과 교육』, 서울: 문음사.

박현주 역(1996), 『교육과정 이해를 위한 주요 개념』, 서울: 교육과학사.

박현주(1991), 『교육과정의 특성에서 본 실제성(the Practical)이론의 타당성』, 이화여대 박사학위논문.

소경희(1996), 『현대교육과정이론에 나타난 지식관의 문제』, 이화여대 박사학위논문.

안미숙(1996), 『교육과정 개발에서의 의사결정 과정 분석: 한국의 직업기술 교육과정 개발 사례를 중심으로』, 이화여대 박사학위논문.

연세대학교 교육학과 교육과정연구회 역(1993), 『교육과정 이론』, 서울: 양서원.

오욱환(1984), 「학교에서 가르치는 것과 학생들이 배우는 것: 한 사회학적 논의」,

276

『교육학연구』, 서울대학교 교육연구소.

유광찬(1990), 『교육대학 교육과정과 초등교직활동의 관련성 분석연구』, 세종대
　　박사학위논문.

유봉호(1983), 『일본 식민지 정책하의 초·중등학교 교육과정 변천에 관한 연구』,
　　중앙대 박사학위논문.

유봉호(1992), 『한국교육과정사연구』, 서울: 교육과학사.

유위준(2002), 『초·중등학교 교육과정 정책 형성과정에 관한 연구』, 한국교원대
　　박사학위논문.

유한구(1989), 『교육인식론 서설: 루소 교육방법의 인식론적 고찰』, 서울대 박사학위
　　논문.

윤병희(2002), 「교육과정학의 학문적 이론 수립의 현황과 발전 좌표」, 한국교육학회
　　(편), 『교육학의 학문적 이론 수립의 현황과 발전 좌표』, 한국교육학회
　　2002년도 추계학술대회 논문집, 169~193쪽.

윤병희(2002), 「교육과정학의 학문적 정체성과 연구 동향」, 한국교육과정학회(편),
　　『교육과정: 이론과 실제』, 서울: 교육과학사, 9~55쪽.

윤철경(1985), 「70년대 정치체제 및 경제정책에 관한 교육내용 분석: 유신체제하의
　　학교교과서를 중심으로」, 이화여대 석사학위논문.

윤팔중(1974), 「현대 한국교육의 내용: 한국교육과정발달사(III)」, 『서울교육대학
　　논문집』 7, 285~319쪽.

윤팔중(1975), 「한국에서의 교육과정학 연구」, 『서울교육대학 논문집』 8(1), 411~
　　442쪽.

윤팔중(1980), 『인간중심교육과정의 이론적 탐색』, 서울대 박사학위논문.

윤팔중(1981), 『교육과정론』, 서울: 교육과학사.

윤팔중(1985), 「한국 교육과정 발달사(IV)」, 『서울대학교 사대논총』 31집, 23~47쪽.

이경섭(1972), 『현대교육과정론』, 서울: 중앙적성연구소.

이경섭(1991), 『교육과정유형별 연구』, 서울: 교육과학사.

이경섭(1997), 『한국현대교육과정사연구(상)』, 서울: 교육과학사.

이경섭·이홍우·김순택(1982), 『교육과정: 이론 개발 관리』, 서울: 교육과학사.

이귀윤(1996), 『교육과정 연구 - 과제와 전망』, 서울: 교육과학사.

이돈희 외 11인(1996), 『교육과정 2000 연구 개발: 초·중등학교 교육과정 체제
　　구조안』, 서울: 한국교육개발원.

이무근·원상봉(2000), 『직업교육과정과 평가』, 서울: 교육과학사.

이미나(1982), 「지식사회학적 관점에서 본 교육학」, 『교육학연구』 20(1), 5~18쪽.

이미숙(1998), 『통합교육과정의 실행정도와 관련변인 연구』, 이화여대 박사학위논문.

이병욱(2002), 『공업계 고등학교 학교수준의 교육과정 평가준거 개발 연구』, 충남대 박사학위논문.

이상선(1954), 「교육과정시간배당기준령해설」, 『새교육』 6월호, 65~77쪽.

이상선(1956), 「교육목표 분석의 방법」, 『새교육』 6월호, 44~51, 111쪽.

이성호(1994), 『교육과정: 개발전략과 절차』, 서울: 문음사.

이영덕(1969), 『교육의 과정』, 서울: 배영사.

이원희(1988), 『교육목표 설정에 있어서의 대상과 동사의 위계화』, 경북대 박사학위논문.

이종각(1994), 『교육학논쟁』, 서울: 도서출판 하우.

이종성·정향진(2001), 「능력중심교육과정개발연구」, 『기본연구』 01-49, 서울: 한국직업능력개발원.

이현욱(2002), 『교육소재의 선택과 배열 탐색』, 전남대 박사학위논문.

존 듀이, 이홍우 역(1987), 『민주주의와 교육』, 서울: 교육과학사.

이홍우(1978), 「교육과정의 연구」, 김호권·이돈희·이홍우, 『현대교육과정론』, 서울: 교육출판사, 252~268쪽.

이홍우(1997, 1979), 『지식의 구조와 교과』, 서울: 교육과학사.

이홍우(1996, 1979), 『증보 교육과정 탐구』, 서울: 박영사.

임재택(1988), 『상호작용론적 유아교육 프로그램 모형의 개발』, 경북대 박사학위논문.

임형택(1992), 『한국교육과정 학문공동체의 학문활동 분석연구』, 연세대 박사학위논문.

임형택(1992), 『한국교육과정 학문공동체의 학문활동 분석』, 연이사.

장상호(1986), 「교육이론의 비본질성」, 서울대 교육학연구회(편), 『교육이론』 1(1), 5~53쪽.

장상호(1997), 『학문과 교육(상) - 학문이란 무엇인가?』, 서울: 서울대학교출판부.

장상호(1997), 「교육의 재개념화에 따른 10가지 새로운 탐구 영역」, 『교육원리연구』 2(1), 111~212쪽.

장상호(2000), 『학문과 교육(하) - 교육적 인식론이란 무엇인가?』, 서울: 서울대학교출판부.

278

장상호(2001), 「교육연구의 패러다임 전환을 위한 방략」, 『교육원리연구』 6(1), 1~
35쪽.

전성연 편(2001), 『교수 - 학습의 이론적 탐색』, 서울: 원미사.

전성연(1993), 「교육개혁의 핵심적 과제로서 교육과정」, 『교육과정연구』 12, 3~16
쪽.

전성연(1995), 『대학의 교육과정과 수업』, 서울: 학지사.

정미경(2000), 『수준별 교육과정 운영 현상에 대한 문화기술적 연구』, 고려대 박사학
위논문.

정범모(1956), 『교육과 교육과정』, 서울: 풍국학원.

정범모(1989), 『미래의 선택』, 서울: 나남출판사.

정범모(1994), 「교육학구의 여정」, 이성진(편), 『한국교육학의 맥』, 서울: 나남출판
사, 19~33쪽.

정범모(1997), 『인간의 자아실현』, 서울: 나남출판사.

정영주(1991), 『한국 교육과정 형성기(1945-1962)의 교육과정 변화 요인 분석』,
이화여대 박사학위논문.

정우현 역(1972), 『행동적 수업 목표의 설정』, 서울: 교육과학사.

정찬기오(1989), 『지식 중심 교육과정의 스코프결정 이론에 관한 연구』, 동아대
박사학위논문.

조난심 외(1999), 『국가수준 교육과정 개발 및 적용 체제 개선을 위한 기초 연구』,
서울: 한국교육과정평가원.

조난심 · 홍후조 · 박순경 · 김재춘(1997), 『제7차 교육과정 편성 운영 방안 연구』,
서울: 한국교육개발원.

조영태(1991), 『교육내용의 두 차원: 이해의 수준과 활동의 합리성』, 서울대 박사학위
논문.

조인진(1994), 『학교교과의 형성과 변화과정에 관한 분석: 교과의 형식과 성격을
중심으로』, 성균관대 박사학위논문.

조승제(1993), 『우리나라의 교육과정 결정과정에 관한 연구: 통합교육과정의 사례분
석을 중심으로』, 강원대 박사학위논문.

최미리(2000), 『한 · 미 주요대학의 교양교육 비교 분석 연구』, 연세대 박사학위논문.

최성욱(1995), 「교육과정 개념화의 대안적 접근」, 『교육학연구』 33(5), 193~216쪽.

최호성(1993), 『교육과정 평가의 모형정립과 목표의 평가준거 설정 및 타당화』,
경북대 박사학위논문.

한국교육개발원(1981), 『교육연구개요지: 교육과정 편』, 서울: 한국교육개발원.

한국교육과정학회 편(2002), 『교육과정: 이론과 실제』, 서울: 교육과학사.

한만길(1984), 「교육내용의 교육사회학적 분석: 중학교 도덕과 교과서에 반영된 도덕가치를 중심으로」, 서울대 석사학위논문.

한면희(1984), 『미래지향적 교육과정의 탐색에 관한 연구』, 동국대 박사학위논문.

한준상 편저(1981), 『새로운 교육학』, 서울: 한길사.

한준상(1985), 『교육사회학 이론과 연구방법론』, 서울: 문음사.

함수곤(1994), 『교육과정의 편성』, 서울: 대한교과서주식회사.

함수곤(2000), 『교육과정과 교과서』, 서울: 대한교과서주식회사.

허경철 외(2003), 『교육과정 수시개선체제 구축방안 탐색』, 한국교육과정평가원 세미나 자료집.

Walker, Decker F. & Soltis, Jones F., 허숙 역(1993), 『교육과정과 목적』, 서울: 교육과학사.

허숙(2002), 「교육과정학의 학문적 이론 수립의 현황과 발전 좌표에 대한 토론」, 한국교육학회(편), 『교육학의 학문적 이론 수립의 현황과 발전 좌표』, 한국교육학회 2002년도 추계학술대회 논문집, 195~199쪽.

홍웅선(1973), 「Ⅶ. 교육과정」, 한국교육학회(편), 『한국교육학연구사 1945~1972』, 서울: 한국교육학회.

홍후조(1986), 「사회과 교과서의 사회갈등 내용 분석」, 고려대 석사학위논문.

홍후조(1999), 「국가수준 교육과정 개발 패러다임의 전환(Ⅰ) - 전면 개정형에서 점진 개선형으로」, 『교육과정연구』 17(2), 209~234쪽.

홍후조(2000), 「국가 교육과정 개정의 정치학 - 제7차 교육과정 개정을 중심으로」, 『교육정치학연구』 7(1), 112~133쪽.

홍후조(2002), 「국가 수준 교육과정 개발 패러다임의 전환(Ⅱ) - 국가 교육과정 기준 변화 관련 기본 개념 정립을 중심으로 - 」, 『교육과정연구』 20(2), 197~226쪽.

홍후조(2002), 『교육과정의 이해와 개발』, 서울: 문음사.

황정규 편(2000), 『현대 교육심리학의 쟁점과 전망』, 서울: 교육과학사.

황정규(1984), 『학교학습과 교육평가』, 서울: 교육과학사.

한국 교육행정 학술사

한
유
경

Ⅰ. 한국 교육행정학의 학문적 성격

교육행정학이란 교육행정 활동이라는 현상을 대상으로 하는 연구분야로서, 그 활동 자체를 떠나서는 생각할 수 없는 것이다. 반면에 교육행정 활동의 과학적인 연구는 그 자체로서의 독특한 학문적 전통을 가지고 있는 점을 시인하여야 한다. 교육행정학이 하나의 실천적 기술적 활동으로서의 교육행정 활동을 뒷받침해 주는 과학의 구실을 하기 위하여서는 실천활동과 이론연구 사이에 표리일체의 관계가 있어야 할 것은 말할 나위도 없다.1)

그 동안 교육행정학에 기울여진 노력을 되돌아보면 시대의 변화에 따라 1950년대 미국의 이론운동 이후 본격적으로 발달하기 시작하여 교육행정에 관한 과학적인 연구를 수행함으로써 오늘날 독립된 학문으로서의 학문적 정체성이 인정되고 있다. 이것은 타당한 연구 패러다임에 입각한 과학적인 연구의 결과라 할 수 있다. 즉, 1950년대 이후 논리실증주의에 기초한 합리주의적 패러다임과 1970년대 이후 논리실증주의에 대한 비판적 관점으로 제기된 자연주의적 패러다임과 같이 두 가지로 대별할 수 있다.2)

선진국의 교육행정학의 독자적 학문영역으로서의 노력과 마찬가지로

---

1) 김종철 · 이종재(1997), 『교육행정의 이론과 실제』, 서울: 교육과학사, 69쪽.
2) 조광제(1991), 「교육행정학연구의 발전과 주요 패러다임의 특성」, 『교육행정학연구』 8(2), 112~126쪽.

우리나라에서도 1953년 한국교육학회가 발족되고, 1967년 교육행정학연구
회가 한국교육학회를 모태로 출범하여 1955년부터 한국교육행정학회라는
명칭을 사용하고 있다. 또한 1991년 한국교육재정경제학회 등의 학회가
교육행정학의 학문적 체계를 확립하고 교육행정이론을 연구·개발·보급
하며 교육행정 현장의 문제들을 과학적으로 해결할 목적으로 활발한 활동을
하고 있으며, 여러 연구기관에서도 교육행정에 관해 매년 수많은 연구물을
내놓고 있다. 이외에도 국내외에서 발표된 석·박사학위 논문까지 포함한다
면 실로 많은 양의 연구업적이 축적되었다. 우리나라 교육행정학의 학문적
발달을 양적 측면으로만 설명해서는 안되겠지만 이러한 면이나 여러 학자들
의 견해를 볼 때도 이제 우리나라에서도 교육행정학이 하나의 학문으로
성립되었다고 할 수 있다.

교육행정학은 여러 인접학문의 종합과 다학문적 접근방법을 통하여 생성,
발전되고 성립된 까닭으로 다양한 지식과 개념들을 그 안에 내포하고 있으며,
부분적으로는 체계화가 미흡하거나 또는 인접학문과 공통된 개념을 계속
사용함으로써 개념의 외연이 명확하지 않다는 인상을 주는 경향이 있다.[3]

교육학의 학문적 성격에서 보았을 때, 교육행정학은 교육학의 주변 또는
인접에 위치하고 있으며 수단적이고 도구적인 응용과학적 성격을 띤 학문으
로 분류되고 있다. 다시 말해, 교육행정학은 다양한 원류에서 출발하여 점차
하나의 학문으로서 발전되어 왔으나 그 주류를 이룬 것은 교육학이라 할
수 있으며 오늘날 교육학의 한 분과로 간주되고 있다.[4]

보통 하나의 학문이 정립되기 위해서는 세 가지 기본조건을 갖추어야
하는 것으로 인식되고 있는데, 첫째 명백하고 독자적인 연구의 대상과 과제를
가지는 것, 둘째 체계화된, 그리고 역시 독자적인 연구의 방법론을 제시할
수 있어야 한다는 것, 셋째 학문의 심화발전을 위한 전문적인 학자들의

---

3) 임연기(2002), 「한국 교육행정학의 학문적 특성과 과제」, 『2002년도 한국교육행정학
회 연차학술대회 발표집』, 81쪽.
4) 김종철·이종재, 앞의 책, 72쪽.

집단으로서의 학회가 구성되고 그들의 연구결과를 학회지에 발표하는 형식적 요건을 갖춘다는 것이다.

이외에도 학자에 따라서는 그 영역의 이론들에 관하여 해박한 지식과 경험을 갖고 있는 학자, 이들로부터 영향을 받으며 연구를 수행하는 학도, 대학에서 이 영역을 강의할 수 있는 강좌의 개설, 이 영역의 강좌를 개설하고 있는 학과나 대학원 과정의 설치, 학도들이 학업을 정진하는 데 필요한 전문서 간행, 학도들이 연구한 결과에 관한 논문발표, 이를 실어서 정보를 교환할 수 있는 전문지의 간행 등의 요소를 들기도 한다.[5]

이와 같은 관점에서 볼 때 한국의 교육행정학은 학문으로서의 요건은 충분히 갖추었다고 할 수 있으나 타 학문에 비해 아직은 학문의 전통이 미약하다고 할 수 있다. 하지만 수많은 학문이 그러하듯이 학문의 전통이 미약하다고 해서 그 발전이 느리다거나 반드시 낙후되어 있다고만 할 수는 없다. 오늘날 한국의 교육행정학이 눈부신 진전과 발전을 하고 있는 것만은 틀림이 없는 사실이다.

II. 한국 교육행정학의 형성과 발전

한국 교육행정학의 역사를 살펴봄에 있어서 다양한 방법이 있을 수 있겠지만 영역별로 어떠한 영역에서의 활동들이 한국 교육행정학의 발전을 이끌고 역사를 만들어 왔는지를 살펴볼 수도 있고, 또 시기별로 나누어서 교육행정학이 국내에 처음 소개되고 지금까지 성장하고 발전해 온 과정을 살펴 볼 수도 있을 것이다. 물론 이 두 가지의 기준이 완전히 다르지 않은 복합적인 것이지만 군이 나누어서 살펴보는 것도 나름대로 의미가 있다고 할 수 있다.

1. 영역별 구분

---

5) 강영삼(2002), 「한국 교육행정학의 형성과 발전」, 『2002년도 한국교육행정학회 연차학술대회 발표집』, 35~68쪽.

여기에서는 한국 교육행정학의 역사를 크게 국내 교육행정학자들의 역사, 대학에서의 교육행정학의 역사, 학회의 역사라는 세 영역을 통해서 살펴보기로 한다. 교육행정학자들이 외국의 선진 교육행정학을 배워서 한국에 소개시키고, 대학에서 강의를 하면서 교육행정학도들을 키워내어 교육행정학 발전의 밑거름을 만들었으며, 또 학회를 통해 꾸준히 연구하고 논문을 발표함으로써 한국적인 교육행정학을 만들어 내는 작업을 해오고 있기 때문이다. 이러한 모든 일련의 활동들이 조화를 이루어 바로 한국 교육행정학의 역사가 이루어진 것이기 때문이다.

가. 교육행정학자

한국 교육행정학의 역사를 살펴봄에 있어서 학자들에 대한 논의를 하지 않을 수가 없다. 교육행정학 연구를 해오면서 한국 교육행정학을 이끌고 온 것은 바로 사람들이며, 학자들이기 때문이다. 보는 견해에 따라 다양한 구분이 있을 수 있겠지만 크게 1세대, 2세대, 3세대 등으로 구분할 수 있다.6)

1세대는 1950~1970년대로 이 당시의 학자들은 미국에서 교육행정학을 수학하고 귀국해서 주로 저서와 강의를 통하여 미국의 교육행정학을 알렸으며 학문의 토착화에 노력한 분들이다. 따라서, 이때의 한국 교육행정학은 실천적 바탕을 배경으로 할 수 없었기 때문에 다소 이상주의적인 경향을 띠었다고 할 수 있다.

이들 1세대들은 실로 불모지나 다름없었던 우리나라의 교육행정학을 오늘의 교육행정학이 있게끔 일구어 놓은 개척자이자 원로학자로서 한국 교육행정학의 형성에 결정적인 역할을 하였다.

2세대는 1980~2000년으로 1세대들이 이룩하여 놓은 학문적 토대 위에 학문의 분화를 기하면서 외국의 이론 도입은 물론 토착화에 노력한 분들로 대부분이 외국의 학위를 가진 교수들이다. 이들의 외국에서의 경험이 한국

---

6) 정태범(2002), 「한국 교육행정학 연구의 반성과 발전방향」, 『2002년도 한국교육행정학회 연차학술대회 발표집』, 6~8쪽; 강영삼, 앞의 논문, 39~40쪽.

교육행정학을 발전시키는 데 큰 기여를 한 것이 사실이다. 하지만 이때는 관 주도의 정책 중심의 행정 수행으로 말미암아 학문 연구와 실제 행정 수행과 거리가 먼 시대라고 할 수 있다. 정부의 정책 수행에 필요할 때에는 연구자를 활용하고 정책 수행과 직접적 관계가 적거나 없으면 관심을 두지 않는 시대였다. 이 시대에 학문적 연구에 도움을 준 것은 대학원의 증가라고 할 수 있을 것이다. 특히 교육대학원의 증가는 교수의 증가를 가져왔고 학문의 발전을 가져오는 데 기여하였다고 할 수 있다. 2세대들은 주로 저서, 논문 등을 통하여 학문 활동을 하였다.

3세대는 2001~현재까지의 학자들이다. 이 시기는 학술적 연구의 토대가 마련된 시기로 볼 수 있다. 즉, 연구자의 관심에 따라 각종 연구를 할 수 있게 되었다. 학술진흥재단이 1979년에 설립되어 연구기금의 운영을 통하여 학문의 연구활동을 촉진시켰으며 또한 각종 학회의 활동을 지원하였다. 그것은 대학에서 교수의 연구업적이 평가되는 데 학회지의 학술논문이 중요한 인정을 받기 때문이다.

3세대의 연구자들은 외국의 박사학위 소지 비율은 낮아지면서 국내 학위 비율은 상대적으로 높아지는 경향이 있다. 이는 2세대 학자들의 외국 경험이 그만큼 큰 역할을 하였다고 볼 수 있다. 학문을 하는 방법을 터득한 연구자들은 더 이상 외국의 학위에 비중을 두지 않았기 때문이다. 이 세대들은 논문이 중요한 업적으로 인정되는 시대이다. 따라서 형식을 갖춘 학술논문을 발표해야 하는 입장에 있다. 대학에서 그것을 요구하고 있기 때문이다. 하지만 아직 외국의 학술지나 학회에서 학술논문을 발표하는 데는 미흡하다고 할 수 있다.

이와 같이 교육행정학을 연구해 온 학자들이 한국 교육행정학의 학문적 성과를 구축하고 발전시키는 데 많은 노력을 하였다. 최근 들어 연구자의 수도 많아졌으며 교육행정의 분야도 넓어졌으며 전문가도 증가하였다. 즉, 이러한 연구자들의 증가로 인해 한국 교육행정학이 꾸준히 성장하고 있으며 바로 이들이 한국 교육행정학의 역사인 것이다.

나. 대학에서의 교육행정학 강의

교육행정학자들에 이어 한국 교육행정학의 발전을 가져온 것은 그 학자들이 대학에서 교육행정학을 가르치고 보급하면서부터이다.

우리나라에서 가정 먼저 교육행정학이 강의되기 시작한 것은 1953년 서울대학교 사범대학에 교육행정학과가 설치(1961년에 교육학과로 통합)되면서부터이다. 또한 그 이후 1963년에 서울대학교에 교육대학원이 설립되고(1975년도에 폐지) 교육행정학과가 개설되었다. 이를 계기로 교육행정학을 전공한 학자의 수가 비약적으로 증가하였으며, 교육행정학을 공부하는 학생들도 크게 늘어났다. 지금은 거의 모든 교원양성대학교에서 교직 영역의 하나로 교육행정학을 가르치고 있으며, 교육행정학은 거의 모든 대학교의 대학원과 교육대학원에서 전공과목으로 개설되어 교육행정학에 대한 교육활동이 이루어지고 있다.7)

교육행정학이 대학과 대학원에서 강의가 이루어짐과 더불어 국내에서 교육행정학 교재가 1980년대 이후 본격적으로 출판되기 시작하였다. 현재까지 발간된 수십 종의 교육행정학 저서가 대부분 교직 필수과목에서의 활용을 염두에 둔 것이다. 주로 다루어지고 있는 내용은 교육행정이론의 발달, 교육정책, 제도 및 기획, 교육행정조직론, 지도성 이론, 교육인사행정, 장학론, 교육재정론 등이다. 또한 최근에 출간된 저서일수록 공통된 내용을 많이 다루고 있는데 이는 시대적 흐름과 경향을 반영한 것이라고 볼 수 있다.8)

다. 학회 활동

교육행정학자들과 그들의 대학에서의 강의와 더불어 한국 교육행정학 역사의 한 축을 담당하고 있는 것은 바로 학회이다. 한국교육학회의 한 분과학회인 교육행정학연구회라는 이름으로 1967년 학회가 출범한 이래 지금까지 무수히 많은 교육행정학의 분과 학회가 생기고 왕성한 활동을

---

7) 정태범, 앞의 논문, 8쪽.
8) 임연기, 앞의 논문, 73쪽.

하고 있다. 가장 대표적인 학회를 들어본다면 한국교육행정학회, 한국교육재 정경제학회, 한국교원교육학회, 한국교육정치학회, 한국교육법학회 및 대한 교육법학회 등이 있다. 이 중에서 가장 규모가 크고 왕성한 활동을 하는 것은 한국교육행정학회이다. 이곳에서는 한국학술진흥재단에 등재후보 학 술지로 선정된 학회를 중심으로 간략히 설명을 하고자 한다.

한국교육행정학회는 1967년 창립 당시 34명의 회원으로 활동을 시작하여 2002년 현재 회원수가 1,000여 명에 이르고 있다. 학술대회, 연차대회, 국제학 술대회 등을 개최하고 그 결실을 학회지로 만들어내면서 명실공히 한국 교육행정학계를 이끌어 오고 있다고 할 수 있다. 1983년에『교육행정학연구』 라는 학회지를 창간하여 2002년 말 20권 4호까지 발간하였으며 논문의 수만 500편이 훨씬 넘어섰으며 한국 교육행정학의 산 증인이라고 해도 과언이 아니다.

한국교육재정경제학회는 교육재정과 교육경제의 이론 연구를 토대로 교육발전에 기여하겠다는 기치 아래 1991년에 창립되어 1992년부터『교육재 정경제연구』라는 학회지를 창간하여 2002년 말 11권 2호까지 발간하고 있다. 학회의 특수한 성격에 맞게 대부분의 논문이 교육재정과 관련된 논문이다. 다만 교육경제와 관련된 논문이 상대적으로 미약해 보여 앞으로 이 분야에 대한 연구가 요구된다 하겠다.

한국교원교육학회는 교원교육 관련 연구를 통해 교원 분야의 개선 및 발전을 목적으로 하여 설립되었다. 설립은 1968년에 한국교직교육연구협의 회라는 이름으로 일찍 만들어졌지만 1984년에 학회지 창간호를 발간한 이후 지금까지 꾸준히 학회지를 발간하고 있다.

2. 시대별 구분

시대별 구분에서는 논의의 여지가 있겠지만 구분의 편의를 위해 크게 10년 단위로 나누어서 살펴보기로 한다.

가. 1950년대: 태동기(맹아기)

한국의 교육행정학은 일제로부터 해방이 되면서 싹이 트기 시작했다고 볼 수 있다. 일제로부터 해방된 후 미국 군정 하에서 한국의 교육제도는 미국의 영향을 받은 교육자치의 이념을 받아들였고 1952년부터는 교육자치 제도가 실시되기에 이르렀다. 교육자치제는 교육의 전문성과 자주성에 근거를 두고 있기 때문에 자연히 교육행정의 전문화에 영향을 미치기 시작했다. 또한 해방 후 한국의 교육제도는 교육의 기회를 확대시켰고, 교육기회의 확대는 공교육제도를 발전시켰고 이는 교육의 양적 팽창을 가져왔으며 결과적으로 교육의 양적 팽창은 교육의 질적 향상과 교육행정의 다양화 내지 확대를 가져오게 되었다.9) 이와 더불어 1953년 서울대학교에 교육행정학과가 설치되어 정식으로 교육행정학도들이 배출되기 시작한 시기이다.

하지만 이 시기에는 교육행정학의 선진국이라 할 수 있는 미국 등의 나라에서 교육행정학의 이론과 연구방법론을 도입하여 소개하는 정도였다. 따라서 한국의 교육행정 현상의 체계적이고 과학적인 연구가 이루어졌다기보다는 그러한 연구가 가능해지기 위한 기초가 만들어진 시대라고 할 수 있다.

나. 1960년대: 형성기(골격기)

한국의 교육행정학은 1960년대 말까지 학문으로서의 골격을 대체로 갖추었다고 볼 수 있다. 완벽하다고 할 수는 없지만 학문의 세 가지 성립요건인 연구대상과 과제, 연구방법론, 학회 결성 등이 이 시기에 모두 이루어졌기 때문이다. 즉, 1963년에 교육대학원이 신설되어 교육행정학이라는 학문이 본격적으로 학자들과 학도들 사이에 퍼지기 시작하여 연구대상과 과제 및 방법론에 대한 논의가 시작되었다. 이때부터 교육대학원 등을 통해 학위논문들이 증가하면서 한국 교육행정학이 본격적으로 형성되기 시작하였다.

뒤이어 1967년 한국교육학회 출범과 더불어 그 산하에 교육행정학연구회

---

9) 강영삼, 앞의 논문, 37쪽.

가 생기면서 학회의 모습을 갖추기 시작하였다. 이러한 학회가 만들어짐으로써 한국에서 분과 학문으로서의 교육행정학이 성립된 것으로 보고 있다.[10)

다. 1970년대: 발전준비기(도약전기)

1960년대가 한국의 교육행정학을 형성시킨 시기였다면 1970년대는 한국 교육행정학을 발전시키기 위한 기초를 다지는 즉, 발전을 위해 준비하는 시기라고 말할 수 있다.[11) 이 시기는 주로 교육행정학자들 가운데 2세대라 불리우는 사람들이 주도하기 시작한 시기였으며 교육대학원을 통해 교육행정 전공자들이 학위논문을 쓰고 본격적으로 배출되기 시작한 때이다. 또한 대표적인 교육 연구기관으로 꼽히는 한국교육개발원이 설립되어 교육행정 관련 연구들을 다양하게 수행하기 시작한 시기이다.

라. 1980년대: 발전기(도약기)

1970년대 이후로 한국의 교육행정학은 학회를 중심으로 조금씩 발전하기 시작하였으나 학문 탐구분야로서의 교육행정학에 대한 학문적 관심을 본격적으로 가지기 시작한 시기는 1980년대에 들어와서부터 였다. 이 시기는 1982년 전후와 1987년에 집중적으로 교육행정학의 학문적 성격을 규명하고, 연구방법을 재조명하려는 가운데 한국 교육행정학의 정체성을 밝히거나 확립하려는 노력이 있었기 때문에 한국교육행정학의 발전기라고 말할 수 있겠다.[12) 또한 교육행정학연구회가 출범한 이후 16년 만에 『교육행정학연구』라는 학술지가 처음으로 출간되기 시작한 시기이다.

마. 1990년대: 발전후기(도약후기)

---

10) 주삼환(1987), 「교육행정의 과제: 한국교육행정학의 연구방향」, 『교육행정학연구』 5(1), 44쪽.
11) 강영삼, 앞의 논문, 47쪽.
12) 위의 논문, 51쪽.

1990년대 한국의 교육행정학은 1980년대의 발전기에 이어 교육행정학자, 연구기관의 연구자 등 다양한 곳에서의 꾸준한 연구를 통하여 교육행정학 연구의 양적 팽창이 본격적으로 이루어진 시기이다. 이전까지와 마찬가지로 실제에 초점을 둔 연구가 대부분이었지만 이 시기부터 미미하지만 문화기술적 접근 등을 사용한 질적인 연구가 나타나기 시작하였다. 또한 학회를 통해서 국제학술대회가 정기적으로 개최되기 시작하면서 외국 학술단체와의 교류를 넓히기 시작하였고, 교육행정학의 하위 분과학문을 연구하기 위한 학회들이 생겨나기 시작하면서 한국교육행정학의 발전을 한층 더 가속화시킨 시기이다.

더불어 대학종합평가, 대학에서의 교수업적평가, 그리고 한국학술진흥재단에서의 학술지 등급판정 등이 진행됨에 따라 한국 교육행정학의 질적 수준을 크게 향상시킨 시대로 평가받고 있다.13)

바. 2000년대: 정착기(토착기)

2000년대는 아직 몇 년이 지나지 않았지만 이전의 어느 시기보다 활동이 왕성한 시기이다. 이제는 한국의 교육행정학도 발전기를 지나 정착기로 접어들었다고 해도 과언이 아니다. 이제는 한국의 풍토에 맞는 교육행정학 연구에 보다 박차를 가하는 시기가 될 것이다.

III. 한국 교육행정학 연구의 동향

우리나라 교육행정학의 연구동향을 살펴보는 작업은 학자들의 저술작업, 교육행정 전공자들의 석·박사학위 논문, 대학에서의 강좌, 정부기관의 의뢰로 이루어지는 정책 연구, 연구기관의 보고서, 학회지 논문 등 모든 것들을 복합적이고 체계적으로 분석하여야 한다. 하지만 이 모든 것들을 한꺼번에

---

13) 정진환(2002), 「한국 교육행정학의 형성과 발전에 관한 토론」, 『2002년도 한국교육행정학회 연차학술대회 발표집』, 68쪽.

분석하는 작업은 실로 방대한 작업이 될 것이다.

따라서, 여기에서는 교육행정학의 연구동향 관련 선행 연구의 결과를 중심으로 한국 교육행정학 연구의 동향을 연구내용과 연구방법 측면으로 나누어 살펴보기로 한다.

1. 연구내용 측면

교육행정학 분야에 속한 연구들은 교육과 관련된 행정·경영학적 접근 분야, 법학적 접근 분야, 재정·경제학적 접근 분야, 정치학적 접근 분야, 교원교육학적 접근 분야 등 다양한 분야에 걸쳐 이루어지고 있다. 그리고 이들 분야별로 학회가 설립되어 있고, 각 학회에서 발간하는 학술지에 관련 연구 결과들이 발표되고 있다.

먼저 교육행정학 전 분야의 논문을 게재하는 한국교육학회의『교육학연구』와 한국교육행정학회의『교육행정학연구』에 발표되고 있는 논문에 나타난 교육행정학 일반의 연구동향을 살피고, 이어서 교육행정학의 특정 분야를 교육법학 분야, 교육재정·경제학 분야, 교육정치학 분야, 교원교육학 분야 등으로 나누어 각 해당 학회의 학술지에 실린 논문을 중심으로 연구동향을 살펴보기로 한다. 또한 교육행정학 분야의 석·박사학위 논문에 나타나고 있는 연구동향은 교육행정학 일반에 포함시켜 살펴보기로 한다.

가. 교육행정학 일반 분야

교육행정학의 연구영역 분류에 대한 선행연구로는 김종철(1982), 신중식 외(1985), 서정화(1985), 주삼환(1987), 조광제(1991), 정진환 외(1993)의 연구가 있다.

김종철(1982)은 교육행정학의 연구영역을 ① 기초과정(교육행정원론, 교육행정이론, 교육행정사, 교육행정 제도론, 교육행정 연구법, 교육행정 연습 등), 정책과학과정(교육정책론, 교육기획론, 교육정책 사례연구, 교육경제학 등), ③ 관리과학과정(인사행정, 학사행정, 장학론, 인간관계론, 지도론, 교장론, 학교경영론, 학교건축, 교육재정 등), ④ 현상연구과정(현장교육 행정문제 연구, 예산회계실무, 감사실무, 현장문제 모의연습 등), ⑤ 부분별 교육행정과정(초등교육행정, 중등교육행정, 고등교육행정, 교원교육행정, 실업교육행정, 유아교육행정, 특수교육행정, 해외교육행정, 학교외 교육행정 등)으로 규정하고 있다.[14]

신중식 외(1985)는 교육행정학에서 다룰 내용을 다음과 같이 크게 세 영역으로 구분하고 있다.[15] 첫째, 교육행정실무와 관계되는 기획(교육계획), 조직(중앙 및 지방조직), 교육내용(교육목표, 교육과정), 장학(교사에 대한 지도 조언), 학생(신분, 교도, 훈육), 인사(교직원의 수급, 신분, 보수, 임용, 승진, 복무, 연수, 징계, 신분보장), 재무(교육경비, 예산 및 결산, 감사, 집행), 시설(설치기준, 영선), 사무관리(사무실, 문서), 연구평가 및 홍보에 관한 교육행정활동. 둘째, 행정과정과 관계되는 의사결정 내지는 정책결정, 기획 조직, 의사소통, 지도, 조정, 통제, 평가 등을 교육행정 실무영역과 관계지워 다루는 것. 셋째, 교육행정의 전문적 과업수행의 이론적 배경으로 과업중심적 접근으로서 행정과정, 조직이론, 관료제론, 과학적 원리론 등, 인간관계 중심적 접근으로서 인간관계론, 동기이론 등, 행동과학적 접근으로서 일반 체제이론, 체제분석, 경영체제 기법들을 교육현장 내지는 교육행정활동과 관련시켜 다루는 것.

서정화(1985)는 강영삼(이론영역면, 행정기능면, 교육대상면으로 분류), 이종재(교육행정학의 대상영역을 학교교육의 단계나 교육의 기능요소별로 분류하는 것보다 ① 본질, ② 가치전제와 목표원리, ③ 과업, ④ 현상, ⑤ 쟁점, ⑥ 문제점 등의 변인을 중심으로 하되 이론과 실제를 대응시키는 관점에서 9개 영역으로 분류), 배종근(교육행정의 법규 해석적, 경영학적, 사회적, 가치적 영역으로 구분)의 견해를 고찰함으로써 교육행정학 연구의

---

14) 김종철(1982), 『교육행정의 이론과 실제』, 서울: 교육과학사, 63쪽.
15) 신중식 외(1985), 『현대교육행정학』, 교육출판사, 24~26쪽.

주요 대상영역에 실천적 측면과 과학적인 측면을 함께 다루어야함을 객관화
시키면서, 학위논문 430편(1964~1980), 중앙교육연구소의 교육행정분야
연구물 67편(1953~1962)과 한국교육개발원에서 수행된 정책연구 57편
(1957~1982)을 중심으로 교육행정학 연구의 동향을 고찰하는 기준으로
다음과 같이 그 영역을 설정하였다.[16]

① 교육기획 및 정책: 교육계획, 의무교육, 평준화, 고등교육, 정책결정과정
② 교육제도 조직: 입시, 교육조직, 자치제, 학제, 행정과정
③ 교육인사 및 장학: 교원조직, 자격, 교원직무, 교직관 전문성, 교직생활,
    유인체제·보수·지위, 임용·승진체제(근무평정, 전보 포함), 양성제
    도·수급·실습, 근무 부담, 여교사, 교원연수, 장학(교내장학 포함)
④ 학생지도 및 교육과정 운영: 상벌, 남녀공학, 생활지도, 진로, 학생자치,
    교과 담임제, 교육환경·조건, 교육과정모형, 중등학교 운영실태
⑤ 학교조직 및 학교경영: 교무분장, 사무관리, 주임제도, 사친회, 학교운영,
    경영기법, PPBS, 학급경영, 지도성(경영관 포함), 조직풍토, 조직건강, 사기,
    인간관계, 역할기대, 학교의 공식·비공식 조직, 학교행사, 학교보건
⑥ 교육시설 및 교육재정: 교육시설, 교육비, 교육투자·재정, 기재관리
⑦ 기타영역: 교육행정사, 외국교육제도 비교, 교육법, 사학, 특수교육, 유치원
    교육, 현장연구, 연구학교 운영, 학교외 교육(공민·전수학교 포함), 도서
    벽지 교육, 교육인구 이동, 산학협동, 성취동기, 기타

주삼환(1987)은 서정화의 7대 영역 분류에 전적으로 동의하고 있지는
않지만 조사의 연속성을 위해서 이 범주에 따라 분류하려고 노력하였고
어려운 경우에는 구체적 영역을 추가하였다. 이 연구에서는 1981~1987년
2월까지 한국의 교육대학원과 일반대학원을 통해 발표된 석·박사학위 논문
2,108편(박사학위논문은 21편)의 연구동향을 고찰하여 다음과 같이 제시하
였다.[17]

---

16) 서정화(1985), 「한국교육행정학의 연구동향」, 한국교육학회(편), 『교육학 연구의
    최근 동향』, 서울: 교육과학사, 50~51쪽.
17) 주삼환, 앞의 논문, 48~49쪽.

<표 1> 교육행정학 영역별 학위논문 현황(단위: 편, %)

영 역	구 체 영 역	서정화(1982)의 연구				주삼환(1987)의 연구			소계	총계
		64-70	71-75	76-80	소계	교 육 대학원 81-86	일 반 대학원 81-85	박사 81-87.2		
① 교육기획 및 정책	교육계획, 교육목표	2		3	5	21	1			
	의무교육			3	3	5				
	평준화			5	5	6				
	고등교육		2		2	24	16			
	정책·정책결정	1	2	8	11	15	7	4	99	125
	소 계				26	71	24	4		125
② 교육제도 조직	입시·전학	4	2	4	10	20	3			
	교육조직, 자치제, 제도	1	1	1	3	13	4	1		
	학제			1	1	8		1		
	행정과정·행위	1	1		3		1	1		
	의사결정*					17		1		
	의사소통*					5				
	소 계				17	63	8	4	75	92
③ 교육인사 및 장학	교원조직·자격	3	1	2	6	1				
	교원직무·교직관·전문성	5	15	6	26	60	2			62
	교직생활·직무만족		5	2	7	30	3			
	교사상·교사가치관*					15				
	유인체제·보수·지위	3	6	2	11	11	1			
	임용·습인체제(근평·전보)	3	6	25	34	34	1			
	양성제도 수급·실습	4	3	10	17	19	3			
	근무부담		3	1	4	12				
	여교사	2	1	4	7	20				
	연수	3	4	3	10	28	2			
	장학(교내장학)		5	9	14	77	3			80
	소 계				136	307	15		322	458
④ 학생지도 및 교육과정 운영	상벌·성취·성적평가	1			1	30				
	남녀공학·생활지도		1	3	4	80				
	진로·직업·취업			1	1	42	2			
	학생자치		3	1	4	39	2			
	학생의 가치관·의식·자아개념*					48				
	교과담임제			1	1					
	교육·가정환경·조건		1	3	4	22	2			
	교육과정 모형·교과교육	2	1	1	4	74	3			
	중등학교 운영실태(기술고)	1	2	2	5	12				
	소 계				24	347	9		356	380

영역	구체영역	서정화(1982)의 연구 64-70	71-75	76-80	소계	주삼환(1987)의 연구 교육대학원 81-86	일반대학원 81-85	박사 81-87.2	소계	총계
⑤ 학교조직 및 학교경영	교무부장·사무관리	1		2	3	12	1			
	학교조직					20				
	주임제도		4	2	6	10				
	사친회·학부모	2			2	11	1			
	학교운영	1	1		2	66		1		
	경영기법·PPBS		2	1	3	7	1			
	학급경영		1	4	5	23				
	지도성(경영관)	10	16	5	41	109	3	4		116
	조직풍토·조직건강		4	10	14	32	5	1		38
	사기·동기	3	3		6	19	2	1		
	인간관계	3	4	3	10	26	1			
	역할기대		1	2	3	52	2			54
	공식·비공식 조직	2	4	3	9	9				
	학교행사		2	1	3	3	1			
	학교보건		1		1	3				
	소계				108	402	17	7	426	534
⑥ 학교시설 및 교육재정	교육시설	2	3	2	7	8		1		
	교육비		3	3	6	7	1	1		
	교육투자·재정	2	3	4	9	18	5			
	기재관리			1	1					
	소계				28	33	6	2	41	69
⑦ 기타	교육행정사			3	3	35	2			
	외국 교육제도 비교	2	4	11	17	18	7	1		
	교육법		1	4	5	9		2		
	사학	1	4	1	6	6		1		
	특수교육	1	2	1	4	14				
	유아교육		1	4	5	12	1			
	노인·평생교육*					10				
	현장연구·연구학교	2		3	5	5				
	학교외 교육	3	7	8	18	20	6			
	방송·근로청소년교육*					22				
	도서벽지교육		2	2	4					
	산학협동·새마을	1			1	14				
	성취동기			2	2	2				
	기타·교직단체·학생교육원	5	13	19	37	9	1			
	교육사상					35				
	소계				91	211	17	4	232	323
교육행정영역의 논문						127			127	127
총계					430	1,561	96	21	1,678	2,108

주: *표는 서정화(1982)의 연구영역에 주삼환(1987)이 추가한 구체 영역임.

자료: 주삼환, 앞의 논문, 48~49쪽.

주삼환(1987)의 연구는 자료의 출처가 다르고 분류하는 연구자가 다르기 때문에 서정화(1982)의 연구 연대와 정확하게 비교하기는 어려우나 이 연구로부터 몇 가지 사실을 발견할 수 있었다.[18]

첫째, 학위논문이 양적으로 많이 팽창하였다는 것을 알 수 있다. 1964~1980년까지 17년 동안 430편의 석사학위 논문이 발표되었는데(김종철의 인용은 1965~1979년까지 965편이라 함), 1981~1986년까지 6년간 교육대학원 석사학위 논문만도 3배 이상에 해당되는 1,561편이 발표되었고, 1981~1985년에 일반대학원 석사학위 논문이 96편, 박사학위 논문(1981~1987. 2)만도 21편이나 발표되는 팽창을 보였다.

둘째, 연구의 영역으로는 1980년까지 교육인사 및 장학에 136편으로 제일 많은 것으로 밝혀졌으나 1981~1986년 사이에는 교육인사 및 장학(322편), 학생지도 및 교육과정 운영(356편), 학교조직 및 학교경영(426편)의 현장성이 강한 세 분야에서 논문이 많이 나왔다. 이는 현직 교사들의 교육대학원 논문이 많이 차지하기 때문인 것으로 풀이된다. 특히 생활지도, 진로·직업, 학생자치, 학생 가치관·의식 등 학생지도와 관련된 논문이 많이 늘어났다. 구체적인 연구영역에서는 지도성(116편), 조직풍토(38편), 역할기대(64편), 장학(80편), 교직·전문성(62편)에 많은 관심을 보였다. 또한 지도성과 조직풍토에 관련된 논문에는 같은 제목도 많았으며, LBDQ와 OCDQ라는 도구가 있기 때문에 관심이 집중되는 것으로 미루어 볼 수 있다. 또 교육행정의 연구범위가 상당히 광범하다는 사실도 알 수 있다. 그리고 교육심리학, 교육사회학, 교육과정, 교육사 등 교육학의 전 학문 영역과 관련하여 연구되고 있음을 알 수 있다.

셋째, 21편의 박사학위 논문 중 정책 관련 4편, 제도 관련 4편, 지도성 관련 4편으로 반 정도가 이들 세 분야에 집중되어 있으므로, 앞으로 새로운 분야도 개척해 나갈 필요가 있다고 본다.

한편 조광제(1991)는 선행연구를 통하여 교육행정학의 연구영역을 고찰한

---

18) 위의 논문, 50~51쪽.

후 1984~1987년에 미국 대학원에서 발표된 총 3,384편과 1945~1989년 2월까
지 한국의 각 대학원에서 발표된 51편 등 총 3,935편의 박사학위 논문을 주제별
로 내용을 분석함으로써 184개의 하위유목(주요개념)을 도출하고, 이를 다시
개념의 포괄성 수준과 개념간의 유사성의 정도에 따라 34개의 주요유목과
이에 속하는 하위유목으로 재구성한 다음 이들 주요유목을 공통요인에 따라
5개 주요영역으로 대분류하여 다음과 같이 제시하였다(<표 2> 참고).19)

<표 2> 교육행정학 박사학위 논문의 5개 주요영역과 내용

5개 주요영역	내 용(주유목)
① 교육행정대상 영역	학교경영, 학급경영, 수업경영, 교과교육경영, 특수교육행정, 교육프로그램행정, 사회교육행정, 지방교육행정, 고등교육행정(9개 주유목)
② 교육행정구성원 영역	교육인사행정, 학생행정, 교육행정가특성론, 교사특성론, 영역 역할론, 교육행정직무론(6개 주유목)
③ 교육행정조직 영역	교육행정조직론, 공공관계론, 교육환경관리론, 학교와 지역사회관계(4개 주유목)
④ 교육행정과정 및 작용 영역	교육지도성, 단체교섭론, 장학론, 교육행정평가론, 교육 스트레스, 교육재정, 교육행정행위론, 의사결정론, 교육 행정공학, 의사소통론, 교육기획, 교육행정연구(12개 주유목)
⑤ 교육행정규범 영역	교육정책, 교육법규, 교육행정철학(3개 주유목)

자료: 조광제, 앞의 논문, 96쪽.

한국의 교육행정학 박사학위 논문은 1989년 2월까지 총 51편이 전국 14개
대학원에서 발표되었는데, 교육정책에 관한 연구가 27.5%로 가장 많았고,
고등교육행정이 13.7%, 교육인사행정이 9.8%, 교육법규가 8.0%, 장학론이
5.9%, 교육재정이 3.9%, 학교경영이 3.9%, 교육행정행위론이 3.9%를 차지하
였으며, 사회교육행정, 학교와 지역사회관계가 각각 2.0%를 차지하였다.
또한, 한국의 교육행정학 연구는 미국에 비해, 교육정책 등 특정영역에 대한

---

19) 조광제(1990), 『박사학위 논문에 나타난 교육행정학의 연구영역』, 경북대 박사학위
논문.

연구의 편중현상, 연구영역의 단순화 현상, 그리고 1980년대 이후 연구관심의
증대현상이 나타난다고 하였다.[20]

정진환 외(1993)는 선행연구를 바탕으로 한국교육행정학연구회의 업적을
분석함에 있어 다음과 같이 교육행정학 연구영역별 세부내용을 그 기준으로
삼았다(<표 3> 참고).[21]

<표 3> 정진환 외(1993)의 교육행정학 연구영역별 세부내용

영역	세부내용
① 교육행정이론 및 연구	교육행정이론, 교육행정사, 교육행정연구법 등
② 교육기획 및 정책	교육계획, 교육목표, 의무교육, 평준화, 교육정책, 정책결정과정 등
③ 교육경영, 조직 및 제도	교육조직, 제도, 학제, 입시·진학, 교육자치제, 행정과정·행위, 의사결정, 의사소통 등
④ 교육인사행정	교원조직, 자격, 양성, 수급, 임용, 유인체제·보수·지위, 근무부담, 교원직무, 교직관·전문성, 교직생활·직무만족, 교사 가치관, 연수 등
⑤ 장학행정	장학행정·제도, 장학의 유형·내용, 장학정책 등
⑥ 학교조직 및 경영	학교조직, 학교경영, 경영기법, 학교운영, 학급경영, 지도성, 조직풍토·건강, 사기·동기, 인간관계, 역할기대, 학교행사, 학교보건, 육성회, 주임제도, 교무분장 등
⑦ 교육과정 운영	교육과정 편성과 운영, 교과교육, 시정운영, 성적평가 등
⑧ 학생행정	장학, 상벌, 진로·직업·취업, 생활지도, 학생의 가치관·의식·자아개념, 가정환경 등
⑨ 교육재정	교육비, 교육투자, 교육재정 조달과 운용, 지방교육 재정, 예산제도 등
⑩ 고등교육	고등교육정책·제도, 학생정원정책, 교수충원, 대학재정, 대학시설 등
⑪ 교육시설	교육시설·설비, 기재관리, 교육환경 등
⑫ 기타	교육법, 외국교육제도, 사학, 특수교육, 노인·평생교육, 교육경제, 교육정치 등

---

20) 조광제, 위의 논문, 101~102쪽.
21) 정진환 외(1993), 「한국교육학회 교육행정학연구회의 업적 분석」, 『교육행정학연구』 11(3), 308~309쪽.

정태범(2002)은 정진환 외(1993)가 제시한 교육행정학 연구영역 분류에 따라 정진환 외(1993)와 서정화(1997)의 연구 자료를 확장하여 1967~2002년까지 개최된 한국교육행정학회의 학술대회에서 발표된 논문과 1983년부터 발간된 전문학술지인『교육행정학연구』에 실린 논문들을 분석하였는데, 결과는 다음과 같다(<표 4>, <표 5> 참고).

그 동안의 학술대회의 주제들을 종합적으로 살펴 볼 때, 60년대에는 개인적인 관심을 토대로 한 학술적인 논문이 많이 발표되고 주제가 구체적이었다. 그러나 70년대 들어오면서 비교적 현실적인 쟁점들이 주로 다루어지기 시작하였다. 그리고 1970년대 후반부터는 주제 발표와 함께 그에 대한 토론도 활발하게 병행되었다. 80년대 들어서면서 주제 발표 및 토론 영역이 확대되었다. 80년대 후반에 들어서면서 교육행정의 여러 분야에 걸친 시의 적절한 주제를 설정하여 활발한 발표・토론이 이루어졌다. 특히 교육경영・조직 및 제도, 교육기획 및 정책, 학교조직 및 경영, 교육인사행정, 고등교육 등의 분야가 많이 다루어졌다.22) 또한, 90년대에 들어서는 교육경영, 조직 및 제도, 교육기획 및 정책, 교육인사행정, 고등교육 순으로 다루어짐으로써 교육행정의 실제면 중 교육, 학교경영의 효율성을 제고하고자 하는 문제와 더불어 80년대에 규모면에서 급격히 증대한 고등교육의 문제가 강조되어 다루어졌으며, 한국교육이 미래에 당면할 과제(통일 등)를 예견하고 이를 학문적 차원에서 조망하고자 하는 시도도 있었음을 발견할 수 있다.23)

한편, 교육행정학회 회원수가 늘어나고 연구활동이 활발해짐에 따라 1983년부터 전문학술지인『교육행정학연구』를 발간하였고, 2002년 현재까지 도합 40여 회에 달하는 학회지를 발간하였다. 초기에는 1년에 1차례 발간하였으나 점차 늘어나 최근에는 1년에 4차례 학회지가 발간되고 있는데, 그 동안 발표된 주제를 연대별로 고찰하면 다음과 같다.

<표 5>에서 보는 바와 같이『교육행정학연구』에 게재된 논문 편수는

---

22) 서정화(1997),「한국교육행정학회의 활동과 기여」,『교육행정학연구』15(3), 16쪽.
23) 정진환 외, 앞의 논문, 313쪽.

<표 4> 한국교육행정학회 학술발표 주제별 빈도(단위: 편, %)

영역 \ 년도	67-70	71-80	81-90	91-97	98-02	계
① 교육행정 이론 및 연구	4 (21.0)	10 (9.3)	15 (11.5)	4 (3.0)	17 (15.2)	50 (10.1)
② 교육기획 및 정책	1 (5.3)	22 (20.4)	14 (10.7)	22 (20.0)	15 (13.4)	80 (16.1)
③ 교육경영, 조직 및 제도	3 (15.8)	30 (27.8)	17 (13.0)	20 (18.0)	21 (18.8)	91 (18.3)
④ 교육인사행정	2 (10.5)	7 (6.5)	13 (9.9)	19 (17.0)	5 (4.5)	46 (9.3)
⑤ 장학행정	1 (5.3)		9 (6.9)	1 (0.9)	2 (1.8)	13 (2.6)
⑥ 학교조직 및 경영	2 (10.5)	12 (19.8)	26 (19.8)	10 (9.0)	17 (15.2)	67 (13.5)
⑦ 교육과정 운영	1 (5.3)	1 (0.9)	5 (3.8)	1 (0.9)	1 (0.9)	9 (1.8)
⑧ 학생행정		1 (0.9)	11 (8.4)	1 (0.9)	3 (2.7)	16 (3.2)
⑨ 교육재정	1 (5.3)	10 (9.3)	12 (9.2)	10 (9.0)	6 (5.4)	39 (7.9)
⑩ 고등교육	3 (15.8)	6 (5.6)	10 (7.6)	12 (10.9)	19 (17.0)	50 (10.1)
⑪ 교육시설		1 (0.9)			1 (0.9)	2 (0.4)
⑫ 기타(교육법, 평생교육, 교육경제 등)	1 (5.3)	8 (7.4)	9 (6.9)	10 (9.0)	5 (4.5)	33 (6.7)
계	19 (100.0)	108 (100.0)	131 (100.0)	110 (100.0)	112 (100.0)	496 (100.0)
연평균 발표주제 수	4.8	10.8	13.1	15.7	28.0	14.2

자료: 정태범, 앞의 논문, 11쪽.

학술대회 발표 논문과 개인 논문을 합쳐 총 498편이었는데, 이를 전체적으로 고찰하면 학교조직 및 경영, 고등교육, 교육기획 및 정책, 교육경영, 조직 및 제도, 교육인사행정, 교육재정, 교육행정 이론 및 연구 순으로 많이 발표됨으로써 그 동안 교육행정 이론보다 학교 및 교육경영에 관련된 주제들이

<표 5> 『교육행정학연구』에 발표된 주제별 빈도(단위: 편, %)

영역 \ 년도	83-86	87-90	91-97	98-02	계
① 교육행정 이론 및 연구	3 (8.6)	3 (8.3)	11 (5.3)	14 (6.3)	31 (6.2)
② 교육기획 및 정책	3 (8.6)	4 (11.1)	42 (20.4)	18 (8.1)	67 (13.5)
③ 교육경영, 조직 및 제도	7 (20.0)	5 (13.9)	27 (13.1)	23 (11.2)	62 (12.4)
④ 교육인사행정	6 (17.2)		24 (11.7)	9 (4.1)	39 (7.8)
⑤ 장학행정	6 (17.2)	1 (2.8)	2 (1.0)	28 (12.7)	37 (7.4)
⑥ 학교조직 및 경영	7 (20.0)	8 (22.2)	35 (17.0)	50 (22.6)	100 (20.1)
⑦ 교육과정 운영		1 (2.8)	1 (0.5)	2 (0.9)	4 (0.8)
⑧ 학생행정			2 (1.0)	5 (2.3)	7 (1.4)
⑨ 교육재정	1 (2.9)		19 (9.2)	19 (8.6)	39 (7.8)
⑩ 고등교육	1 (2.9)	12 (33.3)	32 (15.5)	38 (17.2)	83 (16.7)
⑪ 교육시설					
⑫ 기타(교육법, 평생교육, 교육경제 등)	1 (2.9)	2 (5.6)	11 (5.3)	15 (6.8)	29 (5.8)
계	35 (100.0)	36 (100.0)	206 (100.0)	221 (100.0)	498 (100.0)
연평균 발표주제 수	8.8	9.0	29.4	44.2	24.9

자료: 정태범, 앞의 논문, 14쪽.

많이 다루어졌음을 알 수 있다.

한편, 발표 논문을 년도별로 고찰하면 창간 초기(83~86)에는 연평균 8.8편, 80년대 중반 이후(87~90)에는 9.0편, 90년대 초중반에는 29.4편, 그리고 최근(98~02)에는 연평균 44.2편이 게재되어 학회지의 논문 편수가 급신장하였음을 알 수 있다.

이상의 고찰을 통해 볼 때, 그 동안『교육행정학연구』는 어느 정도 교육행정학연구회의 성격상 이론과 실제면의 균형을 이루려는 시도가 있었다고 볼 수 있으나 아직까지도 이론면보다 실제면이 더욱 강조되고 있음을 알 수 있으며, 교육과정 운영과 학생행정 영역과 같이 소홀히 다루어지거나 교육시설 영역과 같이 단 한편의 논문도 발견할 수 없는 문제도 간과할 수 없다.24)

나. 교육행정학의 특정 분야25)

1) 교육법학 분야

1980년대에 이르기까지 교육법학 분야의 연구는 매우 드물게 이루어졌다. 그러다가 1980년대 중반에 한국교육법학회와 대한교육법학회가 설립되었고, 이에 따라 교육법학 분야의 연구는 활성화되기 시작하였다. 한국교육법학회는 당초 헌법학자 중심으로 설립되었고, 대한교육법학회는 교육학자 중심으로 창설되었다. 여기에서는 주로 교육학자들이 회원으로 가입하여 창립된 바 있는 대한교육법학회에서 발행하고 있는 학술지『교육법학연구』에 발표된 논문들을 중심으로 교육법학 분야의 연구동향을 살펴보기로 한다.『교육법학연구』는 1988년 12월에 창간호를 낸 후 현재까지 14호(2002. 6)를 내고 있다.

『교육법학연구』에 발표된 논문들은 교육과 관련된 권리, 학생 처벌, 교육관계법 정비, 교육운영 원리, 교원 신분보장과 징계, 교원의 지위와 역할, 교원단체 활동, 교수회나 교무회의의 지위, 학생 안전사고, 성희롱 문제 등 교육체제 내에서 법적 고려의 대상이 될 수 있는 것들을 폭넓게 다루고 있다. 그 중에서도 특히 많은 연구가 이루어지고 있는 것은 교육관련 권리 사항, 교육관계법 정비, 학생처벌 및 안전사고와 관련된 영역이다.

---

24) 정진환 외, 앞의 논문, 316쪽.
25) 허병기(2002),「한국 교육행정학의 동향과 과제: 연구방법 측면」,『2002년도 한국교육행정학회 연차학술대회 발표집』, 114~118쪽의 내용을 인용함.

권리 문제와 관련해서는 교육권 및 학습권의 문제를 비롯해서 교원의
학문의 자유와 교육의 자유, 학생의 권리 및 표현의 자유, 교원의 노동기본권,
학부모 권리, 교육환경권 등의 문제들이 다루어지고 있다. 이들 문제들은
해당 권리의 정당화에서부터 권리 보장을 위한 법적 장치의 마련에 이르기까
지 여러 차원에서 연구가 이루어지고 있다. 학생 두발, 복장의 규제에 관한
문제와 같이 매우 구체적이고 일상적인 상황에서 제기될 수 있는 문제들도
다루어지고 있다. 권리의 문제가 이처럼 많은 관심을 끌고 있는 것은 그것이
교육운영에서 기본적 고려사항이 되는 것이면서 동시에 갈등과 분쟁의 주요
요인이 되고 있는 것이기 때문인 것으로 보인다. 아울러, 민주화의 진행으로
권리의 인식과 주장이 더욱 활발해진 것도 그 원인의 하나였을 것으로 보인다.

교육관계법 정비에 관한 연구도 상당수를 차지하고 있는데, 그것은 정치
적·사회적 변동과 교육개혁의 추진 등으로 이를 뒷받침할 법체계의 마련이
필요했던 데 그 주요 원인이 있었던 것으로 보인다. 교육법 체계의 전체적인
틀을 변화시키는 문제에서부터 사회교육, 평생교육, 교원양성과 같은 구체적
제도 정비를 위한 법 제정 문제에 이르기까지 여러 문제들을 연구 주제로
택하고 있다.

학생 처벌의 문제도 비중 있는 관심 사항이 되고 있는데, 이와 관련해서는
체벌 문제, 처벌 시 적법절차의 문제, 징계의 의미와 관련된 문제, 징계제도
운영 실태의 문제 등이 다루어지고 있다. 징계의 교육적 의의와 정당성,
징계의 적절한 방법과 절차, 징계에 관한 교사 재량의 근거와 한계 따위가
연구의 관심 사항이 되고 있다.

교육법 분야의 이와 같은 연구는 주장과 권리의 의미와 정당성 분석,
특정 사안과 관련된 법리의 해석, 역사적 탐구, 법제 과정 분석, 국제 비교,
특정 사안에 대한 법적 판단과 대처, 국가 법 정비를 위한 방안 모색과
법안 설계 등의 다양한 접근방법을 통해 이루어지고 있다. 그런 가운데
대부분의 연구는 실제적이고 구체적인 문제에 대한 법적 규명이나 대처를
주제로 한 것들이 차지하고 있다.

2) 교육재정·경제학 분야

교육재정·경제학 분야 연구의 구심점이 되고 있는 한국교육재정경제학
회는 1991년에 창립되어 오늘에 이르기까지 활발한 활동을 해오고 있다.
한국교육재정경제학회는 학술지로『교육재정경제연구』를 발행하고 있으
며, 1992년에 창간호를 낸 후 최근 11권 1호(2002. 6)를 낸 바 있다.

교육재정·경제학 분야의 연구는『교육재정경제연구』가 발행되기 전에
도 다른 학술지를 통해 빈번히 발표되었으나, 해당 전문 학술지인『교육재정
경제연구』가 발행되고 난 후부터 더욱 활발한 발표가 이루어지고 있다.
『교육재정경제연구』에 발표되고 있는 논문들에서 쉽게 찾아볼 수 있는 특징
은 '교육재정'과 관련된 논문이 대부분을 차지하고 있고, '교육경제학'의
면모를 비교적 잘 갖춘 논문은 희소하다는 것이다. 다시 말해, 교육 경비의
확보와 운용을 위한 방법과 수단 차원의 문제를 다루는 논문이 다수를 차지하
고 있고, 교육현상을 경제학적 개념과 이론으로 분석, 설명하고 나아가 새로
운 이론을 형성하고자 하는 연구는 별로 없다는 것이다.『교육재정경제연구』
가 발행되기 훨씬 전부터도 간혹 서설적·초보적 수준의 교육경제학 관련
논문이 발표된 적이 있으나, 해당 학회와 전문 학술지가 출범한 후에도
이 분야에서 뚜렷한 발전을 발견하기가 어렵다.

이런 개략적인 특징을 보이는 가운데, 교육재정에 관한 연구는 교육 경비의
효과적 확보와 운영에 관심을 두고 그와 관련된 실태의 진단이나 방안 모색을
의도하고 있다. 각급 학교의 재원, 지방교육재정, 대학 납입금, 교육 관련
조세, 단위학교 예산회계, 교원 보수 등의 문제와 관련된 주제로 많은 연구들
이 이루어지고 있다. 주로 재원의 확보와 그 집행에 관한 수단과 방안 차원의
연구들이 이루어지고 있으며, 공정성 혹은 형평성의 문제를 다루는 연구도
많지는 않지만 함께 이루어지고 있다.

이론이나 모형을 적용함으로써 해당 문제에 보다 과학적, 이론적으로
접근하고자 하는 연구가 비록 그 사례가 적기는 하지만 비교적 꾸준히 이루어
지고 있다. 그 중에는 앞에서 지적한 경제학적 연구의 취약성을 극복하는

데 기여할 만한 연구도 일부 포함되어 있다. 「만족가격 모형을 이용한 사립대학 납입금 정책」(3권 2호, 1994), 「교육재원 구조 변화에 대한 계량경제학적 접근」(4권 1호, 1995), 「고등교육 수요함수의 측정」(5권 1호, 1996), 「교육투자의 미시적 접근에 대한 논의」(6권 2호, 1997), 「학교교육의 경제학: 교육생산함수 적용 가능성 탐색」(10권 2호, 2001), 「한국 특수교육재정 실태와 투자수익률 분석의 연구」(10권 2호, 2001) 등이 이 분야에서 보다 과학적, 이론적으로 접근하고 있는 일부 연구의 예에 속한다(『교육행정학연구』에서도 1990년대 이후 교육투자의 생산성, 교육투자 수익률, 교육생산함수, 교육산업의 경제적 규모 등과 같은 교육경제학적 접근의 연구들이 발견되고 있음). 이러한 추세 속에 교육재정 정책이나 제도를 평가하는 연구, 정책결정 과정을 분석하는 연구, 제도의 변천사를 살피는 연구 등도 이루어지고 있다.

3) 교육정치학 분야

교육정치학 관련 학회가 설립되기 전까지 교육정치학 분야의 연구는 거의 관심의 대상이 되지 못하였다. 한국교육정치학회가 1993년에 창립되고 그 이듬해에 학술지 『교육정치학연구』가 발행되면서 교육정치학 분야의 연구는 서서히 그 업적을 세상에 내어놓게 되었다.

교육계를 포함한 사회 전반이 민주화·자유화되고 사회의 다원화가 심화됨에 따라 이해를 다투는 집단 간의 지배력 경쟁과 갈등의 소지가 커지게 되었고, 이와 아울러 변화의 시대를 맞이함에 따라 정치적 결단이 빈번하게 요구되게 되었다. 이는 결국 교육과 관련된 의사결정, 제도정비, 행정적 집행 등이 하나의 정치적 과정으로서의 성격을 더 강하게 띠게 됨을 의미한다. 교육체제의 구상과 그 전개가 하나의 '정치적 현상'이 된다는 것이다. 교육정치학 분야의 연구는 이러한 시각을 가지고 제반 주제에 접근하고 있다. 그리하여 교육체제의 다양한 측면들을 정치적 개념과 사고의 틀을 가지고 분석, 논의하고 있다.

교육정치학 연구의 역사가 아직은 일천한 관계로 지금까지는 주로 현실적 쟁점으로 선명하게 부각되고 있는 사항이나 정치적 분석이 비교적 쉽게 이루어질 수 있는 주제들을 연구의 대상으로 삼아오고 있다. 그리하여 교육과정·교육인사·교육재정 등과 같은 교육운영의 주요 영역, 각 시대의 교육개혁, 교육에서의 지배체제, 교원과 교원단체, 기관 평가, 주요 정책의 추진 등의 문제를 정치학적으로 분석·논의하는 연구에 힘을 쏟고 있다. 그런 가운데, 시민운동과 교육정치학, 통일 이후 북한 주민의 정치사회화, 교육위원회 구성과 정당 관여 등 여타 문제들에 대한 연구도 병행하여 이루어지고 있다.

교육정치학 연구는 아직 10년 미만의 학회 역사를 가진 분야로서, 아직은 성숙한 연구 성과가 별로 나오지 않고 있다. 그 동안 관심의 정도가 그리 크지 않았고 또 비교적 생소한 분야였기 때문에 아직은 여러 면에서 터잡기의 단계를 벗어나지 못하고 있다고 볼 수 있다. 그러나, 여러 가지 점에 비추어 볼 때, 교육정치학 연구는 앞으로 많은 성장이 요구되는 분야이고 또한 그 성취의 가능성이 엿보이는 분야라고 말할 수 있다.

4) 교원교육학 분야

교원교육학 분야의 연구는 한국교원교육학회를 중심으로 하여 이루어지고 있다. 이 학회는 교원교육을 연구·협의하여 그 개선 및 발전을 도모하려는 목적으로 1968년에 한국교직교육연구협의회라는 이름으로 창립되었다. 그러다가 1970년에 그 이름이 한국교사교육연구협의회로 바뀌었고, 다시 1996년에 지금의 명칭인 한국교원교육학회로 변경되었다. 학술지로『한국교원교육연구』(제1호에서 제17권까지는 『한국교사교육』)를 발행하고 있으며, 1984년에 창간호를 발간한 이후 지금까지 19권 1호(2002. 6)에 이르고 있다.

교원교육학 분야의 연구에서 발견되는 두드러진 특징 중 하나는 교육행정학, 교육과정학, 교과교육학, 교육철학 등 교육학 내 서로 다른 연구 분야들간의 학제적 교류와 협동이 비교적 빈번히 이루어지고 있고, 유아교육, 초등교육, 중등교육, 특수교육을 망라한 관련 주제들이 두루 다루어지고 있다는 점이다. 이는 모든 학교, 모든 교과목에 걸쳐 일하게 될 교원을 양성하고 현직 교사들의 효과적인 발달을 지향하는 연구 분야로서 갖게 되는 당연한 특징일 것이다.

교원교육학 분야의 연구가 보여주는 이러한 전체적 차원의 특징을 언급하면서, 『한국교원교육연구』에 실린 논문들에 나타난 보다 구체적인 연구동향을 살펴보기로 한다. 『한국교원교육연구』에 실린 논문들은 교원양성 및 교원발달과 관련된 것들이 주류를 이루고 있지만, 그 외의 교원 문제와 관련된 논문들도 상당수를 차지하고 있다. 그리하여 교원과 관련된 주제 전반의 연구 결과들이 발표되고 있다.

교원교육학 분야에서 가장 많이 이루어지고 있는 연구는 교원 양성과 관련된 것들이다. 교원 양성의 문제는 그 동안 교육계의 중요한 관심사이자 정책 현안이 되어왔기 때문에 교원교육학 분야의 연구에서도 이 영역이 자주 다루어져 온 것으로 보인다. 교원양성의 기본 구조, 각급 학교 교원양성을 위한 교육기관, 양성교육의 내용과 방법 등이 자주 연구 대상이 되고 있다. 이외에도 교원 자격제도, 임용제도, 현직교육, 교과교육, 수업능력 등이 주요 연구 대상이 되고 있다. 교원의 양성 및 발달과 관련된 이런 주요 연구 대상 외에도 교사상, 교사 활력화, 교사 효과성, 교직 수월성, 교사평가, 장학, 교사의 지위와 권리, 교권, 교직 애로, 교사와 학부모 관계, 교사수급, 학교장, 교원단체 등 다양한 주제들이 연구 대상으로 채택되고 있다.

교원교육학 분야 연구에서는 실증적 탐구나 사변적 분석에 의존하는 비교적 기초연구에 해당하는 연구도 이루어지고 있지만, 구체적인 문제 해결을 위한 방안 모색 차원의 연구들이 다수를 차지하고 있다. 교원의 양성 및 발달과 관련된 개선 방안을 모색하거나 정책 대안을 찾는 연구들이 큰 비중을 차지하고 있다.

2. 연구방법 측면[26]

---

26) 이일용(2002), 「한국 교육행정학의 동향과 과제: 연구방법 측면」, 『2002년도 한국교육행정학회 연차학술대회 발표집』, 152~160쪽의 내용을 인용함.

　교육행정학의 연구방법 측면에서의 연구동향을 살펴 본 선행 연구는 아직
까지 드문 실정이다. 따라서, 여기서는 한국 교육행정학 연구의 방법론적
분석을 위하여 이일용(2002)과 정진환 외(1993)의 연구 결과를 중심으로
살펴보기로 한다.

　이일용(2002)과 정진환 외(1993)는 한국교육행정학회의 학술지인『교육
행정학연구』에 실린 논문들을 분석대상으로 하였다.『교육행정학연구』는
1983년 창간호부터 2002년 현재까지 총 523편이 발간되었고, 발간된 논문들
을 5년 단위로 묶어 살펴보면 다음과 같다(<표 6> 참고).

<표 6> 연도별 분석대상 논문 수(단위: 편, %)

연도	1983-1985	1986-1990	1991-1995	1996-2000	2001-2002	계
편수	23 (4.4)	53 (10.1)	140 (26.8)	227 (43.4)	80 (15.3)	523 (100.0)

자료: 이일용. 앞의 논문, 153쪽.

가. 연도별 연구방법에 따른 논문 수

　『교육행정학연구』에 나타난 연도별 연구방법은 크게 서술 형태의 연구와
통계를 사용한 연구로 나누어 볼 수 있다. 서술형태의 연구는 380편으로
전체적으로 72.7%였고, 통계를 사용한 연구는 143편으로 27.3%였다. 서술
형태의 연구방법이 압도적으로 사용되고 있음을 알 수 있다.

<표 7> 연도별 연구방법에 따른 논문 수(단위: 편, %)

연구방법 \ 연도	1983-1985	1986-1990	1991-1995	1996-2000	2001-2002	계
서 술	20 (87.0)	38 (71.7)	95 (67.9)	168 (74.0)	59 (73.7)	380 (72.7)
통 계	3 (13.0)	15 (28.3)	45 (32.1)	59 (26.0)	21 (26.3)	143 (27.3)
계	23	53	140	227	80	523 (100.0)

자료: 이일용, 앞의 논문, 154쪽.

나. 연구영역별 연구방법

연구영역별로 서술적 연구 형태를 사용했느냐 또는 통계방법을 사용했는
가에 따라서 논문들을 구분하였다(<표 8> 참고).

총 523편의 논문 중 통계적 방법을 사용한 논문은 143편이었다. 통계방법을
많이 사용한 영역으로는 초중등교육(52.0%), 교육재정 및 경제(40.5%), 고등
교육(38.6%), 교육인사 및 교사교육(36.1%), 교육행정이론(32.2%), 학교경영
(30.3%) 등이 있는 것으로 나타났다.

한편, 서술식 연구방법을 동원한 논문은 380편이었다. 서술식 방법을 많이
사용한 연구영역으로는 교육법규(100.0%), 교육제도 및 조직(94.9%), 교육정
책 및 개혁(86.8%), 사회교육(83.3%), 장학행정(78.6%) 등이 있는 것으로
나타났다.

<표 8> 연구영역별 연구방법(단위: 편, %)

연구방법 연구영역	서 술	통 계	계
교육행정이론	42 (67.7)	20 (32.3)	62 (11.8)
교육제도 및 조직	56 (94.9)	3 (5.1)	59 (11.3)
교육인사 및 교사교육	39 (63.9)	22 (36.1)	61 (11.7)
교육재정 및 경제	22 (59.5)	15 (40.5)	37 (7.1)
장학행정	11 (78.6)	3 (21.4)	14 (2.7)
학교경영	46 (69.7)	20 (30.3)	66 (12.6)
교육정책 및 개혁	59 (86.8)	9 (13.2)	68 (13.0)
교육법규	25 (100.0)	0 (0.0)	25 (4.8)
초중등교육	12 (48.0)	13 (52.0)	25 (4.8)

고등교육	54 (61.4)	34 (38.6)	88 (16.8)
사회교육	5 (83.3)	1 (16.7)	6 (1.1)
기타	9 (75.0)	3 (25.0)	12 (2.3)
계	380 (72.7)	143 (27.3)	523 (100.0)

자료: 이일용, 앞의 논문, 155쪽.

다. 연도별 통계분석 방법의 적용 사례

통계방법을 이용한 총 143편의 논문 중에서 회귀분석이 40편(28%)으로 가장 많이 사용된 것으로 나타났고, 다음으로 퍼센트(%)가 22편(15.4%), x2가 20편(14.0%), 요인분석이 17편(11.8%), 변량분석이 16편(11.2%)으로 나타났다(<표 9> 참고).

<표 9> 연도별 통계분석 방법의 적용 사례(단위: 편, %)

통계종류 \ 연도	1983-1985	1986-1990	1991-1995	1996-2000	2001-2002	계
%		4 (26.7)	8 (17.8)	7 (11.9)	3 (14.3)	22 (15.4)
상관계수		2 (13.3)	2 (4.4)	2 (3.4)		6 (4.2)
x^2	2 (66.7)		4 (8.9)	12 (20.3)	2 (9.5)	20 (14.0)
t			2 (4.4)	3 (5.1)		5 (3.5)
ANOVA		3 (20.0)	4 (8.9)	5 (8.5)	4 (19.0)	16 (11.2)
Regression	1 (33.3)	4 (26.7)	14 (31.1)	15 (25.4)	6 (28.6)	40 (28.0)
Path analysis			3 (6.7)	5 (8.5)	1 (4.8)	9 (6.3)

Factor analysis			5 (11.1)	8 (13.6)	4 (19.0)	17 (11.8)
Discriminant analysis				1 (1.7)		1 (0.7)
투자수익률			2 (4.4)	1 (1.7)		3 (2.1)
생산함수		1 (6.7)				1 (0.7)
교육비차이도			1 (2.2)			1 (0.7)
Simulation		1 (6.7)			1 (4.8)	2 (1.4)
계	3	15	45	59	21	143 (100.0)

자료: 이일용, 앞의 논문, 158쪽.

연도별로는 1983~1985년도에는 x^2, 1986~1990년에는 퍼센트와 회귀분석, 1991~1995년, 1996~2000년, 2001~2002년에는 회귀분석이 가장 많이 사용되었다. 최근 들어 많이 사용이 늘고 있는 것으로는 요인분석을 들 수 있으며, 그 외에 판별분석, 생산함수, 교육비차이도, 시뮬레이션 기법 등이 일부 사용되고 있는 것으로 나타났다.

전체적으로 통계방법이 한 종류만이 아니라 여러 가지가 동시에 사용되는 경우가 대부분이었다. 여기에서는 주로 많이 사용한 한 가지를 대표방법으로 적용하여 분류하였다. 그러나 연구방법에서 통계를 사용하는 것이 단조롭게 적용되어 분석하려는 대상에 대한 정확한 그림을 그리는데 한계를 드러내고 있기도 하다. 일반적으로는 고차원의 통계방법을 적용한 경우 논문의 해독이 어렵고, 질문지를 이용한 간단한 통계방법 적용시의 논문에 대하여는 독자들이 인정하지 않으려는 경향도 있다. 연구의 방법에서 현상에 대한 올바른 이해와 통계방법의 적절한 적용 문제를 생각해 보아야 할 것이다.27)

---

27) 이일용, 앞의 논문, 157~158쪽.

라. 연도별 자료수집방법

<표 10> 연도별 자료수집 방법(단위: 편, %)

연도 자료수집	1983-1985	1986-1990	1991-1995	1996-2000	2001-2002	계
문헌	19 (82.6)	39 (73.6)	84 (60.0)	162 (71.4)	52 (65.0)	356 (68.1)
설문지	2 (8.7)	6 (11.3)	29 (20.7)	48 (21.1)	17 (21.3)	102 (19.5)
통계자료	1 (4.3)	8 (15.1)	22 (15.7)	12 (5.3)	8 (10.0)	51 (9.8)
면담	1 (4.3)		3 (2.1)	3 (1.3)	1 (1.3)	8 (1.5)
관찰			2 (1.4)	2 (0.9)	2 (2.5)	6 (1.1)
계	23	53	140	227	80	523

자료: 이일용, 앞의 논문, 159쪽.

자료수집을 위해서는 문헌자료를 이용한 논문이 356편(68.1%)으로 나타났고, 다음으로 설문지 이용이 102편(19.5%), 통계자료가 51편(9.5%), 면담이 8편(1.5%), 관찰이 6편(1.1%)로 나타났다(<표 10> 참고).

연도별로는 설문지 사용이 1983~1985년에 8.7%이던 것이 2001~2002년에는 21.3%로 증가하여 계속적으로 증가하는 추세에 있는 것으로 나타났다. 그러나 면담이나 관찰을 이용하는 방법은 아직까지 드문 것으로 나타났다.

마. 연도별 연구접근법

연구접근법으로는 다양한 방법들이 동원되고 있다. 정진환 외(1993)는 Castetter 외와 서정화의 연구접근법 분류를 종합하여 ① 역사적 연구, ② 법규적 연구, ③ 기술적 연구, ④ 실험연구, ⑤ 비교연구, ⑥ 사례연구, ⑦ 정책연구, ⑧ 현장연구로 그 기준을 설정하여 분석하였고,[28] 이일용(2002)은

---

28) 정진환 외, 앞의 논문, 309쪽.

① 역사적 연구, ② 법규적 연구, ③ 기술적 연구, ④ 실험적 연구, ⑤ 비교연구,
⑥ 사례연구, ⑦ 정책연구, ⑧ 평가연구, ⑨ 질적 연구로 분류하여 다음과
같이 분석하였다(<표 11> 참고).[29]

<표 11> 연도별 연구접근법(단위: 편, %)

연도 접근법	1983-1985	1986-1990	1991-1995	1996-2000	2001-2002	계
역사적 연구			1 (0.7)	1 (0.4)		2 (0.4)
법규적 연구			2 (1.4)	13 (5.7)	8 (10.0)	23 (4.4)
기술적 연구	16 (69.6)	37 (69.8)	84 (60.0)	133 (58.6)	37 (46.3)	307 (58.7)
실험적 연구	1 (4.3)	1 (1.9)	5 (3.6)			7 (1.3)
비교연구	1 (4.3)	1 (1.9)	2 (1.4)	8 (3.5)	6 (7.5)	18 (3.4)
사례연구		1 (1.9)	3 (2.1)	8 (3.5)	3 (3.7)	15 (2.9)
정책연구	5 (21.7)	13 (24.5)	31 (22.1)	46 (20.3)	19 (23.7)	114 (21.8)
평가연구			7 (5.0)	17 (7.5)	5 (6.3)	29 (5.5)
질적 연구			5 (3.6)	1 (0.4)	2 (2.5)	8 (1.5)
계	23	53	140	227	80	523

자료: 이일용, 앞의 논문, 160쪽.

<표 11>에서 보는 바와 같이 사용된 연구접근법 중에서 기술적 연구가
307편(58.7%)으로 가장 많은 것으로 나타났고, 다음으로 정책연구가 114편
(21.8%), 평가연구가 29편(5.5%), 법규적 연구가 23편(4.4%), 비교연구가 18편
(3.4%), 사례연구가 15편(2.9%)으로 나타났다. 따라서 『교육행정학연구』에

---

29) 이일용, 앞의 논문, 160쪽.

발표된 대부분의 논문이 기술적 연구에 의해 이루어졌음을 알 수 있다. 즉, 교육행정의 현상을 특정 변인을 조작하지 않고, 있는 그대로 기술하고 해석함으로써 결론이나 법칙을 도출해 내는 연구방법이 가장 많이 활용되었다고 할 수 있다.30)

한편, 1985년 이후에 들어서서는 정책연구도 계속 이루어졌음을 알 수 있는데, 이는 교육행정의 실제적인 방향을 제시하는 정책수립에 도움을 주기 위한 이론적 기초를 제공하고 효과적인 준거를 제시하기 위한 방안이나 대책을 수립하게 한다는 교육행정학의 실천적 성격으로 보아 당연한 결과라고 할 수 있다.31)

그러나 한국 교육행정학의 발전사에 비추어 볼 때 그 동안 이루어져온 교육행정의 실태에 대한 비판적 검토와 분석을 가하고, 지나간 특정한 시점에서의 교육행정 현상을 기술·분석함으로써 새로운 원리와 시사점을 추출할 수 있는 역사적 연구나 법규적 연구, 비교연구 등이 보다 활성화되어야 한다.32)

Ⅳ. 한국 교육행정학 연구의 발전과제

한국 교육행정학의 발전과제는 그동안 무수한 학자들이 나름대로의 방안을 내놓은 상태이기 때문에 그들이 해놓은 작업을 종합, 정리하는 것으로도 충분하리라 본다. 따라서 선행 연구에서 연구자들이 공통적으로 제시하고 있는 한국 교육행정학 연구의 발전과제를 정리하면 다음과 같다.

첫째, 한국 교육행정학 이론의 토착화 작업이 필요하다. 현재 한국적 상황에 적합한 고유한 교육행정학의 이론적 모형이 부족하며, 현실적인 제도와 정책문제들을 다루다 보니 이론 연구가 미미한 실정이다. 한국의 교육행정은 교육 내재적인 문제해결과 교육환경의 변화로부터 기인하는 교육행정의

---

30) 정진환 외, 앞의 논문, 324쪽.
31) 정진환 외, 앞의 논문, 325쪽.
32) 정진환 외, 앞의 논문, 325쪽.

<표 12> 선행연구에서 제시된 교육행정학 연구의 과제 또는 방향

제안자 연구과제 ·방향	이종재 (1987)	윤형원 (1985)	서정화 (1982)	강영삼 (1982)	김윤태 (87,85,82) (종합)	남정걸 (85,82)	김종철 (1981)
한국 교육행정학의 토착화·독자성	○ (통합)	○	○		○		○
이론 정립, 이론적 연구 강화	○						
교육의 본질·가치 고려(이론적-규범)	○ (교육적 의미)					○	
연구범위의 균형, 질 향상	○ (지도성)		○				
연구방법의 과학성·다양성			○				
인접 학문과의 협동적 연구		○		○		○	
이론과 실제의 연결	○		○	○			
교육행정가 양성과 전문화				○			○
연구인력 저변 확대, 역할 분담		○				○	
연구정보 교류·대학 간 협동		○			○	○	
학회의 연구활동 강화					○		
연구자의 자세		○					
과학적 관리론과 인간관계론의 조화						○	
사회과학·행동과학 교과목 개설						○	

자료: 주삼환, 앞의 논문, 52쪽.

과제로 인하여 교육행정의 기초이론에 대한 연구보다는 정책적 연구에 치중하였다는 특징을 보인다. 이는 여러 복합적인 요인이 작용하여 피할 수 없는 결과이기도 하였겠지만 한국 교육현장의 문제해결을 위해서 이제부터라도 우리의 풍토에 맞는 이론적인 접근에 노력을 기울여서 이론과 실제가 조화를 이루어야 할 때이다.

둘째, 현실문제를 해결할 수 있는 질 높은 연구가 필요하다. 현재 한국의 교육행정학 연구는 체계적인 실상연구가 부족한 상황에서 현실적 정책대안의 제시가 이루어지고 있다. 즉, 지금껏 한국의 교육행정학은 학문은 학문대로 정책은 정책대로 그 간격이 넓었다고 할 수 있다. 학자들에 의한 대부분의 논문은 선진국의 이론을 중심으로 연구하였기 때문에 우리의 현실에 적용하는 데는 한계가 있다. 정부에서는 정부의 의도와 학문을 연구하는 학자들의 견해가 달랐기 때문에 정부의 의도를 합리화하기 위하여 교육인적자원부는 정책과제를 만들어 학자들을 활용하는 형태로 이루어져 왔다. 최근 들어 이러한 경향이 점차 나아지고는 있지만 여전히 그 상황이 심각하다.

셋째, 학회 활동이 다각적으로 더욱 더 활성화되어야 한다. 지금 현재 교육행정학 관련 학회의 활동은 왕성하다고 평가할 수 있다. 그럼에도 불구하고 더욱더 발전을 하기 위해서는 학문 후속세대인 대학원 학생들의 학회참여가 지금보다 더 요구된다. 또한 학제 간, 국가 간 학술 교류 활동도 지금보다 더욱 활성화되어야 한다. 즉, 이제는 학제 간, 국가 간 교류활동을 통해 학문 연구의 질적 향상을 도모해야 할 때이다.

넷째, 한국 교육행정학 연구를 위한 데이터베이스 구축 작업이 필요하다. 현재 몇 개의 학회와 기관을 중심으로 홈페이지에 연구물들의 DB 작업이 진행 중이나 아직은 많이 부족하다. 그 동안 연구 전문인력이 절대적으로 부족하고 연구 여건이 열악한 가운데 많은 연구결과가 제시되었으나 연구 자체가 산만하게 이루어지고, 연구결과들이 축적되어 우리의 교육행정 현상을 잘 설명할 수 있는 토착 이론으로까지 진전되지 못하고 있는 실정이다. 외국의 경우처럼 완벽한 DB 작업이 이루어져서 자료수집이나 정보 활동에 쓸데없는 시간 낭비를 줄여야 할 때이다.

다섯째, 연구대상 및 영역의 확대 · 심화가 이루어져야 하고 연구방법의 다양화 · 정교화가 필요하다. 지금까지의 한국의 교육행정학 연구는 대상과 영역 등이 확대되었다고는 하나 몇 개의 부분에 집중되어 연구되고 있는 것이 사실이다. 앞으로는 연구의 내용과 넓이 및 깊이가 더욱 확대되어야 한다. 또한 양적 연구에 지나치게 의존하는 것을 벗어나 질적 접근을 병행하는 등 방법론에 대한 연구도 많이 이루어져서 명실공히 독자적인 연구방법론을 구축할 필요가 있다.

여섯째, 대학원 교육의 정비가 필요하다. 한국의 교육행정학이 향후 더욱 발전하기 위해서는 다음 학문세대를 이끌 교육행정학 전공자들에 대한 교육이 더욱 내실 있게 이루어져야 한다. 교수 충원이 더 대규모로 이루어져서 교수들의 학생지도를 더 알차게 만들어야 하며, 이것이 가능해져야 국외 학위 출신자 우대 풍토가 개선될 수 있을 것이다. 언제까지나 학자의 양성을 외국대학에 의존할 수는 없다.

끝으로, 이제부터는 한국 교육행정학 연구의 발전과제를 제시하는 차원에서 넘어서서 그러한 과제를 하나씩 해결해 나가는데 더욱 더 힘을 모아야 할 때이다.

참고문헌

강길수(1983), 「교육행정학의 개념」, 『교육행정학연구』 1(1), 5~18쪽.

교육개혁위원회(1998), 『한국교육개혁백서』, 서울: 교육개혁위원회.

교육50년사 편찬위원회(1998), 『교육 50년사: 1948~1998』, 서울: 교육부.

김영화 외(1999), 『생산적 복지와 교육의 역할 분석 연구』, 서울: 한국교육개발원.

김종철(1979), 「교육학의 과제와 전망: 교육행정학의 측면에서」, 『교육학연구』 17(2), 19~23쪽.

김종철(1982), 『교육행정의 이론과 실제』, 서울: 교육과학사.

김종철 · 이종재(1997), 『교육행정의 이론과 실제』, 서울: 교육과학사.

노종희(1987), 「교육행정학의 과제: 기본개념과 내용」, 『교육행정학연구』 5(1), 59~74쪽.

박재윤(1983), 「접근방법을 중심으로 본 한국교육행정학 연구의 동향」, 서울대 석사
　　　학위논문.

서울대학교 교육연구소 편(1998), 『교육학 대백과사전』, 서울: 하우동설.

서정화(1997), 「한국교육행정학회의 활동과 기여」, 『교육행정학연구』 15(3), 15~26쪽.

윤형원(1985), 「한국교육의 운영연구의 발전과 전망」, 『교육학연구』 23(3), 53~66쪽.

이종재(1987), 「교육행정학의 연구과제」, 『교육학연구』 25(2), 71~87쪽.

이종재 외(1996), 『교육행정연구법』(교육행정학 전문서 10), 서울: 도서출판 하우.

정진환 외(1993), 「한국교육학회 교육행정학연구회의 업적 분석」, 『교육행정학연
　　　구』 11(3), 303~332쪽.

조광제(1991), 「교육행정학연구의 발전과 주요 패러다임의 특성」, 『교육행정학연
　　　구』 8(2), 112~126쪽.

조광제(1991), 「박사학위논문에 나타난 교육행정학의 연구영역」, 『교육행정학연
　　　구』 9(1), 85~102쪽.

조점환(1984), 「교육행정학의 학문적 계보와 성격 고찰」, 『한성대학교 논문집』 8(1).

주삼환(1987), 「교육행정의 과제: 한국교육행정학의 연구방향」, 『교육행정학연구』
　　　5(1), 40~58쪽.

한국교육재정경제학회(1991~2002), 『교육재정경제학연구』.

한국교육행정학회(1983~2002), 『교육행정학연구』.

한국교육행정학회(2002), 「한국 교육행정학 연구의 반성과 발전방향 탐색」, 『2002년
　　　도 한국교육행정학회 연차학술대회 발표집』.

반세기 한국 敎育評價學의 歷史와 展望

姜相鎭

　우리나라의 교육평가학은 해방 이후 도입된 학문이다. 비록 우리나라가 반만년의 역사를 가진 나라이나, 삼국시대 이후 1910년 일제의 식민지가 되기 전까지 2000년간 우리나라는 경제사회적으론 봉건시대이며, 정치행정적으론 왕조시대로 일관한 역사를 가진 나라이다. 따라서 해방 이후 우리나라의 역사는 수많은 영역에서 그 이전의 역사와 단절을 경험하고 있다. 역사적 단절은 과거의 문화와 현재의 문화가 동시에 혼재하는 혼란을 초래하고, 사회 모든 영역에서 정체성의 위기를 불러온다. 교육평가학은 계량적이고 객관성을 강조하는 이미지가 강한 학문이다. 조선조 유교문화의 영향으로 學과 禮에 대한 가치가 가장 높은 사람들로 구성된 사회에 개인의 학업과 태도를 계량적으로 측정하고 객관적으로 평가한다는 오해 받을 학문이 해방 이후 도입된 것이다.

　이 연구는 우리나라에 교육평가학이 도입된 이후 현재까지 반세기 동안의 교육평가학의 변천과정을 학술사적으로 고찰하여, 교육평가학의 학문적 흐름를 정리하고 교육평가학의 과제를 제시하며 미래를 전망하려는 것이다. 나아가 작금의 한국 교육현실에 대한 교육평가학의 시대적 사명을 관련 학자들과 공유하려는 것이다. 교육의 과학화라는 기치아래 도입된 교육평가학은 양적으로 급속하게 발전을 하였으며, 일찍이 교육현장에서 실천되는 성과를 거두기도 하였다. 그러나 오랫동안 교육현장에 적용되는 과정에서 표출된 측정과 평가의 혼돈, 평가와 사회적 맥락에 대한 인식의 부족, 후학 양성을 위한 교육 프로그램의 부실로 인한 전문성의 한계 등으로 교육평가학은 많은 문제들을 교육현장에 양산하기도 하였다. 오늘날 교육평가학은 교육현장의 교사들이 배척하고, 대학원생과 일반 교육학자들이 배우기를 기피하는 학문적 이미지를 갖고 있기도 하다.

우리나라 교육학의 한 분야로서 교육평가학은 '평가'라는 용어를 사용하고 있으나, 학문으로서 지칭하는 교육평가학의 '평가'라는 용어와 일반적으로 사용하는 '평가'는 개념의 폭이 다르다. 이 연구에서 다루는 교육평가학은 학문 체계상 1) 연구방법, 2) 교육 및 심리측정, 3) 통계적 방법 그리고 4) 프로그램 및 기관평가의 네 가지 영역을 모두 포괄한다. 반세기 동안의 교육평가학의 변천과정을 효과적으로 고찰하기 위하여, 이 연구는 다음의 특징을 갖는다.

첫째, 내용의 편제는 도입기(1945~1960), 학문적 기반 구축기 (1961~ 1980), 도약기 (1981~1990), 전문화의 시대(1991~현재)로 나누었다. 시대의 구분은 한국교육학과 교육평가학의 역사에서 발견되는 중요한 사건과 학자들의 연구동향을 반영한 것이다.

둘째, 각 시대별 연구동향과 학문풍토에 의한 교육평가학의 이미지와 정체성을 서술하여, 교육평가학이 학문으로서 성장하는 과정을 기술하려고 하였다.

셋째, 저서와 학술지에 게재된 논문을 중심으로 검토하여, 교육평가학의 각 영역 중심으로 연구동향을 파악하려고 하였으나, 중요한 저서와 논문을 집필한 인물이 부각되는 경향도 배제하지 않았다.

Ⅰ. 교육평가학의 도입 (해방 이후~1960)

1. 학술사적 배경

1945년 해방 이후 1948년 미 군정기가 끝날 때까지 우리나라 교육에서 평가에 관한 구체적 변화는 발견되지 않는다. 미 군정기는 교육제도의 정비와 교육기관의 설립, 그리고 교원의 양성시기였다. 그럼에도 불구하고, 1948년 3월 31일 문교부에서 입안하여 아동의 중학교 입시에서 교과 위주의 시험을 폐지하고 지능검사와 신체검사만을 실시하여 학생을 선발한 사례가 있었다 (황정규, 1994)는 것은 매우 놀라운 사실이라고 할 수 있다. 정부수립은 8월 15일이고 당시는 미 군정기이므로 '문교부에서 입안'했다는 기록의 신빙성에 대하여 의심의 여지는 있으나 우리나라 교육에서 객관식 평가와 표준화 검사는 교육평가학에서 가장 최초로 도입된 분야라고 할 수 있다.

우리나라 교육평가학이 객관식 검사와 표준화 검사로 시작된 배경은 교육 평가학 분야의 학문 1세대에 속하는 학자들의 전공이 대부분 "교육·심리 검사"였다는 배경과 1952년 8월에서 1956년 6월까지의 제1차 '미국 교육사절 단'과 UNESCO-UNKRA의 '교육계획사절단'의 활동, 곧 이어 1956년 10월부 터 1962년 6월까지 제2차 '미국 교육사절단'인 죠지 피바디 사범대학 교수단 의 자문활동이 결정적 역할을 한 것으로 판단된다. 특히 제1차 교육사절단과 UNESCO-UNKRA의 교육계획사절단은 우리나라의 교육을 발전시키기 위 한 교육연구의 필요성을 강조하여 1953년 3월 9일 피난수도 부산의 영도에 있는 영선초등학교 교실 하나를 빌어, 문교부와 교육연합회(한국교총)가 공동으로 운영하는 중앙교육연구소가 설립하는 데 산파 역할을 하였다(손인 수, 1998). '중앙교육연구소'에는 1953년 설립 이후부터 1962년까지 미국의 교육사절단원들이 상주하면서 새로운 교육방법과 이론을 가르치고, 각종 연구활동 및 강습을 하였다. 미국의 교육사절단이 '중앙교육연구소'에 상주 하던 시절에 중앙교육연구소에서 교육평가를 전공으로 활동한 학자들로는 정범모, 김재은, 황응연, 김란수, 신세호, 정원식 등을 들 수 있으며, 동 연구소 에서 1953년부터 1972년까지 개발한 각종 표준화 검사는 29종 60개였다(김인 회, 1983, 114~115쪽). 표준화검사가 교육평가에서 부각된 또 다른 배경은 1952년부터 서울대학교 사범대에서 강의를 시작하고 54년에 전임으로 부임 한 정범모 교수가 같은 해에 '교육심리연구실'을 세우고, 교육평가 연구를 수행하며 후학을 양성한 것이 계기가 되었다고 할 수 있다.

한편 교육평가학의 토양적 조건은 대학의 교육과정에서도 형성되기 시작하였다. 한 학문이 맥을 잇기 위한 최종적인 조건은 대학에서 관련 전공의 교과목이 개설되고 운영되어야 한다. 즉, 후학이 양성되어야 한다는 것이다. 우리나라의 교육학과는 1946년 7월 13일 미군정의 국립종합대학설치안이 제기된 이후, 국대안 반대운동으로 우여곡절을 겪은 끝에 1947년 9월에 서울대학교 사범대학에서 첫 입학생을 받은 것으로 시작된다(서울대학교 사범대학 교육학과 50년사 편찬위원회, 1997). 연세대는 1946년 8월 15일 미군정청의 인가를 받고 교육학과의 설치가 이루어졌으나, 실제로 입학생을 받은 해는 1950년이었다(연세대학교 교육학과 50주년 기념행사 준비위원회, 2000). 고려대학교는 1959년에 교육심리학과로 설치되어 교육학 전공과 심리학 전공으로 나누어져 있다가, 1962년 12월에 각각 독립하였다. 한편 이화여대는 1945년 해방 직후 교육과를 포함한 종합대학을 발족하고 9월에 신입생을 받았으며, 46년 8월 15일에 문교부의 인가를 받았다(정충량, 1967). 따라서 해방 이후 교육학의 발전을 추구하고 주도한 곳은 서울대 교육학과이나, 최초의 교육학과는 서울대가 아닌 이화여대에서 시작한 것이다. 중요한 점은 교육학과의 설치가 해방 이후 바로 기획되었다는 점이다. 교육학과는 해방 직후 설립되었으나, 교육평가학이 가르쳐진 시기는 일정치 않다. 해방 이전에 이화여전에서 3년 과정으로 운영되던 보육과의 교육과정에는 교육학, 교육사, 아동심리학 등의 과목은 있었으나, 교육평가와 관련된 교과목은 없었다. 그리고 1947년 서울대 교육학과의 교육과정에는 '교육측정법'이 1, 2학기 모두에 포함되어 이때 이미 강의가 시작되었을 수도 있다. 보다 확실한 것은 1952년 미국 유학을 마치고 귀국한 정범모 교수가 서울대에서 강의를 시작한 때이다. 또한 1955년에는 '교육통계', '교육평가', '정신측정' 그리고 '교육연구법'등이 교육과, 교육심리과, 그리고 교육행정과의 교육과정에 포함된 것으로 나타나고 있다(서울대학교 사범대학 교육학과 50년사 편찬위원회, 1997). 정범모 교수도 1952년에 '교육평가', '교육통계' 그리고

'교육과정'을 강의하기 시작하였다고 회고하고 있다(정범모, 1994). 연세대학교의 경우는 교육평가학에 관한 과목들이 초기엔 없었으나 정범모 교수(1959~1962), 김재은 교수(1960~1961)가 강사로 출강하여 교육평가분야를 강의하고, 전임으로는 1960년에 부임한 김란수 교수가 교육측정, 교육평가, 조사연구 분야를 1970년 중반까지 강의하였다(연세대학교 교육학과 50주년 기념행사 준비위원회, 2000). 따라서 교육평가학 전공 교수를 확보한 해는 1954년(서울대), 1959년(이대), 1960년(연세대)라고 할 수 있다.

2. 학술활동 내용

1) 일반 학술활동 내용

정범모 교수는 53년부터 『교육주보』에 '교육개혁을 위한 나의 수상'을 연재하고, 56년에 자신의 교육수필을 엮은 『항변의 장』이란 단행본을 발간하였으며, 57년 9월호부터 『새교육』에 교육평가방법의 이론에서부터 문항작성에 이르기까지 실제적인 측정방법을 교양강좌 형식으로 연재하였다. 또한 전용신, 김재은, 전중철, 민윤기 등도 『교육자료』지에 1958년 2월호부터 다음해 6월호까지 학력검사 문항제작의 기술문제를 연재하였다(황응연 외, 1973; 이성진, 1994). 따라서 초기의 국내학자들에 의한 교육평가학은 서울대 사범대학의 '교육심리연구실'과 '중앙교육연구소'에서 교육을 받은 학자들이 주도한 다양한 검사개발이 주류를 이루었다고 할 수 있다. 동시에 지방의 교육연구소에서도 학력측정에 관한 연구를 수행한 것으로 보고되고 있다. 그 예로 이미 1950년부터 중학교 입시를 교사제작 객관식 검사로 공동출제하고, 대학입시에서도 주로 객관식 방법에 의한 전형이 시작되었다. 그리고 1953년에 학생들을 대상으로 한 최초의 지능검사가 2종이나 개발된 것이다 (황정규, 1994).[1] 정범모는 중고등학생용 '간편지능검사'를, '중앙교육연구

---

1) 최초의 지능검사는 고순덕 · 이진숙(1950)의 군인을 위한 '장정용 집단지능검사'로 알려져 있다.

소'의 연구원이었던 김해옥과 김란수는 초등학교 저학년용 '지능 성숙검사'를 개발하였다. 6·25전쟁이 끝나는 해에 표준화 검사가 개발되었다는 것은 당시의 검사개발 열정을 짐작케 한다. 이러한 사실들은 저자들이 의도를 하였던, 안하였던 한국의 교육평가는 검사개발을 중심으로 교육계에 알려졌다고 할 수 있다. 즉, 교육의 과학화란 맥락에서 교육평가의 과학화란 곧 시험의 객관화이며, 이는 객관식 시험을 개발하고 활용하는 것이 곧 과학화라는 이미지를 학계와 일반에 제공하였다.

서울사대 교육학과를 중심으로 한 학자들은 검사개발과 더불어, 후학 양성을 위한 교재의 집필에도 열정적이었다. 후학의 양성을 위하여 50년대에 집필된 교육평가학 분야 저서들의 윤곽은 다음과 같다.

정범모(1955), 『敎育評價』, 서울: 풍국학원
정범모(1956), 『敎育心理·統計的 方法』, 서울: 풍국학원
김용기(1957), 『敎育評價』, 서울: 고려출판사
김재은(1959), 『初級敎育統計法』, 서울: 배영사
정범모·전용신·김기석·김호권·김재은(1960), 『敎育評價』, 서울: 대한교육시보사.

즉, 우리나라 교육평가학에서 최초의 저술은 정범모 교수에 의하여 이루어진 것이다. 또한 이 당시에 서울대에서 수행된 높은 수준의 학술연구들은 교육측정분야라고 보고되고 있다(황응연 외, 1973).

황응연(1954), 「T.A.T.에 의한 청년기 학생의 일반적 특성, 욕구 및 불만에 관한 연구」, 『서울대 사대 학보』, 1954.7.
김재은(1957), 「多要因 精神檢査의 豫備的 一研究」, 서울대 석사학위논문.
황정규(1959), 「適性檢査의 要因的 構造에 관한 研究」, 서울대 석사학위논문.
박붕배(1960), 「國語 敎育評價 中에서 學力測定의 研究」, 성균관대 석사학위논문.

위에 인용된 교육평가학 분야의 학술논문들이 모두 적성검사 인성검사,

그리고 학력검사의 개발에 기초가 되는 연구들인 것처럼, 객관식 검사와
표준화 검사는 당시에 교육평가학을 전공하는 학자들의 주 관심사였다고
할 수 있다. 이러한 경향은 학교와 교육계에 검사개발을 주제로 교육평가를
알리는 활동에서도 잘 나타난다.

2) 학회 학술활동 내용

해방 이후 1960년 사이에 우리나라 교육학계에 큰 기초공사가 이루어졌다
면 '한국교육학회'의 설립이라고 할 수 있다. 해방과 더불어 미군정기를
거친 교육학자들은 1952년 12월 발기위원회를 구성하고, 53년 4월 4일 피난지
부산에서 서울대학교 사범대학 강당에서 창립총회를 열고 정식 발족을 하였
다. 창립총회의 기념강연은 임한영 교수가 하였으며, 서울대 사대 학장이었던
김기석 교수가 제1대 회장으로 취임하였고, 창립회원수는 47명이었고, 학회
사무실은 그해 3월에 설립한 '중앙교육연구소'에서 공간을 마련하였다(한국
교육학회, 1973). 당시의 학자들의 학문 열정은 대단한 것이어서 아직 학회지
발간도 못하는 실정이었으나, 월례발표회를 운영하여 학자들 사이의 연구를
지원하고 자극하는 기능을 하였다. 1953년 창립총회때 임한영 박사의 'John
Dewey의 생애와 그의 교육사상'이란 제목으로 강연이 이루어진 이래 1954년
10월 18일부터 1967년 9월까지 총 100회의 월례발표회가 개최되었다(한국교
육학회, 1973). 이 중에서 1953년 1회 발표 이후 1960년 12월 10일까지는
총 51회의 학술발표회가 있었으며, 토론회나 국제행사 참가보고를 제외한
학술발표는 68편이 있었고, 그 중에서 교육평가학 분야로 분류될 수 있는
연구발표는 다음과 같다.

<표 1> 한국교육학회 월례발표회 교육평가분야 발표논문(1953~1960)

발표회 일자	발표 논문명	발표자
제4회 (1955.9)	국민학교용 지능검사의 표준화	김란수, 김해옥
제5회 (1955.11.5)	대학전형방법에 관하여	오기형
제8회 (1956.3.21)	서울 사범학생의 지능상태	장근호

제9회	(1956.4.21)	중학교 국어과 교육목표 달성도 평가	김호권
		중학교 영어과 교육목표 달성도 평가	강경애
제10회	(1956.5.12)	기수사칙계산의 상대적 곤란도 및 오진	정원식
제20회	(1957.5.18)	Testing and Evaluation of Children	Kesely
제23회	(1957.9.14)	학업성취의 결정요인에 관한 일 고찰	김기석
제35회	(1958.12.13)	학력측정에 관한 일 연구	전용신
제38회	(1959.4.11)	입시학력의 예언적 타당도	김동연
제44회	(1959.12.19)	국민학교 5·6학년 학력검사 결과처리보고	전용신
제46회	(1960.3.19)	적성검사의 요인구조에 관한 연구	황정규

출처: 韓國敎育學會(1973), 『韓國敎育學會 20年史』, 韓國敎育學會.

이상 12편의 논문이 발표되었다. 68편의 논문 중에서 1/6 이상이 교육평가 분야였으나, 같은 기간에 발표된 다른 분야와 상대적 비교를 하면, 교육철학 분야와 더불어 가장 많은 발표를 한 셈이다. 교육학의 도입기에 검사개발을 중심으로 한 교육평가 분야는 한국 교육학의 주류를 이루었다는 표현(김인회, 1983)에서도 당시에 교육평가 분야 학자들의 활동은 매우 활발하였던 것으로 판단된다. 이 당시에 교육평가 분야에서 검사개발 이외에 주목할 만한 연구는 대학입학전형에 관한 연구를 들 수 있다. 이 시기에도 학교교육의 정상화와 대학입시는 중요한 사회적 주제였으며 객관식 시험 위주의 학생평가와 선발 방법은 중학교입시부터 대학입시에 이르기까지 예외 없이 적용되었다. 우리 나라의 대학입시에 대하여 체계적으로 연구하고, 제도의 변화를 추구한 경우는 연세대 오기형 교수의 연구가 효시이다. 1953년에 연세대학교 교육학 과 전임으로 부임한 오기형 교수는 수학과의 장기원 교수와 더불어 고교학생 부 성적과 대학입학 이후의 학업성적의 관계를 고교간 회귀분석모형과 고교 내 회귀분석모형을 개발하여 설명하고, 학생부 성적만으로 학생을 선발하는 기준을 개발하였다. 동시에 단 1회에 의존하는 지필검사에 의존하지 않고 고교 3년의 학업수행을 자료로 학생을 선발하는 제도를 1955년에 연세대학교 입학전형에 도입하는 쾌거를 성취하였다. 연세대는 1955년 첫 해에는 학생부 와 간편 지필검사를 병행하였으나, 1956년부터 1960년까지는 고교 학생부 성적만을 사용하는 무시험 전형으로 학생을 선발하였다. 이는 당시의 방송과 신문에 크게 보도되었다(연세대학교 백년사 편찬위원회, 1985; 연세 교육학 50년 기념사업 위원회, 2000). 오기형 교수는 단순히 연세대 입학전형에 대한 연구를 수행한 것이 아니고 우리나라 중등교육의 정상화를 위한 노력의 일환으로 이 연구를 수행하였음을 강조하고 있다. 1955년은 국내 교육학계에 통계적 방법에 관한 우리말 저서가 단 1권도 없던 시절이다. 이 시기에 회귀분석을 이용하여 연구를 수행한 오기형 교수와 장기원 교수의 연구 열정은 모든 이의 귀감이 될 만하다.

II. 학문적 기반의 구축기 (1961~1980)

1. 학술사적 배경

교육평가학이 객관식 검사와 표준화 검사 개발로 도입된 이후, 1960년대에 이르러, 한국 교육학과 교육평가학은 많은 발전적 변화를 겪게 된다. 첫째는 교육연구를 위한 기관 설립이 이루어졌고, 둘째는 다양한 저술활동과 간행물의 발간이 이루어졌다. 셋째는 학회의 전공별 분화가 이루어져 분과연구회가 발족하기 시작한 것이다.

이 시기에 기관 설립은 전쟁 이후 사회가 안정을 찾으면서 교육학 관련 활동이 양적으로 팽창하는 시기였다고 할 수 있다. 1953년에 개원한 '중앙교육연구소'가 많은 활동을 하고 73년에 폐쇄되지만, '중앙교육연구소'의 연구 기능은 1972년에 한국교육개발원의 설립으로 확장되었다. 1968년에는 서울대 정범모 교수와 이성진 교수를 주축으로 한,'한국행동과학연구소'가 창설되었다. '행동과학연구소'의 연구분야는 1) 사회개발, 2) 조직개발, 3) 학습개발, 4) 검사개발, 5) 아동발달, 6)독서행동, 7) 마케팅, 8) 상담, 9) 인력개발 등이며 각 분야별 연구부서 체제를 갖추고 있었다. 이 시기에 영리단체이긴 하지만 '코리안 테스팅 센터'가 설립되어 표준화 검사의 보급을 상업적 관점에서 주도하였다.

1965년에는 서울대학교에 교육대학원이 설립되고, 1967년부터 연세대, 고려대, 이화여대 등에도 교육대학원이 설립되어 교육학 분야에 석사학위 논문이 많이 발표된 것도 이 시기에 있었던 변화이다. 1970년 현재 인문계와 사범계에 설치된 교육학과 수는 전국에 14개였고 재적 학생수는 1,692명이나, 1980년에 이르러 교육학과 수는 31개, 재적학생수는 2911명이었다(『교육통계연보』, 1962~1980). 1960년대는 또한 각 대학에서 논문집을 발간하는 활동을 시작한 시기이기도 하다.

이 시기에 학회 차원에서 발생한 중요한 변화는 1963년에 교육학회지의 발간이 시작되었고, 1964년부터 '한국 교육사·교육철학 연구회'가 조직되어 교육학 분과연구회가 발족하기 시작한 것이다. 한국교육학회는 1967년 정범모 교수가 회장(1966~1968: 14, 15대)을 역임할 당시에 회칙을 개정하여 당시에 이미 독립적으로 활동하던 전공별 학회를 한국교육학회 산하의 분과연구회로 발족시켰다. 이때 7개 분과연구회와 9개 지회가 설립되었으나, '교육평가 분과연구회'는 설립되지 않았다. '교육평가 분과연구회'가 설립된 것은 이보다 16년 뒤인 1983년이다. 따라서 교육평가학 분야의 학술논문들이 학자들을 대상으로 발표될 수 있는 주요 전문 학술지는 『교육학회지』였다고 할 수 있다.

2. 학술활동의 내용

1) 일반 학술활동 내용

이 당시 교육평가학 분야에 속한다고 볼 수 있는 학문 활동의 양상을 엿볼 수 있는 학술저서를 국회도서관, KERIS 등의 문헌목록에 등재된 단행본과, 기타 선행 연구에서 보고된 단행본 문헌들을 포함하여 종합적으로 조사해 보면 그 윤곽은 다음과 같다.

<표 2>의 학술저서 현황은 1960년까지의 도입기에 비하여 다양한 저서가 집필되어, 교육평가학에 대한 체계적인 정립이 시도되었음을 알려준다. 그러

<표 2> 1961~1980 기간에 출판된 교육평가학 분야 학술저서(단행본) 현황

교육평가(일반) 및 측정	교육·심리 검사	연구방법론	교육통계
59	10	9	10

자료출처: KERIS, 국회전자도서관, 韓國敎育學會(1973), 『韓國敎育學 硏究史』; 韓國敎育學會(1973), 『韓國敎育學會 20年史』.

나 저서의 내용을 살펴보면 교육평가학은 교직과와 교육학과에서 개설하는 교육평가 교과목을 위한 교재, 그리고 문항 및 검사개발을 위주로 한 교재 및 학술저서가 측정분야의 대부분이었으며, 근 20년 동안 통계적 방법이나 연구방법에 대한 저서는 흔치 않았다. 또한 대부분의 저서들은 내용의 폭과 깊이가 매우 유사한 것이었다. 즉, 학문적으로 전문화되는 방향으로 발전하는 경향보다는 동일한 내용의 저서가 다양한 출판사에서 반복하여 출판하는 관행이 역력하다고 할 수 있다.

교육평가학의 연구동향을 더 자세히 살펴볼 수 있는 방법은 학자들의 단행본 저술과 각종 연구소와 기관에서 발행하는 정기간행물에 수록된 논문들을 주제와 출판유형별로 분류하는 작업이다. 1960년대와 70년대에 발간된 저서와 보고서, 그리고 정기간행물을 색인한 연구물은 중앙대학교에서 발간한 『한국교육목록』, 국회도서관의 기사색인, 문교부의 연구보고서 종합색인, 각 시도 교육위원회와 교육연구원에서 발간한 보고서, 그리고 '중앙교육연구소'에서 발간한 『교육논저종합색인』 등을 생각할 수 있다. 특히 '중앙교육연구소'의 『교육논저종합색인』은 연구물을 십진분류표에 따라 정리하였으므로 이해가 용이하다고 할 수 있다.

다음의 <표 3>은 당시의 연구물을 주제, 단행본, 논문, 학위논문으로 분류한 것이다. <표 3>의 내용을 이해하는 데 한 가지 유의할 점은 논문으로 분류된 대다수의 연구들은 전문적 학술논문이라기 보다는 4~6쪽 분량의 논고이거나, 학력에 대한 조사결과 요약, 전문적 개념에 대한 설명 등 현직교사를 대상으로 한 연구들이 상당수 포함되어 있다는 것이다. 특히 정기간행물에 실린 내용들이 그러하다. 논문으로서 경험적 결과분석을 포함하는 전문적

<표 3> 1960~1978년 교육평가 관련 연구현황

1. 교육평가일반				2. 학력평가연구개선			
연도	논문	단행본	학위논문	연도	논문	단행본	학위논문
1960-69	14	5	0	1960-69	38	3	3
1970-78	28	10	3	1970-78	76	0	8
계	42	15	3	계	114	3	11
비고	연도 비보고 없음			비고	연도 비보고 논문4편		
3. 학력검사결과분석				4. 표준화검사			
연도	논문	단행본	학위논문	연도	논문	단행본	학위논문
1960-69	32	3	0	1960-69	19	1	2
1970-78	28	0	0	1970-78	13	0	0
계	60	3	0	계	32	1	2
비고	연도 비보고 단행본1권			비고	연도 비보고 논문2편		
5. 행동발달평가				6. 절대기준평가			
연도	논문	단행본	학위논문	연도	논문	단행본	학위논문
1960-69	5	1	0	1960-69	1	0	0
1970-78	9	1	3	1970-78	13	1	2
계	14	2	3	계	14	1	2
비고	연도 비보고 없음			비고	연도 비보고 없음		
7. 문항작성법				8. 교육통계			
연도	논문	단행본	학위논문	연도	논문	단행본	학위논문
1960-69	7	0	0	1960-69	4	6	0
1970-78	6	0	1	1970-78	2	4	0
계	13	0	1	계	6	10	0
비고	연도 비보고 없음			비고	연도 비보고 없음		
9. 성적통지표				10. 학력책임제			
연도	논문	단행본	학위논문	연도	논문	단행본	학위논문
1960-69	3	0	0	1960-69	0	0	0
1970-78	6	0	0	1970-78	6	0	0
계	9	0	0	계	6	0	0
비고	연도 비보고 논문2편			비고	연도 비보고 없음		
11. 대학입시				12. 입시와 성적			
연도	논문	단행본	학위논문	연도	논문	단행본	학위논문
1960-69	12	1	2	1960-69	22	1	0
1970-78	20	0	6	1970-78	20	0	3
합계	32	1	8	합계	42	1	3
비고	연도 비보고 없음			비고	연도 비보고 논문1편		

출처: 中央敎育硏究院(1979), 『敎育論著 綜合索引: 國內篇』, 中央敎育硏究院.

인 교육평가연구물은 연구소에서 발간하는 보고서이거나, 학위논문이라고 할 수 있다. 그럼에도 위의 표는 당시의 연구동향에 대하여 비교적 상세한 정보를 제공한다. 특히 위의 분류에서 큰 흐름을 찾는다면, 첫째, 교육평가 일반 분야에 속한 다양한 정기간행물에 실린 논고들과 단행본 저술활동, 둘째, 학력평가 및 검사, 문항작성법, 표준화 검사, 그리고 행동발달 평가에 나타난 객관식 및 표준화 검사개발과 이에 대한 배경 지식 홍보활동, 셋째, 대학입시와 중등학교 입시에 관한 연구, 그리고 끝으로 이 시기에 새로운 연구동향이라고 할 수 있는 절대기준 평가와 학력책임제 경향을 파악할 수 있다. 그 외에 성적통지표나 교육통계는 중요한 위치를 차지한 영역이 아니었다.

2) 학회 학술활동 내용

해방 이후 1953년에 한국교육학회가 부산에서 설립되었으나, 근 10년간 한국교육학회는 학술지를 발간하지 못하고, 월례발표회를 운영하여 학지들 간의 학문활동을 자극하고 배우는 수준이었다. 1963년 7월 한국교육학회는 처음으로『교육학회지』라는 학술지를 발간하였다.『교육학회지』(이하 교육학연구)는 제5권 1호부터 현재의『교육학연구』라는 이름으로 개명되었다.『교육학연구』는 창간호부터 매년 1권씩 간행되었으나, 1967년부터는 계간으로, 70년대는 연 2회 간행하였다.

이 시기에 한국교육평가학회는 설립되지 않았으나, 1963년 창간호부터 1970년까지, 그리고 1970년부터 1980년까지『교육학연구』에 게재된 논문들 중에서 교육평가학 분야의 논문들을 추려보면 다음과 같다.

<표 4>『교육학연구』에 게재된 교육평가학 분야 논문(1963~1970)

창간호(1963)
황정규,「적성검사의 요인구조에 관한 연구」, 2~18쪽.
김태련,「Picture-Frustration Test에 의한 정상청년과 부적응 청년과의 비교연구」, 19~29쪽.

윤희준, 「국민학교 교사의 직업성과의 예언요인에 관한 일 상관연구」, 110~121
    쪽.

제4호(1966.10)

장석우, 「출제방법이 학습효과에 미치는 영향에 관한 실험적 연구」, 31~45쪽.

제5권 2호(1967.10)

박도순, 「대학입학시험의 대학 학업성적 예언 타당도에 관한 비교연구」, 59~66쪽.

정원식, 「연구보고서 작성요강」, 77~83쪽.

제6권 1호(1968)

정원식·김순택, 「심리검사에 있어서의 반응양식」, 35~41쪽.

제7권 2호(1969.9)

김순택, 「반응양식이 성격검사 결과에 미치는 영향」, 60~73쪽.

출처: 韓國敎育學會(1973), 『韓國敎育學會20年史』, 서울: 天風印刷 株式會社.

10년 동안 총 13회 발간되고, 100편의 논문을 게재한 『교육학연구』에
교육평가 분야의 논문은 단지 8편에 불과하였다. 교육평가 분야는 후하게
계산해도 1년에 한 편 정도 발표된 셈이다. 또한 그 중에서도 심리검사가
5편(56%)를 차지하고 있다. 특히 정범모 교수를 비롯한 중요한 저술작업을
수행한 학자들의 논문이 학술지에 없는 것은 당시의 교육평가 분야의 연구풍
토가 학술지 중심이 아니었거나, 적어도 학술지에 대한 학자들의 관심이
높지 않았다고 판단된다. 반면에 교육철학 분야의 논문들은 상대적으로
많아서 교육평가 분야와 대비된다.

1970년대에 이르러서도 교육평가학 분야의 연구경향은 뚜렷한 변화가
나타나지 않는 것을 다음의 <표 5>는 보여준다.

<표 5> 『교육학연구』에 게재된 교육평가학 분야 논문(1971~1980)

제9권 2호(1971.10)

강상조, 「검사의 시간제한 및 speed와 power양에 따른 신뢰도의 가변성에 관한
    연구」, 54~64쪽.

제11권 1호(1973.5)

Jordan, J. J. · Horn, H. · 김영채, 「단면이론적 접근방법을 통한 태도의 연구」,
    26~36쪽.

정우현, 「Strong식 직업흥미 검사의 문화 · 지역적 비교연구」, 79~106쪽.

제11권 2호(1973.10)

김호권, 「학교 평준화와 교육효과: 교수 · 학습 과정의 측면에서」, 18~24쪽.

제13권 2호(1975.9)

임인재, 「아동용 성격검사의 제작과 요인구조의 분석」, 40~53쪽.

제14권 1호(1976.4)

황정규 · 이정애, 「아동의 언어발달에 미치는 변인의 인과분석: 회로분석의 시도
    (path analysis)」, 19~29쪽.

변홍규, 「A methodological analysis of ecological approach to human behavior」,
    98~112쪽.

제14권 3호(1976.10)

강봉규, 「Rorschach Test에 있어서 지능 및 성격에 따른 운동반응의 경향」, 38~48쪽.

제15권 2호(1977.10)

강봉규, 「Bender-Gestalt Test에 의한 정서 불안정아의 반응경향」, 27~41쪽.

제16권 2호(1978.10)

강봉규, 「Rorschach Test 에 의한 정서 불안정아의 반응경향」, 50~60쪽.

제17권 1호(1979.9)

이은해, 「학교준비도 검사 표준화를 위한 조사연구」, 49~60쪽.

제17권 2호(1979.10)

강봉규, 「Sociometric Test 결과와 Rorschach 반응과의 관계」, 53~64쪽.

출처: 韓國敎育學會(1993), 『교육탐구의 세월: 韓國敎育學會 40年史』, 韓國敎育
    學會.

10년 동안 『교육학연구』는 23회 발간되었으며, 총 199편의 논문을 게재하
였다. 따라서 학술지에 게재된 논문은 양적으로 두배로 늘었으나, 이 중에서
교육평가 분야라고 판단되는 논문은 불과 12편에 불과하며, 그 중에서도
검사와 직접적으로 관련된 논문이 8편(75%)을 차지하여, 교육평가 분야의
학술논문의 주류가 학력검사와 심리검사에 관한 것임을 알 수 있다. 다만
검사유형과 분석방법의 다양성이 감지되는 수준이다. 이러한 교육평가 분야
의 학술논문 활동은 1960년대와 큰 차이가 없었다고 할 수 있으니, 사실상

해방 이후 1980년까지 교육평가학의 정체성은 교육·심리검사에 관련된
이론적 경험적 활동에 기초한 셈이다.

『교육학연구』 이외의 학술지로서 교육평가학 분야의 논문을 게재한 학술
지들로는『수학교육』(수학교육학회),『국어교육』(한국국어교육학회),『한
국심리학회지: 임상』(한국심리학회),『한국심리학회지: 일반』(한국심리학
회) 등이 발견된다. 각 학술지에 게재된 논문의 제목은 다음과 같다.

<표 6>『교육학연구』 이외의 학술지에 게재된 교육평가학 분야 논문

김현용(1963),「국민학교 국어과 학습평가에 관한 고찰(페이퍼 테스트의 신뢰성
　　검토)」,『새국어교육』, 한국국어교육학회, 3~4쪽.

김노현(1966),「학습평가: 국어과 성적평가에 있어서의 선택형 평가와 서답형
　　평가의 비교연구」,『국어교육』, 한국국어교육연구회, 111~124쪽.

신규철(1966),「학습평가: 문장종류에 따른 이상적인 평가방안」,『국어교육』, 한국
　　국어교육연구회, 125~142쪽.

김한배(1963),「산수과 학습평가에 관한 고찰」,『수학교육』, 한국수학교육학회,
　　33~37쪽.

조대경(1967),「임상심리진단에 있어서의 관찰과 검사」,『한국심리학회지: 임상』,
　　한국심리학회, 9~13쪽.

원호택·원호식(1967),「헛트 개정판 B-G 검사에 나타난 행동화 집단(Acting-out
　　Group)의 특성들 - 헛트 개정판 B-G 검사의 타당도 연구」,『한국심리학회지:
　　임상』, 한국심리학회, 21~25쪽.

전용신(1968),「주제논문: 한국검사들의 문제점」,『한국심리학회지: 일반』, 한국심
　　리학회, 1~4쪽.

원호택(1969),「KAPS 검사제작에 관한 연구」,『한국심리학회지: 임상』, 3~10쪽.

원호식(1969),「사회병질적 성격형성의 역동적 요인연구 - 검둥이 검사의 실험적
　　사용을 통하여」,『한국심리학회지: 임상』, 11~19쪽.

염태호(1969),「로-르샤하 검사의 자극가에 관한 연구 - 정상인과 정신분열증 환자
　　를 중심으로」,『한국심리학회지: 임상』, 25~40쪽.

변창진(1969),「자기이행의 개선에 영향 미치는 검사결과의 통지방법」,『69 학술발
　　표초록』, 한국심리학회, 5~6쪽.

출처: KISS

위의 <표 6>에서 알 수 있는 것은 당시에 검사개발에 대한 관심이 교과교육학 분야와 심리학회에서도 상당히 강조되고 있었음을 보여준다. 특히 한국심리학회는 검사의 전공분야에 따라 검사의 활용이 요구되고, 또한 교육분야가 인지적 특성을 위주로 검사개발을 주도한다면, 심리학회에서 다루는 검사들은 성격검사, 행동진단 검사 등 정의적 특성의 검사에 집중됨을 알 수 있다.

III. 새로운 도전과 도약 (1981~1990)

1. 학술사적 배경

우리나라에서 교육평가학이 도약을 하게된 시기는 1980년대라고 할 수 있다. 이 시기에 중요한 변화는 한국교육학회내에 교육평가연구회가 1983년에 발족되었고, 1986년에는 『교육평가연구』가 교육평가 분야의 전문 학술지로서 창간을 하게 되었다. 따라서 1980년대에 이르러 1) 학자들의 학회가 조직되고 활성화 되었으며, 2) 학술지가 발간되었고, 3) 다양한 교재의 출판으로 전공 교과목들이 대학원에 개설되어 후학을 양성하는 체제를 갖춤으로서 교육평가학은 학문으로서 국내에 존립할 수 있는 모든 여건을 갖추었다고 할 수 있다. 학회가 구성되고 전문 학술지가 발간되었다는 것은 교육평가학의 학술사에서 가장 큰 역사적 사건이라고 할 수 있다. 이 시기의 또 다른 특징은 학자들의 연구활동이 검사개발에 국한되지 않고, 측정·평가의 기초학인 고전검사 이론, 일반화 가능도 이론, 그리고 문항반응이론 등에 대한 학술논문과 저서가 국내에서 이루어졌다는 것이다. 또한 그동안 교육평가학의 내용은 학생 개인의 인지적, 정의적 특성을 측정하고 평가하는 데 주력하였던데 반하여, 이 시기에는 수업평가와 프로그램 평가, 메타평가의 방법들이 단행본의 수준으로 발간되었다. 따라서 1980년대는 학문적으로 교육평가학이 새로운 단계로 도약하는 시기이며, 그 동안 검사개발 위주의 학문풍토에서 측정·평가·통계적 방법·프로그램 평가 등으로 학문적 분화가 시작되는 개척기이기도 하였다.

한국 교육학의 발전과 긴밀한 관계를 맺는 기관 설립은 해방 이후 계속되어 왔으나, 교육평가학과 직접적인 연관을 맺는 기관이 설립된 것도 1980년대이다. 즉, 1985년에 국립교육평가원(1985~1992년 까지는 중앙교육평가원)이 설립된 점이다. 이 기관의 설립에 직접적인 영향을 미친 사건이나 경위는 필자에게 분명치 않으나, 과거 중앙교육연구소에서 『입시제도에 관한 연구』(1967)를 통하여 정부에 건의한 첫 번째 제안이 중등학교와 대학의 입시를 다루는 독립기관의 설립이었다는 점을 회상하면, 약 20년 뒤에야 성과를 본 셈이다. 황정규(1994)는 국립교육평가원의 설립목적이 대학신입생 선발을 위한 국가학력고사의 출제와 관리를 맡기 위한 것이었다고 소개한다. 그러나 이 기관의 활동은 그 이상이었음을 알리고 있다. 즉, 국립교육평가원의 실적으로서 초·중·고교 학업성취도 평가, 대학수학능력시험의 모형개발, 출제, 분석연구, 국제성취도 비교 연구, 교육평가에 관한 세미나 및 연구 등을 수행하였고, 연구보고서는 114편에 이르렀다고 보고하고 있다.

학회의 설립과 학회지의 발간, 그리고 국립교육평가원의 설립 등에 이르는 학술사적 사건 등은 우리나라에서 교육평가학이 교육학의 전문분야로서 토대를 굳건히 하고, 동시에 한국교육의 평가문제에 관한 과학적 연구를 촉진하는 계기가 되었다고 할 수 있다.

2. 학술활동의 내용

1) 일반 학술활동 내용

교육평가학자들의 일반학술 활동으로서 대표적인 것은 저술활동이다. 1980년에서 1990년까지 10년 간 학자들의 저술활동 경향은 그 이전 시대와 큰 차이가 없다. 우선 저술영역을 연구방법론, 측정 및 학생평가, 통계적 방법, 프로그램 평가 영역으로 대별하면, 대부분의 저술은 이 네 가지 일반 영역을 위한 교재로서 저술되었고, 각 영역 내에서 특정한 분야를 세부적으로 다룬 저술은 매우 희귀한 상태로, 이종성(1985, 1988, 1990)의 경우를 제외하면, 그 이전 시대와 유사하다. 다만, 60년대 이후 교육평가학 영역에서 저술활동을 한 학자들 중에서 상당수의 이름을 더 이상 발견할 수 없으며, 교육평가학을 전공한 학자로서의 정체성을 갖는 학자들만이 저술활동을 지속하였다고 할 수 있다. 다음의 <표 7>은 1980년대에 저술된 단행본들을 압축하여 예시한 것이다.

<표 7> 교육평가학 분야별 저술 예시(1981~1990)

연구방법

　김종서 · 임인재(1984), 『교육연구법 및 통계』, 서울: 교육출판사.

　이종승(1984), 『교육연구법』, 서울: 배영사.

　F.J. McGuigan 저, 송인섭 역(1989), 『심리 · 교육 · 사회 연구방법의 이해』, 서울: 성원사.

교육 · 심리 측정 및 검사

　황정규(1984), 『학교학습과 교육평가』, 서울: 교육과학사.

　Allen & Yen 저(1979), 이종성 편역(1985), 『측정이론의 기초』, 서울: 중앙적성출판사.

　이종성 편저(1988), 『일반화 가능도 이론』(Brennen(1983) 내용 포함), 서울: 연세대학교 출판부.

　Lord 저(1980), 이종성 역(1990), 『문항반응이론과 응용』, 서울: 대광문화사.

　임인재(1983), 『심리측정의 원리』, 서울: 교육출판사.

　장석우 · 허형(1981), 『절대기준평가의 이론과 실제』, 서울: 교육과학사.

　김영채(1983), 『측정평가총론』, 서울: 교육과학사.

통계적 방법

　박정식 · 윤영선(1980), 『통계학개론』, 서울: 다산출판사.

　이종성(1983), 『교육 · 심리 통계방법』, 서울: 박영사.

　이은진 · 강상조(1983), 『교육평가 · 교육통계』, 서울: 갑을출판사.

　전윤식 · 안창규(1983, 1986), 『통계적 방법』, 서울: 교육출판사.

　김영채(1983, 1989), 『통계학』, 서울: 중앙적성출판부.

프로그램 평가

박도순(1984), 『교육평가: 수업 프로그램 평가를 중심으로』, 서울: 배영사.
배호순(1990), 『평가의 원리: 프로그램 평가를 중심으로』, 서울: 교육과학사.

특히 학생평가를 중심으로 한 전통적인 유형에 속하는 교육평가 저서를
집필한 학자들은 황정규, 이종성, 임인재, 허형, 김영채 등이다. 과거 1970년대
에 무려 20명이 넘는 학자들이 교육평가를 저술했던 사정을 감안하면 격세지
감이 있으나, 60년대에 활동하던 분들이 집필을 계속하기 어려운 사정과
전공이 아니어도 교직과의 강의를 담당했던 학자들의 저서를 제외하면,
전통적인 교육평가 분야의 학술활동이 위축된 것이라기보다는, 상대적으로
젊은 40~50대의 교육평가학자들의 저술이고 동시에 내용면에서 충실한
저서들만 지속적인 출판이 이루어졌다고 이해할 수 있다. 연구방법론 분야에
서는 임인재(1984), 이종승(1985), 송인섭(1989) 교수의 저서가 발견된다.
연구방법론 분야는 상대적으로 저술이 잘 이루어지고 있지 않은데, 60년대
초에 김재은 교수(1962)의 연구방법론 이외에 이렇다 할 저서가 없던 사정을
감안하면 큰 변화가 없었다고 할 수 있다. 특히 이들 저서들이 출판된 시기는
우리나라에서 교육학 분야의 대학원이 활성화되기 시작한 시기가 80년대
중반인 점과 엇물려 있다고 할 수 있다.

대학원 교육의 활성화와 더불어 이 시기에 가장 출판이 활발한 영역은
통계적 방법 저서들이다. 이종성(1983), 강상조(1983), 박정식과 윤영선
(1980), 전윤식과 안창규(1983, 1986), 김영채(1983, 1989) 등의 저서가 집필되
었다. 이들은 모두 교육평가학 학문 1세대와 차별성을 갖는 학자들이라고
할 수 있다. 즉, 1세대가 검사의 원리나 개념 또는 문항 제작방법 등을 중심주제
로 삼았다면, 이들은 교육평가 분야에서 수리적 기초를 강조하는 경향이
있었다. 교육평가학에서 한 영역을 차지하는 프로그램 평가 영역은 오랫동안
학자들의 저서가 희소한 영역이었다. 이시기에 변화가 있다면, 박도순(1984)
과 배호순(1990) 등이 프로그램 평가, 혹은 수업평가의 영역에서 저술을
하였다. 특히 박도순 교수(1984)는 수업평가를 중심으로 한 교육평가 저서를

70년대 이후로 계속 출간하고 있다. 이들의 저서 외에 『교육과정과 교육평가』라는 저서는 무수히 많은데, 이들은 모두 교사 양성을 위한 교직과정에서 필수영역인 '교육과정과 교육평가'라는 교과를 위한 교재들이다. 교육과정을 전공하거나, 교육평가를 전공한 학자, 그 외에 이 교과를 강의하는 사람들이 저술한 것으로 학부에서만 통용될 수 있는 교재였다고 할 수 있다.

따라서 일반적인 저술활동의 양상은 기존의 흐름과 큰 차이가 없는 셈이다. 다만 '교육평가' 저서에서 가장 완벽성이 높은 저술을 지속하고 있는 학자로는 황정규 교수가 돋보이고, 또한 다른 학자들과 달리 황정규 교수는 측정, 통계, 연구방법 분야 보다는 학생평가를 중심으로한 전통적인 교육평가 영역에서 저술활동을 지속한 대표적인 학자로 이해된다. 이와 유사한 경우로 박도순 교수는 수업평가 영역을 중심으로 저술작업을 하였다고 할 수 있다. 이 시기에 역동적으로 활동한 학자들은 한국교육평가학회의 창립시기에 중진 또는 소장학자로 활동한 사람들이다.

교육측정·평가·통계·연구방법의 영역 중에서 이 시기에 특별히 발전한 영역은 역시 측정분야였다. 즉, 다른 모든 분야가 각 영역의 일반을 다루는 저술이었던 경우와 달리 측정분야에서는 특정 세부 영역을 이론적으로 다루는 저서 혹은 역서가 등장한 것이다. 특히 이종성 교수는 70년대 후반에 연세대에 전임으로 부임한 이후, 80년대에 이르러 고전검사이론의 대표적 저술인 Allen & Yen의 『Introduction to measurement theory』(1979)를 1985년에 편역한 『측정이론의 기초』를 출간하였고, 이 책에서 원서에서 제공하지 않은 수식에 대한 유도과정을 추가하였다. 이종성 교수는 1988년에 Brennan의 저서 『Elements of Generalizability Theory』(1983)에서 다룬 내용을 기초로 『일반화 가능도 이론』을 저술하였다. 전체 여섯 장으로 구성된 이 저서에서 그는 고전검사이론을 짧게 다룬 후, 일국면 모형과 다국면 모형에서의 신뢰도(일반화 가능도) 추정을 위한 G 연구와 검사설계 정보를 위한 D 연구의 설계 및 추정절차를 상세히 설명하였다. 한 걸음 나아가 1990년에는 Lord의 명저인 『Applications of Item Response Theory to Practical Testing Problems』를

번역한『문항반응 이론과 응용』을 출간하였다. 이 저서는 문항반응이론이
전반적인 측정학적 문제해결에 어떻게 적용되는지 이론적으로 설명한 책이
며, 현대 측정학의 동맥 역할을 하는 책이었다고 할 수 있다.

2) 학회 학술활동 내용

우리나라에 한국교육평가학회(창립 이후 1996년까지는 교육평가연구회
로 칭함)가 설립되게 된 단초는 1983년에 시카고 대학 Bloom 교수의 방한이
계기가 되었다고 한다. Bloom 교수는『Taxonomy of Educational Objectives』의
저자로서 잘 알려진 학자이며 동시에 한국 교육학의 벽두부터, 정범모, 김호
권, 황정규, 이종승 등 교육평가학의 초석을 다졌던 학자들의 시카고 대학
유학시절 지도교수이기도 하였으므로, Bloom의 한국방문은 국내에서 활동
하는 학자들의 모임을 촉진하는 계기가 되었던 것 같다. 이 계기를 살려서,
1983년 7월 9일에 14명의 발기인을 중심으로 서울대학교 사범대학 교수회의
실에서 창립총회를 갖고 회칙을 제정하고 김호권 교수를 초대 회장으로
선출하여 교육평가학회는 창립되었다. 같은 해 9월 2일에는 한국교육학회의
이사회가 분과연구회로서 가입승인을 하여, 한국교육학회 산하의 정식 분과
연구회로서 출범을 하게 되었다(이종성, 1993).

1983년 창립 이후 1990년까지 학회의 활동내용은 학술발표대회의 개최,
그리고 학술지의 발간으로 분류할 수 있다.

학술대회: 1983년에 창립한 학회에서 주최한 학술대회는 대체로 연 1회
또는 2회 정도의 빈도를 갖고 개최되었으며, 학술발표대회의 내용은 학회에
서 발표주제를 기획한 경우와 연구자들의 자유주제로 논문을 발표하는 두
가지 유형으로 구분할 수 있다. 학회창립 다음해인 1984년부터 1990년 말까지
총 7차례의 학술발표대회가 있었으며, 이 중 4회는 기획주제로 이루어진
학술대회였다. 기획주제로 이루어진 학술대회는 당시 학자들의 연구관심과
사회적 시사성이 있는 주제로 이루어졌다. 따라서 기획주제의 내용분석은

<표 8> 교육평가학회 기획주제 학술대회 요약(1984~1990)

	주 제	발표내용	발표자
제1회 (1984. 12.7)	논술식 검사	<기조발표> 논술식고사와 객관식고사의 교육적 의의 논술식 고사의 출제와 채점방안 <분과발표> 대학입시에서의 논술식 고사 고등학교 사회(1)의 논술식 고사 중학교 가정과의 논술식 고사 국민학교 국어과 논술식 고사 국민학교 자연과의 논술식 고사	김호권 박도순 김충회 윤진희 황진자 최창호 남진우
제2회 (1986. 7.4-5)	교육평가 연구의 과제와 방향	기조강연 교육과정 및 교육프로그램 평가 학력평가 교육정책 측면에서 본 평가연구 국제학력평가 비교연구 대학기관 평가연구의 과제와 전망 연구방법의 새로운 동향과 전망: 신뢰도에 관한 새로운 입장 교육심리 측정의 이론의 과제와 전망: 고전검사이론과 문항반응이론 종합발표	황정규 박도순 변창진 서정화 임인재 박종렬 허경철 이종성 김호권
제4회 (1987. 9.4-5)	교육·심리검사의 발전과제와 전망	기조강연 지능검사의 발전과제와 전망 적성검사의 발전과제와 전망 표준화 심리검사의 양호도 분석 심리검사의 탐구논리 표준화 흥미검사의 검토와 논리 학력검사의 발전과제와 전망 심리검사 활용의 윤리와 인간화 교육 및 심리검사에서 문항반응이론의 성격과 그 적용성 심리검사에서 컴퓨터 활용 가능성	정범모 배호순 한종철 이종승 송인섭 백용덕 장석우 김재은 안창규 이칭찬
제6회 (1989. 9.1-2)	대학입시의 측정 평가론적 문제	기조강연 대학교육 적성검사의 개념화 고교내신제도 개선방안 대학별 필답시험의 합리적 방법과 문제점 체육계 실기고사의 합리적 방법과 문제 면접고사 대입학력고사의 출제와 활용문제 지역간·학군간 학력격차의 발표	김호권 이종승 장석우 박도순 강상조 변창진 박부권 임인재

당시 학자들의 연구관심과 사회적 시사성을 파악하는 데 도움이 될 것이다.

기획주제로 이루어진 네 차례의 학술대회에서 1회와 6회의 학술대회는 사회적으로 민감한 평가문제이며 동시에 현재 진행되고 있는 평가 실상에 대한 학자들의 전문적 입장을 교류하는 場이었다고 할 수 있다. 교육현장에서 객관식 검사에 대한 비판이 심하고, 논술식 검사가 요청되고 이에 대한 학술행사가 이루어졌다는 것은 객관식 검사와 주관식 검사의 장단점이 강조되는 시기의 문제로 해석되고, 교육현장의 교사와 장학사가 분과발표를 한 것은 이 학술대회가 새로운 이론을 제기하기 위한 것이기 보다는 현실을 탐색하기 위한 것으로 이해된다. 제6회 학술대회에서 다룬 대입학력고사 관련 학술대회는 한국교육에서 가장 예민한 대학입시문제를 다룬 행사였다. 이 학술대회에서 논의된 내용은『교육평가연구』3권 2호에 게재되었다.

1987년에 있었던 '교육·심리 검사의 발전과제와 전망'은 해방 이후 약 30여 년간 한국교육학에서 지속적으로 다루어진 표준화 검사에 대한 한국 교육평가학의 발전수준을 점검하는 의미있는 자리였다고 할 수 있다. 또한 이 대회의 기조강연에서 정범모 교수는 우리나라에서의 검사관련 연구경향과 활동에 대하여 여섯 가지 화두를 제기하였다. 그 내용은 1) 측정의 대상인 구인에 대한 이론적 연구보다는 측정방법에 치우친 연구동향, 2) 동일 구인의 발달이나 변화에 대한 측정노력의 부족, 3) 검사의 기술적 표준보다는 검사의 유용도가 높은 간편사용 검사의 필요, 4) 임상연구와 실제사례 등 경험적 연구결과에 의한 검사의 양호도 정보의 제공, 5) 상업주의의 극복과 검사윤리 위원회 운영의 필요, 끝으로 6) 검사로 인한 사회적 문제에 대한 학자들의 적극적 관심 등이다. 이 내용들은 2003년 현재에도 어김없이 해당하는 문제점들이다. 이 학술대회의 또 다른 특징은 대부분의 발표자들이 직접 검사를 개발한 경험이 있는 학자들이었다는 점과, 발표논문의 질적 우수성에 있다고 할 수 있다. 1997년에 한국교육평가학회는 동일한 대주제로 학술대회를 개최한 바 있다. 필자의 판단으로는 1987년 학술대회에서 발표된 논문들이 더 충실한 내용을 담고 있었으며, 또한 당시 지식의 최신성을 갖추고 있었다.

또한 이 학술대회에 발표된 논문들 중에 상당수는 실제로 사용중에 있는 검사를 경험적으로 평가하는 연구활동을 겸한 것이었다(예, 한종철, 이종승, 송인섭, 백용덕). 1987년 학술대회에서 얻은 또 다른 소산은 안창규 교수의 문항반응이론과 검사와의 관계에 대한 논문이다. 이는 문항반응이론을 종합적으로 소개하는 국내 최초의 체계적 논문이면서, 당시의 학자들이 이해할 수 있도록 수리적으로 어려운 개념을 언어적으로 설명한 논문이었으며, 중요하고 무거운 주제를 잘 다룬 수작이었다.

다른 한편에서 자유주제로 이루어진 학술대회에서는 개별 학자들이 자신의 연구 성과를 발표하고 또한 교육평가학에서의 학문적 진보를 나타내는 새로운 이론을 국내에서 발표하는 학술대회였다. 이 자유주제로 이루어진 학술대회에서 교육평가학은 내용면에서 새로운 국면으로 다양성을 나타내기 시작하였다고 할 수 있다. 1986년부터 학회의 전문학술지인『교육평가연구』가 발간됨에 따라 학술대회에서 발표된 논문들은 학술지에 게재되었다. 즉, 제3회 학술대회(1986년 7.4~5일)에 발표된 논문부터는『교육평가연구』 2권 1호(1987년 7. 25)부터 게재되었다. 이러한 구도는 학술대회가 연간 2회 이루어지고 학술지도 연 2회 발간되는 방식으로 진행되었다(1988년은 누락됨). 따라서 학술대회와 학술지에 발표된 논문의 내용엔 큰 차이가 없었으나, 학술지의 운영은 발표논문의 수준을 높이는 데 기여하여 왔다고 할 수 있다.

학술지: 1983년에 학회가 창립되고, 교육평가학 중심의 학술대회가 개최되고, 86년부터『교육평가연구』지가 발간되면서 나타난 두드러진 현상은 연구주제와 유형의 다양화라고 할 수 있다. 다음의 <표 9>는 1986년 창간호부터 제3권 2호(1989년)까지『교육평가연구』에 발표된 43편의 논문과, 온라인 자료검색엔진인 KISS와 DB-PIA에 보고된 학술논문으로서 교육평가 관련 논문을 조사하여 주제별 연구유형별로 분류한 결과이다. 온라인 문헌검색을 통하여 검색된 연구물은『교육평가연구』,『교육학연구』,『한국 과학교육학회지』,『유아교육연구』,『농업교육연구』,『교육발전논총』등의 학술지에서

발견되었다.

<표 9>는 많은 내용을 우리에게 알려준다. 첫째, 연구주제에서 새로운 측정이론이 국내 학자들에 의하여 연구되기 시작하였다. 위의 <표 9>에서 현대 측정이론의 새로운 경향인 일반화가능도이론과 문항반응이론이 이 시기에 처음으로 우리나라에 소개되었다는 점이다. 일반화가능도이론은 허경철(1986)에 의하여 신뢰도에 대한 새로운 입장으로 발표된 이후, 이종성 (1988), 김양분(1989)의 학술작업으로 수리적 기초와 이론이 발표되었다. 또 다른 이론인 문항반응이론은 이종성 교수(1986)에 의하여『교육평가연구』 창간호에서 고전검사이론과 그 특성을 수리적으로 비교설명하는 논문이 발표된 이후에, 안창규 교수(1987)에 의하여 이론의 원리와 적용범위에 대한 종합적 논의가 발표되었다.

<표 9> 교육평가관련 학술지 게재 논문 현황(1981~1990)

연구 주제 분야	개념·원리 중심	기초 이론 및 방법	경험적 분석 연구	계
1.교육평가 일반	10	-	5	15
2.프로그램 평가	6	-	-	6
3.측정 일반	1	2	5	8
4.일반화가능도이론	1	2	-	3
5.문항반응이론	2	4	1	7
6.교육·심리검사	8	-	10	18
7.입시문제	15	-	1	16
8.통계·연구방법	1	2	-	3
계	44	10	22	76(4)*

출처: KISS, DBPIA

학술지 목록:『교육평가연구』,『교육학 연구』,『한국 과학교육학회지』,『유아교육 연구』,『농업교육연구』,『교육발전논총』

(4)*는 복수 주제로 분류된 논문 편수임.

둘째, 평가 및 측정이론과 통계적 방법의 수리적 기초이론을 다루는 논문보 다는 교육평가, 측정 등에 대한 개념적, 원리적 논의를 전개하는 논문이

44편으로 압도적으로 많았다. 이 분류에 속하는 논문들은 교육평가의 과제와 전망, 교육 및 심리검사의 문제, 합리적 방안의 모색, 평가현실의 문제점 논의 등 국내 평가실제와 관련된 주제를 이론적으로 검토하고 합리적 방안이나 제언을 제기하는 유형의 연구물이 주류이다. 특히 교육·심리검사와 고교 및 대학입시문제를 다루는 논문들과, 기타 학력에 관한 연구 등이 그러하였다. 이들 연구들의 특징은 교육평가학의 이론이 교육현장에 적용되는 과정에서의 문제점을 논의한다는 점에서 현장에 대한 학자들의 관심도를 반영하는 논문들이라고 할 수 있다. 반면에, 측정 및 통계이론의 수리적 논의는 교육평가학을 심화하는 작업이라고 할 수 있으나, 이들 연구유형은 해방 이후 1990년까지 활발하지 못하다고 할 수 있다.

셋째, 프로그램 평가 또는 기관평가에서 구체적 평가항목을 결정하고 이를 수리적 또는 질적으로 평가방법을 제시하는 이론연구와, 이론에 기초한 경험적 평가연구가 발견되지 않는다는 점이다. 프로그램 평가가 기관평가인 경우는 자료의 수집과 분석, 결과의 발표가 현실적으로 어려운 점이 이해되나, 1970년대에 강조되었던 학교현장에서의 수업평가가 이 시기에는 더 많은 경험적 연구물로 논의의 진전을 이루지 못하였다는 점이다. 과학을 지칭하는 모든 학문이 이론과 실제의 교호작용에 기초한다고 할 때, 프로그램 평가부문은 개념적,원리적 논의만 반복되는 경향이 있다.

넷째, 교육 및 심리검사에 대한 논의는 깊이 있게, 지속적으로 검토되는 연구주제였다는 점이다. 물론 학회에서 기획주제로 다룬 탓에 많은 연구물이 있었지만, 교육평가 실제와 검사이론의 관계를 지속적으로 조망하고, 문제점을 지적하는 작업은 학자들 사이의 넓은 공통주제로 자리잡고 있다고 할 수 있다. 교육 및 심리검사에서 경험적 연구물은 10편으로 조사되었는데, 이 연구들은 1) 기존의 대표적인 검사들의 기술적(technical), 시행적(administrative), 사용적(use and inference) 표준에 대하여 평가하는 작업, 2) 다양한 척도의 개발연구로 대별된다.

Ⅳ. 전문화의 시대 (1991~   )

1. 학술사적 배경

1990년대는 현대측정학과 교육통계학을 전공한 학자들이 대거 국내로 유입되는 시기였으며, 이들의 전문성은 다른 사람의 전공과 대체할 수 없는 고유한 깊이를 갖춘 전문성이었다. 따라서 교육평가학회에서 활동하는 이들 소장학자들은 세분화된 전공영역에서 정체성을 갖고 있었다. 이 세분화된 전공영역의 예는 다음과 같다. 측정분야에서는 일반화가능도이론, 문항반응이론, 다차원 척도법, 컴퓨터 적응검사, 수행평가 등이다. 즉 이들은 측정학의 주류를 형성하는 이론들 중의 하나로 자신의 전공을 확인하였다. 교육통계학의 경우도, 선형구조방정식, 다층모형, 메타분석 전공자 등으로 분류되었다. 이들 소장학자들의 특징은 국내에서 활동하는 동안 대부분의 학술작업을 자신의 박사학위 논문과 관련 있는 주제로 논문을 발표하고, 저술 작업을 수행하였다. 예를 들어, 문항반응이론을 전공한 학자가 다층모형이나 선형구조방정식 모형에 대하여 학술연구를 수행하는 경우는 매우 희소하다. 기존 학자들 중에서 교육평가학회에서 계속 활동한 학자들은 교육평가학의 주제로 학위논문을 제출하고, 교육평가학의 주제를 계속 탐구하여 온 학자들뿐이었다. 1990년대에 국내에서 교육평가학을 수학한 대부분의 학자들도 해외에서 학위를 마치고 귀국한 학자들의 학문성향과 유사성을 갖게 된다.

이 시기에 있었던 중요한 사건은 '국립교육평가원'이 문을 닫고, 1997년 말 '한국교육과정평가원'이 창립되었다는 것이다. '한국교육과정평가원'은 기존의 '국립교육평가원'의 평가업무와 '한국교육개발원'의 교육과정업무를 통합하여 설립되었다. 초대 원장으로 부임한 박도순 교수는 한국교육평가학회에서 활동하는 젊은 학자들의 전문성을 높이 평가하였으며, 이들은 '한국교육과정평가원'에 창립멤버로 참여하게 되었다. 따라서 '한국교육과정평가원'에서 활동하는 평가학 관련 연구원의 수는 십수 명에 달했다. 과거 단 두 명의 평가전문가만 갖추고 있던 공무원 중심의 '국립교육평가원'과는 매우 차별적인 기관이라고 할 수 있으며, 단일 기관으로는 국내의 어느 대학, 어느 기관보다도 평가전문가가 많이 활동하는 기관인 셈이다. '한국교육과정평가원'은 교육평가와 교육과정에 관련된 모든 과제들이 연구 가능한 기관이었으나, 우리나라의 교육체제에서는 대학입학전형 자료인 '대학수학능력시험'의 개발과 시행을 책임지는 국가기관의 역할이 가장 크다고 할 수 있다.

2. 학술활동의 내용

1) 일반 학술활동 내용

1990년대에 들어서 교육평가학 분야의 학자들의 세대구성이 다양하여지고, 새로운 이론을 고유의 깊이를 갖춘 학자들의 활동이 학계에 활력을 불어넣으면서, 학자들의 전문학술 저서도 봇물처럼 증가하였다고 할 수 있다. 특히 학술저서의 내용이 기존의 방향과는 전혀 다른 각도에서 이루어진 점이 최근의 특성이다. 즉, 80년대까지는 거의 모든 저서가 예외없이 대학에서 개설된 강좌용으로 집필된 것이었지만, 이 시기에는 대학에서의 개설과목과 별개로 교육평가학 분야의 학업을 더하고 싶어하는 대학원생, 새로운 이론을 습득하려는 학자들의 수요, 그리고 연구업적과 저술업적을 중시하는 젊은 학자들의 학문성향이 어우러져 매우 세부적이고 깊이가 있는 전문서가 등장하기 시작하였다. 연구방법론, 측정 및 검사, 통계적 방법, 그리고 프로그램 평가의 영역 일반을 다루는 저서도 양적으로 증가하였으며, 또한 내용면에서도 새로운 세부 영역을 소개하고 있는 것을 볼 수 있다.

연구방법론 분야에서 대학원 교재로 적합한 저서들은 이종성(1996), 박도순(2000), 송인섭(1997), 김정환(1999, 2003), 성태제(1998) 그리고 김석우(1997) 등의 저서가 돋보인다. 이 이전에는 임인재(1993)의 『논문작성법』이 있다. 이들 저서들이 다루는 내용은 연구방법론 분야에서 대체로 유사하나, 저서의 일부분을 차지하는 통계적 방법에 대한 분량에서 서로 차이가 있다.

외국의 경우에 통계적 분석은 달리 영역이 있으므로 연구방법론에서 1~2개
의 장을 차지하나, 국내의 경우는 예외는 있으나 전체의 절반정도를 통계적
분야에 할애하고 있다. 연구방법론 일반을 다루는 저서 이외에 특정영역을
다루는 내용은 특별하지는 않으나 최근에 한국교육평가학회에서 활동하는
학자들(편집기획위원: 박도순, 이종승, 강상진, 김아영, 채선희)이 기획하여
교육과학사에서 연구방법과 측정·평가의 총서로 출판된 책들이다. 이종성
(2001)의『델파이 방법』, 김아영(2000)의『관찰연구법』, 이종승(2001)의『연
구논문 작성법』등이 출판되었다.

　교육·심리 측정 및 검사 분야는 전통적으로 학생평가를 위한 검사개발을
중심내용으로 한 '교육평가'라는 기존의 전공영역에서 다루던 영역이었다고
할 수 있다. 최근에 이르기까지 학생평가를 중심으로 한 '교육평가' 일반을
다루는 저서의 집필은 계속되고 있다. 황정규(1998), 임승권과 임인재(1995),
임인재(1999), 강승호(1996, 1999), 김영채(1996), 이순묵(2002), 성태제(2002),
강승호, 김명숙, 김정환, 남현우, 허숙(1996), 그리고 변창진과 문수백(1996)
등에 의한 교육평가 저서들이 대표적이다. 이들 중에서 이순묵, 성태제,
김명숙, 남현우, 문수백 등은 90년대에 학계에서 활동을 시작한 학자들이다.
저자들의 세대구성이 다른 것처럼, 내용과 분량에서 편차가 있는바, 대체로
수행평가, 통계적 분석수준, 프로그램 평가, 교육효과 분석 등이 저자에
따라 다르게 강조되는 현상을 관찰할 수 있다. 특히 과거 교실상황에서
학생평가에 치중하던 교육평가 저서에서 프로그램 평가, 교육효과 평가가
포함되고, 수업평가 영역은 보편적인 내용으로 교육평가에서 다루어지는
현상이 있다. 특히 황정규 교수(1998)의『교육평가』는 종합성과 완성도가
가장 높은 저서라고 평가할 수 있다.

　학생평가를 중심으로 한 전통적인 교육평가 교재용 저서 이외에 학술활동
의 전문성을 높이는 측정학 분야의 저서로서 가장 학자들의 관심이 집중된
영역은 '수행평가'이다. 배호순(2000), 허경철(2000), 남명호, 김성숙, 지은림
(2000), 백순근(1998, 2000, 2002), 남명호(2003) 등이 저술하였다. 특히 수행평

가는 1998년부터 서울시 교육청이 모든 초·중등학교에서 수행평가를 실행하도록 함에 따라 교사들이 중요한 독자층으로 부상한 영역이며, 이 당시에는 기존의 교육평가 분야의 학자들도 수행평가에 대하여 아직 보편적 이해를 갖추지 못한 시기였다.

구체적인 내용을 단행본으로 저술한 영역으로는 전통적인 영역으로서 '문항제작방법', 그리고 '심리검사' 영역이 있다. '문항제작 방법' 영역의 저술은 박도순(2000), 이순묵(1995), 성태제(1996), 김신영(2003) 등에 의하여 출판되었다. 김신영의 저서는 유아교육 교사들을 위한 것으로 초중등 교사들을 위한 다른 저서와는 차별된다. 문항제작 방법의 다른 저서들은 이전 시대의 저서들과 내용의 폭과 깊이에서 차별성이 없는 영역이다. '심리검사'는 오랜 전통을 갖춘 영역이다. 한국 교육학 초기에는 정범모 교수를 선두로 많은 학자들이 정열을 쏟았지만, 지금은 시험과 평가에 대한 학교현장의 기피현상으로 시장이 죽어서 인지, 정의적 특성의 검사개발은 매우 제한적이다. 김정환(2001), 박광배(1995)의 심리검사 전반에 대한 이론서와 문수백(1997)의 K-ABC 검사 및 검사채점 실시요강 번역본이 심리검사를 전문적으로 다룬 것이라고 할 수 있다.

측정학 분야의 발달은 학술지에서의 논문경향을 동일하게 반영한다. 90년대에 이르러 고유한 세부 전공을 추구하는 학자들은 문항반응이론, 일반화가능도이론, 컴퓨터 적응검사, 검사 동등화, 차별적 문항기능, 다차원 척도법 등에 관한 학술지 논문과 더불어 단행본 수준의 전문서를 출판하였다. 성태제(1991)는 Frank Baker가 문항반응 소개 입문서로 저술한 것을 번역하였다. 2000년대에 이르러 교육과학사에서 측정·평가 총서를 기획함에 따라 두 개의 단행본 저서가 출판되었다. 하나는 지은림과 채선희(2000)가 Rasch 모형을 중심으로 저술한 것이며, 다른 하나는 성태제(2001)가 문항반응이론을 소개한 저서가 있다. 두 책은 모두 총서에 속하는 것으로 책의 분량과 깊이는 입문서 수준이나, 현재 사용되고 있는 다양한 문항반응 모형을 다루는 점, 컴퓨터 프로그램을 직접 응용할 수 있도록 프로그래밍 단계와 자료분석

결과의 예시가 상세하게 제시된 점에서 앞서의 역서들과 차별된다.

일반화가능도이론은 김성숙과 김양분(2001)이 교육과학사의 측정·평가 총서의 한 권으로서 저술한 단행본이 있다. 총서의 한권으로서 집필된 저서인 만큼, 내용의 폭과 깊이는 이종성(1988)의 저서를 넘지 않으나, 컴퓨터 프로그램으로서 GENOVA를 이용한 자료분석 절차를 상세히 설명한 점에서 이론의 보급에 기여할 가능성이 크다고 할 수 있다.

측정학의 중요 주제인 컴퓨터 적응 검사와 검사의 동등화는 문항반응이론의 발달로 새로운 국면을 맞게 된 영역이라고 할 수 있다. 컴퓨터 적응검사는 그 동안 개념적으론 소개가 되어 왔으나 단행본으로 출판하게 된 것은 백순근과 채선희(1998)에 의한 저서가 처음이다. 이후에 교육평가학회의 학자들이 기획하여 교육과학사에서 출판한 측정·평가 총서에 백순근(2001)의 컴퓨터 적응검사가 포함되었다. 검사 동등화는 고전검사이론에 기초한 동등화방법과 문항반응이론을 이용한 방법, 그리고 다양한 동등화 설계에 따른 방법이 학술지에 게재된 적은 있으나, 남현우(2001)의 측정·평가 총서의 단행본이 최초의 저술이라고 할 수 있다. 차별적 기능문항에 관한 연구도『교육평가연구』지에 이미 게재된 바는 있으나 단행본으로서는 윤영선(1993)의 저서와 측정·평가 총서로서 김신영(2001)의 저서가 있다. 차별적 기능문항 연구도 과거의 문항편파성, 검사편파성의 영역으로 연구되었으나 문항반응이론의 발달로 발전을 하게 된 영역이라고 할 수 있다. 측정학의 영역에서 통계적 모형으로도 이해될 수 있는 것은 다차원 척도법이다. 다차원 척도법의 실제 응용수준은 국내에서 미미한 사정이나, 박광배(2000)의 측정·평가 총서의 집필로 국내에서 단행본으로 우선 발간이 된 셈이다.

통계적 방법에 대한 학자들의 관심은 1980년대에 이르러 증가하기 시작하였고, 1990년대는 젊은 세대의 학자들도 학부와 대학원 교재로서 통계적 방법에 관한 저술활동을 수행하였다. 특히 2000년경에 이르러 교재의 내용은 포괄성과 편집체계에서 완성도가 높고, 통계분석 프로그램 패키지로서 SPSS 와 SAS의 활용법을 포함한 특징이 있다. 최근의 저서로는 이종성, 강계남,

김양분, 강상진. 이은실(2001, 2002), 임인재, 김신영, 박현정(2003), 송인섭(1997, 2001), 윤영선(2002), 성태제(2000), 김아영과 김태련(1997, 역서), 문수백(1997)이 대학교재로 많이 쓰이는 전문서라고 할 수 있다. 이 중에서 교재의 충실성 면에서는 김아영과 김태련(1997)이 번역한 저서가 미국 대학원의 교재를 번역한 것으로 뛰어나고, 내용의 포괄성 면에서는 이종성 등(2002)의 저서가 특별하다. 대학원의 교재로서 더 강조되고 있는 이들 저서들은 공통적으로 SPSS 또는 SAS 프로그램 기법을 소개하고 있다. 이들 교재보다 깊이있게 특정한 통계적 방법을 다룬 책으로는 박광배(1999)의『변량분석과 회귀분석』, 그리고 변창진과 문수백(1999)의『실험설계·분석의 이해와 활용』등이 교육학계와 심리학계의 저서로 발견된다. 또한 이순묵은 다변량통계방법 중에서 특히『공변량구조분석』(1990)과『요인분석』(1995)을 저술하였는데 교육학, 심리학 분야의 현재까지의 저서 중에서 이들 방법을 가장 깊이 있게 소개한 전문서라고 할 수 있다.

특정한 통계적 방법에 대한 단행본 분량의 저서는 교육과학사에서 출판한 연구·방법 분야의 총서들이다. 약 100~150쪽 내외의 분량으로 집필된 이들 저서들과 저자는 다음과 같다. 회귀분석(강상진, 2002), 실험설계와 분산분석(김정환, 2001), 공분산분석(임시혁, 2002), 상관분석(윤영선, 2000), 요인분석(이순묵, 2000), 다변량분석(박광배, 2000), 구조방정식(이기종, 2000), 메타분석(오성삼, 2002), 그리고 표본추출법(김현철, 2000) 등이다. 그 동안 단일변량의 통계모형이며 동시에 행렬을 사용하지 않는 범위에서만 통계적 방법을 다루던 기존의 교재들은 각 방법의 통계학적 특징이나 수리적 원리를 다루지 못한 결함이 있었으나, 이들 총서들은 단행본 수준으로 각 통계적 방법을 다룸으로써, 대학의 교재로서보다는 학자들과 대학원생들이 스스로 공부할 수 있도록, 쉽게 그러나 내용적으로 더 깊이 다룬 전문서였다고 할 수 있다.

프로그램 평가영역은 교직과정에서 개설되는 '교육과정과 교육평가'의 교재를 제외하면 교육과정 평가 또는 프로그램 평가로서 정체성을 갖는 학자들이 집필한 저서는 흔치 않다. 1990년대 후반에 이르러 오성삼(1996), 박도순과 홍후조(1999) 그리고 배호순(1991, 2000, 2001) 등이 이 영역에 대한 저서를 집필하였다. 특히 배호순은 자신의 전공을 프로그램 평가로 정체성을 갖는 학자인 만큼, 프로그램 평가모형과, 그 배경 논리 등에 대하여 저서의 내용을 계속 증보하는 경향을 갖고 있다.

2) 학회 학술활동 내용

1990년대부터 지금까지의 학술논문이 학회활동으로 발표되는 경우를 요약하기란 용이치 않다. 그 이유는 우선 이 시기에 전문학자들의 전공양태가 세분화되어 있으며, 학술지가 지속적으로 발간되고, 또한 교육평가학 관련 논문이 단일한 학술지에서 뿐만 아니라 다양한 학술지에서도 발표되었기 때문이다. 따라서 시사성이 있는 주제를 다루는 학술대회의 내용은 생략하고, 학자들의 자유로운 학술활동을 반영하는 학술지에 게재된 논문을 조사하여 주제별로 요약하여 보았다. 다음의 <표 10>은 지난 12년간 국내 교육학 관련 학술지를 가장 많이 검색하는 KISS와 DBPIA의 조사결과를 요약한 것이다.

<표 10> 1991~2002 교육평가 관련 학술지 게재 논문 현황

연구 주제 분류	개념·원리 중심	기초 이론 및 방법	경험적 응용 연구	계
교육평가 일반(측정)	11	17	11	39
통계적 방법 일반	2	8	4	14
다층분석	1	12	1	14
문항반응이론	0	11	1	12
구조방정식	4	5	0	9
일반화 가능도 이론	0	5	2	7
신뢰도	0	3	6	9
타당도	5	1	12	18
수행평가	24	10	22	56
컴퓨터 적응 검사	0	3	0	3

학교평가		7	7	0	14
교사평가		2	4	0	6
프로그램 평가		2	12	5	19
교과 교육평가	국어	0	1	1	2
	수학	4	0	3	7
	영어	6	3	11	20
	과학	1	8	3	12
계		69	110	82	261

자료: 1990~2002 KISS, DBPIA 게재 학술지 논문

학술지 목록: 『교육학연구』, 『교육평가연구』, 『교육심리연구』, 『비교교육연구』,
『교육행정학연구』, 『교육과정연구』, 『유아교육연구』, 『초등교육』, 『영유아
교육연구』, 『아동학회지』, 『국어교육연구』, 『수학교육』, 『영어교육』, 『초등
수학교육』, 『한국과학교육학회지』, 『사회과교육』, 『교육정보방송연구』, 『특
수교육학연구』, 『특수교육논총』, 『경영교육논총』, STEM Journal(영상영어교
육학회), Foreign Language Education(한국외국어교육학회), 『열린교육연구』
(한국열린교육학회), 『한국멀티미디어 언어교육』, 『영어어문교육』, 『조형교
육』, 『중등교육연구』(경상대), 『교육발전논총』(충남대), 『과학교육』(교원대),
『교육문제연구』(고려대).

검색엔진을 사용하여 자료를 수집한 결과 교육평가학 관련 학술논문은
30개의 학술지에서 261편이 발견되었다. 위의 표에서 상단에 표시된 분류기
준은 각 논문의 성격을 반영한다. 개념·원리적 접근은 수리적 이해나 경험적
결과를 제공하지 않고 저자의 논의를 문헌연구에 의존하여 진술하는 논문들
이다. 기초이론 및 방법은 새로운 방법이나 이론을 수리적 정의 또는 유도,
모형을 동원하여 설명하고, 그 예시를 가상자료 또는 경험적 자료로 제시하는
유형의 논문이다. 세 번째 분류인 경험적 응용연구는 이미 알려진 방법을
현장자료에 적용하여 교육현상에 관한 정보를 제공하는 논문들이다. <표
10>의 내용은 1981~1990년 동안의 학술지 논문들의 양상과 매우 다른 형태
를 보여준다. 즉, 1980년대에 학술지에 발표된 논문들은 주제의 다양성은
어느 정도 세분화 되어 있으나, 연구의 성격이 개념·원리 중심이었다면,
1991년 이후는 이론적 기초를 다지는 논문과 새로운 측정 및 통계적 방법을

세련된 형태로 응용하는 연구들이 주류를 이룬 시기라고 할 수 있다. 이는 1990년부터 학계에 새로 유입된 소장학자들의 활동이 반영된 결과이다.

특히 다층분석, 문항반응이론, 일반화 가능도 이론, 선형 구조방정식 모형과 프로그램 평가 영역에서 기초 이론 및 방법 연구가 강조되었다. 다층분석은 김경성(1991)과 임시혁(1991)이 국내에서 발표한 이래로 강상진(1995, 1998)이 방법론적 관점에서 모형을 재소개하였다. 전통적인 2수준 다층 모형 이외에 새로운 다층 모형을 국내에서 발표한 학자는 강상진(1996)의 이원다층 모형과 조세현(1998)의 다층선형 구조방정식 모형, 강상진·이명애(2002)의 다층문항반응 모형 등이 있다. 다층 모형의 명세화 조건을 점검한 연구는 강상진·정혜경(2001)의 연구가 있다. 연구방법의 도구로서 다층 모형은 학교효과 연구, 종단적 자료분석 연구, 개인의 성장발달 연구, 그리고 문항반응 연구 등으로 적용범위를 넓혀갔으며, 이러한 작업에 기여한 학자들은 강상진, 임시혁, 조세현, 설현수, 김성훈, 김성호, 이명애 등이다.

문항반응이론은 이종성 교수에 의하여『교육평가연구』창간호에 처음 소개된 이후에, 학술지에 발표된 논문으로는 성태제와 김경희(1993)가 문항반응이론을 적용하여 문항수와 문항모수의 변화와 신뢰도와의 관계에 대한 연구를 수행하였고, 박정(1999a, 1999b)이 다분문항반응모형을 소개하였다. 문항반응이론의 특성을 경험적으로 검정한 연구로는 문항모수 및 능력모수의 불변성 검정(송미영, 이연우, 김성호, 1995), 적합도 지수의 검토(설현수, 1998) 등이 발견된다. 문항반응이론을 적용하여 다양한 측정문제의 해결을 위한 연구로는 피험자 특성 분석, 영재판별도구의 평가, 차별기능문항 탐색, 그리고 검사의 동등화 분야 등 매우 다양하다. 이처럼 문항반응이론을 활용하여 다양한 측정문제의 해결방안을 제시하여 문항반응이론의 국내 활용에 기여한 학자들은 김양분, 성태제, 채선희, 지은림, 박정, 설현수, 김성훈, 윤명희, 이연우, 부재율, 반재천, 이규민, 손원숙 등 상당수의 학자들이 있으며, 또한 이들의 후학들도 가세하고 있다.

선형구조방정식 모형은 이기종(1992)이 모수 추정방법을 발표한 이후에

모형의 적정한 사용법에 대한 논문들이 있었고, 이순묵·이도형(1996), 설현수(2002) 등이 모형의 응용방법에 대한 논문을 발표하였다. 일반화 가능도 이론에 대한 1990년대 학술논문들은 김성숙(1992, 1995)이 측정치의 변동요인 분석방법을 발표한 논문이 있으며, 이후 노국향, 남명호, 김정환 등이 일반화가능도 이론을 응용하여 다양한 맞춤검사와 수행평가의 측정문제 해결을 시도하였다. 프로그램 평가는 1980년대에 배호순이 문제제기를 한 이후에, 교육평가 전공자의 학술논문으로는 권순달(1997)이 평가모형을 검증하는 연구를 수행한 것과 배호순(2002)이 평가논리를 검토한 연구에 제한된다. 그러나 유아교육 분야에서 다양한 교육 프로그램의 평가연구를 수행하였다. 이들 연구들은 『유아교육연구』, 『영유아교육연구』, 『아동학회지』, 그리고 『한국과학교육학회지』 등에서 발표되었다.

수행평가 영역은 1990년대에 학자들의 관심이 집중된 연구 분야 중의 하나이다. 수행평가의 이론적 연구 유형에 속하는 연구들은 수행평가 방법 및 도구개발, 학습모형과 수행평가의 연계방안, 수행평가 채점방법의 비교, 전산언어기술의 적용방법, 수행평가의 구성주의적 배경 등 다양한 각도에서 진행되었으며, 또한 경험적 적용연구들은 각 교과별로 연구가 양산되고 있다. 수행평가 연구물을 게재하는 주요 학술지들은 『열린교육연구』가 대표적이며, 교과교육 분야에서는 『초등영어교육』, 『영어교육』, 『조형교육』, 『사회과교육』, 『어문학 연구』, 『국어교육연구』 등이며, 방법론 분야 학술지는 『교육평가연구』이다. 교육평가 전공자로서 이 분야에서 활동적인 학자들은 강승호, 배호순, 김명숙, 백순근, 남명호, 지은림, 남현우, 유선희, 김진규, 성태제 그리고 서민원 등이라 할 수 있다.

이 외의 연구영역들은 전통적인 연구주제이므로, 기존의 학자들과 신진학자들이 모두 참여하는 주제들이라고 할 수 있다. 다만 학교평가 영역은 경험적 자료에 기초한 연구가 요청됨에도 대부분의 연구들은 교육행정학자들에 의하여 연구되었다고 할 수 있으며 이들의 연구는 『교육행정학연구』에 주로 발표되었다.

V. 교육평가학의 정체성과 전문성

우리나라의 현대 교육평가학의 기원은 기록에 의하면 1947년 서울대 교육학과의 교육과정에 교육측정법이 1, 2학기에 모두 포함된 것에서 찾을 수 있다. 1947년은 서울대 교육학과가 처음 신입생을 받은 해이다. 그러나 실제로 교육평가학이 국내에 도입된 것은 1950년 한국전쟁 직전에 유학을 떠난 정범모 교수가 귀국하여 서울대 교육학과에서 교육평가와 교육통계를 강의하기 시작한 1952년이다. 또한 1954년에 전임교수가 된 정범모 교수가 '교육심리연구실'을 설립하여 측정 및 검사 중심의 연구활동을 전개하고 김재은, 김호권, 황정규 등의 탁월한 후학을 양성한 것이 밑거름이 되었다고 할 수 있다. 동시에 전쟁 중이던 1953년에 교육학회가 창립되고, 중앙교육연구소(1973년 폐쇄), 한국교육개발원, 한국행동과학연구소, 교육대학원, 그리고 코리안 테스팅 센터와 같은 기관 설립이 지속적으로 이루어지고, 이들 기관에서 검사제작을 중점 사업으로 전개한 것이 교육평가학 관련 연구들의 양적 성장을 가져왔으며, 교육학 내에서 연구 영역으로 자리매김을 하는 데 기여하였다고 할 수 있다.

그러나 교육평가학 분야의 연구사업, 학회발표 및 학술지 논문, 그리고 전문서의 집필 활동은 객관식 검사와 표준화검사 제작, 그리고 측정·평가 분야의 중요개념 연구로 제한되었으며, 통계방법, 연구방법, 프로그램 평가 등의 연구가 희소한 경향은 1980년대에 이르기까지 큰 변화가 없이 지속된 것을 관찰할 수 있다. 특히 해방 이후 1980년까지 활발한 연구활동을 한 학자들의 면면을 보면 근 30여 년간 교육평가학의 학술연구 동향이나, 학문적 성격은 큰 변화가 없으며, 교육평가학은 곧 학생평가를 위한 검사개발과 이와 관련된 문항개발기법, 신뢰도와 타당도 등의 양호도 개념이 주류를 이루었다. 다소 변화가 관찰되는 것은 1970년대에 이르러 수업과 관련한 진단평가, 형성평가, 총합평가 개념과, 절대기준평가가 추가된 정도이다.

교육평가학 분야의 연구가 양적으로 성장은 하였으나, 1980년에 이르기까지 측정 및 검사개발을 중심으로 연구활동을 수행하고 『교육평가』 저서를 집필한 학자들이 교육평가학을 하나의 학문영역으로 인식하고 정체성을 가지고 있었는가는 분명치 않다. 한국 교육평가학의 역사에서 교육평가학의 학문적 정체성을 엿볼 수 있는 현상은 1967년에 한국교육학회내에 설립된 분과연구회의 현황에서 발견된다. 한국교육학회는 1967년에 분과연구회를 발족시키고, 또한 각 분과연구회에서는 월례발표회 등의 학술행사를 운영하였다. 이때 설립된 7개 분과연구회와 9개 지회의 현황은 다음과 같다(한국교육학회, 1973).

교육사 · 교육철학 연구회, 교육행정학 연구회, 교육심리 연구회, 교육과정 연구회, 교육사회학 연구회, 사회교육 연구회, 한국교육사 연구회
부산 지회, 경기 지회, 강원 지회, 충북 지회, 경북 지회, 경남 지회, 전북 지회, 전남 지회, 제주 지회.

위의 목록에서 알 수 있는 것은 당시의 교육학에서 검사개발을 위주로 한 교육평가학이 주류였다는 인식(김인회, 1983)과 달리 '교육평가 분과연구회'는 이 시기에 발족하지 못하였다는 것이다. 당시의 교육학회장은 정범모 교수였다. 교육평가를 주도한 학자가 학회장인 상태에서 교육평가연구회가 발족하지 못한 것은 정범모 교수의 학문적 정체성에 문제를 제기할 만하다. 동시에 정범모 교수와 그의 제자들의 학문성향이 교육심리학과 교육평가를 겸한 사정도 작용하여, 교육심리연구회 안에 교육평가학을 포함시킨 것으로도 이해할 수 있다. 이러한 추론은 미국의 대학체제에서 교육평가학 전공 프로그램은 교육심리학과 내에 설치되어 있고, 당시의 학자들도 이와 같은 미국 편제의 영향을 받았을 것이다. 그러나 일반 교육학자들이 체감하는 한국교육학의 경향이 교육평가학에 속하는 객관식 또는 표준화 검사개발이 위주였다는 사실과는 반대로 실제로 한국교육학회에서는 분과연구회로 발족하지 못한 모순적 현상은 당시의 학자들이 '교육평가' 연구영역을 시험 또는 검사에 집중하여 제한한 경향, 그리고 교육평가학의 이론적 기초를 형성하는 영역인 교육측정이론과 교육연구방법, 그리고 통계적 방법 등에

대한 연구능력의 한계 등으로 스스로의 전공을 '교육평가학'이라고 정의할 만한 정체성을 갖추지 못했기 때문이라고도 할 수 있다. 즉, 기초이론보다는 현실적 응용을 위한 방법으로서만 교육평가학을 이해하는 학술활동이 중심이었다고 할 수 있다. 이러한 경향은 학술지에 게재할 만한 학술논문의 빈곤, 다양한 저작물을 출판하였으나 대학의 교직과 학생을 위한 교재 중심의 저술에 제한된 점, 또한 저술의 내용과 깊이가 획일화된 현상에서 관찰된다.

해방 이후 1980년에 이르기까지 한국의 교육평가학은 표준화 검사 제작을 중심으로 한 연구가 성행하고, 전문서의 주류를 이루었던 분야는 학생의 인지영역, 정의적 영역의 평가방법, 그리고 심리적 구인의 측정을 위한 검사 제작절차에 요구되는 실제적인 내용들이었다. 그러나 1980년에 이르기까지 검사이론의 학문적 기초인 측정이론의 수리적 배경을 다루는 저서는 없었다고 할 수 있다. 또한 새로운 현대 측정학 이론인 문항반응이론이나 일반화 가능도 이론 등을 다루는 논문이나 저서도 없었다. 한 학문이 생명력을 가지고 꾸준히 발전을 하려면 기초이론에 대한 탐구가 지속되어 실제 응용에서 새로운 시도가 이루어지고, 기존의 응용방법을 이론적 관점에서 검토하는 작업이 활성화 되어야 한다. 교육평가학에서도 표준화 검사의 제작이 성행하였다면, 제작된 검사를 이론적으로 평가하고, 새로운 이론에 기초한 검사를 제작하고, 경험적 자료에 기초하여 이를 평가하는 작업이 요청된다. 소위 학문의 발전은 이론과 실제의 지속된 대화를 통하여, 실제에서 제기된 문제를 이론적으로 규명하고, 이론적으로 밝혀진 것을 실제에 응용하는 작업이 학문발전의 필수적 관건이다. 이러한 측면에서 1980년까지 측정과 평가에 기초가 되는 전문적인 이론서가 나타나지 않은 것은 매우 의외라고 할 수 있다.

교육평가학이 학문으로서 정체성을 드러내기 시작한 것은 1983년에 교육평가학회가 창립되고 1986년에 『교육평가연구』 학술지가 발간되면서부터이다. 1986년 『교육평가연구』 창간호에서 새로운 신뢰도 개념으로 일반화 가능도 이론이 허경철에 의하여 소개되고, 이종성이 문항반응이론을 고전검사이론과 비교한 연구, 이종승이 다양한 프로그램 평가모형을 비교한 연구, 그리고 1987년 학술대회에서 안창규가 문항반응이론을 체계적으로 발표한 연구 등은 그때까지의 교육평가학 역사에서 새로운 연구영역의 존재를 알리는 기능을 수행하였다. 이와 때를 같이하여, 1985년에 이종성 교수가 국내 최초의 측정이론서인『측정이론의 기초』를 편역서로 출판하고, 1988년에는 『일반화가능도 이론』을, 1990년에는『문항반응이론과 응용』을 출판하여, 교육평가학의 학문적 깊이와 응용의 범위에 새로운 시각을 도입하는 역할을 수행하였다. 또한『교육평가연구』학술지에 게재되는 논문들은 검사개발 위주의 고정된 연구경향을 탈피하고, 연구방법, 측정 및 검사, 통계적 방법, 그리고 프로그램 평가의 영역으로 전문화되는 경향을 나타내기 시작하였다.

당시에는 고전검사이론, 일반화가능도이론, 문항반응이론에 대한 우리말 전문서가 없던 시기이다. 그럼에도 기초이론를 다루는 이종성 교수의 저서와 편역서들은 몇 년 뒤에 출판이 중지되었다. 이 같은 현상은 기초이론을 탐구하는 학자들이 학회가 창립된 이후에도 학계에 희소하였다고 할 수 있다. 따라서 우리나라에서 교육평가학이 하나의 학문으로 정체성을 드러낸 시기는 교육평가학회가 창립되고, 「교육평가연구」가 발간된 1980년대 중반이나, 1990년에 이르기까지 학문의 전문화는 학계에 일반화되지 못하였다고 할 수 있다.

1990년대에 이르러 한국의 교육평가학은 새로운 시대를 맞이한다. 1990년 대는 해외에서 학위를 마친 소장학자들이 국내 교육평가학계에 유입된 시기이다. 이들 소장학자들의 학문풍토는 기존의 선배 학자들의 풍토와 매우 다르고 이질적인 것이었다. 첫째는 소장학자들의 전공은 대부분 새로운 측정이론과 통계적 방법에 관한 것이어서, 교육평가라는 큰 틀로 전공을 확인하던 기존의 선배 학자들과 차별적이었다. 둘째는 소장학자들의 논문이나 학술작업들은 수리적 기초를 포함하는 것이어서, 기존의 언어적 서술을 중심으로 한 교육평가학 논문들과는 차별적이었고, 오히려 이종성 교수의 1980년대 저서나 역서와 흐름을 같이 하는 것이었다. 이처럼 기존 학자들의 학풍과의 이질성은 교육평가학의 정체성에 대한 혼란도 일으켰으며, 일부 선배 학자들은 소장학자들의 학문은 교육학이 아니고 수학이나 통계학회에서 다룰 학문이라고 오해하기도 하였다. 그러나 국내와 국외에서의 학문적 훈련을 모두 교육학과에서 받은 이들의 학문을 교육학의 영역이 아니라는 논리는 모순이었다. 동시에 이들 소장학자들의 학술활동은 유사한 학풍의 소유자인 이종성 교수가 1992년에 교육평가학회장을 맡게 됨에 따라 학계에 활기를 불어넣는 역할을 하였다. 또한 교육학내에서 교육심리학, 교육과정학, 교육행정학, 교육사회학 등에 학문적 뿌리를 갖고 교육평가학회에도 참여하던 학자들 중에 상당수가 교육평가학에서 정체성을 상실하였다. 교육평가학에 관한 전문적 훈련을 거치지 않은 다른 전공의 학자들에게 교육평가학은 너무 전문성이 깊은 학문이 되어버린 것이다. 기존 학자들 중에서 교육평가학회에서 계속 활동한 학자들은 교육평가학의 주제로 학위논문을 제출하고, 교육평가학의 주제를 계속 탐구하여 온 학자들 뿐이었으며, 이들은 교육평가학회의 중진 또는 원로학자로 활동을 하였다. 1990년대에 활동을 시작한 학자들은 2000년대에도 계속 학술논문을 발표하는 학문활동을 하고 있으며 교육평가학회의 주류를 형성하고 있다.

Ⅵ. 교육평가학의 과제와 미래

해방 이후 우리나라에 도입된 교육평가학은 일반 교육학자들과 학교교육 현장의 교사들에게 가시적인 활동을 전개하면서 한국 교육학의 주류라고 할 만큼 영향력을 가졌던 것으로 이 연구에서 나타나고 있다. 그러나 교육평가학은 1980년에 이르기까지 근 30여 년간 객관식 검사 및 표준화 검사 개발을 중심으로 한 활동이 중심이었고, 학술활동이기 보다는 검사개발 사업에 더 치중하였다고 할 수 있다. 이미 50년대에 검사개발과 관련된 이론적인 연구를 시도한 노력들이 있었고, 또한 당시의 학술활동도 교육학의 다른 영역에 비하여 왕성한 편이었다. 60년대에 들어서면서부터 1980년까지 약

20년 동안 교육평가학의 연구들은 오히려 위축되고 사업 중심의 검사개발 활동이 주류를 차지한 점을 간과할 수 없다. 또한 일반 학술활동들도 오로지 대학의 교직과 교재로서『교육평가』라는 제목의 저서만 너도 나도 저술하는 관행이 주류를 형성하였다. 이러한 학문경향은 교육학 내의 다른 영역의 학자들과 교사들에게 교육평가학이란 곧 검사개발이 전부라는 인식을 심어 주었다. 또한 학교현장에서의 검사활용방법은 학생평가를 위한 목적에 치중하는 경향으로 경도됨에 따라, 시험은 곧 경쟁이며, 객관식 검사만이 신뢰롭고, 숫자는 언제나 정확하고, 또한 시험점수의 결과는 시험의 주체인 학생만의 책임이라는 오해를 불러 일으킨 책임과 반성이 오늘날 교육평가학자들 사이에 인식되고 있다(강승호 외, 1996). 또한 시험에 대한 오해와 편견, 그리고 우리 사회에 팽배한 학력 중심의 경쟁적 요소들은 오히려 교육평가학의 현실적 활용을 차단하는 상황에 도달하였다. 국민교육을 담당하는 초등학교에서 학생의 행동발달을 객관적으로 측정하는 모든 시험이 사라졌으며, 중등학교에서는 학생들의 균형 있는 행동발달을 진단하기 위한 평가보다는 대학입시 중심의 학생평가만 남는 형국이 되었다.

다른 한편에서 교육평가학은 우리나라 교육의 과학화를 위하여 공로를 쌓은 점도 지대하다. 우리나라에 교육평가학이 존재하지 않았다면, 한국의 교육학은 교육적 의사결정에서 참고해야 할 객관적 증거도 없이 주관과 통찰에만 의존하여 중요한 정책을 결정하는 관행을 지속하였을 것이다. 오늘날도 현대 학문의 조류 속에서 교육학자들이 다른 학문영역에 비하여 객관적이고 과학적 정보에 기초하지 않고 의사결정을 하는 관행에 익숙한 것을 상대적으로 흔히 관찰할 수 있다. 이러한 일반 교육학 성향은 교육문제의 해결에 기여하는 학문으로서의 위상과 정체성에서 위기를 맞이하는 면도 적지 않다. 오늘날 우리나라의 일반 국민이나, 여러 전문영역에서 활동하는 전문가들은 교육문제에 대한 해답을 교육학자에게서 얻을 수 있다는 기대감을 상실하고 있다는 것이 연구자의 입장이다.

학교현장에서의 교육적 의사결정과, 국가 교육정책의 의사결정과정, 그리고 사회 전반에서 이루어지는 수많은 교육활동이 표류하고 우리 사회에 교육문제와 관련된 혼란이 증폭되는 현상은 교육평가학의 전문성 그리고 교육평가학자들의 활동과 밀접한 관련이 있다. 즉, 학교현장의 의사결정 과정에서 교육평가학적 지식과 정보가 적절히 반영되기 위하여는 교육평가학의 전문성을 다른 영역의 전문가로부터 인정받을 필요가 있는 것이다. 내 학문이 중요하다고 나만 외치는 것은 메아리에 머물 것이기 때문이다. 실제로 오늘날 한국교육학회의 각 분과학회에서 활동하는 교육학자들이 다른 분과학회와 소속을 겸하기 가장 어려운 학회는 한국교육평가학회라고 할 수 있다. 이러한 현상이 고착화되는 것은 한국교육평가학회의 연구 활동이 전문화된 때문이라고 할 수도 있으나, 다른 한편에서는 한국 교육학에 기여하는 통로가 단절된다는 위기도 인식할 필요가 있다. 즉, 다른 교육학 분야의 학자들이 교육평가학자의 연구내용을 수용하지 못하고, 교육평가학의 연구 성과가 측정학적으로나 방법론적으로 그들의 연구를 자극하지 못한다면, 교육평가학은 교육학으로서의 생명을 잃기 때문이다. 교육학의 모든 학문영역은 다른 영역의 연구활동에 자극을 주고 받을 때에 존재가치를 인정받고 학문적 생명력이 강화되는 것이며, 교육문제의 해결에 기여할 것이다. 이러한 학문간 상호보완 및 공존구조에서 교육평가학도 예외는 아니다.

이러한 맥락에서 교육평가학자들은 자신의 전문성을 일반 교육학자들이 접할 수 있는 연구 영역에 확대할 필요가 있다. 즉 국내 교육학계에서 진행되고 있는 수많은 연구들이 게재되는 학술지를 탐독하고, 그 연구들의 연구문제와 분석하는 자료 구조의 특성에서 발견할 수 있는 방법론적 문제와 측정학적 문제를 논의하는 학술논문을 해당 학술지에 게재하는 활동을 전개할 필요가 있는 것이다. 동시에 일반 교육학자들이 방법론적, 측정학적 문제를 이해할 수 있는 수준으로 서술하려는 노력이 필요하다.

둘째, 교육평가학의 위상은 측정학적 문제에서 아직 견고하다고 할 수 있다. 즉, 모든 성취도 평가, 대학 수학능력검사의 개발, 각종 교육·심리검사 개발 연구과제들의 우선 연구인력은 교육평가학자들이다. 이들 영역에서 교육평가학자들은 진정한 전문성을 발휘할 필요가 있으며, 그 전문성을 입증할 필요가 있다. 교육평가학이 도입되는 벽두부터 검사개발사업은 교육평가학자들의 중심사업이었다. 그러나 오늘날 교육평가학자들 중에서 검사개발에 경험이 있는 학자들은 그리 많지 않으며, 또한 이론적으로 충실하고, 검사개발 작업의 체험적 소산을 누적하며, 개발된 검사의 추수 연구들을 진행하는 경우는 매우 희소하다. 또한 검사개발과정에서 기존의 검사문항들을 베끼고, 단기간에 수집된 문항들을 편집하는 작업만으로 검사를 완성하는 경우들이 국내에 팽배해 있는 풍토를 변혁하는데 앞장서야 할 전문가 집단은 교육평가학자들이다. 이러한 점에서 현재 국내에서 판매되는 검사들에 대한 평가사업을 진행하고 인정제를 도입하는 한국심리학회의 활동에 참여할 필요가 있다.

셋째, 모든 고급학문의 기초는 측정의 문제임을 교육학계에 홍보할 필요가 있다. 지난 역사에서 교육평가학자들은 측정의 문제를 홍보하는 데는 성공적이었으나, 교육적 의사결정에서 정확한 측정에 의한 자료가 활용되어야 한다는 입장이 강조되어 마치 수량적 정보만이 신뢰할 수 있다는 오해를 불러 일으킨 경험을 갖고 있다. 따라서 정확한 측정량과 바람직한 의사결정 구조와의 관계에 대한 깊이 있는 논의를 통하여, 신뢰롭고 타당한 측정량이 교육적 의사결정에 보완 역할을 해야 함을 강조할 필요가 있다. 즉, 단순히 측정학적 방법을 강조하기 보다는 교육적 의사결정에 기여하는 학문으로서의 측정학을 강조할 필요가 있다.

넷째, 교육 현안문제에 대하여 교육평가학자들은 적극적으로 개입할 필요가 있다. 현재 우리나라 교육문제의 질곡에서 자유로운 국민은 없을 것이다. 예를 들어, 고교 평준화 제도, 대학입시, 사교육비, 7차 교육과정, 학교평가 및 시 · 도 교육청 평가, 평생교육, 영재교육을 포함한 특수교육 등 수많은 영역에서 교육문제는 사회문제화 되고 있으며, 이들 현안에 대한 정책들이 타당한 과학적 정보에 기초하지 않는 경우를 발견할 수 있다. 다양한 교육현안 문제를 연구문제로 정련화하고, 연구문제에 응답하기에 적절한 자료의 수집을 촉구하고 분석방법을 제시하는 활동을 적극적으로 펼칠 필요가 있다. 우리나라의 교육정책에 가장 영향을 많이 미치는 연구물들은 한국교육개발원, 한국교육과정평가원, 한국직업능력개발원, 한국평생교육원, 한국청소년상담원 등에서 수행하는 연구과제들이다. 이들 기관에서 수행하는 연구과제에서 교육평가학자들의 전문성 수요는 매우 높다고 할 수 있다.

끝으로, 가진 것이 있어야 남에게 줄 것이 있는 것이다. 교육평가학자들이 측정학적, 통계학적, 평가적 전문성을 높이는 고유 학문 활동을 강화하지 않으면, 우리의 전문성은 퇴색할 수 있다. 학문에서의 전문성을 높이는 작업은 노동과 시간의 투여가 요청되는 일이다. 교육평가학자들의 전문성을 요청하는 수요가 많은 가운데서 고유의 전문성을 높이는 활동을 수행하는 것은 분명 쉽지 않은 일이다. 이 쉽지 않은 일을 해야만 하는 사람들이 교육평가학자들이며, 이런 점에서 교육평가학자들은 우리 교육과 교육학에 대한 사명감을 고취할 필요가 있다. 또한 교육평가학의 미래가 이 시대를 사는 교육평가학자들의 활동에 달려 있다는 것은 자명하다.

참고문헌

1. 교육학사 관련 참고문헌

김인회(1983), 『교육과 민중문화』, 서울: 한길사.

서울대학교 사범대학 교육학과 50년사 편찬위원회(1997), 『서울대학교 사범대학 교육학과 50년사』, 서울: 서울대학교 사범대학 교육학과.

손인수(1998), 『한국교육사연구 하』, 서울: 문음사.

연세대학교 교육학과 50주년 기념행사 준비위원회(2000), 『연세 교육학 50년』, 서울: 연세대학교 교육학과.

연세대학교백년사 편찬위원회(1985), 『연세대학교 백년사: 1885~1985』, 서울: 연세대학교 출판부.

오인탁·김난수·김인회·이형행·이종성·이성호·한준상(1993), 『한국고등교육개혁의 과제와 전망』, 서울: 양서원.

이종성(1993), 「7장. 교육평가연구회의 분화와 성장」, 한국교육학회(편), 『교육탐구

의 세월: 한국 교육학회 40년사』, 서울: 한국교육학회.

정범모(1994), 「교육학구의 여정: 그 발전을 위한 회고와 전망」, 이성진(편), 『한국
　　교육학의 맥』, 서울: 나남출판.

정충량(1967), 『이화팔십년사: 창립기념』, 서울: 이화여대출판부.

중앙교육연구원(1979), 『교육논저 종합색인: 국내편』, 서울: 중앙교육연구원.

중앙교육평가원 편, 『교육통계연보』, 서울: 교육부.

한국교육개발원(1984), 『교육혁신 그 십년』, 서울: 한국교육개발원.

한국교육학연구사 편집위원회(1973), 『한국교육학 연구사: 1945~1972』, 서울: 한
　　국교육학회.

한국교육학회(1973), 『한국교육학회 20년사』, 서울: 한국교육학회.

황응연・권오익・이성진・황정규・박준희(1973), 「교육심리분야」, 한국교육학회
　　(편), 『한국교육학연구사: 1945~1972』, 97~136쪽.

황정규(1994), 「교육평가: 성취와 도전」, 이성진(편), 『한국 교육학의 맥』, 서울:
　　나남출판.

2. 시대별 참고문헌
1) 1945년~1960년
① 단행본

김용기(1957), 『敎育評價』, 서울: 고려출판사.

김재은(1959), 『初級敎育統計法』, 서울: 배영사.

정범모(1955), 『敎育評價』, 서울: 풍국학원.

정범모(1956), 『敎育心理・統計的 方法』, 서울: 풍국학원.

정범모・전용신・김기석・김호권・김재은(1960), 『敎育評價』, 서울: 대한교육시
　　보사.

② 학술논문

강경애(1956), 「중학교 영어과 교육목표 달성도 평가」, 한국교육학회 제9회 월례발표
　　회.

김기석(1957), 「학업성취의 결정요인에 관한 일 고찰」, 한국교육학회 제23회 월례발
　　표회.

김동연(1959), 「입시학력의 예언적 타당도」, 한국교육학회 제38회 월례발표회.

김란수・김해옥(1955), 「국민학교용 지능검사의 표준화」, 한국교육학회 제4회 월례

발표회.

김재은(1957), 「多要因 精神檢査의 豫備的 一研究」, 서울대 석사학위논문.

김호권(1956), 「중학교 국어과 교육목표 달성도 평가」, 한국교육학회 제9회 월례발표회.

박붕배(1960), 「國語 敎育評價 中에서 學力測定의 硏究」, 성균관대 석사학위논문.

오기형(1955), 「대학전형방법에 관하여」, 한국교육학회 제5회 월례발표회.

장근호(1956), 「서울 사범학생의 지능상태」, 한국교육학회 제8회 월례발표회.

전용신(1958), 「학력측정에 관한 일 연구」, 한국교육학회 제35회 월례발표회.

전용신(1959), 「국민학교 5.6학년 학력검사의 결과처리보고」, 한국교육학회 제44회 월례발표회.

정원식(1956), 「기수사칙계산의 상대적 곤란도 및 오진」, 한국교육학회 제10회 월례발표회.

황응연(1954), 「T.A.T. 에 의한 청년기 학생의 일반적 특성, 욕구 및 불만에 관한 연구」, 『서울대 사대학보』.

황정규(1959), 「適性檢査의 要因的 構造에 관한 硏究」, 서울대 석사학위논문.

황정규(1960), 「적성검사의 요인구조에 관한 연구」, 한국교육학회 제60회 월례발표회.

Kesely(1957), 「Testing and Evaluation of Children」, 한국교육학회 제20회 월례발표회.

2) 1961년-1980년

강봉규(1976), 「Rorschach Test에 있어서 지능 및 성격에 따른 운동반응의 경향」, 『교육학연구』 14(3), 38~48쪽.

강봉규(1977), 「Bender-Gestalt Test에 의한 정서 불안정아의 반응경향」, 『교육학연구』 15(2), 27~41쪽.

강봉규(1978), 「Rorschach Test 에 의한 정서 불안정아의 반응경향」, 『교육학연구』 16(2), 50~60쪽.

강봉규(1979), 「Sociometric Test 결과와 Rorschach 반응과의 관계」, 『교육학연구』 17(2), 53~64쪽.

강상조(1971), 「검사의 시간제한 및 speed와 power양에 따른 신뢰도의 가변성에 관한 연구」, 『교육학연구』 9(2), 54~64쪽.

김노현(1966), 「학습평가: 국어과 성적평가에 있어서의 선택형 평가와 서답형 평가의 비교연구」, 『국어교육』 12, 111~124쪽.

김순택(1969), 「반응양식이 성격검사 결과에 미치는 영향」, 『교육학연구』 7(2), 60~

73쪽.

김태련(1963), 「Picture-Frustration Test에 의한 정상청년과 부적응 청년과의 비교연구」, 『교육학연구』 1, 19~29쪽.

김한배(1963), 「산수과 학습평가에 관한 고찰」, 『수학교육』 1(2), 33~37쪽.

김현용(1979), 「국민학교 국어과 학습평가에 관한 고찰(페이퍼 테스트의 신뢰성 검토)」, 『새국어교육』 1, 3~4쪽.

김호권(1973), 「학교 평준화와 교육효과: 교수·학습 과정의 측면에서」, 『교육학연구』 11(2), 18~24쪽.

박도순(1967), 「대학입학시험의 대학 학업성적 예언 타당도에 관한 비교연구」, 『교육학연구』 5(2), 59~66쪽.

변창진(1969), 「자기이행의 개선에 영향 미치는 검사결과의 통지방법」, 『69 학술발표초록』 5~6쪽.

변홍규(1976), 「A methodological analysis of ecological approach to human behavior」, 『교육학연구』 14(1), 98~112쪽.

신규철(1966), 「학습평가: 문장종류에 따른 이상적인 평가방안」, 『국어교육』 12, 125~142쪽.

염태호(1969), 「로-르샤히 검사의 지극기에 관한 연구 - 정상인과 정신분열증 환자를 중심으로」, 『한국심리학회지: 임상』 2(1), 25~40쪽.

원호식(1969), 「사회병질적 성격형성의 역동적 요인연구 - 검둥이 검사의 실험적 사용을 통하여」, 『한국심리학회지: 임상』 2(1), 11~19쪽.

원호택(1969), 「KAPS 검사제작에 관한 연구」, 『한국심리학회지: 임상』 2(1), 3~10쪽.

원호택·원호식(1967), 「헛트 개정판 B-G 검사에 나타난 행동화 집단(Acting-out Group)의 특성들 - 헛트 개정판 B-G 검사의 타당도 연구」, 『한국심리학회지: 임상』 1(1), 21~25쪽.

윤희준(1963), 「국민학교 교사의 직업성과의 예언요인에 관한 일 상관연구」, 『교육학연구』 1, 110~121쪽.

이은해(1979), 「학교준비도 검사 표준화를 위한 조사연구」, 『교육학연구』 17(1), 49~60쪽.

임인재(1975), 「아동용 성격검사의 제작과 요인구조의 분석」, 『교육학연구』 13(2), 40~53쪽.

장석우(1966), 「출제방법이 학습효과에 미치는 영향에 관한 실험적 연구」, 『교육학연구』 4, 31~45쪽.

전용신(1968), 「주제논문: 한국검사들의 문제점」, 『한국심리학회지: 일반』 1(1),
1~4쪽.

정우현(1973), 「Strong식 직업흥미 검사의 문화·지역적 비교연구」, 『교육학연구』
11(1), 79~106쪽.

정원식(1967), 「연구보고서 작성요강」, 『교육학연구』 5(2), 77~83쪽.

정원식·김순택(1968), 「심리검사에 있어서의 반응양식」, 『교육학연구』 6(1), 35~
41쪽.

조대경(1967), 「임상심리진단에 있어서의 관찰과 검사」, 『한국심리학회지: 임상』
1(1), 9~13쪽.

황정규(1963), 「적성검사의 요인구조에 관한 연구」, 『교육학연구』 1, 2~18쪽.

황정규·이정애(1976), 「아동의 언어발달에 미치는 변인의 인과분석: 회로분석의
시도(path analysis)」, 『교육학연구』 14(1), 19~29쪽.

Jordan, J. J.·Horn, H.·김영채(1973), 「단면이론적 접근방법을 통한 태도의 연구」,
『교육학연구』 11(1), 26~36쪽.

3) 1981년-1990년

① 단행본

김영채(1983), 『측정평가총론』, 서울: 교육과학사.

김영채(1983, 1989), 『통계학』, 서울: 중앙적성출판부.

김종서·임인재(1984), 『교육연구법 및 통계』, 서울: 교육출판사.

박도순(1984), 『교육평가: 수업 프로그램 평가를 중심으로』, 서울: 배영사.

박정식·윤영선(1980), 『통계학개론』, 서울: 다산출판사.

배호순(1990), 『평가의 원리: 프로그램 평가를 중심으로』, 서울: 교육과학사.

송인섭(1989), 『심리·교육·사회 연구방법의 이해』, 서울: 성원사.

이은진·강상조(1983), 『교육평가·교육통계』, 서울: 갑을출판사.

이종성(1983), 『교육·심리 통계방법』, 서울: 박영사.

이종성(1985), 『측정이론의 기초』, 서울: 중앙적성출판사.

이종성(1988), 『일반화가능도이론』, 서울: 연세대학교 출판부.

이종성(1990), 『문항반응이론과 응용』, 서울: 대광문화사.

이종승(1984), 『교육연구법』, 서울: 배영사.

임인재(1983), 『심리측정의 원리』, 서울: 교육출판사.

장석우·허형(1981), 『절대기준평가의 이론과 실제』, 서울: 교육과학사.

전윤식·안창규(1983, 1986),『통계적 방법』, 서울: 교육출판사.
황정규(1984),『학교학습과 교육평가』, 서울: 교육과학사.

② 학술논문
강상조(1989),「체육계 실기고사의 합리적 방법과 문제」, 교육평가학회 제6회 학술발
　　표대회.
김양분(1989),『일반화가능도이론의 응용연구』, 연세대 박사학위논문.
김재은(1987),「심리검사 활용의 윤리와 인간화」, 교육평가학회 제4회 학술발표대회.
김충회(1984),「대학입시에서의 논술식 고사」, 교육평가학회 제1회 학술발표대회.
김호권(1984),「논술식고사와 객관식고사의 교육적 의의」, 교육평가학회 제1회 학술
　　발표대회.
남진우(1984),「국민학교 자연과의 논술식 고사」, 교육평가학회 제1회 학술발표대회.
박도순(1984),「논술식 고사의 출제와 채점방안」, 교육평가학회 제1회 학술발표대회.
박도순(1986),「교육과정 및 교육프로그램 평가」, 교육평가학회 제2회 학술발표대회.
박도순(1989),「대학별 필답시험의 합리적 방법과 문제점」, 교육평가학회 제6회
　　학술발표대회.
박부권(1989),「대입학력고사의 출제와 활용문제」, 교육평가학회 제6회 학술발표대회.
박종렬(1986),「대학기관 평가연구의 과제와 전망」, 교육평가학회 제2회 학술발표
　　대회.
배호순(1987),「지능검사의 발전과제와 전망」, 교육평가학회 제4회 학술발표대회.
백용덕(1987),「표준화 흥미검사의 검토와 논리」, 교육평가학회 제4회 학술발표대회.
변창진(1986),「학력평가」, 교육평가학회 제2회 학술발표대회.
변창진(1989),「면접고사」, 교육평가학회 제6회 학술발표대회.
서정화(1986),「교육정책 측면에서 본 평가연구」, 교육평가학회 제2회 학술발표대회.
송인섭(1987),「심리검사의 탐구논리」, 교육평가학회 제4회 학술발표대회.
안창규(1987),「교육 및 심리검사에서 문항반응이론의 성격과 그 적용성」, 교육평가
　　학회 제4회 학술발표대회.
윤진희(1984),「고등학교 사회(1)의 논술식 고사」, 교육평가학회 제1회 학술발표대회.
이종성(1986),「교육심리 측정의 이론의 과제와 전망: 고전검사이론과 문항반응이
　　론」, 교육평가학회 제2회 학술발표대회.
이종승(1987),「표준화 심리검사의 양호도 분석」, 교육평가학회 제4회 학술발표대회.
이종승(1989),「대학교육 적성검사의 개념화」, 교육평가학회 제6회 학술발표대회.

이칭찬(1987), 「심리검사에서 컴퓨터 활용 가능성」, 교육평가학회 제4회 학술발표
　　대회.

임인재(1986), 「국제학력평가 비교연구」, 교육평가학회 제2회 학술발표대회.

임인재(1989), 「지역간 학군간 학력격차의 발표」, 교육평가학회 제6회 학술발표대회.

장석우(1987), 「학력검사의 발전과제와 전망」, 교육평가학회 제4회 학술발표대회.

장석우(1989), 「고교내신제도 개선방안」, 교육평가학회 제6회 학술발표대회.

최창호(1984), 「국민학교 국어과 논술식 고사」, 교육평가학회 제1회 학술발표대회.

한종철(1987), 「적성검사의 발전과제와 전망」, 교육평가학회 제4회 학술발표대회.

허경철(1986), 「연구방법의 새로운 동향과 전망: 신뢰도에 관한 새로운 입장」, 교육평
　　가학회 제2회 학술발표대회.

황진자(1984), 「중학교 가정과의 논술식 고사」, 교육평가학회 제1회 학술발표대회.

4) 1991년 이후
① 단행본
■ 연구방법론

김석우(1997), 『교육연구법』, 서울: 학지사.

김아영(2000), 『관찰연구법』, 서울: 교육과학사.

김정환(1999), 『교육연구 및 통계방법』, 서울: 원미사.

김정환(2003), 『교육연구 및 통계방법』, 서울: 원미사.

박도순(2000), 『문항작성방법론』, 서울: 교육과학사.

변창진·문수백(1996), 『실험설계 분석의 이해와 활용』, 서울: 학지사.

성태제(1998), 『교육연구방법의 이해』, 서울: 학지사.

성태제(2002), 『현대교육평가』, 서울: 학지사.

송인섭(1997), 『연구방법론』, 서울: 상조사.

이종성(1996), 『교육연구의 설계와 자료분석』, 서울: 교학연구사.

이종성(2001), 『델파이 방법』, 서울: 교육과학사.

이종승(2001), 『연구논문 작성법』, 서울: 교육과학사.

임인재(1993), 『논문작성법: 인문 사회편』, 서울: 서울대학교 출판부.

■ 교육평가

강승호·김명숙·김정환·남현우·허숙(1996), 『현대 교육평가의 이론과 실제』,
　　서울: 양서원.

강승호·김명숙·김정환·남현우·허숙(1999),『현대 교육평가의 이론과 실제』, 서울: 양서원.

김영채(1996),『현대통계학: 교육 심리』, 서울: 부영사.

성태제(2002),『현대교육평가』, 서울: 학지사.

이순묵(2002),『사회과학을 위한 측정의 원리』, 서울: 학지사.

임승권·임인재(1995),『교육평가』, 서울: 한국방송통신대학교 출판부.

임인재(1999),『심리측정의 원리』, 서울: 교육과학사.

황정규(1998),『학교학습과 교육평가』, 서울: 교육과학사.

■ 수행평가

남명호(2003),『수행평가: 기술적 측면』, 서울: 교육과학사.

남명호·김성숙·지은림(2000),『수행평가: 이해와 적용』, 서울: 문음사.

배호순(2000),『수행평가의 이론적 기초』, 서울: 학지사.

백순근(1998),『수행평가의 이론과 실제』, 서울: 원미사.

백순근(2000),『수행평가의 원리』, 서울: 교육과학사.

백순근(2002),『수행평가: 이론적 측면』, 서울: 교육과학사.

허경철(2000),『수행평가와 교과교육』, 서울: 한국교원대학교 출판부.

■ 문항제작방법·심리검사

김신영(2003),『유아교육 현장에서 교사가 직면한 어려움 측정도구 개발 및 평가』, 서울: 양서원.

김정환(2001),『분산분석의 이해』, 서울: 교육과학사.

문수백·변창진 편(1997),『교육심리 측정도구 K-ABC: K-ABC 실시 채점요강』, 서울: 학지사.

문수백·변창진 편(1997),『교육심리 측정도구 K-ABC: K-ABC 해석요강』, 서울: 학지사.

박광배(1995),『WPPSI-R 지침서』, 서울: 특수교육.

박도순(2000),『문항작성방법론』, 서울: 교육과학사.

성태제(1996),『문항제작 및 분석의 이론과 실제』, 서울: 학지사.

이순묵(1995),『설문 시험 검사의 제작 및 사용을 위한 표준』, 서울: 학지사.

■ 측정학

김성숙·김양분(2001),『일반화가능도 이론』, 서울: 교육과학사.

김신영(2001), 『차별적 문항기능의 추출방법』, 서울: 교육과학사.

남현우(2001), 『검사동등화 방법』, 서울: 교육과학사.

박광배(2000), 『다차원척도법』, 서울: 교육과학사.

백순근(2001), 『컴퓨터 적응검사』, 서울: 교육과학사.

백순근·채선희(1998), 『컴퓨터를 이용한 개별적응검사: 교육 및 심리검사를 위한
        새로운 방법』, 서울: 원미사.

성태제(1991), 『문항반응이론입문』, 서울: 양서원.

성태제(2001), 『문항반응이론의 이해와 적용』, 서울: 교육과학사.

윤영선(1993), 『문항의 차별기능을 추출하는 통계적 방법들』, 서울: 윤영선 발행.

지은림·채선희(2000), 『Rasch 모형의 이론과 실제』, 서울: 교육과학사.

■ 통계적 방법

강상진(2002), 『회귀분석의 이해』, 서울: 교육과학사.

김아영·김태련 역(1998), 『통계분석법의 이해』, 서울: 학문사.

김정환(2001), 『분산분석의 이해』, 서울: 교육과학사.

김현철(2000), 『표본추출법』, 서울: 교육과학사.

문수백(1997), 『실험연구: SPSS를 이용한 자료의 분석 해석』, 서울: 학지사.

박광배(1999), 『변량분석과 회귀분석』, 서울: 학지사.

박광배(2000), 『다변량분석』, 서울: 학지사.

변창진·문수백(1999), 『실험설계·분석의 이해와 활용』, 서울: 학지사.

성태제(2000), 『현대 기초통계학의 이해와 적용: 사회 경험과학: SPSS/PC+한글SPSS
        윈도즈』, 서울: 양서원.

송인섭(1997), 『통계학의 이해』, 서울: 학지사.

송인섭(2001), 『통계학의 기초』, 서울: 학지사.

오성삼(2002), 『메타분석의 이론과 실제』, 서울: 건국대학교 출판부.

윤영선(2000), 『상관분석』, 서울: 교육과학사.

윤영선·박정식(2002), 『현대통계학』, 서울: 다산출판사.

이기종(2000), 『구조방정식 모형』, 서울: 교육과학사.

이순묵(1990), 『공변량 구조분석』, 서울: 성원사.

이순묵(1995), 『요인분석 1』, 서울: 학지사.

이순묵(2000), 『요인분석의 기초』, 서울: 교육과학사.

이종성·강계남·김양분·강상진·이은실(2001, 2002), 『사회과학연구를 위한 통

계방법』, 서울: 부영사.

임시혁(2002), 『공분산분석의 이해와 적용』, 서울: 교육과학사.

임인재 · 김신영 · 박현정(2003), 『교육 · 심리 · 사회연구를 위한 통계방법』, 서울: 학연사.

■ 프로그램 평가

박도순 · 홍후조(1999), 『교육과정과 교육평가』, 서울: 문음사.

배호순(1991), 『수업평가: 수업효과 증대를 위한 평가적 접근』, 서울: 양서원.

배호순(2000), 『교육과정 평가논리의 탐구. 학교교육과정 평가방법론 서설』, 서울: 교육과학사.

배호순(2001), 『프로그램평가론』, 서울: 교육과학사.

오성삼(1996), 『교육과정 및 평가의 이해』, 서울: 양서원.

② 학술논문

■ 다층분석

강상진(1995), 「다층통계모형의 방법론적 특성과 활용방법」, 『교육평가연구』 8(2), 63~94쪽.

강상진(1996), 「이원다층모형과 EM 계산법에 의한 최대우도추정」, 『교육평가연구』 9(1), 31~62쪽.

강상진(1998), 「교육 및 사회연구를 위한 연구방법으로서 다층모형과 전통적 선형모형과의 비교분석 연구」, 『교육평가연구』 11(1), 207~258쪽.

강상진 · 정혜경(2002), 「다층모형에서 예측변수 척도의 중심점 교정과 모수 추정치의 변화」, 『교육평가연구』 15(2), 21~42쪽.

김경성(1991), 「다층자료분석에 관한 연구」, 『교육평가연구』 4(1), 5~21쪽.

임시혁(1991), 「다층모형에 의한 종단적 학교효과 연구」, 『교육평가연구』 4(1), 217~238쪽.

조세현(1998), 「Muthen의 다층구조모형과 학교연구를 위한 응용방법」, 『교육평가연구』 10(2), 25~299쪽.

강상진 · 이명애(2002), 「비선형 다층모형에 의한 검사문항반응 분석방법」, 『교육평가연구』 15(1), 273~294쪽.

■ 문항반응이론

박정(1999a), 「검사의 길이, 반응 범주의 개수, 피험자의 수 및 피험자 능력분포에

따른 다분문항반응이론 모형의 문항모수 추정치의 정확도」, 『교육평가연
구』 12(1), 195~218쪽.

박정(1999b), 「다분문항반응이론 모형의 능력모수 추정치의 편파도 감소를 위한
모수 추정방법」, 『교육평가연구』 12(2), 17~42쪽.

설현수(1998), 「추측 및 부주의 문항반응유형에 대한 Rasch 모형을 적용한 5가지
피험자 표준화 적합도 지수의 민감도 분석」, 『교육평가연구』 11(1), 301~
317쪽.

성태제·김경희(1993), 「문항수, 문항난이도, 문항변별도 변화에 따른 신뢰도 계수
와 검사정보함수의 변화」, 『교육평가연구』 6(2), 123~154쪽.

송미영·이연우·김성호(1995), 「문항반응론에서 모수 불변성 및 피험자 능력모수
의 재고찰과 고전검사이론에서 총점방식의 위험성」, 『교육평가연구』 8(1),
183~209쪽.

■ 구조방정식

설현수(2002), 「구조방정식 모형을 이용한 집단 간 요인구조 비교성 검증」, 『교육평
가연구』 15(1), 317~343쪽.

이기종(1992), 「구조방정식 모형에서 모수치 추정방법에 관한 Monte Carlo 연구」,
『교육평가연구』 5(2), 167~200쪽.

이순묵·이도형(1996), 「구조방정식모형에서 조절변수효과의 검증 및 이론단계적
회귀분석」, 『교육평가연구』 9(2), 95~126쪽.

■ 일반화가능도 이론

김성숙(1992), 「관찰체계에 있어 측정의 변동요인 분석 - 관찰자 합치도, 안정도,
일반화 가능도 비교」, 『교육평가연구』 5(1), 37~56쪽.

김성숙(1995), 「논술문항 채점의 변동요인 분석과 일반화가능도 계수의 최적화
조건」, 『교육평가연구』 8(1), 35~57쪽.

■ 프로그램 평가

권순달(1997), 「교사교육 프로그램 평가 모형의 검증」, 『교육평가연구』 15(1), 43~
74쪽.

배호순(2002), 「프로그램논리에 입각한 학교교육과정 평가논리체계의 정립」, 『교육
평가연구』 15(2), 43~70쪽.

교육공학 연구

김 영 수

I. 서 론

교육공학(Educational Technology)은 미국을 중심으로 시작된 신진 학문으로써, 1920년대에 등장한 시각교육에서 출발하였으며 그 역사는 80여 년에 달한다. 시각교육은 시청각 교육, 시청각 통신으로 발전되었고, 1960년대에 이르러 교육공학이라는 개념이 대두되기 시작하였다. 교육공학의 개념은 "학습을 위한 과정과 자원의 설계, 개발, 활용, 관리 및 평가에 관한 이론과 실제"로 정의되고 있다(Seels & Richey, 1994; 김영수 외, 1995).

한국에서 교육공학의 역사는 그 전신인 '시청각 교육'의 개념이 우리나라에 도입된 1950년대 초기부터 시작되었다. 시청각 교육의 도입은 한국전쟁 중인 1951년에 부산에서 학교 교실수업의 대안으로 영화관을 이용하여 "영화교실운동"을 실시한 것이 계기가 되었다. 1960년대에는 시청각 교육의 중요성이 강조되어 교육현장에서 시청각 기자재의 보급과 활용이 촉진되었으며, 1970년대에 들어서면서 교육공학의 학문적인 발달에 따라 시청각 교육은 교육공학으로 점차 바뀌게 되었다.

본격적으로 교육공학이 학문분야로서 우리나라에 정착되고 연구활동이 이루어지기 시작한 것은 1985년에 한국교육공학회가 설립되고 학회지인 『교육공학연구』가 발간된 이후부터이다. 이어 1995년에 교육공학분야의 유관 전문학회인 한국교육정보방송학회가 창설되고, 이어 학회지 『교육정보방송연구』가 발간됨으로써 교육공학 연구활동은 한층 활성화되었다. 한국교육정보방송학회는 2004년 학회와 학술지의 명칭을 학문적 발전에 부응하여 각각 한국교육정보미디어 학회와『교육정보미디어연구』로 변경하였다. 한국교육학 분야의 한 영역으로서 교육공학은 지난 50여 년간에 걸쳐 발전해 왔으며, 특히 전문 학술지를 중심으로 왕성한 연구활동이 이루어져 교육공학 연구에 대한 지식기반을 축적해왔다.

다음에서는 한국 교육공학의 연구동향을 전문 학술지에 발표된 연구논문을 중심으로 고찰하여 연구의 주요 이슈를 살펴보는 한편, 연구결과와 시사점을 논의하고자 한다. 나아가, 국내 교육공학 연구동향을 고찰함으로써, 한국 교육공학의 학문적 성격을 조명하고, 향후 지향해야 할 연구방향을 모색하고 자 한다.

II. 한국 교육공학의 연구동향

본고에서는 한국 교육공학 연구의 동향을 분석하기 위해서 교육공학자들의 논문이 발표되고 있는 전문 학술지인『교육공학연구』,『교육학연구』,『교육정보방송연구』를 중심으로 1963년부터 2002년까지 실시된 교육공학 연구물을 그 대상으로 하였다. 즉, 연구동향 분석의 대상으로 1963년부터 2002년 사이에『교육학연구』에 발표된 교육공학 관련 연구물 88편, 1985년부터 2002년 사이에『교육공학연구』에 게재된 연구물 350편, 그리고 1996년부터 2002년 사이에『교육정보방송연구』에 발표된 연구물 106편, 총 544편을 사용하였다.

다음으로 교육공학 연구의 동향을 교육공학 분야의 주요 연구주제 영역으로 분류하여 먼저, 이들 각 영역에서 실시되어진 연구물을 양적으로 분석하고, 이어 이들 영역에서 제기된 연구 이슈, 연구결과, 시사점 등을 고찰 분석하고자 한다. 연구주제 영역별 분석에 있어서는 시대적인 관점에서 연구동향을 살펴보기 위해서, 1985년 이전, 1980년대 후반기(1985~1989),

1990년대(1990~1999) 그리고 2000년대 초기(2000~2002)의 연대별로 분류하여 논의하기로 한다. 이에 덧붙여 이들 연구들이 사용한 연구방법의 경향을 살펴보기 위해서, 문헌고찰/이론 연구, 실험연구, 조사연구, 사례연구, 교수기법/모형개발 연구 및 질적 연구로 분류하여 살펴보고자 한다.

교육공학 연구의 주제 영역에 대한 분류는 교육공학자들에 의해 다양하게 시도되었으나(유태영, 1990; Thompson et, al., 1992; 김정예, 1994; 김영수・양영선, 1995; 김동식, 1996), 본 연구에서는 이를 종합하여 연구의 주제 영역을 크게 일곱 범주인 교육공학 일반, 교수설계, 교수 - 학습이론, 교수매체, 컴퓨터관련, 교육공학 행정, 기업/산업교육 등으로 분류하였다. 교육공학 연구의 주제 영역 분류 과정에서 내용이 복수 개의 주제영역에 속하여 특정 주제 영역으로 분류하기에 어려운 경우가 종종 있었다. 이러한 경우에는, 해당 연구의 목적과 초점을 고려하여 주제 영역을 특정 영역으로 분류하여 고찰하되, 필요한 경우에는 해당 연구가 관련되어 있는 다른 주제 영역에서도 논의에 포함시키는 것으로 하였다.

교육공학 연구동향을 주제 영역별로 분석하는 것은 지금까지 이루어진 교육공학 연구에서 나타난 주요 관심 영역과 이슈를 검토하고, 이를 통해서 한국 교육공학의 학문적 성격과 정체성 확립을 위한 시사점을 모색한다는 데 그 의의가 있다.

1. 교육공학 일반 영역

교육공학의 특정 하위영역 보다는 전반적인 주제인 학문의 개념 정립과 발전 방향 모색, 교육공학 연구동향을 다룬 연구들을 '교육공학 일반' 연구로 분류하였다. 교육공학 일반 영역에서는 총 544편 중 30편(5.6%)의 연구가 이루어진 것으로 나타났다. 이들 연구를 학술지별로 살펴보면, 『교육공학연구』의 경우 24편, 『교육학연구』에서는 5편, 『교육정보방송연구』에서는 단 1편의 연구가 이루어졌다. 이들 연구를 연대별로 분석한 결과, 1970년대

0편, 1980년대 5편, 1990년대 15편, 그리고 2000년에서 2002년 사이에 10편의 연구가 이루어진 것을 알 수 있었다. 다음에서는 교육공학 일반 영역에서 이루어진 연구동향을 주요 연구 내용과 결과를 중심으로 살펴보기로 한다.

1980년대 후반기에는 교육공학 학문의 초기라는 시대적 맥락에서 교육공학 개념 정립과 교육공학의 역할 정립 등을 주제로 한 연구들이 실시되었다. 이들 연구에서는 교육공학은 수업혁신을 위해 교육현장에 도입되어야 하며, 이때 체제접근을 토대로 한 공학적 모형을 적용함으로써 기존의 전통적인 모형의 한계를 극복할 수 있을 것이라는 논의가 이루어졌다(김종량, 1987).

한편, 1990년대에는 한국 교육공학 연구의 경향을 학술논문과 석·박사학위 논문을 대상으로 분석한 두 편의 연구가 이루어졌다(유태영, 1990; 김동식, 1996). 유태영의 연구결과에서는, 1980년대에는 주로 교육방송 관련 연구, 교육공학이론 관련 연구, 그리고 교육매체 연구가 실시되었고, 컴퓨터 관련 연구는 소수인 것으로 나타났다. 한편, 김동식의 연구 결과에서는, 1990년대 상반기에는 CAI, ICAI, 하이퍼미디어/멀티미디어, 원격교육 등 컴퓨터 관련 연구가 가장 많이 이루어졌고, 이어 교수설계이론/모형 연구/개발, 교수 - 학습이론 연구의 순으로 실시된 것으로 나타났다. 이들 연구결과에서는 1990년대 상반기까지 이루어진 교육공학 연구의 문제점으로는 교육공학자에 의해 이루어진 학술논문이 양적으로 부족하고, 세부 영역별 연구에 있어 균형이 이루어지지 않고 컴퓨터 관련 연구에 편중이 되어 있으며, 심층 통계 분석을 실시한 연구가 아주 적다는 점 등이 지적되었다.

한편, 2000년에 들어서는 교육공학의 개념적 발전과 정체성 확립이 주요 이슈로 대두되었고, 학문적 성격 규명을 위한 다양한 논의가 교육공학의 간학문성(interdisciplinary)을 주제로 하여 교육공학의 이론적 기저를 제공한 다양한 인접학문 즉, 체제학, 설계학, 컴퓨터과학, 경영학, 철학 등을 중심으로 실시되었다. 교육공학과 체제과학(Systems Sciences)과의 연계에 대한 논의는, 교육공학은 체제학의 패러다임을 충분히 숙지한 상황에서 '처방' 추구에서 벗어나 '설계'를 지향해야 하며(이인숙, 2000), 교육공학과 체제과학과의 상호호혜적인 만남을 위해서 두 학문 간의 교육적, 철학적, 사회적 담론이 선행되어야 한다는 제안을 중심으로 이루어졌다. 이에 덧붙여 교육공학적 설계는 간학문성을 토대로 창의적인 종합능력을 요구하는 설계행위와 합리적인 관점을 토대로 하는 과학적 탐구 분야를 통합하여 실시할 것이 제안되었다.

또한, 간학문적 속성을 지닌 교육공학은 한편으로는 주요 인접분야인 컴퓨터 과학을 접목하여 테크놀로지를 도입한 프로그램 개발을 시도하고, 이때 야기되는 문제해결을 위해서는 실험적이고 공학적인 접근방식을 채택하여야 한다는 것과, 또 다른 한편으로는 포스트모더니즘과 철학과의 연계를 시도하여 포스트모더니즘의 핵심 개념을 교육공학에 적용하여 패러다임의 변화를 일으켜야 하며, 나아가 철학의 존재론적, 인식론적, 가치론적 입장을 수용하여 비판적인 문제의식을 토대로 교육의 다양한 문제를 다루어야 한다는 논의가 이루어졌다.

2. 교수설계 영역

교수설계 영역은 교육공학 연구의 주제 영역 중 컴퓨터 관련 영역 다음으로 많은 연구가 이루어진 영역으로서 전체 544편의 연구물의 22.4%인 총 122편의 연구가 실시되었다. 이 중, 교수설계의 기초적인 연구와 교수설계 이론을 다룬 연구는 총 48편, 교수설계 모형과 교수 - 학습 체제, 프로그램, 도구 등의 설계와 개발을 다룬 연구는 74편인 것으로 나타났다.

이들 연구를 학술지별로 분류해보면, 교수설계의 기초적인 연구와 교수설계 이론을 다룬 연구의 경우, 『교육공학연구』에서는 29편, 『교육학연구』에서는 12편, 『교육정보방송연구』에서는 7편의 연구가 실시된 것으로 나타났다. 한편, 교수설계 모형과 교수 - 학습 체제, 프로그램, 도구 등의 설계와 개발을 다룬 연구는 『교육공학연구』에서는 63편, 『교육학연구』에서는 5편, 『교육정보방송연구』에서는 6편인 것으로 나타났다.

이들 연구를 연대별로 살펴보면, 1960년대 1편, 1970년대 1편, 1980년대

13편, 1990년대 70편, 그리고 2000년에서 2002년 사이에는 37편이 실시된 것으로 나타나, 1990년대 이후 교수설계 영역의 연구가 상당히 활발히 진행되었음을 알 수 있다. 한편, 연구방법별로 보면, 문헌고찰/이론 연구와 교수기법/모형개발 연구가 많이 실시되었고, 이어 사례 연구가 실시된 것으로 나타났다. 반면에, 실험 연구와 질적 연구는 극히 소수인 것으로 밝혀졌다.

1) 교수설계 - 이론 및 기초 연구

1980년대에 이루어진 교수설계 이론 관련 연구에서는 주로 Skinner의 행동주의 이론을 토대로 한 프로그램 학습, PSI, 개별수업설계 모형, Gagne'의 교수이론을 적용한 코스웨어 개발 등이 다루어졌다(박성익, 1984). 1990년대에 이르러 새로운 수업설계 이론에 대한 논의가 ISD(Instructional Systems Design)의 대안적인 연구방법으로서의 간학문적인 연구방법, 현상학적, 자연주의적 탐구방법론, 처방적 교수이론, Reigeluth의 정교화이론을 토대로 한 단순화 조건법, 대안적 교수설계 방법으로서의 인지적 도제법, 문제해결 시나리오 기반의 교수학습환경 설계 등을 중심으로 다양한 관점에서 실시되었다. 이에 덧붙여 기존의 다양한 교수설계 이론, 예컨대 Gagne'-Briggs, Merrill, Reigeluth, Landa 등의 교수이론들의 특성을 절충하는 메타이론화와 다양한 교육공학 기반이론을 통합하는 포괄적 수업설계 이론 개발 등의 필요성이 논의되었다.

2000년대에 이르러, 교수설계의 체계적(systematic) 관점과 체제적(systemic) 관점에 대한 논의와 함께 새로운 교수설계 모형 개발에 대한 연구활동이 이루어졌다. 유영만(2002)은 기존의 ISD가 '체제적'으로 구성되어 있는 수업체제를 '체계적'으로 설명하려는 데서 오는 제한점을 지적하고, 이를 해결하기 위한 대안으로 연성체제 이론을 도입한 '체제 - 해석적 수업체제설계(Systemic Interpretive ISD Model) 모델'을 제시하였다. 이에 반해, 박수홍(2002)은 '체제적 접근'의 특성인 통합적, 역동적, 다층적, 전체성 및 구성주의적인 특성과 '체계적 접근'이 지니는 특성인 분석적, 선형적, 단층적, 지역성 및 행동주의적 특성을 조화롭고 협동적으로 활용하는 '이중구조 교수체제 (Dual-Structured Instructional System) 모델'을 제안하였다. 이들 연구들은 현행 교수설계 분야에서 '체계적인' 관점과 '체제적인' 관점이 혼재되어 있는 현상에 대한 비판적인 시각과 교수 - 학습에서 다루어지는 문제는 복합적이고 비구조적인 문제상황으로서 접근하여야 한다는 관점을 제시하였다는데 그 시사점이 있다.

2) 교수설계 - 모형, 체제, 프로그램, 도구 설계 및 개발

교수프로그램 설계 · 개발과 관련하여 이루어진 다수의 연구들을 살펴보면, 이들 연구들은 그 당시의 새로운 테크놀로지를 도입하여 교육프로그램 설계와 개발을 시도하고 있음을 알 수 있다. 즉, 1980년대 중반에서 1990년대 중반까지는 그 당시의 선진 교수매체인 컴퓨터 기반의 CAI 프로그램 설계가 주류를 이루었고, 이어 1990년대 중반 이후에는 네트워크 기반의 가상교육이라는 신 교육체제가 대두됨에 따라 교수설계 · 개발 분야의 많은 연구가 인터넷과 웹기반 프로그램 설계 · 개발에 초점을 맞추어 실시된 것을 알 수 있다. 이를 통해 교육공학이란 학문이 새로운 교수 - 학습방법의 고안을 위해 테크놀로지를 접목하고 있는 응용과학이라는 것을 이해할 수 있다.

컴퓨터교육의 초창기인 1980년대 하반기에는 CAI 프로그램 개발과 관련되어 교육용 컴퓨터 코스웨어의 개념을 제시하고, 체제접근에 의한 프로그램 설계 원리와 절차를 제시하는 기초 연구들이 실시되었다. 1990년대에 이루어진 컴퓨터 기반의 교수설계 개발 연구는 CAI 설계 · 개발의 세부적인 영역이나, 특정 학습영역과 관련하여 과제분석 전략, 지적교수시스템 설계 기법, 시뮬레이션 설계 및 개발을 주제로 하여 실시되었다.

한편, 교수설계 중 특히 메시지설계에 초점을 맞춘 연구에서는 정보처리전략을 적용한 일렉트로닉 텍스트 개발원리, 디지털 교과서 설계전략, 웹기반 가상학습의 교재개발원리 등이 논의되었다. 김영수 외(1999) 연구에서는 대학 인터넷 강의개발 사례를 통해서, Gagne'의 교수사태 중심의 객관주의적 교수설계원리, 구성주의 기반의 상황인지와 문제중심학습 설계원리, 그리고 Keller의 ARCS 모형을 적용한 동기적 수업설계 원리의 구현전략을 제시하였다. 디지털시대에서 교육 콘텐츠의 중요성에 대한 관심이 높아지고 있다는 측면에서 웹 기반의 디지털 메시지설계를 주제로 한 이론과 실제연구가 보다 활발히 이루어져야 할 것이다.

인터넷의 등장으로 학습자의 시간적, 공간적 제약을 절감시켜 원하는 장소에서 원하는 시간에 학습이 가능한 가상대학체제가 대두됨에 따라, 교육공학 분야에서는 사이버 교육체제 구축모형 설계와 개발에 대한 연구가 실시되었다. 이들 연구에서는 가상교육체제 설계 모형을 고안하기 위해서는 교수체제개발을 지양하고 보다 거시적인 측면에서 교육체제개발의 관점을 적용해야 하며, 시스템 접근법과 정보공학론을 토대로, 자기주도적 학습환경에서 구성주의와 자원기반 학습원리와 전략을 도입한 문제기반 학습으로 개발되어야 한다는 논의가 이루어졌다.

1999~2002년에 걸쳐, 웹기반 수업(WBI: Web-Based Instruction) 설계·개발과 관련된 다양한 연구가 눈에 띄게 활발히 이루어졌다. 이들 연구에서 다루어진 주제는 웹기반 수업에서의 상호작용 전략, 자기주도적 학습모형 개발, 문제 중심/프로젝트 중심 수업설계, 학습동기 전략 및 평가체제 구축 등이었다. 이들 연구에서는 웹기반 학습의 설계는 상호작용을 촉진하기 위해서 학습자와 교수자간, 학습자와 학습자간, 학습자와 콘텐츠 간의 상호작용을 활성화할 수 있는 종합적 모형을 토대로 실시되어야 하며, 웹의 교육적 효과를 증진시킬 수 있도록 구성주의 기반의 문제중심 학습을 도입하고, 원격수업에서 야기되는 학습자의 동기저하를 극복할 수 있도록 학습동기 원리를 적용하여 이루어져야 한다는 방안이 제기되었다.

교수설계 관련 연구경향 중 두드러진 것은 대다수의 연구가 교수설계 원리와 모형을 적용하여 CAI, 멀티미디어, 하이퍼텍스트, PBL, 인터넷, 웹, 사이버교육 환경에서의 수업 설계와 학습환경 구축 등을 다루고 있다는 점이다. 이를 통해서 교수설계 영역의 연구가 테크놀로지를 기반으로 하여 교수 - 학습설계와 모형 및 프로그램 개발을 중심으로 이루어지고 있음을 알 수 있다.

3. 교수 - 학습 이론 영역

교수 - 학습 이론 영역에서는 전체 연구물 544편 중 87편(16.0%)의 연구가 실시된 것으로 나타나 컴퓨터 영역, 교수설계 영역에 이어 세 번째로 연구가 많이 이루어진 것을 알 수 있었다. 학술지별로는 『교육공학연구』의 경우 51편, 『교육학연구』에서 26편, 『교육정보방송연구』에서는 단 10편의 연구가 이루어진 것을 알 수 있었다. 이들 교수 - 학습 이론 관련 연구들을 연대별로 살펴보면, 1970년대 1편, 1980년대에 5편, 1990년대에 55편, 그리고 2000년에서 2002년 사이에 25편의 연구가 실시된 것으로 나타났으며, 연구방법에서는 실험 연구방법이 가장 많이 적용되었고, 이어 문헌고찰/이론 연구방법이 적용된 것으로 나타났다.

교수 - 학습 이론 영역에는 교육공학의 이론적 토대를 형성한 행동주의, 인지주의, 구성주의를 비롯하여, 교수설계에 많은 영향을 미치고 있는 학습동기 이론 및 자기조절 학습이론 등을 다루고 있는 연구들을 포함시켰다. 이외에 교수설계·개발연구나, 컴퓨터 관련 연구 중에서, 연구자가 특별히 학습이론에 초점을 두고 있는 연구물을 포함시켜 논의하였다. 이들 교수 - 학습 관련 연구에서는 먼저, 교육공학의 발전에 기여한 주요 학습이론으로서 행동주의가 Skinner의 이론을 중심으로 고찰되었고, Skinner의 교수 - 학습원리가 프로그램 학습을 비롯한 수업설계 형성에 기여해 왔으며, 학습자의 외형적 행동의 변화에 초점을 둔 학습환경 구축에 영향을 미치고 있다는 논의가 이루어졌다.

이어 인지이론을 주제로 한 연구에서는 인지적 접근에 대한 포괄적인 논의와 함께, 인간의 정보처리과정, 메타인지 및 유추 전략과 연계하여 학습에 미치는 효과가 검토되었다. CAI에서 학습자통제는 프로그램 통제에 비해

보다 효과적으로 학습자들의 메타인지와 인지능력을 향상시킨 것으로 나타
났다(조미헌, 1991). 반면에, 하이퍼텍스트 학습 환경에서 학습의 통제가
학습자인가 프로그램인가는 학습자들의 인지과정에 영향을 미치지 못하였
고, 학습자들의 능력의 차이가 보다 주요한 학습성취 변인인 것으로 밝혀졌다
(조연주, 1995). 이들 연구에서 나타난 상반된 결과는 과제변인, 학습자특성변
인, 수업 환경변인 등과 관련된 실험변인 통제로 인해 야기된 복합적인
현상에 의한 것으로 해석할 수 있다. 컴퓨터와 하이퍼텍스트를 기반으로
한 인지이론 연구결과는, 향후 학습자들의 메타인지와 인지 능력을 향상시킬
수 있는 학습자통제 교수모형 개발 연구가 요청되고 있다는 것과 학습의
통제소재의 설정 시 고려해야 할 주요 변인은 학습자의 선행학습과 인지구조
라는 것을 시사해주고 있다.

　인지주의 이론에 이어 학습자의 경험에 의한 지식의 구성을 강조하는
구성주의가 새로운 학습이론으로서 대두된 이래, 1995년부터 교육공학 분야
의 많은 연구가 구성주의 이론의 탐색과 이의 실제 적용을 중심으로 이루어졌
다. 이들 연구에서는, 구성주의의 개념과 유형, 구성주의 패러다임을 구현한
PBL(Problem-Based Learning), 협동학습, 학습과제의 실제성(authenticity),
구성주의 원리를 구현한 컴퓨터와 인터넷기반 학습환경 등이 주요 연구
주제로 다루어졌다.

　한편, 정보사회에서 테크놀로지 기반 수업이 증대됨에 따라 학습자의
자기주도적 학습 능력의 중요성이 증대되고 있다는 관점에서 교육공학 분야
에서는 학습자의 자기규제 학습(self-regulated learning)과 자기 효능감
(self-efficacy)이 새로운 연구주제로 대두되었다. 컴퓨터 학습환경에서 자기
규제 기술은 프로그램 통제 상황보다는 학습자 통제 상황에 더 많은 영향을
미치고 있는 것을 알 수 있었고(신민희, 1996), 온라인 상에서 제공한 자기규제
학습 촉진전략은 학습자의 자기규제학습 능력을 향상시키나, 과제수행에는
크게 기여하지는 않은 것으로 밝혀졌다(강명희·김세은, 2002). 한편, 자기
효능감은 학습자가 주관적으로 인식한 학습과제의 유사성과 관련성이 높아

유사성을 가진 과제간, 그리고 과목간에 자기 효능감이 전이를 하는 것으로 나타났다(봉미미, 1996). 이들 연구결과는, 온라인학습 환경 하에서는 자기규제 기술과 자기 효능감을 인식하고 이를 활용할 수 있는 훈련이 요청되고, 아울러 자기 효능감과 자기규제 학습이론에 대한 철저한 이해를 토대로 이를 적용한 심층적인 연구가 요청됨을 시사하고 있다.

컴퓨터를 매개로 하는 수업에서는 일반 교실수업에 비해 학습자의 동기가 학습성취에 보다 주요한 요인이라는 관점에서 CAI, CBI, WBI 수업설계와 개발과 관련하여 학습동기 이론과 모델의 적용이 검토되었다. 특히 Keller의 ARCS(Attention Relevance Confidence Satisfaction) 모형의 동기유발 원리를 적용한 코스웨어의 학습효과에 대한 검증이 시도되었다. 송상호(1998)에 의하면, 이들 네 가지 동기요소(A, R, C, S)가 모두 적어도 최저 수준 이상으로 향상되었을 때 학습동기의 향상을 기대할 수 있으며, ARCS 모델의 타당성을 검증하는 지표는 학업성취도가 아니라 학습동기 향상에 있다.

흥미롭게도, 『교육공학연구』에서는 구성주의의 패러다임과 기존의 행동주의와 인지이론으로 지칭되는 객관적인 패러다임에 관한 열띤 논쟁이 있어 왔다(강인애, 1997; 최정임, 1998; 김영환, 1998; 조영태, 2001).

먼저, 구성주의를 옹호하는 입장에서 보면(강인애, 1997), 구성주의를 하나의 교수-학습전략이나 하나의 철학적 기제로 간주하여 객관주의적 패러다임과 접목하려는 것은 구성주의가 본질적으로 독자적인 패러다임이라는 것을 왜곡하여 이를 협의의 전략으로 보는 잘못된 관점이라는 주장이 제기되었고, 이에 대한 비판적인 입장에서는(최정임, 1998), 구성주의가 교수 - 학습 전략인가 아닌가에 대한 논의는 구성주 연구를 하나의 잣대인 인식론적 관점에서 보기 때문이고, 구성주의 연구는 이와 더불어 또 하나의 잣대인 방법론적 접근에서 보았을 때 구성주의의 핵심을 이해할 수 있다는 반론이 제기되었다.

한편, 학습자 개인에 의해 지식이 구성된다는 관점에서, 이를 극단적 주관주의라고 지칭하는 것은 지식의 구성과정에서 이루어지는 사회적 상호작용을 무시한 해석이라는 구성주의적인 입장에 대해, 개인의 목표가 어떻게 사회 - 문화적으로 연결되는가에 대한 설명이 미약하고, 공유된 목표나 실재가 없이 교수활동의 설계가 가능한 것인가에 대한 의문이 제기되었다. 이에 덧붙여 학습자 개개인에 의해 실재와 세계가 구성된다는 구성성의 관점에서 볼 때 학생들에 비해 높은 수준의 기준과 실재를 내면화하고 있는 교사의 적극적인 수업운영이 요청된다는 주장(조영태, 2001)도 제기되었다.

교육의 비용효과 측면에서, 구성주의 원리의 실제 적용과 이를 구현하는 교육환경의 구축은 비경제적이고, 비실용적이라는 비판은 "학습내용의 넓이를 중시하고 학습의 깊이(구성주의적인 학습)를 간과하는 해석"이라는 주장과 이에 대한 반론으로, 효율성의 판단은 효과성이 선행되어야 하는데, 아직 구성주의를 적용한 학습의 효과성에 대한 입증이 미흡하다는 것과 구성주의적인 접근이 효과적으로 수행되기 위한 구체적인 지침이 요청된다는 점이 지적되었다.

한편, 구성주의가 "교수전략이 부재하고, 자유방임적으로 수업이 진행되며, 평가방법이 주관적이므로 신뢰도가 낮다"라고 하는 비판에 대해 구성주의적 입장에서는 수업에서 교수전략이 명백하게 사전에 기획되는 것은 아니나 학습과정 속에 수용되고 있으며, 조언자인 교사의 안내와 방향 제시가 수반되므로 수업은 자유방임적이 아니고, 다양한 평가방법과 수준을 도입함으로써, 공정하고 신뢰로운 평가를 수행할 수 있다는 반론이 제기되었다. 이에 반해, 김영환(1998)은 구성주의적 수업에서도 철저한 과제분석은 필요하며, 구성주의의 논의는 교수 - 학습의 현장을 중심으로 이루어져야 한다는 논지를 피력하였다.

이상 위에서 구성주의의 제한점으로 지적된 교수전략의 부재, 자유방임적인 수업운영, 신뢰하지 못할 평가방법 등의 문제는, 최정임(1998)이 지적하고 있는 것과 같이, 향후 구성주의 학자들이 이제까지의 객관주의 학자들이 수행해 온 것과 같이 장기간에 걸친 이론과 실제에 대한 연구를 수행한다면 그 해결방안을 모색할 수 있을 것이다. 아울러, 교육공학자들은 자신의 입장이 객관주의인가 구성주의인가에 의해 서로 반목할 것이 아니라, 각각의

패러다임이 제시한 학습원리를 이해하고, 상호보완적으로 이들 이론들을
적용하기 위해 동료 학자들과의 진지한 대화를 실시하고 지속적인 협력을
해야 할 것이다(강인애, 1997; 최정임, 1998; 양용칠, 2000).

4. 교수매체 영역

교수매체 영역에는 교육방송, 상호작용 비디오, 미디어교육 등과 관련된
연구물을 포함하고, 컴퓨터 관련 연구는 별도로 컴퓨터 관련 영역에 포함시키
기로 한다. 이는 컴퓨터, 멀티미디어, 하이퍼미디어 등도 교수매체이나, 이와
관련된 연구물이 방대하고 이 주제가 현재 교육공학 연구의 핵심 주제라는
점에서 독자적인 연구주제 영역으로 설정하였기 때문이다.

교수매체 영역의 연구는 전체 544편 중 총 44편(8.1%)으로 나타나 양적으로
상당히 적은 것을 알 수 있었다. 이들 연구를 학술지별로 보면, 『교육공학연구
』에서는 총 350편 중 17편, 『교육학연구』에서는 88편 중 5편, 『교육정보방송
연구』에서는 총 106편 중 22편의 연구가 각각 실시되었다. 이를 통해서
교육매체연구는 『교육정보방송연구』에서 그 비중이 가장 높은 것을 알 수
있다. 교수매체 관련 연구는 연구방법 측면에서는 대부분의 연구가 문헌고찰/
이론 연구방법을 적용하고 있었고, 연대별로는 1970년대 1편, 1980년대 7편,
1990년대 25편, 그리고 2000년에서 2002년까지는 11편의 연구가 실시된
것으로 나타났다.

1970년대와 1980년대에는 교육방송 특히 TV 교육방송 프로그램 개발이
주요 연구과제였고, 1990년대 들어서는 상호작용 비디오(IVD) 설계관련
연구가 대두되었고, 주요 연구주제로는 인지이론을 적용한 IVD 수업설계,
모델링과 비디오디스크 설계, 앵커드 수업이론과 상황인지이론 기반의 상호
작용 비디오디스크 설계 등이 대두되었다.

한편, 다양한 미디어를 이해할 수 있고 이를 자신의 학습과 생활에 효과적으
로 이용할 수 있는 미디어 리터러시 교육에 대한 일련의 연구가 실시되었는데,

이들 연구에서는 미디어 교육은 텔레비전 리터러시 교육과정과 학습자료의 개발을 통해 실시되어야 할 것이 제안되었고(권성호, 1997), 멀티미디어 시대에 부응하기 위해서는 비주얼 리터러시, 텔레비전 리터러시, 컴퓨터 리터러시를 통합한 '포괄적 미디어 리터러시 교육'(김영수, 1987), '다중미디어 기반의 멀티리터러시 교육'(한정선, 2000)이 논의되었다.

교수매체의 효과에 관해서는, 교수매체는 전달수단일 뿐이고 매체의 효과는 매체를 사용하는 교수방법, 교수전략에 있다고 하는 Clark의 주장과 이에 반해 매체 자체의 효과는 존재하며, 연구방법의 개선에 따라 이를 분석할 수 있다는 Kozma의 주장이 대립되어 이에 관한 논쟁이 있어 왔다. 이와 관련하여 나일주(1995)는 이들 간의 논쟁은 교수매체를 활용하는 '방법'이란 용어를 어떻게 개념화하느냐에 따라 대립적이지 않을 수 있다는 견해를 제시하고 있다. 즉, 매체의 활용방법을 매체 독립적 방법, 매체 의존적 방법, 매체 탄생적 방법으로 상정하여 교수매체의 활용과 효과를 검토할 수 있다는 것이다. 이에 덧붙여, 교수매체의 효과는 하드웨어인 테크놀로지의 특성과 소프트웨어인 콘텐츠의 교수 - 학습적 특성, 그리고 학습자의 인지적, 정의적 특성과의 복합적인 상호작용에 의해 좌우된다는 주장이 제기될 수 있다. 이러한 관점에서 향후 교수매체 연구에서는 테크놀로지 관련 변인, 콘텐츠 관련 변인, 학습자 관련 변인을 총괄하는 심층적인 연구가 요청된다.

5. 컴퓨터 관련 영역

컴퓨터가 1980년대에 교수 - 학습의 보조수단으로서 교육현장에 도입된 이래 교육공학분야에서 이루어지는 상당한 양의 연구가 컴퓨터 관련 영역에서 이루어지고 있다. 총 544편의 연구물 중 전체의 42.8%인 233편의 연구가 컴퓨터 보조학습, 멀티미디어/하이퍼미디어, 인터넷/웹기반 수업, 가상교육, 이러닝 등을 주제로 하여 실시된 것으로 나타났다. 학술지별로 살펴보면, 『교육공학연구』에서는 350편 중 140편, 『교육학연구』에서는 88편 중 35편,

『교육정보방송연구』에서는 106편 중 58편의 연구가 컴퓨터 관련 영역에서 실시된 것을 알 수 있었다.

이들 연구를 연대별로 살펴보면, 1960년대와 1970년대는 관련 연구가 없었고, 1980년대 20편, 1990년대 124편, 그리고 2000년에서 2002년 사이에는 89편이 실시된 것으로 나타나 1990년대 이후 컴퓨터 관련 연구가 현저하게 증가한 것을 알 수 있고, 이러한 증가 추세는 2000년대에 이르러 더욱 눈에 띄고 있다. 한편, 연구방법별로 보면, 이들 연구에서는 문헌고찰/이론연구 방법과 실험연구 방법이 주로 적용되었으며, 이어 조사연구와 사례연구 방법 등이 적용된 것으로 나타났다.

컴퓨터 관련 영역의 연구물 233편을 하위 주제로 나누어 보면, 컴퓨터교육 일반/교육정보화 부분에서는 41편의 연구(17.6%), CAI 부분에서는 70편의 연구(30.0%), 하이퍼미디어/멀티미디어 부분에서는 20편의 연구(8.6%), 그리고, 인터넷/웹기반 교수-학습, 가상교육/사이버교육체제 및 이러닝 (e-Learning) 부분에서는 102편의 연구(43.8%)가 이루어진 것을 알 수 있다. 다음에서는 컴퓨터 관련 영역의 연구를 하위 주제 영역으로 분류하여 연구경향과 주요 이슈를 논의하기로 한다.

1) 컴퓨터교육 일반/교육정보화 관련 영역

1980년대 중반에 교육현장에서의 컴퓨터 적용이 주요 과제로 대두되면서, 컴퓨터교육의 개념정립과 교육목표 및 발전과제 등에 관한 논의가 이루어졌으며, 1990년대 중반에 이르러 컴퓨터교육이라는 용어를 대체하여 대두된 정보화교육, 교육정보화, ICT(Information & Communication Technology)의 도입에 관한 연구가 이루어졌다. 교육정보화를 성공적으로 실시하기 위해서는 학습자 중심의 열린 교육의 실현이라는 비전 하에 교사가 변화매개자로서 주도적인 역할을 담당해야 한다는 주장이 제기되었고(허운나, 1994), 정보화교육은 정보기술의 기능적 활용이라는 소극적 접근을 지양하고, 사회·문화적인 맥락을 포괄적으로 다루는 관점에서 포스트모더니즘과 정보화를 연계하여 도입되어야 한다는 논의가 있었다(강인애, 1998).

이와 함께, 교육정보화가 이루어질 때는 인식론적, 방법론적인 패러다임의 변화를 바탕으로 인성교육과 문화정체성의 문제가 다루어져야 하고, 정보화의 빈익빈 부익부 현상을 해소하기 위한 정책이 마련되어야 한다는 제안(조연주, 1996)과, 특히 남성과 여성간의 정보격차 문제의 해소를 위해서 범정부차원의 여성의 정보화 능력 함양을 위한 정책과 지원이 요청된다는 주장이 제기되었다(김민경, 1999; 주영주 외, 1999).

2) 컴퓨터 보조 수업(CAI: Computer Assisted Instruction)

컴퓨터를 교수 - 학습 현장에 도입한 CAI, CAL, CBI 연구가 대두되면서 제기된 이슈의 하나는 교육용 소프트웨어인 코스웨어의 개발과 평가이다. 이들 연구에서는 컴퓨터를 교사로서(tutor), 학습자로서(tutee), 학습도구로서(tool) 활용하기 위한 코스웨어가 'learningware'의 관점에서 교과과정을 토대로 개발되어야 한다는 주장(김영수, 1988)과 교육용 소프트웨어는 새로이 대두된 학습이론인 구성주의적 관점과 학습자 통제방식을 토대로 개발되어야 한다는 논의가 이루어졌다(류완영, 1994). 이와 더불어 코스웨어의 개발을 활성화시킬 수 있는 저작 도구는 코스웨어의 전 제작과정을 지원해 주는 멀티미디어 지원 시스템으로서, 학습관리 시스템의 기능과 하이퍼텍스트의 기능을 포함해야 한다는 지침이 제시되었다(강명희, 1990).

한편, 아동들을 위한 컴퓨터 프로그래밍 교육과 관련하여 Papert가 구성주의적 학습원리를 토대로 개발한 LOGO 프로그래밍 학습을 다룬 연구가 이루어졌다. LOGO 프로그래밍 학습을 통해서 학생들이 자신의 마이크로월드(microworld)를 구축하고 능동적으로 문제를 해결해나가는 과정에서 사고력과 문제해결력을 증진시킬 수 있다는 관점에서 LOGO 학습을 통합교과의 형태로 운영하여야 할 것이 주창되었고(이옥화, 1993), 이때 교사는 지시적 수업이 아니라 안내된 발견식 수업을 운영해야 한다는 논의가 이루어졌다(백영균 · 우인상, 1996).

1990년대에 이르러 컴퓨터 기반 수업을 주제로 한 연구들은 전통학습과 컴퓨터 학습을 단순 비교하는 매체 연구에서 탈피하여, 컴퓨터 기반학습의 효과를 교수전략의 처치, 예컨대 학습의 통제권 소재와 자기규제 기술, 학습 상황에서의 맥락 제공 등과 관련하여 검토하였다. CBI 상황에서는 자기규제 기술 수준이 낮은 학습자들은 프로그램 통제수업에서 더 효과적으로 학습하는 것을 알 수 있었다(양용칠, 1994). 한편, 컴퓨터 기반 초등 영어수업에서는 영어 어휘가 쓰여지는 상황적 맥락을 제공받은 학습 집단이 정의의 기억, 듣고 이해하기, 지식 전이 검사에서 높은 학습 성취를 보여 맥락의 긍정적인 효과가 입증되었다(강숙희, 1995).

3) 멀티미디어, 하이퍼미디어(hypermedia)의 활용

1990년대 초부터 멀티미디어, 상호작용 미디어, 하이퍼텍스트, 하이퍼미디어가 새로운 매체로서 교육현장에 대두되면서 이와 관련된 연구가 등장하였다. 이들 연구에서 다루어진 주요 연구과제로는 하이퍼 미디어 활용, 학습자의 인지/메타인지적인 특성, 하이퍼텍스트 구조의 효과, 심층적 정보처리 전략, 하이퍼텍스트, 하이퍼텍스트 학습환경에서의 평가 등이 대두되었다. 하이퍼미디어를 활용한 사례중심 학습에서는 개별 학습유형보다 소집단 학습유형에서 더욱 효과적인 것으로 나타났고(안미리, 1997), 하이퍼텍스트를 활용한 수업에서는 하이퍼텍스트 탐색도구의 유형과 학습자의 사전지식 간에는 상호작용 효과가 있는 것으로 나타났다. 즉, 구조도형 하이퍼텍스트에서는 사전지식이 높은 학습자가 학업성취가 높았고, 구조도 설명형 하이퍼텍스트에서는 사전지식이 낮은 학습자의 학업성취가 높은 것으로 나타났다(김회수 외, 2002). 한편, 하이퍼미디어 기반 학습환경 설계와 관련하여 학습자의 상호작용성 향상을 위한 버튼 설계, 지식객체 설계 및 링크 중심의 객체 속성 설계 등이 제안되었다(김동식, 2000).

4) 인터넷/웹기반 수업, 가상교육/사이버교육체제 관련

1990년도에 들어오면서 'stand alone' 컴퓨터를 이용한 CAI의 범위를 확장하여 네트워크 기반의 컴퓨터 교육에 관한 관심이 증가하면서 이와 관련된 연구가 대두되었다. 이들 연구에서는 컴퓨터 네크워크 설계의 인지사회적인 요소로는 정보생성 측면에서 운영자, 이용자 및 내용 변인이 주요한 변인이며, 정보재생 측면에서는 내용표현, 자료형태 및 시간 변인이, 그리고 학습환경 측면에서는 학습형태, 제도지원 및 하드웨어가 주요한 변인이라는 주장이 제기되었고(정인성, 1995), 웹기반 가상수업의 확산에 장애가 되는 요인으로 시설 등의 인프라 확보와 재원 마련의 문제, 교수자와 학습자의 사이버 수업에 대한 새로운 인식 미흡, 가상수업에 대한 심리적인 부담 및 수업운영상의 문제점 등이 제시되었다(김미량, 1998).

초기 가상수업 체제인 한국방송대학의 전자우편을 활용한 수업에서는, 학습자들은 자율적으로 메시지를 송신하는 것보다는 교수자의 메시지에 대한 답신 메시지를 송신하는 경우가 많아, 상호작용이 교수자의 주도적인 역할에 좌우된 것으로 나타났다(정혜선·최성희, 1998). 한편, 웹 게시판과 자유 토론방을 활용한 고등학교 원격수학 수업의 경우는, 기존의 면대면 수업과 비교해 교수자와 학습자와의 상호작용이 보다 활발히 이루어졌고, 교과학습과 연관된 인지적 상호작용 메시지가 가장 많은 것으로 나타났고(김민경·노선숙, 1999), 성취도면에서는 학습자와 교수자간의 상호작용이 효과적이고, 참여도면에서는 학습자와 학습내용간의 상호작용이 효과적인 것을 알 수 있었다(임철일 외, 2000).

또한, 웹기반 토론에서, 참여도의 예측 변인은 교수자와의 상호작용 정도, 외적 동기 및 쓰기에 대한 태도이며, 만족도를 예측하는 변인은 내적 동기, 토론주제의 관련성, 교수자와의 상호작용 정도, 물리적 환경 등으로 나타났고(정재삼·임규연, 2000), 웹기반 수업에서는 학습자의 사전지식, 자기주도성, 자기규제 전략이 성취도와 만족도에 영향을 미치는 것을 알 수 있었다(이종연, 2002). 이러한 결과는 웹기반의 학습 환경 자체가 상호작용과 학습효과를 보장하는 것이 아니라 체계적인 상호작용의 설계와 학습자의 사전지식,

자기주도성 등의 특성을 고려하였을 때 학습효과를 진작시킬 수 있다는 점을 시사하고 있다.

한편, 인터넷 가상 토론수업에 있어서 학습자의 성격적인 특성 - 외향성, 내향성 - 과 익명성의 여부가 미치는 영향을 검토한 일련의 연구가 시도되었다(박인우, 1998; 박인우·김미향, 2000; 박인우·고은현, 2001). 이들 연구결과를 통해서, 내향적인 학습자는 외향적인 학습자와 비교해서 자신의 의견을 보다 많이 개진하였고, 동기적(synchronous) 가상토론에서 익명성은 많은 발언을 유도하지만, 부정적 발언에는 영향을 미치지 않는 것을 알 수 있었고, 부정적인 발언은 익명성보다는 도덕성과 관련이 있었으며, 도덕성 수준이 낮은 참여자들이 부정적인 발언을 더 많이 하는 것으로 나타났다. 위의 연구결과는 학습자의 성격적인 특성을 고려한 웹기반 수업전략이 구현되었을 때 가상 토론학습이 효과적으로 이루어질 수 있다는 점과, 아울러, 건전한 사이버 환경구축을 위해서는 학습자의 도덕성을 함양시키는 인성교육이 필요하다는 것을 시사한다.

한편, 최신 테크놀로지인 가상현실과 시뮬레이션의 교육적 활용에 대한 검토가 이루어졌다. 가상현실 기법은 구성주의 기반의 상황학습의 맥락을 제공할 수 있는 전략으로 제시되었고, 3차원 가상현실 프로그램은 지구과학 수업에서 실제 상황의 관측과 측정 등의 문제를 보완하는 대안적인 방법으로 제시되었다(김희수 외, 2001). 가상현실을 적용한 교육용 프로그램을 설계하고 구현하는 경우, 고려해야 할 주요 요인들로는 교육철학, 학습이론, 설계의 융통성, 현실반영도, 몰입성, 협력성, 사회문화성, 감각채널, 인터페이스, 시스템 구성 등의 10개 요인이 제시되었다(한정선·이경순, 2001).

또한, 시뮬레이션을 활용한 웹기반 작문 교육프로그램 학습(이명근·김민규, 2001)과 통상적인 웹기반 작문 수업(이상수·박지영, 2002)에서 학습자들은 전통 작문수업에 비해 유의미한 작문능력 향상을 보였다. 이때, 학습형태가 개별학습인가 협력학습인가에 따른 학습효과에 있어서는 시뮬레이션 활용 웹기반 작문 학습환경에서는 차이가 없는 것으로 나타난 반면, 통상적인 웹기반 작문 학습환경에서는 협력학습 유형이 개별 학습에 비해 높은 성취도를 보인 것으로 나타났다. 이와 같은 상반된 연구결과는 시뮬레이션 기법을 활용한 웹기반 학습환경이 일반 웹기반 학습환경에 비해 실제적인 학습상황과 맥락을 제공하고 역할극을 활용하였으므로 개별과 협력의 학습유형에 관계없이 모든 상황에서 효율적으로 학습이 이루어질 수 있었다는 점에 기인한 것으로 추측된다.

대학의 새로운 패러다임으로 대두된 가상대학의 특성과 관련하여 박인우(1999)는 가상대학을 캠퍼스 중심의 전통대학을 대치하는 대안으로 보는 관점은 바람직하지 않고, 기존의 전통대학은 원격교육기관으로 출범한 가상대학과 차별화된 시각에서 강의실 수업의 효율적인 운영을 위해 가상교육을 도입하고, 전통수업에서 다루기 어려웠던 문제해결 능력과 비판적 사고능력과 같은 고차원의 지적 능력을 지원하는 학습환경으로 이용해야 한다고 주장하고 있다. 이러한 맥락에서, 기존의 대학에서는 수업 내용의 특성에 부합하여 면대면 수업과 온라인 수업을 통합한 블랜디드 러닝(blended learning)이 보다 효율적으로 이루어질 수 있을 것이다. 대학 차원에서의 사이버 교육을 성공적으로 운영하기 위한 방안으로는 질적 수월성을 보장하는 운영체제의 수립, 지식모델의 적용, 특성화된 과정개발, 지역적 글로벌 정책의 도입, 개방적 운영, 협력을 통한 비용 효율성 추구 등이 제안되었다(정인성, 2002).

인터넷 수업, 웹기반 수업(WBI: Web-Based Instruction)과 더불어 최근에는 이러닝(e-Learning)이라는 용어가 대두되고 있다. WBI가 '수업'의 강조라면, 이러닝은 일반적으로 성인을 대상으로 한 '융통성 있는 학습(flexible learning)'을 강조하고 있으며, 기업에서 이루어지는 온라인 강의를 지칭하는 경우가 많은 것이 특징이다. 이러닝 상황에서의 학습전략을 다룬 연구에서 (이인숙, 2002), 성인 학습자들은 이러닝 학습환경에서 요구되는 학습전략 수준이 전반적으로 높지 않았는데, 특히 표현전략이 가장 저조한 것으로 나타났다. 반면에 자신감 입증과 태도 수립의 수준은 상당히 우수한 것을 알 수 있었다. 그리고, 학업성취와 상관관계가 높은 전략으로는 시간관리전략, 자기효능감과 긍정적 태도 수립 등으로 나타났다. 또한, 이러닝 협력학습상황에서 내용의존 학습전략은 즉각적으로 학습결과에 영향을 미친 반면, 내용독립 학습전략은 학습전략이 내재화되어 시간이 지연된 후에도 학습활동에 영향을 주는 것을 알 수 있었다(장은정, 2002).

이상에서 살펴본 컴퓨터의 교육적 활용은 CAI로부터 시작되어 정보통신공학을 활용한 멀티미디어와 하이퍼미디어 활용 교육, 인터넷, 웹기반 교육, 그리고 이러닝으로 그 개념이 확장되고 발전되어 왔다. 컴퓨터와 정보통신공학의 출현은 21세기 교육패러다임인 학습자 중심의 학습환경을 구축할 수 있는 가능성을 열어주고 있는 것은 사실이나, 이들 기술 자체가 학습환경을 구축해 주는 것은 아니다. 따라서, 교육공학 분야에서는 어떻게 컴퓨터 관련 매체가 사용되어야 바람직한가? 네트워크 기반의 교수 - 학습환경에서는 어떠한 접근 방법이 교수 - 학습에 가장 효과적인가? 구체적으로 어떠한 심리학 원리를 토대로 교수 - 학습 전략을 사용할 것인가? 어떻게 학습자의 특성에 부합한 맞춤식 학습환경을 구현할 수 있을까? 어떻게 기존의 교수자와 학습자의 역할을 학습에 대한 조언자로, 학습의 주도자로 전환할 수 있을까? 등을 중심으로 부단한 연구 노력을 기울여야 할 것이다.

6. 교육공학 관리, 행정 영역

교육공학 관리, 행정 영역과 관련한 연구는『교육학연구』와『교육정보방송연구』에서는 나타나지 않았고『교육공학연구』에서만 총 5편이 이루어져 이 부분의 연구가 지극히 미흡한 것으로 나타났다. 이들 연구는 연구방법 면에서는 문헌고찰/이론 연구와 사례연구로 나타났고, 연대별로 보면, 3편이 1980년대 중반이고 2편은 1990년 상반기의 연구물이었다. 이들 연구에서는 주로 미디어센터의 운영과 관리가 주로 다루어졌으며, 대학 미디어센터는 컴퓨터의 도입에 부응하여 전산화되어야 하며, 나아가 센터의 합리적, 효율적인 경영을 위해서는 마케팅전략이 도입되어야 한다는 주장이 제기되었다(주영주, 1994).

한편, 2000년대에 들어 교육공학 관리 영역의 연구는 기업교육과 연계하여 교수매체 활용, 이러닝과 지식경영, 학습자 관리시스템 설계 등을 주제로 실시되고 있다. 향후 교육공학 관리, 운영과 관련된 연구들은 학교교육과 기업교육 상황에서 뉴미디어교육 센터, 사이버교육 센터 및 인적자원개발 센터의 효율적인 운영을 위한 프로젝트 관리, 전달 체제 관리, 정보와 자원의 관리 등을 중심으로 실시되어야 할 것이다.

7. 기업 / 산업교육 영역

기업/산업교육과 관련된 연구는 『교육공학연구』에서 21편, 『교육정보방송연구』에서 2편, 『교육학연구』에서는 0편이 실시되어 총 23편이 실시된 것으로 나타나, 전체 연구물의 4.2%에 달하는 것을 알 수 있었다. 본고에서 다룬 교육공학 분야의 3대 학술지이외에, 기업/산업교육분야 만을 다룬 전문 학술지인 『기업교육연구』와 『산업교육연구』가 있으나, 한국교육공학 연구의 경향을 살펴본다는 관점에서 이들 기업교육 전문지의 논문은 대상으로 포함시키지 않았음을 밝힌다. 본 연구의 대상으로 선정된 총 23편의 연구를 연대별로 분석하면, 1992년에 비로소 연구가 발표되기 시작하여 1990년대에 총 11편의 연구가 실시되고, 2000년에서 2002년 사이에 12편의 연구가 실시된 것을 알 수 있었다. 2000년대에 이르러 단 3년간의 연구가 1990년대 10년 간의 연구를 능가한다는 것은 최근 기업/산업교육 분야에서의 교육공학적 접근이 상당히 활발하게 이루어지고 있다는 것을 시사하고 있다. 이들 연구들은 연구방법 면에서는 문헌고찰/이론 연구가 대부분이고, 이어 사례연구와 조사연구들로 나타났다.

1990년대 상반기에 이루어진 연구에서는, 미래지향적이며 교육성과를 증진시킬 수 있는 기업교육훈련 프로그램의 개발을 위해 체제이론을 기반으로 한 ISD 모형의 적용의 필요성이 대두되었다. 이와 함께, 한국 교육공학의 정체성 확립과 관련하여, ISD의 한국화에 대한 주장이 제기되었다. 즉, ISD가 개발된 서구문화에 내재된 철학적 사고논리와 문화적 실천논리를 그대로 적용하는 것이 아니라, 이를 한국의 산업교육현장에 내재된 철학적 가치체계와 전통적인 관행과 접목하여 실시해야 한다는 유영만(1995)의 ISD의 한국화 주장은 교육공학 학문의 토착화 작업의 필요성을 강조한 김희배(1997)의 주장과 함께, 우리 교육공학자들에게 많은 시사점을 주고 있다.

최근의 기업교육 관련 연구에서는, 기업의 성과를 향상시킬 수 있는 인적자원개발(HRD: Human Resources Development)을 위해 새로이 대두된 개념인 수행공학(HPT: Human Performance Technology), 학습조직(learning organization), 역량중심 교육 등의 적용이 주요 관심사로 떠올랐다. 이러한 노력은 교육공학과 경영학의 접목의 시도이며, 학습과 경영의 성과를 연계시키는 시도라고 볼 수 있다(송영수, 2000; 정재삼, 2000). 기업의 경쟁력을 제고할 수 있는 방안의 하나로서, 기업교육 담당자의 역할을 '교육훈련 제공자'에서 구성원의 수행과 조직경영의 개선에 관여하는 '수행 컨설턴트'의 역할로 전환시켜야 할 것이 주창되었고, 이를 위한 수행 컨설턴트의 역량모형 개발의 필요성이 제기되었다(장정훈·정재삼, 1999).

최근에는 기업교육 연구의 초점은 지식기반 정보사회에 부응하여 구성주의 원리와 인터넷, 웹 테크놀로지를 접목하여 보다 효율적인 이러닝(e-Learning) 교육훈련체제를 개발하려는 데 있다. 이들 연구에서는, 웹기반 가상기업교육의 플랫폼은 구성주의 학습원리를 적용하고 다양한 경험과 상호작용을 기반으로 한 구성원간의 공유, 그리고 실제적 문제중심의 탐구활동을 촉진하는 모형을 토대로 구축하는 것이 바람직하다는 주장이 제기되었고(김미량·나일주, 2000), 이러닝 학습은 역량중심 교육의 중요성과 함께 대두된 GBS(Goal-Based Scenario) 모델을 적용하여 실제적 과제중심으로 운영할 것이 제안되었다(이재경, 2002). 한편, 기업교육 상황에서의 이러닝과 관련한 연구들이 지식경영, 역량중심 교육, GBS 모형을 주제로 실시되었다.

이들 연구에서는 지식기반사회에 부응하여 지식경영과 이러닝의 통합에 대한 시도가 이루어져야 하고, 이때 디지털 기술을 과신하는 것은 바람직하지 않고 양자간의 통합과정을 가능하게 하는 학습객체(learning object)의 도입이 필요하다는 주장이 제기되었다(유영만, 2001).

향후 기업교육 연구의 발전을 위해서는, 패러다임의 변화에 부응한 기업교육의 성격 규명과 테크놀로지의 최적 효과를 창출할 수 있는 미래 지향적 기업교육원리, 전략, 모델 등에 대한 현장중심의 심층적인 연구가 활발히 이루어져야 한다. 이와 더불어, 기업교육의 토착화를 위한 연구활동으로서, 한국적인 상황에 적합한 체계적이고 실천적인 기업교육의 이론과 실제와 관련된 일련의 연구가 지속적으로 실시되어야 할 것이다. 이를 위해서는 김동식(1998)과 송상호(2002)가 주장하고 있는 것과 같이 우리 교육공학자들이 이론의 소비자에서 생산자로 역할을 전환할 것이 요청된다.

III. 결론 및 제언

본고에서는 지난 50여 년간의 교육공학 연구 동향을 전문 학술지인『교육공학연구』(1986~2002)와『교육정보방송연구』(1996~2002), 그리고 교육분야 전체 학술지『교육학연구』(1963~2002)에 게재된 연구논문들을 중심으로 살펴보았다. 다음에서는 본 연구에서 실시한 교육공학 연구동향 분석을 토대로 얻어진 결론과 향후 교육공학 연구를 위한 제언을 제시하기로 한다.

1. 교육공학 분야의 3대 전문 학술지에서 지난 1963년부터 2002년 사이에 이루어진 교육공학 관련 연구물은 총 544편에 이르며, 이들 연구물을 연대별로 분석하면, 1960년대 1편, 1970년대 3편, 1980년대 53편, 1990년대 303편, 2000년에서 2002년 사이에 184편의 연구가 실시되었다. 이러한 연대별 증가추세는 1960년대에서 1980년대 상반기까지는『교육학연구』만이 발간되어 연구물이 소량이었으나, 1986년에 전문 학술지인『교육공학연구』가 발간되

어 교육공학 연구물이 증가하였고, 1996년에 『교육정보방송연구』가 제2의
전문 학술지로 발간된 이래 1990년대와 2000년대 초기 연구물이 괄목할
만하게 증가한 데서 기인한다. 교육공학 분야의 연구물이 점진적으로 증대되
고 있는 또 다른 원인은 교육공학이 테크놀로지 기반의 교수 - 학습체제의
설계·개발을 시도하고, 나아가 이를 구현한 21세기 학습환경 창출을 다루고
있다는 측면에서 찾아볼 수 있다. 또한 인접학문 분야에서 교육공학에 대한
관심사인 학회 회원의 증가, 논문 투고량의 증가 등이 높아지고 있는 현상에서
찾아 볼 수가 있을 것이다.

2. 총 544편의 교육공학 연구물을 7개 연구 주제 영역 즉, 교육공학일반,
교수설계, 교수 - 학습이론, 교수매체, 컴퓨터 관련, 교육공학 관리/행정, 기업
/산업교육 주제 영역별로 분석한 결과, 가장 많은 연구가 이루어진 것은
컴퓨터 관련 영역으로 총 233편(42.8%)의 연구가 실시되었다. 컴퓨터 관련
영역에 이어 교수설계 영역에서는 총 122편(22.4%), 교수 - 학습이론 영역에
서는 87편(16.0%)의 연구가 이루어진 것으로 나타났다. 위의 영역에 비해
상대적으로 연구가 적게 실시된 주제 영역으로는 교수매체 영역(44편, 8.1%),
교육공학 일반 영역(30편, 5.6%), 기업/산업교육 영역(23편, 4.2%), 그리고
교육공학 관리/행정 영역(5편, 0.9%) 으로 나타났다.

이를 통해서 교육공학 분야의 연구가 특정 분야 즉, 컴퓨터 관련 영역
(42.8%), 특히 인터넷과 웹기반 가상교육에 집중되어 실시되었고, 반면에
교육공학 관리/행정 영역(0.9%)은 연구수행 면에서 소홀히 되고 있는 것을
알 수 있다. 향후 교육공학 연구는 특정 영역 편중에서 벗어나, 다양한 주제
영역을 균형있게 다루면서 실시되는 것이 바람직하다.

3. 교수설계 영역에서 이루어진 연구들에서는 교수이론과 수업설계이론
의 이론적 검토와 아울러 설계이론에서 제시하고 있는 교수설계 원리와
모형을 적용하여 테크놀로지 기반 환경 즉, CAI, 멀티미디어, 하이퍼텍스트,

인터넷, 웹 기반 환경에서의 수업 설계와 모형 및 프로그램 개발을 다루고 있어 타 주제 영역에 비해 교육공학의 실제와 관련된 연구, 예컨대 사례연구와 기법, 모형개발 연구가 많은 것을 알 수 있었다. 교육공학이 교육현장의 제 문제를 해결하기 위한 방안과 전략의 수립을 꾀하는 응용학문이라는 관점에서 교수설계 영역에서 나타난 교육실제 중심의 연구접근은 바람직한 방향이라고 하겠다.

한편, 교수설계 영역에서는 인지주의, 구성주의 등의 새로운 사조에 부응하여 새로운 수업설계 이론의 모색에 대한 시도가 이루어지고 있는 것으로 나타났다. 즉, 새로운 교수설계 이론으로서 간학문적인 관점의 교수설계 이론, 포괄적 수업설계 이론, 교수이론의 메타이론화, '체제 - 해석적 수업체제설계 모델', '이중구조 교수체제모델' 등이 시도되고 있는 것을 알 수 있었다. 이와 같이 기존의 ISD 모형의 대안적인 접근으로서, 신 교수설계 이론을 정립하고자 하는 시도는 매우 의의있는 작업이며, 향후에도 이러한 창의적인 노력은 계속되어야 함은 두말 할 나위가 없다. 그러나, 이와 함께 선진 외국에서 탄생한 이론과 모형 중심에서 탈피하여 한국형 교수설계 이론의 개념화와 모형개발에 대한 노력이 함께 병행된다면 교육공학의 한국화에 기여할 수 있을 것이다.

4. 교수 - 학습이론을 주제로 한 연구들은 인지주의, 구성주의, 학습동기 이론 및 자기조절 학습이론을 중심으로, 이론의 개념적 고찰을 토대로 이론의 교수 - 학습 원리의 적용을 시도하였다. 이들 연구에서 다루어진 주요 이슈는 학습자의 인지기술, 메타인지, 학습동기, 자기 효능감 등이 학습성취에 미치는 영향에 대한 것이었다. 최근에 하이퍼미디어, 웹기반 수업 상황에서 인지전략, 구성주의, 동기원리, 자기조절 학습원리 등을 구현한 학습환경에 대한 연구가 활발히 이루어지고 있다는 측면에서 테크놀로지 지원 학습환경의 가능성에 대한 심층적인 탐색이 기대된다.

한편, 교육공학 분야에서는 가장 최근에 대두된 구성주의에 대한 비판과

이에 대한 옹호적인 관점간의 논쟁이 이루어졌고, 이를 통해 객관주의와 구성주의 패러다임을 새로이 조명하는 기회를 가질 수 있었다. 일련의 논쟁을 통해서 얻어진 합의가 객관주의, 구성주의의 어느 한 쪽을 지지하는 입장, 즉, 학자간의 대립을 지양하고, 서로간의 대화와 협력을 통해서 상호보완적으로 이들 이론을 수용하자는 건설적인 관점이라는 측면에서, 향후 교수 - 학습 이론과 관련된 연구를 중심으로 한 교육공학 연구공동체의 활약이 기대된다.

5. 교수매체 영역의 연구는 많지 않아 전체 연구물의 8.1%인 44편의 연구가 실시되었다. 이는 컴퓨터 관련 매체를 독자적인 주제 영역으로 분리한 것에 기인한다. 교수매체 영역의 연구에서는 교육텔레비전 방송, 상호작용 비디오/비디오 디스크의 교육적 활용과 학습효과에 대한 검토가 실시되었고, 이와 함께 매체의 올바른 이해와 활용을 위한 미디어 교육/미디어 리터러시 교육에 대한 논의가 이루어졌다. 오늘날의 다중매체 사회에서의 교육을 위해 미디어 리터러시 교육의 중요성이 증대되고 있다는 관점에서 이에 대한 연구가 시도되고 있는 것은 매우 바람직하다. 그러나, 이들 연구가 미디어 리터러시 교육을 위한 이론적 검토, 교육과정 개발 및 방안 모색을 다루고 있는 문헌연구라는 관점에서 향후에는 21세기 교육 패러다임과 뉴미디어 이론에 부응한 미디어 리터러시 교육과정을 교육실제에 적용한 사례연구, 현장연구, 질적 연구들이 이루어질 것을 제안한다.

6. 컴퓨터 관련 연구는 교육공학 분야에서 현재 가장 선호되고 있는 연구영역으로서 방대한 양의 연구물이 매년 발표되고 있는 상황이다. 컴퓨터 관련 연구들을 세분하여 보았을 때, 인터넷/웹기반 수업(WBI) 관련 연구가 가장 많이 이루어졌고, 그 다음이 CAI 관련 연구, 컴퓨터교육 일반/교육정보화 관련 연구, 하이퍼미디어/멀티미디어 관련 연구의 순으로 나타났다. 1980년대 중반부터 실시된 컴퓨터교육 연구는 컴퓨터가 교육의 비인간화를 초래하는가? 컴퓨터교육이 교사를 대치할 만큼 효과적인가? 등을 이슈로 하여

실시되었다. 1990년대 초부터 정보통신기기를 도입한 교육정보화(ICT)의 개념이 대두되면서, 정보사회의 교육 패러다임, 포스트모더니즘과 정보화의 연계, 인성교육과 문화정체성 확립, 정보격차(digital divide) 등이 새로운 이슈로 제기되었다.

컴퓨터 관련 영역에서 이루어지는 최근의 연구들이 전통 수업과 CAI를 단순 비교하는 매체연구를 지양하고, 컴퓨터 기반 수업에서 학습자의 제 특성과 교수처치와의 상호작용에 대한 연구 - 예컨대, 학습자의 인지/메타인지적인 특성이나 동기적인 특성과 학습의 통제권 소재, 학습상황에서의 맥락 제공, 하이퍼텍스트 구조 등을 연계하여 학습효과를 검증하는 연구 - 를 지향하고 있는 것은 매우 바람직한 방향이다. 그러나, 이들 연구가 단기간에 이루어진 일회적인 연구라는 점에서 향후에는 동일 주제와 변인 등을 토대로 한 일련의 연구를 심층적으로 실시함으로써 특정 연구와 관련된 지식기반을 축적하고 이를 토대로 현장적용의 지침을 발굴하여야 할 것이다.

7. 교육공학 관리/행정 영역에서 이루어진 연구는 전체 연구물의 0.9%인 5편에 불과한 것으로 나타나, 관리/행정 영역에서의 향후 연구가 요청된다. 1980년대와 1990년대에 걸쳐 매체센터의 프로그램 개발, 전산화 및 경영효율화를 위한 마케팅전략의 도입 등을 주제로 한 연구들이 실시된 것을 알 수 있었다. 2000년대에 실시된 교육공학 관리/행정 관련 연구로는 기업교육 분야에서의 이러닝과 연계하여 지식경영의 개념을 다룬 연구이다.

현재 교육공학 관리/운영과 관련된 연구가 지극히 미흡하다는 측면에서 이 주제에 대한 교육공학자들의 적극적인 관심이 요청된다. 향후에 시도될 연구로는 최신 테크놀로지와 뉴미디어를 기반으로 한 통합미디어교육 센터, 사이버교육 센터, 인적자원개발 센터 등을 중심으로 수요자 중심의 교육훈련 프로그램 운영, 프로젝트 관리, 최신 정보자원 관리 운영 등을 다룬 미래지향적인 연구를 제안한다.

8. 기업/산업교육 관련 연구들은 1990년 초부터 실시되었고, 최근 3년간에 웹기반 교육과 이러닝을 주제로 하여 상당한 양의 연구가 실시되고 있는 것을 알 수 있었다. 이를 통해서, 기업/산업교육 분야에서 교육공학적 접근이 상당히 활발하게 이루어지고 있는 것을 알 수 있다. 이 분야의 연구에서 다루어진 주요 이슈로는 교수체제설계 모형의 적용, 인적자원개발(HRD)과 수행공학(HPT), 학습조직, 역량중심 교육 등이었으며, 최근의 주요 과제는 웹과 이러닝(e-Learning) 환경 하에서 보다 효율적인 교육훈련체제의 설계와 개발이다. 한편, 최근에 이루어지고 있는 교육공학의 학문적 정체성 확립을 위한 연구의 일환으로, 인접 학문으로서 경영학과의 연계를 통한 교육공학의 개념 정립에 대한 논의는, 교육공학의 학문적인 발전과 토착화에 기여한다는 관점에서 매우 의의가 높다고 하겠다.

한국교육공학 연구공동체에서는 1985년에 전문 학술지인『교육공학연구』가 발간되면서, 학문의 발전을 위한 간단없는 연구활동을 실시해 왔다. 1980년대에는 학문의 초창기라는 시대적 맥락에서 교육공학 개념 정립, 교육공학의 역사적 고찰, 교육공학의 역할, 교육공학 교육과정 등을 주제로 논의가 이루어졌고, 1990년대부터는 새로이 대두된 패러다임과 사조인 구성주의, 포스트모더니즘과의 연계를 통한 교육공학의 개념적 발전을 위한 시도가 이루어졌다.

한편, 시청각교육이 도입된 지 50년, 교육공학의 도입 후 30년이 되는 지난 2000년부터는 한국 교육공학의 간학문적 정체성과 교육공학의 토착화를 위한 일련의 연구가 실시되고 있다. 교육공학 연구의 발전을 위해 풀어나가야 할 과제로는 응용학문으로서 인접 학문과 밀접하게 연계된 교육공학의 정체성 규명과, 종래의 미국 등의 선진 교육공학 연구를 수용하는 관점에서 벗어나 한국적 교육공학 연구 즉, 교육공학의 한국화라고 하겠다. 최근 교육공학 분야에서 불고 있는 교육공학의 학문적 정체성과 교육공학의 토착화 논의는 매우 의의가 있으며, 향후 교육공학 연구가 마땅히 지향해야 할 연구방향이라고 하겠다. 한국 교육공학이 새로운 모습으로 태어나고 비약적으로 발전하기 위해서는 교육공학 연구공동체의 구성원과 인접학문 학자들과의 대화와 협력을 바탕으로 한 지속적이고 생산적인 연구가 활발히 이루어져야 할 것이다.

참고문헌

강명희(1990),「한국의 저작도구 개발 현황과 그 방향」,『교육공학연구』6(1), 195~206쪽.

강명희·김세은(2000),「온라인 프로젝트 수행을 지원하는 자기규제학습 촉진전략의 효과」,『교육공학연구』18(1), 3~22쪽.

강숙희(1995),「외국어 어휘 학습에 있어서의 컴퓨터를 이용한 맥락적 접근 방법의 효과」,『교육공학연구』11(2), 169~190쪽.

강인애(1997),「객관주의와 구성주의: 대립에서 대화로」,『교육공학연구』13(1), 3~19쪽.

강인애(1998),「정보화 교육을 위한 이론적 재검토」,『교육공학연구』14(1), 23~46쪽.

권성호(1997),「미디어리터러시 교육과정 및 학습자료 개발에 관한 연구」,『교육공학연구』13(2), 3~30쪽.

김동식(1996),「한국교육공학 연구 동향 분석」,『교육공학연구』12(1), 173~193쪽.

김동식(1998),「한국교육공학 연구의 실상과 과제」, 박성익·강명희·김동식 (편),『교육공학연구의 최근 동향』, 1~5쪽.

김동식(2000),「하이퍼미디어 프로그램의 지식 표현과 내용 구조에 대한 새로운 시각」,『교육공학연구』16(1), 29~45쪽.

김미량(1998),「웹 활용 수업 확산의 장애요인 탐색을 위한 사례연구: 학습자의 지각을 중심으로」,『교육공학연구』14(3), 55~79쪽.

김미량·나일주(2000),「기업교육효과의 극대화를 위한 가상교육 플랫폼 모형 개발 연구」,『교육공학연구』16(1), 91~115쪽.

김민경(1999),「Women`s Past, Present, and Future in Digital Technology」,『교육공학연구』15(2), 217~234쪽.

김민경·노선숙(1999),「상호작용 증진을 위한 웹기반 게시판의 내용 및 사용실태 분석」,『교육공학연구』15(1), 219~239쪽.

김영수(1987),「미디어 리터러시 교육」,『교육공학연구』3(1), 83~113쪽.

김영수(1988), 「컴퓨터의 "Tool"적, "Learningware"적 접근」, 『교육공학연구』 4(1), 31~64쪽.

김영수·양영선(1995), 『교육공학연구: 이론과 동향』, 서울: 교육과학사.

김영수·한정선·강명희·정재삼 공역(1995), 『교수공학: 정의와 영역』, 서울: 교육과학사.

김영수 외(1999), 「웹기반 가상학습의 효과적인 교재 개발」, 『교육공학연구』 15(3), 221~242쪽.

김영환(1998), 「교육공학계에 나타난 구성주의에 대한 비판적 탐색」, 『교육공학연구』 14(3), 105~134쪽.

김정예(1994), 『한국교육공학의 역사적 고찰』, 이화여대 박사학위논문.

김종량(1987), 「수업혁신을 위한 교육공학의 역할」, 『교육공학연구』 3(1), 39~55쪽.

김희배(1997), 「한국 교육공학의 탐구논리와 접근방법」, 『교육공학연구』 13(2), 69~85쪽.

김희수 외(2001), 「지구과학교과교육을 위한 웹기반 3차원 가상현실 기법의 활용」, 『교육공학연구』 17(3), 85~106쪽.

김회수 외(2002), 「하이퍼텍스트 보조 학습에서 사전지식, 작동기억 및 하이퍼텍스트 탐색도구 유형이 학업성취도에 미치는 효과」, 『교육공학연구』 18(1), 79~108쪽.

나일주(1995), 「교수매체 연구의 현대적 과제」, 『교육공학연구』 11(1), 47~71쪽.

류완영(1994), 「교육용 소프트웨어의 개발 현황과 그 방향」, 『교육공학연구』 10(1), 173~188쪽.

박성익(1984), 「Review of Researches on Three Instructional Systems: PSI, A-T, LFM」, 『교육학연구』 22(1), 103~111쪽.

박수홍(2002), 「체제성(Systemic)과 체계성(Systematic)의 논쟁을 넘어서: 이중구조 교수체제(Dual-Structured Instructional System) 모델의 탐색」, 『교육공학연구』 18(2), 157~174쪽.

박인우(1998), 「대학교육에서 인터넷 가상토론의 비동시성과 토론자의 내향성/외향성간의 상호작용 효과 연구」, 『교육공학연구』 14(2), 25~49쪽.

박인우(1999), 「효율성의 관점에서 본 '가상대학'에 대한 비판적 검토」, 『교육공학연구』 15(1), 113~132쪽.

박인우·고은현(2001), 「동시적 온라인 토론에서 익명성과 도덕성이 발언에 미치는 영향」, 『교육공학연구』 17(4), 3~22쪽.

박인우·김미향(2000),「동기적 가상토론에서 익명성이 토론 내용의 논증과 부정적 발언에 미치는 영향」,『교육공학연구』16(4), 91~106쪽.

백영균·우인상(1996),「분수의 덧셈, 뺄셈을 가르치는 지능형 컴퓨터보조수업 (ICAI)프로그램의 설계」,『교육공학연구』8(1), 103~119쪽.

봉미미(1996),「주관적으로 인지된 과제의 유사성이 자기효능감의 전이에 미치는 영향」,『교육공학연구』12(1), 195~211쪽.

송상호(1998),「ARCS 모델에 대한 비판적 고찰; 가정, 특징, 그리고 이론적 장점들」,『교육공학연구』14(3), 155~176쪽.

송상호(2002),「교육방법의 의미 고찰로부터 시사되는 교육공학의 과제: 기업교육방법들을 고려하며」,『교육공학연구』18(2), 69~90쪽.

송영수(2000),「경영학과 교육공학」,『교육공학연구』16(3), 183~199쪽.

신민희(1996),「Relationship between self-regulated learning strategies and type of instructional control on acheievement and motivation」,『교육공학연구』12(2), 247~262쪽.

안미리(1997),「하이퍼미디어 사례를 이용한 예비교사 양성」,『교육공학연구』13(2), 109~142쪽.

양용칠(1994),「컴퓨터 본위 수업에 있어서 자기규제 기능의 수준별 학습자 통제와 프로그램 통제의 수업방략 비교」,『교육공학연구』9(1), 91~110쪽.

양용칠(2000),「교육공학의 발전과 심리학: 영향과 전망」,『교육공학연구』16(3), 27~50쪽.

유영만(1995),「한국 산업교육과 ISD: 성찰과 전망」,『교육공학연구』11(2), 21~36쪽.

유영만(2001),「학습객체개념에 비추어 본 지식경영과 e-Learning의 통합 가능성과 한계」,『교육공학연구』17(2), 53~89쪽.

유영만(2002),「비구조적 문제상황 이해를 위한 체제-해석적 수업체제설계 모델 (SI-ISD Model) 개발」,『교육공학연구』18(2), 249~295쪽.

유태영(1990),「한국 교육공학연구의 영향」,『교육공학연구』6(1), 3~45쪽.

이명근·김민규(2001),「웹 기반 작문교육 프로그램의 효과 연구」,『교육공학연구』17(2), 91~111쪽.

이상수·박지영(2002),「전통적 학습환경과 웹기반 학습 환경에서의 개인학습과 협력학습이 영어작문에 미치는 영향」,『교육공학연구』18(1), 193~214쪽.

이옥화(1993),「로그 프로그래밍의 교육적 의의와 실천 방안 모색」,『교육공학연구』

8(1), 81~102쪽.

이인숙(2000), 「교육공학과 체제학」, 『교육공학연구』 16(3), 95~121쪽.

이인숙(2002), 「e-Learning 학습전략 수준 및 학업성취도 규명」, 『교육공학연구』 18(2), 51~67쪽.

이재경(2002), 「역량기반 교육과정 개발 방법론에 대한 반성적 고찰: 마케팅 역량강화 교육과정 개발 사례를 중심으로」, 『교육공학연구』 18(4), 25~56쪽.

이종연(2002), 「웹 기반 교육에서 학습자의 자기주도성 및 사전지식과 전달전량이 학습만족도와 학업성취도에 미치는 영향」, 『교육공학연구』 18(3), 3~25쪽.

임철일 외(2000), 「평생교육을 위한 웹기반 학습에서 상호작용 유형에 따른 효과 분석」, 『교육공학연구』 16(1), 223~246쪽.

장은정(2002), 「e-learning 공동체에서 학습 전략과 몰입이 학습 결과에 미치는 영향」, 『교육공학연구』 18(3), 27~54쪽.

장정훈·정재삼(1999), 「수행 컨설턴트의 역량모형 개발을 위한 델파이 연구」, 『교육공학연구』 15(3), 99~127쪽.

정인성(1995), 「원격교육용 컴퓨터 네트워크 설계의 인지사회적 요인 분석」, 『교육공학연구』 11(2), 219~234쪽.

정인성(2002), 「해외 사이버 교육의 운영 형태 및 성공 요인 분석」, 『교육공학연구』 18(1), 215~233쪽.

정재삼(2000), 「학습과 퍼포먼스의 연계를 추구하며」, 『교육공학연구』 16(3), 200~212쪽.

정재삼·임규연(2000), 「웹 기반 토론에서 학습자의 참여도, 성취도 및 만족도 관련 요인의 효과 분석」, 『교육공학연구』 16(2), 107~135쪽.

정혜선·최성희(1998), 「메시지 내용분석을 통한 전자우편의 교육적 활용 연구」, 『교육공학연구』 14(2), 163~186쪽.

조미헌(1991), 「Matacognitive and Cognitive Effects of Different Loci of Instructional Control in Computer-Assisted Instruction」, 『교육공학연구』 7(1), 203~222쪽.

조연주(1995), 「하이퍼텍스트 학습환경에 있어서 학습자통제와 인지과정에 관한 연구」, 『교육공학연구』 11(2), 103~121쪽.

조연주(1996), 「교육개혁의 정보화에 대한 비판적 논의」, 『교육공학연구』 12(1), 275~289쪽.

조영태(2001), 「구성주의와 교육 공학: 비판적 검토」, 『교육공학연구』 17(1), 7~
35쪽.

주영주(1994), 「마케팅 전략을 적용한 대학 미디어센타의 개선방향」, 『교육공학연
구』 10(1), 189~201쪽.

주영주 외(1999), 「여학생 정보화 능력 신장을 위한 정책 제안」, 『교육공학연구』
15(1), 177~196쪽.

최정임(1998), 「구성주의 연구의 이해: '객관주의 구성주의: 대립에서 대화로'를
읽고」, 『교육공학연구』 14(3), 385~400쪽.

한정선(2000), 「미디어 교육의 새로운 해석과 접근」, 『교육공학연구』 16(2), 165~
191쪽.

한정선·이경순(2001), 「교수-학습 과정에서 가상현실의 구현을 위한 이론적 고찰」,
『교육공학연구』 17(3), 133~163쪽.

허운나(1994), 「Current Problems and Future prospects in IT Education」, 『교육공학연
구』 9(1), 203~215쪽.

Seels, B. B. & Richey, R. C.(1994), *Instructional Technology: The definition and
domains of the field*, Washington, D. C. Association for Educational
Communications and Technology.

Thompson, A. D., Simonson, M. R., & Hargrave, C. P.(1992), *Educational Technology:
A review of research*, Washington, D. C. Association for Educational
Communications and Technology.

부록

Ⅰ. 교육공학연구 동향 분석 통계 자료

가. 교육공학연구의 주제별, 연대별 분석(총괄) (%)

연대별	학습지명	교육공학일반 영역 기초연구,학문적성격	교육공학일반 영역 연구동향	교수설계 영역 이론,기초연구	교수설계 영역 모형,체제,프로그램,도구,설계개발	교수학습이론,기초 영역	교수매체 영역	컴퓨터 영역 CAI,CBI,ICAI	컴퓨터 영역 멀티미디어,하이퍼미디어,하이퍼텍스트	컴퓨터 영역 인터넷,웹기반,온라인교수학습	컴퓨터 영역 원격교육,가상대학,사이버대학	컴퓨터 영역 이러닝	컴퓨터 영역 컴퓨터교육,교육정보화일반	관리/행정운영영역	산업교육영역	수록논문수
1960년대 (1963~1969)	교육학연구	0	0	1	0	0	0	0	0	0	0	0	0	0	0	1
1970년대 (1970~1979)	교육학연구	0	0	1	0	1	1	0	0	0	0	0	0	0	0	3
1980년대 (1980~1989)	교육공학연구	5	0	5	4	4	7	10	0	0	1	0	7	3	0	46
1980년대 (1980~1989)	교육학연구	0	0	2	2	1	0	2	0	0	0	0	0	0	0	7
1990년대 (1990~1999)	교육공학연구	6	4	20	39	35	9	31	9	14	11	0	13	2	10	203
1990년대 (1990~1999)	교육정보방송연구	0	0	1	2	2	12	3	2	13	1	0	4	0	1	41
2000년대 (2000~2002)	교육학연구	5	0	7	1	19	4	14	3	5	0	0	1	0	0	59
2000년대 (2000~2002)	교육공학연구	9	0	4	20	12	1	5	3	24	6	3	3	0	11	101
2000년대 (2000~2002)	교육정보방송연구	1	0	6	4	8	10	5	0	18	0	1	11	0	1	65
2000년대 (2000~2002)	교육학연구	0	0	1	2	5	0	5	3	5	0	0	2	0	0	18
총합	교육공학연구	20(5.7)	4(1.1)	29(8.3)	63(18.0)	51(14.6)	17(4.9)	46(13.1)	12(3.4)	38(10.9)	18(5.1)	3(0.9)	23(6.6)	5(1.4)	21(6.0)	350
총합	교육정보방송연구	10.9	0(0.0)	7(6.6)	6(5.7)	10(9.4)	22(20.8)	8(7.5)	2(1.9)	31(29.2)	1(0.9)	1(0.9)	15(14.2)	0(0.0)	2(1.9)	106
총합	교육학연구	5(5.7)	0(0.0)	12(13.6)	5(5.7)	26(29.5)	5(5.7)	16(18.2)	6(6.8)	10(11.4)	0(0.0)	0(0.0)	3(3.4)	0(0.0)	0(0.0)	88
총합	총합	26(4.8)	4(0.7)	48(8.8)	74(13.6)	87(16.0)	44(8.1)	70(12.9)	20(3.7)	79(14.5)	19(3.5)	4(0.7)	41(7.5)	5(0.9)	23(4.2)	544

※ 대상학술지 : 『교육공학연구』- 1985~2002년 ; 『교육공학연구』- 1963~2002년 ; 『교육정보방송연구』- 1996~2002년

나. 『교육공학연구』에 게재된 연구 논문의 주제별, 연대별 분석(%)

연대별	교육공학일반 영역		교수설계 영역			교수매체 영역	컴퓨터 영역						관리/행정/운영 영역	산업교육 영역	수록 논문수
	기초연구, 학문적 성격	연구동향	이론, 기초연구	모형, 체제, 프로그램, 도구 설계/개발	교수-학습 이론, 사조영역		CAI, CBI, ICAI	멀티미디어, 하이퍼미디어/하이퍼텍스트	인터넷, 웹기반, 온라인 교수학습	원격교육, 가상대학, 사이버대학	이러닝	컴퓨터 교육, 교육정보화 일반			
1980년대 (1985~1989)	5(10.9)	0(0.0)	5(10.9)	4(8.7)	4(8.7)	7(15.2)	10(21.7)	0(0.0)	0(0.0)	1(2.2)	0(0.0)	7(15.2)	.(6.5)	0(0.0)	46
1990년대 (1990~1999)	6(3.0)	4(2.0)	20(9.9)	39(19.2)	35(17.2)	9(4.4)	31(15.3)	9(4.4)	14(6.9)	11(5.4)	0(0.0)	13(6.4)	2(1.0)	10(4.9)	203
1990~1994	3(5.1)	1(1.7)	8(13.6)	8(13.6)	4(6.8)	5(8.5)	16(27.1)	4(6.8)	2(3.4)	0(0.0)	0(0.0)	3(5.1)	2(3.4)	3(5.1)	59
1995~1999	3(2.1)	3(2.1)	12(8.3)	31(21.5)	31(21.5)	4(2.8)	15(10.4)	5(3.5)	12(8.3)	11(7.6)	0(0.0)	10(6.9)	0(0.0)	7(4.9)	144
2000년대 (2000~2002)	9(8.9)	0(0.0)	4(4.0)	20(19.8)	12(11.9)	1(1.0)	5(5.0)	3(3.0)	24(23.8)	6(5.9)	3(3.0)	3(3.0)	0(0.0)	11(10.9)	101
총합	20(5.7)	4(1.1)	29(8.3)	63(18.0)	51(14.6)	17(4.9)	46(13.1)	12(3.4)	38(10.9)	18(5.1)	3(0.9)	23(6.6)	5(1.4)	21(6.0)	350

418

다. 『교육정보방송연구』에 게재된 연구 논문의 주제별, 연대별 분석(%)

연대별	교육공학일반 영역		교수설계 영역				컴퓨터 영역						관리/행정운영 영역	산업교육 영역	수록논문수
	기초연구, 학문성격	연구동향	이론, 기초연구	모형, 체제, 프로그램, 도구 설계/개발	교수학습이론, 사조 영역	교수매체 영역	CAI, CBI, ICAI	멀티미디어, 하이퍼미디어/하이퍼텍스트	인터넷, 웹기반, 온라인 교수학습	원격교육, 가상대학, 사이버대학	이러닝	컴퓨터교육, 교육정보화 일반			
1990년대 (1996~1999)	0(0.0)	0(0.0)	1(2.4)	2(4.9)	2(4.9)	12(29.3)	3(7.3)	2(4.9)	13(31.7)	1(2.4)	0(0.0)	4(9.8)	0(0.0)	1(2.4)	41
2000년대 (2000~2002)	1(1.5)	0(0.0)	6(9.2)	4(6.2)	8(12.3)	10(15.4)	5(7.7)	0(0.0)	18(27.7)	0(0.0)	1(1.5)	11(16.9)	0(0.0)	1(1.5)	65
종합	1(0.9)	0(0.0)	7(6.6)	6(5.7)	10(9.4)	22(20.8)	8(7.5)	2(1.9)	31(29.2)	1(0.9)	1(0.9)	15(14.2)	0(0.0)	2(1.9)	106

다. 『교육학연구』에 게재된 연구 논문의 주제별, 연대별 분석(%)

연대별	교육공학일반 영역		교수설계 영역				컴퓨터 영역						관리/행정/운영 영역	산업교육 영역	수록 논문수
	기초연구, 학문성격	연구동향	이론, 기초연구	모형, 체제, 프로그램, 도구 설계/개발	교수·학습, 이론, 사조 영역	교수매체 영역	CAI, CBI, ICAI	멀티미디어, 하이퍼미디어/하이퍼텍스트	인터넷, 웹기반, 온라인 교수학습	인적교육, 가상대학, 사이버대학	이러닝	컴퓨터교육, 교육정보화 일반			
1960년대(1963~1969)	0(0.0)	0(0.0)	1(100.0)	0(0.0)	0(0.0)	0(0.0)	0(0.0)	0(0.0)	0(0.0)	0(0.0)	0(0.0)	0(0.0)	0(0.0)	0(0.0)	1
1970년대(1970~1979)	0(0.0)	0(0.0)	1(33.3)	0(0.0)	1(33.3)	1(33.3)	0(0.0)	0(0.0)	0(0.0)	0(0.0)	0(0.0)	0(0.0)	0(0.0)	0(0.0)	3
1980년대(1980~1989)	0(0.0)	0(0.0)	2(28.6)	2(28.6)	1(14.3)	0(0.0)	2(28.6)	0(0.0)	0(0.0)	0(0.0)	0(0.0)	0(0.0)	0(0.0)	0(0.0)	7
1990년대(1990~1999)	5(8.5)	0(0.0)	7(11.9)	1(1.7)	20(33.9)	3(5.1)	14(23.7)	3(5.1)	5(8.5)	0(0.0)	0(0.0)	1(1.7)	0(0.0)	0(0.0)	59
2000년대(2000~2002)	0(0.0)	0(0.0)	1(5.6)	2(11.1)	5(27.8)	0(0.0)	0(0.0)	3(16.7)	5(27.8)	0(0.0)	0(0.0)	2(11.1)	0(0.0)	0(0.0)	18
총합	5(5.7)	0(0.0)	12(13.6)	5(5.7)	26(29.5)	5(5.7)	16(18.2)	6(6.8)	10(11.4)	0(0.0)	0(0.0)	3(3.4)	0(0.0)	0(0.0)	88

※ 『교육학연구』(1963~2002)에 게재된 교육공학관련 연구논문을 대상으로 함.

II. 한국교육공학회 주요 연혁

가. 창립취지 및 목적

한국교육공학회는 교육공학의 이론과 실제에 관심 있는 학자들과 교육공학 전문가들의 공동참여 연구를 통해 교육공학의 학문적 성격을 규명함으로써 교육공학의 학문적 체계를 확립하고, 교육공학 이론을 체계적으로 연구·개발하여 교육현장의 문제들을 과학적으로 해결함으로써 교육공학의 이론과 실제를 균형있게 발전시키며 나아가 한국교육의 발전에 기여함을 목적으로 창립되었다. 본 학회는 이러한 목적을 달성하기 위해 공동연구의 추진, 개인연구의 조성, 연구발표 및 보급, 정기적인 협의, 국내외 타 학술단체와의 연구교환, 학술지 발간 등의 사업을 전개한다.

나. 학회의 발전과 현황

본 학회는 창립 이래 현재까지 양적인 면에서나 질적인 면에서 획기적인 발전을 거듭하여 왔다. 첫째, 회원수 및 구성면에서 창립 당시에 교육공학계의 저명한 소수 학자 및 연구원들로 구성되었고, 회원수는 400명에 달하였다. 현재에는 학회 회원은 교육공학 관련 학자, 전문가, 기업교육 종사자, 초·중등학교의 교원, 연구원, 학생회원 등으로 교육학, 교육공학 분야에 관심을 가진 학자와 실천가들로 구성되어 있으며, 2003년 10월 14일 현재, 학회의 회원수는 개인회원 총 1266명(준회원: 544명, 정회원: 722명)과 62군데 기관회원에 달한다.

둘째, 학술활동 면에서 학회 창립 초기에 본 회의 연구지를 연 1회 발간하기로 제정한 회칙을 준수하여 1985년부터 교육공학회 학술연구지인『교육공학연구』를 연 1회씩 발간하여 왔으며, 1995년부터는 연 2회씩 그 발간회수를 확대하고 있다. 또한 학회 관련소식을 전달하기 위한 뉴스레터를 연 2회 이상 꾸준히 발간하여 교육공학회 회원들간의 상호연락망의 구실을 담당하고 있다. 현재 학회지인『교육공학연구』는 연 4회 - 3월 31일, 6월 30일,

9월 30일, 12월 31일 - 발간되고 있으며, 뉴스레터도 연 4회 - 3월, 6월, 9월, 12월 - 발간되고 있다.

한편 학술대회 면에서는 창립 이후 계속하여 교육공학회 연차학술대회를 개최하여 왔으며, 1996년과 1997년도에는 Online Educa 국제학술대회를 개최하여 학술대회의 활성화를 꾀하였으며, 1998년도부터는 학술대회를 춘계학술대회와 추계학술대회, 그리고 하계학술연구회를 시도하여 학술대회의 내실화를 기하였다. 뉴밀레니엄에 앞서, 1999년도에는 "Cyber Learning and Tranining in the Knowledge-Based Society"라는 주제로 국제학술대회가 개최되었고, 학회의 영문저널인 "Educational Technology International"이 창간되었으며, 학술 활동의 전문화를 위해서 5개 분과로 구성된 연구모임이 시도되었다. 이러한 노력으로 본 학회 학술지인 『교육공학연구』가 학술진흥재단의 등재후보 학술지로 선정되어 회원들이 학회의 연구활동에 자긍심을 가지게 되었다.

이어 2003년도에는 본 학회 소식지를 4회 발행하고 학회 홈페이지를 확충하였으며, 학회 연구모임의 활성화를 추진하여 국내적으로 회원 서비스에 심혈을 기울였을 뿐만 아니라, 사이버교육에 대한 국제학술대회를 개최하는 한편, 미국 교육공학회, AECT(Association for Educational Communications &Technology)의 Affiliated Organization으로 협력관계를 구축하였고, 이어 일본 교육공학회, JSET(Japan Society for Educational Technology)와 국제학술 교류를 활성화함으로써 국제적인 위상을 높이고 있다.

다. 한국교육공학회 홈페이지(http://www.etkorea.com)

Ⅲ. 한국교육정보미디어학회(구 한국교육정보방송학회) 주요 연혁

가. 창립취지 및 목적

한국교육정보미디어학회(구 한국교육정보방송학회)는 교육정보, 방송 및 미디어 활용에 관한 이론과 실제에 관심이 있는 학자들과 관련 전문가들의 공동 참여 연구활동을 통해 교육방송, 미디어 및 교육정보공학의 발전을 도모하는 한편, 학문적 체계를 확립하여 초·중등교육은 물론 평생교육의 교육혁신을 도모하고자 창립되었다. 특히 초기에는 학회의 주요 활동이 교육의 중요한 한 축인 교육방송의 질을 개선하기 위한 노력에 있었으나, 최근에는 정보공학과 첨단 미디어의 획기적인 발전에 따라 학회의 연구활동을 교육분야에 있어서의 정보와 미디어의 효율적인 활용에 초점을 두고 이론과 실제의 연구, 개발 및 보급에 주력하고 있다.

본 학회는 이러한 목적을 달성하기 위해 공동연구의 추진, 개인연구의 조성, 연구발표 및 보급, 정기적인 협의, 국내외 타 학술단체와의 연구교환, 학술지 발간 등의 사업을 전개하는 것을 기본적인 목적으로 하고 있다.

나. 학회의 발전과 현황

본 학회는 창립 이래 전국 규모의 학술지를 발간하면서 현재까지 꾸준히 양적인 면에서나 질적인 면에서 한국 교육현장에서 정보, 방송, 미디어 활용과 관련된 이론과 실제에 대한 연구물을 발간하고 지식기반을 축적해오고 있다.

첫째, 창립초기부터 서울, 부산, 광주, 대구, 대전을 비롯하여 약 300명의 전국적인 회원을 확보하였으며 이들 지역의 회원들을 중심으로 전국적인 규모의 학술대회는 물론, 각 지역의 학술활동 역시 충실하게 이루어져 왔다. 이를 바탕으로 1997년부터 본격적으로 시작한 학술행사들은 전국의 각 지회를 중심으로 번갈아가면서 개최되어 전국 학회로서의 면모를 제대로 갖추어 왔다. 특히 1998년부터는 매년 2회씩 국내학술대회를 개최해 왔으며, 국제학술대회 역시 매년 1~2회씩 개최해 왔다. 국제학술대회는 본 학회 단독 주최의 학술대회를 비롯하여 EBS, 한국교육방송연구회, 전일본교육방송연구회, 스쿨넷, APEC 내 ALCOB 등과 연계하여 공동주최한 국제학술대회를 개최하여 본 학회의 대내외적인 위상을 드높여왔다. 특히 2003년부터는 본 한국 교육정보미디어학회와 일본 미디어교육학회가 공동으로 매년 한일 국제학술대회를 개최하고 있어 아시아 중심 국가간의 국제학술교류를 통한 학문의 발전을 꾀하고 있다.

둘째, 학술활동면에서는 학술지『교육방송연구』를 1995년부터는 연 2회 발행하였고, 학술지의 제호를 2000년『교육정보방송연구』로 개명하고, 연 3회 발간해 오다가 2001년부터는 연 4회 발간하고 있다. 이어 2004년에는 학문적 발전에 부응하여 학술지 명을『교육정보미디어연구』로 변경하였다. 또한 학회 관련 소식을 전달하기 위한 뉴스레터를 연 2회 이상 꾸준히 발간하여 회원들 간의 상호 연락은 물론 친목을 도모하고 있다.

셋째, 학술지의 질을 확보하기 위하여 창립초기에는 학술지 발간사업을 중심으로 활동이 이루어졌는데 1998년부터 전공분야의 심사위원 이외에도 연구법 전문 심사위원, 연구영역에 따라 전문 초빙 심사위원, 그리고 영문요약을 위한 외국인 전문 심사위원 등을 추가로 확보하여 학술지의 질 관리에 만전을 기하고 있다.

넷째, 이런 활동의 연장으로 본 학회에는 다음 세 개의 상설분과가 구성되어 있으며 현재 활발히 활동하고 있다.

1. 첨단교육(e-Learing 등) 분과
2. 멀티미디어 콘텐츠 개발 분과
3. 교육정보미디어 이론 및 연구 분과

다. 한국교육정보미디어학회 홈페이지(http://www.kaeim.or.kr)

평생교육학 연구

곽삼근

Ⅰ. 서 론

평생교육학에 대한 연구는 최근 '평생교육'의 개념 해석에 대한 논쟁이
시작되면서 새로운 국면을 맞고 있다. 평생교육 연구는 그 개념을 제도나
체제로서 보느냐 아니면 대상으로서 보느냐에 따라 상이하게 접근하고 있다.
어떠한 측면에서 보든 평생교육학이라는 학문 영역은 교육학 내에서는 신진
영역으로 간주되며, 평생교육은 그동안 크게 두 가지 관점에서 해석상의
차이를 표출시켜 왔다. 첫째, 교육을 바라보는 새로운 틀로서의 초기 개념은
평생교육을 광의의 의미로 보는 관점이다. 평생교육이 주창된 유네스코
중심의 초기 이념을 토대로 생애 전반을 다루는 평생(life-long)의 의미를
강조하여 학교교육을 포함한 모든 교육을 총칭하는 용어로 볼 뿐만 아니라
대안적 교육패러다임으로 해석하는 관점이다. 둘째, 한국의 실정법상에 명시
된 평생교육은 학교교육 이외의 교육활동을 지칭하는 것으로 협의의 의미로
보는 관점이다. 현재 한국의 평생교육법에서는 평생교육을 학교교육 이외의
모든 조직적인 교육활동이라고 정의함으로써 과거 사회교육 개념을 중심으
로 하되 그 영역을 보다 더 확장시킨 것으로 이해되고 있다. 이 관점에서는
주로 성인교육을 중심으로 연구가 진행되어 왔다고 볼 수 있다. 물론 평생교육
이라는 용어 자체는 교육을 바라보는 틀에서의 변화를 이미 그 안에 내포하고
있다. 1982년에 제정된 사회교육법이 1999년에 평생교육법으로 개정된 것은

단순한 용어의 변화가 아니라 교육 패러다임의 전환을 반영한 시대적 요청이었다. 따라서 교육에 대한 대안적 패러다임으로서의 평생교육학 연구는 현재 이 분야를 연구하는 학자들의 주요 이슈가 되고 있다.

이제까지 평생교육은 이론이 실천을 안내하였다기보다는 실천이 앞서고 그 뒤를 연구가 따르고 있으며, 결과적으로 연구방향도 실천을 토대로 해야 한다는 인식이 지배적이었다. 그러나 실제 연구 결과물들을 살펴보면 오히려 평생교육 프로그램의 모든 영역을 다루고 있지도 못하여 실천을 망라하는 연구도 부족하고, 순수하게 이론적인 기초의 틀을 세우며 방향을 제시한 연구도 부족하여 절대적인 연구물의 양이 수적으로 부족하다고 하겠다. 즉, 한마디로 이론화보다는 실천에 초점을 둘 수밖에 없을 정도로 급속하게 교육실천의 요구가 팽창해 왔는데 비하여 연구 활동은 충분하지 못하였다는 평가이다.

평생교육법의 출현으로 평생교육 활동의 공급과 수요는 그 어느 때 보다 양적으로 급증하였다. 특히 지방자치단체의 평생교육 기회 제공에 관한 임무 규정은 각 자치단체가 경쟁적으로 평생교육의 기회를 확충하기 위하여 하드웨어를 갖추는데 만전을 다하도록 이끌었다. 그러나 평생교육의 이념을 실현할 만한 소프트웨어와 휴먼웨어가 부진한 상태였으므로 평생교육의 본질적 목적에 부응하는 질적인 차원에서의 변화는 미흡하였다. 이러한 상태에서 평생교육의 본질을 왜곡시키는 현상도 종종 발견되며, 이를 우려하는 연구들이 등장하면서 본격적인 평생교육 개념 논쟁을 불러일으켜 한국사회에 맞는 평생교육 이념과 목적의 정립은 향후의 연구과제로 남아있는 상태이다.

이 글의 목적은 평생교육학 연구 50년사를 고찰하고 분석하는 것이다. 2000년대를 맞으면서 사회교육시대로부터 평생교육학 시대1)로 전이하게

---

1) 여기에서 평생교육학 시대란 1999년 한국 평생교육법 개정을 시점으로 그 이전을 사회교육학 시대, 그 이후를 평생교육학 시대로 명명한 것이다. 물론 평생교육은 이미 1972년 유네스코 선언에서 시작되었고 한국에서도 80년대 문헌에서 광의의 평생교육 개념이 사용되었지만, 줄곧 학회 차원에서 학문영역으로는 사회교육이라

되었다는 것은 연구경향에서의 대전환이라고 볼 수 있다. 평생교육 연구의 역사를 고찰하기 위하여 여기에서 다루어진 연구물들은 그동안 한국 사회에서 가장 보편적으로 인식되어 왔고, 연구와 실천의 중심축으로 다루어진 현행 실정법상의 관점인 협의의 평생교육 관점(사회교육)의 연구들도 있으나, 대안적 패러다임으로서의 광의의 평생교육 관점에 대한 논의들도 소개되고 있다. 최근 활발하게 진행되고 있는 개념과 이념에 대한 담론들도 심도 있게 다루어질 필요가 있다. 이 글의 주요 내용은 첫째, 지난 50년간 한국 평생교육학의 발전 과정을 고찰하고, 둘째, 연구동향 파악을 위해 주요 학회지의 연구물들을 시기별, 영역별, 주제별로 분석하고, 셋째, 전공 학회지에 게재된 연구논문을 중심으로 평생교육 연구의 주요 쟁점들을 고찰하며 향후 연구 과제를 탐색 제시하는 것이다.

II. 한국의 평생교육학 발전과정

1. 사회교육학으로의 출발

평생교육 활동은 인간의 문화 활동이 시작된 시기부터 존재하였으나, 하나의 연구영역으로 자리를 잡은 것은 훨씬 뒤의 일이므로 교육학의 여러 학문 영역 중에서도 후발 학문에 속한다고 할 수 있다. 한국에서 평생교육 영역의 학문적 성과물로 처음 등장한 것은 1954년 김동선의 『사회교육론』으로서, 대한민국 최초의 사회교육 저서로 기록되고 있다. 그는 사회교육을 광의와 협의로 나누어, 광의로는 어떠한 일의 결과가 "사회의 개선, 발전에 공헌하고 또 사회성원들에게 교육적 효과를 미칠 수 있는 활동"으로 정의하였고, 협의로는 "가정교육과 학교교육 이외의 영역에서 직접적으로 사회의 개선, 발달을 목적으로 하여 사회인으로서의 인격완성에 임하는 것"이라고 정의하였다(정지웅·김지자, 2000: 636). 대학교에서 강의가 시작된 것은

는 용어를 사용하여 왔고 연구 및 학술지 명칭도 사회교육학이었기 때문에 논의 전개상 이해를 돕기 위해 이렇게 구분하였다.

1962년 서울대학교 사범대학에서 교육학 전공과목으로 '사회교육론' 과목이 채택된 것이 시초이다. 이 당시 황종건 외 8인이 저술한 사회교육 전문서적인 『사회교육』(1962)은 사회교육에 대한 관심과 인식을 높였으며, 그 내용은 사회교육에 대한 기초적 논의와 지역사회 발전의 관계를 다루었다. 박정삼의 『사회교육과 지역사회개발론』(1963)은 사회교육을 지역사회 개발에서 접근하려는 의도를 보여주었으며 그 제목이 암시하고 또 이 책이 지역사회운동 지도자들의 훈련교재로 작성되었던 만큼 사회교육은 지역사회 발전과 밀접한 관계에서 출발하였다고 볼 수 있다(노일경, 2000). 이 책에서는 사회교육을 "공민교육, 성인교육, 청소년교육 등의 사회인에 대한 교육, 생활향상을 위한 직업교육, 과학교육, 체육, 레크리에이션, 도서관, 박물관, 문화관 등의 시설에 있어서의 활동"이라고 정의하였다(정지웅·김지자, 2000: 638).

<표 1> 1960년~1970년대의 사회교육 관련 단행본

출간년도	저자	저서명
1962	황종건 외 8인	『사회교육』
1963	박정삼	『사회교육과 지역사회개발론』
1966	중앙교육연구소	『한국의 민주적 발전과 성인교육의 과제』
1973	김재만·김도수	『새마을 교육: 한국사회교육의 기저』
1974	진원중·이규환·장진호	『한국사회교육의 제 문제』
1977	사회교육연구회진원중편	『사회교육의 동향과 좌표』
1978	황종건	『한국의 사회교육』
1979	장진호	『사회교육의 방향: 평생교육의 관점에서』

1973년 UNESCO 한국위원회가 평생교육 개념을 소개한 후 관련 번역서와 저서들이 많이 등장하였다. UNESCO는 1973년 『평생교육발전 세미나보고서』를 간행한 데 이어 1978년 『사회변동과 청소년교육』, 1982년 『새마을교육의 이론과 실제』, 1984년 『노인문제와 노인교육』 등 그 시대 사회문제와 관련된 주제로 일련의 보고서를 내었다. 그밖에 대표적인 단행본은 김승한 (1981)의 『한국평생교육론서론』과 『평생교육입문』, 한국지역사회교육협의회(1981)의 『평생교육논단』, 한국정신문화연구원(1982)의 『평생교육의 체

제와 사회교육의 실태』, 김난수 외(1983)『평생교육론』, UNESCO 한국위원회
(1983)의『평생교육의 기초와 체제』등이다. 한편 한국사회교육협회(1984)에
서는『한국사회교육총람』을 출간하여 사회교육 관계 문헌자료목록과 관계
기관 및 단체 관계법규를 부록에 수록하는 등 방대한 자료를 제시하였다(정지
웅・김지자, 2000).

그밖에 1980년대와 1990년대에 간행된 단행본 중에서, 평생교육의 연구영
역이 구체적으로 제시된 저서들인 장진호(1985)의『평생교육과 사회교육』을
비롯한 한준상(1988)의『사회교육과 사회문제』, 황종건(1994)의『사회교육
의 이념과 실제』, 권대봉(1996)의『평생학습사회교육』, 조용하(1996)의『사
회교육과 여가』, 권두승(1997)의『사회교육법규론』, 곽삼근(1998)의『여성과
교육』, 황안숙(1999)의『무한경쟁시대의 인적자원개발』등은 80년대와 90년
대 평생교육 연구의 주요 주제가 어떻게 변천되고 있는가를 잘 나타내주는
단행본 제목들이다.

또한 사회교육학자와 실천가의 연대인 '한국사회교육협회'의 활동을 소개
하는 것은 사회교육의 주요 관심사와 연구가 어떻게 변화되어 왔는가를
고찰하는데 도움이 된다. 1976년 제1회 전국사회교육지도자세미나 보고서인
『지역사회발전을 위한 사회교육의 역할』을 출발로 해마다 년차 대회를 개최
하고 보고서를 출간하였다. 1970년대에는 지역사회발전, 산업사회, 청소년,
매스미디어 등을 주요 이슈로 다루었다. 1980년대에는『사회교육연구』제5
권으로 간행된『사회교육에 있어서의 인문교양교육』을 기점으로 복지사회
건설, 참여연구방법, 학교교육과 사회교육의 연계, 대중연극, 문화전통, 변화
하는 농촌, 평화교육, 노동교육, 문해교육 등을 다루었다. 1990년대 초에는
"문해연구의 새로운 동향"을 출발로 통일대비 사회교육, 안드라고지, 환경,
민주화, 사회교육 효과, 학습권 강화, 인간교육실현, 자기주도학습 등이 주요
주제로 다루어졌다. 1976년부터 1995년까지 이러한 연구주제는 연차대회에
서 발표되고 또한『사회교육연구』로 간행되었으며, 1995년부터 한국사회교
육학회가 출범하여 전문학술지로서 역할을 담당하게 되자 사회교육협회는

연구지 출간을 중단하였다(정지웅·김지자, 2000).

한국 평생교육학의 학문적 발전은 과거 사회교육시대를 거쳐 평생교육시대로 나아왔으며, 평생교육의 개념과 이념에 관한 학문적 논의는 1999년 평생교육법 개정을 전후하여 보다 활발해 졌다. 즉 평생교육 연구는 그동안 실천지향적 학문으로서 주변적인 위치에서 공교육체제와 별도로 운영되었던 사회교육이, 평생교육이라는 개념으로 의미의 확장과 더불어 연구의 활성화를 맞게 된 것이다. 학문에 의해 뒷받침되는 사회교육학의 시대가 도래 할 것이 필요하였는데, 어떠한 면에서 볼 때 그것은 평생교육법 개정을 계기로 전개되었다고 볼 수 있다.

사회교육의 개념은 학교교육 이외의 조직적인 교육활동으로 비교적 명료하게 인식되었는데 비해 평생교육은 개념적 모호성을 지니게 되었으며 2000년대 연구들은 이 문제를 공론화하고 있다. 이제까지 평생교육의 개념은 초기 유네스코의 수직적 수평적 통합을 기초로, 요람에서부터 무덤까지의 일생에 걸친 교육과 생활 전 영역에 있어서의 교육을 의미하였다. 이를 보다 구체적으로 개념화시킨 것으로서 권대봉(2001)은 평생교육을 시간적 개념으로 보았을 때는 평생에 걸친 교육으로, 공간적 개념으로 보았을 때는 가정, 학교, 직장, 지역사회, 사이버 마당에서의 교육 등 다섯 마당으로 분류하였다. 이는 과거 교육의 마당을 가정, 학교, 사회로 구분하였던 전통적 교육의 관점에 비하여 지식정보사회와 일터의 중요성이 강조된 현대의 생애현장교육의 관점에서 이루어지는 평생교육 장의 분류라는 의의를 지닌다. 한편 평생교육을 대상으로만이 아니라 체제로 보았을 때는 교육의 패러다임 전환을 수반하는 의미의 획기적 변화가 필수적이다. 「평생학습과 학습생태계」에서 한숭희(2001)는 평생교육론의 새로운 패러다임을 논의하고, 한준상(2002)은 「학습학」에서 교육패러다임의 전환을 입증하고 있다. 그러므로 어떠한 관점을 견지하는가에 따라서 평생교육과 관련된 현상을 연구하는 평생교육학 연구는 관심과 대상에 있어 상당한 차이를 보여주고 있다.

평생교육의 개념에 대한 발전적 논의와 더불어 평생교육학 연구방법의 발전과정에서도 매우 의미 있는 변화가 나타났다. 평생교육학에 대한 학문적 논의가 대두하였다는 것은 지적 호기심을 심화시키고 이를 체계화시키는 노력이 활발해진 것을 의미한다. 사회교육학 시대에는 과학성에 바탕한 연구가 가능한가를 검토하여 왔으며, 보편성을 나타내는 것이 과학적 지식이며 학문이라고 인식되어 왔다. 이를테면 사회교육학이 관여하는 대상이 학문적인 문제의식을 가질만한 가치가 있는가? 지적으로 문제를 해결하고자 하는 일련의 집단구성이 가능한가? 연구대상이 과학적 지향점을 충족시키고 있고 또 그러한 소인을 가지고 있는가? 인간관계성의 추구와 그 속에서 얼마만큼 상상지가 배제되고 이성지가 성립될 수 있는가? 검증이나 일반화가 가능한가? 연구를 통해 원인과 결과의 관계성을 규명할 수 있는가? 하는 질문들을 예로 들 수 있다. 사회교육학의 본질과 속성은 "사회교육 현상과 관련된 자료들에 대한 객관적이고 체계적인 분석, 관찰, 해석, 논의 등을 통하여 사회교육에 관한 새로운 사실을 발견하고, 그것을 통하여 사회교육 현상을 올바르게 이해하며, 나아가 새롭게 발견한 사실에 관한 이론이나 법칙을 형성하도록 하는 것"으로 볼 수 있다.

그러나 평생교육학 시대로 오면서 연구방법에서도 획기적인 변화가 시도되었다. 우선 교육제공자 측면에서 교육중심의 객관적이고 과학적인 연구로 일반화를 지향하던 것은 오히려 학습자의 의미와 주체성에 대한 관심을 중심으로 다양한 학습자들의 경험과 특성을 그들의 용어로 표현한다는 것에 큰 가치를 두는 방향으로 무게 중심이 이동되어 왔다. 즉 교육중심의 시대에서 학습중심의 시대로 변화된 것은 연구방법이나 내용에서의 변화를 수반한 것이다.

한국의 평생교육 발전이나 연구유형은 미국과 유사한 패턴을 지니고 있는 측면이 있다. 미국에서 학회의 창립과 연구의 발전과정을 보면, 1926년 미국 성인교육학회(American Association for Adult Education)가 창립 된 것을 계기로 학문공동체 활동이 조직적으로 전개되었고, 1929년『성인교육연구』(Adult Education Journal)가 발간되어 연구가 본격화되었다. 그 당시 연구

경향을 보면 성인교육의 실제에 치중하다가 1960년대 후반부터 학문적 연구
가 활발해져 성인교육의 필요성이나 성인교육 프로그램을 소개하는 연구들
이 쏟아졌다. 그러나 1980년대 초반까지 성인교육 프로그램 소개나 개발이
연구의 1/3 정도를 차지하다가 급기야는 1990년대에 들어서서 평생교육에
대한 철학, 심리학, 사회학적 접근의 이론적인 연구가 활발하게 되었다.
대학에서의 전공학과 명칭이나 학회지 명칭에서도 역시 성인교육, 계속교육
이 주를 이루다가 90년대를 전후하여 평생교육이라는 명칭이 추가되는 경향
을 보였다.

2. 학문공동체의 성립과 활동

현재 평생교육 관련 학회로 학술진흥재단에 등록된 대표적인 학회로서
가장 역사가 오래된 학회는 한국평생교육학회이다. 이 학회의 출발은 사회교
육연구회이다. 1966년 3월 한국교육학회 산하의 분과 연구회로서 '사회교육
연구회'가 출범함으로서 현재까지 지속되고 있는 평생교육 학문공동체의
활동이 시작되었다고 볼 수 있다. 설립 당시부터 3년간의 월례발표회 주제들
을 살펴보면 사회교육의 정의, 농촌사회교육, 통신교육, 외국의 사례와 시사
점 등으로 사회교육의 방향설정에 관심이 있음을 알 수 있다(<표 2> 참조).

<표 2> 사회교육연구회 활동 초기 월례발표회의 주제

발표회 차수	발표주제
제1차 (1966년)	'한국에 있어서의 사회교육과 본 연구회의 활동방향에 관한 간담회'
제2차 (1966년)	황종건 '사회교육의 정의'
제3차 (1968년)	최천근 '한국의 사회교육실태' 강우철 '한국농촌사회교육기관에 관한 연구'
제4차 (1969년)	정지웅 '미국농촌지도사업이 한국교육에 주는 시사' 김승한 '한국의 통신교육'
제5차 (1969년)	황현익, 황종건, '일본과 영국의 사회교육단체에 대하여'

한편 초기 한국교육학회의『교육학연구』에 게재된 대표적인 사회교육 연구물에서도 이러한 경향이 나타났는데, 김종서(1964, 2권 5호)의「한국문맹률의 검토」와 김승한(1970, 8권 1호)의「개교를 눈앞에 둔 외국의 방송대학들; 영국의 Open University를 중심으로」등 당시에는 기초적인 문해교육과 선진국의 개방교육체제에 큰 관심이 있음을 알 수 있다.

사회교육연구회가 창립된 후 한국사회교육학회로 발전되기까지 간행된 논문집은 주로 사회교육의 동향, 문제, 사회교육방법론 등이며, 1991년부터는『사회교육학연구』라는 명칭의 학술지를 발간하였다(<표 3>). 1995년에는 연구회에서 '한국사회교육학회'라는 형태로 새 출발을 하며,『사회교육학연구』라는 전공학회지를 간행하게 되었다. 2001년에는 '사회교육학회'의 명칭은 '평생교육학회'로 변경되었고, 학회지도『사회교육학연구』에서『평생교육학연구』로 명칭이 변경되었다. 이러한 명칭 개정은 게재 학술연구 논문들이 다루는 주제에서도 상당한 변화를 가져와, 과거 사회교육의 실천과 프로그램에 대한 비중이 우세하였는데 비해, 차츰 평생교육학의 개념과 가치에 관한 논의 및 평생학습 또는 학습자에 대한 연구의 비중이 높아지게 되었다.

<표 3> 평생교육학 학문공동체 간행물의 변화과정

학문공동체명칭	발간년도	간행물 명칭
한국교육학회	1966	한국교육학회 분과연구회로 출발
사회교육연구회	1974	『사회교육의 제 문제』, 한국교육총서
(연차대회, 세미나 보고서 등)	1977	『사회교육의 동향과 좌표』
	1982	『평생교육과 사회교육』
	1986	『현대의 사회교육』
	1988	『사회교육방법론』 등의 단행본
	1991~1994	『사회교육학연구』지 발간
한국사회교육학회	1995~2000	『사회교육학연구』 전공학회지
한국평생교육학회	2001~2004	『평생교육학연구』 전공학회지

'사회교육연구회'는 오늘날 평생교육학 연구의 활성화에 기초를 마련해주는 중요한 역할을 하였던 학문공동체로서 그 역사적 의미를 지닌다. 이

연구회의 주요 활동은 다음 몇 가지로 제시될 수 있다.

① 각 시기 주목받아 왔던 사회교육 활동을 소개하고, 그 문제점을 비판하였다.
② 외국의 사회교육을 소개하고, 한국 상황에의 적용 여부를 검토하였다.
③ 한국 사회교육의 위치를 진단하고, 방향을 제시하는데 기여하였다.
④ 한국교육학회의 하나의 분과로서, 학회의 체제를 갖추는 데에 공헌하였다.

이러한 기능을 하면서 사회교육연구회는 지속적인 성장을 거쳐 현재는 한국평생교육학회라는 전문학술단체로 발전하게 되었다. 한국평생교육학회는 현재 연 3회 정기적으로『평생교육학연구』라는 전공학술지를 간행하고 있으며, 월례발표회 및 춘계와 추계 학술대회를 해마다 개최하고 있다(http://www.lifelongedu.org.kr). 성인교육 관련 한국학술진흥재단에 등록된 학회는 1997년에 창립된 한국성인교육학회가 있으며, 한국적 성인교육의 패러다임 연구 및 개발, 한국 성인교육의 국제적 위상 확립, 성인교육현장에 대한 이론 적용 등의 활동을 전개한다는 취지하에, 전문학술지인『Andragogy Today』를 연 4회 간행하고 있다(http://www.aceofkorea.org.kr). 한편 보다 구체적으로 인적자원개발 부분을 중심으로 창립된 학회로는 산업교육학회, 인력개발학회 등을 들 수 있다. 산업교육학회는 1989년 설립되어 산업체내의 교육을 중점적인 연구영역으로 현재『산업교육연구』라는 학회지를 연 4회 발간하고 있다. 인력개발학회는 1999년 창립되어 인적자원개발 관련 주제를 중심 연구영역으로 하여 현재『인력개발연구』라는 학회지를 연 3회 발간하고 있다. 평생교육학의 연구영역이 인적자원개발과 어떠한 관계를 갖는가에 대한 논의도 제기되고 있으나, 여기에서는 평생교육을 보다 상위 개념으로 UNESCO 중심의 지역사회 평생교육과 OECD 중심의 인적자원개발의 영역을 포괄하는 연구영역으로 개념화하였다.

Ⅲ. 평생교육학의 영역별 연구 추이

1. 평생교육에 관한 시대별 연구 추이

학문영역으로서의 평생교육학 연구는 평생교육 현상에 대한 과학적 탐구로서 평생교육의 이념, 목적, 내용 및 방법뿐만 아니라 제반 관련 정책 및 제도를 포함한다. 평생학습 현상은 인간의 삶이 담고 있는 모든 영역에 걸쳐 나타나므로, 인간활동 영역의 전반에서의 교육현상을 탐구하는 것으로 볼 수 있다. 평생교육 연구는 평생교육 현장과 사회의 요구를 매우 즉각적으로 반영하고 있으며, 무한경쟁의 세계경제시대에 인적자원개발과 관련된 연구는 최근 계속 증가하고 있다. 평생교육관련 연구물도 과거 사회교육이라는 명칭을 사용하였던 시기에 비해 지역사회 개발보다는 개인의 능력 개발에 집중되고 있는 경향으로 나타나고 있다.

이 절에서는 한국 평생교육의 연구동향을 시대별 사회변화와 관련시켜 고찰해 보고자 한다. 평생교육의 학문적 정초기인 1960년대 이전의 평생교육은 문맹퇴치에 중점을 두었으므로 성인기초교육을 어떻게 전개할 것인가의 전략과 정책에 관심을 두었다. 그 후 60년대와 70년대를 거쳐 지역사회 발전의 관점에서 교육을 논한 사회교육시기에도 역시 사회경제적인 이슈가 주요한 관심사였다. 본격적으로 평생교육의 개념이 도입되면서 학습학이라는 관점에서 평생교육학을 논의하게된 것은 80년대 이후이며(한준상, 2002), 90년대 이후 개인의 학습권, 학습생태계, 사회적 학습망 등의 관점에서 평생교육학을 연구하는 경향으로 발전하여, 2000년대에는 학습공동체 및 시민사회 평생학습에 대한 연구가 대두하였다(한승희, 2001; 곽삼근, 2001b).

평생교육 연구에 의하면 평생교육 실제에는 그 사회의 문화적 정치적 구조와 양상이 반영되어 사회발전 과정에 따라 시대적 특성이 나타나고 있다. 한국 평생교육 이론의 변동양상은 사회학적인 관점에서 고찰한 바에 의하여 적응지향형, 체제유지형, 의식함양형, 사회변혁형 등으로 분류된다. 권두승(1992)은 1950년대부터 80년대까지의 이론적 경향을 분석하였는데 그 결과 50년대 체제유지형 평생교육이 지배적이다가 80년대에는 적응지향형이 우세한 것으로 나타났다. 1950~60년대에는 체제유지적인 틀에서 국가 사회 건설과 사회통합의 개념이 부각되었고 근대화와 생활안정을 강조하였으며, 교육덕목은 책임, 봉사, 희생이 강조되었다. 그러나 1970~80년대에는 적응지향적인 틀에서 자아실현, 삶의 질 향상이라는 이념이 강조되고, 인격성숙과 시민의식 형성이 부각되었으며, 교육덕목은 사회변화 적응, 자립성장 및 주체의식이 강조되었다. 그런데 한편으로는 80년대부터 의식함양형이 싹트기 시작하였고 1990년대에는 사회변혁형이 관심을 끌기 시작하였다고 할 수 있다. 80년대 개인의 능력 개발 및 훈련에 치우친 관심은 90년대를 지나면서 인적자원개발형으로 특성화되었다. 이러할 즈음 생명과 환경의 위기시대를 맞아 자연환경에 대한 관심과 아울러 사회문화환경에 대한 관심이 고조되었고 평생교육의 공공성을 확보하자는 주장이 강하게 제기되어 왔으며, 이러한 경향은 평생교육 연구의 주제에 영향을 끼치게 되었다.

그동안 평생교육 연구는 평생교육 현장의 실천양상을 중심으로 연구 주제가 선정되어 왔다. 평생교육 연구의 역사적 고찰을 위한 시대구분은 일반적으로 사회변화를 토대로 하였으며, 시대별 평생교육의 변화과정은 주요 정책변화를 기준으로 분류되고 있다. 또한 사회발전 단계에 따라 농촌사회 평생교육, 산업사회 평생교육, 정보사회 평생교육으로 분류하여 시기별로 구분하고, 인적자원개발의 특성을 논하는 접근도 가능하다(권대봉, 2000). 무엇보다 한국 평생교육 연구의 역사를 분석하려면 우선 기록으로 남아있는 시기별 정책을 중심으로 고찰할 필요가 있다. 해방 이후 평생교육 정책의 전개과정은 이제까지 크게 세 단계, 즉 1) 1945년 광복에서 1950년대, 2) 1960년대에서 1970년대, 3) 1980년대에서 1990년대의 3단계로 나누어 분석한 것이 보편적인데(김인아, 1998), 여기에서는 1990년대 후기부터 급성장하게 된 시민사회단체의 활약과 최근의 생태 중심의 학문적 경향, 그리고 세계화 시대 인적자원개발 정책의 부상을 반영하여 4) 인적자원개발과 시민공동체 평생학습시기(2000년대)를 추가하여 네 단계로 분류하여 고찰한다(곽삼근,

2001a). 우선 각 시기별로 평생교육 실천현황을 개관하고, 해당 영역에서의 평생교육 연구 성과들을 고찰한다.

1) 계몽적 문해교육 시기(1945년의 광복에서 1950년대)

이 시기 평생교육의 주요 관심사는 국민들에게 글을 읽고 쓸 수 있도록 하는 데에 있었다. 문맹퇴치를 하기 위한 실천전략에 치중하였으므로 평생교육이론 연구이기 보다는 실제 문맹퇴치 활동을 위한 정책과 행정이 주축을 이루었으며, 주요 평생교육 자취는 ① 교원의 양성과 재교육 ② 성인교육을 통한 문맹퇴치와 한글 보급 ③ 공민학교와 고등공민학교의 제도화 ④ 문맹퇴치 5개년 계획의 추진 ⑤ 농촌계몽 활동과 농촌문고 설치 등이다. 해방 직후 우리나라의 교육방침은 일본잔재의 불식, 평화와 질서의 유지, 생활의 실제에 적합한 지식과 기능의 연마 등이었다(군정청 학무국, 1945년 9월 22일). 당시 사회교육은 우선 일제시대에 사용이 금지되었던 우리말과 글을 찾는데 있었으므로, 미군정청은 성인교육위원회를 조직하여 학교와 국문강습소 또는 마을 사랑에서 문해교육의 일환으로 한글과 노래를 가르쳤다. 교사는 학교교사나 성인교육사, 마을 청년, 유지들이고 교육대상자는 한글을 모르는 마을 주민들이었다. 당시 미군정청에서는 학무과 안에 성인교육과가 설치되었으며 1946년 1월에는 성인교육과로, 다시 같은 해 4월에는 성인교육국으로 승격시켰고, 7월에는 그 안에 계몽과와 재교육과를 두었다(남정걸, 1987: 122). 이렇게 볼 때 그 당시 성인교육은 문맹퇴치를 위한 문해교육이 주요 내용이었다고 할 수 있다. 다시 말해 해방 후 국가건설 초기에는 국민형성과 통합을 위하여 문해와 성인기초교육에 정부가 직접 나서서 추진하였다(김신일, 1993).

1948년 8월 정부수립 후 11월부터는 사회교육국이 문화국으로 개편되면서 문화국 안에 성인교육과, 생활개선과, 교도과, 예술과, 체육과 등 5과가 편입되었다. 이때 제일 먼저 시작한 사회교육 사업이 정규학교에 진학하지 못한 청소년을 대상으로 한 국민학교 과정의 공민학교와 중학교 과정의 고등공민학교였으며(황종건, 1978, 201쪽), 사회교육시설로 전국에는 국립 2개, 공립 13개, 사립 4개의 도서관이 있었으나 자료 제공처와 학습장소 제공에 불과했다. 전반적으로 농촌계몽, 문해교육, 비진학생을 위한 보충교육 등이 주류를 이루었다고 할 수 있으며, 계몽주의적인 경향이 강하여 사회교육은 지역사회인들의 문맹퇴치와 의식향상에 매우 의미 있는 역할을 하였다고 할 수 있다.

1950년대는 사회교육의 태동기로 볼 수 있다. 36년간의 일제통치시기를 거쳤고 국민의 78.2%가 비문해자였으므로 높은 문맹률을 해결하고 국민 전체의 기초교육을 강화하는 문맹퇴치 운동의 시기이다. 시·군 단위, 성인교육협회, 군대 등을 통해 국문강습 활동을 전개하였고, 문맹퇴치 5개년 사업(1954~1958년), 조선어학회 및 기독교 계명협회의 활동, 학생들을 중심으로 한 지역단위의 학생향토계몽운동 등을 전개하였다.

평생교육학의 관점에서 이 시대의 연구과제는 문해교육이라는 과업을 어떻게 효율적으로 실천하는가의 정책과 행정에 집중되어 있었다고 볼 수 있다. 또한 이 시기에 주목할 만한 것은 1952년에 최초로 사회교육법이 성안되었고 1982년까지 30여 년 동안 15차례의 수정안 작성을 거쳐 1982년 12월 15일 사회교육법이 최초로 제정되었다는 점이다(이옥분, 1998). 이는 현재의 평생교육법(1999)으로 개정되기까지의 그 기초와 기틀을 제공했다는 점에서 큰 의의를 지닌다.

2) 지역사회개발 사회교육시기(1960년대에서 1970년대까지)

이 시기는 현 평생교육학회의 전신인 사회교육연구회가 출범하여 평생교육 연구에 학문적인 관심을 기울이기 시작한 때이며, 이 시기 주요 연구관심 영역은 교육을 통한 지역사회개발 방안에 관한 것이다. 주요 평생교육 자취는 ① 재건 국민운동과 마을 문고 ② 사설강습소 ③ 향토학교와 새마을교육운동의 전개 ④ 도서관의 법제화와 정비 확충 ⑤ 미취학 및 근로청소년 교육의 추진 ⑥ 해외교포 교육에 대한 관심의 증대 등이다. 1960년대 전반기의 사회교육은 농협이 지도자 연수원을 세워 임직원 교육을 시작했으며, 1966년

농협중앙회는 이를 인수받아 지도자교육 활동을 전개하였다. 또 농업원과 지역사회개발원이 통합되어 1962년 농촌진흥청이 되면서 본격적으로 농업 기술 보급, 농촌생활 개선 지도사업이 시작되었다. 1961년 4월 대한가족계획 협회가 설립되면서 인구교육이 추진되었고, 또 대학생 봉사활동도 농촌생활 실습, 농촌주민교육, 도시근로자교육 등에 착안하여 실시하였으며, 농업고등 학교에서도 농고생을 중심으로 한 농어민 후계자 양성과 중견 농민 양성을 위한 과외활동을 전개하였다. 1966년 각급 학교에서는 일반인을 대상으로 한 사회교육을 실업계 학교 부설로 설치 운영함으로써 학교를 지역사회 주민에게 개방하였으며, 1969년 1월 한국지역사회학교 후원회가 발족되어 아동에 대한 자연학습, 대학생 봉사교육, 학교단위의 사회교육 지원 등 교육 행정가에 대한 지역사회학교 이념을 보급하였다.

1970년대의 가장 획기적인 사회교육 활동으로는 새마을교육을 들 수 있다. 이 교육운동은 도농의 균형발전으로 조국의 근대화를 앞당겨 보려는 목표 아래 새마을운동 선구요원의 정예화, 정예지도자의 자조적 운동 전개의 조장, 근면, 자조, 협동하는 복지국가를 건설코자 하였다. 이러한 정책에 발맞춰 국가기관이나 각계각층의 사회단체도 새마을교육과 연관하여 제반 프로그램을 전개하였으며, 교육 내용은 새마을정신 개발, 새마을 가꾸기, 소득증대 사업, 협동 성공사례, 우수부락 견학 등이다. 이 운동은 한국의 근대화 촉진에 크게 기여하였으며, 정신적으로나 경제적 생활 향상에 큰 성과를 가져왔다고 평가되고 있다. 지역사회 개방에 발맞춰 대학에서도 계명대학교의 시민대학, 주부대학에 이어서 1975년 대구대학교에서 노인복 지대학, 1978년 대학농민후계자양성과정을 설치 운영하였다. 농협은 1977년 에 단위조합 기간요원 양성소를 세워 교육하였으며, 한국수출산업공단 복지 관에서는 1978년 민간단체인 YMCA가 프로그램을 개발하여 근로자교육을 실시하였다(정지웅·김지자, 1986, 306쪽). 그 외 대기업체에서도 사내대학 을 설립하여 직업·기술교육을 실시하였고 예비사원을 위한 인턴제 등 사내 교육 프로그램을 실시하기도 하였다.

이 시기의 평생교육 실천은 세 가지 유형으로 분류될 수 있으며, 연구 관심사도 대부분 이러한 틀과 부합하고 있다.

첫째, 학교교육 보완형 사회교육 유형이다. 1960년대는 사회교육의 출범기로서 학교교육을 보완하는 사회교육 형태인 공민학교의 신설이 활발하였다. 초등교육의 기회를 놓친 사람을 대상으로 한 공민학교뿐만이 아니라, 일반 성인에게 필요한 중등 보통교육과 공민적 사회교육을 실시하는 고등공민학교도 신설되었다. 의무교육 6개년 계획의 완성으로 당시 중등교육 취학률이 1966년도에 35.1%에서 1970년도에는 40.8%로 큰 폭으로 증가하였다. 1970년대에 들어서면서 새로운 유형의 사회교육이 추가되었다. 60년대의 공민학교나 기술학교가 감소하면서 산업체 부설학교, 방송통신 고등학교, 개방대학 등이 설립되었다. 산업체 부설학교는 제2의 중등교육 기회를 제공하였고, 방송통신 고등학교나 대학교는 원격교육의 대표적인 유형으로 학력인증이 가능하게 되었다. 또한 카톨릭노동청년회, 도시산업선교회, 크리스챤아카데미 등의 노동야학도 활발하게 실시되었다.

둘째, 이 시기의 사회교육은 지역사회개발형 사회교육이 활발하였다. 농촌개발 위주의 농촌지도 사업이 전개되었고, 농촌의 근대화를 이루기 위해 마을문고 운동본부로서도 활약하였던 4H운동을 실시하였다. 새마을교육은 국민정신 개조와 소득증대를 목표로 하는 지역사회개발운동으로서 농촌 지도자에게 소득증대 및 영농기술 교육을 실시하고, 도시 지도자에게 시민정신을 함양하였으며, 부녀 지도자에게 생활개선 교육을 실시하였다(한국교육개발원, 1993).

셋째, 인력양성형 사회교육이 활성화되었다. 생산성 향상과 경제개발계획에 부응하는 인력을 양성하기 위한 인력양성형 사회교육이 관심을 받기 시작하였는데, 이는 1961년의 사설 강습소 법률과 1963년의 산업교육진흥법으로 뒷받침되었고 주로 기술학교, 고등기술학교, 사설강습소 등이 그 역할을 담당하였다. 1970년대에는 경제발전과 고급인력에 대한 요구가 높아 단순노동직에서부터 고도의 기술직까지 교육하게 되었으며, 인정직업훈련소,

사업내 직업훈련소, 공공직업훈련소 등을 통하여 근로자들의 기능습득에 중점을 두기도 하였다.

이 시기 평생교육학 연구는 농촌사회형에서 산업사회형 사회교육으로 변화되는 과도기에 해당하며 지역사회개발과 관련된다. 이른바 사회교육시기라고 일컬을 수 있는 당시의 평생교육은 경제성장과 지역사회 발전이라는 축을 중심으로 농촌과 도시지역에서 다양하게 전개되어왔다. 특히 정부주도로 추진된 새마을교육의 이념에서 잘 나타나고 있듯이 당시의 경제적 생활 향상이 농협, 도시의 산업체, 각종학교, 정부기관 등 대부분 평생교육기관의 공통적인 실천이념임을 알 수 있다. 따라서 평생교육학적 연구의 주요 관심은 지역사회 개발과 관련된 체제순응적 사회교육이론에 입각한 연구들이 주종을 이루었다.

3) 개인요구중심 평생교육 시기(1980년대에서 1990년대까지)

이 시기의 평생교육 연구 관심사는 개인의 요구에 부응하는 다양한 평생교육 정책과 프로그램 개발에 관한 것으로, 주로 개인의 취미 교양과 인적자원개발에 관한 내용이 주축을 이룬다. 이 시기 주요 평생교육 자취는 ① 평생교육의 헌법조항 신설과 사회교육법 체제의 정비 ② 방송통신대학의 발전과 개방대학의 신설 ③ 독학에 의한 학위 취득제의 실시 ④ 대학의 평생교육 ⑤ 각종 문화센터나 회관의 평생교육 ⑥ 기타 사회교육 시설의 확충 등이다. 전 시대의 평생교육 제공 시대로부터 개인 학습자의 요구에 부응하는 평생학습시대로 전이되는 과정이라고 할 수 있다. 1980년대 이후 가장 두드러지게 발전한 평생교육의 유형은 인력개발형 평생교육이다. 인력개발형 평생교육은 양질의 노동력 확보라는 사회적 기능과 개인의 사회적응 능력 함양이라는 이중적 역할을 수행하는 것으로 근래에 더욱 강조되고 있기도 하다. 또한 1990년대 이후 학습자들의 다양한 요구에 부응하면서 각종 취미 오락 평생교육 프로그램이 활성화되었고, 그 결과 한국의 평생교육 중 큰 비중을 차지하는 개인 취미중심 교육이 압도적이라는 평가를 받게 되었다.

1980년대와 90년대의 한국 평생교육 발전과정을 보면 개인중심의 직업능력 함양과 취미생활 향상에 압도적인 상승 경향을 뚜렷하게 보여주고 있다. 즉, 평생교육은 '삶의 질 향상'이라는 이념 하에 개인의 취미 교육, 직업능력 개발, 학력인정 교육 등의 프로그램을 실시하고 있으며, 90년대 중반 평생교육기관에서 운영하는 프로그램 총 7,043개 중 취미·교양 교육이 49.6%, 직업기술 교육 27.0%, 여성의식 교육 6.5%, 학력인정 교육 1.3% 등으로 개인중심 프로그램이 지배적임을 알 수 있다(곽삼근, 2003). 각 기관에서 제시하는 평생교육의 목적을 보아도 여성단체가 제시하는 "다양한 지역사회 운동 및 환경보호관련"이라는 목적이 있을 뿐 그밖에 각종 평생교육기관에서는 거의 지역사회 공동체 및 환경관련 목적을 발견하기 어렵다. 그러나 현대인의 삶의 질 향상이라는 목적을 달성하는 데 보다 기초적인 영역은 지역주민의 생활환경과 관련된 공동체 형성 평생교육이라는 인식이 싹트면서 평생교육 프로그램에 대한 비판적 연구가 등장하기 시작하였다(곽삼근, 2001b; 한준상, 2000; 이희수, 2000).

이상에서 살펴본 바와 같이 1, 2단계에서는 정부 주도의 지역사회 평생교육 정책을 볼 수 있으나 1980년대 이후 정책에서는 그러한 지역사회관련 정책이 가시화되고 있지 않다. 그 배경으로는 여러 가지가 있겠으나 성인들의 교육요구가 양적으로 증가하고 다양화됨에 따라 정부 주도의 특정 유형의 평생교육만으로는 그들의 다양한 요구에 부응하지 못하게 되었다는 것이 주요 이유 중의 하나라고 할 수 있다. 1980년대 이후는 본격적인 평생교육의 발전기라고 할 수 있다. 이때부터는 과거의 정부주도형, 관주도형 교육 프로그램의 비중이 약화되고 그 대신 개인들의 요구를 반영하는 교양과 취미 또는 인력개발형 평생교육이 급성장하고 연구의 관심분야도 다음과 같이 변화하게 되었다.

첫째, 개인의 교육요구에 부응하는 교양과 취미를 위한 평생교육이 활성화되었다. 여가 선용 및 교양증진형 평생교육이 확산된 배경은 60~70년대의 난제였던 경제적 문제가 어느 정도 해결되었고 국민의 문화 수준이 향상되어 삶의 질을 높이고자 하는 욕구가 팽창한 데 기인한다. 이때의 주요 교육대상은 주로 도시지역에 거주하는 정규교육 수혜자로서 경제적으로 안정된 여성이 주요 대상이다. 이러한 교육을 담당하는 대표기관은 대학부설 평생교육원, 언론사 및 백화점 부설 문화센터, 각종 단체 및 회관으로써 여성 평생교육에서 가장 큰 비중을 차지하고 있는 영역이다.

둘째, 비판적 시민의식 함양을 위한 평생교육이 활성화되었다. 기존의 사회교육이 지나치게 체제순응적임을 비판하는 세력들은 새로운 평생교육으로 의식화교육을 실시하게 되었다. 대표적 기관으로는 종교단체(YMCA, YWCA, 카톨릭노동청년회, 크리스챤아카데미)와 노동교육기관(야학, 서울민중연합 등)을 들 수 있다.

셋째, 기업체 연수원 중심의 인력개발형 사회교육이 활성화되었다. 직급과 업무에 따라(신입/ 중견/ 간부) 관리직을 위한 전문적 연수 목적의 교육은 급변하는 사회환경과 기업환경에 대응하기 위한 인력개발의 필요성이 급증함에 따라 더욱 확고한 평생교육의 기틀을 다지게 되었다.

1980년대 이후 본격적으로 평생학습시대가 도래한 만큼 성인교육 발전과정에서 초창기에 표방한 이념들은 상대적으로 퇴색하고 그 대신 개인적인 학습요구가 다양화됨에 따라 각종 개인의 취미와 취업 관련 평생교육 프로그램에 관한 연구들이 주종을 이루었다. 본격적인 평생학습시대를 맞이하여 교육적 측면에 대한 연구보다는 개인의 학습기회를 확대하는 정책, 제도 및 방안으로의 연구가 주종을 이룬 시기라고 할 수 있다.

4) 인적자원개발과 시민공동체 평생학습시기(2000년대~)

본격적인 평생학습시대의 도래는 개인성 지향 평생학습 실천시대를 앞당겼으며 그 결과로 사회적 차원의 교육기획은 뒷전으로 밀리고 개인적 차원의 학습결과만을 강조하는 상황이 초래되었다. 또한 세계화 시대 국가경쟁력 향상 차원에서 인적자원개발의 중요성이 부상하였고 모든 정책 역량은 한곳으로 몰리게 되었다. 국가경쟁력 향상이라는 측면에서 자연히 학습경제적 측면이 강조되고 이 분야의 수많은 연구물들이 이러한 경향을 대변해주고 있다. 이러한 상황에서 개인적 능력개발을 위한 학습을 어떻게 효율적으로 하도록 도와줄 것인가 하는 차원에서의 연구가 주류를 이루는가 하면, 한편으로는 비판의 목소리가 높아지면서 평생교육의 개념 정립과 본질 회복에 대한 연구를 촉진하는 계기가 되었다. 또한 사회적으로는 시민의식의 향상과 지역사회 참여의식이 확산되면서 학습자간, 단체간 네트워킹의 필요성이 증가하게 되었다. 아울러 평생교육은 개인들의 욕구 충족에만 안주하지 말고 지역 공동체의 삶의 현장에 귀를 기울여야 한다는 비판이 90년대 후반부터 서서히 강조되었다. 지구환경 위기를 맞아 생명과 환경에 대한 관심이 싹텄으며, 모든 영역에서 이 주제는 21세기의 최대 화두로 등장하였다. 1990년대 후기부터 환경에 대한 관심은 매우 고조되고 환경 관련 단체에서 각종 프로그램들이 활발하게 제공되고 있다. 그동안 교육에서 강조되었던 인간중심주의에 대한 인식을 전환해야 한다는 지적과 아울러, 인간이 마음대로 자연과 생태계를 정복하고 사용하는 것이 마치 인간의 존엄성을 높이고 만물의 영장임을 과시하는 듯한 잘못된 생각은 바로잡아야 한다는 주장도 제기되고 있다. 생명의 존귀함을 바탕으로 "생태계의 균형과 질서를 유지하는데 인간은 핵심적 역할을 다한다는 겸허한 자세를 갖추도록 평생교육의 기본 목표가 새로이 설정되어야 한다"는 주장이 제기되었다(곽삼근, 2002: 17). 생태주의는 1970년대 후반 서구에서 싹트기 시작하여, 최근 한국에서도 생태윤리학, 생태철학, 생물정치, 생태교육 등과 더불어 이 관점에서 평생교육 연구가 추진되기 시작하였다. 그러나 앞서도 지적한 바와 같이 이론적 연구에 그쳐있고 실제 평생교육기관에서는 생태중심이나 환경중심의 교육활동은 희소하다. 오히려 시민사회단체에서 생태계와 환경보호활동 및 관련 교육프로그램을 발견할 수 있으며, 실천사례에 대한 연구가 태동하기 시작하였다.

이상 고찰한 한국 평생교육의 실제에 기초하여 연구영역의 변화추이를 유형별 시대별로 분류하여 요약 정리하면 <표 4>와 같이 제시될 수 있다.

평생교육의 목적을 인간의 삶의 질 향상과 지역사회발전으로 보았을 때 개인적 차원과 사회적 차원의 영역을 포함해야 한다는 것을 강조하여 이를 토대로 영역을 분류하였다. 평생교육의 영역분류는 가장 보편적으로 사용되고 있는 UNESCO와 OECD의 두 관점을 기준으로 하여, 지역 공동체 평생교육 영역과 직업관련 인적자원개발 영역으로 나누어 고찰하였다. 지역 공동체 영역은 다시 생활문화, 예술문화, 사회문화의 세 영역으로 분류하였는데, 각 사회발전단계마다 연구영역과 과제가 다름을 알 수 있다(<표 4> 참조).

<표 4> 한국 평생교육 실제와 연구영역의 시기별 변화 추이

시기별 특성		평생교육 영역	한국 평생교육 연구영역			
			지역공동체 평생교육 연구영역			직업관련 인적자원개발 연구영역
			생활문화: 기초문해 및 생활교육	예술문화: 여가교육	사회문화: 지역사회 교육	
농업사회평생교육 // 산업사회평생교육 // 지식정보사회평생교육	계몽적 문해교육시기	1945~1950년대(문맹퇴치기)	기초문해가 최우선적인 과제		근대화와 연계된 과제	
	지역사회개발 교육 시기	1960년대(경제발전기)			대규모의 지역교육실천	단순기술 능력
		1970년대(근대화시기)			새마을운동, 농촌지도사업 등	전문·고급기술
	개인학습자 중심 평생교육 시기	1980년대(인력양성기)	기초문해에서 생활교육으로	경제발전과 더불어 여가 실제화/소비로서의 예술	점차 퇴조/자생적 지역교육기대	HRD 중심의 훈련
		1990년대(여가교육기)	기능문해 교육·컴퓨터 등 생활문해 강조	삶의 목표로서의 여가평생교육의 주요 영역으로 부상	지역공동체 형성 과제	취업 및 전직 준비교육 HRD 중심의 교육
	인적자원개발/시민공동체 평생학습시기	2000년대(평생학습기)	각종 생활 관련 지식 및 기술	여가문화 학습/예술창작 및 생산	시민사회 학습공동체 과제	지식근로자 및 리더십 교육

현재 인적자원개발이 매우 비중 있는 영역으로 정책적 관심이 모아지고 있는 것에 대하여 우려를 표명하면서, 평생교육과는 어떠한 관계에서 다룰

것인가에 대하여 학자들 간에 논란이 야기되고 있다. 평생교육의 주요 분야를 점해서는 안될 것이라는 관점도 있으나 평생교육의 핵심 영역으로 간주되어야 한다는 쪽이 정책적으로 우세하다. 물론 이에 대한 논란의 여지는 남아 있음을 부인하기 어렵다. 여기에서는 지역공동체 중심의 인문교양 교육과 아울러 직업관련 인적자원개발 영역을 동등하게 평생교육의 양대 축으로 다루었다. 이 두 영역을 동등하게 자리매김 할 수 있는 합당한 근거는 교육의 민주화를 주창한 존 듀이의 민주주의와 교육사상의 맥락에서 찾을 수 있다. 생산과 노동을 위한 실용교육과·자유인을 위한 인문교육의 융합이 필요하다는 관점에서. 즉, 과거 신분제 계급사회에서 노예와 자유인에게 분리되어 실행되었던 자유교육과 생산노동교육은 더 이상 두 계급이 별도로 존재하지 않으므로 모든 사람들에게 통합되어 균형 있게 실시되어야 한다는 관점을 견지한 것이다. 이러한 발상은 당시 과히 교육의 혁명이라고 볼 수 있었으나 오늘날 자유민주주의를 신봉하는 국가에서는 이 두 가지 영역의 교육은 모든 시민 각 개인에게 통합적으로 실시될 필요가 있다. 다음 장에서 다루어질 연구의 세부영역에서는 이러한 영역분류를 기초로 보다 상세한 분석을 한다.

2. 평생교육학 세부 영역별 연구 추이: 학술지 게재논문의 분석 결과

이 절에서는 평생교육학 전공 논문으로서 기간 학회지에 게재된 연구물 분석을 통하여 연구 영역과 주제 변화의 추이를 살펴보기로 한다. 한국평생교육학회의 전문학술지인『평생교육학연구』가 본격적인 학회지로 성장한 지 약 10년의 역사를 기록하고, 그 이전 한국교육학회분과연구회 기간까지 합해도 약 20년 정도가 학술지를 간행한 기간이므로 학문공동체의 본격적인 학술활동을 통한 이론화 작업의 기간은 길지 않다. 물론 분과연구회의 출범은 1966년으로 오래되었으나 한동안은 주제를 선정한 후 학자들의 공동작업으로 기획 출간한 학술서를 부정기적으로 몇 년에 걸쳐 한번씩 출간하였거나, 연차 대회나 세미나 보고서를 책으로 묶어 간행하였을 뿐 정기적인 학회지로 출발한 것은 훨씬 뒤인 1990년대에 들어서이다. 분과연구회에서 『사회과학연구』를 1991년부터 1994년까지 한 해 1~2회 발행하였고, 1995년에는 독립된 한국사회교육학회에서 다시 기간 학술지인 『사회교육학연구』(학회) 창간호 출간으로 이어졌다.

1980년대까지 사회교육학 시대 연구 유형을 분류한 자료(권두승, 1991)에 의하면 연구동향은 크게 네 가지로 분류된다. 첫째는 새로운 정보와 아이디어 공유로서 마케팅, 교수개발, 교수기법, 프로그램 개발 등인데 한국에서의 연구물 중 상당 부분이 여기에 속하여 미국 25.6%, 한국 55.6%이다. 둘째는 전문적인 사회화 및 태도 형성에 관한 것, 전문성 확보에 치중한 것으로서 미국에서 연구물의 15.4%, 한국에서는 13.6%인 것으로 나타났다. 셋째는 비판적 사고의 촉진인 이론지향적 연구로서 미국에서 연구물의 17.9%, 한국에서는 8.6%이다. 넷째는 새로운 지식의 개발 자극에 관한 연구로서 미국에서 추진된 연구 중 46.1%가 이 영역에 속하는 데 비해 한국에서는 22.2%이다. 이러한 연구 경향은 1990년대 중반으로 접어들면서 전문 학술지의 연구물이 다양해지고, 1999년 평생교육법의 개정으로 새로운 국면을 맞이하였으며, 평생교육 연구의 영역별 세분화가 새롭게 추진되었다. 특히 평생교육학 시대로 접어들면서 새로운 전공교과가 개발되었고 세부 영역이 다양화 되었으며, 이에 따라 연구의 주제와 범위도 매우 구체적으로 세분화되었다.

여기에서는 평생교육학 연구동향을 살펴보기 위하여 한국평생교육학회의 『평생교육학연구』(『사회교육학연구』)와 한국성인교육학회의 『Andragogy Today』, 그리고 한국교육학회의 『교육학연구』에 게재된 논문을 연구영역별로 주제를 분석하여 결과를 제시하였다.

연구영역은 한국 평생교육법에서 필수 전공으로 제시한 7개 교과영역을 기준으로 하되, 평생교육 일반에 관한 것은 연구주제의 성격에 따라 개념과 이념, 제도 및 정책, 현황 문제와 과제 등으로 세분화하여 분류하였다. 구체적인 연구영역의 분류는 1) 평생교육 개념, 특성, 이념 및 이론적 기초, 2) 평생교육 제도 및 정책, 3) 평생교육 현황과 문제 및 과제, 4) 프로그램 개발관련(프로그램 내용, 유형, 종류 등), 5) 학습 및 학습자(성인학습 특성 및 학습자의 유형 등), 6) 평생교육방법으로 성인 교수자, 교수방법 및 평가 등, 7) 평생교육 기관의 운영, 조직 및 마케팅, 8) 사이버교육, 9) 인적자원개발 등의 9개 연구 분야이다.

각 학술지에 따라 약간씩의 차이는 있으나, 전체적으로 평생교육의 현황, 문제 및 과제를 다룬 것이 가장 많고(20.8%), 두 번째가 프로그램 소개 및 유형 제시(18.1%), 그리고 체제, 제도 및 정책(16.3%) 의 순으로 이 세 영역 연구가 55.2%로 전체의 절반 이상을 차지하는 것으로 나타났다. 인적자원개발 분야에 관한 연구는 최근 부쩍 많은 연구가 추진되어 12.1%로 나타났고, 학습자에 관한 연구도 12.3%로 나타났다. 인적자원개발이 3개 학회지에서 부상하고 있음은 물론이고, 특히 이 분야에 관한 전문학술지가 별도로 두 종류나 있다는 것, 즉,『산업교육연구』나『인력개발연구』가 전적으로 인적자원개발 분야를 다룬다는 것을 감안하면, 현재 평생교육 연구의 영역 중에서 매우 큰 비중을 차지하고 있음을 미루어 짐작할 수 있다. 한편 평생교육에 대한 개념 및 이념 논쟁도 최근 활발하여 6.8%로 나타났다. 평생교육방법 및 교수(자)(8.1%)에 대한 연구는 감소세이나 꾸준한 편이다. 반면에 사이버 교육(2.1%), 평생교육기관 운영 및 마케팅(3.4%)에 관한 연구물은 비교적 낮은 비율을 차지하고 있는 것으로 나타났다(<표 5> 참조).

한국평생교육학회의 연구 추이를 보면 과거 사회교육학 시대에 비하여, 평생교육 개념과 이념에 대한 논의가 배로 증가하고 있고, 인적자원개발 연구도 두 배 이상으로 증가하고 있는 것으로 나타났다. 구체적인 연구물의 영역 및 내용을 소개하면 다음과 같다.

1) 시대별 연구주제의 변화 추이 개관

평생교육학 연구주제의 동향을 학술지를 통해 시대별로 살펴보자면 역사가 짧은 전공학술지보다 가장 오래전부터 간행된『교육학연구』가 그 추이를 가장 잘 나타내주고 있다고 하겠다. 한국교육학회에서 간행되는『교육학

<표 5> 기간 학회지의 평생교육 관련 연구물 발간 현황 (괄호안 %)

학술지명/ 연구영역 구분		개념, 성격, 이념, 이론적 기초	체제, 제도, 정책	현황, 방향, 문제, 과제	프로 그램 개발, 유형, 종류	학습 및 학습 자 연구	교육방 법,교수 및 교수자	기관 운영, 조직, 마케팅	원격 교육, 사이버 교육	인적자 원개발	합계
교육학연구 (1964-2003)		4 (8.3)	8 (16.7)	19 (39.6)	5 (10.4)	3 (6.3)	2 (4.2)	0 (0.0)	1 (2.0)	6 (12.5)	48 (100)
평생/ 사회 교육학 연구 (1991- 2003)	평생교육 학연구 (2000-03)	8 (8.4)	22 (23.2)	16 (16.8)	8 (8.4)	11 (11.6)	8 (8.4)	6 (6.3)	3 (3.2)	13 (13.7)	95 (100)
	사회교육 학연구 (1995-99)	3 (3.8)	16 (20.3)	7 (8.9)	27 (34.2)	6 (7.6)	8 (10.1)	5 (6.3)	2 (2.5)	5 (6.3)	79 (100)
	사회교육 학연구 (분과) (1991-94)	1 (3.0)	4 (12.1)	7 (21.2)	11 (33.3)	2 (6.1)	5 (15.2)	0 (0.0)	1 (3.0)	2 (6.1)	33 (100)
	소계	12 (5.8)	42 (20.3)	30 (14.5)	46 (22.2)	19 (9.2)	21 (10.1)	11 (5.3)	6 (2.9)	20 (9.7)	207 (100)
Andragogy Today (1998-2003)		9 (7.2)	12 (9.6)	30 (24.0)	18 (14.4)	25 (20.0)	8 (6.4)	2 (1.6)	1 (0.8)	20 (16.0)	125 (100)
합계		25 (6.8)	62 (16.3)	79 (20.8)	69 (18.1)	47 (12.3)	31 (8.1)	13 (3.4)	8 (2.1)	46 (12.1)	380 (100)

연구』에 게재된 약 40년에 걸친 연구물들을 분석하여 보면 평생교육학의 연구 쟁점과 그 변화과정을 파악하는데 도움이 된다. 전공분야의 전문학술지에 비하여 게재논문이 많지는 않지만 1964년부터 2003년까지 총 48편을 대상으로 그 주제들을 살펴보면 문해, 지역사회개발, 성인학습자, 인적자원개발 등으로 연구주제가 변화하였고 이는 구체적으로 다음과 같다.

앞에서 평생교육 정책의 변화에 따른 평생교육 연구 주제영역의 변화를 살펴본 바와 같이 시대에 따라 연구주제가 변화하였다. 그 특징을 보면 첫째, 1960년대까지 문해교육이 가장 큰 관심사였다. 둘째, 1970년을 전후하여 지역사회 개발, 사회변화 등을 다룬 평생교육 연구가 지배적이었다. 셋째, 1990년을 전후하여 대학의 평생교육적 역할을 다룬 연구가 등장하였고, 학습 및 성인학습자 개인에 대한 관심이 높아졌으며, 성인교육 이념에 대한 논의 등을 다루게 되어 연구제목에도 이러한 변화가 반영되었다는 것이다. 넷째,

2000년을 전후하여 인적자원개발에 관한 연구가 급증한 것으로 나타났다.

초기의 평생교육학 연구물들은 사회교육 시대의 대표적인 주제로 지역사회의 문제 및 개발을 다루었다. 『교육학연구』에 게재된 1960년대의 연구들인 김종서(1964)의 「한국문맹율의 검토」와 김승한(1970)의 「개교를 눈앞에 둔 외국의 방송대학들; 영국의 Open University를 중심으로」 등은 60년대 문해교육의 중요성을 나타내주고 있다. 또한 1970년대에는 지역사회개발 사회교육 시기를 웅변해 주는 많은 연구들이 등장하였다. 이를테면 이돈순(1971)의 「社會開發을 위한 敎育의 役割: 人力開發의 重要性을 中心으로」를 필두로 시작되었는데, 여기에서 부제를 인력개발로 붙인 것이 흥미 있다. 또한 대중사회, 농촌사회, 산업화 사회 등을 다룬 것으로 장진호(1973)의 「大衆社會와 敎育」, 정지웅(1974)의 「農村社會敎育의 分析」, 이규환(1978)의 「産業化된 社會와 敎育의 問題」, 김종서(1978)의 「産業化와 韓國敎育의 課題」, 김종규(1978)의 「産業社會化와 韓國敎育의 課題」 등을 예시할 수 있다. 그 외에 이상주(1974)의 「社會敎育의 改革方向」, 장진호(1979)의 「한국교육학의 과제와 전망: 사회교육분야를 중심으로」, 김수일(1985)의 「成人敎育 比較研究」 등 주로 거시적인 관점에서 지역사회의 개발, 사회변화 등을 사회교육 또는 성인교육이라는 명칭으로 접근하고 있음을 알 수 있다.

한편 1990년대 이후에 사회의 패러다임이 변화함과 동시에 연구동향은 상당히 변화하였다. 1990년에 들어서면서 지식기반사회, 정보화 시대로의 진입과 각종 다양한 평생교육기관의 출현으로 인하여 주제와 연구 영역이 다양화되었으며, 또한 성인학습에 대한 관심이 나타나 성인학습 및 학습자의 특성을 다룬 연구들이 출현하게 되었다. 이는 2000년대에 오면 더욱 부상하는 연구영역으로 성인학습 영역은 아동들 중심의 기존의 교육학적 관심 및 연구와 차별화되는 연구영역이라고 할 수 있다.

평생학습사회에서 대학의 역할에 관한 연구물들이 등장하여, 고등교육기관은 전통적 학생의 교육만이 아니라 성인계속 교육에 기여하여야한다는 당위성을 제시해주었다. 이러한 연구의 예로 성낙돈(1990)의 「한국 대학

평생교육의 역할 정립 및 발전 방안 연구」, 김승한(1992)의 「한국방송통신대학 교수 매체 운용 개선 방안」, 김현우(1996)의 「평생 학습하는 사회에서의 여자대학의 역할」 등을 들 수 있다.

1990년대의 학습과 학습자 관련 연구들로는 정지웅과 김지자(1992)의 「Self-Directed Learning Theory in Adult Education and Its Implication to Education」, 최운실(1995)의 「학습하는 사회와 학습하는 인간」, 손준종(2000)의 「평생학습 논리의 의미와 한계 검토」, 한상훈(2002)의 「성인학습자의 목표지향성과 자아 효능감의 관계」 등이다. 또한 학습자의 다양화에 따라 각 집단별 학습자인 청소년, 여성, 노인 등에 대한 연구들이 등장하였다. 이를테면 한정란(1995)의 「세대공동체를 통한 노인교육에 관한 예시적 실천 연구」, 최진승(1996)의 「복지사회와 직업청소년 교육」, 곽삼근(1999)의 「성인여성교육에 대한 여성주의 연구방법」, 차갑부(1999)의 「퇴직 전·후 교육프로그램 연계모형 개발에 관한 연구」 등은 다양한 학습자들의 시각에서 평생교육을 조망하여야 할 논거들을 제시해주었다고 할 수 있다.

『교육학연구』에 성인교육의 이념과 목적면에서 게재된 연구물은 이상오(1996)의 「Spranger의 문화인간학적 시각에서 본 성인교육의 가능성」, 신용주(1996)의 「성인교육적 관점에서 본 비판적 사고의 이해」, 곽삼근(2002)의 「생태여성주의 이념의 평생교육학적 시사점」 등이다. 또한 1999년에 개정된 평생교육법의 정치적인 측면에 대한 연구로 박호근(2000)의 「평생교육법 제정과정에서 나타난 정치 행태에 관한 연구」는 정부안 제정과정을 중심으로 정치적 역학관계를 보여주고 있으며, 송인자(2003)의 「성인지적 관점과 (gender perspective) 교육복지(education welfare) 제도화」는 양성평등한 사회를 위해 복지적 관점에서 정책과제를 제시하고 있다. 인적자원개발 관련 연구들로는 권대봉(1999)의 「기업현장교육방법의 신임교사 계속교육에의 활용방안 분석」과 권대봉(2001)의 「취업전 직업준비교육과 취업후 직장계속교육간의 연계성에 관한 국제비교연구」, 그리고 현영섭과 권대봉(2003)의 「판매교육 학습전이와 전이풍토간의 관계」 등 일터에서의 학습과 교육에 관한 연구들이 등장하였다.

『교육학연구』에 게재된 연구논문을 통하여 평생교육학의 연구주제가 시대에 따라 어떻게 변화되었는가를 알 수 있었다. 다음 절에서는 평생교육학 전공 영역의 전문학술지를 중심으로 연구물의 동향을 구체적으로 고찰해 보기로 한다.

2) 연구 주제 영역별 연구동향

여기서는 평생교육학의 몇 가지 연구 분야를 중심으로 이에 관한 논문 및 연구물의 내용을 중심으로 연구동향을 개관한다. 연구논문은 전공학술지인 『사회교육학연구』, 『평생교육학연구』, 『Andragogy Today』와 한국교육학회 학술지인 『교육학연구』를 분석하였다. 아울러 연구영역에 따라 학위논문을 분석대상에 포함시켰는데, 학위 논문은 평생교육학 전공이 개설된 일반대학원(교육대학원 등의 특수대학원 제외)을 선정하여 이들을 중심으로 분석하였다.

(1) 평생교육 개념 및 이념: 이론적 기초연구

평생교육의 개념, 특성, 이념 등의 이론적 기초연구는 『평생교육학연구』와 『교육학연구』에서 유사한 비중을 차지하는 연구영역으로 나타났다. 이 분야의 연구는 『평생교육학연구』 8.4%, 『교육학연구』 8.3% 그리고 『Andragogy Today』 7.2% 등이다.

평생교육학에 관한 연구 중 개념과 이념을 다룬 이론적 기초 연구는 비교적 1990년대 후반부터 태동하였다고 볼 수 있다. 과거 사회교육 시대에는 실제 교육활동을 중심으로 연구가 진행되었는 데 비해 평생교육시대로 접어들면서 개념에 대한 논의가 활발하여졌다고 하겠다. 평생교육학연구에 게재된 평생교육 개념, 이념, 그리고 이론적 기초에 관한 논의 및 연구는 한숭희(2002)의 「평생교육론: 거대담론과의 결별과 학문으로서의 자기 탐색의 계기 만들기」, 곽삼근(2001)의 「한국 평생교육기관의 이념 및 방향에 관한 논의」,

한숭희(2000)의 「한국의 평생교육: 실천담론의 전개와 그 쟁송지대적 성격」, 김경희(2000)의 「평생교육과 삶의 태도: 듀이 경험철학의 평생교육적 함의」 등 평생교육의 개념과 이념적 지향성을 다룬 논문들을 들 수 있다. 이러한 경향은『Andragogy Today』에서도 볼 수 있으며, 개념 및 이념에 관한 대표적 논의는 이관춘(2000)의 「성인교육의 윤리학적 기초를 위한 모색: 피터 싱어(P. Singer)의 실천윤리학을 중심으로」, 이명준(2000)의 「인문교육과 평생교육의 철학적 근거와 의미」, 한준상(1999)의 「성인교육 패러다임의 탐구론」 등 윤리학적 철학적 탐구를 들 수 있다. 평생교육의 개념이나 이념과 관련된 연구는 최근 UNESCO와 OECD의 두 관점을 둘러싼 논쟁과 더불어 학습 패러다임으로의 전환을 중심으로 논의가 활발하다. 향후 이러한 논의는 일정기간 지속적으로 대두할 것으로 전망되며, 이에 대하여는 다음 장의 쟁점별 과제에서 보다 구체적으로 살펴보기로 한다.

(2) 평생교육의 제도, 체제 및 정책 연구

평생교육의 제도, 체제 및 정책 관련 연구물은『교육학연구』를 비롯한 전문학술지에서 16.3%의 비중을 차지하여 온 것으로 나타났다. 이 영역은 또한『평생/사회교육학연구』에서 매우 높은 비중(20.3%)을 차지한 연구영역이며,『교육학연구』 16.7%,『Andragogy Today』 9.6% 등이다. 2000년대에 들어서면서 제도 및 정책은『평생교육학연구』에서 가장 높은 비율(23.2%)로 나타나 다른 영역보다 강조되고 있는 분야이기도 한다.

『평생교육학연구』에 게재된 평생교육 제도 및 정책 관련 연구들은 이혜영(2003)의 「학습사회 실현을 위한 영국의 교육전략과 정책」, 최돈민(2002)의 「평생학습 패러다임에서의 지원체제 재구조화」, 신군자(2002)의 「평생학습 시대와 중등교육의 발전과제」, 김영화(2001)의 「성인학습 기회와 참여의 형평성」, 양병찬(2000)의 「평생학습지원시스템 구축을 위한 행정의 과제」, 이정표(2000)의 「평생학습 평가인정제도 구축 방향 탐색」 등 평생교육체제 구축과 관련한 논의가 활발함을 알 수 있다.

한편, 『Andragogy Today』에 게재된 평생교육 제도 및 정책 관련 연구는 장원섭(2003)의 「평생학습지원체제로서 사회학습망의 제안」, 최은수(2002) 의 「미국의 고등직업교육훈련정책 및 운영현황」, 백은순(2001)의 「정부의 평생교육재정규모에 대한 분석」, 이상오(2000)의 「평생학습사회구축을 위한 교육복지체제의 모형개발」, 한준상(1999)의 「장애인 정책의 문제와 성인 장애교육정책의 개발과제」, 이명준(1998)의 「북한의 성인교육 발전에 관한 연구」 등이 있으며, 그 외에 외국의 평생교육 정책과 제도를 다룬 논문들을 들 수 있다. 향후 평생교육 체제 정립을 위한 국제비교 및 다양한 제도연구 등이 뒤따를 것으로 전망된다.

(3) 평생교육 현황, 방향, 문제, 과제 연구

평생교육의 현실적인 문제, 과제 및 방향에 관한 연구는 전체 연구 중 20.8%로 가장 높은 비율로 나타났다. 이 영역은 또한 『교육학연구』에서 가장 높은 비중(39.6%)을 차지한 연구영역으로 나타났으며, 그 다음이 『Andragogy Today』 24.0%, 『평생교육학연구』 14.5% 등이다.

『평생교육학연구』에 게재된 평생교육의 당면 문제, 방향, 과제에 관한 연구는 고병헌(2003)의 「평생학습-삶을 위한 또 다른 기회인가, 교육불평등의 확대인가」, 곽삼근(2002)의 「생태여성주의 관점에서 본 한국 평생교육의 발전과정 분석」, 권대봉(2002)의 「일과 학습 통합시대의 평생교육 전문성 탐구」, 이희수(2001)의 「학습사회에서 학습경제로의 전환 논리와 그 의미」, 손준종(2001)의 「평생교육 담론의 세계적 수렴 현상에 대한 비판적 논의」와 손준종(2000)의 「정보사회의 문해 이해」 등을 들 수 있다.

한편, 『Andragogy Today』에 게재된 평생교육 현황, 방향 및 과제 관련 연구는 이명준(2003)의 「지식변화의 관점에서 본 평생교육」, 심인선(2002)의 「우리나라 노인의 직업훈련 실태와 과제」, 기영화(2001)의 「노인학습의 신화와 노인교육 기회증진방안」, 성낙돈(2001)의 「시민단체 민주시민교육의 발전과제」, 김진한(2001)의 「행복한 삶을 위한 안드라고지: 누가 행복한 호모

에루디티오인가?」, 허정무(2000)의 「권리로서의 노인교육: 인본주의적 노인
교육철학」, 한준상(2000)의 「여성운동에 관한 안드라고지적 전망: 여성성인
교육의 전망」 등 노인과 여성학습자들의 대두와 이와 관련한 과제를 다루고
있다. 그밖에 안관수(2000)의 「대학평생교육의 '의식소통'기능과 세대교류」,
한대동(2000)의 「대중문화 발전과 성인교육의 과제」, 한준상(2000)의 「한국
'사회교육학'의 학문적 위기에 대하여: 일제 '사카이 교이쿠'사업을 중심으
로」, 김진한(1999)의 「삶의 질과 성인교육학의 과제」, 고병헌(1999)의 「공동
체운동과 대안적 성인교육」, 한상길(1998)의 「개방화 시대의 위기극복을
위한 성인교육」 등은 일반적인 성인교육의 변천과정에서 직면하고 있는
현황 문제와 시대적 과제를 제시하고 있어, 주로 사회변화와 관련한 성인교육
의 역할이 막중함을 제시하고 있다고 볼 수 있다.

(4) 프로그램 개발, 유형, 종류 연구

프로그램에 관련된 연구는 새로운 다른 영역의 부상으로 프로그램 개발
및 유형에 관한 연구가 최근에 들어서면서 상대적으로 많이 위축되었다.
과거『사회교육학연구』시기에는 34.2%였다가 2000년대로 오면서 8.4%로
줄었다는 것은 새로운 이슈들이 연구의 관심을 분산시켰다는 것을 시사한다.
그러나 아직도 평생교육의 프로그램에 관한 연구는 전체 연구 중 18.1%라는
높은 비율을 차지한다. 이 영역은 또한『평생/사회교육학연구』에서 매우
높은 비중(22.2%)을 차지한 연구영역으로 나타났으며, 그 외에『Andragogy
Today』14.4%,『교육학연구』10.4% 등이다.

『평생교육학연구』에 게재된 평생교육 프로그램 관련 연구는 김진화(2002)
의 「평생교육 프로그램개발의 전문성 탐구와 평생교육학의 과제」, 송병국
(2001)의 「성인교육 프로그램 개발의 새로운 관점 모색」처럼 프로그램 개발
에 대한 이론적 토대를 다룬 연구도 있으나 상당수는 특정한 영역이나 대상을
위한 실제 프로그램, 이를테면 김선요(2000)의 「대학생 공부방 활동의 교육적
의미 분석」 등과 같은 연구가 주종을 이루고 있다. 이를테면『Andragogy

Today』에 게재된 프로그램 관련 연구들인 김정일(2003)의 「평생교육을 위한 리더십 프로그램 개발 연구」, 한정란(2002)의 「노인교육과 세대통합: 세대공동체 교육」, 기영화(2000)의 「퇴직준비를 위한 평생교육프로그램 개발모델의 이론적 토대」, 백은순(2000)의 「성인들의 여가문화」, 임형택 외(2000)의 「실직자 조력프로그램 개발연구」, 최항석(2000)의 「성인교육을 위한 고등교육기관의 역할 및 프로그램 개발연구」, 한정란(1998)의 「바른 소비자문화를 위한 성인교육」, 안이환(1998)의 「녹색환경개선을 위한 성인교육」 등은 바로 이러한 구체적 대상의 프로그램을 다룬 연구들이다. 이러한 분류기준에서 볼 때 한국교육학회의『교육학연구』에 게재된 연구들도 같은 유형인 구체적 프로그램 연구로 볼 수 있다.

(5) 학습 및 학습자에 대한 연구

성인학습 및 학습자에 대한 연구는 최근 들어 활성화되기 시작하였다고 볼 수 있다. 학술지의 종류에 따라 학습자에 대한 연구물의 비중이 매우 다르게 나타났는데,『교육학연구』나『평생/사회교육학연구』에서는 각각 6.3%, 9.2%로 낮은 편이나『Andragogy Today』는 20.0%로 비교적 높으며, 특히 고령화 시대로 접어들면서 노인 학습자에 대한 연구가 활발해졌다.

『평생교육학연구』와『Andragogy Today』에 게재된 학습자 특성 관련 연구는 그동안 거의 다루어지고 있지 않다가 최근 노인, 여성, 장애인 등의 순으로 연구물이 나타나고 있다. 즉, 과거 사회교육학 시대에는 학습자 집단 각각의 특성에까지 관심을 돌릴 수 없었으나, 최근들어 새롭게 조명되고 있다.『평생교육학연구』에 게재된 성인학습 관련 연구는 이지혜·홍숙희(2002)의 「학습동아리활동에 나타난 학습역동」, 김지자·정지웅(2001)의 「경험학습의 개념 및 이론과 발전방향」, 이지혜(2000)의 「메타학습을 통해서 본 성인의 학습자로서의 성장과정」, 김신일(2000)의 「성인의 전환기 학습활동: 재미한인 사례연구」, 변종임(2000)의 「정보사회에서 성인 의사소통학습이 갖는 의미와 시사점 탐색」 등 성인학습의 특성 또는 학습자로서의 성인에 관한

탐구가 주종을 이루고 있다.『Andragogy Today』에 게재된 학습관련 연구는
박경호(2003)의「Transformative Learning」, 최항석(2001)의「성공적인 성인학
습의 전략적 습관」, 한정란(2000)의「포스트모던의 성인학습문화」, 강수택
(2000)의「일상생활세계와 성인학습: 성인학습 생활화의 사회조건」, 윤은성
(2000)의「문화와 성인학습의 생활화: 일상생활의 심리학적 접근」, 유영만
(2000)의「정보화와 성인학습의 생활화: 사이버 성인학습의 일상화와 전략」,
한준상(2000)의「희랍인 조르바(Zorba the Greek)의 학습론: 삶과 배움의
잇대기」, 나윤경(1999)의「포스트모더니즘과 페미니즘 시각으로 본 Mezirow
의 전환학습 이론」등으로 성인학습의 특성 및 이론에 대한 다각도의 논의가
진행되고 있음을 알 수 있다.『교육학연구』에 게재된 학습자 관련 연구는
이제까지 희소하였으나 앞으로 성인 학습의 특성이나 성인학습자에 대한
연구는 활성화 될 것으로 전망된다.

또한 학습자의 유형에 따른 구체적인 연구는 노인, 여성, 장애인 등을
들 수 있다. 우선 노인에 관한 연구는 허정무(1999)의「노년기 사회화 관련이
론의 쟁점에 대한 사회문화적 논의」, 이화정(2000)의「문화적 전환을 위한
노인교육의 새로운 과제」, 이금룡(2002)의「한국노인의 사회활동」, 김진한
(2002)의「성공적인 노화를 위한 안드라고지의 가능성」, 한준상(2002)의「신
고령사회 노인교육의 패러다임」등으로 노인교육에 대한 새로운 인식을
갖고 실천에 임하여야 할 것임을 강조하는, 즉, 노인에 대하여 교육적 관점에
서 다루어질 필요가 있음을 계몽시키는 차원의 연구가 초기에 등장하고
있음을 알 수 있다. 그밖에 학위논문으로는 노인들의 교육욕구 연구(이경희,
2003)나 교육참여 저해요인 연구(이정선, 2000)와 노인 사회참여 활성화
방안에 관한 연구(황선옥, 2001) 등이 있다.

여성학습자에 관한 연구는 별로 많지 않았으나 최근에 관심영역으로 등장
하기 시작하였다. 나윤경(2000)의「구성주의 시각으로 보는 여성, 여성학습
자」, 곽삼근(2001)의「여성의 문화활동유형과 평생교육요구에 관한 사례연
구」, 임광명과 고운미(2001)의「여성 학습자의 특성에 따른 인터넷 교육프로

그램 만족도에 관한 연구」 등은 과거 여성이 남성과의 비교에서만 연구되던 경향에서, 이제는 여성을 단순한 연구대상으로 할 뿐만 아니라, 학습자로서 조명하기 시작하였다는 것이 획기적인 변화라고 할 수 있다. 장애인에 대한 연구는 신현기(2001)의 「장애성인의 독립생활을 위한 교육적 지원」을 들 수 있는데, 이 영역은 거의 희소하다가 이제 장애인이 엄연한 학습자로서 연구되기 시작하였다는 큰 의미가 있다.

(6) 평생교육방법관련: 성인교수자, 교수방법, 평가 연구

평생교육방법이나 교수자에 관한 연구는 그동안 평생교육 전공학술지에서 지속적으로 연구물이 게재되고 있었으나 최근 학습 및 학습자에 관한 연구가 증가하면서 오히려 이 분야는 위축되고 있다. 학술지의 종류에 따라 성인교수 및 교수자에 대한 연구물의 비중이 매우 다르게 나타났는데,『교육학연구』나『Andragogy Today』에서는 각각 4.2%, 6.4%로 낮은 편이고,『평생/사회교육학연구』에서는 10.1%로 약간 높으나, 전체적으로 이 영역은 확실히 학습 영역에 비하여 낮아짐을 알 수 있다. 즉, 분과연구회의『사회교육학연구』시대(15.2%)에 비하여 연구물의 비중은 약간 감소하는 경향이 있으며『평생교육학연구』(2000~2003)에서는 8.4%로 나타났다는 것은 이러한 추세를 입증해 주고 있다.

『평생교육학연구』에 게재된 평생교육자 관련 연구는 권두승(2001)의 「한·일 사회교육자의 교수양식(Teaching Style) 비교 연구」, 정민승(2002)의 「평생학습 패러다임에서의 사회교육자」, 김진화(2003)의 「평생교육사의 직업적 전문성과 직무의 탐구」 등이 있다. 한편,『Andragogy Today』에 게재된 교수방법 및 교수자 관련 연구는 안이환(2002)의 「Andragogy와 고대 그리스인들의 학습 및 교육활동」, 한준상(2002)의 「신고령사회 노인교육의 패러다임: 노인세력의 힘과 노인의 평생학습력」 등을 들 수 있다. 석사학위 논문은 정영숙(2000)의 「사회교육 담당자 자아효능감에 관한 연구」가 있다. 교육제공자 측에서의 관점보다는 학습참여자의 관점에서 연구하기 시작하였다는

패러다임 전환이 매우 두드러지게 나타나고 있다고 할 수 있다.

(7) 평생교육기관 운영, 조직, 마케팅 연구

평생교육기관 운영, 조직 및 마케팅에 관한 연구는 점점 그 필요성이 증가하고 있으나 아직까지 연구물은 희소하여, 매우 취약한 부분이다. 대표적 전문학술지인『평생/사회교육학연구』에서 5.3%로 나타났을 뿐 다른 학술지에서는 연구물을 거의 찾아볼 수 없는 상황이다. 전체적으로 세 가지 학술지를 모두 망라하면 3.4%로 다른 분야에 비하면 매우 낮다.『평생교육학연구』에 게재된 평생교육기관 운영 및 마케팅 관련 연구는 이만표(2003)의「경인지역 평생교육기관의 경영특성과 성과와의 관계」, 오혁진(2002)의「평생교육경영학의 지향점과 연구과제」, 최상호(1996)의「사회교육 상품화의 방향과 전략」등이 있으나, 전반적으로 평생교육기관 운영이나 마케팅 관련 연구는 극히 저조한 편이다.

석사학위 논문으로는 변정현(2004)의「대학부설 평생교육기관의 교육서비스 마케팅 모형 적용에 관한 연구」가 있으며, 경영학적인 관점의 부상과 함께 향후 마케팅이나 기관 운영에 관한 연구는 증가될 것으로 전망된다.

(8) 원격교육, 사이버 교육 관련 연구

원격교육을 포함한 사이버 교육에 관한 연구는 9개의 연구 영역 중 연구물의 비중이 2.1%로 가장 낮은 것으로 나타났다. 그러나『평생/사회교육학연구』에 게재된 연구물의 경우 1990년대(2.5%)보다 2000년대(3.2%)에 들어서면서 약간 증가하고 있으며, 각 대학에서의 전공교수 채용사례도 증가하고 있어 향후 증가세는 더 가파를 것으로 보인다.『평생교육학연구』에 게재된 원격교육 관련 연구는 정민승(2001)의「평생교육적 관점에 입각한 원격교육 재구성 전략」과 정민승(2002)의「온라인 학습공동체의 구성원리」등을 들 수 있다.『Andragogy Today』의 경우 유승우(2000)의「사이버문화의 확산과 성인교육의 전망」이 있으나, 아직은 전체적으로 이 분야의 연구물이 희소하다.

그 밖에 학위논문으로는 김경애(2002)의 「지식창출형 온라인 성인학습과
정에 관한 사례 연구」, 김한별(2001)의 「웹 기반 원격교육(WBT)에서 성인학
습자의 중도탈락 원인분석」, 정민승(2000)의 「온라인 학습공동체에 대한
성인교육학적 해석」, 정혜정(2000)의 「원격교육 학습자의 학습지속과 비지
속」 등이 있다.

(9) 인적자원개발(HRD) 연구

인적자원개발 분야에 대한 연구는 90년대 이후 꾸준히 증가하여 현재
『평생교육학연구』(2000~2003)에서 12.1%를 차지하고 있다. 이는 『사회교
육학연구』(1995~1999)의 6.3%보다 많은 것이며, 『Andragogy Today』에서도
16.0%로 나타나고 있다.

『평생교육학연구』에 게재된 인적자원개발 관련 연구는 김남희(2003)의
「인적자원개발에 대한 오해: 경제적 효율성이 전부인가?」, 박혜영(2002)의
「기업내 HRD 역할 재정립」, 박태준과 김한별(2002)의 「교육적 소외계층에
대한 직업교육 형태 탐색과 시사점」, 이기성(2002)의 「상사의 강화
(reinforcement)를 통한 교육훈련의 효율성 제고」, 천세영(2002)의 「인간자원
개발과 교육에 관한 음미」, 김영화(2002)의 「인적자원개발을 위한 사회적
파트너십의 구조와 원리」, 천영희(2002)의 「전직지원프로그램의 효과분석
및 개선방안」, 곽삼근(2000)의 「산업체 근무자의 경력개발 인식 및 태도분
석」, 권대봉(2000)의 「기업교육 활성화와 사내대학 역할」 등을 들 수 있다.

한편 『Andragogy Today』에 게재된 인력개발 연구는 이상오(2001)의 「고용
보험제도의 효율성 제고를 위한 직업능력개발훈련의 체제모형」, 임형택
외(2000) 「실직자 조력프로그램 개발연구」, 윤운성(2000)의 「에니어그램 성
격검사의 고찰과 기업에의 활용」, 장원섭(1999)의 「포스트모던 시대의 직업
교육의 재개념화」, 이지연(1999)의 「성인 진로개발(Career development)을
위한 신 직업교육」, 손주영(1999)의 「여성실업자 직업교육훈련의 재정립」,
허정무(1998)의 「경제 회생과 실업자를 위한 성인교육」 등이 있다. 인적자원

개발과 관련한 제도와 프로그램, 그리고 평생교육기관의 역할 등에 관한 연구가 주종을 이루고 있다고 할 수 있다.

그밖에 학위논문으로는 현영섭(2001)의 「기업교육훈련 전이풍토가 실제 전이에 미치는 영향」, 그리고 기업내 학습을 다룬 연구(진성미, 2002; 한안나, 1999; 김승주, 1999; 이경란, 1998)들이 있다. 최근 인적자원개발 관련 연구물들은 별도의 전문학술지에서도 발표되고 있으며, 앞으로도 더욱 인적자원 관련 교수방법이나 매체에 관한 연구는 증가될 것으로 전망된다.

Ⅳ. 평생교육학 연구에서의 주요 쟁점

앞서 시대별 고찰에서 살펴본 바와 같이 평생교육학의 연구주제는 시대별로 사회적 이슈와 밀접한 관계 속에서 변화하여 왔다. 『평생교육학연구』에 게재된 연구물들을 중심으로 볼 때 최근 평생교육 연구의 쟁점은 평생교육의 본질을 둘러싼 개념, 범위, 목적, 제도화 및 가치화에 대한 논쟁, 학습주의의 부상, 학습목적의 개인적 차원과 사회적 차원간의 긴장 등에 대한 논의를 중심으로 새롭게 전개되고 있다.

1. 평생교육 개념 및 이념적 지향성에 대한 논의

평생교육의 개념에 대한 논의는 2000년대에 들어서면서 활발하게 전개되기 시작하였다. 평생교육을 체제로 볼 것인가 아니면 대상으로 볼 것인가는 평생교육학 연구의 전반적인 방향에 결정적인 영향을 끼친다고 볼 수 있다. 평생교육 개념, 이념, 목적에 대한 논의들은 김신일(2000), 한숭희(2002a), 한준상(2001, 2003), 박성정(2001), 곽삼근(2001b) 등의 연구에서 주요 과제로 제시되었다.

김신일(2000)은 「평생학습 사회 방향과 과제」라는 논문에서 인간 본연의 가치 실현으로서의 학습권을 주장한 바 있다. 이는 평생교육의 개념 논의에서 중요한 의미를 지닌다. 개념이란 역사적 구성물이기 때문에 언제나 새롭게 정의 내리고 다듬어져야 마땅한 것이다. 한숭희(2002a)는 평생교육에 대한 외국 학자들의 관점을 소개하며, 한국에서 개념 논의의 필요성에 대한 관심을 환기시켰다. 평생교육을 일종의 새로운 교육 패러다임으로 본 학자는 대표적으로 웨인(Wain, 1993)을 들 수 있다. 그는 평생교육을 교육이 평생에 걸친 과정이라는 원리에 충실하도록 교육 전체를 총괄적으로 재개념화하려는 시도로 보았으며, 그것은 일종의 '마스터 컨셉트'로서 모든 종류의 교육기획, 정책 수립, 그리고 실천의 인도자로 작동할 것을 요구한다고 강조하였다. 그의 관점은 광의의 평생교육과 협의의 평생교육으로 구분되는데 한숭희 (2002a)는 전자를 개혁주의자 그리고 후자는 개량주의자로 소개하였다. 개혁주의자란 평생교육을 교육의 개념과 동일시하는 한편, 교육개념을 근본부터 바꾸어놓는 패러다임 전환적 의미로 이해하는 사람들이다. 반면, 개량주의자는 평생교육을 기존의 계속교육 혹은 성인교육과 동일시하면서 공교육 시스템에 대한 보완적 위치에서 그 뒤를 받쳐주는 의미쯤으로 축소하여 이해하는 사람들이라고 할 수 있으며, 이러한 관점 논의는 한국의 평생교육 연구에서도 진행되고 있다.

'평생교육(lifelong education)'이라는 용어를 평생학습(lifelong learning)이라는 용어로 전환시킨 것에 대하여는 또 다른 논쟁의 여지가 있다. 왜냐하면 '학습'이라는 개념을 전면에 내세우게 되면 교육 시스템 전반을 개혁해야 하는 난제를 교묘하게 피해 가면서 학습의 책임을 개인 학습자에게 전가시키는 것이 정당화될 수 있기 때문이다. 과거 몇몇 국가에서도 평생교육이 평생학습으로 바뀌는 과정에서 이와 유사한 비판이 제기되었는데, 비판의 가장 핵심은 정부가 교육제공을 위한 인프라 구축의 책임을 축소시키면서 대신 학습자들에게 책임을 떠넘기려는 시도가 은폐되어 있다는 지적이 강하였다.

평생교육의 개념에 관한 논의는 평생교육을 처음으로 제창한 UNESCO의 초기 관점과 OECD의 관점을 중심으로 각국의 상황을 반영하여 전개되고

있다. 이를 보다 구체적으로 논의한 것은 한준상(2003)의 비교적 관점에서
볼 수 있다. UNESCO는 평생학습의 실현을 위해 존재를 위한 학습, 알기
위한 학습, 행하기 위한 학습, 함께 살아가기 위한 학습이라는 네 가지 학습의
틀을 제시하였다. 이러한 학습의 네 가지 축을 중심으로 이들을 지역공동체에
심어나가는 일이 바로 21세기에 필요한 평생학습의 과제라고 보았다
(UNESCO, 1996). 이에 비해 OECD는 모든 이를 위한 평생학습에의 투자
증대라는 슬로건 아래 생애 전반에 걸친 능력개발, 그리고 일과 학습간의
연계를 강화하는, 보다 직접적인 인적자원개발의 관점을 취하였다. 한국에서
의 인적자원개발 연구는 이러한 맥락에서 강조되고 있으며, 교육복지국가란
개인적 차원의 학습 지상주의로 나아가고 있는 듯하며, 평생교육과의 관계에
있어서 무엇이 우선순위인지 혼동하는 위치에까지 몰고 왔다. 이념과 실천
지표의 명료성이 평생교육 연구에서 시급함을 알 수 있다.

　이러한 상황에서 평생교육은 교육대상의 확대에 국한되는 것인지 아니면
교육의 패러다임의 전환인지를 논의할 필요가 있다는 주장도 눈여겨볼 만하
다. 이에 대한 평가는 그것이 평생교육의 본원적 가치에 관한 것인가를
면밀히 검토할 때 보다 명확해질 수 있다. 대안적 교육 패러다임으로서의
평생교육이 뿌리를 내리고 정착하기 위해서 평생교육 연구는 우선 초기
평생교육 근본개혁주의자들의 이념을 복원하는 것이 필요하다. 이렇게 될
때 평생교육의 인식론이 향후 제도교육 및 성인교육을 포함한 교육연구와
실천 전반의 새로운 패러다임으로서 기능할 수 있는 개념적 토대를 구축할
수 있는 것이다. 또한 최근 관심을 받고 있는 시민사회의 평생학습에 대한
연구와 실천의 역량을 강화하는 것이 중요하다. 이미 북유럽 사회에서 자리를
잡아가고 있는 이 영역은 국가영역, 자본의 영역과 대등한 위치에서 논의되어
야 한다는 주장이 설득력을 갖게 되었다(한숭희, 2002b). 이러한 기초적
토대 위에 평생교육 연구는 인간의 모든 생활영역인 사적 생활영역, 직업영
역, 공공시민영역, 비판적 영역 등을 포함하여 학습자의 학습생활 전반을
통일적으로 구성하는 교육연구의 체계를 수립할 수 있다는 관점이 힘을

받게 되는 것이다.

2000년도 한국교육학회 춘계학술대회의 주제는 '대전환기의 교육 패러다임'이었으며, 그 자리에서 교육 패러다임 변화에 대한 논의가 있었다. 특히 공교육의 위기와 관련하여 문제가 제기되었으며, 기조강연을 통해 이돈희(2000)는 교육제도의 체질적 변화가 요청된다면서 공교육제도의 규격성과 폐쇄성은 비판받고 있으며 '개방적 교육체제'가 강요되고 있다고 언급하였다. 또한 2002년도 한국평생교육학회 추계학술대회 연구 주제는 '평생학습시대: 교육 패러다임의 대전환'이었다. 부제로 붙은 '교육 패러다임의 대전환'이라는 표현 속에는 평생학습이라고 하는 것이 일종의 교육을 이해하는 한 가지 패러다임일 수 있으며, 기존의 교육 패러다임이 학습 패러다임으로 변화되고 있다는 사고가 깔려 있는 것이다.

현재의 평생교육 연구에서 이러한 이슈는 그 중심에 놓여 있다고 할 수 있다. 현재 평생교육에 대한 개념은 평생교육법이 규정하고 있는 바에 의하면 성인교육 또는 사회교육의 맥락에서 논의되고 있는 상황이다. 또한 최근에 평생교육 기획은 평생학습의 관점에서 이루어지는 경향이 있다. 이러한 시점에서 평생교육학은 근본적인 교육 패러다임에 대한 논의로 전환시켜야 한다는 주장이 최근 강력하게 제기되고 있다.

평생교육 연구자의 역할에 관한 논의 또한 최근 활발하다. 한숭희(2000, 2001)는 평생교육 이념의 이론적 틀을 규명하기 위한 노력으로 평생교육 현상을 객관적으로 바라보고 이론화하는 데 총력을 기울여야함을 주장한다. 박성정(2001), 손준종(2000), 이희수(2001) 등 연구자들도 현재의 평생교육 담론 안에 스며들어 있는 자본주의 논리를 비판적 시각으로 간파하고 있기는 하지만 실제 지향해야 하는 이념적 틀이 어떤 것이어야 하는지에 대한 연구는 희소하다. 평생교육 이념, 담론을 이론적으로 구조화해 내려는 노력이 필요하다. 한숭희(2001)는 평생교육을 연구한다는 것은 평생교육의 경험현상에 대해 뒤따라가며 그 추이를 밝힌다는 의미를 넘어서 평생교육 현상 자체의 의도적 변화 과정에 참여해야 한다고 주장하였는데, 이는 평생교육학 연구자 역할의 중요성을 간파해 준 것이다.

그런데 여기서 한 가지 제기할 수 있는 문제는 평생교육 연구가 개인의 경험과 실천, 그들의 인식 과정, 반성의 상호작용 관계 구도를 이론적으로 구조화하는 것이라 할 때, 과연 그것이 사회과학으로 존재할 수 있느냐라는 것이다. 단순히 이념적 지향과 철학으로만 존재할 경우 그것은 철학적·사변적 연구의 대상일 수는 있지만 사회과학 연구의 대상일 수는 없다는 비판을 피할 수 없다. 본격적으로 사회 현상으로서의 평생학습이란 무엇이며 개인적 차원에서의 학습과 그 학습이 사회적으로 어떠한 관점에서 연결되고 있는가를 탐구하는 것이 필요하다. 즉, 평생학습 시대를 맞아 사회적 관점에서 평생교육의 이념적 지향성에 대한 심각한 논의가 필요하다는 것이다. 교육이 규범적 성격을 갖는 것 만큼에 해당하는 사회적 합의가 평생학습에서는 어떠한 양상을 지니는가에 대하여 포스트모던 시대를 배경으로 혼란스러운 주장들이 난무하고 있는 형국이며, 향후 끊임없는 논쟁이 지속될 것으로 전망된다.

2. 평생교육의 제도화, 탈 가치화와 관련한 논의

평생교육 연구에서 새로운 쟁점으로 등장한 것은 제도화와 탈가치화의 문제이다. 이는 평생교육 목적에서 개인적 차원과 사회적 차원 간의 갈등을 포함한다.

평생교육의 제도화가 추진되어 가면서, 근래 학계에는 내부적 반성의 목소리가 커지고 있다. 이러한 논의들이 공통적으로 지적하는 바는 한국의 평생교육이 제도화되는 가운데, 원래 의도했던 인본주의적 학습사회 이념으로부터 이탈하여 경제주의적 인간 개발을 강화하는 방향으로 평생교육의 성격이 변질되어 가는 현상이 나타나고 있으며, 이는 궁극적으로 평생교육 이념의 왜곡을 초래하고 있다는 점이다. 지식기반사회를 맞이하여 교육의 비중이 커짐과 아울러 신자유주의의 물결로 인한 평생교육에의 파장은 급기야 평생교육 본질에 대한 논쟁을 불러일으켰다. 개인 또는 국가적 차원에서 인적자원개발을 중심축으로 전개되고 있는 한국 평생교육 정책과 제도는 "인간의 삶의 질 향상과 이를 통한 지역사회 발전"이라는 평생교육의 목적에 어느 정도 부합할 수 있는가에 대하여 여러 연구들이 비판적인 성찰을 하고 있다(한숭희, 2000, 2002b; 손준종, 2000; 곽삼근, 2001b; 박성정, 2001; 이희수, 2001). 지역사회 발전의 공동체 형성 논리는 인적자원개발의 경제 논리와 상충되고 있음을 지적한 연구들은 평생교육에 나타나는 본말 전도 현상을 언급하고 있는 것이다.

평생교육 연구에 있어서 특히 미흡했던 점은 우선 제도로서의 평생교육 체제를 다루는 과정에서 그 본질이 무엇인지에 대한 구조적인 성찰이 부족했다는 것이다. 최근 주로 영국과 북유럽을 중심으로 이러한 성찰의 결과물들이 나오고 있기는 하지만 한국사회의 분석에 적용된 경우는 찾기 어렵다. 어떠한 경우든지 '제도'란 사회적 타협의 산물이다. 평생교육 제도 역시 예외일 수는 없다.

결국 '제도'로서의 평생교육은 공적 영역에서 국가지원학습 시스템을 감축하는 것과 그 부분을 사적 영역에서의 계속교육 영역으로 전환하는 것을 의미하는 것이 되었다. 신자유주의적 흐름과 지식기반경제의 힘을 받으면서 적극적으로 구성된 인간자원개발 헤게모니가 복지주의적 교육제도를 대체하고 교육영역의 주권을 선언하도록 도와준 것이다. 성인교육 시대로부터 평생학습 시대로 전이되면서 나타난 변화는 피터 쟈비스(Jarvis, 2002, 104~108쪽)가 설명하였듯이 복지국가적 전통을 포기하고 가능한 그것을 시장에 맡기는 방향, 즉, '교육에서 학습으로의 전환'은 곧 복지주의에서 신자유주의로의 전환을 의미하는 것이다. 이러한 변화 양상의 특징은 평생교육 연구의 중심이 지역사회평생교육과 인적자원개발의 두 축에서 인적자원개발 쪽으로 기울고 있다는 것을 입증해 주기도 한다(곽삼근, 2001b). 이와 관련하여 그리핀(Griffin, 2002, 124쪽)은 평생학습이란 결국 공공재로서의 학습 개념을 포기하는 것을 의미하고, 이런 의미에서 평생학습 정책은 진정 반교육적이라고 비판하였는데, 한숭희(2002b)는 이러한 맥락에서 교육은 시장가치로 평가받게 되었으며, 교육화폐의 소유 여부가 평생고용 가능성으로 연계되기 시작하였으며 국가는 이 부분에서 교육의 공공성을 포기하고 다고 지적하였다.

국내에서 평생교육학의 정체성에 대한 반성은 최근 정부주도로 활성화되기 시작한 국가인적자원개발론의 열풍 속에서 평생교육론이 그 도구로 전락하고 있다는 것에 대하여 몇몇 연구자들이 문제를 제기함으로써 시작되었다(손준종, 2000; 한숭희, 2000; 이희수, 2001; 박성정, 2001; 정민승, 2002). 예를 들어 박성정(2001)은 평생교육과 인적자원개발의 관계를 다루기 전에 우선 선행되어야 할 것이 '평생교육 관점'에 대한 논의라고 지적하였다. 지금까지는 대체로 평생교육에 대한 암묵적으로 합의된 관점이 존재하는 것으로 전제한 상태에서 평생교육의 제도화와 확산 방안에 대한 논의가 있었다. 이러한 과정에서 보다 근본적인 질문, 즉, "평생교육이란 무엇이며, 무엇을 지향해야 하는가"라는 질문은 이러한 대세 속에서 전혀 주목받지 못하였다.

평생교육의 탈가치화 문제와 관련하여 데이브가 제창한 "평생교육의 이념이 현대 문명의 위기에 대한 인식에서 발생한 인간정신의 위대한 갱신"이라는 점을 상기할 필요가 있다. 박성정(2001)은 보쉬에(Boshier)의 말을 인용하면서 평생교육 논의의 핵심을 제시하고 있다. 보쉬에는 유럽에서의 평생학습은 순환교육, 인적자원개발의 가장일 뿐이고, 1972년 이래 학습사회의 의미는 신자유주의 구조개혁과 자유시장주의의 지배와 같은 방향으로 가고 있다고 극렬히 비판하고 있다. 즉, 보쉬에는 UNESCO에 의해 시민사회와 민주주의를 발전시키는 도구로서 확산된 평생교육 개념은, OECD와 EU에 의해 경제적 효율성을 제고하는 신자유주의의 도구로서, 실업 완화를 위한 21세기 전략으로서의 평생학습으로 전환되었다고 보았는데, 바로 이러한 현상이 한국의 평생학습 현상에서도 나타나고 있다는 점이 주목되고 있다.

한편 탈가치화 문제와 관련하여 손준종(2001)은 '탈정치화'라는 개념을 사용하여 논의를 전개한다. 그는 최근 학습사회에서 학습경제로, 담론의 주체도 평생교육 학자와 UNESCO로부터 경제학자와 OECD로 넘어가고 있다(이희수, 2001)는 주장과 인본주의적 평생교육이 본질적 중요성을 지님에도 불구하고 인적자원개발과 학습경제라고 하는 부차적 속성에 지배를 받는다(한숭희, 2001)는 주장과 같은 맥락에서 논의하였다. 그는 평생교육이 탈정치화 됨으로써 교육을 개인주의적 도구로 환원시키고, 따라서 지식과 기술이 원래부터 보편적이고 중립적인 것이고 학습자들은 그러한 지식과 기술을 익히는 것이 당연하다는 근대 정초주의적 주장으로 이어지게 만든다고 하였다. 평생교육 본질 회복의 주장은 궁극적으로 공동체 주의를 지향하는 평생교육을 강조한 곽삼근(2001b, 2003)의 논문에서도 나타난다. 이러한 평생교육학 연구의 움직임은 상당히 아이러니하다는 지적도 일고 있다. 즉 그것은 평생교육 패러다임에 의해 극복된 근대주의 교육 패러다임을 다시 복원하려고 하는 해괴함이 드러나고 있다고도 볼 수 있기 때문이다. 2001년 한국교육학회 춘계학술대회에서 환경 및 공동체 의식 교육을 강조한 발표(곽삼근, 2002)에 대하여 "학습시대로 전환되고 있는 이 시점에 오히려 왜 근대주의적 사고인 교육을 강조하는가"라는 반응은 바로 이러한 딜레마가 표출된 사례라고 할 수 있다. 앞서 지적하였듯이 사회적 목적을 지닌 교육기획이 뒤로 물러나고 개인의 학습결과만을 강조하는 현실에 대하여 서로 상충하는 비판적 논의가 있다. 또한 학습으로 전환된 개인주의적 평생교육은 개별적 능력을 통한 생존을 강조함으로써 그 성격상 사회적 불평등 심화의 가능성을 안고 있다(손준종, 2001). 결국 보편적 가치로써 개인주의를 강조하는 것은 일상적 삶이나 직업적 삶에서의 실패를 개인의 책임으로 귀착시키고, 대신에 계급 등과 같은 정치적 성격을 희석시키는 결과를 초래하게 되었다는 비판이 제기되고 있다.

3. 학습주의의 대두와 시민사회 학습 공동체에 관한 논의

교육의 패러다임 변화 중에 괄목할 만한 것은 교육중심 시대에서 학습중심

시대로의 전환이라고 할 수 있다. 학습주의 이론에 따르면, 교육에서 학습으로의 중심축 전환은 역사적으로 볼 때 필연적인 수순이며, 그러한 사적 전개를 추적하는 교육학의 발달이라는 측면에서 볼 때에도 필히 요청되는 혁명적 상황전환이다. 김신일(1995)의 '학습주의' 논의는 기존의 학교중심, 교수자 중심 교육학으로 하여금 평생학습 중심의 인식전환이 왜 중요한지를 시사해준다. 그의 주장을 보면 마치 종교혁명이 믿음의 주체를 성직자로부터 평신도로 전환했던 것처럼, 마치 정치혁명이 정치의 주체를 귀족계급으로부터 평민으로 전환했던 것처럼, 일종의 학습혁명은 교육의 주체를 교육자에서 학습자로 전환하는 변화를 촉발하게 된다는 것이다. 다시 말해 학습혁명은 학습에 대한 최종 결정권을 교육자 혹은 국가로부터 학습자 개인으로 이양하는 시스템적이고 이념적 변화라고 볼 수 있다. 학습주의를 통해 밝혀진 것은 인간의 학습이 학교 안에서, 그것도 교육에 의해 주도되는 것을 분명히 넘어서야 한다는 사실과 함께, 학교 밖에서 이루어지는 비형식 학습이 인간 행동변화에 매우 유의미한 기능을 담당하고 있다는 사실이었다.

학습중심적 관점이 교육학 내에서 힘을 얻게 된 것은 지식의 정초주의를 해체했던 포스트모던 사조의 대두와 깊은 관련이 있다. 포스트모던 상황은 지식의 존재 근거를 바꾸어 놓았으며 그것을 통해 이루어지는 학습의 의미를 또한 바꾸어 놓았다. 우선, 확실한 객관적 지식에 의거하여 그것을 '가르쳐야 하는' 사명을 띠었던 학교의 정당성이 약화되었다. 기존 교육학 담론은 이러한 변화를 수용하기 어렵게 되었으며, 필연적으로 평생학습에 대한 담론이 활성화되었다고 볼 수 있다. 한숭희(2002b)는 이 현상에 대하여 전지구적 세계자본주의가 학습에 주목하기 시작함으로써 학습이 교육으로부터 분리되어 이해되는 상황은 마치 전자본주의 사회에서의 농노가 자본주의 사회의 임금 노동자로 전화된 것이 한편에서는 인권적 예속에서 해방되었음을 의미하기도 하지만 다른 한편에서 임금 노동자는 노동의 소외를 경험하는 존재로 전락했다는 의미도 함께 가지는 것과 동일한 맥락에서 이해될 필요가 있다고 주장하였다. 현대 평생학습의 흐름이 교육중심 사고에서 학습중심 사고로 전환하게 된 것은 국가와 자본의 결탁으로 이루어진 '생활학습세계의 식민지화' 및 '학습의 소외'가 배경으로 존재하고 있었다는 지적이다. 어셔(Usher, 2001, 180쪽)는 평생학습이 전면에 내세우는 것은 학습이 결코 미리 규정된 학습성과 혹은 그것을 추구하는 공식교육기관 등에 의해 규정될 수 없으며, 평생학습의 포스트모던적 특질은 그 안에 내재되어 있는 담론적이고 사회문화적인 맥락성 안에 존재한다고 언급한 바 있다. 이는 평생학습 담론과 포스트모던적 사고와의 관련성을 잘 표현해주고 있는데 한국의 평생교육학에서도 포스트모던 시대의 학습에 대한 이러한 연구가 관심의 대상이 되고 있다.

평생학습 개념에 대한 다양한 논의 중 교육에 있어서 중요한 시사점을 주는 것이 바로 '학습자 중심'이라는 관점을 통해 교육에 접근하고자 하는 것이다. '학습자 중심'의 교육관은 현대교육 체제의 철학적 기반을 새롭게 구성하고자 하는 시도이다. 이는 지금까지 교육을 논의하는 데 있어서 당연시되던 '교육' 중심의 사고에서 '학습'을 분리시켜, 독자적인 연구 대상으로 삼아 학습을 중심으로 배우고 가르치는 현상을 파악하고자 하는 것이다. 이 관점은 가르침이 존재하기 위해서는 배우고자 하는 일이 선행되어야 하며, 자유로운 학습은 인간의 가장 근본적인 존재 조건이라는 인식에서 출발한다(김신일, 1999, 2000; 한준상, 2002). 학습자 중심의 '학습주의'에 기반하여 평생교육의 이념과 본질적 성격을 규명하려는 이러한 시도는 매우 의미 있는 작업이다.

평생학습에서는 '주체적인 학습자'라는 관점이 부각되고 있다. 그러나 여기에서 주의해야 할 것은 주체적 행위자로서의 학습자가 가지는 '주체적'이라는 용어의 의미가 '고립된 개인'이라는 의미가 아니라는 것이다. 학습 행위는 생활세계와 동떨어진 고립된 위치에서 개별적으로 진행되는 것이 아니라 생활세계에서 자신을 둘러싼 학습 환경과의 상호 작용을 통해 형성된다. 한숭희(2001)는 학습 행위를 개인적인 활동이 아니라 학습자가 맺고 있는 관계 속에서 형성되는 집단적이고 공동체적인 활동이며, 학습생태계라고 주장하였다. 학습 행위를 깊이 파고 들어가 보면 학습을 둘러싸고 존재하는 동기, 목적, 내용, 방법 등은 결국 집단적 상호작용의 결과 및 과정이라고 볼 수 있다는 것이다. 거대 담론이 부정된 포스트모던 상황 속에서는 가치판단의 절대적 기준들이 사라짐으로써 모든 것이 주체성의 유무에 의존하게 되며 학습의 주체성과 실천성이 강조되기 시작한 계기라고 볼 수 있다.

이는 곧 학습에 있어서 공동체의 중요성을 지적하는 부분이며, 특히나 생활세계, 사회와 밀접한 관련을 맺고 있는 성인 학습자의 경우는 더욱 의미가 있음을 보여주는 부분이다. 성인 학습에 있어서의 학습자가 관계를 맺고 있는 공동체는 그들의 학습과 삶을 결정하는 중요한 요소이다. 인간이 사회적 존재로서 어느 지역에서 생활하고 있는 한 그 지역사회의 보편적인 공동성은 중요한 의미를 가지며, 생명과 환경의 위기 시대에 사회 문제에 대한 공동적인 인식과 이를 해결하려는 공동적인 노력이 지역사회부터 생태계를 공유하고 있는 전 인류 공동체까지 절실히 요구됨을 강조한다. '학습자 중심 논리', '학습'과 '공동체'의 중요성 등이 기반이 되어 '학습 공동체'라는 개념이 탄생하였으며, 학습 공동체 구축이 평생 학습의 궁극적 목적으로 인식되고 있다. 이 관점은 사회적 존재로서의 개인과 사회의 공동성의 관계를 모색함으로서 '우리는 하나'라는 제 4물결을 위한 실천적 움직임을 강조한 연구(곽삼근, 2001b)와도 연결된다. 90년대 후반부터 심각하게 환경과 생명의 위기가 제기되면서 전 지구적인 움직임으로 확산되고 있는 생명운동은 그 구체적인 교육실천의 증거이며, 향후 평생교육학에서 이 영역에 대한 연구는 더욱 강조될 것으로 전망된다.

V. 결 론

평생교육은 교육학 연구의 다양한 영역에서 진행되고 있는 '패러다임 변화'를 가장 적극적으로 받아들여 대안적 틀을 구축하고자 노력한다고 볼 수 있다. 평생교육은 분명히 교육의 중심축을 고정된 교육자 중심성에서 학습자의 생활세계로 전환시켰으며 그로부터 생활세계 전반에서 일어나는 학습자의 정체성 형성을 둘러싼 사회적 실천 내에 살아 움직이는 학습현상들을 파악하기 시작하였다. 평생학습 사회라는 거대 흐름에서 기존의 교육 틀을 다시 짜고 새로운 체제를 구축하는 과정으로 볼 수 있다. 과거 사회교육학 시대가 교육자 중심이라면, 평생교육학 시대는 학습자 중심에서 학습자들이 경험하는 모든 학습현상을 종합적이고 체계적으로 각각의 의미(meaning)와 권한을 살려 어떻게 하면 학습자들의 능력을 극대화(empowerment)하느냐가 중요한 쟁점이 되었고 이와 관련된 연구가 부상되고 있다. 또한 포스트모던 시대 각 개인의 다양한 생활세계 경험을 토대로 어떻게 상호간 이질성과 공통성을 공유할 것인가 역시 주요한 쟁점으로 부상되고 있다.

한국에서 평생교육학의 발전과정을 보면, 초기 사회교육이라는 교과로 1962년 대학의 강좌가 개설되었고, 1966년 한국교육학회의 분과연구회로 사회교육연구회가 창립되어 학문공동체 활동을 시작하였으며, 1995년에는 한국사회교육학회로 발족하면서 학술활동이 활발해졌고, 2000년에는 한국 평생교육학회로 개명하면서 학회지에서 평생교육학 연구에 대한 학문적 논의가 심도 있게 전개되었다고 볼 수 있다. 연구영역 면에서는 한동안 프로그램 소개나 현실적 문제 및 과제에 치우치고 있다가 90년대 후반에 들어서서 평생교육학에 대한 이론적 논의가 활발해지기 시작하였으며, 최근에 이르러서는 개방적 교육체제에 관한 관심이 급증하면서 대안적 패러다임으로서의 평생교육학 연구가 관심을 모으고 있다.

그러나 아직까지 평생교육 연구자들의 수적인 열세와 대안으로서의 평생교육에 대한 이론적 실천적 틀이 형성되어 있지 못하므로 본질적인 연구과제들이 산재해 있는 상태에 있다. 몇몇 연구자들에 의하여 평생교육 연구영역에 대한 비판의 목소리가 일기 시작하였다. 그 비판의 중심은 평생교육의 이론 틀을 형성하는 데 연구력이 집중되기보다는 인적자원개발, 지식기반사회 등의 거대담론에 의존하여 영역을 확장한다는 비판이다. 또한 평생교육 요구의 팽창 과정에서 이에 상응한 연구의 부족으로 스스로에 대한 자성적이고 비판적인 성찰의 기회를 확보하지 못함으로써 평생교육 현상을 객관적으로 바라보고 이론화하는데 총력을 기울이지 못하였다는 반성도 일고 있다.

평생교육 연구에서 주요 이슈로 거론되고 있는 쟁점은 개념, 목적 및 이념적 지향성, 가치화 그리고 제도화 등에 대한 논의다. 또한 학습주의와 시민사회 학습공동체에 관한 논의도 활발해지고 있다. 이는 과거 사회교육 시대에 주로 거시적인 측면에서 계몽과 의식화, 지역사회개발에 대한 접근을 시도하던 것과는 상당히 달라진 양상이다. 초기 사회운동으로서의 평생교육의 의미를 되새겨 보고 평생교육 이념과 방향 정립에 대한 연구가 필요하다는 반성적 사고가 최근 확산되고 있다. 그와 같은 문제 인식에 기초한 비판적 성찰은 인적자원개발형 평생교육이 지배적인 정책 과제로 대두하였고, 평생교육이 평생학습이라는 관점으로 전환되면서 교육자의 의도보다는 학습자 개인의 요구가 중심이 되는 시기를 맞이하여 새롭게 연구의 관심영역으로 부상되고 있다. 한국 평생교육의 과제를 논의한 자료에 의하면 피터 쟈비스가 지적하였듯이 자유교양교육에서 직업교육으로 또는 복지적 필요에서 시장의 요구로 교육이 변화하고 있다는 것이다. 이는 평생교육 연구의 중심이 지역 공동체 평생교육과 인적자원개발의 두 축에서 인적자원개발 쪽으로 기울고 있다는 것을 의미한다. 그러나 개인의 능력개발을 강조하는 인적자원개발 평생학습 시대가 도래하였음에도 불구하고, 평생교육의 본질적인 속성이었던 사회운동으로서의 성인교육 이념은 과거에도 주요한 관점이었듯이 앞으로도 강조되어 양측의 균형을 유지하는 것이 향후 주요한 연구과제가 될 것이다.

세계화 시대 인적자원개발을 위한 평생교육적 노력은 지속적으로 강조될 것이며, 이에 관한 연구는 단순히 개인의 능력개발에 한정되는 것이 아니라 학습능력개발이 어떻게 시민사회 공동체 이념과 조화를 이룰 수 있는가 하는 것이 핵심 연구과제로 부상하고 있다. 그 어느 때 보다 평생교육의 이념적 지향성에 대한 이론 정립이 중요한 연구영역으로 간주되고 있으며, 아울러 세계화 시대 인적자원개발과 시민사회 공동체 형성에 관한 팽팽한

긴장을 어떻게 조화하는가가 큰 과제이다. 따라서 평생교육학 연구는 이러한 실천적 과제를 어떠한 방향으로 어떻게 이끌어 갈 것인가에 대한 이론적 실천적 틀을 제시해 줄 필요가 있다. 사회적 이슈가 되고 있는 사회 공동체 문화와 환경관련 주제는 평생교육 프로그램에서 극히 희소한 것으로 나타나고 있다. 사회문화환경지수 향상을 위한 평생교육의 중요성에도 불구하고, 현재 우리나라의 평생교육 이념과 실제는 이와 상당히 괴리되어 있다. 시민사회단체에서 사회문화환경에 대한 문제 제기와 이를 해결하기 위한 활동이 활발해지고 있으며, 그 단체들 나름대로 의미 있는 교육 프로그램을 실시하는 경우도 있다. 시민사회단체가 현장중심으로 전개되는 것만큼 평생교육도 이와 연계하여 생활 현장과 밀접하게 관계를 맺을 때 시민의식을 향상시키고 사회문화를 개선하는 데 기여할 수 있을 것이다. 이것은 연구와 실천이 함께 할 수 있는 대표적 사례라고 볼 수 있다.

평생교육 연구에서 공공성과 관계성이 중요함을 이론적으로 제시해 주고 이를 향상시킬 수 있는 방안을 탐구하는 것이 필요하다. 시민사회 학습공동체의 개념 확산과 이의 구체적인 실천을 지지하는 즉, 개인적 존재만이 아닌 '사회적 존재'의 의미를 살펴보고, 사회 공동체의 필요를 대변해 줄 수 있는 평생교육 이념이 정립되고 확산되도록 이에 관한 연구가 요구되고 있다.

참고문헌

곽삼근(2001a), 「여성사회교육의 사적 발달 및 과제에 관한 고찰」, 『문명연지』 2(1), 171~195쪽.

곽삼근(2001b), 「한국 평생교육기관의 이념 및 방향에 관한 논의: 지역사회 평생교육 이념을 중심으로」, 『평생교육학연구』 7(2), 1~23쪽.

곽삼근(2002), 「생태여성주의 관점에서 본 한국 평생교육의 발전과정 분석」, 『평생교육학연구』 8(2), 99~125쪽.

곽삼근(2003), 「사회문화환경지수 향상과 한국평생교육의 역할」, 『성곡논총』 제34집, 553~617쪽.

권대봉(2000), 「분단 반세기 한국 평생교육의 반성과 미래의 과제」, 『안암교육학연

　　　구』 6(2), 안암교육학회, 77~89쪽.

권대봉(2001), 『평생교육의 다섯 마당』, 서울: 학지사.

권두승(1992), 『한국 사회교육의 변천에 관한 사회학적 분석』, 고려대 박사학위논문.

김신일(1993), 「한국사회교육의 역사적 발전과 학습권의 문제」, 『사회교육연구』 제18권, 한국사회교육협회.

김신일(1995), 「학습권 개념내용과 교육학의 새 연구과제」, 『평생교육연구』 1(1), 19~32쪽.

김신일(2001), 「학습 이론과 학습자관의 변화」, 김신일·한숭희(편), 『평생교육학: 동향과 과제』, 서울: 교육과학사.

김인아(1993), 『한국 여성사회교육의 사적 고찰』, 단국대 박사학위논문.

남정걸(1982), 「한국전통사회의 평생교육」, 『평생교육의 체제와 사회교육의 실태 연구논총』 82(7), 한국정신문화연구원, 37~60쪽.

노일경(2000), 「한국 사회교육학의 성립과정과 이념적 지향성에 관한 논문」, 서울대 석사학위논문.

박성정(2001), 「평생교육 관점에서 본 인적자원개발체제」, 『평생교육학연구』 7(2), 159~175쪽.

손준종(2000), 「평생학습 논리의 의미와 한계 검토」, 『교육학연구』 38(1), 289~308쪽.

손준종(2001), 「평생교육 담론의 세계적 수렴 현상에 대한 비판적 논의」, 『평생교육학연구』 7(2), 177~199쪽.

양종회(1995), 「서평: 21세기 한국의 사회발전 전략: 성장 복지 환경의 조화」, 『한국사회학』 29.

오혁진(2002), 「평생교육경영학의 지향점과 연구과제」, 『평생교육학연구』 8(1), 153~176쪽.

유병민(2001), 「웹기반 원격교육을 위한 성인이용자 특성분석」, 『평생교육학연구』 7(1), 69~88쪽.

이돈희(2000), 「대전환기의 교육패러다임: 공교육 제도의 위기와 대응」, 2000년도 한국교육학회 춘계학술대회 기조강연문.

이옥분(1998), 「한국의 사회교육사」, 『평생교육연구』 제4권 제1호, 서울대학교 사범대학 교육연구소.

이지혜(2000), 「메타학습을 통해서 본 성인의 학습자로서의 성장과정」, 『평생교육학연구』 6(2), 23~46쪽.

이희수(2001), 「학습사회에서 학습경제로의 전환 논리와 그 의미」, 『평생교육학연구』 7(1), 211~237쪽.

정민승(2000), 「온라인 학습공동체의 구성원리: 성인교육학적 현장읽기의 한 시도」, 『평생교육학연구』 6(1), 135~162쪽.

정지웅·김지자(1986), 『사회교육학개론』, 서울: 서울대학교 출판부.

정지웅·김지자(2000), 『(제3개정판) 사회교육학개론』, 서울: 서울대학교 출판부.

천세영(2002), 「인간자원개발과 교육에 관한 음미」, 『평생교육학연구』 8(1), 201~219쪽.

최상호(1996), 「사회교육 상품화의 방향과 전략: 협동조합교육을 중심으로」, 『사회교육학연구』 2(1), 27~60쪽.

한국교육개발원(1993), 『한국사회교육의 과거·현재·미래 탐구』, 서울: 한국교육개발원.

한국학연구총서간행위원회(1971), 『한국학연구총서 1』, 서울: 성지문화사.

한기언(1971), 『한국교육사』, 서울: 박영사.

한숭희(2000), 「시민지식연대: 사회교육의 새로운 역할」, 『평생교육학연구』 6(2), 129~158쪽.

한숭희(2001), 「평생학습과 합습생태계」, 서울: 학지사.

한숭희(2002a), 「평생교육론: 거대담론과의 결별과 학문으로서의 자기탐색의 계기 만들기」, 『평생교육학연구』 8(1), 221~245쪽.

한숭희(2002b), 「평생학습시대는 오고 있는가?」, 『평생교육학연구』 8(2), 1~20쪽.

한준상(2002), 『학습학』, 서울: 학지사.

한준상(2003), 「한국 평생교육론의 위상과 방향: OECD와 유네스코 평생교육론들과의 상관성을 중심으로」, 유네스코한국위원회 평생학습사회 정책포럼, 21~57쪽.

황종건(1978), 『한국의 사회교육』, 서울: 교육과학사.

International Commission on Education for the 21 Century, Unesco(1996), *Learning: The treasure within*, Paris: Unesco.

Jarvis, P.(2002), Adult Education-an Ideal of Modernity: The End of Adult Education as a Social Movement? in *The Future of Lifelong-Learning*, Peter Lang. 99~114쪽.

Usher, R., Bryant, I. and Johnston, R.(1997)(Eds.), *Adult education and the postmodern challenge: Learning beyond the limits*, London: Routledge.

Wain, K.(1993), Lifelong education: Liberal and regressive?, *Educational Philosophy and Theory* 25(1), 58~70쪽.

교육학 관련 학회 현황

한국교육학회

영 문	The Korean Society for the Study of Education
설립일자	1953. 4. 4.
설립목적	한국교육학회는 교육학의 연구와 관련 활동을 통하여 회원의 자질 향상과 학문적 발전을 도모하며 나아가 한국교육의 발전에 기여함을 목적으로 한다.
주요사업	1 정기 및 수시 학술대회 개최
	2 학회지『교육학 연구』및 기타 출판물의 간행
	3 회원의 연구 활동을 조성하기 위한 사업
	4 국내외의 교육학 및 인접 학술단체와의 제휴
	5 교육정책 개발 및 교육현장 개선을 위한 활동
	6 회원의 유대 및 권익보호와 관련된 활동
	7 기타 본회의 목적을 달성하는 데 필요한 사업
산하학회	교육공학연구회, 교육과정연구회, 교육사연구회, 교육사회학연구회, 교육심리연구회, 교육철학연구회, 교육평가연구회, 교육행정연구회, 도덕교육연구회, 비교교육연구회, 상담교육연구회, 유아교육연구회, 초등교육연구회, 통일교육연구회, 평생교육연구회

한국교육공학회

영 문	The Korean Society for Educational Technology
설립일자	1985.
설립목적	21세기 정보시대의 인력자원 개발을 위한 '교육의 정보화'를 선도적으로 수행하기 위하여, 각종 교육공학적 연구 및 개발 활동을 효과적이고 효율적으로 추진함으로써, 정보마인드의 확산과 국가 경쟁력 제고에 기여한다.
주요사업	1 교육 정보화 추진을 위한 연구 및 진흥 활동
	2 정보 마인드 육성을 위한 인터넷 교육 서비스 활동
	3 학교 컴퓨터 교육(CAI)의활성화를 위한 소프트웨어 개발

4 기업 교육현장의 온라인(On-line) 원격교육 활성화를 위한
사업
5 국가 초고속 정보망의 활성화를 위한 멀티미디어 데이터베
이스 구축 사업
6 기업 교육의 혁신을 통한 21세기 인재 육성 개발 사업
7 상기 각호에 관련한 연구대회 개최
8 학회 학술지『교육공학연구』및 기타 출판물 간행 및 온라인
화 사업
9 기타 본회의 설립목적을 달성하기 위해 필요한 제반 사업

한국교육과정학회

영   문   Korean Society for Curriculum Studies
설립일자   1967. 3. 15
설립목적   한국교육과정학회는 한국교육학회 분과연구회로서 교육과
정에 관한 광범위한 이론과 실제문제를 연구함으로서 이 분야
의 학문발전은 물론, 교육과정 계획, 개발, 운영 등 교육현실에
이바지하는 것을 목적으로 한다. 본회의 회원은 한국교육학회
회원 중에서 교육과정과 이 분야의 관련문제에 학문적, 현실
적 관심을 가진 교수, 연구원, 교육전문가, 교사 등으로 구성되
며, 연구물은 연구모임이나 연차학술대회, 학회지를 통하여
발표되고 토론되며, 회원 상호 간의 지식정보 교환과 자극을
주는 것을 물론 필요한 경우 관계기관과 인사들에게 배포하여
지식의 사회적 기여를 위해 노력하자는 취지에서 창립되었다.
주요사업   1 학술연구 발표회의 개최 (연차대회 및 월례발표회)
2 학회지『교육과정연구』및 기타 출판물의 간행
3 전문 분야에 관한 자문, 제안
4 기타 본 회의 목적 달성을 위하여 필요한 사업

한국교육사학회

영 문	The Korean Society for History of Education
설립일자	1964. 11. 11
설립목적	한국교육사학회는 교육사의 연구와 그 연구방법을 개발하여 보급함을 목적으로 한다.
주요사업	1 회원의 연구를 촉진하기 위한 월례 및 년차 연구 발표회의 개최

2 학회지 『한국교육사학』 및 기타 출판물의 간행

3 국내의 교육학 및 인접과학 제단체와의 제휴

4 기타 본회의 목적을 수행하는데 필요한 사업

한국교육사회학회

영 문	The Korean Society for the Study of Sociology of Education
설립일자	1967. 4.
설립목적	한국교육사회학회는 교육의 사회학적 기초와 사회의 교육적 과정에 관한 학술적 연구를 통하여 한국교육의 발전에 기여함을 목적으로 한다.
주요사업	1 학술연구 발표회의 개최

2 공동연구의 수행

3 학회지 『교육사회학연구』 등 논문집 발간사업

4 연구물 및 자료의 교환

5 기타 본회의 목적을 달성하는데 필요한 사업

한국교육심리학회

영 문	The Korean Society for the Study of Educational Psychology
설립일자	1967. 1. 14
설립목적	한국교육심리학회는 교육심리학의 이론과 실제를 연구함으로써 한국의 교육발전 및 회원의 학문적 성장을 도모하는 데에 그 목적을 둔다.
주요사업	1 연차학술대회 개최

2 학술연구발표회 개최

3 학회지『교육심리연구』및 회보 발간

4 각종 수탁 연구 과제수행

5 각종 자문 및 건의

6 각종 연구활동 지원

7 기타 본 학회의 목적에 부합한 사업

교육철학회

영　문　The Korean Philosophy of Education Society

설립일자　1964. 11. 11

설립목적　교육철학회는 교육철학 연구의 자유를 존중하고 그 발달, 보급을 꾀함으로써 한국교육의 발전에 기여함을 목적으로 한다.

주요사업　1 회원의 연구를 촉진하기 위한 월례 및 연차회합의 개최

2 학회지『교육철학』및 기타 출판물의 편집과 간행

3 국내외의 교육학 및 인접과학의 제 단체와의 연락 및 제휴

4 기타 본 회의 목적을 달성하는데 필요한 사업

한국교육평가학회

영　문　Korean Society for Educational Evaluation

설립일자　1983. 7. 9

설립목적　한국교육평가학회는 교육측정 및 평가분야의 이론과 방법을 연구함으로써 회원의 학문적 성장과 친목을 도모하고, 나아가 한국의 교육발전에 공헌함을 목적으로 한다.

주요사업　1 연구발표대회 및 연차대회 개최

2 학회지『교육평가연구』및 기타 출판물의 발행

3 국내외 관련 단체 및 기관과의 교류

4 기타 본회의 목적달성을 위한 활동

한국교육행정학회

영　　문	The Korean Society for the Study of Educational Administration
설립일자	1967. 2. 14
설립목적	한국교육행정학회는 교육행정의 이론과 실제에 관심있는 학자들과 교육행정전문가들의 지혜와 노력을 총동원하여 교육행정학의 학문적 성격을 규명하여 교육행정학의 학문적 체계를 확립하고, 교육행정이론을 체계적으로 연구, 개발, 보급함과 동시에 교육행정 현장의 문제들을 과학적으로 연구, 해결함으로써 교육행정의 이론과 실제를 균형있게 발전시키고, 나아가 한국교육의 발전에 기여함을 목적으로 창립되었다.
주요사업	1 정기연차 및 수시학술대회 개최 2 학회지『교육행정학연구』및 기타 출판물의 간행 3 회원의 연구 활동을 조성하기 위한 사업 4 국내외 타학술 단체와의 연구 교류 5 본 회 회원 및 일선교육 행정가로 구성된 교육행정가 협의회에 대한 협조 및 지원 6 기타 본 회의 목적 달성에 필요한 사업

한국도덕교육학회

영　　문	The Society for the Study of Moral Education
설립일자	1975. 9. 27
설립목적	근래에 와서 도덕교육에 관한 연구는 점차로 그 깊이와 폭을 더 해가고 있다. 우리의 교육은 예부터 지성과 덕성의 조화 있는 인간상을 목표로 하여 왔다는 점에서 도덕교육에 관한 새로운 관심과 열의는 매우 뜻 깊은 일이라 아니할 수 없다. 교육학의 한 탐구영역으로서의 도덕교육은 인간의 도덕적 신념체계에 관한 논리적, 분석적 연구를 포함할 뿐만 아니라 그러한 신념의 형성과 획득 및 변화과정에 관한 경험적, 과학적 연구도 아울러 요구하고 있다. 나아가서 우리의 각급 학교에 도덕교과가 운영된 이후로 도덕교육의 목표, 내용, 방법

등에 있어서의 현실적이고 효과적인 방안들이 일선의 교사들에 의해서 꾸준히 탐색되고 실천되고 있다. 이와 같은 상황에서 도덕교육을 연구하고 실천하는 데에 보다 효과적이고 능률적으로 기여하기 위하여 한국교육학회 산하 연구회로 도덕교육연구회가 결성되었다.

주요사업　1 학술연구 발표회의 개최

2 공동연구의 수행

　*연구회 활동 개요

　　(1) 도덕교육과 관련된 국내외의 최신 이론 이해

　　(2) 도덕교육의 학교현장과 관련된 연구

　　(3) 도덕교육에서 이론적,실제적으로 문제가 되고 있는 주제를 다룬 눈문 발표

　　(4) 도덕교육의 원천을 동서양의 고전에서 찾으려는 연구

3 학회지『도덕교육연구』및 연구물의 간행

4 도덕 교육에 관한 자문 및 건의

5 기타 본회의 목적을 달성하기 위하여 필요한 사업

한국비교교육학회

영　문　Korean Comparative Education Society

설립일자　1968. 2. 24

설립목적　한국비교교육학회는 세계의 교육을 비교 연구함으로써 비교교육학회의 심화와 한국의 교육발전에 기여함을 목적으로 한다.

주요사업　1 학술발표회 개최

2 연구지『비교교육연구』및 기관지 등 간행

3 세계 비교교육학 연구 단체들과의 학술교류

4 기타 본 회의 목적을 달성하는 데 필요한 사업

한국유아교육학회

영   문   The Korean Society for Early Childhood Education
설립일자   1975. 10. 8
설립목적   한국유아교육학회는 유아교육의 이론과 실제에 관한 제반
          연구를 통하여 우리 나라 유아교육의 학문적 발전과 보급에
          공헌함을 목적으로 한다.
주요사업   1 회원의 연구활성화를 위한 학술발표회 및 연차대회를 개최
          2 학회지『유아교육연구』및 기타 출판물 편집과 간행
          3 국내외의 유아교육학 및 인접학문 단체와의 제휴
          4 기타 본회의 목적을 달성하는데 필요한 사업

한국초등교육학회

영   문   The Korean Society for the Study of Elementary Education
설립일자   1986. 6.
설립목적   초등교육학의 연구와 관련 활동을 통하여 회원의 자질 향상과
          학문적 발전을 도모하며 나아가 한국 초등교육의 발전에 기여
          함을 목적으로 한다
주요사업   1 학술대회 개최(연차대회 및 월례발표회)
          2 학회지『초등교육연구』및 기타 출판물 간행
          3 초등교육 관련 연구활동 조성사업
          4 국내외 초등교육학 및 인접학문 분야와 교류
          5 초등교육정책 개발 및 초등교육현장 개선을 위한 활동
          6 회원 유대 및 권익보호 활동
          7 장학사업 등 기타 본 학회의 목적 달성에 필요한 사업

한국평생교육학회

영   문   The Korean Association for Lifelong Education
설립일자   1966. 3. 26
설립목적   본회는 평생교육 분야의 연구 활동과 국내외 평생교육 전문가
          들 간의 학술적 교류를 통하여 평생교육의 이론체계 정립과

우리나라 평생교육 발전을 목적으로 한다.

주요사업   1 평생교육에 관한 연구 수행 및 그 성과 발표회 개최

2 학회지『평생교육학연구』및 기타 출판물의 제작 및 보급

3 국내외의 교육학 및 관련 학문의 학술 단체와 교류

4 기타 본 회의 목적을 달성하는 데 필요한 사업

한국고등교육학회

영   문   Korean Association for Higher Education
설립일자   1988. 7. 16
설립목적   고등교육에 관한 제반 연구. 저술활동을 통하여 한국고등교육
의 발전에 기여함을 목적으로 한다.

주요사업   1 고등교육에 관한 연구, 자문 및 건의

2 학술연구발표회의 개최

3 연구회지 및 기타 출판물 편집 간행

4 고등교육에 관련된 국제학술교류활동

5 기타 본 회의 목적달성을 위하여 필요한 사업

한국교육인류학회

영   문   The Korean Society for the Study of Anthropology of Education
설립일자   1989. 8
설립목적   교육인류학과 그 관련 분야 및 교육의 질적 연구를 통하여
한국 교육과 교육학의 발전에 기여함을 목적으로 한다.

주요사업   1 학술발표회 개최

1) 월례발표회 연 8회 개최

2) 웝샵 연 1회 개최(하계)

3) 학술대회 연 2회 개최(춘 ·추계)

2 학술지와 소식지 발간

1) 학회지『교육인류학연구』연 2회 발행(2001년까지는
연 4회 발행)

2) 소식지『교육인류학소식』연 4회 발행(계간)

3 학회 내·외 공동연구 수행

4 연구물과 자료 교환

5 기타 본 회의 목적을 달성하는 데 필요한 사업

한국열린교육학회

영 문 The Korean Association of Yeolin Education

설립일자 1991. 4.

설립목적 한국열린교육학회는 사단법인 한국열린교육협의회의 산하
조직으로서 열린교육에 대한 연구 및 정보 교환을 통하여
한국 교육 발전에 기여함을 목적으로 한다.

주요사업 1 열린 교육을 위한 교수-학습 자료 연구, 개발, 보급

2 교원 및 학부모를 위한 열린 교육 연수 프로그램 연구,
개발, 보급

3 교원 및 학부모를 위한 열린 교육 연수 실시

4 연구 발표회 및 강연회 개최

5 국제학술회의 개최 및 국제교류

6 회보(분기별 4회), 학회지『열린교육연구』(매년 2회) 및
기타 출판물 간행

7 기타 이회의 목적을 달성하는데 필요한 사업

한국교원교육학회

영 문 The Korean Society for the Study of Teacher Education

설립일자 1968. 11. 30

설립목적 한국의 교원교육에 대한 연구 및 학술활동과 협의를 통하여
그 개선 및 발전을 도모함을 목적으로 한다

주요사업 1 연구 및 학술활동: 세미나 및 심포지움 개최

2 교육건의서제출

3 협의회 개최 및 국제교직교육협의회(ICET) 참가

4 정례회 및 임시회의 개최

5 회지 및 기타 출판물의 편집 간행

『교사교육소식』 발행, 기관지 『한국교사교육』 간행

『교육실습편람』 간행, 교육 실습 지침 및 전문서 발간

6 국내외의 교원교육기관 및 교원교육 관련학회와의 제휴

7 기타 본회의 목적달성에 필요한 사업

한국교육방법학회

영　문　　The Korean Society for the Study of Educational Methodology

설립일자　2002. 3. 20.

설립목적　한국교육방법학회는 교육방법의 이론과 실제에 대한 연구와
　　　　　관련 활동을 하는 학회로써, 회원의 자질 향상과 학문적 발전
　　　　　을 도모하며 나아가 한국교육의 발전에 기여함을 목적으로
　　　　　한다.

주요사업　1 정기 및 수시 학술대회 개최

　　　　　2 학회지 『교육방법연구』 및 기타 출판물의 간행

　　　　　3 회원의 연구 활동을 조성하기 위한 사업

　　　　　4 국내외의 교육학 및 인접 학술단체와의 교류연구

　　　　　5 교육현장 개선을 위한 활동

　　　　　6 회원의 유대 및 권익보호와 관련된 활동

　　　　　7 기타 본회의 목적을 달성하는 데 필요한 사업

한국성인교육학회

영　문　　The ACE of KOREA: The Adult and Continuing Education
　　　　　of Korea

설립일자　1997. 10. 10

설립목적　한국 성인교육학의 학문적 발전 및 성인교육과 관련된 사람들
　　　　　의 활발한 학문공동체 형성을 그 목적으로 한다.

주요사업　　1 한국적 성인교육의 패러다임 연구 및 개발, 한국 성인교육의
　　　　　　　국제적 위상 확립, 성인교육현장에 대한 이론 적용
　　　　　　2 학문공동체 형성을 위한 공동저술 및 연구, 정보 교환
　　　　　　3 독회 운영

한국인력개발학회

영　　문　　The Korean Society for Human Resource Development:
　　　　　　K-HRD
설립일자　　1998. 3. 20
설립목적　　인력개발에 관한 이론과 실제를 과학적으로 연구하여 혁신과
　　　　　　변화를 주도하며 창의적이고 성과와 생산성 향상을 도모하는
　　　　　　인력개발 분야의 학문적 발전과 실천에 기여함을 목적으로
　　　　　　한다.
주요사업　　1 정기 및 수시 학술대회 개최
　　　　　　2 학술지 및 출판물의 간행
　　　　　　3 외부 기관 및 타 학술 단체와의 공동연구 또는 학술행사
　　　　　　4 회원의 유대와 권익 증대를 위한 활동
　　　　　　5 인력개발 전문 자격제도의 운영
　　　　　　6 회원의 연구활동 조성을 위한 사업
　　　　　　7 기타 본회의 목적 실현을 위한 제반 활동

한국교육정보미디어학회

영　　문　　The Korean Society for Educational Information and
　　　　　　Broadcasting
설립일자　　1995. 5. 25
설립목적　　교육방송, 멀티미디어, 원격교육, 첨단 교수매체의 활용 등과
　　　　　　같은 제반 교육정보화에 관한 연구·개발 및 활용에 관련된
　　　　　　활동을 통하여 회원의 자질 향상과 학문적 발전을 도모하며
　　　　　　나아가 한국교육의 발전에 기여하는 것이다

주요사업　　　1 정기 및 수시 학술대회 개최

2 학회지 및 기타 출판물의 간행

3 회원의 연구활동을 조성하기 위한 사업

4 국내외의 교육방송분야 및 인접 학술단체와의 제휴

5 교육방송과 멀티미디어, 원격교육, 첨단 교수매체의 활용에
관련된 정책개발 및 기타 연구활동

6 회원의 유대 및 권익보호와 관련된 활동

7 기타 학회의 목적을 달성하는 데 필요한 사업

한국교육재정경제학회

영　　문　　　The Korean Society for the Economics and Finance of Education

설립일자　　　1991. 4. 12.

설립목적　　　교육재정과 교육경제의 이론을 탐구하고, 이를 교육현장에
응용함으로써 한국교육의 발전에 기여함을 목적으로 한다.

주요사업　　　1 정기 연차 및 수시 학술대회 개최

2 학술지『교육재정경제연구』및 기타 출판물의 간행

3 회원의 연구활동을 조성하기 위한 사업

4 국내외 타 학술 단체와의 연구 교류

5 본 회 회원 및 일선교육 행정가로 구성된 교육재정 혹은
교육경제학자 협의회에 대한 협조 및 지원

6 기타 본 회의 목적 달성에 필요한 사업

한국교육법학회

영　　문　　　Korean Educational Law Association

설립일자　　　1984. 11.

설립목적　　　한국교육법학회는 교육법연구를 통하여 이 분야의 학문적
발전을 도모함은 물론 학생과 학부모, 교사 및 설립자 상호간
의 정당한 교육법 관계를 조명하여 이를 입법과 집행과정에
반영시킴으로써 학교교육의 법적 틀을 형성해나가는데 그

목적이 있다.

주요사업 1 학술대회개최

2 학회논문집『한국교육법연구』발간 및 저서『교육의 자유와
대학의 자치』출판

한국종교교육학회

영　　문　The Korean Association for the Study of Religious Education
설립일자　1995. 6. 24
설립목적　한국종교교육학회는 불교와 유교, 기독교 등을 위시하여 여러
종교들의 "종교교육"에 관한 광범위한 이론과 실제문제를
연구함으로써 이 분야의 학문발전을 도모하는 것을 목적으로
한다.
주요사업　1 학술연구 발표회의 개최(매년 5월 말과 10월 말경)

2 학회지『종교교육학연구』및 기타 출판물의 편집과 간행

3 국내외 불교학을 위시한 종교학과 교육학 및 인접학문 단체
와의 연락과 제휴

4 기타 본회의 목적달성을 위하여 필요한 사업

한국사이버교육학회

영　　문　Korea Association Of Cyber Education
설립일자　2001. 1. 4
설립목적　국가적인 교육제도의 문제점과 발전방안을 논의하고 대안을
제시하며 정보화 시대의 새로운 교육패러다임으로서 사이버
교육의 조속한 정착 및 활성화를 통한 국가인재 양성을 목적으
로 한다
주요사업　1 사이버교육에 관한 조사, 연구와 정책대안의 개발

2 국내외 사이버교육에 관한 정보 및 자료의 수집, 정보지
발간 보급

3 사이버교육 기관의 평가

4 사이버교육에 관한 타 연구기관과의 공동연구활동

5 사이버 교육에 관한 연구용역의 위탁 및 수탁

6 사이버교육에 관련된 인력개발에 관한 교육 · 훈련 · 연수 및 홍보

7 제1호 내지 제5호의 사업에 부대 되는 사업

8 어린이, 청소년 등 국민의 사이버교육 고취 및 계몽을 위한 교육 및 홍보/이벤트 행사 사업

9 기타 본 학회의 목적을 달성하기 위하여 필요한 사업

한국홀리스틱교육학회

영 문   The Korean Society for Holistic Education (KSHE)
설립일자 1997. 2. 26
설립목적 홀리스틱 교육에 관한 연구를 촉진하고 회원 상호간의 학술정보를 원활하게 교환함으로써 한국 교육의 발전 지향적인 변화에 기여하는 것을 목적으로 한다.
주요사업 1 홀리스틱 교육과 한국 교육의 변화와 관련된 정기 학술발표대회 개최
         2 정기 학술지『홀리스틱 교육 실천 연구』, 연구물 및 도서 발간
         3 국제 학술대회 개최 및 참가를 통한 국제적인 학술교류
         4 한국 교육 현장의 변화를 위한 연수 프로그램 운영
         5 기타 학회의 목적에 부합 하다고 판단되는 사업

한국아동교육학회

영 문   The Korea Society for the Study of Child Education
설립일자 1991. 6. 15
설립목적 지역사회의 아동 (영아에서 학동에 이르기까지)의 교육과 이에 대한 연구에 관심을 가진 사람들의 상호간의 친목과 학술정보를 교환하며, 효율적인 학술활동을 수행하고자 설립

되었다.

주요사업   1 학술정보교환

2 학술집회 개최

3 학술연구지 발간

4 연구자 연수활동지원 및 실시

5 지역사회의 효율적인 아동교육 수행에 협조

6 지역사회의 교육적 봉사활동 전개

7 연구자의 친목활동 전개

한독교육학회

영   문   Koreanisch-Deutsche Gesellshaft fur Erziehungswissenschaft

설립일자   1996. 12.

설립목적   한국과 독일어권의 교육학연구 및 교육실천을 목적으로 교육
이론, 학교교육, 유아교육, 성인 청소년교육의 네분과를 두고
있으며 학자와 교육실천가들이 함께 참여하고 있다.

주요사업   1 한국과 독일어권의 학자 교류 및 국제 학술 세미나 개최

2 회원의 연구를 촉진하기 위한 학술발표회 개최

3 학회지 및 기타 출판물의 편집 및 간행

4 회원의 연구활동 조성

5 기타 본 회의 목적을 달성하는 데 필요한 사항

한국교육사상연구회

영   문   The Korean Society For Study Of Educational Idea

설립일자   1991. 2. 5

설립목적   교육학 및 그 인접분야의 연구와 관련활동을 통하여 교육사상
을 집중적 으로 연구하며 나아가서는 한국의 정신문화 정립에
기여함을 목적으로 한다.

주요사업   1 연 2회 정기 연차 및 학술 연구 회합 개최

2 학회지 및 출판물의 간행

3 회원의 연구활동을 조성

4 기타 본회의 목적 달성에 필요한 사업

한국학교상담학회

영   문   Korean School Counseling Association (KSCA)

설립일자   2001. 6. 16

설립목적   학교상담에 관한 교육과 연구를 통해 학교상담의 활성화 및

전문화를 목적으로 한다.

주요사업   1 학교 상담 연구

1) 학교상담이론 연구

2) 학교상담 기법 및 프로그램의 개발과 보급

3) 학술 연구 발표

4) 학교상담 관련 전문서적 및 연구보고서 간행

5) 소식지 및 연구지 발간

2 학교 급별 상담의 저변 확대를 위한 교육

3 회원의 자질 향상을 위한 연수회 개최

4 학교 상담 전문가 양성 및 지역별 상담사례연구

5 기타 본 회의 목적달성에 필요한 사업

교육학 관련 홈페이지

학   회

www.ksse.net	한국교육학회
www.eduphil.com	교육철학회
www.soe.or.kr	한국교육사회학회
www.curriculum.or.kr	한국교육과정학회
www.kssea.or.kr	한국교육행정학회
www.kosefe.or.kr	한국교육재정경제학회
www.ed-psycho.or.kr	한국교육심리학회
www.hisedu.net	한국교육사학회
www.etkorea.com	한국교육공학회
www.lifelongedu.org	한국평생교육학회
www.koseev.or.kr/	한국교육평가학회
plaza.snu.ac.kr/~moral/	한국도덕교육학회
www.kces.org/	한국비교교육학회
www.ksece.or.kr/	한국유아교육학회
web.edunet4u.net/~elemedu/	한국초등교육학회
www.kssae.or.kr/	한국교육인류학회
www.openedu.or.kr	한국열린교육학회
www.ksste.or.kr	한국교원교육학회
www.kief.or.kr/	한국교육시설학회
education.korea.ac.kr/ksem/	한국교육방법학회
www.aceofkorea.org/	한국성인교육학회
www.koreahrd.or.kr/	한국인력개발학회
www.kaeim.or.kr/	한국교육정보미디어학회
www.edulaw.or.kr/	한국교육법학회
www.kasre.wo.to/	한국종교교육학회
www.kaoce.org/	한국사이버교육학회
www.holistic.or.kr/	한국홀리스틱교육학회
www.eduidea.com/	한국교육사상연구회
www.ksca.pe.kr/	한국학교상담학회

교육관련 기관

www.moe.go.kr	교육인적자원부
www.kedi.re.kr	한국교육개발원

www.kice.re.kr	한국교육과정평가원(KICE)
www.krivet.re.kr	한국직업능력개발원(KRIVET)
www.youthnet.re.kr	한국청소년개발원
www.kyci.or.kr/	한국청소년상담원
www.aks.ac.kr	한국정신문화연구원
www.keris.or.kr	한국교육학술정보원
edubank.kedi.re.kr	한국교육개발원 학점은행
www.ebs.co.kr	한국교육방송(EBS)
www.kise.go.kr	국립특수교육원

전국 교육학과

sheep.kangnam.ac.kr/~educate	강남대학교 교육학과
www.kangwon.ac.kr/~edutopia	강원대학교 교육학과
www.kyungnam.ac.kr/efbm	경남대학교 교육학과
www-2.knu.ac.kr/~edu	경북대학교 교육학과
edu.gsnu.ac.kr/~edu	경상대학교 교육학과
www.kyungsung.ac.kr/~ksedu	경성대학교 교육학과
education.kmu.ac.kr	계명대학교 교육학과
education.korea.ac.kr	고려대학교 교육학과
10woori.wo.to	공주교육대학교 교육학과
elementary.gnue.ac.kr	광주교육대학교 교육학과
cuth.cu.ac.kr/~edu_col	대구가톨릭대학교 교육학과
educ.taegu-e.ac.kr	대구교육대학교 교육학과
education.cyworld.com	동국대학교 교육학과
edu.donga.ac.kr	동아대학교 교육학과
www.dongeuilifedu.net	동의대학교 평생교육학과
apollo.mokpo.ac.kr/~educa	목포대학교 교육학과
www.pusan-e.ac.kr/menu03/menu03_01_content_10.html	
	부산교육대학교 교육학과
ed.pusan.ac.kr	부산대학교 교육학과
www.smu.ac.kr/service/Combridge.jsp?hakCd=916&Chk=re	
	상명대학교 교육학과
cyberedu.seonam.ac.kr/jicle	서남대학교 교육학과
learning.snu.ac.kr	서울대학교 교육학과
dragon.seowon.ac.kr/~edu	서원대학교 교육학과

web.skku.edu/~skkedu	성균관대학교 교육학과
www.sungshin.ac.kr/education	성신여자대학교 교육학과
dasan.sejong.ac.kr/~edudpt	세종대학교 교육학과
sookmyung.ac.kr/~edu	숙명여자대학교 교육학과
educa.silla.ac.kr	신라대학교 교육학과
www.yonsei.ac.kr/~edu-un	연세대학교 교육학과
eduwm.yu.ac.kr	영남대학교 교육학과
woosuk.woosuk.ac.kr/~edu2000	우석대학교 교육학과
education.wonkwang.ac.kr	원광대학교 교육학과
home.ewha.ac.kr/~ewhaedu	이화여자대학교 교육학과
www.pedagy.com	인하대학교 교육학과
coe.chonbuk.ac.kr/old/doe	전북대학교 교육학과
www.jejue.ac.kr/contents/depart/depart_10.php?tg=depart	
	제주교육대학교 교육학과
edu.cue.ac.kr	진주교육대학교 교육학과
ms.cau.ac.kr/~educau	중앙대학교 교육학과
www.cnue.ac.kr/indy/m3/m311_4.htm	춘천교육대학교 교육학과
www.cnu.ac.kr/~educ	충남대학교 교육학과
edu.chungbuk.ac.kr/~edu	충북대학교 교육학과
www.knue.ac.kr	한국교원대학교
edu.knou.ac.kr	한국방송통신대학교 교육과
eduline.hannam.ac.kr	한남대학교 교육학과
www.hyedu.org	한양대학교 교육학과
hiedu.com.ne.kr	홍익대학교 교육학과

각 시 · 도 교육청

www.sen.go.kr	서울특별시 교육청
www.pen.go.kr	부산광역시 교육청
www.dje.go.kr	대전광역시 교육청
www.gen.go.kr	광주광역시 교육청
www.tge.go.kr	대구광역시 교육청
www.use.go.kr	울산광역시 교육청
www.ice.go.kr	인천광역시 교육청
www.kwe.go.kr	강원도 교육청
www.jne.go.kr	전라남도 교육청

www.cbe.go.kr　　　　　　충청북도 교육청
www.kbe.go.kr　　　　　　경상북도 교육청
www.cne.go.kr　　　　　　충청남도 교육청
www.ken.go.kr　　　　　　경기도 교육청
www.jbe.go.kr　　　　　　전라북도 교육청
www.jje.go.kr　　　　　　제주도 교육청

각 시·도 교육과학연구원

www.sesri.re.kr　　　　　　서울특별시 교육과학연구원
www.ienet.re.kr　　　　　　인천광역시 교육과학연구원
www.des.re.kr　　　　　　대전광역시 교육과학연구원
www.bries.re.kr　　　　　　부산광역시 교육과학연구원
www.kesri.re.kr　　　　　　광주광역시 교육과학연구원
www.keric.or.kr　　　　　　강원 교육과학연구원(KERIC)
www.kbise.or.kr　　　　　　경상북도 교육과학연구원
www.cbesr.or.kr　　　　　　충청북도 교육과학연구원
www.kerinet.re.kr　　　　　경기도 교육정보연구원
www.cise.or.kr　　　　　　충청남도 교육과학연구원

교육신문·잡지

www.teachiworld.com/newspaper　　대한교원신문
www.hangyo.com　　　　　　한국교육신문
www.unn.net　　　　　　한국대학신문
www.uriedu.co.kr　　　　　　우리교육
www.educrit.net　　　　　　교육비평
www.mindle.org　　　　　　민들레

시민단체, 교원단체

www.hakbumo.or.kr　　　　　　참교육을 위한 전국학부모회
www.eduengo.or.kr　　　　　　교육개혁시민운동연대
www.parents4u.or.kr　　　　　　인간교육실현학부모연대

www.edjust.org　　　　　　　　정의교육시민연합
www.kfta.or.kr　　　　　　　　한국교원단체총연합회(KFTA)
moim.ktu.or.kr/eduhope　　　　전국교직원노동조합

기　타

eris.knue.ac.kr　　　　　　　　교육연구정보서비스-한국교원대학교
www.edpolicy.net　　　　　　　교육정책정보센터
library.moe.go.kr　　　　　　　교육정보마당
www.knowledge.go.kr　　　　　국가지식정보시스템
eris.knue.ac.kr　　　　　　　　교육연구정보서비스
www.keric.net　　　　　　　　교육연구 · 정책정보 통합서비스
www.ikis.re.kr　　　　　　　　정부출연 연구기관 통합검색 시스템
www.edunet4u.net　　　　　　에듀넷
www.krf.or.kr　　　　　　　　한국학술진흥재단
nas.go.kr　　　　　　　　　　대한민국학술원
www.unesco.or.kr　　　　　　유네스코한국위원회
www.interedu.go.kr　　　　　　국제교육진흥원
www.ktrf.re.kr　　　　　　　　한국교과서연구재단
www.kcue.or.kr　　　　　　　　한국대학교육협의회
library.moe.go.kr/arti/list.asp　교육인적자원부 신문스크랩
www.knky.gyeongnam.kr　　　경상남도교육연수원
www.upok.org　　　　　　　　교육행정포럼
www.koea.org　　　　　　　　한국청백리교육행정연구회
www.keri21.org　　　　　　　한국교육연구소
jinboedu.jinbo.net　　　　　　진보교육연구소
www.kace.or.kr　　　　　　　　한국지역사회교육협의회
www.sahak.or.kr　　　　　　　한국사학진흥재단

| 찾아보기 |

512

514

지은이 소개 논문 게재순

오욱환 | 1948년 출생, 이화여자대학교 교육학과 교수 (교육사회학 전공)
정진곤 | 1950년 출생, 한양대학교 교육학과 교수 (교육철학 전공)
김아영 | 1950년 출생, 이화여자대학교 교육학과 교수 (교육심리학 전공)
김경근 | 1958년 출생, 고려대학교 교육학과 교수 (교육사회학 전공)
이길상 | 1956년 출생, 한국정신문화연구원 교수 (교육사학 전공)
홍후조 | 1961년 출생, 고려대학교 교육학과 교수 (교육과정 전공)
한유경 | 1958년 출생, 이화여자대학교 교육학과 교수 (교육행정 전공)
강상진 | 1954년 출생, 연세대학교 교육학과 교수 (교육평가 전공)
김영수 | 1950년 출생, 이화여자대학교 교육학과 교수 (교육공학 전공)
곽삼근 | 1953년 출생, 이화여자대학교 교육학과 교수 (평생교육 전공)

한국학술사총서·5

교육학 연구 50년

한국문화연구원 편

값 27,000 원

2004년 12월 10일 초판 인쇄
2004년 12월 15일 초판 발행

펴낸이 오일주
펴낸곳 도서출판 혜안
등 록 1993.7.30 제22-471호
주 소 121-836 서울시 마포구 서교동
       326-26번지 102호
전 화 3141-3711~3712
팩 스 3141-3710

ISBN 89-8494-233-2 93370